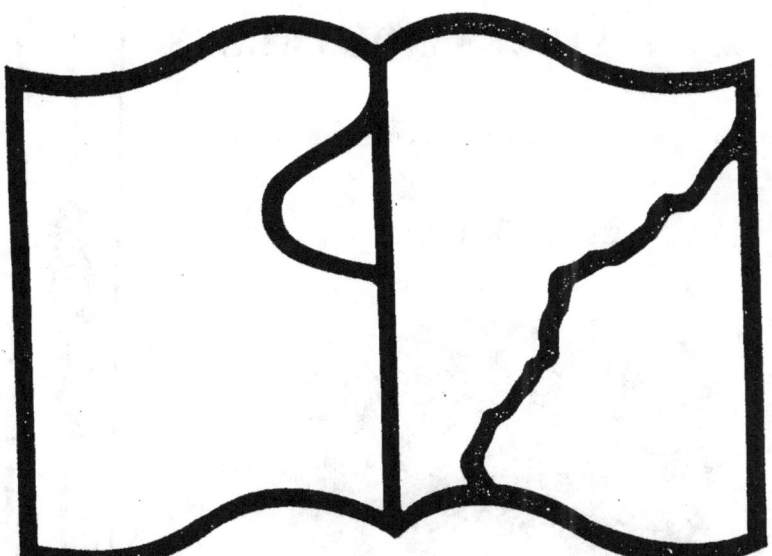

Texte détérioré — reliure défectueuse
NF Z 43-120-11

LE

MAGASIN

THÉATRAL,

CHOIX DE PIÈCES NOUVELLES

JOUÉES SUR TOUS LES THÉATRES DE PARIS.

Tome Dixième.

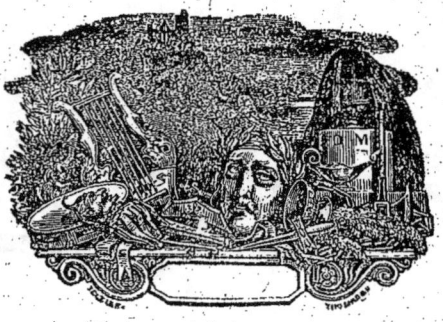

PARIS,

MARCHANT, Éditeur, Boulevart Saint-Martin, 12.

BRUXELLES,

JOUAUD, passage de la Comédie.

1836.

LE MAGASIN THÉATRAL.

LE MAGASIN

THÉATRAL,

CHOIX DE PIÈCES NOUVELLES

JOUÉES SUR LES THÉATRES DE PARIS.

Deuxième Année

Tome Quatrième.

PARIS,
MARCHANT, Éditeur, Boulevart Saint-Martin, 12.
BRUXELLES,
Aug. JOUHAUD, Passage de la Comédie, 9.

1835.

TABLE DES MATIÈRES.

UN ROI EN VACANCES, comédie-vaudeville en trois actes, par MM. Ménissier et Charrin. — 8

MADELON FRIQUET, comédie-vaudeville, par MM. de Rougemont et Dupeuty. 8

L'AUMONIER DU RÉGIMENT, comédie-vaudeville en un acte, par MM. de St-Georges et De Leuven. 4

L'OCTOGÉNAIRE, vaudeville en un acte, par M. Bayard. 4

CHÉRUBIN, vaudeville en deux actes, par M. Ch. Desnoyers et Adrien. 4

COSIMO, opéra bouffon en deux actes par MM. St-Hilaire et Paul Duport. 8

LE TESTAMENT DE PIRON, comédie-vaudeville en un acte, par MM. Ferdinand Langlé et Alboize. 4

LA PÉRICHOLE, comédie en un acte mêlée de chants, par MM. Théaulon et Deforges. 4

UN MARIAGE SOUS L'EMPIRE, comédie-vaudeville, par MM. Ancelot et Paul Duport. 8

LA PENSIONNAIRE MARIÉE, comédie-vaudeville en un acte par MM. Scribe et Varner. 8

11. LE JUGEMENT DE SALOMON, vaudeville en un acte par MM. Duvert et Lauzanne.

12. UN MARIAGE RAISONNABLE, comédie en un acte et en prose, par M. Ancelot.

13. LA TIRELIRE, tableau-vaudeville en un acte par MM. Cogniard frères et Jaime.

14. LES BÉDOUINS EN VOYAGE, odyssée africaine en trois chants, par M. Anatole De Beaulieu.

15. LA FEMME QUI SE VENGE, comédie-vaudeville en un acte, par M. Dennery.

16. LA TACHE DE SANG, drame en trois actes, par MM. Mallian et Boullé.

17. TONIOTTO, drame en trois actes, par MM. Albert et Labrousse.

18. LA SAVONETTE IMPÉRIALE, comédie-vaudeville en deux actes par MM. Anicet et Dumanoir.

19. ANDRÉ, comédie-vaudeville en deux actes, par MM. Bayard et G. Lemoine.

20. EN ATTENDANT, comédie-vaudeville en deux actes, par MM. Bayard et Paul Foucher.

UN ROI EN VACANCES

COMÉDIE-VAUDEVILLE EN TROIS ACTES ET SIX TABLEAUX,

Par MM. P.-J. Charrin et Ménissier.

Défendue par la Censure, le 12 Septembre 1835, jour fixé pour sa première Représentation, sur le théâtre de l'Ambigu-Comique.

PERSONNAGES.	ACTEURS.	PERSONNAGES.	ACTEURS.
LE ROI STANISLAS (28 ans.)	MM. Saint Firmin.	UN VALET d'Auberge.	Vigel.
LE PRÉSIDENT du CONSEIL DES MINISTRES (50 ans).	Thénard.	UN GEOLIER.	Jules.
		GEORGES, fils de Lavigne.	Charles.
LE MINISTRE DE LA GUERRE.	Edouard.	UN PETIT PAYSAN.	Marchant fils.
LAVIGNE, Cabaretier.	Constant.	LA REINE CLÉMENTINE (20 ans).	Mlle Mathilde.
UN CHEF DE VOLEURS (Fashionable).	Prosper.	LA COMTESSE DE FRANC-CASTEL (45 ans.)	Mme Desprez.
UN DIRECTEUR de prison.	Gilbert.	ELISA, nièce de Lavigne, fiancée à Georges.	Sophie.
M. LACRYMAL, Inspecteur des prisons.	Cullier.	LA FEMME BENOIT.	Laure.
BONOEIL, Contrebandier.	Francisque j.	PÉLAGIE, Fouilleuse du bureau des Douanes.	Héloïse.
UN BRIGADIER de la garde urbaine	Léopold.		
1er DOUANIER.	Salvador.		
2e DOUANIER.	Joly.		
UN GREFFIER.	Fleury.		
L'ADJOINT DU MAIRE.	Emile.		
UN HUISSIER.	Dossy.		
UN HUISSIER de la chambre du Roi.	Alf.-Albert.		
UN COMMIS des impôts indirects.	Couleau.		
TROIS VOLEURS (Fashionables).	Barbier. Costes. Chauvin.		

PERSONNAGES MUETS.

Cinq Ministres — Dames d'atour. — Courtisans. — Officiers. — Soldats. — Douaniers. — Contrebandiers. — Un commis des impôts indirects. — Un tambour. — Les enfans de la femme Benoit. — Paysans, paysannes. — Ménestriers. — Recors. — Garde urbaine. — Deux guichetiers. — Prisonniers. — etc., etc.

La scène se passe dans un royaume d'Allemagne où l'on suppose que les lois, les usages, les mœurs et la forme du gouvernement français ont été adoptés.

ACTE PREMIER.

PREMIER TABLEAU. — LES VACANCES.

Le théâtre représente l'appartement de la Reine. Des meubles élégans et d'un goût recherché le décorent, à gauche est placée une riche toilette.

SCÈNE PREMIÈRE.

LA REINE, LA COMTESSE DE FRANC-CASTEL, DAMES D'ATOUR.

(La reine est à sa toilette, les dames d'atour sont groupées autour d'elle.)

LA REINE, *avec impatience.* Mon Dieu, comme vous êtes gauches aujourd'hui !

LA COMTESSE, *d'un ton de reproche respectueux.* Votre majesté est aussi moins patiente qu'à l'ordinaire.

LA REINE, *lui tendant la main.* Pardon, ma chère comtesse ; mais il y a des momens où j'éprouve tant d'ennui...

LA COMTESSE. De l'ennui ! vous, madame ?

LA REINE, *vivement.* Des fêtes !.. toujours des fêtes !... rien que des fêtes !...

c'est monotone. Ce soir encore, un grand concert, un bal. Oh!... je n'y tiens plus. (*avec légèreté*) Mesdames, il faut me rendre bien jolie pour ce soir. (*Prenant un air et un ton graves*) C'est le cérémonial qui me fatigue, m'excède... Ah! mon Dieu!

Air: d'*Yelva*.

Reine, il me faut d'une bruyante vie,
Contre mon gré, parfois, suivre le cours.
Autour de moi toujours on s'étudie
A varier mes plaisirs nuits et jours.
Soins superflus! d'une factice ivresse
On m'environne, on m'étourdit en vain,
C'est trop d'ennui !

LA COMTESSE.
Quoi! s'amuser sans cesse.
LA REINE.
Quand donc aurai-je un instant de chagrin !

LA COMTESSE. Ah! madame, laissez de semblables idées aux petites bourgeoises.

LA REINE. Les petites bourgeoises, maîtresses de toutes leurs actions, sont plus heureuses que moi.

LA COMTESSE, *d'un air important*. Vous avez oublié, madame, les leçons que je vous ai données, et je vois que les principes philosophiques de votre illustre époux...

LA REINE. Oui, je commence à penser comme lui. La royale éducation que j'ai reçue, les préjugés aristocratiques dont j'étais imbue depuis mon enfance, cèdent peu à peu à l'exemple que me donne Stanislas.

LA COMTESSE. La noblesse espérait que votre majesté s'opposerait à de funestes innovations. L'ancien régime lui assurait des honneurs, des prérogatives; à elle seule appartenaient les hauts emplois de l'état. Votre auguste époux, en montant sur le trône, a voulu que tout fût changé dans son royaume; à l'instar du beau pays de France, nous avons une constitution, une chambre des pairs, une chambre des députés, des préfets, des maires, une garde civique, la liberté de la presse, le système décimal, que sais-je encore! Enfin, rien n'est ici reconnaissable, et notre jeune monarque gouverne de graves Allemands comme on gouverne les Français.

LA REINE, *riant*. Et vous en êtes fâchée?

LA COMTESSE, *soupirant*. Très fâchée, par esprit national. Ah! ce n'est pas ainsi à la cour du roi votre père!

LA REINE. Mon pauvre pays est si arriéré!

UN HUISSIER, *annonçant*. Le Roi!

SCÈNE II.

LES MÊMES, LE ROI, *en habit bourgeois, il est décoré d'un grand cordon et de plusieurs ordres*.

LE ROI, *à la cantonade*. C'est bien, c'est bien, M. le Président. (*S'avançant.*) Ils ne me laisseront pas un instant de repos. Ouf!
(Il tombe dans un fauteuil.)

LA REINE. Stanislas, vous paraissez bien fatigué.

LE ROI. Je le suis en effet... Le conseil s'est prolongé jusqu'à présent.

LA REINE. Quoi! depuis ce matin?

LE ROI. Oui,... six mortelles heures de discussions. Un verre d'eau sucrée.
(La comtesse sert le roi.)

LA COMTESSE. Sire, vous avez gagné une extinction de voix dans cette longue et pénible séance.

LE ROI, *après avoir bu*. Que voulez-vous Madame... je ne puis m'empêcher de donner mon avis... on le combat... je le soutiens... on veut l'écarter... je persiste, et...

LA COMTESSE. Comment! on ose...

LE ROI, *riant*. Oui, comtesse, on ose... parce que je suis roi, dois-je toujours avoir raison?

LA REINE. Vous travaillez trop, sire.

LE ROI, *gaiment*. Il est vrai qu'avec sept ministres je suis assez souvent obligé de travailler comme si je n'en avais pas.

Air: Mon Dieu si le roi le savait.

L'un, fulminant dans ses rapports,
Veut que son courroux soit le nôtre.
Soyons modérés, dit un autre.
Non, réplique-t-on, soyons forts !
Dieu! que de bruit, de vains efforts !
Pour discuter, sans rien conclure,
Parfois le plus mince projet;
C'est trop d'avoir, je vous l'assure,
Un ministère au grand complet.

LA COMTESSE. Sire, c'est vous qui l'avez formé.

LE ROI, *souriant*. Ah! oui, je vous comprends... J'ai toujours de l'humeur en sortant du conseil; mais, au fond, je rends justice à mes ministres, et je les crois, quand ils me disent que les routes sont belles et sûres, que le service des douanes marche bien, que le recrutement s'opère sans difficulté, que les impôts sont payés avec ordre et sans trouble, qu'enfin les lois s'exécutent et que le peuple est heureux.

LA COMTESSE. Moi aussi, je crois au

bonheur de votre peuple, sire ; du moment surtout, que votre majesté travaille plus que ses ministres.

LE ROI. Et même plus qu'un expéditionnaire à douze cents francs. Le croiriez-vous, mesdames? Vingt fois je me suis surpris à envier le sort de ces braves commis qui copient tout sans rien lire. Ils sont cloués à leur bureau depuis neuf heures jusqu'à quatre; mais quatre heures sonnent-elles, ils sont libres. Les jours de fêtes, les dimanches, pour eux repos absolu. Tandis que moi, il faut que je donne audience aux ambassadeurs, aux grands dignitaires, aux solliciteurs, aux courtisans qui me font le plaisir de venir m'ennuyer, le soir des réceptions prescrites par l'étiquette... je n'ai vraiment pas un instant qui m'appartienne. Ah! je vous jure, comtesse, qu'on a tort de s'écrier, en parlant d'un homme qui mène joyeuse vie : *Il est heureux comme un roi.*

LA REINE. Vous savez, sire, qu'il y a ce soir un concert, un bal...

LE ROI. Ah! mon Dieu, oui! puis un grand souper, fête complète enfin. Je vous avertis, Clémentine, que je me retire à minuit.

LA REINE, *bas au roi.* Vous m'emmenerez, n'est-ce pas?

UN HUISSIER, *annonçant.* Monsieur le président du conseil des ministres.

LE ROI. Encore! voyez si l'on me donne le temps de respirer. (*A la comtesse.*) Retirez-vous, comtesse.

(*La comtesse sort.*)

SCÈNE III.

LE ROI, LA REINE, LE PRÉSIDENT DU CONSEIL DES MINISTRES, *tenant un grand portefeuille.*

LE PRÉSIDENT, *s'inclinant profondément.* Sire!

LE ROI. Laissez-là vos révérences, vous savez bien, monsieur le président, que je vous dispense de l'étiquette.

LE PRÉSIDENT. Je sais que votre majesté me traite sans cérémonie.

LE ROI. Quel est le motif de la visite extraordinaire que je reçois de vous?

LE PRÉSIDENT. *Ouvrant le portefeuille qu'il tenait sous le bras et présentant des papiers au Roi.* Deux signatures oubliées par votre majesté.

LE ROI. Voyons.

LE PRÉSIDENT. Ces ordonnances prorogent à deux mois la cour des comptes et les divers tribunaux.

LE ROI. Et pourquoi cela?

LE PRÉSIDENT. Les vacances, Sire.

LE ROI, *se frappant le front.* Les vacances! ah! c'est juste... ils ont des vacances, et tous les ans... ils sont bien heureux. (*Signant les ordonnances.*) S'ils s'ennuient autant que moi de siéger, je conçois qu'ils doivent aspirer au moment où ma royale main leur permet d'agréables loisirs.

AIR : *Allons de la philosophie (Baron de Felsheim)*

Quand ils liront ces ordonnances,
Le bonheur chez eux va régner.
Je viens de signer leurs vacances,
Pour moi que n'en puis-je signer.

Ce repos que je leur envie
Est un besoin aussi pour moi,
Le fardeau des grandeurs m'ennuie...
Mais je suis heureux... comme un roi.

LE ROI ET LA REINE.

Quand ils liront ces ordonnances
Le bonheur chez eux va régner.
Je viens { de signer leurs vacances,
Il vient {
Pour moi que n'en puis-je signer !
Pour nous que n'en peut-il signer !

LE PRÉSIDENT.

Quand ils liront ces ordonnances,
Le bonheur chez eux va régner.
Mais, nous, tâchons que nos vacances
De longtemps ne soient à signer.
(*Il sort.*)

SCÈNE IV.

LE ROI, LA REINE.

LE ROI. Enfin, nous voilà seuls!.. mais qu'avez-vous?

LA REINE. Je réfléchis.

LE ROI. Ah! ah!.. peut-on savoir, Clémentine, quel grave sujet vous occupe?

LA REINE. Je pense aux signatures que vous venez de donner. Pourquoi ces vacances?

LE ROI. Les magistrats, les pairs, les députés ont toujours des vacances. Dans un état bien organisé, tout le monde en prend.

LA REINE. Tout le monde, dites-vous?

LE ROI. Oui, excepté le roi.

AIR : *de la robe et les bottes.*

A tort souvent on se figure
Qu'un trône n'entraîne aucun soin ;
Ce n'est point une sinécure
Lorsque du peuple on conçoit les besoins.
De ses travaux, s'il veut régner en père
Un roi n'est jamais satisfait ;
Tant qu'il a quelque chose à faire,
Il croit encor n'avoir rien fait.

LA REINE. Mais, sire, ne venez-vous pas de dire que tous les rouages de l'administration marchaient à merveille.
LE ROI. Les rapports de mes ministres sont on ne peut plus satisfaisans.
LA REINE. Alors, il me semble que, sans trahir vos devoirs, vous pourriez aussi prendre vos vacances.
LE ROI. Cette idée a quelque chose d'original qui me plaît... la session des chambres ne s'ouvre que dans un mois... je pourrais en effet... savez-vous que vous me donnez là une tentation... mais que diront mes peuples?
LA REINE. Puisqu'ils sont heureux.
LE ROI. Vous me décidez.

AIR : *Le beau Lycas aimait Thémire* (Bal d'ouvriers).
Nous prendrons un mois de vacances.

LA REINE.

Un mois ! ah ! sire, pour nos cœurs
Que de nouvelles jouissances
Dont nous ignorons les douceurs !

LE ROI.

Clémentine, dans les provinces,
Où l'on aime, où l'on suit nos lois,
Il nous est bien permis, je crois,
Quand des bourgeois vivent en princes
De vivre comme des bourgeois.

ENSEMBLE.

Si des bourgeois vivent en princes,
Nous vivrons comme des bourgeois.

LA REINE. Je suis enchantée ! nous allons annoncer notre résolution de visiter la cour du roi mon père. Dès que nous aurons franchi la frontière, nous renverrons nos équipages, nos gens, et sans suite, nous rentrerons dans vos états. Nous visiterons les provinces, nous ferons nos observations.....
LE ROI. En amateurs !.... cela sera piquant.
LA REINE. Très piquant ! être seuls, absolument seuls, comme de simples particuliers.
LE ROI. Garder le plus sévère incognito, nous appartenir enfin.
LA REINE. Nous n'emporterons rien qui puisse nous faire reconnaître.
LE ROI. Aucun papier.
LA REINE. Mais beaucoup d'or, pour faire en route quelques heureux.
LE ROI. Charmante !
LA REINE. Je veux partir dans une heure.
LE ROI. Vous oubliez qu'aujourd'hui... quel prétexte donner?
LA REINE. Cela me regarde.
LE ROI. Mais le bal de ce soir?
LA REINE. On l'ajournera.
LE ROI. Et nous respirerons en liberté.
LA REINE, *sautant de joie et sonnant de toutes ses forces*. Ah ! quel bonheur !... Qu'il me tarde de quitter ce palais, de ne plus être entourée, obsédée par des gens qui m'ennuient.

(Un huissier entre.)

LA REINE à *l'huissier*, Faites donner contre ordre pour la fête de ce soir.
LE ROI. Faites avertir les ministres que je les attends ici sur-le-champ.

(L'huissier sort.)

LA REINE. Ne perdons pas de temps, songeons à nos préparatifs.
LE ROI. C'est cela, accoutumons-nous à nous servir nous mêmes.

(Ils ouvrent tous les meubles et cherchent les objets qu'ils veulent emporter.)

AIR : *Moi, j'aime la danse.*

Voyons tout de suite,
Car on va venir
Nous étourdir,
Tout nous invite
A vite
En finir.

LA REINE.

Moi, j'ai beau chercher,
Me dépêcher,
Je ne fais rien
D'à peu près bien,
Et grâce à mon impatience,
Rien n'avance.

LE ROI.

Mon Dieu, que les rois
Sont maladroits
S'ils n'ont près d'eux
Valets nombreux
Peuplant de janvier en décembre
L'antichambre.

ENSEMBLE.

Sans valets, sans suite,
Il faut s'asservir
A se servir.
Tout nous invite
A vite
En finir.

LA REINE. Mes malines, mes cachemires, mes robes, mes chapeaux.
LE ROI. Mes rasoirs anglais.
LA REINE. Mes diamans.
LE ROI. Vos diamans ! y pensez vous, Clémentine? ces parures de prix vous feraient reconnaître.
LA REINE *d'un ton doux et caressant*. Je prendrai les moins beaux.
LE ROI. La coquetterie ne perd jamais ses droits.
LA REINE. Seriez-vous fâché qu'on me trouvât jolie?
LE ROI. Non ; mais...
LA REINE. Cela vous contrarie.... j'y renonce. Etes-vous content de moi?
LE ROI, *lui baisant la main*. Oui, ma chère Clémentine.

LA REINE. Ici rien de ce que je veux...
Ah! je me le rappelle..... tout ce qui
m'est nécessaire est dans la pièce voisine
Venez. Stanislas.
LE ROI. Un moment, voici quelqu'un.

SCÈNE V.

Les mêmes, UN HUISSIER.

L'HUISSIER. Sire, vos ministres arrivent au palais.
LE ROI. C'est bien!
LA REINE. Qu'ils attendent. (*Entraînant Stanislas dans l'appartement voisin*) Le roi va revenir.

SCÈNE VI.

LE PRÉSIDENT DU CONSEIL, LE MINISTRE DE LA GUERRE, CINQ MINISTRES.

LE MINISTRE DE LA GUERRE. Eh mon Dieu! que peut signifier cette convocation extraordinaire, dans l'appartement de la reine?
LE PRÉSIDENT. M. le général, je l'ignore.
LE MINISTRE DE LA GUERRE. Le roi paraissait-il sombre, préoccupé quand vous l'avez quitté, il y a une heure?
LE PRÉSIDENT. Sa majesté était excessivement gaie.
LE MINISTRE DE LA GUERRE. Figure de cour, « le roi doit être mécontent.
LE PRÉSIDENT. « Mécontent, et pour-
» quoi? L'esprit public est bon, la dette
» dépasse à peine les revenus de l'état;
» le commerce paye ses impôts, donc il
» est florissant; et les puissances, quoique
» toutes sur pied de guerre, protestent que
» la paix ne sera pas troublée... je ne
» vois absolument rien...
LE MINISTRE DE LA GUERRE. Cependant la reine a donné contre ordre pour la fête de ce soir.
LE PRÉSIDENT. Il se pourrait qu'en effet...
UN HUISSIER. Leurs majestés!

SCÈNE VII.

Les mêmes, LE ROI, LA REINE.

LE ROI. Messieurs, cette convocation subite a dû vous surprendre?
LE PRÉSIDENT. Sire, nous avons pensé qu'une affaire d'une haute importance....
LE ROI. Très importante, et surtout pour vous, M. le président du conseil.
LE PRÉSIDENT. Pour moi sire?
LE ROI. Vous m'avez assuré que tout allait bien dans le royaume.
LE PRÉSIDENT. *Bas.* O mon Dieu! aurait-il appris le contraire? (*Haut*) Mais, sire, nous n'avons du moins jusqu'à ce moment, rien qui puisse donner la plus légère inquiétude, votre majesté a lu nos rapports.
LE ROI. C'est précisément, Messieurs, parce qu'ils me donnent toute sécurité, que je crois devoir céder à un caprice de votre jeune souveraine.
LE PRÉSIDENT, *bas.* Ah! je respire...
(*Haut*) Sa majesté en a de si séduisans.
LE ROI. Séparée depuis deux ans de son auguste père, la reine désire le revoir et je l'accompagne. Notre voyage durera un mois. (*Présentant un papier au président*). Cette ordonnance vous nomme régent pendant mon absence et vous adjoint comme conseillers, ces messieurs (*Il montre les ministres*).
LE PRÉSIDENT, *s'inclinant.* Je justifierai la haute confiance dont votre majesté daigne m'honorer... mais ce voyage improvisé... si j'avais été prévenu, j'aurais donné des ordres pour que dans chaque ville...
LE ROI. C'est précisément ce que la reine et moi nous voulons éviter.
LA REINE. Oui; car nous n'aurons pas de suite.
UN HUISSIER. Les voitures de leurs majestés sont prêtes.

LE ROI.
Air : *Amis, la matinée est bo'le.*
Je pars, je pars à l'instant même,
Comptant sur vous, messieurs, je veux,
Je veux qu'un bon peuple que j'aime,
Chaque jour se réveille heureux.

LE ROI ET LA REINE.
Ministres, sous votre régence;
Ne négligez rien.
Nous prétendons en notre absence
Que tout marche bien.
Songez y bien, messieurs songez y bien.

ENSEMBLE.
LE ROI ET LA REINE.
Ministres, sous votre régence, etc, etc.

LES MINISTRES.
Ministres, sous notre régence,
Ne négligeant rien,
Soyez certains qu'en votre absence,
Tout marchera bien.
Dans vos états, sire, tout ira bien.

(*Le roi, la reine et les ministres sortent.*)

FIN DU PREMIER TABLEAU.

DEUXIÈME TABLEAU. — LES DOUANES.

Le théâtre représente une frontière. Une palissade et un poteau indiquent les limites de deux états. A droite un bâtiment. Deux fenêtres ouvertes au rez-de-chaussée, laissent voir l'intérieur d'une chambre et un cabinet. Au-dessus des croisées on lit : Bureau des Douanes. A gauche vers le fond, l'auberge du Grand-Vainqueur. Au premier étage un balcon.

SCÈNE PREMIÈRE.

(Au lever du rideau, des douaniers, groupés devant la maison, fument et jouent aux cartes sur un banc de pierre.)

PREMIER DOUANIER. Pas de saisie la nuit dernière, pas de saisie ce matin ! les contrebandiers sont bien poltrons ou bien adroits.

DEUXIÈME DOUANIER. Mille tonnerres ! depuis deux jours ces brigands là nous font donner au diable, aussi gare au premier qui m'tombe sous la griffe.... j' suis las de ne rien confisquer.

PREMIER DOUANIER. Pour nous consoler, mes amis, une seconde tournée d'eau-de-vie.

TOUS. Oui, une seconde tournée, ça nous mettra en belle humeur.

(Ils entrent dans le bureau et boivent sans laisser la scène entièrement vide.)

SCÈNE II.

LES DOUANIERS, BONOEIL, CONTREBANDIERS sous divers costumes.

(Les contrebandiers vêtus en mendians des deux sexes, grotesques et difformes, se montrent hors de la palissade, non ils ne tous des marchandises prohibées qu'ils placent dans leurs besaces ou sous leurs vêtements. Ils écoutent avec attention les ordres de Bonœil qui les fait cacher aux environs de l'auberge. Deux d'entre eux seulement restent à la porte, comme pour implorer la pitié des passans. Mais pendant la scène suivante ils épient tous les mouvemens de Bonœil, leur chef, et avertissent leurs camarades de ce que ses gestes leur prescrivent de faire.)

BONOEIL, s'avançant du côté de l'auberge et sans franchir la palissade. Allons, Bonœil, encore une enjambée, un conte en l'air débité avec l'effronterie d'un contrebandier, et tu feras une excellente affaire. Il y a aujourd'hui fête foraine dans le petit bourg que j'aperçois par delà cette limite, tous mes gens sont chargés de marchandises prohibées, ils n'attendent qu'un signal.... Sachons entortiller ces gobe-mouches de préposés qui se croient toujours plus fins que ceux qui les attrappent. (Apercevant les douaniers.) Ah ! diable ! ces messieurs sont à leur poste faisons leur voir des étoiles en plein midi. (Il passe la frontière.) Eh ! bonjour, les amis, bonjour.

PREMIER DOUANIER. Ah ! c'est monsieur Bonœil, le loustic des commis voyageurs.

BONOEIL, leur donnant à tous des poignées de main. Lui même. Il y a longtemps que nous ne nous sommes vus.

LE DOUANIER. Vous venez de faire une tournée à l'étranger ?

BONOEIL. Je ne l'ai pas achevée. Je suis las du métier. Je quitte le commerce, et vous, les enfans de la joie, cela va-t-il un peu ?

LE DOUANIER. Nous avons beau avoir les yeux ouverts et les oreilles aux aguets, rien. Les contrebandiers sont devenus invisibles.

BONOEIL. Pas possible ! (Se grattant le front et à part.) Oh ! la bonne idée ! (Haut.) Et si je vous en montrais, moi, qu'est-ce que vous payeriez ?

LE DOUANIER. Un diner soigné, quarante sous par tête. Vous connaissez des contrebandiers ?

BONOEIL, mystérieusement. Oui, et je vous les livrerai gratis. Je suis comme cela, moi ; procédé pour procédé. Écoutez bien, c'est une trouvaille. (Il les place de manière à ce qu'ils tournent le dos au bureau des douanes.) Vous voyez cette auberge ; regardez donc ; la voyez vous ?

LE DOUANIER. Oui, oui, l'auberge du Grand Vainqueur.

BONOEIL. Eh bien ! ne la quittez pas des yeux.

(Il fait un geste, plusieurs contrebandiers passent la frontière.)

LE DOUANIER. Qu'y a-t-il dans cette auberge ?

BONOEIL, à voix basse. Des contrebandiers.

LE DOUANIER. Des contrebandiers ! vous en êtes sûr ?

BONOEIL. C'est à moi que vous demandez cela ? à moi, qui suis observateur par état. (Les douaniers font un mouvement pour *retourner.*) Regardez toujours l'auberge. (*Il les rassemble autour de lui et leur parle. A un second signal, d'autres contrebandiers franchissent la palissade.*) Comme j'y arrivais, un homme et une femme sont entrés avec une suite qui annonçait l'opulence. Ils l'ont congédiée à l'instant, puis je leur ai entendu dire.... Tenez, regardez, les voilà sur le balcon.

LE DOUANIER. Effectivement un monsieur et une dame.... Et ce sont des contrebandiers ?

BONOEIL. Écoutez ce qu'ils ont dit : « Il est impossible qu'on sache maintenant qui nous sommes, et nous passerons comme de bons bourgeois qui reviennent de la promenade. » Nous passerons.... (*A un nouveau signe de Bonœil le reste des contrebandiers passe sans être vu.*) Hein ! comprenez-vous ?

LE DOUANIER. C'est assez clair. Ah ! mon cher, que d'obligations !

BONOEIL. Pas de remercîmens, je ne les aime pas quand je rends service à de braves gens comme vous; mais profitez de mon avis, ou sans cela vous êtes faits d'amitié.

LE DOUANIER, *qui n'a pas entendu.* Vous dites ?

BONOEIL, *à qui l'un des mendians fait signe que tout son monde est passé.* Je dis que vous êtes faits d'amitié. Mais, adieu, l'heure s'écoule et ma présence n'est plus nécessaire ici.

AIR : *Encore un préjugé.*

Courage, dévoûment,
Des yeux d'Argus, main vigoureuse,
Une capture heureuse
Amis, vous attend
Dans l'instant.
Masquez avec adresse
Vos pièges aux contrebandiers;
Car, prudence et finesse
Sont les vertus des douaniers ;
(*à part.*) Ils ne se doutent guère,
Lorsqu'en riant je dis : allez,
Fermez bien la volière ;
Que mes oiseaux sont envolés.
(*Il se sauve.*)

TOUS.
Courage, dévoûment, etc.

LE DOUANIER. Attention, vous autres !
(*Ils se cachent, les uns derrière la palissade, les autres dans le bureau.*)

SCÈNE III.

LES DOUANIERS *cachés*, LE ROI, LA REINE, UN VALET D'AUBERGE ET TROIS HOMMES PORTANT DES MALLES.

(*Le roi et la reine sont vêtus très simplement. La reine porte une ombrelle, un chapeau de paille d'Italie et un cachemire des Indes.*)

LE ROI. Tous nos gens sont partis. Nous voilà donc libres enfin, ma chère amie, oui, libres comme l'air et prêts à commencer notre charmant voyage quand vous voudrez.

LA REINE, *gaîment.* Tout de suite, mon ami.

LE ROI. Y pensez-vous ? et nos bagages... (*au valet.*) Qu'on nous procure à l'instant un cabriolet, une chaise de poste, ce qu'on trouvera.

LE VALET. A un quart de lieue d'ici, il y a un village où c'que m'sieur l'maire a une vieille calèche qu'il prête à tout l'monde pour l'argent. Si vous voulez, not' bourgeois, j'vas aller lui demander...

LE ROI. Eh bien ! soit ; mais dépêche-toi.

LE VALET. Dans dix minutes j'suis ici.
(*Il sort.*)

SCÈNE IV.

LES MÊMES, *excepté le valet d'auberge.*

LA REINE. Que faire en attendant la voiture ? Si nous allions à sa rencontre en nous promenant ? Cela nous ferait connaître le pays.

LE ROI. Volontiers. (*Aux hommes qui portent les malles.*) Montrez-nous le chemin.)

(*A peine ont-ils franchi la palissade, que les douaniers se précipitent sur eux.*)

1er DOUANIER. Au nom du Roi, je vous somme de ne pas aller plus loin.

LE ROI, *vivement.* Comment, au nom du roi ?

LA REINE, *effrayée.* Quels sont ces gens-là ?

LE DOUANIER, *d'un ton goguenard.* Belle dame, vous faites l'étonnée, cela ne prendra pas.

LE ROI. Insolent ! parlez avec plus de respect....

LE DOUANIER. Il est bon là, le monsieur, avec son respect. Faut-il pas avoir des égards...

LA REINE. Mais, c'est une horreur !...

LE ROI, *avec emportement.* Une indignité !... et je ne sais qui me retient...

LE DOUANIER. Voyez-vous ça ?.... Il croit qu'on a peur de lui. Empoignez-moi cet homme là, et s'il fait le mutin, vous savez...

LA REINE, *se jetant dans les bras du roi.* Mon ami !

LE ROI. Je ne souffrirai pas... Quel est le motif de cette conduite infâme?
LE DOUANIER. Votre infâme métier.
LA REINE. Pour qui donc nous prenez-vous?
LE DOUANIER. Pour ce que vous êtes, pour des contrebandiers.
LE ROI. Nous, des contrebandiers!
LE DOUANIER. Sans doute! Il croyait mettre notre surveillance en défaut! Il s'adressait bien. Nous allons vous faire voir que le roi n'a pas de plus fidèles serviteurs que nous.
LE ROI. Je félicite sa majesté.
LE DOUANIER. Assez causé. Que contiennent ces malles?
LE ROI. Des objets à notre usage.
LE DOUANIER. A votre usage... C'est toujours la même chanson. Rien n'est sujet aux droits d'entrée.
LE ROI. Je ne le pense pas.
LE DOUANIER. Les clés!
LA REINE. O mon Dieu! Ils vont tout froisser, tout abîmer. Mon ami, ne les donnez pas.
LE ROI. Ils briseraient les serrures. (*Les remettant.*) Les voici.
LA REINE. Prenez au moins des précautions.
LE DOUANIER, *d'un ton goguenard.* Oh! nous n'en négligerons aucune. (*Il appelle.*) Pélagie! Pélagie!
PÉLAGIE, *dans l'intérieur du bureau.* Me voilà! me voilà!

⸻

SCÈNE V.

Les Précédens, PÉLAGIE.

PÉLAGIE, *elle entre vivement.*
AIR : *Montagne, Montagne.*

« Active,
« J'arrive,
« Fouiller, fur'ter, c'est mon devoir.
« Null' ruse,
« N' m'abuse,
« J' sais tout prévoir.
« Chez la femme à la taille fine,
« Chez celle dont l'embonpoint domine,
« Souvent les hanch's, le sein, le dos
« M' paraissent si pot'lés, si beaux,
« Que je m'dis v'là du faux !
« Active,
« J'arrive, etc.

LES DOUANIERS.

« Active,
« Ell' arrive,
« Fouiller, fur'ter, c'est son devoir ;
« Null' ruse,
« N' l'abuse;
« Ell' sait tout prévoir.

LE DOUANIER, *à Pélagie.* « Conduisez
« cette belle dame dans le cabinet à la
« visite, fouillez là avec précaution et si
« vous trouvez de la contrebande....
« suffit. »
LA REINE, *s'emparant du bras du roi.* Je n'irai point. Mon ami, épargnez moi cette humiliation.
LE DOUANIER. « Pas possible, ma belle
« dame, votre mari va nous suivre aussi.
« Emmenez monsieur. »
LE ROI, *à la reine.* « Il faut céder ou nous trahir. (*Haut.*) Hâtez vous. »
LA REINE, *au roi.* Nos vacances commencent bien.

« (Ils entrent dans le bureau. Le roi passe dans le
« cabinet à droite et la reine dans le cabinet à
« gauche.)

LE DOUANIER, *ouvrant et visitant les malles.* Tout ceci est magnifique, voyez donc et ces gens là voudraient nous persuader que des choses d'un si haut prix... Bonne capture, mes amis! nous sommes désensorcelés.

AIR : *Le voilà, le voilà* (Rabelais).

Des étoffes étrangères,
Qui doivent tout's des droits aux frontières,
Ils fourniss'nt les lingères,
Mais leur coup est manqué.

TOUS.
Confisqué, confisqué, confisqué!

LE DOUANIER.
Du tabac, des pistolets,
Douz' pair's de rasoirs anglais,
Des plum's d'or pour écrire,
Et des volum's qu'je n'sais pas lire ;
Rob's et schal's en cachemire,
Dentell's, superb' piqué.

TOUS.
Confisqué, confisqué, confisqué!

(Le roi et la reine sortent du bureau.)

LE DOUANIER. Au nom du roi, les marchandises saisies en fraude sont confisquées.
LE ROI. Dépouiller ainsi les voyageurs, messieurs, ce sont nos vêtemens. Examinez bien, la plupart de ces autres objets ont servi quelquefois...
PREMIER DOUANIER. C'est-à-dire qu'on voudrait nous le faire croire, nous connaissons ces ruses là. (*Aux douaniers.*) Enlevez.
LE ROI. Un instant, qu'ai-je alors à payer pour les droits?
PREMIER DOUANIER. Pas une obole, car vous n'avez rien déclaré, et ceci nous appartient légitimement... enlevez donc vous autres.

(Les douaniers obéissent.)

LA REINE. Quoi! mes robes, mes dentelles, mes cachemires...

LE ROI. Mes armes, mes rasoirs...

LA REINE, *bas au roi.* Si vous leur disiez qui nous sommes...

LE ROI. Et notre incognito. Messieurs, j'ignorais la manière dont vous vous acquittez de vos devoirs; mais je suis sûr que ce n'est pas ainsi que le roi entend qu'on exécute les réglemens.

LE DOUANIER. Oui, le roi des contrebandiers. Ah! ah! les bonnes figures! regardez donc, camarades.

LE VALET, *qui entre.* Not' bourgeois, v'la la vieille calèche de m'sieur le maire.

LE ROI. C'est bien. (*Prenant ses tablettes.*) Consignons les façons tout aimables de messieurs les douaniers.

LE DOUANIER. Circulez. Vous ne craindrez pas les voleurs.

LE ROI.

AIR : *A l'amitié, à l'amitié.*
Je vais partir (*bis*)
De grand cœur je vous quitte
Vite.
Je vais partir.

LES DOUANIERS.
En route beaucoup de plaisir.

LA REINE.
De l'affront qu'on vient de nous faire,
Mon ami, vous nous vengerez.

LE ROI.
Cette leçon est un peu chère,
Mes bons douaniers, vous la pairez.

1ᵉʳ DOUANIER.
Vos malles beaucoup plus légères,
Pass'ront aisément la frontière,
Et j'ai trouvé le vrai moyen
Pour qu'on n' vous saisiss' plus rien.

LE ROI.
Je vais partir
Messieurs, je vous quitte
Au plus vite.
Adieu, je dois vous avertir
Que de tels abus vont finir.

LA REINE.
Je vais partir.
De grand cœur je vous quitte
Vite.
Je vais partir
Certes, pour ne plus revenir.

LES DOUANIERS.
Il va partir,
Le beau couple nous quitte
Vite.
Il va partir,
En route beaucoup de plaisir.

(*Le roi, la reine, et le valet d'auberge sortent. Les douaniers les regardent partir en riant.*)

FIN DU DEUXIÈME TABLEAU ET DU PREMIER ACTE.

ACTE DEUXIÈME.

TROISIÈME TABLEAU. — LE BONHEUR AU VILLAGE.

Le théâtre représente une place de village. A droite, une chaumière en ruines; à gauche, un cabaret devant lequel est un berceau de vignes et quelques tonneaux vides.

SCÈNE PREMIÈRE.

LE ROI, LA REINE, *ils arrivent lentement et se donnent le bras.*

LE ROI, *gaîment.* Quel plaisir de voyager à pied! l'air du matin donne un appétit d'enfer. (*Riant.*) Et la poussière, une soif!...

(*Il essuie ses bottes avec son mouchoir.*)

LA REINE, *essuyant aussi son chapeau en riant.* Voyez donc, mon ami.... et votre habit, il a changé de couleur.

(*Elle en ôte la poussière en agitant son mouchoir.*)

LE ROI. On ne peut faire arroser les grandes routes comme les avenues de nos palais ou les allées de nos parcs.... Ce village est considérable; sa situation est délicieuse.

LA REINE. Oui; mais les maisons, ou plutôt les chaumières tombent en ruines.

LE ROI. Pourtant, sous ses rustiques toits on trouve le bonheur.

LA REINE. Vous croyez, mon ami?

LE ROI. Ici, chacun est satisfait du peu que le ciel lui accorde, chaque ménage a sa petite propriété. On est bons voisins, bons pères; les jeunes filles n'ont qu'un amoureux, les garçons n'ont qu'une maîtresse. On travaille tous les jours, on danse tous les dimanches. « Les lois s'exécutent sans « l'intervention de la force armée, » et sans sommations, on acquitte le léger impôt qu'on doit à l'état.

LA REINE. S'il en est ainsi, le village me fera oublier la mésaventure humiliante de la frontière.

LE ROI. « La première session apportera « des modifications dans le système des « douanes. » (On entend battre la caisse.) Le tambour! c'est sans doute une fête, une noce de village.

LA REINE. Une noce! j'en serais ravie.

LE ROI. Si la mariée est jolie, je veux ouvrir le bal avec elle.

LA REINE. Ah! je veux.... je vous y prends Stanislas, c'est parler en roi.

LE ROI. La force de l'habitude est si puissante.

SCÈNE II.

Les Mêmes, un Tambour, un Huissier, Recors, LAVIGNE, ELISA, LA FEMME BENOIT, ses enfans, Paysans et Paysannes. *L'huissier va poser une affiche à la porte de la chaumière, et vient au milieu de la place, en tenant une autre qu'il lit à haute voix. La foule l'entoure.*

L'HUISSIER.

AIR : du *Solliciteur*.

En verta d'un exploit,
On vend en plac' publique;
Les meubl's et l'fond d'boutique
Du vigneron Benoit,
D'meurant dans cet endroit.
L'acquéreur à c'te vente,
Sait qu'en monnai' sonnante,
Il doit expressément
Tout payer au comptant.
(Roulement de tambour.)

LE ROI, *surpris*. Une vente par autorité de justice!

LA REINE, *d'un ton de commisération*. Là dans cette chaumière.

L'HUISSIER, *aux recors*. Enlevez les meubles!
(Les recors entrent dans la boutique.)

LA FEMME BENOIT. Monsieur l'huissier ayez pitié de nous, de nos malheureux enfans, vous le savez notre récolte a été grêlée.

L'HUISSIER. Il fallait la faire assurer.

LA FEMME BENOIT. Mon pauvre homme est malade depuis six mois.

L'HUISSIER. C'est l'affaire du médecin.

LA FEMME BENOIT. Accordez-nous au moins quelques jours pour achever de vous payer?

L'HUISSIER. Impossible!

LE ROI. C'est être bien rigoureux...

LA REINE, *bas au roi*. Oui, envers de pauvres gens. Mon ami il faut secourir cette famille.

LE ROI. Sans doute.

(Les recors reparaissent portant de vieux meubles qu'ils exposent sur la place.)

L'HUISSIER. De par le roi, la loi et justice, nous allons procéder à la vente.

(La femme Benoit et ses enfans fondent en larmes, Lavigne, Elisa et quelques paysans l'entourent et cherchent à la consoler, d'autres examinent les meubles.)

LA REINE.

AIR : de *Lantara*.

Cette rigueur que je déplore,
Qui donc la commande?

LE ROI.
Les lois.
Mais à la pitié qu'elle implore,
L'indigence a toujours des droits.

LA REINE.
Ici l'on méconnaît ses droits.
En voyageant de ville en ville,
Mon ami, rendons grâce aux dieux
D'avoir une liste civile,
Pour secourir les malheureux.

L'HUISSIER, *monté sur une table*. Six francs la commode, c'est bien vu, bien entendu, six francs! une fois....

LE ROI, *avec force*. Arrêtez! arrêtez!

L'HUISSIER. Qui se permet d'interrompre un officier public?

LE ROI. Moi, qui vais acquitter la dette de ce vigneron.

LA FEMME BENOIT. Ah! Jésus! est-il possible?

LE ROI, *à l'huissier*. Combien vous est-il dû?

L'HUISSIER. Dix-sept francs pour le capital et vingt-cinq francs pour les frais, le papier timbré, les honoraires d'huissier etc. etc. etc. total quarante-deux francs.

LE ROI. Vingt-cinq francs de frais pour une somme de dix-sept francs! et comment voulez-vous que ces malheureux puissent se libérer?..

L'HUISSIER, *montrant les meubles*. Comment! vous le voyez.

LA REINE. Ah! c'est affreux! (*à part*) Mon ami, prenez vos notes.

LE ROI. Oui, oui, (*lui donnant de l'or*), Clémentine payez ces recors.

LAVIGNE. Morgué v'là de braves gens!

ÉLISA. C'est vrai, regardez donc comme cette dame est jolie, et le monsieur est-il bel homme?

(La reine a payé l'huissier, en a reçu des papiers qu'elle donne à la femme Benoit elle lui remet en outre quelques pièces d'or.)

LA REINE. Vous ne devez plus rien, prenez ceci pour vous et votre mari.

LA FEMME BENOIT, *très émue*. Ah mon Dieu ! ah sainte vierge ! tout cet or est à moi !
(Elle tombe aux genoux de la reine qui la relève avec bonté, l'huissier, le tambour et les recors sortent; les paysans rentrent les meubles dans la chaumière.)

SCÈNE III.

Les Mêmes, *excepté* L'HUISSIER, LE TAMBOUR ET LES RECORS.

LAVIGNE. J'embrasserais de bon cœur cette belle dame.

LA FEMME BENOIT.

Air *de Mariane.*

J'étais pauvr', me v'la dans l'aisance,
J' ne peux croire à tant de bonheur.
Comment vous peindr' ma r'connaissance
Et tout c' qui s' passe dans mon cœur.
   Ma vieill' chaumière,
   Qui m' vient d' ma mère,
     Nous restera
     On la réparera.
   Enfans, votr'père,
   Bientôt j' l'espère.
     Soigné, traité,
     Va r'couvrer la santé.
Vous qui venez d' finir ma peine,
Que le ciel veille sur vos jours;
Qu'il m'exauce et vous s'rez toujours
   Heureuse comme un' reine.

TOUS LES PAYSANS.

Heureuse comme un' reine.

LA REINE. Je ne l'ai jamais été comme en ce moment.

LE ROI, *à la femme Benoit*. Bonne femme, allez retrouver votre mari.
(La femme Benoit sort avec ses enfans et les paysans.)

SCÈNE IV.

LE ROI, LA REINE, LAVIGNE, ELISA.

LAVIGNE, *à Elisa*. Si j'osais, j'irais les prier de rester pour ta noce.

ELISA, *d'un air résolu*. J'oserai bien, moi, vous allez voir mon oncle.

LA REINE, *à Stanislas*. Eh bien ! mon ami, chacun ici paye-t-il galment son léger impôt ?

ELISA, *s'avançant avec timidité*. Pardon, Monsieur et Madame...

LE ROI, *avec bonté*. Que voulez-vous, ma belle enfant ?

ELISA. Mon oncle Lavigne que v'là, va me marier avec mon cousin Georges, son fils;..on dit que rien ne porte bonheur comme la présence de braves gens... voulez-vous, Monsieur et Madame?...

LE ROI ! *souriant et lui prenant la main*. Vous porter bonheur.

ELISA. Oui, Monsieur, en consentant à dîner avec nous, à passer la nuit ici et à venir demain au prochain village où mon oncle nous installe. Oh ! il y a grande fête, une kermesse superbe, vous vous amuserez beaucoup.

LE ROI. Ce serait abuser...

ELISA. Du tout ! du tout ! nous avons deux carrioles, les meilleures du pays... oh ! ne refusez pas, Monsieur, ni vous, Madame.

Air : *Les poissons et les jeunes filles*. (de Mazaniello)

   Ce serait un heureux présage
   Que votr' présence parmi nous.
   George et moi pour notre ménage
   Prendrions des leçons de vous.
   Aujourd'hui l'amour, l'allégresse
   Couvrent de fleurs notre chemin.
   Mais toujours quand un beau jour cesse,
   On désire un beau lendemain.

LE ROI, *à la reine*. Que pensez-vous de cette invitation ?

LA REINE. Je l'accepte avec plaisir.

LE ROI. Moi de même; mais j'y mets une condition.

LAVIGNE. Laquelle, Monsieur ?

LE ROI. C'est que vous me permettrez d'ajouter deux mille francs à la dôt de cette jeune et jolie fille.

LA REINE, *très vivement*. Et à moi de lui offrir sa parure de mariée.

LAVIGNE. Oh ! ça, non, par exemple, et j'vous en remercions tout d'même. Je ne sommes pas riches, mais il y a des gens que la misère accable, gardez, Monsieur, gardez votre argent pour eux...j'n'accepterons rien.

LA REINE. Pas même la parure?...

LAVIGNE. La parure, je ne dis pas, si Lisa y consent tout' fois.

ELISA, *s'inclinant*. Madame... que de bontés !

LE ROI. Nous signerons au contrat.

LAVIGNE, *avec expansion et tendant la main*. Touchez là. (*Tout honteux de cette liberté et retirant sa main.*) Ah ! pardon, excuse...

LE ROI. Pourquoi retirer votre main, brave homme ! c'est moi à présent qui vous tends la mienne.

LAVIGNE, *tapant fortement dans la main du roi*. De tout cœur ! allons ! allons ! la table. Elisa, fait la dresser vivement sous ce berceau et dis à Georges... Ah ! le voici.

SCÈNE V.

Les Précédens, GEORGES, Paysans.

(Elisa va et vient, pendant le commencement de la scène on apporte une table copieusement servie, puis on roule une pièce de vin près du berceau.)

LAVIGNE, *dès l'entrée de Georges.* Viens ici, Georges. Monsieur et Madame, v'là not' fils, celui que j'allons marier, parce qu'il a pincé un bon numéro au tirage de la milice. Dam! s'il était tombé au sort, j'aurions été le premier à lui dire: sois bon soldat, mais ma fine, puisqu'il nous reste, j'en sommes contens et Elisa itou. Et puis, n'est-ce pas, Monsieur, tout le monde n' peut pas être militaire?
LE ROI. Certainement.
ELISA. Mon oncle, c'est prêt.
LAVIGNE. Eh bien! dînons; appelle nos amis.
ÉLISA, *faisant signe aux paysans d'approcher.* Ils sont là.
LAVIGNE, *à la reine.* Ma petite mère mettez-vous à côté de moi, et M. votre mari près d'Elisa. (*aux paysans*) Vous autres où vous voudrez, maintenant la soupe, c'est une soupe aux choux. (*à la reine*) Vous n'mangez peut-être pas souvent d' la soupe aux choux?
LA REINE, *riant,* Mais non.
LAVIGNE. Si j'avions su plutôt... j'aurions envoyé à la ville.
LA REINE. Vous auriez eu tort... cette soupe est délicieuse.
LE ROI. Parfaite en vérité!
LAVIGNE. Goûtons le vin, celui-là est réservé pour les amis. (*Il verse*) Vous buvez sec la petite mère.
LA REINE, *élevant son verre.* Assez, assez!
LAVIGNE. Bah! bah! un petit coup n' fait pas de mal.

Air: *Verse, verse du vin de France.*

Les vins dont l' cellier est garni,
N' sont pas fins, mais sont salutaires;
Sans craindr' de nous griser, jarni,
Remplissons et vidons nos verres,
Vidons nos verres.
(Portant un toast au roi et à la reine.)
A vous dont les touchans bienfaits,
Du pauvr' soulagent la misère.

LE ROI, *à part.*
Heureux le roi que ses sujets
Peuvent ainsi traiter en frère!

LAVIGNE, *trinquant avec Stanislas.*
Humons cette mousse légère,
La gaîté gît au fond du verre,
Et la gaîté
C'est la santé.

CHŒUR.
La gaîté gît au fond du verre
Et la gaîté,
C'est la santé!
Mes amis à votre santé.

SCÈNE VI.

Les mêmes, UN PETIT PAYSAN.

LE PAYSAN, *accourant.* Père Lavigne, gare à vous, v'là les rats, v'là les rats!
LAVIGNE, ÉLISA, GEORGES. Les rats!
LE ROI ET LA REINE. Qu'est-ce que c'est que cela?
LAVIGNE. De vilains messieurs, mais n'vous effrayez pas... Les amis, vite à l'ombre ces bouteilles non cachetées que je ne vends pas, mais qu'ils confisquerions tout d' même. (*à la reine lui tendant une bouteille*) Ma p'tite mère, sans vous commander, dissimulez cette paroissienne. (*au roi*) Et vous celle-ci, ces deux là dans mes poches, les autres sous la table et t'nons nous serrés. (*à Georges*) Toi, mon garçon, rentre lestement les flacons vides, ils comptent comme pleins. (*Georges rentre les bouteilles*) Bien, viennent maintenant les rats quand ils voudront.
ÉLISA. Les voici.

SCÈNE VII.

Les mêmes, DEUX COMMIS DES IMPÔTS INDIRECTS.

PREMIER COMMIS. Cabaretier Lavigne, votre licence et la clef de votre cave.
LAVIGNE, *remettant un papier et une clef.* Voici l'une et l'autre.
PREMIER COMMIS, *s'approchant du tonneau placé près de la table.* Pourquoi ce tonneau est-il ici?
LAVIGNE. Vous le voyez pour en diminuer le contenu.
PREMIER COMMIS, *à son camarade.* Jaugez!
LE ROI. Que veulent ces messieurs?
LAVIGNE. Voir ce qui est passé de cette pièce dans nos gosiers et palper les droits en conséquence du vide.
LE ROI. Messieurs, nous sommes ici en famille, nous désirons n'être pas dérangés, vous reviendrez demain.
PREMIER COMMIS. Demain! ce soir si nous voulons.

LE ROI. Il me semble que tout citoyen a le droit de recevoir ses amis, sans être importuné par des étrangers.
PREMIER COMMIS. C'est dommage en vérité de déranger l'honorable compagnie.
LE ROI, *avec force*. Insolent! savez vous à qui vous parlez?
PREMIER COMMIS. Et vous donc? pas tant de bruit s'il vous plaît, nous exerçons au nom du roi.
LE ROI. Raison de plus pour être honnête, entendez vous.
LE COMMIS. Honnêtes, vous êtes si poli! D'ailleurs de quoi vous mêlez-vous? je n'aime pas les observations.
LE ROI. Je pourrais vous faire repentir.
LAVIGNE, *au roi*. Calmez-vous, calmez vous, s'il fallait se fâcher avec eux, ce serait tous les jours à recommencer. (*aux commis*) Allons messieurs les gabelous, pas tant de raison, dépêchez-vous et filez ou morgué. ...
PREMIER COMMIS. Les voies de faits pourraient suivre les menaces..... Ah! rébellion : allons dresser procès-verbal et requérir la force armée.
LE ROI. Allez au diable!
(Les commis sortent en menaçant Lavigne et le roi.)

SCÈNE VIII.

LES MÊMES, *excepté* LES COMMIS.

LAVIGNE. Tudieu! Comme vous êtes vif. J'aime ça moi.
LE ROI, *à part*. Je n'oublierai pas messieurs des impôts indirects.
LAVIGNE. Ne pensons plus aux rats de cave, faisons reparaître les bouteilles mises à l'ombre et buvons encore un coup. Toi, Gorges, appelle les musiciens et qu'on se mette en place pour la danse.
LA REINE. Oui, oui, la danse.
LE ROI. Charmante Elisa, je vous invite pour la première.
ELISA. C'est bien de l'honneur, monsieur.
LAVIGNE. Bon, les musiciens sont à leur poste. (*à la reine*) Ma p'tite mère, si vous vouliez me permettre.
LA REINE. Avec plaisir.

Georges choisit une danseuse, tout le monde se place.

LAVIGNE, *en dansant*.

AIR : *Clic, clic, clac.*

En avant, qu'on chasse, qu'on balance,
Que le tambourin
Qu'le flageolet nous mette en train.
Livrons-nous au plaisir, à la danse,
Nargue le chagrin,
Sautons jusqu'à demain
Matin.

LA REINE, *tout essoufflée*.
Point d'étiquette inutile,
Moi j'aime mieux ces bals là,
Que ceux de l'Hôtel de ville
Et que ceux de l'Opéra.

CHŒUR.

En avant! qu'on chasse, qu'on balance, etc.

(La contredanse se termine par un galop qui est interrompu par l'arrivée de l'adjoint du maire.)

SCÈNE IX.

LES MÊMES, L'ADJOINT DU MAIRE.

LAVIGNE, *surpris*. M. l'adjoint?
L'ADJOINT. M. Lavigne, mon cher M. Lavigne, j'ai à vous apprendre une fâcheuse nouvelle.
LAVIGNE. Quoi, déjà? les rats de cave l'avaient bien dit.
L'ADJOINT. M. Lavigne... cette lettre du préfet...
LAVIGNE. Qu'est-ce qu'elle chante?
L'ADJOINT. Elle annonce à M. le maire que le numéro tiré par Gorges est appelé.
ELISA. Ah mon Dieu!
GEORGES. Pas possible, j'ai le 27.
LAVIGNE. Oui, et le contingent n'est que de dix-huit.
L'ADJOINT. Il y a douze réformés.
LAVIGNE. C'est une indignité ça!
L'ADJOINT. M. Lavigne, de la modération.
LAVIGNE, *au roi*. Je vous en faisons juge, monsieur. Savez-vous pourquoi on prend jusqu'au dernier numéro? C'est que M. le percepteur a dans le village le frère de lait de sa fille, gros, gras, bien portant, qui n'entend pas, dit-on, le bruit du canon et qui se réveille la nuit quand un chat gratte à sa porte. M. le juge de paix, un petit cousin qui, presqu'aveugle, porte des besicles vertes et voit sans lunettes une épingle par terre. La femme de charge de M. le maire, un parent qui par inadvertance boite tantôt du pied droit, tantôt du pied gauche. La servante de M. le pasteur, un neveu en façon de fils, qu'est jardinier au presbytère, suisse à l'église, et qui préfère la hallebarde au fusil de munition, M. l'adjoint ici présent

a un filleul de cinq pieds dix pouces qui chante à se faire entendre d'une lieue et qu'on déclare se mourir de poitrine, enfin ils sont douze.....

L'ADJOINT. Calomnie ! Calomnie ! taisez-vous et obéissez.

LAVIGNE. Me taire, vous obéir, non, non, jamais ! Georges tu resteras.

AIR : *Tenez, moi je suis un bonhomme.*

J'crains pas qu'l'autorité m'tracasse,
Lorsqu' je dévoil' dans mon courroux
D'z'injustic's dont chacun s'lasse,
(*Au roi*) Dans peu, si vous r'venez cheux nous,
Vous verrez tous ces invalides,
Sourds, moribonds, aveugl's, boiteux,
Cent fois plus dispos, plus solides,
Qu'ceux qu'on voudrait faire tuer pour eux.

L'ADJOINT. Voulez-vous faire un réfractaire de votre fils ? Georges je vous somme au nom du roi.....

GEORGES, *serrant Elisa dans ses bras.* Je ne partirai pas !

ELISA ET LES PAYSANS. Non, non, il ne partira pas !

LE ROI. Georges, suivez monsieur, il faut toujours obéir à la loi..... je me charge d'obtenir votre congé.

ÉLISA ET GEORGES, *se jetant à ses pieds.* Ah ! monsieur.

LAVIGNE. Vous êtes notre providence... mais c'est égal si j'étais le roi !...

LE ROI. Que feriez-vous ?

LAVIGNE. Les poitrinaires, les bancals, les bossus, les aveugles, les sourds, passerions à la visite avant le tirage. Cela fait qu'il y aurait moins de mic-mac et qu'on saurait toujours à quoi s'en tenir.

LE ROI, *écrivant sur ses tablettes.* Il a raison. (*A l'adjoint.*) Nous allons vous accompagner à la mairie.

LA REINE, *bas au roi.* Mon ami, on est parfaitement heureux au village !....

(L'adjoint sort; le roi, la reine et les autres personnages le suivent.)

FIN DU TROISIÈME TABLEAU.

QUATRIÈME TABLEAU. — LES GRANDES ROUTES.

Le théâtre représente une forêt traversée par une grande route, que de profondes ornières rendent impraticable. Dans le milieu un tronc d'arbre creux.

SCÈNE PREMIÈRE.
UN CHEF DE VOLEURS, TROIS VOLEURS.

LE CHEF ET LES VOLEURS, *en arrivant.*

AIR : *de Gillette de Narbonne.*

Halte ici ! la kermesse
Du village voisin;
Au courage, à l'adresse
Promet riche butin.

PREMIER VOLEUR. Capitaine, il nous faut aujourd'hui des parts un peu fortes...

LE CHEF. Vous êtes tous les trois d'une exigence....

PREMIER VOLEUR. Une somme assez ronde m'est nécessaire pour payer une lettre de change... elle écheoit demain, ma signature n'a jamais été protestée.....

LE CHEF. De tels engagemens sont sacrés... (*au deuxième voleur*) Que demandes-tu ?

DEUXIÈME VOLEUR. Deux billets de banque.... la nuit dernière j'ai perdu au jeu.... c'est une dette d'honneur, et dans les vingt-quatre heures.....

LE CHEF. J'aime cette rigidité de principes... (*Au troisième voleur*). Et toi ?

TROISIÈME VOLEUR. C'est dans deux jours la fête de ma maîtresse..... elle veut avoir des girandolles en brillans..... si je ne satisfais cette fantaisie... je m'expose à la perdre et je tiens beaucoup à cette femme.

LE CHEF. Cette nuit peut réaliser toutes vos espérances...

PREMIER VOLEUR. Tu penses donc que la kermesse sera productive pour nous?

LE CHEF. Oui, et avec peu ou point de danger à courir, car le détachement de la garde urbaine chargé de veiller à la sûreté des grandes routes est à la fête; selon l'usage, les militaires visitent les cabarets, la fatigue, la poussière donnent une soif ardente, et quand on boit...

PREMIER VOLEUR. On oublie la consigne et l'on néglige ses devoirs.

LE CHEF. Tenez !.. voilà déjà l'avant-garde !... vite, messieurs !... au magasin d'habillemens.

LAVIGNE, *dans la coulisse*. Huë ! huë !... oh ! la maudite rosse.
(Les voleurs retirent de l'arbre creux plusieurs blouses et s'en affublent.)
LE CHEF. Vive la blouse de prévoyance !.. quel vêtement plus commode et plus utile; avec une blouse, on est artiste ou roulier.. soldat ou laboureur, commis marchand ou chasseur... sous la blouse on trouve le riche ou le pauvre, l'artisan ou le grand seigneur, l'honnête homme ou le fripon... (*Nouveaux coups de fouet plus rapprochés.*) J'aperçois une carriole, à nos postes et attention au signal...

(Ils disparaissent à travers des arbres.)

SCÈNE II.

LE ROI, LAVIGNE.

(On aperçoit une carriole, au moment où elle passe elle verse.)

LE ROI, *sortant de la carriole*. Infernal pays !... vit-on jamais des routes plus affreuses...
LAVIGNE, *sortant à son tour de la carriole*. Vous n'êtes pas blessé ?
LE ROI. Non, heureusement. Mais les cahos m'ont rompu le corps. Je tremble qu'un accident plus grave ne soit arrivé à la voiture de vos enfans et que ma femme...
LAVIGNE. Il n'y a qu'un quart d'heure qu'nous les avons perdus d'vue, dans l'bois, l'autre carriole est plus légère, Georges est adroit... ils sont j'le parie arrivés à la ferme.
LE ROI. Je suis inquiet.
LAVIGNE. Moi, pas l'moins du monde nous s'rons bientôt chez mon fils.
LE ROI. Votre confiance me rassure un peu... Dites-moi, Lavigne, on ne répare donc pas les routes dans ce canton ? j'ai cru voir pourtant le long des chemins des cailloux entassés à droite et à gauche..
LAVIGNE. Ah ! pardine... il y a près de six mois qu'ils y sont et ils n'bougeront peut-être pas d'là, d'sitôt.
LE ROI. L'année dernière, le roi a visité ce pays.... je l'ai parcouru en même temps.... les routes m'ont paru belles et parfaitement entretenues...
LAVIGNE. Je crois ben !... on s'était dépêché d'raccommoder tout juste celles où devait passer sa majesté, les autres, c'est moins pressé... et puis ce pays n'est pas des plus fréquenté par les gens huppés.

LE ROI. Qu'importe ! l'entretien des routes coûte assez cher.
LAVIGNE. Vous croyez.... dam !

AIR : *du Verre.*

Sur ça... comm' sur l'reste, morbleu !
L'impôt est fort, la dépens' mince,
Les grugeurs, morguène, ont beau jeu
Sur tout ce que n'peut voir le prince
A s'faire un revenu bien net,
D'un pas ferme ils marchent, sans doute,
Sans s'inquiéter un tantinet
Si l'peupl' s'embourbe et verse en route.

LE ROI, *tirant ses tablettes et écrivant*. Les routes....
LAVIGNE, *examinant la carriole*. Nous voilà dans un bel embarras.... l'essieu est cassé...
LE ROI. Comment sortir d'ici !... il faut pourtant rejoindre au plutôt ma femme et vos enfans !...
LAVIGNE. Pardine oui, oh ! ce ne s'ra pas long... au prochain village, j'trouverons un essieu à emprunter...
LE ROI. Hâtez vous, mon ami...
LAVIGNE. Notr' bourgeois, un coup d'œil sur la carriole... sur c'qu'est d'dans, surtout... j'montons à cheval... j'piquons des deux et nous y'là...

(Il sort.)

SCÈNE III.

LE ROI, *seul.*

Sans l'inquiétude que me cause pour Clémentine ces maudits chemins, sans l'idée des alarmes qu'elle peut concevoir de notre séparation inattendue, je trouverais ma situation des plus originales, un roi, chargé de garder la carriole et les provisions d'un honnête cabaretier.

AIR : *Il me faudra quitter l'empire.*

C'est là mon poste, active sentinelle,
Oui, je réponds de ce dépôt sacré.
Pour moi cet homme a montré tant de zèle
Que de mon zèle il doit être assuré...
Je l'ai promis, pour lui je veillerai.
De mon devoir, je connais l'importance,
Je le remplis, et d'honneur je voudrais
Qu'avec franchise on crêat désormais,
Une mutuelle assurance.
Entre un monarque et ses sujets !

Je suis curieux de savoir quel chapitre j'aurais maintenant à consigner sur mes tablettes.

SCÈNE IV.

LE ROI, LE CHEF DE VOLEURS, LES TROIS VOLEURS.

LE CHEF, *d'un ton poli.* Je suis désespéré, monsieur, de vous troubler dans vos réflexions... (*lui plaçant le canon d'un pistolet devant la figure*), vous savez ce que cela veut dire?

LE ROI, *reculant d'un pas.* Scélérat!

LE CHEF. Point d'épithètes offensantes... vous êtes seul , nous sommes quatre... vous n'avez probablement pas d'armes, nous sommes porteurs d'excellens pistolets à double détente et de stylets d'une trempe admirable... ainsi...

LE ROI. Je dois me soumettre de bonne grâce... et l'on m'avait affirmé que les routes étaient sûres...

LE CHEF. Pour nous qui les exploitons en amateurs... allons, monsieur, votre or... vos bijoux...

LE ROI. Je n'ai rien à vous refuser.

(*Il se fouille et remet aux voleurs ce qu'il retire de ses poches.*)

LE CHEF, *regardant ce qu'il reçoit.* Quel luxe recherché; nous nous félicitons d'avoir fait votre connaissance...

LE ROI. Je n'en dirai pas autant.

(*La nuit vient par degré, un des voleurs allume une lanterne sourde, pendant toute la scène il va et vient, examine les objets que le roi remet au chef, puis il va visiter la carriole, ôte des paniers quelques provisions qu'il emporte : il oublie sa lanterne.*)

LE CHEF, *continuant son examen.* Monsieur appartient sans doute à la classe la plus élevée de la société?..

LE ROI. Mais oui, je vais habituellement en bonne compagnie. (*A part.*) Voilà d'impudens bandits...

PREMIER VOLEUR, *au chef.* J'ai vu cette figure-là quelque part... regarde bien.

LE CHEF. En effet, ses traits...

PREMIER VOLEUR. Et tu ne te rappelles pas...

LE CHEF. Non; mais que nous importe... *au roi.* Vous n'avez plus rien à nous remettre...

LE ROI *tâtant ses poches.* Non!.. (*Passant la main sur sa chemise.* Ah!.. pardon... cette épingle...

LE CHEF, *en la piquant à sa chemise.* Ce doit être un brillant de prix...

(*Le premier voleur a appelé ses camarades et tous trois ont causé à l'écart avec assez de vivacité.*)

PREMIER VOLEUR, *au chef, à part.* Il faut nous défaire de cet homme.

LE CHEF. Quelle nécessité?

PREMIER VOLEUR, *d'un ton plus élevé.* J'ai le pressentiment que nous nous repentirions de l'avoir épargné. (*Tirant un poignard.*) Et je me charge...

LE ROI. Que viens-je d'entendre? attenter à mes jours... Pourquoi commettre un crime inutile?

LE CHEF. Inutile, non : car il nous offre une chance de plus pour l'impunité.

LE ROI. Cessez de vous faire un jeu cruel de la situation où je me trouve.

LE CHEF. Si nous vous épargnons, vous pouvez nous reconnaître, nous dénoncer...

LE ROI, *avec dignité et résolution.* Ma vie est entre vos mains, je ne m'abaisserai pas à la défendre par des supplications indignes de mon rang et de mon caractère.

LE CHEF, *aux voleurs.* Son courage me plaît... c'est un homme d'honneur... et je réponds.. (*Au roi.*) Vous êtes libre, Monsieur. Nous aimons à croire que telle chose qui arrive, nous n'aurons pas à nous repentir de ce que nous faisons pour vous...

LE ROI. Oh! je m'en souviendrai.

UN VOLEUR, *accourant.* La garde urbaine! la garde urbaine!..

LE CHEF. *ôtant sa blouse qu'il donne à l'un des voleurs.* Dispersez-vous... point d'imprudence... et trouvez-vous demain matin au rendez-vous à l'heure indiquée.

LE ROI, *au chef.* Vous restez ici.

LE CHEF. Oui, je cours moins de risques qu'en me sauvant et je veux prouver à mes camarades que votre mort n'était pas nécessaire à notre commune sûreté. Ainsi donc pas un mot, pas un geste.

LE ROI, *à part.* Vit-on jamais pareille audace!.. que va-t-il faire?

SCÈNE V.

LE ROI, LE CHEF DE VOLEURS, UN BRIGADIER, SOLDATS DE LA GARDE URBAINE.

LE BRIGADIER, *apercevant la lanterne dont il s'empare et examinant la carriole.* Halte là, camarades... une voiture renversée... pas de cheval, ni de conducteur, des paniers ouverts et visités... il y a délit ou je ne m'y connais pas. (*Dirigeant la lanterne du côté où est le roi et le chef de voleurs.* Qu'est-ce que je vois là bas... deux hommes... prêtez-moi main-forte...

et laissez-moi faire...particuliers inconnus...arrêtez...

LE CHEF. Arrêtez...mais nous ne bougeons pas.

LE BRIGADIER. C'est prudent...vos passeports.

LE ROI, *au chef*. Vous êtes perdu.

LE CHEF. Moi...pas du tout.

LE BRIGADIER *au roi*. Votre passeport.

(Le roi ne pensant pas que c'est à lui qu'on s'adresse, examine le chef de voleurs qui engage le roi à présenter ses papiers : le brigadier impatient se rapproche de Stanislas.)

LE BRIGADIER. Votre passeport, vous dis-je !

LE ROI. Mon passeport... Ma foi, je n'en ai pas... c'est la première chose que j'ai oubliée.

LE BRIGADIER. Ah ! vous oubliez la pancarte de sûreté... vous allez me suivre jusqu'à la ville.

LE ROI. Mais...

LE BRIGADIER. Point de mais !

LE ROI. C'est juste, je ne suis pas en règle.

LE BRIGADIER *au chef*. A vous, maintenant.

LE CHEF *tirant un passeport*. Monsieur le brigadier, voici.

LE BRIGADIER. Monsieur le brigadier... il sait vivre celui-là. (*Examinant tour à tour le passeport et le chef de voleurs.*) Voilà un passeport où rien ne manque.

LE CHEF *à part*. Je le crois, c'est moi qui l'ai fait !

LE BRIGADIER *au chef*. Vous pouvez circuler librement.

LE ROI *au chef*. Comment vous avez ?...

LE CHEF. Nous autres négocians qui fréquentons les grandes routes... nous avons toujours des papiers très réguliers. (*A part*) Il est prudent de me retirer maintenant.

(Il salue le roi et le brigadier, et s'éloigne.)

SCÈNE VI.

LE ROI, LE BRIGADIER, GARDES, *puis* LA REINE *et* LAVIGNE.

LE BRIGADIER *au roi*. Suivez-nous, monsieur.

LE ROI. Mais, cette carriole brisée, j'ai promis à son propriétaire d'attendre son retour.

LE BRIGADIER. On la gardera pour vous.

LAVIGNE *donnant le bras à la reine et portant un essieu qu'il dépose en entrant en scène*. Me v'là, c'est-à-dire, nous v'là. Je ramenons madame.

LE ROI. Clémentine !

LAVIGNE *au fond du théâtre, apercevant les gardes*. Ah ! vous êtes en compagnie ; tant mieux, on m'aidera, ça r'a plus tôt fait.

LA REINE, *accourant près du roi*. Ce brave homme m'a rencontrée près d'ici, j'ai voulu vous rejoindre...

LE ROI. Je vous en sais gré, Clémentine.

LE BRIGADIER. Assez causé, en route !

LA REINE. Que signifie ce ton dur et grossier ?

LE ROI. J'ai oublié mon passeport, ces messieurs m'arrêtent.

LA REINE, *effrayée*. Vous, mon ami ?

LE BRIGADIER, *d'un ton goguenard*. Et vous *item*, madame, si vous n'avez que votre politesse pour répondant.

LAVIGNE *s'approchant*. Ça n'se peut pas !

LE BRIGADIER *à Lavigne*. Qui a dit ça ? vos papiers !

LAVIGNE. Je n'en portons jamais.

LE BRIGADIER *le prenant au collet*. Alors j'vous empoigne aussi.

LAVIGNE. Moi, le cabaretier Lavigne, vous n'voudriez pas, M. le brigadier Sans-Chagrin.

LE BRIGADIER. Lavigne, c'est différent, vous m'connaissez et j'vous connais...

LAVIGNE. Pas si bien que mon vin.

LE BRIGADIER. Quels sont ces particuliers ?

LAVIGNE. D'honnêtes gens.

LE BRIGADIER. Leurs noms, prénoms, qualités et domicile ?

LAVIGNE. Ma foi, j'n'en savons rien.

LE BRIGADIER. En ce cas ils répondront à l'autorité compétente.

LAVIGNE. Puisque je suis caution...

LE BRIGADIER. Sans les connaître, ça n'est pas légal, le devoir avant tout.

LA REINE *avec inquiétude*. Quoi, mon ami, vous souffrez qu'on nous emmène.

LE ROI *riant*. Je n'en suis pas même fâché. Nous serons du moins en sûreté avec cette escorte.

LAVIGNE. Brigadier, est-ce qu'il n'y a aucun moyen... vous entendez ?

LE BRIGADIER. Aucun.... Qu'on me suive.

LAVIGNE *au roi*. Jarni, j'suis désolé qu'ce diable d'homme n'entende pas raison... mais une fois cheux nous, soyez tranquille, Lavigne s'ra là.

LE BRIGADIER. Au revoir père Lavigne.

LAVIGNE. Non pas, non pas, j'm'en vas avec vous, un coup de main les amis, monsieur et madame monteront dans ma carriole. Allons, à l'ouvrage, j'vous rafraîchirons l'gosier en arrivant.

2

(A un geste du brigadier, les gardes aident Lavigne à remettre l'essieu de la carriole.)

LE BRIGADIER.

Air : *Je reconnais ce militaire.*

Hâtons-nous, partons pour la ville,
(*Au roi et à la reine.*)
Là si vous voulez vous nommer,
Et prouver votre domicile,
Quelqu'un viendra vous réclamer.

LE ROI, *à part.*

D'être hors d'ici qu'il me tarde
Les passeports, c'est à noter,
Sont quelquefois la sauvegarde
De ceux qu'on devrait arrêter.

ENSEMBLE.

LE ROI, LA REINE.

Hâtons nous, partons pour la ville,
Là {j'espère / peut-être} sans {me / nous} nommer,
Sans déclarer de domicile,
Pouvoir me faire } réclamer.
Quelqu'un viendra nous }

LAVIGNE.

Hâtons nous, partons pour la ville,
Là, sans doute, ils vont se nommer
Et déclarer leur domicile,
Et je pourrons les réclamer.

LES GARDES.

Hâtons nous, partons pour la ville,
Et là s'ils veulent se nommer
Et déclarer leur domicile,
Quelqu'un viendra les réclamer.

(Le roi, la reine et Lavigne montent dans la carriole, elle part, les gardes l'escortent.)

FIN DU QUATRIÈME TABLEAU ET DU DEUXIÈME ACTE.

ACTE TROISIÈME.

CINQUIEME TABLEAU. — UNE PRISON.

Le théâtre représente le greffe d'une prison, deux bureaux, de vieux cartons et des papiers les
encombrent, l'entrée est par le fond. A droite, et à gauche des portes auxquelles sont pratiqués
des guichets.

SCÈNE PREMIÈRE.

LA REINE, LE DIRECTEUR, DEUX GUI-
CHETIERS.

(Au lever du rideau on aperçoit la reine qui sort
du greffe et que les deux guichetiers reconduis-
sent, le directeur lui parle en la suivant des
yeux.)

LE DIRECTEUR. C'est bien madame, vos
dépositions sont écrites et signées par
vous, nous verrons ce que l'autorité en
décidera. (*Revenant sur le devant de la
scène.*) Ce n'est pas à moi, Polycarpe
Ignace Dussec, qu'on peut faire accroire
de pareilles balivernes. (*On entend un
roulement de tambour*). Quel est ce bruit ?
UN GEOLIER, *entrant*. M. Lacrymal, inspecteur des prisons.
LE DIRECTEUR. A ce roulement j'aurais
dû m'en douter, ce bon M. Lacrymal, je
vais à sa rencontre.
LE GEOLIER. M. l'inspecteur me suit.

SCÈNE II.

LES MÊMES, M. LACRYMAL.

M. LACRYMAL. Bonjour mon cher directeur, bonjour.
LE DIRECTEUR. Votre tout dévoué, Monsieur Lacrymal.
M. LACRYMAL. Vous me voyez tout ému,
dès qu'ils ont entendu le tambour, ces
chers prisonniers se sont précipités aux
barreaux de leurs fenêtres en criant, vive
M. Lacrymal, vive notre père !...
LE DIRECTEUR. Votre philantrophie est
poussée à l'excès; si l'on vous écoutait,
M. l'inspecteur, les prisons seraient trans-
formées en hôtels garnis, on remplacerait la soupe aux haricots, par un succu-
lent consommé et la cruche d'eau par une
bouteille de vieux bourgogne.
M. LACRYMAL. Vous me connaissez bien,
mon ami.

Air : *Femmes voulez-vous éprouver.*

Lorsque je vois ces malheureux,
Toujours une larme importune
Vient soudain obscurcir mes yeux.

LE DIRECTEUR.
Pour gémir de leur infortune
Vous n'aurez jamais, entre nous,
Assez de pleurs, je vous le jure.
M. LACRYMAL.
Mon cher ami, rassurez-vous
Les larmes sont dans ma nature.

Je frémis quand je pense qu'il faudra quelques jours me donner un successeur ! que deviendront alors les prisonniers.

LE DIRECTEUR. Pour leur bonheur, Dieu vous conserve longtemps.

M. LACRYMAL. Je l'en prie tous les matins dès mon réveil.... mais je me donne tant de mal et je suis si sensible, je ne puis entrer dans une maison de détention sans avoir le cœur navré. (*tirant de sa poche un mouchoir blanc et humide*) Tenez mon cher directeur, je ne suis ici que depuis une demi-heure (*lui montrant son mouchoir*) voyez comme je les arrange..... Je m'épuise en vérité et mon médecin n'ose me dire tout ce qu'il pense.

LE DIRECTEUR. Il devrait vous prescrire du repos.

M. LACRYMAL. Du repos à moi, qui ai tant de prisons à inspecter.... Ah ! je dois vous dire en confidence, qu'on présume que le roi à son retour du voyage qu'il fait avec la reine, passera dans cette province, il serait possible qu'il prît fantaisie à leurs majestés de visiter cette maison.

LE DIRECTEUR. Cela suffit, M. l'inspecteur, sa majesté verra tout dans l'état le plus satisfaisant... Oh ! si je pouvais être prévenu du jour.

M. LACRYMAL. Oui, cela serait fort important, et pour vous et pour moi, nous donnerions à la maison un air de propreté, de contentement...

LE DIRECTEUR. Nous aurions une soupe excellente, afin que sa majesté pût en goûter de sa bouche royale.

M. LACRYMAL. Nous renouvellerions les paillasses de ces pauvres captifs.

LE DIRECTEUR. Les paillasses sont fraîchement garnies.

M. LACRYMAL. Bien ! bien ! mon ami, un bon sommeil est la plus douce jouissance d'un prisonnier.

Air du vaudeville de l'*Artiste*.

Vous ne pouviez mieux faire,
Les détenus, vraiment,
Oublîront leur misère,
Couchés plus mollement.
La dalle humide ou sèche
Est un lit de douleur,
Mais sur la paille fraîche,
On rêve le bonheur.

LE DIRECTEUR. Vous apprendrez avec plaisir que j'ai fait faire aussi quelques réparations, celles surtout que nécessitait la salubrité de la maison. La majeure partie des fonds que le roi nous a accordés pour le soulagement des détenus a été employé à cet usage, vous verrez, M. l'inspecteur, ce qu'il est urgent de faire encore.

M. LACRYMAL. Oui mon bon ami ! vous recevrez mes ordres aujourd'hui même.

SCÈNE III.

LES MÊMES, LE GREFFIER, UN PORTE-CLEFS.

LE GREFFIER. M. le directeur, le prisonnier du n° 3, s'impatiente, se fâche, et demande à être conduit devant vous, il a dit-il des choses importantes à communiquer à l'autorité.

M. LACRYMAL. Diable, cela mérite votre attention.

LE DIRECTEUR. Qu'il attende, je suis occupé.

M. LACRYMAL. Vous avez tort, mon cher directeur ! dans les temps où nous vivons, un détenu peut avoir à faire des révélations d'une telle importance, que le bonheur de les avoir reçues le premier peut vous conduire à une haute fortune.

LE DIRECTEUR. C'est juste ! (*Au porte-clef.*) Qu'on amène le prisonnier.

M. LACRYMAL. Restez à vos graves occupations, je vais visiter les autres parties de la prison. (*Au directeur qui le reconduit.*) Nous nous reverrons bientôt.

SCÈNE IV.

LE DIRECTEUR, LE GREFFIER, LE ROI.

(*Le Greffier prend place à l'un des bureaux.*)

LE ROI. Cet honnête cabaretier, que vous avez jugé indigne de me servir de caution, n'est pas encore revenu ?

LE DIRECTEUR, *brusquement*. Non, Monsieur.

LE ROI. La personne pour laquelle je lui ai remis une lettre, n'était pas chez elle, sans doute.... (*Au directeur.*) Où est ma femme ?

LE DIRECTEUR. Au n° 5, dans le grand corridor, celui d'où vous sortez.

LE ROI, *à part*. Pauvre Clémentine ! (*Haut.*) Pourquoi nous avoir séparés ?

LE DIRECTEUR. Parce que cela devait être ; il serait adroit, vraiment, de laisser ensemble des prévenus qu'on doit interroger séparément. Vous plaira-t-il, enfin de vous faire connaître.

LE ROI, à part. Lavigne ne peut tarder, gagnons encore un moment. (*Haut.*) Volontiers, Monsieur, si vous savez me comprendre.

LE DIRECTEUR. Ecrivez, greffier.

(Le Greffier écrit ce que dit le roi.)

LE ROI.

Air : *du major Palmer.*

Je m'occupe de finance.

LE DIRECTEUR.

C'est un Rotschild ambulant.

LE ROI.

Je fais plus d'une ordonnance.

LE DIRECTEUR.

Est-ce un docteur charlatan ?

LE ROI.

Par moi, l'on rend la justice.

LE DIRECTEUR.

Il est juge ou procureur.

LE ROI.

On me doit maint édifice.

LE DIRECTEUR.

Ah ! c'est un entrepreneur.

LE ROI.

Je me bats sur mer, sur terre
Avec un succès égal.

LE DIRECTEUR.

Bon, c'est un homme de guerre
Amiral
Ou général.

LE ROI.

Dans les arts mon goût s'exerce.

LE DIRECTEUR.

C'est un artiste, un savant.

LE ROI.

Je protège le commerce.

LE DIRECTEUR.

Ah, c'est un prêteur d'argent.

LE ROI.

Souvent la foule empressée
Veut me voir...

LE DIRECTEUR, *à part.*

C'est un acteur.

LE ROI.

Elle applaudit ma pensée.

LE DIRECTEUR, *à part.*

On siffle. (*Haut.*) C'est un auteur.

LE ROI.

Je fais mouvoir bien des têtes,
Aller, venir bien des gens
Et conduis ces girouettes
Avec des bouts de rubans.

LE DIRECTEUR, *à part au greffier.*
Que d'inutiles sornettes !
Débite ce beau parleur.

Se frappant le front).

J'y suis... de marionnettes
Cet homme est un directeur.

LE GREFFIER. Tout cela ne nous dit pas qui vous êtes.

LE ROI. Parfaitement, au contraire.

LE DIRECTEUR. Parlez plus clairement et déclinez vos noms.

LE ROI, *à part.* Lavigne n'arrive pas...

LE DIRECTEUR. Vous mettez ma patience à bout.

LE ROI, *brusquement.* A vous, Monsieur, je n'ai rien à dire. Faites appeler le chef de votre magistrature, ou, s'il ne peut se rendre ici, faites-moi conduire sur le champ près de lui.

LE GREFFIER. Vraiment, on va tout quitter pour vous obéir.

LE ROI. Dites, pour accomplir un devoir, l'homme, injustement arrêté, doit-il attendre, dans un cachot, qu'il plaise à ceux qui l'y retiennent de se souvenir qu'il est privé de sa liberté.

LE GREFFIER. Vous n'avez donc jamais été en prison ?

LE ROI. Jamais, il fallait une circonstance extraordinaire.

LE DIRECTEUR. Bah ! bah ! tous les individus, couchés dans mon registre, l'ont toujours été par des circonstances extraordinaires.

LE ROI. Monsieur, hâtez-vous de faire avertir l'autorité, je ne puis rester ici plus longtemps.

LE DIRECTEUR. Il faudra bien vous y résoudre.

LE ROI. C'est ce que nous verrons.

LE DIRECTEUR. C'est tout vu ; il n'y a pour aujourd'hui aucun moyen d'obtempérer à votre demande.

LE ROI. Pourquoi cela ?

LE DIRECTEUR. Par un de ces hasards vraiment unique, personne ne pourra vous interroger avant demain ou après...

LE ROI. Je ne veux pourtant pas être ici dans deux heures.

LE DIRECTEUR. Deux heures, diable ! vous êtes pressé. Croyez-moi, modérez votre impatience. M. le substitut s'est marié ce matin et la noce se fait à quelques lieues d'ici. Un assassinat, commis la nuit dernière dans un village dépendant de cette commune, vient d'obliger M. le juge d'instruction à se rendre sur les lieux où l'on a consommé le crime ; les recherches, les informations demandent du temps... M. le commissaire, frappé hier soir d'une attaque d'apoplexie, n'est pas encore hors de danger... Enfin, il n'y a que moi...

LE ROI, *à part.* M'ouvrir à cet homme... Non... (*Haut.*) Une plume, de l'encre, du papier. J'ai des révélations à faire.

LE DIRECTEUR. Voilà déjà bien longtemps que j'ai la patience de les attendre. (*Montrant le bureau.*) Là, vous trouverez tout ce qu'il vous faut.

LE ROI, *s'asseyant, à part.* Il n'y a point à balancer, les circonstances ne me permettent plus de garder l'incognito.

LE DIRECTEUR, *au greffier.* Cet homme n'est pas un criminel ordinaire.

LE ROI, *présentant au directeur une lettre cachetée.* Qu'on porte ce billet au gouverneur militaire.

LE DIRECTEUR. Impossible, M. le duc est à la chambre des pairs.

LE ROI, *biffant l'adresse, qu'il remplace par une autre.* Eh bien au préfet.

LE DIRECTEUR. M. le préfet est député.

LE ROI, *changeant encore l'adresse.* Alors au président de la cour de justice.

LE DIRECTEUR. Récemment élevé à la pairie, il est allé siéger pour la première fois...

LE ROI, *même jeu mais plus vivement.* Enfin, à M. le maire.

LE DIRECTEUR. M. le maire, depuis deux ans est toujours à cette époque...

LE ROI. Où cela?

LE DIRECTEUR. A la chambre des députés.

LE ROI, *avec colère.* Malédiction! voilà un département bien administré.

Air de la romance de Ténières.

Je vois qu'à tort de leurs fonctionnaires
Les électeurs font des représentans;
On gêne ainsi la marche des affaires,
Et je l'éprouve.... on fait des mécontens.
Des parlemens s'ils briguent d'être membres
Que ces messieurs nous expliquent comment,
Ils maintiendront en discutant aux chambres
L'ordre et la paix dans leur département.

LE DIRECTEUR. Ce ne sont ni vos affaires, ni les nôtres.

LE ROI. L'absence des principales autorités me force à rompre le silence devant vous, sachez donc que je suis... Oui reconnaissez en moi votre souverain.

LE DIRECTEUR, LE GREFFIER. Vous! le roi!

LE ROI. Oui messieurs, le roi qui voyageait incognito.

LE GREFFIER, *riant.* Comme un bon bourgeois; ah! pour le coup la farce est excellente... le roi, rien que cela.

LE DIRECTEUR. La ruse est trop grossière, je vous avertis monsieur, qu'on ne plaisante que tout juste en prison.

LE ROI. Misérables!

LE DIRECTEUR. Il nous insulte et nous menace. (*aux guichetiers*) Les menottes à Sa Majesté.

LE ROI. Si l'un de vous ose porter la main sur moi.

LE GREFFIER, *retenant le directeur.* Arrêtez, ne voyez-vous pas ses traits renversés, cet œil hagard, la tête n'y est plus, c'est un fou.

LE ROI. Me voilà fou à présent, Oh! c'est trop fort! comment parvenir à les désabuser (*fouillant dans son gilet.*) Ah! cette pièce, la seule qui me reste... bon, elle est frappée à mon effigie. (*la leur présentant.*) Regardez, direz-vous encore que je ne suis pas votre prince?

LE GREFFIER. Pauvre homme, le voilà qui frappe monnaie.

LE DIRECTEUR, *examinant la pièce et la montrant au greffier.* J'ai beau regarder, je ne trouve pas la moindre ressemblance.

LE GREFFIER, *mettant ses lunettes.* Si fait, si fait pourtant, il y a quelque chose dans le nez.

LE ROI. Miséricorde, ordonnez donc un concours pour les monnaies, accordez donc un prix de dix mille francs, pour qu'on ne puisse pas même vous reconnaître.

LE DIRECTEUR. C'est trop longtemps abuser de notre patience, allez continuer votre royauté dans une chambre de six pieds carrés où le soleil ne vous fera pas mal à la tête.

LE ROI. Moi, dans un cachot jamais, vous paierez cher votre stupide aveuglement.

(*Bruit au-dehors.*)

LE DIRECTEUR. Qu'entends-je!

PLUSIEURS VOIX. Vive la reine! vive notre inspecteur!

LE ROI. Ces acclamations! comment Clémentine?...

LE DIRECTEUR. Ont-ils aussi perdu la tête?

SCÈNE V.

LES PRÉCÉDENS, LA REINE, M. LACRYMAL, LAVIGNE.

LA REINE, *s'élançant dans les bras de Stanislas.* Stanislas. Nous sommes enfin réunis.

M. LACRYMAL, *s'inclinant.* Sire, si j'avais pu prévoir que votre majesté...

LE ROI, *souriant.* Sans vous, M. Lacrymal, dont j'ignorais la présence dans ce canton, je couchais au cachot.
LE DIRECTEUR, *au greffier.* C'était le roi !
LE GREFFIER. Je vous disais bien qu'il y avait quelque chose...
LE DIRECTEUR, *se prosternant aux pieds du roi.* Pardon sire !
LE GREFFIER, *se prosternant de même.* Votre majesté !
LE ROI, *sévèrement.* Relevez vous et désormais traitez avec plus de ménagemens, les personnes dont on vous confie la surveillance.
(*Le directeur et le greffier se relèvent et se tiennent à l'écart.*)
LE ROI, *à Clémentine.* Mais dites moi par quel heureux hasard...
LA REINE, *faisant approcher Lavigne que le roi n'a pas encore aperçu.* Las de chercher envain le fonctionnaire à qui vous aviez écrit, ce bon Lavigne revenait ici pour obtenir notre mise en liberté ou partager notre mauvaise fortune. M. Lacrymal, instruit par lui, a voulu me voir, il m'a reconnue et tout s'est expliqué.
LE ROI. Lavigne je n'oublierai pas votre dévouement.
LAVIGNE. Si j'avions su que c'était vous, sire, tout le village aurait bousculé les gardes qui vous ont arrêté (*montrant le directeur et le greffier*) et ces hibous ne vous auraient pas mis en cage, si j'étais majesté, moi, ces deux maladroits là seraient cassés.
LA REINE. Sire, votre présence ici doit ne laisser que d'agréables souvenirs, un bienfait doit en perpétuer la mémoire.
LE ROI. Je vous devine Clémentine. M. l'inspecteur, grâce pleine et entière est accordée à tous les détenus.
M. LACRYMAL, *au directeur.* Vous entendez, hâtez vous de leur annoncer cet acte de clémence royale. (*Le directeur sort*). Ces pauvres captifs, je pleure de joie... (*à part*). Pourvu que leurs majestés n'aient pas la fantaisie de visiter les autres prisons....
LAVIGNE, *au greffier.* Heim ! Que dites vous d'ça M. le greffier ?
LE GREFFIER. Moi, je pense comme vous. (*à part*) Mes appointemens seront plus faciles à gagner.
(*On entend au loin ces cris :* Vive le roi ! vive la reine ! vive Stanislas ! vive Clémentine.)

LE ROI ET LA REINE.

AIR : *de Fra Diavolo.*

Où régnait un triste silence
Retentissent des cris joyeux,
Des transports de reconnaissance.
Éloignons-nous ils sont heureux !

LE ROI *à M. Lacrymal.*

C'est à votre philantropie,
A votre rare activité,
Qu'en quittant ces lieux, je confie
Leur prompte mise en liberté.

M. LACRYMAL.

A vos ordres docile,
Je suis fier d'obéir.
Ce devoir est facile,
Sire, c'est un plaisir.

ENSEMBLE.

LE ROI ET LA REINE.

Où régnait un triste silence
Retentissent des cris joyeux,
Des transports de reconnaissance.
Éloignons-nous ils sont heureux.

M. LACRYMAL, LAVIGNE, LE GREFFIER.

Où régnait un triste silence
Retentissent des cris joyeux,
Des transports de reconnaissance.
Ici, tout le monde est heureux.

(*Les cris de vive Stanislas ! vive Clémentine ! redoublent et se rapprochent ; le roi, la reine sortent suivis de Lavigne, au moment où le directeur, les guichetiers et tous les prisonniers arrivent. Ils veulent suivre Stanislas. M. Lacrymal les arrête, ils se pressent et se heurtent pour voir s'éloigner leurs majestés.*)

FIN DU CINQUIÈME TABLEAU.

SIXIEME TABLEAU. — LE RETOUR DES VACANCES.

Le théâtre représente la chambre du conseil, dans le palais du roi ; au milieu, une table couverte d'un tapis de velours vert, à franges d'or. Des papiers, plusieurs cartons, des écritoires, etc., etc., garnissent cette table. A gauche, un trône, des sièges dorés des deux côtés, etc., etc. Deux portes, l'une à droite, l'autre à gauche de la salle, et au fond la porte principale à deux battans. On aperçoit lorsqu'ils sont ouverts, une vaste galerie. Deux fenêtres donnent l'une sur la cour du palais, l'autre sur les jardins.

SCÈNE PREMIÈRE.

LE PRÉSIDENT DU CONSEIL, LE MINISTRE DE LA GUERRE, CINQ MINISTRES.

(Ils sont tous assis autour de la table et tiennent conseil.)

LE PRÉSIDENT. C'est aussi votre avis, messieurs ?

(Tous les ministres répondent par un signe affirmatif.)

MINISTRE DE LA GUERRE. Oui, monsieur le Régent, sans cela nos portefeuilles seraient trop difficiles à conserver.

(Le temps devient sombre.)

LE PRÉSIDENT. Mes chers collègues, le siècle marche trop vite pour nous.

AIR : *Connaissez mieux le grand Eugène.*

Dans le conseil vieillir, passer sa vie,
Au bon vieux temps, c'était assez commun,
Mais de nos jours, hélas ! on nous confie
Certain pouvoir, mais qui n'en est pas un.
Propose-t-il une loi qu'on rejette,
Un ministère est soudain sans appui.
Il a beau faire, il faut battre en retraite } bis
Un autre arrive et tombe comme lui. }

MINISTRE DE LA GUERRE. Tout le monde se croit appelé à gouverner l'état... Ah ! mon Dieu ! qu'il fait noir, le temps est à l'orage.

(Un huissier entre et remet aux ministres plusieurs papiers, puis il sort.)

LE PRÉSIDENT, *prenant une lettre dont il rompt vivement le cachet.* Ah ! voici des nouvelles du Roi !

MINISTRE DE LA GUERRE. Les premières depuis son départ.

LE PRÉSIDENT. Qu'ai-je lu ?... que devons-nous penser, messieurs, de ce que m'écrit notre ambassadeur.

MINISTRE DE LA GUERRE. Qu'est-ce donc ? vous m'effrayez !

LE PRÉSIDENT. Leurs majestés n'ont point encore paru à la cour du père de Clémentine.

LE MINISTRE DE LA GUERRE. On vous mande cela !

LE PRÉSIDENT. Très positivement.

MINISTRE DE LA GUERRE. Mais c'est fort inquiétant... serait-il arrivé quelque accident grave ?.. Non, les journaux étrangers nous l'auraient appris..

LE PRÉSIDENT. Aussi, pourquoi voyager incognito ?

MINISTRE DE LA GUERRE. Et ne pas même expédier une estafette. Ce silence absolu est de mauvais augure.

LE PRÉSIDENT. Stanislas aurait-il défendu qu'on nous instruisît de son arrivée, de son séjour, et le père de notre auguste souveraine se prêterait-il à une bizarre fantaisie, en n'accueillant son gendre que comme un simple particulier ?

MINISTRE DE LA GUERRE. C'est possible et Stanislas a pu l'exiger... M. le régent, votre réflexion me rassure un peu.

LE PRÉSIDENT, *posant la lettre qu'il tient et jetant les yeux sur d'autres papiers.* Les bulletins des lignes télégraphiques.

(Il rompt le cachet d'une enveloppe.)

MINISTRE DE LA GUERRE. Ah ! ah ! que se passe-t-il dans les provinces ?

LE PRÉSIDENT, *lisant.* Les portes de la prison ont été ouvertes, tous les détenus sont en liberté.... Le temps ne permet plus d'apercevoir les signes... Mais ceci est sérieux, très sérieux, on conspire contre le gouvernement !

MINISTRE DE LA GUERRE. Et d'où vient cette communication ?..

LE PRÉSIDENT. Rien ne l'indique.

MINISTRE DE LA GUERRE, *rompant le cachet d'une seconde enveloppe.* Toute la population est en alarmes, le tocsin se fait entendre...

LE PRÉSIDENT, *impatient.* Achevez donc!

MINISTRE DE LA GUERRE. Pas un mot de plus. Ah ! si fait au bas... Un brouillard épais empêche...

LE PRÉSIDENT. Et point de date, de nom de ville?..
MINISTRE DE LA GUERRE. Pas plus qu'à l'autre...
LE PRÉSIDENT. Le ciel protège nos ennemis. (Ouvrant la dernière enveloppe.) Voyons la troisième. La garde civique et la garnison viennent de prendre les armes, l'artillerie rivalise de zèle...la nouvelle finit là.... Peste soit, des brumes, des giboulées, l'insurrection éclate sur tous les points, et tous les télégraphes s'arrêtent au même instant !

TOUS LES MINISTRES.
Air : de Michel et Christine.

» C'est vraiment,
» Alarmant,
» Le jour baisse
» Et nous laisse,
» Sans espoir
» De savoir,
» Ce qu'il faut ou craindre ou prévoir.

LE PRÉSIDENT DU CONSEIL.

» Les brouillards sont une ressource
» Dit-on, pour cacher nos secrets,
» Pour jouer, gagner à la bourse
» On croit, ces temps-là faits
» Exprès.
» En ce moment contre nous on conspire,
» Le ciel ajoute à notre anxiété ;
» Comme un bienfait desirons la clarté,
» Car l'obscurité
» Peut nous nuire. »

TOUS LES MINISTRES.
» C'est vraiment
» Alarmant, etc.

LE PRÉSIDENT. En attendant les renseignemens qui nous manquent, prenons les mesures les plus énergiques, l'absence de sa majesté rend notre position très délicate; il est urgent que la garde du palais soit doublée, ainsi que tous les postes de la capitale.
MINISTRE DE LA GUERRE. J'allais vous proposer cette mesure...
LE PRÉSIDENT. En levant cette séance, mes chers collègues, je ne saurais trop vous faire remarquer la gravité des circonstances.

Air : du Hussard de Felsheim.

Dans les événemens sinistres
Que tout ici fait présager,
Que la foi trouve ses ministres
Fermes au moment du danger.

Si quelque dissidence afflige,
Irrite parfois nos esprits,
Soyons, notre salut l'exige,
Tous, aujourd'hui du même avis.

ENSEMBLE.
Dans les évènemens sinistres, etc.

(Les ministres sortent. — La comtesse de Franc-Castel a ouvert la porte à droite de la salle du conseil, voyant encore les ministres en séance, elle n'est point entrée mais elle a prêté l'oreille et a témoigné quelque effroi.)

◊◊◊◊◊◊◊◊◊◊◊◊◊◊◊◊◊◊◊◊◊◊◊◊◊◊◊◊◊◊◊◊◊◊

SCÈNE II.

LA COMTESSE DE FRANC-CASTEL.

Des évènemens sinistres, ah! mon Dieu!... (Elle suit les ministres des yeux en remontant la scène. La clarté revient par degré.) Ils semblent se parler avec mystère.... ils s'éloignent avec précipitation.... ils se séparent.... Que peut-il être arrivé ? combien je regrette de n'être pas venue plus tôt, j'aurais appris sans doute...Faire des questions, c'est inutile, ici tout le monde est muet, les hommes d'État s'enveloppent d'un mystère impénétrable, pour les femmes surtout, ils prétendent qu'elles jasent trop... Ah! messieurs les diplomates vous parlez à coup sûr plus que nous, et souvent pour ne rien dire.

Air : du Cabaret.

De mon sexe l'on se défie,
Il aime à tout voir,
Tout savoir,
C'est vrai, mais la diplomatie
Le raille et trompe son espoir.
On parle, on agit portes closes,
Craignant des rapports indiscrets,
Ignore-t-on qu'il est des choses,
Qu'une femme ne dit jamais.

(Apercevant les papiers que les ministres ont laissés sur la table.) Ah! ces papiers! (Elle regarde autour d'elle.) Personne. (Elle va fermer la porte du fond.) Satisfaisons notre curiosité. (Elle rassemble les papiers épars, s'assied et les examine les uns après les autres.) Au régent. Recours en grâce. Ce n'est pas cela. (Elle prend un autre papier.) Répartition de fonds secrets. Ah! ceci mérite attention.... Des colonnes de chiffres et tous les noms en blanc. (Elle le jette.) Correspondance privée, complots contre la sûreté de l'état.... C'est dans cette liasse...

(L'huissier de la chambre entre par la porte du fond et la laisse ouverte.)

SCÈNE III.

LA COMTESSE DE FRANC-CASTEL, L'HUISSIER DE LA CHAMBRE DU ROI.

L'HUISSIER. Madame la comtesse, que faites vous donc là?
LA COMTESSE, *effrayée et se levant.* Ah!... ce que je fais... je... je ne fais rien... c'est sans intention que je me suis assise à cette table.
L'HUISSIER. Et c'est aussi sans intention que vous furetez dans ces papiers que M. le régent m'a ordonné d'enfermer.
LA COMTESSE. Ah! mon dieu, oui...je les rassemblais pour les mettre dans ces cartons...
L'HUISSIER. Ce soin me regarde. (*Il enferme les papiers dans les cartons et ôte les clefs des serrures qui y sont adaptées, à part.* Curieuse et indiscrète, je suis arrivé à temps.
LA COMTESSE, *à part.* Maudit homme, j'allais apprendre... (*Haut*,) Monsieur l'huissier de la chambre...
L'HUISSIER. Madame la comtesse.
LA COMTESSE. Je suis d'une inquiétude mortelle, le roi et la reine sont absens.
L'HUISSIER. Je le sais, Madame.
LA COMTESSE. Il se passe ici quelque chose d'extraordinaire.
L'HUISSIER. Je l'ignore, Madame.
LA COMTESSE. Vous n'avez rien vu, rien entendu?
L'HUISSIER, *sèchement.* Non, Madame.
(*Des gardes conduits par un capitaine traversent la galerie, la comtesse les aperçoit.*)
LA COMTESSE. Pourquoi tant de soldats dans les appartemens du roi?
L'HUISSIER. C'est en effet singulier...
LA COMTESSE, *vers la croisée de droite.* Ce mouvement dans la cour du palais...
L'HUISSIER, *à l'autre croisée.* On fait évacuer les jardins, on ferme les grilles. Craindrait-on quelque émeute?
LA COMTESSE, *alarmée.* C'est encore une révolution!... je n'ai plus une goutte de sang dans les veines.
(*Elle tombe accablée dans un fauteuil.*)
L'HUISSIER. Informons nous...
(*Il va sortir, le régent et les ministres entrent et lui font signe de se retirer, il obéit.*)

SCÈNE IV.

LE PRÉSIDENT DU CONSEIL, LA COMTESSE DE FRANC-CASTEL, LE MINISTRE DE LA GUERRE, LES AUTRES MINISTRES.

LE PRÉSIDENT. Ces précautions étaient nécessaires.
LA COMTESSE, *sortant de son abattement et se levant avec vivacité.* Ah! Monsieur le régent, qu'avons-nous à redouter?
(*Les ministres témoignent leur surprise à cette exclamation de la comtesse qu'ils n'avaient pas aperçue.*)
LE PRÉSIDENT. Vous ici comtesse? Et et qui vous amène?
LA COMTESSE. De grâce, dites-moi.
LE PRÉSIDENT. Laissez-nous, madame, le conseil....
(*Bruit confus au dehors.*)
(*Roulement de tambour, cris prolongés* AUX ARMES! AUX ARMES!)
Qu'est-ce que cela?
(*Les ministres s'approchent des croisées.*)
LA COMTESSE. Tout est perdu! Ce voyage, cette régence...
(*On bat aux champs.*)
LE PRÉSIDENT. Mais je ne me trompe pas... C'est le roi!
LES MINISTRES. Le roi!
LA COMTESSE. Lui même, la reine l'accompagne. (*elle court au fond du théâtre et regarde dans la galerie*) Quelle foule se presse....
LE PRÉSIDENT. Dans ce moment de crise, c'est un bienfait du ciel. Messieurs, allons recevoir leurs majestés.
LA COMTESSE. Les voici.

SCÈNE V.

LES MÊMES, LE ROI, LA REINE *en habits bourgeois*, COURTISANS, SUITE.

AIR: *de Tolbecque* (*l' Aiguillette.*)

Hommage, (*ter.*)
Que le couple illustre en ces lieux,
Au retour d'un trop long voyage,
Sourie à nos transports joyeux.
Hommage, (*ter.*)
Dieux!
Exaucez nos vœux.

LE ROI. Ces témoignages de votre attachement, remplissent nos cœurs de la plus vive émotion, jamais plus qu'en ce moment la reine et moi, n'avons senti le bonheur d'être aimés.

LES MINISTRES, *s'inclinant*. Sire!

LE ROI. Bonjour messieurs, bonjour.... Tous ici rassemblés..... Une garde nombreuse dans l'intérieur du palais..... Un mouvement extraordinaire parmi les gens de ma maison, personne cependant n'a été prévenu de notre retour.

LE PRÉSIDENT. Sire, une réception royale eut été l'objet de nos soins, si nous eussions pu prévoir......

LE ROI. Monsieur le régent? Je remarque en vous un trouble, une hésitation.

LE PRÉSIDENT. Sa majesté vient de traverser les provinces elle doit avoir été témoin...

LE ROI, *très froidement*. De quoi, messieurs?

LE MINISTRE DE LA GUERRE, *balbutiant*. Du contentement général, de l'enthousiasme,... du dévouement...

LA REINE, *malignement*. Comment pouvions nous voir cela...

LE ROI, *l'interrompant*. En voyageant incognito.

LE PRÉSIDENT. C'était ce me semble une raison pour que vos majestés pussent apprécier...

LE ROI. A leur juste valeur le bonheur du peuple, la prospérité du commerce, la paternelle et sage prévoyance de mon gouvernement.

LE PRÉSIDENT, *au ministre de la guerre*. Le roi a un ton singulier.

LE ROI. Je vous ai demandé, messieurs, la cause de l'agitation qui semble régner ici, daignerez vous me répondre?

LE PRÉSIDENT. Le désir de ne point troubler, par des nouvelles peu rassurantes, les premiers instans de votre retour...

LA REINE. Qu'est-il arrivé?.

LE ROI. Et vous hésitez à m'instruire. (*A part au président qu'il amène sur l'avant scène*) Quel danger nous menace?

LE PRÉSIDENT. Aucun je l'espère, mais on s'insurge dans les provinces. (*remettant des papiers au roi*). Voyez, sire, les dernières dépêches télégraphiques.

LE ROI, *à part*. A mon passage, rien n'indiquait des projets de révolte.

(Il lit les dépêches et sourit en rassurant la reine.)

LE PRÉSIDENT. Les portes des prisons ont été brisées...

LE ROI. Brisées non, c'est la reine qui les a fait ouvrir.

LE PRÉSIDENT. Le tocsin s'est fait entendre...

LE ROI. Oui pour un épouvantable incendie, M. de l'Intérieur, vous enverrez promptement des secours.

LE PRÉSIDENT. Sur un autre point, la garnison, l'artillerie, la garde civique ont pris les armes.

LE ROI. Parce que là seulement une rencontre imprévue a trahi notre incognito.

LES MINISTRES. Ainsi donc ces dépêches...

LE ROI. Ne vous auraient point alarmés si le baromètre eut été au beau fixe. Je vous apporte des nouvelles de fraiche date. Messieurs, me direz-vous maintenant ce qui s'est passé ici depuis un mois?

LE PRÉSIDENT. Rien que de très satisfaisant, sire...

LE ROI, *d'un ton sévère*. Sera-ce donc toujours votre unique réponse, monsieur?

Air: *En amour comme en amitié.*

Le peuple a parlé devant moi,
Il a parlé sans fard, sans craintes,
Et dès lors, j'ai su que le roi
Ignore trop souvent de légitimes plaintes.
Pourquoi, vous qu'il place au pouvoir,
Taire et cacher, ce qu'il doit voir, entendre !
Vous dédaignez ce qu'il saurait comprendre,
Que ne peut-il tout entendre et tout voir !
Ah ! s'il pouvait tout entendre et tout voir !

LE PRÉSIDENT. Sire, vous vous convaincrez par nos rapports...

LE ROI. Encore !

Air: *J'avais à peine vingt-cinq ans.*

Tout va bien, sire, tout va bien,
Disiez-vous avant mon voyage
J'aimais à croire ce langage,
Mais j'ai vu qu'il n'en était rien.

Ah ! que d'actes arbitraires
Exercent les douaniers,
Que de gens sont aux frontières,
Traités en contrebandiers.

L'impôt se perçoit, mais l'huissier,
Pour quelques francs qu'on doit encore,
En plein vent d'une voix sonore,
A l'encan vend un mobilier.

Visitant guinguettes, caves,
Un commis, la jauge en main,
Au plaisir mit des entraves
Où l'on chante et boit du vin.

Sonos drapeaux que de conscrits,
Dont nous honorons la vaillance,
Au tirage ont eu bonne chance,
Et malgré cela sont partis.

Pour les routes on dépense,
Tous les ans un argent fou.
On part, on roule, on avance,
Et l'on se casse le cou.

Quant aux passeports si trompeurs,
Il faudra que l'on s'inquiète,
Si quiconque en porte est honnête...
Et n'en pas donner aux voleurs.

Dans les forêts on rançonne
Les voyageurs..... sur ma foi,
Je désire que personne
N'y soit traité comme moi.

Des prisons, séjour de douleurs,
On adoucira le régime,
La loi punit, flétrit le crime,
Mais, c'est assez de ses rigueurs.

Enfin comblés de nos grâces,
Des personnages titrés ;
Ne rempliront plus leurs places,
Loin de leurs administrés.

Tout va bien, sire, tout va bien,
Disiez-vous avant mon voyage,
Je croyais à votre langage,
Désormais il n'en sera rien.

Messieurs, j'ai reconnu bien des abus, j'ai même été la victime de quelques uns. Il en existe de très graves, je vous les ferai connaître. (*montrant ses tablettes*) Des observations consignées sur ces tablettes, doivent résulter des améliorations importantes. Je l'ai résolu.

LE PRÉSIDENT DU CONSEIL. Votre majesté douterait-elle de la pureté de nos intentions.

LE ROI. Non, mais il faut plus que cela. (*à la reine*) Clémentine, je veux qu'une brillante fête vous fasse oublier les ennuis du voyage.

LA REINE. Il vous a été utile, Sire, et le peuple en recueillera les fruits. Tout irait mieux, je crois, si les souverains employaient comme vous les vacances.

LE ROI. Consentirez-vous à en prendre de nouvelles?

LA REINE, *légèrement*. Oui, sans incognito.

CHOEUR.

Air : *Du Maçon*.

Plus de craintes, plus d'alarmes,
Plus de sombre avenir ;
En ce jour plein de charmes,
Ne songeons qu'au plaisir.

FIN.

Imprimerie de Madame De Lacombe, faubourg Poissonnière, 1.

NOTA.

Dans le *second manuscrit* envoyé à la Commission de censure-dramatique les passages de cette brochure où nous avons placé des guillemets (») n'existent plus. Le nom de la Reine est remplacé par celui de *Mathilde*. Au titre de Roi est substitué la qualification de *Prince souverain*. Au lieu de ces mots : Sire, Majesté, on lit : *Altesse royale*, et le dialogue a subi de nombreuses variantes. Cette déférence a provoqué un *veto* définitif.

Nous avons fait imprimer notre ouvrage tel qu'il a été répété avant la promulgation de la loi, en vertu de laquelle, on a défendu la représentation de : **UN ROI EN VACANCES.**

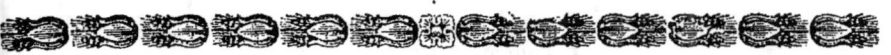

MADELON FRIQUET,

COMÉDIE-VAUDEVILLE

EN DEUX ACTES,

Par MM. De Rougemont et Dupeuty.

Musique nouvelle de M. Ch. Tolbecque.

Représentée pour la première fois, à Paris, sur le théâtre des Variétés,
le 1er octobre 1835.

PERSONNAGES.	ACTEURS.	PERSONNAGES.	ACTEURS.
LE PRINCE DE SOUBISE.	MM. Cazot.	Mme POITEVIN, propriétaire de l'hôtel de la reine de Suède.	Mmes Lecomte.
Le Comte DE LAPERRIÈRE, colonel du régiment de Picardie	Surville.	MADELON FRIQUET, sa nièce.	Jenny-Colon.
PHILIDOR, répétiteur de la danse à l'Opéra.	Daudel.	Mlle GUIMARD, danseuse de l'Opéra	Pauline.
TRANQUILLE, ouvrier chapelier.	Vernet.	BABIOLE, servante de l'hôtel.	Georgina.
		UN LAQUAIS de Laperrière.	M. Mayer.

La scène se passe en 1750.

ACTE PREMIER.

Le théâtre représente une salle basse de l'hôtel de la reine de Suède. — Un cabinet, à droite du spectateur, ayant une croisée sur le public ; une table à repasser à gauche. Des fers sur un réchaud. Du linge sur une chaise, etc., etc.

SCÈNE I.

Mme POITEVIN, BABIOLE.

Au lever du rideau, Babiole est occupée à plier du linge sur une table.

Mme POITEVIN, *entrant.* Eh bien, Madelon n'est pas encore rentrée.

BABIOLE. Non, madame Poitevin...

Mme POITEVIN. Je sais mon nom, mademoiselle Babiole, et vous n'avez aucun besoin de me le répéter incessamment ; c'est très inconvénient.

BABIOLE. Ça suffit, madame Poitevin.

Mme POITEVIN. Vous êtes une sotte en trois lettres...

BABIOLE. Mademoiselle Madelon en sortant, a dit qu'elle rentrerait dans un quart-d'heure ; elle ne peut tarder, car voilà une demi-heure qu'elle est en dehors.

Mme POITEVIN. C'est bien *disgracieux*... en attendant, le linge est là, les bras croisés, sans être repassé, et le feu se consomme.

BABIOLE. Ah ! elle n'est pas embarrassée, pour regagner le temps perdu, celle-là...

Mme POITEVIN. Je sais qu'elle est très vif ! la pauvre *orpheline*, quand *défunt* ma sœur la *veufe* Friquet me la confia en mourant, elle n'avait que les yeux pour *pleurera*... mais, Dieu merci, l'hôtel de la Reine de Suède dont je suis *propriétaire*, est une bonne hôtel... ma sœur s'est dit, à *l'oreille* : Madame Poitevin est une femme cossue...

2e ANNÉE.   TOM. IV.

qui a de la vertu et qui connaît sa langue française sur le bout de son doigt .. Madelon sera heureuse avec elle, si elle s'en *sarge*, et je m'en suis *sargée*.

BABIOLE. Je crois que la voilà qui rentre, madame Poitevin.

Mme POITEVIN. Si vous continuez, Babiole, votre congé ne tiendra qu'à un fil...

SCÈNE II.
Les Mêmes, MADELON.

MADELON, *entrant*

Air *connu*

Je suis Madelon Friquet,
Et je me moque
Qu'on se choque...
Je suis Madelon Friquet,
Et je me moque
Du caquet.

A moi chansons,
Jolis garçons,
Fi des bégueules
Toujours seules ;
On n'a pas long-temps
Vingt ans.

Je suis Madelon Friquet, etc.

Bigott's en vain, vous nous prêchez...
Mieux vaut nos fredaines
Mondaines,
Que vos gros péchés
Cachés.

Je suis Madelon Friquet, etc.

Que je vous embrasse donc, ma petite tante... (*Elle l'embrasse.*) Bonjour, la grosse Babiole...

Mme POITEVIN. Tu es demeurée bien long-temps absente, Madelon.

MADELON. Vous trouvez, eh bien, le temps ne m'a pas duré...

Mme POITEVIN. Cela peut apprêter à jaser... il y a tant de mauvaises langues dans le quartier, qui cherchent à mordre sur le prochain ; et la réputation d'une jeunesse est si casuelle.

MADELON. Bah! est-ce qu'on ne peut pas être sage, sans être toujours de mauvaise humeur ? ma foi, moi, quand un jeune homme me suit, je ne me mets pas en colère, surtout s'il est poli, et qu'il ait la jambe bien faite... s'il m'ennuie, je lui fais la grimace, et je double le pas .. s'il m'insulte... (*Baissant les yeux.*) pan !.. un soufflet bien appliqué... bref, jeunes ou vieux, je ris avec tout le monde, je blanchis, je repasse pour tout le monde.... après cela, comme je ne fais pas de mal, qu'on parle, qu'on jase, qu'on bavarde, qu'on cancanne, qu'on jabotte, je m'en fiche, et voilà.

Mme POITEVIN. Ma nièce, vous avez des *espressions* qui ne sont point équivalentes, rappelez-vous que les plus jolies qualités dans une femme, c'est la vertu et la *grande mère* française... Suivez-moi, Babiole.

BABIOLE. Oui, madame Poitevin...

Madame Poitevin sort avec Babiole.

SCÈNE III.
MADELON, *seule*.

Elle est drôle, ma tante (*Elle va à ses fers et les touche.*) de s'inquiéter comme ça des cancans des voisins et des voisines, ce qui ne l'empêche pas, sans être méchante, de se laisser faire la cour par ce gros richard de M. Camoin... (*Approchant un fer de sa joue.*) il n'est pas assez chaud, celui-ci... et d'écouter en même temps les douceurs de M. Philidor, mon maître de danse... (*Elle a pris un autre fer.*) il est brûlant celui-là... je n'y pense guères, moi, à ce que font les autres... c'est-à-dire, si, j'y pense, je voudrais bien savoir ce que fait en ce moment, une personne de ma connaissance... voilà quatre grands mois que ce lambin de Tranquille est parti pour aller recueillir la succession d'un oncle qu'il avait à Rouen... et pas de nouvelles ! ah! bah! j'ai dans l'idée qu'il y a nous tomber ici un de ces jours, habillé tout à neuf... avec des écus plein ses poches... je le vois déjà... Allons, manizell' Madelon, me v'là, faut nous marier... Pourquoi pas, M. Tranquille... Nous irons faire une fameuse noce au Panier fleuri, chez M. Landelle... Non, non, Tranquille, pas d'embarras, mon garçon, à la bonne franquette.

Air *de la Fricassée.*

Nous f'rons
La noce aux Porcherons
A la guinguette
S' marie une grisette :
Nous f'rons
La noce aux Porcherons,
Où nous dans'rons
Deux ou trois cotillons !

On fait là des entrechats,
Sans craint' de montrer ses bas,
J' vous d'mande un peu s'il vous plaît...

Quel mal ça fait...
Surtout quand on a l'pied bien fait !

Nous irons, etc.

Elle danse; Philidor entre et la regarde danser.

SCÈNE IV.
PHILIDOR, MADELON.

PHILIDOR. Pas mal, pas mal... seulement, il faut tomber en attitude... la, la, la, la, pas de bourrée... et les poings sur la hanche... (*Il a dansé et retombe.*) Voilà !..

MADELON, *l'imitant.* Voilà !

PHILIDOR. C'est cela, ma toute belle... pose chorégraphique... Dieu ! quel effet ferait une figure comme celle-là, dans le ballet des Quatre Élémens.

MADELON. Sans me flatter, vous en avez de plus laides à votre Opéra... il y en a surtout une grande, longue, qui fait les grâces et qui est maigre...

PHILIDOR. Mademoiselle Gaussin.

MADELON. Oui, je crois que c'est ce nom-là... Dieu ! est-elle... parlez-moi de mademoiselle Guimard... c'est celle-là qui est jolie comme un ange.

PHILIDOR. Et méchante comme un démon...

MADELON. Guimard, allons donc, c'est la meilleure enfant du monde.

PHILIDOR. Tiens, vous en parlez comme...

MADELON. Comme d'une camarade d'enfance... nous sommes nées porte à porte, nous avons été à l'école ensemble ; c'est la fille d'un perruquier qui battait sa femme quand il était gris, et qui se grisait tous les jours.

PHILIDOR. Ah ! que je suis content de connaître son origine... (*Riant.*) Ah, ah, ah ! (*Il passe un entrechat.*) je vais joliment la faire enrager, elle qui se donne pour la fille d'un chevalier de Saint-Louis.

MADELON. Je vous le défends, M. Philidor.

PHILIDOR. Vous me le défendez, et à quel titre ?

MADELON. J'ai des droits... elle a été si bonne pour nous... il y a de cela quatre ou cinq ans... ma pauvre mère était bien malade... ma tante n'était pas riche encore... tout le monde nous abandonnait, les médecins eux-mêmes ne voulaient plus venir... car, il n'y avait pas un sou à la maison... je ne sais pas comment Guimard l'apprit... mais ce jour-là, il y avait à l'Opéra une grande représentation à son bénéfice, et le lendemain à neuf heures, elle était chez nous... près du lit de ma mère, une bourse d'or à la main... il me semble encore la voir, l'entendre...

Air de la Robe et des Bottes.

Ma visite n'a rien d'étrange,
Cet argent-là vous était destiné...
Foi de Guimard, j'ai dansé comme un ange,
Avec plaisir le public l'a donné.
Me refuser me rendrait malheureuse,
Allons, allons, prenez... point de fierté...
Car, pour vous seule, aujourd'hui la danseuse,
Se fait dame de charité.

Ma pauvre mère se rétablit... moi, je continuai mon apprentissage, et tout cela, grâce à elle ; aussi, si jamais je pouvais lui rendre un service...

PHILIDOR. La fortune l'a bien changée, la Guimard.

MADELON. Du tout, elle est toujours la même avec moi... de temps en temps, elle nous envoie un billet de troisième loges... et quand je vais la voir, ce qui n'arrive pas tous les jours, elle serait au milieu d'un régiment de cordons bleus, que Victoire les quitterait sans cérémonie, pour venir causer un instant dans sa chambre avec la pauvre Madelon... moi, ça me trouble, ça me confusionne... il y a des momens où c'est plus fort que moi, je n'ose plus la tutoyer.

PHILIDOR. Moi, je ne suis pas dans ses bonnes grâces, j'en ai reçu avant hier le plus beau soufflet.

MADELON. Peut-être bien que vous le méritiez.

PHILIDOR. Mais, elle ne le portera pas en Paradis, d'abord, par une bonne raison, c'est qu'elle n'ira pas.

MADELON. Qu'en savez-vous ? il y a de la place pour tout le monde.

PHILIDOR. Un soufflet, à moi, Philidor, le héros de la pochette... le demi-Dieu de la contredanse... jamais je ne m'étais trouvé dans une pareille position... (*Il fait quelques pas et retombe en attitude.*) Au surplus, je suis déjà à moitié vengé...

MADELON, *avec intérêt.* Comment, il lui serait arrivé quelque chose de fâcheux ?

PHILIDOR. Mademoiselle... a des caprices... des volontés.

MADELON. Ah ! si ce n'est que ça... est-ce que chacun n'a pas les siens.

PHILIDOR. Elle croit que l'Opéra ne peut pas se passer d'elle.

MADELON. Je crois bien qu'à la rigueur, il se passerait plutôt de vous.

PHILIDOR. Guimard est mon ennemie personnelle... si elle reste, je donne ma démission, et je viens mettre le nom de Philidor, et cent louis de retraite aux pieds d'une beauté de votre connaissance, je ne m'explique pas davantage.. Mais si un jeune homme comme moi, (*Il fait une pirouette.*) avec mes avantages physiques et intellectuels, vous proposait de faire votre bonheur.

MADELON, *riant*. Mon bonheur, vous vous y prenez trop tard... si vous m'en aviez parlé plutôt.

PHILIDOR. Comment?

MADELON. Eh! mon Dieu, oui... il y a déjà quelqu'un qui s'en est chargé.

PHILIDOR. Vous penseriez encore à ce petit chapelier?

MADELON. Et pourquoi donc, que je n'y penserais pas?

PHILIDOR. Vous me faites bondir...

Il passe un quatre.

MADELON. Au surplus, cela ne me fait pas maigrir, comme vous voyez.. attendu que je suis sûre de la fidélité de Tranquille... c'est un honnête et loyal garçon qui m'aime toujours.

PHILIDOR. Et qui n'arrive jamais; si vous étiez de l'Opéra... vous sauriez ce que pèse la fidélité; pendant que vous l'attendez ici... votre Tranquille aura épousé là-bas une ou deux normandes.

MADELON. Apprenez, monsieur, que quand on pense à moi, on n'épouse personne...

PHILIDOR. Est-elle originale!... quel plaisir de faire un avant deux avec une créature aussi jolie.

Il la prend à bras le corps comme pour la faire danser. Madame Poitevin paraît.

SCÈNE V.

Les Mêmes, Mme POITEVIN.

Mme POITEVIN. Eh bien, monsieur Philidor, ne vous gênez pas... et toi, Madelon...

MADELON, *un fer à la main*. Moi, ma tante... j'attendais que mes fers fussent chauds...

PHILIDOR. Et nous repassions notre leçon de la dernière fois.

Mme POITEVIN. En voilà assez de leçons... comme ça...

MADELON. Ma tante, le mois est commencé...

PHILIDOR. Ah! par exemple.... je ne m'attendais guère à celle-là... (*Bas à madame Poitevin.*) Quoi! c'est vous, aimable Poitevin... qui voudriez diminuer les occasions de nous parler de notre amour?...

Mme POITEVIN. Elle est belle, votre amour.

PHILIDOR. Allons, allons... ça se calmera. (*Il tire sa montre.*) Au surplus, voilà précisément l'heure où je donne ma leçon à votre locataire du second... j'y monte... et en descendant j'appaiserai cette charmante colère... (*Il se met en posture pour exécuter ce qu'il va dire.*) Changement de pied, une pirouette... chassez-croisez... et au revoir.

Il sort. Pendant tout ce temps-là Madelon s'est occupée de son ouvrage en fredonnant.

SCÈNE VI.

Mme POITEVIN, MADELON.

Mme POITEVIN. Madelon... c'est fort mal.

MADELON, *riant*. Qu'est-ce que vous avez donc, ma tante?

Mme POITEVIN. Je suis très *éritée* contre vous.

MADELON. Ah ça, ma petite tante, est-ce que par hasard vous seriez jalouse?..

Mme POITEVIN. Moi, jalouse!..

MADELON. Est-ce que vous croyez que je ne me suis pas aperçue que M. Philidor vous en conte.

Mme POITEVIN. Je ne chercherai point à m'en disculper. Oui, il me faisait... la cour, c'est vrai; il me disait même des choses fort agréables.

MADELON. Voyez-vous ce monstre-là, qui disait des choses agréables à ma tante.

Mme POITEVIN. J'aurais dû ne pas l'écouter... mais si tu savais comme moi la mythologie... je te dirais que nous portons tous la peine du péché de la première femme...

MADELON. Bah!.. c'est toujours la première femme qui est cause de tout... Eh! mon Dieu!.. si ça n'avait pas été la première... c'aurait été la seconde...

Mme POITEVIN. Quand je pouvais m'en tenir à mon futur de l'été dernière... M. Camoin, joaillier de la ville de Paris... marguillier de la paroisse de Saint-Pierre-aux-Bœufs... un homme établi en gros, incapable de donner un démenti à un perroquet...

MADELON. Eh bien, ma tante... il faut y revenir, et planter là ce petit monstre de sauteur... qui veut épouser la tante, et qui fait les yeux doux à la nièce...

Mme POITEVIN. Le planter là... tu ne sais pas tout, Madelon...

MADELON. Qu'est-ce qu'il y a donc?

Mᵐᵉ POITEVIN. *Emagine-toi*, que *toute cette hiver*, M. Philidor est venu, comme tu as pu l'observer, boire du cidre et manger des marrons.

MADELON. Et même, il en mangeait tant, que je croyais toujours qu'il n'avait pas dîné...

Mᵐᵉ POITEVIN. Je ne lui en fais pas un crime... mais, j'ai voulu le faire *espliquer*... je ne puis pas le désavouer il *s'esprime* très bien... il m'a dit qu'il m'aimait... qu'il m'adorait... il m'a demandé ma main... son langage m'avait submergée... j'ai presque dit : oui...

MADELON. Quand vous auriez promis, ça n'engage à rien...

Mᵐᵉ POITEVIN. Le monstre est parti le lendemain pour *Mémorency*... et j'ai eu la faiblesse de correspondre avec lui...

MADELON. Ah! vous lui avez écrit une lettre?..

Mᵐᵉ POITEVIN. Quatre, mon enfant!.. et de huit pages encore...

MADELON. De huit pages, vous n'aviez donc que cela à faire?

Mᵐᵉ POITEVIN Il me répétait si souvent: « Quand on parle comme vous, on doit *»dicter* comme madame de Sévigner... » Je me suis compromise...

MADELON. Je m'en moquerais pas mal... à votre place, je n'en ferais ni une ni deux, je l'enverrais promener.

Mᵐᵉ POITEVIN. Mais alors, il se vengera en *divulguant* mes lettres... Oui, je fais la *pariure* qu'il les montre au tiers et au quart, et adieu cette réputation *intaque* que je me suis amassée dans le quartier.

MADELON. Ne vous chagrinez pas, ma petite tante, nous trouverons moyen de vous tirer de là... c'est comme moi... est-ce que vous croyez que je me tourmente l'âme, parce que mon cousin... mon amoureux est en retard de quatre mois, ça ne m'empêche pas de dormir sur les deux oreille, et d'être bien tranquille.

~~~~~~~~~~~~~~~~~~~~~~~~~

SCÈNE VII.

Les Mêmes, TRANQUILLE, BABIOLE.

TRANQUILLE, *entrant subitement*. Qui est-ce qui m'appelle?

Mᵐᵉ POITEVIN et MADELON. Tranquille...

MADELON. Ah! vous voilà donc, pas pressé?..

TRANQUILLE. Ah! Dieu!.. pas pressé!.. j'arrive par le carrosse de Rouen... nous n'avons mis que huit jours pour faire trente lieues.

Mᵐᵉ POITEVIN. Allons, allons, puisque le voilà sain et *saure*...

TRANQUILLE. Et juste, comme je suis parti... aussi gras, aussi gros... aussi amoureux... je ne pèse pas deux onces de moins.

MADELON. Tout cela est bel et bon... mais quel quantième sommes-nous aujourd'hui?

TRANQUILLE. Le dix de février.

MADELON. Quand deviez-vous revenir?

TRANQUILLE. Au mois d'octobre; mais...

MADELON. Qu'est-ce que je vous ai promis?

TRANQUILLE. Fidélité...

MADELON. Jusqu'à la Toussaint...

Mᵐᵉ POITEVIN. Ma nièce... la fidélité n'a point de terme... c'est à perpétuité.

MADELON. Je vous ai dit jusqu'à la Toussaint... et huit jours de grâce en sus.

Mᵐᵉ POITEVIN. Allons, allons. Madelon...

TRANQUILLE Je vous ai dit : Je pars pour recueillir une succession. — Vous m'avez dit : Tant mieux! — Je vous ai dit: Soyez-moi fidèle. — Vous m'avez dit: Pour la vie.

MADELON. Jusqu'à la Toussaint.

TRANQUILLE. Je vous ai dit : Je serai de retour, que vous ne vous serez pas aperçue de mon absence... — Vous m'avez dit : Vous ne serez donc pas long-temps?.. — Je vous ai dit : Quinze jours. — Vous m'avez dit : Que ça?. — Je vous ai dit : Pas six semaines de plus... — Vous m'avez dit :

MADELON, *l'interrompant avec impatience*. Eh bien... je vous ai dit... je vous ai dit... que je vous attendrais un mois ou deux, vous m'aviez promis d'être de retour avant ce temps-là... et voyez-vous, Tranquille, avec moi, il faut être de parole.

TRANQUILLE. J'en ai été de parole... si ce n'est que je n'ai pas pu tenir ma promesse... Je pars pour recueillir la succession d'un oncle paternel du côté de ma mère... mon oncle n'était pas mort... il a bien fallu attendre, parce que les successions, ça ne vient pas du vivant du défunt... je voulais m'en revenir pour donner le temps à ce brave homme d'en finir à son aise... mais les médecins m'ont dit de prendre patience, qu'ils étaient sûrs de mon affaire; alors, j'ai attendu... mais ils y ont mis de la négligence... car ça encore traîné plus de deux mois.

MADELON. Ces deux mois-là... je suis encore assez bonne pour vous les passer, mais les deux autres...

TRANQUILLE. Est-ce que vous croyez

que quand un homme est défunt... c'est fini... vous n'y êtes pas... et les scellés... les inventaires... les chicanes... un tas de cérémonies qu'ils ont inventées pour détruire les successions... mon oncle a laissé six mille livres.

Mme POITEVIN. Diantre! six mille livres... c'est un beau denier...

TRANQUILLE. Mais, les notaires,... les procureurs, les greffiers, les huissiers-priseurs... qui ont toujours leur part dans les successions... tout ça a hérité avant moi... et il ne m'est resté que 349 livres 10 sous.

MADELON. Tout ça de monnaie.

TRANQUILLE. Non, je n'ai que trente sous de monnaie... Le reste est en louis d'or et en écus de six livres... C'est encore cher les successions; on ne m'attrapera plus à en recevoir des héritages... D'abord je n'ai plus de parens... J'ai que mon père...

MADELON. Mais pourquoi n'avez-vous pas écrit?

Mme POITEVIN. Oui, pourquoi n'avez-vous pas correspondu par une lettre?

TRANQUILLE. Pourquoi j'ai pas écrit? Ah! dam!.. il y a bien des raisons pour ça... D'abord, on ne m'a pas appris à écrire... ce qui fait que je ne sais pas.

MADELON. On va trouver quelqu'un, on fait écrire pour soi.

TRANQUILLE. Du tout... je me suis dit: Madelon me connaît; elle sait qu'avec moi il n'y a pas deux paroles... Je sais bien que ça la contrariera un peu de ne pas recevoir de mes nouvelles... mais elle est fille à se dire : Tant que je n'aurai pas reçu de billet d'enterrement, je suis sûr que Tranquille ne respire que pour moi... Comme de fait, je n'ai jamais respiré pour une autre.

MADELON, *lui tapant sur la joue*. C'est égal! monsieur, je suis fâchée, je suis très fâchée...

TRANQUILLE. Allez, allez, ne vous gênez pas... Dieu! y a-t-il long-temps que j'ai senti ces bonnes mains-là... Ah ça, dites-donc, madame Poitevin, à présent que j'ai de quoi faire la noce, c'est le cas de mettre les fers au feu pour notre mariage... (*Il frappe sur sa poche.*) Les entendez-vous? Ils ne demandent qu'à sortir.

Mme POITEVIN. Dam... ça regarde Madelon.

MADELON. Ah! bien, si ça me regarde, je n'irai pas par quatre chemins!

Mme POITEVIN. Ma nièce, mettez-y un peu de défense.

MADELON. Pourquoi donc refuser de lui faire plaisir à ce pauvre garçon qui m'aime?

TRANQUILLE. Oh ça! la preuve que je vous aime et que je pensais toujours à vous, ma chère Madelon Friquet, c'est que là-bas j'en avais privé un à votre intention.

MADELON. Un quoi?

Mme POITEVIN. Un de quoi?

TRANQUILLE. Eh ben!... un friquet!... un superbe oiseau... il était tout petit... il aurait à présent un plumage magnifique, s'il n'avait pas été dévoré par un vilain matou; c'est ce qui m'a empêché de vous l'apporter.

MADELON. Je ne sais pas faire de façons. Je crois que je serai heureuse avec toi... Or, comme le bonheur ne vient jamais trop tôt, va-t-en te faire beau et reviens bien vite ici me prendre, afin d'aller à la paroisse pour faire afficher nos bans.

TRANQUILLE. Afficher nos bans... oh! oh! j'étouffe de plaisir... Voyez-vous, je suis comme ça : tout me fait de l'effet... Si je vous avais trouvée infidèle, j'étais capable d'en faire une maladie... d'en avoir une fluxion de poitrine.

MADELON. Oui, oui, je sais que tu as la tête un peu faible.

TRANQUILLE. Mais suis-je donc heureux? êtes-vous bonne, êtes-vous... (*brusquement et changeant de ton :*) Faut que j'embrasse madame votre tante. (*Il embrasse madame Poitevin.*)

Air : Vaud. des Amours d'été.

Vite en avant les gants blancs,
Le fin jabot de dentelle,
Les bouquets et les rubans,
Et mort à mes trois cents francs.
Chez les fripiers du Pont-Neuf,
Je vol' comme une hirondelle
Ach'ter un habit d'Elbeuf,
Et je vous reviens tout neuf.

ENSEMBLE.

Vite en avant les gants blancs,
Le fin jabot de dentelle,
Les bouquets et les rubans
{ Et mort à mes trois cents francs.
{ Et ménag' tes trois cents francs.

Tranquille sort avec madame Poitevin.

SCÈNE VIII.

MADELON, BABIOLE, *puis* GUIMARD, *en ouvrière*.

BABIOLE *entrant*. Mamzelle Madelon, y a là une ouvrière qui demande à vous parler...

MADELON *étonnée*. A moi?..

BABIOLE. Oui, mamzelle Madelon...

MADELON. Fais-la entrer. (*Babiole sort.*) Qu'est-ce qu'elle vient donc faire ici, celle-là?.. est-ce qu'elle s'imagine que nous avons plus de besogne que nous n'en pouvons faire?

GUIMARD, *entrant.* Madelon!..

MADELON. Tiens!.. c'est toi, Guimard... c'est vous.

GUIMARD. Pourquoi te reprendre?.. tu disais bien d'abord; oui, c'est moi, ton ancienne camarade et toujours ton amie, qui vient te voir, causer avec toi. Pour des motifs que je te dirai tout à l'heure, Guimard a quitté la robe de la danseuse et repris le caraco de la grisette.

MADELON. Ah mon Dieu oui! vous l'avez été... Bah! tu l'as été comme moi... En as-tu fait endêver de ces garçons!

GUIMARD. C'était le bon temps, et sauf un peu de misère par ci par là, nous étions les plus joyeuses filles du monde.

MADELON. Tu regrettes ce temps-là... toi qui roules voiture, qui as des laquais, des maisons de campagne... toi la reine de l'Opéra.

GUIMARD. Tu tombes bien... nous sommes brouillés, l'Opéra et moi...

MADELON. Ah! oui, on m'en a parlé... Pourquoi donc cela?

GUIMARD. Parce que je n'ai pas voulu danser.

MADELON. Est-ce que tu n'es plus danseuse?

GUIMARD. Ce n'est pas une raison pour danser au pied levé... quand il plaît à un directeur, à la cour, à tout le monde...

MADELON. Tu as refusé de danser à la cour...

GUIMARD. J'ai refusé mieux que ça, j'ai refusé madame Dubarry.

MADELON. Celle qui fait la place de la reine?

GUIMARD. Oui, elle avait fait demander *le Jugement de Pâris.*

MADELON. Eh bien?

GUIMARD. Je n'étais pas en jambes, et puis j'avais une partie délicieuse à Brunoy.

MADELON. Mais tu vas te faire de mauvaises affaires.

GUIMARD. Oui, j'ai le For-l'Evêque en perspective.... Heureusement que mon prince de Soubise s'est mis en campagne.

MADELON. On dit qu'il n'est pas heureux dans ses campagnes, le prince de Soubise... Ah ça! tu le connais donc?

GUIMARD. C'est ma providence... Chacune de nous a la sienne qui la défend contre les injustices du directeur, les vexations de l'autorité. Sans cette providence-là, ma chère, l'Opéra ne serait pas tenable!..

nous serions victimes de l'arbitraire, on nous ferait danser du matin au soir, comme si nous n'avions que cela à faire.

MADELON. Mais cependant... si tu as fâché la comtesse Dubarry... si tu as refusé de danser.

GUIMARD. Oh! j'y ai mis des formes,.. des procédés; j'ai déclaré que j'avais la migraine... que j'allais me mettre au lit... Cet imbécile de Rebel, notre directeur, ne s'est-il pas avisé de croire ce que je lui disais. Il a envoyé chez moi... On ne m'y a pas trouvée... c'est tout simple, je n'y étais pas...

MADELON. Et il a fait son rapport?..

GUIMARD. Où... je suis traitée... menacée... j'avais bien envie de les attraper et de m'en aller à Londres... mais il n'y a qu'un Paris... j'y tiens et le prince aussi! Oh! je lui rends justice .. il a pris la chose à cœur... depuis deux jours il a fait plus de démarches pour moi, qu'il n'en ferait pour avoir le bâton de maréchal de France.

MADELON. Ça lui viendra sans qu'il s'en doute...

GUIMARD. Aussi, j'ai pour lui une reconnaissance... A propos,.. il va venir ici un jeune officier me demander...

MADELON. De la part du prince Soubise!..

GUIMARD. Au contraire... et j'ai pris ce costume afin de ne pas être suivie... reconnue...

MADELON. Ah! mademoiselle Victoire, au surplus cela vous regarde... ce sont les affaires, quant à moi, je m'en moque...

Phillidor entre en gambadant, il fait un entrechat et vient tomber entre les deux dames.

SCÈNE IX.

Les Mêmes, PHILIDOR.

PHILIDOR. Ah!..

GUIMARD et **MADELON,** *effrayée.* Ah!..

GUIMARD, *à part.* Philidor...

MADELON. Vous devriez bien avertir quand vous avez envie de faire peur...

PHILIDOR. Zéphir est-il fait pour effaroucher les grâces? Je viens chercher mon cachet!.. Quelle est donc cette beauté qui se dérobe à nos regards?

MADELON. C'est une de mes amies qui est venue me voir...

PHILIDOR. Mais nous avons une tournure...

MADELON. C'est une blanchisseuse de fin...

PHILIDOR, *à part.* Il y a du mystère... je connais ces pieds-là, je les ai vus au magasin... c'est de l'Opéra!... (*à Madelon.*) Dites donc, belle enfant, si nous profitions du moment où votre tante n'y est pas... pour achever la leçon... j'ai dans la tête une petite allemande à trois...

GUIMARD, *à part*. Ah!.. mon Dieu!.. il me regarde...

Elle met les pieds en dedans.

PHILIDOR, *à part*. Les pieds en dedans... déguisement complet qui confirme mes soupçons... allons, en place.

MADELON. Non, pas pour le moment...

PHILIDOR. Votre amie profiterait de l'occasion... qui sait... elle aime peut-être la danse... quand on a une taille comme celle-là... (*Il va pour lui prendre la taille, Guimard lui donne une tape sur les doigts.*) Un diamant... c'est de chez nous!

MADELON. Là!.. c'est bien fait... (*Lui donnant un cachet.*) Tenez, monsieur, voilà votre cachet.

PHILIDOR. Un de plus... un de moins, je n'y tiens pas (*Il le met dans sa poche.*) et j'aurais préféré voir...

Il se tourne du côté de Guimard. Madelon le retourne.

MADELON. Ce que vous ne verrez pas!.. Est-ce qu'on est curieux comme cela? Si mon amie se cache de vous, c'est qu'elle a probablement ses raisons... et quand un homme d'esprit s'aperçoit qu'il devient gênant, importun... il tire sa révérence et s'en va... voilà une leçon de politesse qui vaut bien une leçon de danse... et je ne vous demande pas de cachet.

PHILIDOR. Une échappée... partez du pied droit. (*Il fait un pas de danse.*) Mesdemoiselles (*Il salue et dit à part*) Oh... je te guetterai...

Comme il va pour sortir, Laperrière entre, il est en grenadier de Picardie.

SCÈNE X.

Les Mêmes LAPERRIÈRE.

LAPERRIÈRE. Pardon, excuse, mes belles demoiselles, n'est-ce pas ici l'enseigne de l'hôtel de la Reine de Suède?

MADELON. Oui, monsieur le soldat...

PHILIDOR, *à part*. L'amant de la Guimard.

LAPERRIÈRE. Pourriez-vous m'obliger de me dire, si personne n'est encore venu demander le grenadier Latulipe...

MADELON. Non, monsieur... (*Guimard lui tire la robe.*) Si fait!.. si fait!..

PHILIDOR, *à part*. Tu vas me payer ton soufflet...

Il sort.

SCÈNE XI.

GUIMARD, MADELON, LAPERRIÈRE.

LAPERRIÈRE, *à Madelon*. Alors, pourriez-vous me dire...

MADELON. Chut...

GUIMARD. Enfin, le voilà parti.

LAPERRIÈRE. Quel est donc cet original?

GUIMARD. M. Philidor, un de nos répétiteurs.

LAPERRIÈRE, *surpris*. Ah!..

GUIMARD. Je tremblais qu'il ne me reconnût... heureusement... il ne m'a pas vue... (*à Madelon.*) Ma chère amie... Monsieur est la personne que j'attendais, monsieur le comte de Laperrière.

MADELON, *à part*. L'officier!.. double travestissement.

LAPERRIÈRE, *changeant de ton*. Vous redoutiez la jalousie de monsieur de Soubise... et pour échapper aux espions dont il vous entoure, j'ai cru devoir me cacher sous cet habit...

GUIMARD. Une grisette... un soldat!.. qui nous reconnaîtrait sous de pareils costumes (*d'un ton grivois*) je n'ai pas déjeuné... Latulipe...

LAPERRIÈRE, *même ton*. Si un verre de vin pouvait vous être agréable, mamzelle Victoire...

MADELON. Un verre de vin.. je vais vous faire servir le déjeuner là...

Elle montre le cabinet et sort vivement.

SCÈNE XII.

LAPERRIÈRE, GUIMARD.

LAPERRIÈRE. Êtes-vous bien sûre que cette jeune fille?..

GUIMARD. C'est Madelon...

LAPERRIÈRE. Madelon!.. la jeune personne dont vous m'avez si souvent parlé?..

GUIMARD. Un caractère charmant... bonne, simple, sans façon... aussi gaie, aussi franche aujourd'hui qu'elle était à l'âge de dix ans... ne songeant pas plus à ce qui se dit et se fait autour d'elle... et toujours prête à se mettre en quatre pour vous rendre service... avec cela d'une figure...

LAPERRIÈRE. A laquelle il manque beaucoup de choses pour être comparée à la vôtre...

GUIMARD. Vous êtes allé à l'Opéra, hier soir...

LAPERRIÈRE. Le foyer était en rumeur;

votre aventure fait un bruit du diable!..
les opinions se divisent... on vous blâme...
on vous approuve... tout le parti de madame la dauphine est pour vous... mais de
son côté, madame Dubarry est furieuse...

GUIMARD. Oh! elle est trop bonne fi le
pour garder rancune à une camarade!..
quoiqu'elle ait un peu usurpé la couronne.

Air de la Famille de l'Apothicaire.

Le sort l'a placée avant moi,
 LAPERRIÈRE.
Mais la beauté vous égalise.
 GUIMARD.
Pour protecteur elle a le roi...
 LAPERRIÈRE.
Et vous, le prince de Soubise !
Vous avez les mêmes destins,
Car d'après les lois existantes...
 Bis ensemble.
Le prince et le roi sont cousins,
Et vous êtes presque parentes.

Et pourtant, je ne vous cacherai pas qu'il
est question d'obtenir un ordre pour vous
empêcher de reparaître à l'Opéra.

GUIMARD, *riant*. M'interdire l'Opéra...
à moi, Guimard... mais ils sont donc
devenus fous...

LAPERRIÈRE. On fait valoir les réglemens...

GUIMARD. Est-ce que nous connaissons
ça, les réglemens... les réglemens sont pour
les commençantes... pour celles qui n'ont
d'autre appui que leur talent.

LAPERRIÈRE. C'est juste!

GUIMARD. J'espère bien que le prince ne
se laissera pas donner ce soufflet sur ma
joue... je lui arracherais les yeux...

*Pendant ce qui précède, on a vu passer un garçon
qui a servi un déjeûner dans le cabinet à droite.*

MADELON, *entrant*. Maintenant... votre
déjeûner est prêt...

GUIMARD. Si le cœur t'en dit... quand il
y en a pour deux... il y en a pour trois.

MADELON. Merci, j'ai déjeûné... et puis,
il faut que je travaille... j'ai assez flâné
toute la matinée...

GUIMARD, *à Laperrière*. Est-elle gentille,
hein?

LAPERRIÈRE. Oui, pas mal... (*A part.*)
Elle est mieux que Guimard...

Il offre la main à Guimard; ils entrent dans le cabinet.

SCÈNE XIII.
MADELON, *seule*.

En voilà une qui a fait son chemin...
toujours dans les grands seigneurs!.. Eh
bien! j'aime mieux être comme je suis...
je déteste tout ce qui tient à l'étiquette, je
veux un mari avec qui je puisse jouer... rire... badiner... j'aime qu'on me chiffonne,
je ne pourrais jamais donner une tape à
un grand seigneur, et ça m'amuse... aussi,
quand nous serons mariés, j'espère m'en
régaler sur la bonne grosse joue de Tranquille... (*Elle entend parler à droite.*) Ah!
on parle dans la salle de ma tante... tiens!
c'est la voix de M. Philidor. (*Elle écoute.*)
Qu'est-ce qu'il dit donc ?.. Ah! mon Dieu!
je vous dis mon prince, que la Guimard
est ici... je l'ai vue... avec son amant...
Ah! le misérable, qui a été la dénoncer...
Ah! la pauvre fille... elle est perdue... (*Elle
court au cabinet et frappe.*) Vite... vite ouvrez-
moi.

On ouvre. Elle entre.

SCÈNE XIV.
LE PRINCE DE SOUBISE, PHILIDOR,
BABIOLE, Mme POITEVIN, MADELON, LAPERRIÈRE, GUIMARD, *ces
derniers dans le cabinet d'abord*.

Mme POITEVIN. Mon Dieu, messieurs, je
vous le réitère... je n'ai point connaissance
de tout cela...

PHILIDOR. Et moi, madame Poitevin,
je vous déclare que j'ai vu ici même,
dans cette salle la susdite dame... et le susdit monsieur, or, comme en sortant, j'ai
eu soin de désigner leur costume afin qu'on
pût les suivre, s'ils venaient à s'échapper
et qu'il n'est sorti personne... ils doivent
naturellement se trouver ici...

Il se frotte les mains.

LE PRINCE, *id*. Ils doivent naturellement
se trouver ici...

PHILIDOR. Vous voyez que c'est l'avis
de monseigneur.

Mme POITEVIN. Je suis sorti dehors la *valicence* d'un instant... ils auront profité de
cet incident pour entrer... si Madelon était
présente, on pourrait le lui en faire la
question.

PHILIDOR. Appelez-la...

LE PRINCE. Appelez-la...

PHILIDOR. Le prince vous dit de l'appeler...

Madame Poitevin sonne.

BABIOLE, *entrant.* Qu'y a-t-il pour vot' service, madame Poitevin.

Mᵐᵉ POITEVIN. Qu'on cherche voir après ma nièce... elle doit être montée en haut.

BABIOLE. J'y vais, madame Poitevin.

Elle sort.

PHILIDOR. L'homme, je l'ai parfaitement reconnu, pour un officier supérieur du régiment de Picardie, à qui M. le duc d'Ayen en a beaucoup voulu dans le temps pour mademoiselle Duthé. (*On voit mademoiselle Guimard grondant Laperrière et Madelon les forçant d'écouter.*) Quant à mademoiselle Guimard... c'était elle... je la vois encore, mantelet noir, bonnet plissé, ruban vert, couleur d'espérance. (*Madelon ferme la porte du cabinet.*) à telles enseignes qu'elle m'a donné sur les doigts, bien certainement, elle est dans la maison...

LE PRINCE. Bien certainement, elle est dans la maison.

PHILIDOR. Et quand le prince affirme une chose, c'est qu'il en est certain. C'est d'autant plus affreux que le prince venait d'obtenir sa rentrée à l'Opéra, aussi son altesse ne lui pardonnera jamais...

LE PRINCE. Son altesse ne lui pardonnera jamais.

BABIOLE, *rentrant.* On n'a pas trouvé mamzell' Madelon, madame Poitevin,.. mais l'Endormi assure avoir servi un déjeûner de deux personnes dans ce cabinet-là...

PHILIDOR. Dans ce cabinet-là... nous les tenons.

Il se frotte les mains.

LE PRINCE, *de même.* Nous les tenons !

PHILIDOR. Vous l'entendez... le prince est sûr de son fait.

Mᵐᵉ POITEVIN, *frappant à la porte.* Monsieur et madame... je vous prierais d'ouvrir la porte sans vous déranger.

Personne ne répond.

PHILIDOR. Il paraît que ça les dérangerait. (*Il y va lui-même.*) Quelles que soient les personnes qui pour le moment habitent ce cabinet, on serait charmé de leur dire deux mots.

Même silence.

Mᵐᵉ POITEVIN. Mortus es, pour vous comme pour moi.

PHILIDOR. En cas de refus, nous aurons recours à la violence.

LE PRINCE. Nous aurons recours à la violence.

PHILIDOR. Monseigneur y est décidé... ouvrez-nous.

SCÈNE XV.

Les Mêmes, LAPERRIÈRE, puis TRANQUILLE.

LAPERRIÈRE, *reparaissant.* Qui ose se permettre.

LE PRINCE. Le colonel Laperrière sous cet habit.

LAPERRIÈRE, *feignant la surprise.* Ah ! pardon, monseigneur, j'ignorais que votre altesse fût ici...

PHILIDOR. Il fait l'étonné.

LE PRINCE. Il fait l'étonné.

LAPERRIÈRE. Je ne puis comprendre l'intérêt qu'elle peut avoir à troubler un innocent rendez-vous.

LE PRINCE. Un innocent rendez-vous ?..

LAPERRIÈRE. La position la plus élevée ne saurait autoriser, ni excuser une esclandre de cette nature... et il est des secrets qu'un prince lui-même doit respecter...

PHILIDOR. Oui... quand ces secrets ne le regardent pas... mais quand il est sûr qu'on le trompe... qu'une personne honorée de ses bienfaits... trahit sa confiance... qu'on se moque de lui...

LE PRINCE, *à Philidor.* Monsieur, laissez-moi donc parler... mais, quand je suis sûr qu'on me trompe... qu'une personne honorée de mes bienfaits, trahit ma confiance... qu'on se moque de moi...

LAPERRIÈRE. Mon prince, vous avez trop d'esprit pour penser ce que vous dites...

PHILIDOR. Eh bien, qu'elle se montre...

LE PRINCE. Qu'elle se montre...

LAPERRIÈRE. Mon prince, qui sait si elle n'a pas à redouter ici, d'autres regards que les vôtres...

PHILIDOR. C'est une défaite...

LE PRINCE. C'est une défaite, je connais cela... qu'elle se montre...

LAPERRIÈRE. Tant que je serai ici, personne ne contraindra sa volonté, c'est à elle seule à décider...

Ici, Madelon sort du cabinet, elle s'avance à pas lents au milieu de la scène ; elle a son mouchoir sur les yeux. Tout le monde se groupe autour d'elle, et n'est occupé que d'elle ; on jouit d'avance de sa confusion. Pendant ce temps-là, Guimard profite de l'attention générale portée sur Madelon, pour quitter le cabinet et disparaître. Musique à l'orchestre.

LE PRINCE. Eh bien, perfide, c'est donc ainsi.

MADELON, *ôtant son mouchoir et riant aux éclats.* Ah, ah, ah, ah !..

PHILIDOR. Ce n'est pas elle.
LE PRINCE. Ce n'est pas elle.
Mme POITEVIN. Ma nièce...
LAPERRIÈRE, *à part*. Elle nous a tirés d'un bien mauvais pas.
Mme POITEVIN. Comment, Madelon...
PHILIDOR. Un moment, un moment...
LE PRINCE. Ah! ah! vous voilà dérouté, monsieur le rapporteur... mantelet noir... bonnet plissé... ruban vert, couleur d'espérance.
PHILIDOR. Oui, oui, le costume est pareil, et l'on peut s'y tromper... mais certain diamant...
MADELON, *tendant la main*. Le voici... eh bien, M. Philidor...
PHILIDOR. Je suis un sot...
LE PRINCE. Ah! ah! je suis... (*Se reprenant*.) Vous êtes un sot...
Mme POITEVIN. Un diamant à Madelon... ah! malheureuse enfant.

Final de M. Charles Tolbecque.

MADELON, *riant*.

C'est un scandale épouvantable,
Ici, l'on me croit coupable...
Mon renom est perdu
Ayez donc de la vertu !

Mme POITEVIN.

C'est un scandale abominable,
Quoi, ma nièce est donc coupable...
De mes yeux je l'ai vu
Croyez donc à la vertu !

PHILIDOR, *regardant le cabinet*.

Cette aventure est impayable,
Cette femme est donc le diable...
La Guimard a disparu
Me voilà confondu !

LE PRINCE *et* LAPERRIÈRE.

Cette aventure est adorable,
Sa nièce était la coupable...
De leurs yeux ils l'ont vu
Quel échec pour sa vertu !

MADELON.

Vous devez tous savoir, je pense,
Qu'il ne faut pas trop croire à l'apparence ;
Je vous dirais bien mes secrets,
Mais vous êtes trop indiscrets...

ENSEMBLE.

C'est un scandale, etc., etc.

LAPERRIÈRE, *bas à Madelon*.

Comptez sur moi, bonne autant que jolie !

MADELON, *bas*.

Allez, monsieur, rassurez mon ami,
Pour elle je me sacrifie ! *bis*.

LAPERRIÈRE.

Mais vous ?

MADELON.

Dieu merci...

Tranquille entre paré avec des gants blancs et des bouquets. Madelon l'apercevant.

Tranquille ! ô ciel ! je n' pensais plus à lui !

TRANQUILLE.

Au rendez-vous, me v'là mamzelle,
L'habit tout neuf... le cœur fidèle...
Et les gants blancs
Pour faire publier nos bans.

MADELON, *vivement*.

Partons, partons !...

Mme POITEVIN.

Comment ! elle ose...

TRANQUILLE.

N'étions-nous pas convenus de la chose...

Mme POITEVIN, *prenant la main de Madelon*.

Tiens, regarde ce diamant...

MADELON.

O ciel !

Mme POITEVIN.

C'est un cadeau de monsieur, d'un amant,
Que nous venons de surprendre avec elle...

TRANQUILLE.

Ça ne se peut pas...

MADELON.

Quel embarras.

LAPERRIÈRE.

Je plains son embarras.

TRANQUILLE.

Ça n'est pas vrai, n'est-ce pas mamzelle ?

MADELON, *à part*.

Et ne pouvoir, peine cruelle...
Le détromper en ce moment.

PHILIDOR.

C'est désolant pour un amant.

MADELON.

Malgré les discours de ma tante,
Tranquille, je suis innocente...
Après ça tu croiras
Tout ce que tu voudras.

Il déchire son bouquet et le met en pièces, il va en faire autant de ses gants ; il s'en aperçoit, les plie et les met dans sa poche.

Patience, patience !
Demain (*bis*.) mon innocence
Va paraître au grand jour...
Demain (*bis*.) j'aurai mon tour !

TRANQUILLE.

Dans c' cœur pour vous il n'y a plus de place,
A vous je renonce, et pour de bon !

MADELON.

Tant pis pour toi, mon pauvr' garçon...

Mme POITEVIN.
Pareille audace !
Eloigne-toi...
D'ici, je t'chasse,

MADELON.
Je resterai chez moi !

LAPERRIÈRE.
D'honneur, elle est charmante

LE PRINCE.
Vraiment, vous êtes charmante.

MADELON.
Votre altesse est bien indulgente.

LAPERRIÈRE, bas.
Comptez sur moi...

MADELON.
Sur vous ! pourquoi ?

Mme POITEVIN.
Hypocrite !

TRANQUILLE.
Infidèle !

MADELON.
Grand merci !

Mme POITEVIN.
Perronelle !

TRANQUILLE.
Infidèle !

MADELON.
Grand merci !

PHILIDOR.
Que dites-vous de tout ceci,
Ma belle ?

MADELON, *les regardant en levant les épaules.*
Je suis Madelon Friquet,
Et je me moque
Qu'on se choque.
Je suis Madelon Friquet,
Et je me moque
Du caquet !

ENSEMBLE.
C'est un scandale épouvantable !

Mme POITEVIN.
C'est un scandale abominable, etc.

PHILIDOR.
Cette aventure est impayable, etc.

LE PRINCE *et* LAPERRIÈRE.
Cette aventure est adorable, etc.

TRANQUILLE.
Quel événement épouvantable, etc.

La toile tombe.

FIN DU PREMIER ACTE.

ACTE DEUXIEME.

Le théâtre représente une chambre mansardée. — Une table, un petit miroir, des chaises de paille, quelques images du temps, çà et là. — Un cabinet à gauche.

SCÈNE I.

MADELON, *seule, elle est assise.*

Me voilà donc depuis trois jours, toute seule dans ma petite mansarde.... établie blanchisseuse à mon compte... j'ai fait mettre en bas, à la porte de la rue, en lettres à six liards pièce... sans compter les points et les virgules : « Madelon Friquet, blanchit la cour et la ville à juste prix. » Et malgré ça personne ne se présente... pas même Guimard, pour laquelle je me suis sacrifiée de si bon cœur l'autre jour... Te v'là fraîche, ma petite Madelon.... chassée par ta tante, abandonnée par ton amoureux.... et par dessus le marché, pas un rabat, pas une paire de bas de soie dans les mains... une autre se désolerait... moi, j'espère... peut-être que quand elle n'aura plus rien à faire, la providence tournera les yeux de mon côté... (*On frappe doucement.*) Ah!..

Guimard entre et lui saute au cou.

SCÈNE II.

MADELON, GUIMARD.

GUIMARD. Que je t'embrasse donc, ma chère petite.

MADELON, *surprise et contente.* J'étais bien sûre qu'elle ne m'oublierait pas.

GUIMARD. Moi, t'oublier... au surplus, çaurait été ta faute... étourdie !.. qui part de chez sa tante sans donner son adresse, sans dire où elle va... il a fallu que le hasard fût plus aimable que toi... tout à l'heure, j'étais dans ma dormeuse avec le colonel... nous passions dans cette rue pour aller chez son bijoutier... tout à coup il lève les yeux... et jetant un cri de surprise; il me montre du doigt, ton nom écrit en grosses lettres... je descends de voiture...il continue sa route, et moi, je viens embrasser ma chère... ma bonne Madelon...

MADELON. C'est pourtant vrai... je n'ai donné mon adresse à personne... Dam !.. j'étais si ahurie !.. dans ces momens-là... on ne pense à rien...

GUIMARD. Ah!.. quel service tu m'as rendu.

MADELON. Tant mieux... ton prince ne s'est pas douté...

GUIMARD. Lui !.. est-ce qu'il se doute de rien !.. il est venu chez moi... il a eu la simplicité de me raconter sa visite chez ta tante... je lui ai fait une scène !.. j'ai crié à ravir... j'ai eu des momens superbes !.. j'ai voulu pleurer, je n'ai pas pu... alors, j'ai eu des attaques de nerfs... le prince était dans un état... j'ai eu pitié de lui, et j'ai pardonné...

MADELON. Ah! ça les princes sont donc aussi... comme les autres...

GUIMARD, *déclamant.*

« Les mortels sont égaux... ce n'est pas la naissance... » Mais n'en disons pas de mal, il est si bon !.. je ne sais pas ce qu'il aurait donné pour m'appaiser. Demandez-moi ce que vous voudrez, disait-il, en me pressant les mains, et foi de gentilhomme je vous l'accorde...

MADELON. Et tu lui as demandé...

GUIMARD. Rien encore... je veux réfléchir...

MADELON. Tu as peut-être eu tort... les premiers momens sont toujours les meilleurs.

GUIMARD. Oh! le prince est de parole... aussi, je serais désolée qu'une indiscrétion vînt lui apprendre la vérité... Tu me promets bien...

MADELON. Foi de Madelon, il ne la saura jamais par moi.

GUIMARD. Ah ça, après ton dévoûment, je serais un monstre d'ingratitude, si je ne cherchais pas à te rendre la plus heureuse petite femme... j'ai pensé à ton avenir... il faut que tu sois des nôtres... je veux te faire émanciper...

MADELON, *riant.* Je suis bien déjà assez émancipée comme ça...

GUIMARD. Tu as de la taille... de la figure... avant huit jours, tu seras inscrite sur le catalogue des danseuses...

MADELON. Moi, encataloguée... Ah! par exemple !..

Air *nouveau de M. Ch. Tolbecque.*

Non, je suis blanchisseuse ;
Mais ma foi, j'aime mieux ça

Que d'être danseuse
Danseuse de l'Opéra !
Quoi, tu veux que je débute,
J'aim' la dans', mais pour de bon...
On ne craint pas une chute
Avec un rigaudon.
 Oui, je suis blanchisseuse, etc.

J'sais bien, grace à ta gentillesse,
Qu' ducs et marquis sont sous tes lois,
Qu'e qu'ça m' fait à moi, pauvr' jeunesse,
Qui n' veux me marier qu'une fois. *bis.*
 Oui, je suis blanchisseuse, etc.

GUIMARD. Mais tu es folle, ma chère... regarde-toi donc dans ton miroir.., Hein ?

MADELON, *se regardant.* Oui, je suis gentille !.. je ne dis pas le contraire... si je voulais m'en donner la peine, je mettrais quelques têtes de grands seigneurs à l'envers.

GUIMARD. Et tu voudrais me faire croire que tu préférerais cette petite mansarde à l'éclat d'un riche appartement.

MADELON. Deux petites pièces bien propres, une demi-douzaine de fers à repasser, des pratiques qui me paient bien, et du charbon qui ne fume pas, voilà tout ce qu'il me faut.

GUIMARD. Bah ! bah ! j'en ai converti bien d'autres qui faisaient comme toi les récalcitrantes, et qui après avoir été l'honneur de la couture, la gloire de la lingerie, ont fini par faire les délices de la diplomatie ; il n'y a pas à répliquer je t'enlève ce soir... tu dîneras avec moi..

MADELON. Avec toi... moi !..

GUIMARD. Nous serons seules... en petit comité... je reviens te prendre dans deux heures... et nous ne nous quitterons plus, que je n'aie assuré ton bonheur...

Air : *Ce n'est pas cela.*

Je veux me charger
De te ranger
Sous notre bannière.
Satisfaire
Tous ses désirs
Est-il d'autres plaisirs !

ENSEMBLE.

Je veux me charger, etc.

MADELON.

Tu veux te charger
De me ranger
Sous votre bannière.
Simple ouvrière,
Mon seul désir
Est dans un modeste avenir.

Guimard sort.

SCÈNE III.
MADELON, *seule.*

Elle est tout de même bonne fille... chacune de nous deux a son chemin à suivre... et tout l'or du Pérou, ne me ferait pas sortir du mien.

TRANQUILLE, *en dehors.* Mamzell' Madelon !

MADELON. C'est la voix de Tranquille.

TRANQUILLE. Mademoiselle Madelon !

MADELON. Hein ?

TRANQUILLE. Etes-vous chez vous ?

MADELON. Entrez pour voir, monsieur Tranquille. (*Tranquille entre.*) Enfin... vous voilà !

SCÈNE IV.
TRANQUILLE, MADELON.

TRANQUILLE. Oui, mamzelle, c'est moi-même, ou plutôt l'ombre de moi-même !.. vous me voyez à présent... mais quand je serai maigri... j'aurai l'air d'un vrai squelette...

MADELON. Il me semblait que tu ne devais plus me reparler.

TRANQUILLE. C'est bien toujours mon intention.

MADELON. Vraiment !

TRANQUILLE. Aussi, en trouvant à mon doigt, cette bague d'argent que vous m'avez donnée, je me suis dit : Allons lui rendre ; ça s'ra une bonne occasion de lui montrer que je ne veux plus la voir.

MADELON. Et comment as-tu découvert mon logement ?

TRANQUILLE. En cherchant donc ? voilà trois jours que je m'abîme les jambes... que je m'éreinte, quoi... pour venir vous dire que je ne vous aime plus, que vous pouvez en aimer un autre... deux autres... trois autres... si vous voulez... Ah !..

MADELON. Pourquoi pas dix tout de suite.

TRANQUILLE. Dix aussi.

MADELON, *à part.* Pauvre garçon !.. il dit qu'il ne m'aime plus.

TRANQUILLE. Et maintenant que vous savez ma façon de penser... voilà votre anneau... je n'en veux plus... (*Il s'assied.*) Adieu...

MADELON. Et moi, je veux que tu le gardes.

TRANQUILLE. Et si je ne le voulais pas ? Ah !..

Il remet l'anneau à son doigt sans y faire attention.

MADELON. Je serais curieuse de voir ça. Allons, voyons... ne fais plus tes gros yeux... et causons comme une paire d'amis...

Elle prend une chaise et s'assied à distance de lui.

TRANQUILLE. Je ne peux pas être une paire d'amis avec vous...

MADELON. Pourquoi cela?

TRANQUILLE. Puisque vous m'avez trahi... puisqu'on vous a trouvée avec un soldat... qui n'était pas un vrai soldat.

MADELON. Ils ne savent ce qu'ils disent... ni toi non plus... raconte-moi un peu ce qu'il y a de nouveau chez ma tante.

TRANQUILLE. Ce qu'il y a de nouveau? (*A Madelon.*) approchez-vous.

MADELON. Il me semble que tu peux bien t'approcher toi.

TRANQUILLE. Ah! oui... (*Il s'approche.*) D'abord, moi, j'ai été comme un fou... j'ai battu la campagne j'avais perdu la tête .. c'est drôle comme le sentiment vous fait dire des bêtises...

MADELON. Tu es gentil comme tout... et qu'est-ce qu'on dit de moi?...

TRANQUILLE. De vous!.. les cent z'horreurs de la vie...

MADELON. Ah! bah!..

TRANQUILLE. Vous savez bien la grosse Agathe, qui manque de se marier, toutes les fois qu'il passe un régiment... Elle dit que vous vous êtes ensauvée avec un tambour-major... et puis la petite Fanchette.

MADELON. Qu'est-ce que c'est que ça la petite Fanchette?

TRANQUILLE. Faites donc comme si vous ne la connaissiez pas... un petit louchon qui louche.

MADELON. Qui boite.

TRANQUILLE. Qui louche et qui boite... Eh bien! elle dit que vous avez ensorcelé, je ne sais combien d'imbéciles sans me compter...

MADELON. Le quartier est si triste... ça les amuse. Et ma tante?..

TRANQUILLE. La tante Poitevin... ah!.. elle vous en veut joliment... à vous!.. et à cette vilaine sauterelle de Philidor...

MADELON. Elle a bien raison d'en vouloir à ce méchant danseur... c'est lui qui est cause de tout ce grabuge-là...

TRANQUILLE. Elle est si fort en colère contre lui qu'elle va l'épouser de force... à cause qu'il l'a menacée de montrer un tas de lettres qu'elle a été assez bête pour lui écrire... En v'là encore une qu'est bête!.. écrire à un homme des lettres... et par la poste encore... il faut qu'elle soit timbrée...

MADELON. Ma pauvre bonne femme de tante, si on pouvait empêcher ce mariage-là...

TRANQUILLE. Voulez-vous que j'aille assommer votre oncle futur... ça me ferait du bien d'éreinter quelqu'un... ça me calmerait les nerfs...

MADELON. Non, monsieur... non; ce que je veux de vous... c'est que vous soyiez raisonnable, que vous ne vous mettiez pas martel en tête... et que vous ayez en moi, la confiance que je mérite...

TRANQUILLE c'est plus fort que moi, quand le fantassin de l'autre jour, me trotte dans la tête, ça me fait des éblouissemens.

MADELON. Mais, tu sais bien que c'est toi que j'aime...

TRANQUILLE. Hein?.. qu'est-ce que vous avez dit... répétez... j'ai pas entendu?

MADELON. Je n'épouserai jamais que mon bon ami Tranquille...

TRANQUILLE. O ma Madelon... ma Madelon... vous me mettez hors de moi... avec des paroles comme celles-là, vous me feriez aller à Orléans en trois-quarts-d'heure j'ai confiance, je jure d'avoir confiance!.. je le jure sur les cendres de mon père, qui aura soixante dix ans à Pâques-fleuries... Pourquoi donc, que vous mettez votre mantelet?

MADELON. Pour sortir.

TRANQUILLE. Et vous allez?..

MADELON. Je te le dirai à mon retour.

TRANQUILLE. Oh! mon Dieu... si je vous le demandais, c'était seulement pour le savoir... pas pour autre chose... j'ai confiance. Vous ne serez pas long-temps?..

MADELON. Ne t'inquiète pas... (*A part.*) Si je pouvais ravoir les lettres de ma tante... ne t'ennuie pas trop mon gros jouffflu...

Elle lui tape gaîment sur la joue, et sort en riant.

SCENE V.
TRANQUILLE, seul.

Enchanteresse, va!.. résistez donc à une femme qui vous appelle son gros jouffflu quand elle me parle, ses paroles sont si douces, c'est comme si j'avalais des quarterons de miel!.. du Narbonne, quoi!.. elle ne m'a pourtant rien dit, car au bout du compte, elle ne m'a rien dit... eh! bien, je trouve ses raisons très bonnes... je suis sûr qu'elle n'a pas tort. (*On fait un peu de bruit.*) Qui est-ce qui arrive-là?.. Dieu me pardonne c'est l'acrobate manqué,

SCÈNE VI.
PHILIDOR, TRANQUILLE.

PHILIDOR. Par Vestris !.. Si je m'attendais à trouver ici un vis à vis... ce n'était certainement pas vous.

TRANQUILLE. Pourquoi n'y serais-je pas ?.. vous y venez bien...

PHILIDOR. Moi... je suis maître de danse.

TRANQUILLE. Vous êtes sauteur ?

PHILIDOR. Madelon est mon élève... c'est une fille charmante !.. Je viens me mettre sur les rangs pour lui plaire...

TRANQUILLE. Il n'y a pas de place pour vous, sautriot.

PHILIDOR. Qui vous a dit cela ?..

TRANQUILLE. Qui ?.. elle, apparamment...

PHILIDOR. Elle vous a donc raconté... l'affaire du cabinet ?..

TRANQUILLE. Elle ne m'a rien dit...mais je la crois... Madelon est incapable de me tromper.

PHILIDOR. Vous en êtes encore là... pauvre jeune homme... à la première position... vous n'avez donc pas vu, comme le prince de Soubise lui souriait...

TRANQUILLE. Le prince de Soubise... ce gros qui ne peut jamais parler en premier ?

PHILIDOR. Un équipage s'est arrêté ce matin, devant la porte...

TRANQUILLE. Eh ! bien ?..

PHILIDOR. C'est le sien..

TRANQUILLE. Quel mal qu'il y a... Madelon est blanchisseuse... Les princes portent des bas de soie... des jabots comme les autres... Si celui-ci veut lui donner sa pratique... S'il lui apporte son linge ?..

PHILIDOR. Délicieux !.. c'est à en rester trois jours en l'air, d'admiration .. ah ! ça mais... où est-elle donc cette beauté, qui s'élève à l'horison de la galanterie ?

Il fait une pirouette.

TRANQUILLE. Tourne, ton ton, tourne; elle est dehors...

PHILIDOR. Déjà !.. à courir les magasins... à voir les fournisseurs, à faire des emplettes... quand ces demoiselles débutent... elles sont d'une activité...

TRANQUILLE. Qu'est-ce que vous dites ?.. débute... débute... elle ne débute pas... entendez-vous ?

PHILIDOR. Non... ce n'est point son début... En effet, pendant votre absence... il y avait un petit blond...

TRANQUILLE, *inquiet.* Un petit blond...

PHILIDOR. Mais, ça n'a pas duré longtemps... chassez croisé... il a été remplacé par un gros brun... un charmant garçon... elle ne vous en a pas parlé...

TRANQUILLE. Non... elle ne m'en a pas ouvert la bouche...

PHILIDOR. Il est venu ensuite un milord...

TRANQUILLE. Un milord, Espagnol...

PHILIDOR. Je ne sais pas d'où il est... oh !.. elle ne s'est pas du tout ennuyée pendant ces quatre mois-là...

TRANQUILLE. Ah ! ça mais.. je n'y suis plus... elle m'a encore dit tout à l'heure... allons... je ne vous crois pas, baladin.

PHILIDOR. Madelon est lancée ! avant six mois, elle se sera donné le plaisir de ruiner nos jeunes seigneurs et nos vieux financiers.

TRANQUILLE. Madelon... est une honnête fille.. qui ne ruinera personne... (*A part.*) Je ne crois pas un mot de ce que je dis mais c'est égal...

On frappe en dehors

PHILIDOR. Voilà déjà les ambassadeurs qui arrivent... je m'éclipse... il faut de la discrétion... Pas de *si-sot*... terre à terre et jeté... battu.... (*Il danse et va ouvrir la porte, un laquais de livrée parait.*) Livrée magnifique... c'est au moins un prince du Saint-Empire...

Il sort, le laquais entre.

SCÈNE VII.
TRANQUILLE, LE LAQUAIS.

TRANQUILLE, *avec humeur.* Qu'est-ce qu'il veut... cet escogriffe-là ?..

LE LAQUAIS. Mademoiselle Madelon Friquet... s'il vous plaît ?..

TRANQUILLE, *brusquement.* C'est moi...

LE LAQUAIS. Comment, vous...

TRANQUILLE, *de même.* C'est-à-dire, non... mais c'est comme si vous la voyiez.

LE LAQUAIS. C'est possible. mais j'ai ordre de ne remettre qu'à elle seule ce que j'apporte.

TRANQUILLE. Vous repasserez dans quinze jours, trois semaines.

LE LAQUAIS. J'aime mieux attendre.

TRANQUILLE. Est-ce que vous êtes sourd ? quand on vous dit qu'il n'y a personne... elle est déménagée d'avant z'hier... elle est... (*Il aperçoit Madelon qui entre.*) Me voilà pincé.

SCÈNE VIII.
Les Mêmes, MADELON.

MADELON. Une course inutile...

Elle ôte son mantelet.

LE LAQUAIS. Est-ce mademoiselle Madelon Friquet que j'ai l'honneur de saluer.

MADELON. Moi-même, mon garçon.

LE LAQUAIS, *lui présentant un petit paquet.* C'est de la part de M. de Laperrière, mon maître.

TRANQUILLE, *à part.* Je me mange les sens... à la vinaigrette. (*A Madelon.*) J'espère, mamzelle, que vous allez refuser...

MADELON. Refuser, je ne suis pas si malhonnête... (*Au laquais.*) Mon garçon, vous direz à monsieur le comte, que je suis bien sensible à son souvenir, que je l'en remercie... mais qu'en vérité, ça n'en valait pas la peine... (*Le laquais va pour sortir.*) Attendez... Tranquille, as-tu de la monnaie?

TRANQUILLE. Non, mamzelle.

MADELON. Prête-moi un écu de six francs.

TRANQUILLE. Que je vous prête?

MADELON. Oui, si tu l'aimes mieux, donne pour boire à l'envoyé de monsieur le comte.

TRANQUILLE. Tu n'auras que des sous, va... (*Après un effort.*) Voilà, laquais.

LE LAQUAIS, *à Madelon.* Merci, mademoiselle...

Il sort sans regarder Tranquille.

TRANQUILLE. C'est moi qui... (*Il fait signe de donner de l'argent.*) et c'est elle que... (*Il fait le geste de remercier.*) j'avais une envie horrible de démancher le balai en sa faveur.

∞∞∞∞∞∞∞∞∞∞∞∞∞∞∞∞∞∞∞∞∞∞∞

SCÈNE IX.
MADELON, TRANQUILLE.

TRANQUILLE. Ah! ça, tout ce qu'on m'a dit, c'est donc vrai?

MADELON. Comment, vrai? quoi? après qui en as-tu donc?

TRANQUILLE. Un scélérat qui vous apporte des cadeaux de la part de son maître; qu'est-ce que c'est encore que ce comte de Lacarrière.

MADELON. Si tu es bien sage, quand nous nous serons mariés... je te conterai tout.

TRANQUILLE. Il sera joliment temps.

MADELON. Mais quelle lubie te passe par la tête? ne m'as-tu pas promis de t'en rapporter à moi... rien qu'à moi?

TRANQUILLE. Je ne m'en rapporte plus, je n'ai plus de confiance... j'aime mieux nous abandonner tous les deux, ne jamais nous revoir, dire partout que vous m'avez trahi indignement... (*La regardant tendrement et changeant de ton.*) et cependant; si vous vouliez vous justifier... j'aimerais mieux ça... justifiez-vous, Madelon, justifiez-vous...

MADELON. Me justifier, moi! ah! ça, tu plaisantes... mais je ne suis pas coupable...

TRANQUILLE. Si c'est des frimes... dites-moi les tenans et les aboutissans... mettez-moi-en, que j'en soye.

MADELON. Impossible, c'n'est pas mon secret... un peu de patience.

TRANQUILLE. Alors, vous êtes criminelle au premier chef.

MADELON. Tu ne veux pas me croire.

TRANQUILLE. Non...

MADELON. Eh bien! va te promener.

TRANQUILLE. Eh bien, oui, j'irai me promener... il n'y a pas de loi qui puisse m'en empêcher... je retourne à Rouen, j'épouse une Normande qui m'adore... une très belle Normande... une Normande de cinq pieds onze pouces, sans vous démentir... et un bonnet... deux pieds de bonnet... ça fait sept pieds onze pouces.

MADELON. Eh bien, épouse-la, ta Normande.

TRANQUILLE. Je l'épouserai si je veux, si je n'veux pas, je ne l'épouserai pas... je n'épouserai personne si ça me fait plaisir... (*Il se croise les bras et se promène à grands pas sur le théâtre.*) Me voilà donc libre, parfaitement libre.

MADELON. Eh bien, qu'est-ce qu'il a donc?

TRANQUILLE. Oui, je m'en vais partir... je m'en vais recommencer mon tour de France... je m'en vais en arpenter du terrain... à moi, à moi, les dévorans... allons, le bouquet au côté... les rubans à vos cannes, à vos chapeaux... vous me ferez la conduite... mais pas de femmes, oh! pas de femmes...

Il a l'air de marcher avec les compagnons.

MADELON. Allons, v'là la tête qui se monte... Tranquille, Tranquille! (*Elle le suit.*) ne te fais donc pas de mal comme ça! (*Il s'arrête; elle s'approche d'un ton caressant.*) Voyons, je te dirai tout, je n'aime que toi, c'est toi que j'aime... je me moque pas mal des autres.

TRANQUILLE, *brusquement.* Qui est-ce qui vous parle à nous... vous croyez peut-être m'enjôler!

MADELON, *avec douceur.* Non...

TRANQUILLE. Vous vous croyez peut-être jolie?

MADELON, *de même.* Non...
TRANQUILLE. Vous êtes vieille....
MADELON, *souriant.* Oui...
TRANQUILLE. Vous êtes laide.
MADELON, *de même.* Oui, mon ami, oui, je suis laide...
TRANQUILLE. Et quand je vous regarde, quand je vous entends, j'éprouve un brrr...
Il se remet à marcher.
MADELON *le suivant.* Écoute-moi, imbécille.
TRANQUILLE. Brrrrr!..
MADELON *id.* Ah ça... vas-tu finir.
TRANQUILLE. C'est fini, mamzelle; le même ciel ne peut plus nous porter... Laissez-moi... il faut que j'aille faire un coup de ma tête. Brrr.. brrr.
Il sort.

SCÈNE X.
MADELON *seule.*

Est-il rageur ce gros bêtat-là !.. J'avais beau lui dire : écoute-moi, je n'aime que toi; c'est comme si je chantais... ah bah! il reviendra... Et c't autre, qu'est-ce qu'il chante dans ce billet *(elle sent)* à la fleur d'oranger? *(elle lit)* « Ma petite Madelon... » *(parlant)* Déjà pas si petite... *(lisant)* « Ton sacrifice... » *(parlant)* Tiens, il est sans gêne... *(elle lit)* « Ton sacrifice mérite une récompense... » *(parlant)* Voyons. *(elle déploie un papier et regarde)* Son portrait et des diamans autour... Monsieur le comte n'a pas voulu se présenter chez moi en négligé... c'est galant... *(Elle lit)* « Une récompense; réponds-moi, chère petite, que tu m'attendras chez toi dans une heure... » *(parlant)* Il n'est pas mal fait, par exemple... Le plus souvent que je l'attendrai, que je lui répondrai... Voilà le cas que je fais de votre lettre, mon beau colonel... *(elle la déchire)* Et si j'avais deviné ce qu'elle contenait, je n'aurais rien reçu... *(Madame Poitevin entre et ferme doucement la porte)* et j'aurais tout dit à Tranquille. Je suis bien sûre que si lui et ma tante savaient la vérité ils m'auraient pardonné.

SCÈNE XI.
MADELON, Mme POITEVIN.

Mme POITEVIN. Non ma nièce.
MADELON. Tiens, c'est vous, ma petite tante.
Mme POITEVIN. Je ne suis plus votre tante, ma nièce ; je l'ai abdiqué.
MADELON. Ah! ce n'est pas possible.
Mme POITEVIN. Comment, après votre esclandre, ne pas venir savoir comment je me porte ; si je n'avais pas rencontré ce pauvre Tranquille.
MADELON. Ah! vous l'avez vu?
Mme POITEVIN. Je sors de le voir dans la rue... il était comme un fou... il faisait brrr brrr; il m'a fait une peur impossible à écrire.?
MADELON. Vous lui avez parlé ?
Mme POITEVIN. Oh! son colloque n'a pas été long... Il m'a dit : Adieu la tante ; il a enfoncé son chapeau sur sa tête et il s'est mis à courir comme un tambour de basque.
MADELON. Et vous ne savez pas où il va?
Mme POITEVIN. J'en ignore.
MADELON. Au surplus, quand il sera las de courir il s'arrêtera. Ce nigaud-là ne s'est-il pas mis dans la tête que je le trompais.
Mme POITEVIN. D'après ce qui s'est passé je crois qu'il n'a pas *évu* cela.
MADELON. Vous m'en voulez encore de cela ?
Mme POITEVIN. Je ne suis point rancuneuse ; mais je ne te pardonnerai ni de ma vie ni de tes jours.
MADELON. Vrai !.. c'est bien long, ma tante.
Mme POITEVIN. C'est comme ça.
MADELON. Eh bien ! ma petite tante ; je suis fâchée de vous le dire , je vous aime, je vous respecte, mais quand on s'obstine, j'y mets de l'entêtement, et au bout du compte *(elle chante :)*

Je suis Madelon Friquet,
Et je me moque...

Mme POITEVIN. Pas plus de cœur que sur ma main... Adieu, mademoiselle.
Elle va pour sortir; Madelon la retient.
MADELON. Eh! v'là qu'on monte mon escalier ; ça ressemble comme deux gouttes d'eau à la marche de M. Philidor.
Mme POITEVIN. Monsieur Philidor...
MADELON. Justement je sors de chez lui, je ne l'ai pas trouvé.
Mme POITEVIN. Tu sors de chez lui!
MADELON, *la poussant dans le cabinet.* Vite, vite, ma tante, qu'il ne vous voie pas... dans dix minutes vous en apprendrez de belles.
Mme POITEVIN. Mais, ma nièce...
MADELON. Je vous en prie, ma petite tante... *(on frappe.)* Un moment... on y va... *(elle ouvre et feint la surprise.)* Tiens, c'est vous !

SCÈNE XII.
Les Mêmes, PHILIDOR.

PHILIDOR. J'arrive sur les ailes de l'amour.

MADELON. Puisque vous avez des ailes, fallait donc entrer par la fenêtre, ça vous aurait évité la peine de monter cinq étages.

PHILIDOR. Venir chez moi!.. la belle Madelon!.. quand on me l'a dit, j'ai fait vingt-cinq entrechats de suite, de joie et de surprise.

MADELON. Et ma leçon de danse!... le mois est commencé... Mais parce que je suis brouillée avec ma tante, vous faites comme les autres, vous m'abandonnez...

PHILIDOR. Vous abandonner! délicieuse créature!.. Moi qui connais votre innocence... J'ai tout deviné, tout compris... Vous avez pris la place de Guimard, vous vous êtes sacrifiée pour cette horrible Guimard.

Mme POITEVIN, *à la porte du cabinet et à mi-voix*. Pauvre petite chatte!

MADELON. Si vous vous avisez de dire un mot de tout cela, tout est fini entre nous.

PHILIDOR. Pas si bête... Le petit Tranquille est furieux de votre perfidie... Ce n'est pas moi qui le désabuserai; ça ne ferait pas mon compte; je veux m'emparer d'un trésor qu'il dédaigne.

MADELON. Allez, allez, flatteur, cajoler ma tante.

PHILIDOR. La Poitevin... Mais si je balançais un instant entre elle et vous, je ne serais pas même digne de danser sur la corde.

Mme POITEVIN, *à part*. Le scélérat!

PHILIDOR, *croyant répondre à Madelon*. On n'est pas scélérat pour cela; on courtise la tante pour se rapprocher de la nièce. A présent que vous êtes seule, je lève le masque.

MADELON. Je vous ai vu, papillon, voltiger auprès d'elle et la serrer de près.

PHILIDOR. Voulez-vous me donner le bras? je vais lui dire face à face que ce cœur ne bat que pour vous *(il fait des battemens)*, et que je me moque d'elle.

MADELON. Ma pauvre tante qui m'a adoptée...

PHILIDOR. Et qui vous a mise à la porte.

MADELON. Mais si vous ne l'aimez pas, pourquoi tenez-vous tant à ses lettres?

Mme POITEVIN, *à part*. Mes lettres!

PHILIDOR. Je n'y tiens pas du tout, pas plus qu'à un flic-flac manqué. Les voulez-vous?

MADELON. Ça commencerait à prouver quelque chose.

PHILIDOR. Je vous les apporterai.

MADELON, *contrariée*. Vous ne les avez donc pas?

PHILIDOR. Sur moi... pour quoi faire?.. Si j'avais le malheur de les perdre, ça me donnerait un ridicule... Songez donc qu'elles sont à mon adresse.

MADELON. Allez les chercher.

PHILIDOR. Mais dites-moi au moins...

MADELON. Pas un mot.

PHILIDOR. Accordez-moi...

MADELON. Rien, avant les lettres.

PHILIDOR. Je vole à mon domicile.

Il sort en faisant un saut.

SCÈNE XIII.
MADELON, Mme POITEVIN.

Mme POITEVIN. Ah! Madelon, tu es un ange! tu es mon sauveur... A quel être j'allais me sacrifier... Et tu n'as pas craint de te compromettre?

MADELON. Que voulez-vous? quand il s'agit d'obliger, je n'y regarde pas de si près, et puis je n'ai été si hardie que parce que vous étiez là... Voilà comme il ne faut jamais juger sur les apparences... Allez, vous et Tranquille, vous avez bien mal apprécié la pauvre Madelon; elle vaut mieux que vous ne la croyiez.

Mme POITEVIN. A propos de Tranquille, il est bien tardif à revenir.

MADELON. Il reviendra quand ça lui fera plaisir... quand le grand air l'aura un peu calmé, quoique, pour me faire peur, monsieur m'ait annoncé qu'il allait faire un coup de sa tête...

Tranquille paraît; il est en militaire, avec un habit beaucoup trop grand pour sa taille; il est un peu dans les vignes.

SCÈNE XIV.
Les Mêmes, TRANQUILLE.

TRANQUILLE. Le voilà, mamzelle, le coup de ma tête.

MADELON, *riant*. Ah! la drôle de mascarade.

Mme POITEVIN. Qu'est-ce que ça veut dire, ce déguisement-là?

TRANQUILLE. Je ne suis point déguisé, la tante; c'est mon habit de tous les jours.

MADELON. Comment, tu aurais fait la sottise de t'engager.
TRANQUILLE. Et pour de bon, encore...
MADELON. Allons donc : ce n'est pas possible, tu n'es pas assez bête pour ça!...
TRANQUILLE, *se fâchant.* Comment, je ne suis pas assez bête pour ça... Apprenez que si, mamzelle ; apprenez, mamzelle qu'en sortant d'ici je voulais me noyer...
MADELON. Toi!..
Mme POITEVIN. Te *noyer ?*
TRANQUILLE. Oui, me noyer... mais j'ai réfléchi que je ne savais pas nager.
MADELON. A la bonne heure ; si tu réfléchissais toujours comme ça...
TRANQUILLE. J'ai rencontré un bel homme qui m'a fait entrer dans un superbe cabaret du quai de la Ferraille pour me consoler.
MADELON. Quelque mauvais garnement de racoleur.
TRANQUILLE. Je lui ai dit mes malheurs, ça lui a rappelé les siens... là-dessus nous buvons du blanc, du rouge, , du blanc, du rouge, du blanc...
MADELON. Ça se voit...
TRANQUILLE. Si bien que le bel homme m'a dit en confidence que le roi Louis XV serait excessivement flatté de m'avoir à son service pour faire la chasse aux Nègres, et me faire dévorer par les antropophages, à quatre sous par jour de paie.
MADELON. Que tu es bête.
TRANQUILLE. Pour lors... j'ai endossé cet habit qui m'ira très bien, quand je serai engraissé... et de chapelier que j'étais ce matin, me voilà maintenant guerrier de mon état...
MADELON. Te voilà!... te voilà... ce que tu as toujours été... un étourdi... une tête sans cervelle... qui agit sans réflexion... je vous demande un peu... quelle idée... se noyer... et pourquoi ?...
TRANQUILLE. Pour me venger de vous... je me disais : quand on me repêchera aux filets de Saint-Cloud... nous verrons la mine qu'elle fera, la Madelon.
Mme POITEVIN. Mais malheureux... si tu la connaissais... si tu savais la vérité... tu te transporterais à ses genoux.
TRANQUILLE. Quoi!.. je...
MADELON. Ma tante, il ne mérite pas qu'on la lui dise... c'est un jaloux... un méfiant.. et si je n'en devais pas souffrir... je le laisserais volontiers partir... aimez donc ça... soyez-lui donc fidèle pour qu'il aille s'engager.
TRANQUILLE. Mais je...
Mme POITEVIN. Tais-toi... tu devrais rentrer à cent pieds sous terre...

TRANQUILLE. Si je...
MADELON. Si tu crois que je vas rester comme ça les bras croisés à t'attendre, à me morfondre pendant huit ans... m'exposer à coiffer Sainte-Catherine, si tu ne revenais pas... non, non... il faut que tu trouves un moyen de te sortir de là...
TRANQUILLE. Quand je le...
Mme POITEVIN. *Désalte, désalte,* c'est si tôt fait... *désalte.*
TRANQUILLE. Que je déserte... je ne déserterai jamais.
MADELON. Non, non... ma tante!... je l'aime trop pour lui conseiller une mauvaise action... mais comment faire?.. à qui s'adresser pour casser cet engagement... huit ans!.. je n'y pourrais pas tenir... moi d'abord. Ah! oui... il n'y a qu'elle qui puisse nous tirer d'embarras...
Elle entre dans la chambre à côté.

≈≈≈≈≈≈≈≈≈≈≈≈≈≈≈≈≈≈≈≈≈≈≈≈≈≈≈≈

SCÈNE XV.
MAD. POITEVIN, TRANQUILLE.

TRANQUILLE. Eh! bien, où court-elle donc?.. elle nous plante là?..
Mme POITEVIN. Elle va peut-être tâcher de réparer ta sottise car tu en as fait une pommée mon garçon... *(avec emphase)* Je sais tout, moi..
TRANQUILLE. Vous savez tout, la tante... *(Il la prend vivement par le bras et l'emmène sur le devant de la scène.)* Alors, part à deux...
Mme POITEVIN. Elle est blanche comme l'enfant qui vient de naître...
TRANQUILLE. Madelon est blanche!..
Mme POITEVIN. Ecoute... je peux tout te narrer.. *malgré qu'elle me l'ait défendu...*
TRANQUILLE. Oui, narrez, mais sans tourner... ne tournez pas, la tante.
Mme POITEVIN. Mais après tout... c'est pour son honneur... c'est ma nièce... je ne suis pas la tante de la Guimard...
TRANQUILLE. Je connais... une qui... *(Il singe sa danse et ses pauses.)* Je l'ai vu tricoter à l'Opéra... un jour qu'elle m'avait donné un billet à Madelon...
Mme POITEVIN. Elle est venue déjeuner à mon hôtel, mardi dernier avec un colonel de ses amis... Cette pauvre Madelon a vu le danger... que courait la Guimard si elle était surprise avec le comte Laperrière... et elle s'est *inmolée...*
TRANQUILLE. Elle s'est *inmolée.* Assez... je n'en veux pas savoir davantage... c'est comme un éclair qui vient me crever les yeux... Je vois tout... *(Il se promène en se*

donnant des coups.) Imbécille, butor, scélérat... te voilà joli garçon.

Madelon paraît tenant à la main une lettre.

SCÈNE XVI.
Les Mêmes, MADELON.

MADELON. Eh bien! eh bien!

TRANQUILLE, *tombant à ses genoux.* Ah! Madelon... ange descendu du ciel, battez-moi, tuez-moi... je veux mourir de votre main... (*S'apercevant qu'il s'adresse à la tante.* Oh! non, pas vous.

MADELON. Allons, allons... lève-toi, et fais ce que je vais te dire...

TRANQUILLE. Vous ne m'assommez pas, ô Madelon Friquet...

MADELON. Prends le bras de ma tante... et allez-vous-en tous les deux porter cette lettre chez Guimard, si elle n'y est pas, vous la laisserez... et vous viendrez sur-le-champ me retrouver ici.

TRANQUILLE *va pour sortir et revient en faisant pirouetter la tante.* Pas un coup de poing... pas une tape... vous m'en voulez.

MADELON. Eh! non!.. tiens... là...

Elle lui donne une tape.

TRANQUILLE. A la bonne heure, me voilà content; elle est bonne celle-là... Venez, la tante, mais sans tourner... ne tournez pas.

Il sort avec madame Poitevin en la faisant tourner.

SCÈNE XVII.
MADELON, *seule.*

Réussiront-ils?.. je l'espère... Guimard a de si belles connaissances... un mot de sa part au colonel du régiment... et je suis bien sûre qu'il aura sa liberté... (*Réfléchissant.*) Ah! mon Dieu!.. mais il me semble que l'uniforme de Tranquille est pareil à celui que portait l'autre jour M. le comte de Laperrière... c'est son régiment... et moi à qui il fait les yeux doux!.. jamais il ne voudra m'accorder le congé de mon amoureux... c'est encore une difficulté de plus sur laquelle je ne comptais pas... si j'avais donc pu deviner cela... au lieu de déchirer sa lettre, je lui aurais fait une jolie petite réponse... une voiture? Sans doute Guimard qui vient me prendre. (*Elle court à la fenêtre*) Non... un beau monsieur en uniforme qui descend de son phaéton... c'est le colonel... c'est le ciel qui l'envoie...

n'ayons pas l'air d'être préparée à le recevoir.

Elle se jette sur une chaise et feint d'être endormie. Le colonel entre sans la voir.

SCÈNE XVIII.
MADELON, LAPERRIÈRE.

LAPERRIÈRE. Le diable m'emporte, si un honnête homme ne se rompait pas vingt fois le cou en montant ces misérables degrés (*Il aperçoit Madelon.*) Ah!.. elle est seule... (*S'approchant.*) Ma belle enfant... (*Il la voit.*) tiens... elle dort... (*La regardant.*) comme elle est jolie... ma foi... Mademoiselle Guimard... votre règne est passé... Elle ne s'éveille point... Je ne peux pourtant pas faire la conversation à moi tout seul... (*Il l'embrasse sur le front.*) réveillez-vous belle endormie...

MADELON, *feignant de s'éveiller.* Au voleur!.. au vol... (*Elle se frotte les yeux.*) ah! c'est vous monsieur le comte... comme c'est drôle...

LAPERRIÈRE. Comment, comme c'est drôle!..

MADELON. C'est étonnant... comme cela a du rapport.

LAPERRIÈRE. Du rapport... à quoi?

MADELON. A mon rêve, donc...

LAPERRIÈRE. Tu rêvais... de moi...

MADELON. Je crois qu'oui.

Air : *Nouveau de M. Ch. Tolbecque.*

Dans mon rêve un seigneur aimable,
Qui vous ressemblait, entre nous,
Me répétait : mon adorable,
Tout ce riche hôtel est à vous !..
Mais voilà qu'une main indiscrète
Frappe à ma porte... Madelon
Se r'trouv' dans sa pauvre chambrette,
Les rêves n'ont jamais raison.

LAPERRIÈRE, *souriant.* Qui sait?.. tu n'as point répondu à ma lettre... Sans doute; parce qu'il y a une lacune dans ton éducation... mais accepter mon portrait... c'était me dire : je garde la copie... elle me fera prendre patience en attendant le modèle...

MADELON. Etes-vous fin et spirituel...

LAPERRIÈRE. L'habitude... je vous sais toutes par cœur.

MADELON. Je n'oserai plus rien dire devant vous...

LAPERRIÈRE. Ah ça! belle enfant... parlons raison...

MADELON, *riant.* Raison...

LAPERRIÈRE. Oh!... que cela ne t'effraie pas... ton dévouement pour Guimard m'a charmé... transporté... foi de gentilhomme...

MADELON. Dam!.. quand on peut se rendre service mutuellement.

LAPERRIÈRE. T'exposer à la colère de ta tante.... laisser croire que j'étais l'heureux mortel...

MADELON. Je sais bien que c'est un honneur qui ne m'appartenait pas...

LA PERRIÈRE. Je te dois un dédommagement... et je viens te l'offrir... un mien oncle... s'est avisé de mourir... en me léguant cent mille écus.

MADELON. Cent mille écus... si j'en avais le quart seulement, je demanderais si Paris est à vendre...

LAPERRIÈRE. Je viens t'offrir de partager le tout avec toi...

MADELON. Ne plaisantez pas ainsi, monsieur le comte... des mots comme ceux-là... ça fait venir des idées.

LAPERRIÈRE. Je loue pour toi, une petite maison délicieuse dans un de nos faubourgs, je te donne des maîtres de toute espèce, qui développent tes grâces... tes talents...

MADELON. Taisez-vous séducteur... taisez-vous...

LAPERRIÈRE. Je jouis des progrès.... des succès de mon élève...

MADELON. Et vous me faites débuter à l'Opéra.

LAPERRIÈRE. N'as-tu pas dit à Guimard, que tu ne t'en souciais plus...

MADELON. Entre femmes... Si on ne se trompait pas un peu, on serait toujours dupe...

LAPERRIÈRE. Elle a toutes les dispositions... ainsi c'est convenu...

MADELON. Eh bien !.. et mon amoureux cet imbécille de Tranquille, qui de dépit s'est engagé... comme il le dit... pour une coquette qui n'en valait pas la peine... grossier...

LAPERRIÈRE. Oui... je sais ça... et dans mon régiment encore...

MADELON. Il est venu me faire une scène... et il m'en a promis autant toutes les fois qu'il me rencontrerait...

LAPERRIÈRE. Ne t'en mets pas en peine... le drôle a huit ans à faire au régiment... Je lui en ferai faire une moitié au cachot, et l'autre à la salle de police.

MADELON. Ah! par exemple... on me jetterait joliment la pierre si on savait ça!. qu'il s'en aille... que je ne le voye plus... je n'en demande pas davantage... et si vous vouliez lui donner son congé...

LAPERRIÈRE, étonné. Son congé ?

MADELON. Avant de me faire la cour, il avait été sur le point d'épouser une petite normande... je suis sûr qu'il irait à Rouen la retrouver... quand ce ne serait que pour me faire bisquer...

LAPERRIÈRE. Ma chère enfant, je suis désolé de te refuser la première chose que tu me demandes .. mais les beaux hommes sont rares... et je tiens à avoir ce drôle-là sous la main.

MADELON. Bel homme! bel homme!.. il ne me fait pas cet effet-là... au surplus... vous êtes le maître... mais ça n'est pas aimable de votre part...

LAPERRIÈRE. Tu trouves ?

MADELON. Vous étiez plus gentil que ça dans mon rêve...

Même air.

Du jeun' seigneur l'ame était belle,
Je lui disais... ayez d' la bonté...
A celui qui me croit infidèle
Rendez au moins, rendez la liberté,
Ma mémoire encore est confuse
Pourtant, il ne disait pas non ;
Mais... je m'éveille... il me refuse...
Les rêves n'ont jamais raison.

LAPERRIÈRE, à part. Elle a bien de l'esprit pour être de bonne foi... (*A Madelon.*) Tu tiens donc bien, friponne, à obtenir le congé de ce manant ?

MADELON. Suffit que ce soit à cause de moi qu'il s'est engagé... je ne peux pas souffrir les reproches... (*Baissant les yeux.*) Surtout, quand je les mérite.

LAPERRIÈRE. Eh bien ! ne fais pas la moue, on le signera... ce congé... mais il faut le payer.

MADELON. Je n'ai rien...

LAPERRIÈRE. Je m'en contente...

MADELON. De rien...

LAPERRIÈRE. Je ne veux qu'un baiser...

MADELON. Eh bien, alors... je vous le promets.

Elle va dans le cabinet, chercher ce qu'il faut pour écrire.

LAPERRIÈRE, seul. Ce congé-là, lui tient bien au cœur.

MADELON, revenant. Voilà du papier... une plume... de l'encre...

LAPERRIÈRE, se plaçant, à part. Oh! les femmes ! les femmes !.. on ne sait jamais sur quoi compter avec elles, il y a dans les yeux de celle-ci un je ne sais quoi, qui me dit de me tenir sur mes gardes...

MADELON. Etes-vous heureux... vous, de savoir écrire... Oh ! ce bonheur-là m'ar-

...vera quelque jour... Comme vous allez
...te...
LAPERRIÈRE, *se levant et pliant.* Voilà!
...oilà ma chère Madelon... le papier au-
...uel tu tiens tant... j'espère que j'ai de la
...onfiance. (*Il lui donne le billet.*) Mainte-
...ant... mon baiser... (*Madelon se recule.*)
...st-ce que tu voudrais me manquer de
...arole?
MADELON. Du tout, du tout... oh! je
...uis une fille d'honneur.

Air : *A l'âge heureux de quatorze ans.*

Oui, j'ai promis, je n' dis pas non ;
Comptez sur ma délicatesse...
LAPERRIÈRE.
Alors, sans délai, Madelon,
Remplis cette aimable promesse.
Car, sans ce baiser aujourd'hui,
Je ne sors pas de ta demeure.
MADELON.
Eh bien ! je vous donne celui,
Que vous m'avez pris... tout à l'heure...

LAPERRIÈRE, *à lui-même.* Elle ne dormait pas.

MADELON, *elle aperçoit sa tante et Tranquille, elle court au-devant d'eux en agitant son papier.* Ah! Tranquille... ma tante... arrivez... arrivez... la victoire est à nous.

LAPERRIÈRE, *à part, avec malice.* J'étais bien sûr qu'elle me trompait...

SCÈNE XIX.

Les Mêmes, Mme POITEVIN, TRAN-
QUILLE, PHILIDOR, *entrant en
même temps tous les trois.*

Mme POITEVIN, TRANQUILLE, PHILIDOR.
Air : *Vaud. des Omnibus.*
Quelle est donc l'aventure nouvelle,
Qui dans ce moment
Lui rend le cœur aussi content?
Le soldat d'hier est avec elle,
Mais rien à présent,
Ne me paraîtra surprenant.

LAPERRIÈRE, *à part.*
Attendons, et nous verrons ma belle
Dans quelques instans,
Si vous riez à mes dépens
A mes vœux vous vous montrez rebelle,
Oui, mais votre amant
Est encor' dans mon régiment.

MADELON.
Vous saurez, l'aventure nouvelle,
Qui dans ce moment

Me rend le cœur aussi content,
L'on a pu me traiter d'infidèle,
Mais rien à présent,
Ne doit vous paraître étonnant.

TRANQUILLE.
Ah! quell' cours' je suis tout en nage,
Et ça pour ne pas réussir...
MADELON, *montrant le papier.*
Moi, je m' suis rapp'lé l' vieil adage
Vaut mieux tenir que de courir...
CHŒUR.
Quelle est donc l'aventure nouvelle.

PHILIDOR. Belle Madelon, je tiens ma promesse, et je viens réclamer la vôtre.
Il lui remet les lettres de sa tante.

MADELON, *les prenant et les remettant à sa tante.* Moi, je ne vous ai rien promis...

Mme POITEVIN. Ni moi non plus, monsieur... à présent que j'ai ma correspondance, vous me permettrez de vous mépriser.

TRANQUILLE. Et moi aussi, bateleur!

PHILIDOR. Ça me fait l'effet d'une entorse...

MADELON. Je n'ai promis qu'à Tranquille.

TRANQUILLE. Qu'à moi, histrion.

MADELON. Et la preuve, c'est que je l'épouse.

TRANQUILLE. Mamzell' ça ne se peut pas tant que je serai fantassin...

MADELON. Remercie le colonel qui vient de m'accorder ton congé.

LAPERRIÈRE, *à lui-même.* Ah! nous y voilà...

TRANQUILLE, *portant alternativement à son chapeau la main gauche et la main droite.* Mon colonel, je ne sais de quelle main vous remercier... mais les deux... ce n'est pas de trop.
Il porte les deux mains à son chapeau.

LAPERRIÈRE, *souriant.* Lisez! lisez!..
TRANQUILLE. Lisez, la tante!

Mme POITEVIN, *après avoir parcouru le billet des yeux.* Ah! mon Dieu! qu'est-ce que je vois là? (*Lisant le billet.*) « Je dépose » mon amour, aux pieds de la belle Made- » lon, et j'engage ma parole de dépenser » avec elle les cent mille écus de mon on- » cle le commandeur, et cela à sa première » réquisition. »

LAPERRIÈRE. Valeur reçue en un doux baiser.

MADELON. J'étais sa dupe...
Mme POITEVIN. Je tombe en syncope...
TRANQUILLE. Soutenez-moi, la tante.
PHILIDOR. Bien fait... (*Il se frotte les*

mains, *il s'avance vers Laperrière pour le féliciter.*) Si j'osais, colonel...

LAPERRIÈRE, *l'éloignant du geste.* C'est bon. (*A Madelon avec un peu de courtoisie.*) Vous voyez, belle Madelon, qu'il n'est pas aussi facile de se jouer d'un homme comme moi, que d'un imbécile comme monsieur. (*Il montre Philidor qui salue.*) Vous êtes battue...

MADELON. Ah!.. vous croyez ça... Eh bien, non!.. du courage, mon pauvre Tranquille, ce que j'ai dit, je le répète encore... je n'en aurai jamais d'autre que toi... tu es soldat, je serai vivandière...

TRANQUILLE. Nous serons vivandières!

MADELON. Nous ferons nos huit ans ensemble...

TRANQUILLE. Nous ne nous quitterons ni jour ni nuit.

MADELON. Donne-moi ton bras, et allons nous marier...

LAPERRIÈRE. Un moment... on ne se marie pas sans ma permission; car, je suis son colonel.

La Guimard paraît au fond.

TRANQUILLE, *l'apercevant.* La Guimard!

∽∽∽∽∽∽∽∽∽∽∽∽∽∽∽∽∽∽∽∽∽∽∽

SCÈNE XX.
Les Mêmes, GUIMARD.

GUIMARD, *qui a entendu la fin de la scène.* Oui, mon cher comte, vous êtes son colonel... mais monsieur de Soubise vient d'être nommé maréchal de France...

TOUS. Maréchal de France!

GUIMARD, *à Madelon.* En rentrant chez moi j'ai trouvé ta lettre, j'ai couru tout de suite chez le prince. «Monseigneur, lui ai-je dit, vous m'avez engagé votre foi de gentilhomme de m'accorder ce qui me plairait le plus... c'est le congé d'un brave garçon auquel je m'intéresse, parce qu'une autre s'intéresse à lui...»

MADELON. Et le prince a signé?..

GUIMARD. Tiens!.. regarde!..

Elle lui montre un papier.

TRANQUILLE. Ah!.. la Guimard!.. la Guimard!.. voilà un trait qui vous élève au-dessus de toutes les danseuses.

LAPERRIÈRE. Être battu par le prince de Soubise, ces choses-là n'arrivent qu'à moi.

MADELON, *bas à Laperrière.* Colonel, voici le moment de remettre le portrait à sa véritable adresse.

Elle le lui donne.

LAPERRIÈRE, *à Guimard.* Vous ne me ferez plus de reproches.

Il lui donne le portrait.

GUIMARD. Je l'accepte... et je le garderai comme un souvenir pendant votre absence.

LAPERRIÈRE. Comment, mon absence...

GUIMARD. M. de Soubise vient d'obtenir pour vous le grade de maréchal de camp... et vous partez pour la Hongrie...

TRANQUILLE. Bon!.. mon colonel a aussi son congé...

MADELON. Chacun a ce qu'il mérite... Guimard rentre à l'Opéra, ma tante épouse M. Camouin.. M. Philidor n'épouse personne... M. le comte va devenir un héros!.. moi, je reste blanchisseuse...

TRANQUILLE. Et moi aussi... Ah! que je suis bête... je reste ce que je suis.

CHŒUR.

Air nouveau de M. Ch. Tolbecque.

Plus de chagrin
De Madelon le joyeux refrain
Jusqu'à demain *bis.*
Va nous mettre tous en train.

MADELON, *au public.*

La pauv' Mad'lon n'est pas parfaite,
C' n'est pas sa faut', mais c'est égal,
C'est la faut' de ceux qui l'ont faite.
Et d'elle on va dir' bien du mal ;
Mais si malgré son caractère,
Si malgré plus d'un petit tort,
Elle a le bonheur de vous plaire,
Vous l'entendrez chanter encor :
« Je suis Madelon Friquet, etc.

Reprise du chœur.

Plus de chagrin, etc.

FIN.

Imprimerie de J. R. Mevrel, passage du Caire, 54.

L'AUMÔNIER DU RÉGIMENT,

COMÉDIE EN UN ACTE, MÊLÉE DE COUPLETS,

Par MM. de Saint-Georges et de Leuven,

REPRÉSENTÉE POUR LA PREMIÈRE FOIS, A PARIS, SUR LE THÉATRE DU PALAIS-ROYAL,
LE 1er OCTOBRE 1835.

PERSONNAGES.	ACTEURS.	PERSONNAGES.	ACTEURS.
L'ABBÉ PASCAL, aumônier du régiment des chasseurs de la garde............	M. ACHARD.	MARIE, fille de Robert......	Mlle PERNON.
		UN FORGERON............	M. MASSON.
ROBERT, maréchal-des-logis dans le même régiment.....	M. LHÉRITIER.	UN SOLDAT..............	M. REMY.
		FORGERONS, ouvriers de Christian.	
CHRISTIAN, jeune forgeron et maréchal-ferrant........	M. A. TOUSEZ.	SOLDATS du régiment de Robert.	
		PARENS ET AMIS de Christian.	

La scène se passe dans un petit village d'Allemagne, pendant une des campagnes de l'armée française.

Le théâtre représente l'intérieur d'une forge de village. Au fond, une porte donnant sur la campagne; une fenêtre à gauche de la porte du fond. Portes latérales. A droite, sur le premier plan, une table; une enclume à droite; au fond, devant la forge, buffet, chaises, etc.

SCÈNE PREMIÈRE.

MARIE, *assise et filant*, CHRISTIAN, OUVRIERS FORGERONS *.

(Au lever du rideau, Christian et les forgerons battent un fer rouge sur l'enclume, en chantant le chœur suivant :)

CHŒUR.

AIR *nouveau de M. Bruguière.*

Forge, forge, forge avec zèle,
Forge, forge, bon ouvrier,
Près de ta forge et de ta belle,
Travaille bien, fais ton métier.

* Les personnages sont placés en tête de chaque scène comme ils doivent l'être au théâtre.

MARIE.

Au lever de l'aurore,
Le forgeron dispos,
De son marteau sonore
Frappe au loin les échos.
Pour oublier sa peine,
Et bien gagner son pain,
Pour se mettre en haleine,
Il chante ce refrain :

CHŒUR.

Forge, forge, forge avec zèle,
Forge, forge, bon ouvrier,
Près de ta forge et de ta belle,
Travaille bien, fais ton métier.

MARIE.

D'une femme rebelle,
S'il devient amoureux,

Il faut que la cruelle
Bientôt cède à ses feux.
A l'amour qu'il allume,
Nulle n'a résisté;
Il forge sur l'enclume,
Des fers pour la beauté.

CHŒUR.

Forge, forge, etc.

CHRISTIAN, *venant en scène*. Ah! merci! merci, mamzelle Marie, de charmer nos travaux avec votre jolie voix... Cette voix-là me donne un courage et un poignet à forger tous les fers des chevaux de l'armée française...

(On entend une marche militaire à l'extérieur.)

MARIE, *courant à la fenêtre*. Tenez... tenez, en parlant de Français..... en v'là qui défilent dans votre village.

CHRISTIAN, *avec joie*. Les Français reviendraient déjà chez nous !..... Ces bons Français... qui paient toujours sans marchander... (*Allant regarder à la fenêtre.*) Ma foi oui... les voilà... Dieu ! les superbes hommes !... Oh ! le magnifique trompette !

MARIE, *à la fenêtre*. C'est le régiment de mon père ; je le reconnais !

CHRISTIAN, *agitant son mouchoir*. Vivent les Français !... Vive le trompette !

TOUS LES FORGERONS, *murmurant*. C'est une horreur !...

CHRISTIAN, *quittant la fenêtre*. Qu'est-ce qu'il vous prend donc, à vous autres*?

UN FORGERON. C'est affreux ! maître Christian... Crier : vivent les Français !... les ennemis de votre pays...

CHRISTIAN. Laissez donc... des ennemis qui paient bien, ce sont des amis... D'ailleurs, quoique Allemand de naissance (*regardant Marie*), je suis Français par le cœur.

LE FORGERON. Vous n'êtes qu'un mauvais patriote..... et vous pouvez chercher d'autres ouvriers.

TOUS. Oui ! oui !

CHRISTIAN. Mais ça n'a pas le sens commun.

MARIE, *aux forgerons*. Mes amis, apaisez-vous.

LE FORGERON. Nous ne forgerons plus pour lui. Au diable sa boutique et son enclume !

* Marie, Christian, le forgeron.

ENSEMBLE.

AIR de *Fra-Diavolo*.

TOUS, *jetant leurs marteaux et leurs outils avec fureur*.

CHŒUR.

Ah ! c'est aussi trop d'insolence !
Oser fêter nos ennemis !
Qu'il redoute notre vengeance !
A l'instant quittons ce logis.

CHRISTIAN.

Ah ! c'est aussi trop d'insolence,
Je suis le maître en ce logis !
Je ne crains pas votre vengeance,
Tous les Français sont mes amis.

MARIE.

Ah ! c'est aussi trop d'insolence !
Le menacer en ce logis !
Pour lui je crains peu leur vengeance,
Car les Français sont ses amis.

(*Les forgerons sortent par le fond en menaçant Christian.*)

SCENE II.

CHRISTIAN, MARIE.

CHRISTIAN, *avec colère*. Les v'là partis. Eh bien ! tant mieux !... Je ne serai plus contrarié dans mes opinions politiques et amoureuses. Je serai mon maître... et mes garçons. Je forgerai tout seul...; Je me taperai sur les doigts, si ça me plaît..... Ça leur apprendra, les révoltés !...

MARIE. Pauvre garçon ! Vlà ce que c'est que de m'aimer.... d'aimer une Française en pays ennemi... Tous vos ouvriers vous quittent.

CHRISTIAN. Mamzelle Marie ! mamzelle Marie ! je ne me repens pas de mon inclination pour vous..... au contraire... et je trouve fort mauvais que mes simples garçons se permettent de dire du mal des Français, quand ils savent que j'ai mis ma forge, mon enclume et mes fers aux pieds d'une Française.

MARIE. Mais, mon pauvre Christian, à quoi cet amour-là vous avancera-t-il ? Mon père ne voudra jamais nous marier.

CHRISTIAN. Qui sait, mamzelle Marie ?... Votre père est un estimable maréchal-des-logis de l'armée française... Je suis le premier... et le seul maréchal-ferrant de ce pays... Entre maréchaux on peut s'entendre..... Je pratique l'état de forgeron que je tiens de mes aïeux, et je fais fort bien mes affaires..... voilà pour l'intérêt..... Quant au sentiment, depuis qu'une bonne blessure, qu'a reçue le père Robert, il y a environ trois mois m'a procuré l'agrément

de l'avoir pour locataire à l'ambulance de ce village…… mon esprit et mon urbanité paraissent lui plaire beaucoup……. il me trouve facétieux… je le fais rire……. Eh! eh! eh!
(Il rit bêtement.)

MARIE. Et puis, vous l'avez bien soigné… ça m'a fait vous aimer tout de suite.

CHRISTIAN. Dam, mamzelle Marie…… je suis un peu médecin… j'ai guéri presque tous les chevaux du pays……. et j'ai même aidé à remettre la jambe de l'auteur de vos jours… ce qui m'a valu de sa part une foule de horions fort désagréables; car il est très-violent, votre respectable père, sur certaines choses, par exemple…… un jour, entre autres, avant votre arrivée, que j'ai cru qu'il allait trépasser……. et que je lui ai amené le curé du village, ça l'a mis dans une telle fureur, que moi, qui suis naturellement très-courageux… je me suis caché sous la table… et le curé s'est enfui en l'exorcisant comme un possédé!

MARIE. Et il a bien fait de s'enfuir, Christian. Si j'avais été là, vous n'auriez pas appelé de curé. À la vue d'un homme noir, voyez-vous, comme mon père les appelle, il n'est plus maître de lui… rien ne peut le calmer…… et je ne dois pas l'en blâmer…… car il a de bonnes raisons pour ça… mais j'oublie, en causant, qu'il m'attend sur la route où je l'ai conduit au-devant de son régiment qui revient dans ce village… Je cours lui porter sa pipe.

CHRISTIAN. Du tout, mamzelle Marie… c'est moi qui veux y aller… Je veux avoir le bonheur de faire fumer ce digne vieillard; ça le préparera tout doucement à ma demande en mariage… Sans adieu, mamzelle Marie… à bientôt, madame Christian! *(Riant.)* Eh! eh! eh!

(Il sort en courant par le fond.)

SCÈNE III.

MARIE, seule.

Madame Christian!… C'est que ça serait un joli nom tout de même; et, quant à ces gros vilains Allemands qui en veulent à Christian de m'aimer, je suis bien sûre que je les apprivoiserai dès que je serai sa femme… Avec de doux yeux aux uns, de petits sourires aux autres, nous serons bientôt les meilleurs amis du monde… Et puis, les sourires, les œillades, ça nous coûte si peu à donner… et ça fait tant de plaisir à recevoir!…

SCÈNE IV.

L'ABBÉ PASCAL, MARIE.

(Il est en habit noir et porte la décoration de la Légion d'Honneur.)

L'ABBÉ, *entr'ouvrant la porte du fond.* Le forgeron Christian, s'il vous plaît?…

MARIE, *lui faisant la révérence.* Il est sorti, monsieur… Mais, en son absence, vous voyez la maîtresse du logis… ou à peu près…

L'ABBÉ, *venant en scène.* Cela se trouve bien, mon enfant; car je suis porteur d'un billet de logement pour cette maison, pendant le séjour du régiment des chasseurs de la garde dans ce village…

MARIE. Vous! *(A part, en riant.)* Eh bien! v'là un soldat qui porte un drôle d'uniforme. *(Haut.)* Est-ce que vous servez dans ce régiment-là?

L'ABBÉ, *souriant.* J'y sers à ma manière… j'en suis le nouvel aumônier.

MARIE, *avec effroi.* L'aumônier! Et vous venez demeurer ici?

L'ABBÉ. Sans doute…

MARIE, *vivement.* Impossible! monsieur, impossible!…… Christian loge déjà mon père, un maréchal-des-logis blessé…

L'ABBÉ. Calmez-vous, ma fille…… je ne gênerai personne…… je suis un voisin fort accommodant…… Le plus petit coin de la maison me suffira…. cela vaudra toujours bien le bivouac…… Et puis, un aumônier de régiment… c'est presque un soldat….. et entre camarades…

MARIE, *à part, pendant que l'abbé regarde la chambre.* Ah! mon Dieu!…… Qu'est-ce dira mon père?…

L'ABBÉ, *s'asseyant dans un grand fauteuil à gauche.* Eh! mais,…… pour un pauvre abbé de régiment……. voilà presque un fauteuil de chanoine…

MARIE, *à part.* C'est ça….. le v'là déjà comme chez lui…

L'ABBÉ, *assis.* Et comment se nomme votre père, ma chère enfant?…

MARIE. C'est le maréchal-des-logis Robert.

L'ABBÉ, *se rappelant.* Robert!… Attendez donc… je me souviens…. on m'en a parlé… un brave militaire qui boit bien, jure de même… et ne peut pas souffrir les abbés, les aumôniers…

MARIE, *vivement.* C'est ça même!

L'ABBÉ, *souriant*. Eh bien ! mon enfant, il a cela de commun avec de très-honnêtes gens, à qui je n'en veux pas le moins du monde... Il faut savoir vivre avec ses ennemis... en tems de guerre surtout... (*Il se lève.*) Qui sait, d'ailleurs, si nous ne ferons pas la paix, Robert et moi ?..... J'aime les braves....... nous causerons batailles... boulets... mitraille..... je lui conterai mes campagnes...

MARIE. Vos campagnes ?...

L'ABBÉ, *riant*. Oui..... mes campagnes d'abbé... J'ai fait la guerre aussi, moi... mais, toujours en abbé... pacifiquement... à la suite... Ce qui n'empêche pas l'ennemi de nous traiter parfois en héros.... Après le combat, sur le champ de bataille....... quand nous envoyons de pauvres ames au ciel... une balle perdue nous met souvent du voyage !...

MARIE. Est-il possible !

L'ABBÉ. C'est fort heureux, mon enfant. Car, au lieu d'une veuve, d'un orphelin, cette balle-là ne fait qu'un abbé de moins. Vous voyez que c'est tout bénéfice...

MARIE. Il est gentil, le bénéfice !... Mais c'est égal..... c'est bien à vous de faire un état comme ça...

L'ABBÉ. Mon état, ma fille... je n'en connais pas de plus beau !...

AIR *nouveau de M. Bruguière.*

Aumônier de régiment,
   Ah ! vraiment,
  Mon enfant,
  C'est un état charmant !

Modestement on voyage
Avec de braves soldats ;
A la guerre l'on partage
Leurs succès, leurs embarras.
S'ils affrontent la mitraille,
On dit pour eux l'*Oremus* ;
Et, s'ils gagnent la bataille,
Le *Te Deum laudamus*.

Aumônier de régiment,
   Ah ! vraiment,
  Mon enfant,
  C'est un état charmant !

S'il survient une querelle,
S'ils mettent le sabre en main,
En aumônier plein de zèle,
On les suit sur le terrain.
Malgré leurs cris, leur colère,
On calme ces furieux...
Et, pour arranger l'affaire,
On va trinquer avec eux.

Aumônier de régiment,
   Ah ! vraiment,
  Mon enfant,
  C'est un état charmant !

MARIE. Ah ! mon Dieu, monsieur l'aumônier... quel dommage que vous soyez si brave homme !

L'ABBÉ, *riant*. Pourquoi ?

MARIE. C'est que ça me ferait moins de peine de vous renvoyer... car, malgré tout ça, voyez-vous... mon père ne consentira jamais à loger avec vous... il s'en ira... m'emmènera, et le pauvre Christian périra de chagrin.

L'ABBÉ, *riant*. Je ne voudrais pas causer la mort de M. Christian, mon enfant... mais c'est donc de la haine qu'inspire mon état à Robert ?

MARIE. Encore plus que ça, monsieur l'abbé...

L'ABBÉ, *gaîment*. Encore plus !... et peut-on savoir quel grand motif ?...

MARIE. Dam !... si vous me promettez le secret...

L'ABBÉ, *souriant*. En fait de secret, ma chère fille, je tiens toujours plus que je ne promets... parlez, parlez...

MARIE, *naïvement*. V'là ce que c'est... j'avais pour tante une fermière bien vieille, bien riche... et bien dévote... j'étais son héritière... quand tout-à-coup elle tombe malade... le curé du pays ne la quitte plus, et elle meurt un beau jour, en lui laissant tout son bien.

L'ABBÉ. Pauvre enfant !... (*A part.*) Abuser ainsi de son ministère..... c'est affreux !... (*Haut.*) Et de quel village êtes-vous ?

MARIE. De Champ-Fleury, en Alsace...

L'ABBÉ, *avec émotion*. De Champ-Fleury !

MARIE. Qu'avez-vous donc ?...

L'ABBÉ. Rien, rien... (*Avec trouble.*) Et le nom de ce curé ?

MARIE. L'abbé Pascal.

L'ABBÉ, *à part avec douleur*. Oh ciel !... Mon frère !...

MARIE.

AIR *de M. Bruguière.*

J'étais réduite à la misère,
Par ce fatal événement,
Quel fut alors le courroux de mon père !
Mon pauvre père, il m'aime tant !
Moi, je ne peux haïr personne,
Je plains, hélas ! mon ennemi...
Que le bon Dieu lui pardonne,
Comme je lui pardonne ici.

ENSEMBLE.

MARIE.

Moi, je ne peux haïr personne,
Je plains, hélas ! mon ennemi...
Ah ! que le bon Dieu lui pardonne,
Comme je lui pardonne ici !

L'ABBÉ, *à part.*

Chère enfant! combien elle est bonne!
Ah! que je la plains aujourd'hui!
Mon frère, que Dieu te pardonne,
Comme elle te pardonne ici!

MARIE, *regardant par le fond.* Mon père va venir... Monsieur l'abbé, au nom du ciel, allez-vous-en... je vous aimerai tant si vous ne revenez pas!...

L'ABBÉ. Impossible, mon enfant... Ce logement m'est désigné, et j'y tiens... (*avec intention*) j'y tiens maintenant plus que jamais. (*A part.*) Oui, mais comment y revenir, Robert ne me recevrait pas... ah! n'importe... je chercherai, je trouverai; Dieu m'inspirera... A quelque prix que ce soit, il faut que je répare la faute de mon frère.

MARIE. Eh bien, monsieur l'abbé?

L'ABBÉ. Eh bien!... Tout ce que je puis faire pour vous, c'est de m'éloigner un instant, pour vous donner le tems de préparer votre père à ma visite.

MARIE. C'est ça, allez-vous-en un peu; ça sera toujours ça de gagné...

L'ABBÉ.

AIR *de Lestocq.*

Adieu, mon enfant, calmez-vous;
Pour l'apaiser, entendons-nous
Ensemble.
Puisque je connais vos secrets,
Il faut seconder en tout mes
Projets.

ENSEMBLE.

MARIE.

Que dira mon père aujourd'hui,
Il voit en vous un ennemi;
Je tremble.
Ah! combien je crains sa rigueur!
Je ne puis bannir de mon cœur
La peur.

L'ABBÉ.

Ma chère enfant, point de souci,
Nous nous entendrons aujourd'hui
Ensemble.
Je ne veux que votre bonheur;
Ah! bannissez de votre cœur
La peur.

(*Elle fait sortir l'abbé par le fond à gauche.*)

SCÈNE V.

MARIE, ROBERT, *donnant le bras à* CHRISTIAN. (*Ils entrent par le fond.*)

ROBERT, *à Christian.* Oui, morbleu, j'irai... et ce n'est pas un conscrit comme toi qui m'en empêchera.

CHRISTIAN. Aller s'exposer à recevoir quelque bonne balle dans le bras ou dans la jambe... ou peut-être plus haut... Tenez, mon ami l'ennemi, ça fait frémir!

ROBERT. Allons donc, les balles... ce sont les revenant-bons de l'état... et quel état que le nôtre!... Vainqueurs de l'Europe... grâce au petit caporal, l'ouvrier en chef, ça ne va pas mal; nous travaillons ta patrie pour le quart d'heure, et, sauf quelques égratignures par ci par là, nous n'y faisons pas de trop mauvaises affaires.

CHRISTIAN. Tout ça n'empêche pas, mon ami l'ennemi, que je parierais mon enclume et mon marteau que vous serez tué dans votre expédition.

MARIE, *vivement.* Tué! tué!... Qu'est-ce qu'il dit donc là?

(Robert remonte un peu la scène.)

CHRISTIAN. Figurez-vous, mademoiselle Marie, que vot' vaillant père n'a rien eu de plus pressé, en revoyant son capitaine, que de le prier de lui confier la première expédition où il y aurait quelque danger à courir, pour réparer le tems perdu, à ce qu'il dit.

(Robert redescend la scène.)

MARIE. Comment, mon père... vous pensez à vous battre, quand vous êtes à peine guéri de vot' blessure?

CHRISTIAN. Avec ça qu'il boîte encore.

AIR : *de sommeiller encore, ma chère.*

C'est aussi par trop d'imprudence,
Il ne pourra jamais, je crois,
Fuir l'ennemi.

ROBERT, *avec colère.*

Quelle insolence!

CHRISTIAN.

Je parl' de ça comme pour moi...
Car, moi, qui suis des plus ingambes,
Si l'danger vient, loin de le braver,
J'me dis : l'ciel m'a donné des jambes,
Ça doit servir à me sauver.

MARIE. Fi! mon père, c'est affreux!... vous voulez me quitter, vous ne m'aimez plus!...

ROBERT. Je ne t'aime plus! toi, ma fille unique... Mais si je veux gagner une récompense, c'est pour te laisser quelque chose, ma pauvre enfant, puisque le maudit homme noir t'a tout pris.

MARIE, *à part.* Ah! mon Dieu! comment lui annoncer l'autre?

CHRISTIAN. Mais avec tout ça, père Robert, s'il vous arrive malheur, qu'est-ce qu'elle deviendra vot' intéressante orpheline de fille?

ROBERT. Bah! bah! elle trouvera quelque bonne jambe de bois pour mari.

CHRISTIAN. Donner sa main à une jambe de bois... fi donc! j'ai mieux que ça à vous proposer pour elle.

ROBERT. Qui donc?

CHRISTIAN. Moi, père Robert, moi, qui me parais un parti sortable et complet. (*Riant.*) Eh! eh! eh!

ROBERT. Toi!... Au fait, si Marie t'aime... et que je sois désigné pour marcher... je te la donnerais plutôt que de la laisser sans appui dans ton chien de pays.

CHRISTIAN. Ah! merci, père Robert.

ROBERT. Minute pourtant... il y a une condition.

CHRISTIAN. Laquelle?

ROBERT. C'est qu'avant de partir, je ne trouverai pas mieux que toi.

CHRISTIAN, *avec fatuité.* Ça me semble fort difficile, père Robert.

ROBERT. Pas du tout.. Le premier venu, un Français, un camarade, par exemple; alors rien de fait entre nous.

CHRISTIAN. Et si vous n'en trouvez pas?

ROBERT. Tu seras mon gendre.

CHRISTIAN. Je vous remercie de la préférence, père Robert *. (*Bas à Marie.*) Soyez tranquille, mamzelle Marie, je ne le quitterai pas plus que mon ombre; je le brouillerai plutôt avec tout le régiment et je ne laisserai pas arriver un soldat ici.

(*On frappe à la porte.*)

ROBERT et CHRISTIAN. Qu'est-ce que c'est que ça?

MARIE, *à part et très-troublée.* Ah! mon Dieu!... déjà lui!... et moi qui n'ai rien dit à mon père!...

(*On frappe encore.*)

CHRISTIAN. On y va!... on y va...

MARIE, *le retenant **.* Arrêtez!... (*Avec embarras.*) C'est que, voyez-vous, mon père, c'est une personne qui est déjà venue pour un billet de logement.

CHRISTIAN. Un soldat?

ROBERT. Un camarade?... tant mieux.

CHRISTIAN. Tant pis...

MARIE, *avec trouble.* Ce n'est pas précisément un camarade; c'est...

ROBERT. Eh bien?

MARIE. C'est...

ROBERT. Eh bien! qui? Ça n'est pas le diable peut-être!...

MARIE, *avec effort.* C'est... le nouvel aumônier de votre régiment.

ROBERT, *avec colère.* Un homme noir, ici!... Ah! morbleu, je n'y resterai pas une minute de plus... je vas faire mon sac...

CHRISTIAN. Par exemple, père Robert! C'est à lui de vous céder la place... Je vas joliment le renvoyer, l'homme noir!...

ROBERT. Tu ne le peux pas, imbécile, puisqu'il a son billet de logement ici.

CHRISTIAN. Ça m'est égal... (*A part.*) Un abbé, ça doit filer doux tout de suite... je vas lui faire peur. (*On frappe de nouveau: il va ouvrir, en disant avec force et colère:*) Entrez, monsieur!

(*Il passe à l'extrême droite.*)

―――――――――――――――――

SCÈNE VI.

LES MÊMES, L'ABBÉ PASCAL, *en uniforme de soldat du régiment de Robert, et portant un paquet au bout de son sabre.*

ENSEMBLE.

ROBERT et MARIE.

Un soldat... qu'ai-je vu?
Quel bonheur imprévu!

CHRISTIAN.

Un soldat... qu'ai-je vu?
Quel malheur imprévu!

L'ABBÉ, *gaîment.*

C'est un soldat, un bon compère,
Qui vient aujourd'hui, sans façon,
Pour s'établir dans vot' chaumière,
Et chez vous prendre garnison.
Quoiqu'il ait l'habit militaire,
Ici, n'ayez pas peur de lui,
Dans un soldat il voit un frère,
Dans un bourgeois il voit un ami.

―――――

* Marie, Christian, Robert.
** Christian, Marie, Robert.

―――――

* Christian, Robert, Marie.

ENSEMBLE.

L'ABBÉ.

Dans un soldat il voit un frère.
Dans un bourgeois il voit un ami.

ROBERT, MARIE, CHRISTIAN.

Dans un soldat il voit un frère,
Dans un bourgeois il voit un ami.

ROBERT, à Marie. Ah ça, qu'est-ce que tu me chantais donc avec ton aumônier ?

MARIE, très-embarrassée et regardant l'abbé. Dam, mon père... c'est que...

L'ABBÉ, l'interrompant et lui faisant signe de se taire. C'est que l'aumônier devait en effet venir... mais j'ai troqué mon billet de logement contre le sien.

ROBERT. Et t'as bien fait, sacrebleu !... un camarade au lieu d'un abbé... en v'là un bonheur ! (A Christian.) Du vin, forgeron, et du meilleur de ta cave, pour fêter ton nouvel hôte...

CHRISTIAN, à part et avec dépit. Comme c'est régalant de régaler encore cet intrus-là.

ROBERT, à l'abbé. Ah ça mais, j'y songe, tu es nouveau dans le régiment ?... je ne te connais pas.

L'ABBÉ. Oui, mon ami, je suis une nouvelle recrue.

ROBERT. Allons, not' fille, débarrasse le camarade de son bagage.

MARIE. De grand cœur, mon père !

(Elle prend le paquet de l'abbé.)

L'ABBÉ, bas à Marie. De la discrétion, mon enfant, il y va de votre bonheur...

MARIE, bas à l'abbé. Oh ! je ne dirai rien, monsieur l'aumônier... pas même à Christian qui est un bavard.

ROBERT, à Christian qui a placé sur la table la bouteille et les verres. C'est bon... Maintenant, Pékin, laisse-nous en tête-à-tête... le camarade, la bouteille et moi...

CHRISTIAN, bas à Marie. Méfiez-vous du camarade, mamzelle Marie ; il a l'air d'un tapageur*.

L'ABBÉ, à part. Dieu ! que de bouteilles !

ROBERT.

AIR de l'If de Croissey. (Ch. Tolbecque.)

A table, camarade,
Et trinquons vivement,
Il faut boire rasade
A notre régiment.

* Christian, Marie, Pascal, Robert.

ENSEMBLE.

ROBERT.

A table, camarade,
Et trinquons vivement, etc.

L'ABBÉ, à part.

Pour moi quelle incartade !
Il faut, en ce moment,
Que je boive rasade,
A notre régiment.

CHRISTIAN, à Marie.

Du nouveau camarade,
Méfiez-vous vraiment !
Je crains quelque incartade
Pour notre sentiment.
Au diable soit le camarade !
Il a l'air d'un galant.

MARIE.

La plaisante incartade !
Il est jaloux vraiment ;
Il craint le camarade
Pour notre sentiment.
Être jaloux du camarade,
Ah ! c'est affreux vraiment.

Marie entre dans la chambre à droite avec le bagage de l'abbé ; Christian sort par le fond.)

SCÈNE VII.

L'ABBÉ, ROBERT, puis MARIE.

ROBERT, assis à la table à droite, et la bouteille à la main. Allons, camarade, tends-moi ton verre...

L'ABBÉ, arrêtant Robert qui lui verse à boire. Assez, assez... (A part.) Il griserait son aumônier, ce gaillard-là !...

ROBERT. Ah ! çà, morbleu ! tu ne jures pas... tu ne bois pas... Sais-tu qu'on te prendrait pour un soldat du pape ?...

L'ABBÉ, riant, à part. On n'aurait peut-être pas tort...

ROBERT, buvant. A ta santé !...

L'ABBÉ, de même. A la vôtre !...

ROBERT. Qu'est-ce que c'est que ça, à la vôtre ?... Veux-tu bien me tutoyer tout de suite... ou nous nous fâcherons...

L'ABBÉ. Allons, allons... calme-toi... je vous promets de te tutoyer...

ROBERT. A la bonne heure... Il y a de l'étoffe... Tu n'auras pas été quinze jours dans les chasseurs de la garde, que tu ne feras pas plus grâce au vin vieux qu'aux jeunes filles... Par exemple, il te manque un agrément personnel pour plaire au beau sexe...

L'ABBÉ, riant. Quoi donc ?

ROBERT. Des moustaches, morbleu !

L'ABBÉ, riant. Sans doute... mais ce n'était pas d'uniforme dans le corps où je servais...

ROBERT. C'est juste... Le réglement avant tout !... On tenait donc beaucoup à la discipline, dans ton régiment.

L'ABBÉ, *avec bonhomie.* Certainement... certainement... quoique notre général soit fort indulgent.

ROBERT. Diable ! ça m'irait, un chef comme ça !

L'ABBÉ, *avec onction.* Oui, mon ami, oui, vous l'aimeriez... Il pardonne plus qu'il ne punit... Tolérance et bonté, voilà sa devise !... Il sait que l'oubli des offenses est la première vertu... Ceux qui la pratiquent sont ses élus... et le bonheur dans cette vie, la paix dans l'autre, voilà, mon cher frère, les récompenses qu'il leur réserve !...

ROBERT, *riant.* Ah ! ah ! ah !... Quel diable de sermon me fais-tu donc là ?... Tu prêches comme un aumônier !

L'ABBÉ *confus, à part.* Ce que c'est que l'habitude !...

ROBERT. A propos d'aumônier, est-ce qu'on ne voulait pas m'envoyer ici celui du régiment !... Ah ! je lui en aurais fait voir de dures, à celui-là !...

L'ABBÉ, *gaîment.* C'est pour cela que je viens à sa place.

ROBERT. Bah !

L'ABBÉ, *souriant.* Il savait tout !... votre antipathie... son motif... Quelqu'un de Champ-Fleury lui avait tout conté...

ROBERT. Eh bien, morbleu ! tant mieux !... ça fait que nous ne nous verrons jamais que de profil... Rien que son habit me donne mal aux nerfs... Ça me rappelle ce tartufe de notre village... Quand je pense à ça, vois-tu, j'entre en fureur, et s'il était là...

L'ABBÉ *froidement, retenant Robert prêt à se lever.* S'il était là, Robert, s'il te suppliait de l'entendre... tu ne le fuirais pas... tu l'écouterais...

ROBERT. Je me boucherais les oreilles...

L'ABBÉ. Tu l'écouterais, Robert... tu lui pardonnerais... car crois-tu toi-même n'avoir pas besoin d'être pardonné...

ROBERT, *avec force.* Non pas d'un crime comme ça, milzieux !... J'ai fait la guerre en luron... en sacripant, peut-être... J'ai battu le bourgeois... je lui ai pris ses poules... j'ai quelquefois pillé l'ennemi... mais je n'ai jamais dépouillé d'orpheline... je n'ai pas ruiné de pauvres filles, moi... et, si je leur ai volé quelques baisers par-ci par-là... ça ne les en rendait pas plus pauvres...

L'ABBÉ. Et si cet homme venait à toi, les larmes aux yeux, et te disait, le désespoir dans l'ame... Robert, tu m'accuses à tort... je n'ai pas sollicité l'héritage de ta fille... oublie le mal involontaire que je t'ai fait...

(Tirant un portefeuille de sa poche.)

AIR *de la Haine d'une femme.*

Cet or, crois-moi, je le déteste,
Je veux te le rendre aujourd'hui;
C'est une erreur, je te l'atteste,
Ne maudis pas ton ennemi.

ROBERT, *regardant le portefeuille et se levant.*

Que m'offres-tu ?.. que signifie ?..

L'ABBÉ, *très-troublé, se levant.*

Ah ! je m'abusais... j'en conviens...
Et mon ame, trop attendrie,
Pensait à ta fille appauvrie...
J'espérais, en t'offrant mon bien,
Pouvoir lui rendre aussi le sien.

ROBERT. Jamais ! jamais !... je ne voudrais pas de son or... Il se l'est fait donner, le cafard, qu'il le garde... ça me salirait les mains... j'aime mieux le haïr tout à mon aise... lui et sa bande noire...

L'ABBÉ. Allons, allons, camarade, ne parlons plus de cela... (*A part.*) A présent, du moins.

ROBERT. Convenu... Motus sur cet article orageux... (*Avec sensibilité à l'abbé, en lui serrant la main.*) Mais ça ne m'empêche pas de dire que tu as bon cœur, et que tu es un brave garçon...

MARIE, *qui est entrée pendant la scène et a écouté à l'écart, s'approchant vivement* *. N'est-ce pas, mon père ?...

ROBERT. Ah ! ah ! petite futée, tu nous écoutais donc ?

MARIE, *timidement.* Je... crois que oui, mon père... (*Avec sentiment.*) C'est qu'il parle si bien, votre camarade !...

ROBERT. Tu trouves ?... Oui, c'est un bon diable qui me plaît... quoiqu'il n'ait pas de moustaches et qu'il boive comme une demoiselle... Mais je le formerai... je le convertirai, morbleu !

L'ABBÉ, *à part.* Oui... à charge de revanche...

ROBERT. Et, pour commencer la conversion... nous allons entamer une nouvelle

* Pascal, Marie, Robert.

bouteille, embellie d'une jolie chanson de régiment... que tu vas me chanter *.

L'ABBÉ, *à part*. En voilà bien d'une autre!...

MARIE, *riant*, (*à part*.) Pauvre abbé!

ROBERT. Est-ce que tu ne chantes pas?

L'ABBÉ Si fait... si fait, je chante quelquefois...

MARIE, *à part*. Au lutrin.

L'ABBÉ. Mais je t'avoue que je ne sais rien d'assez gai pour la circonstance.

ROBERT. Un troupier... Attends, j'ai ton affaire.
   (*Chantant à tue-tête*.)
 Au diable soit le régiment,
 Le régiment de la calotte.

L'ABBÉ, *l'arrêtant vivement*. Fi! Robert... fi!...

ROBERT, *avec colère*. Alors, morbleu! chante toi-même!... ou je finirai par croire que tu es un sournois... un cafard... et alors séparation totale et indéfinie entre nous!

L'ABBÉ, *avec chaleur*. Nous séparer?... Non, non... je chanterai plutôt tout ce que tu voudras.

MARIE. Là... vous voyez bien, mon père, comme il est complaisant!

ROBERT. Du jovial, du drôle surtout. ça fait boire...

L'ABBÉ, *à part*. Voyons.. rappelons mes souvenirs de garnison... C'est que le répertoire des camarades est un peu risqué... m'y voici... Premier couplet:

  L'ABBÉ, *se souvenant*.
 AIR: *de la Sentinelle perdue*.
 Honneur! honneur à l'empereur,
  Qui pourchasse
 Les rois pour se mettre à leur place!
 Honneur! honneur à l'empereur!
  Ce joli chasseur!
  Ce charmant vainqueur,
  Pour un empereur,
 N'est pas du tout flaneur.

 Il sait jouer fort poliment
 Aux jeux ôt'toi d'là que j'm'y mette,
 Un' couronn' va-t-elle à sa tête,
 Il sait s'en coiffer lestement;
 Il en possède un régiment,
  Il en a cent
  Pour fourniment.

 Honneur! honneur à l'empereur
  Qui pourchasse, etc.

(*Parlé*.) Deuxième couplet.

* Marie, Pascal, Robert.

 Notre empereur est généreux,
 Et s'il aime tant la bataille,
 C'est pour ses soldats qu'il travaille,
 Il veut donner à chacun d'eux
 Un trône et peut-être bien deux.
  Ça s'ra fameux,
  Fameux! fameux!

 Honneur! honneur à l'empereur,
  Qui pourchasse
 Les rois pour se mettre à leur place!
 Honneur! honneur à l'empereur!
  Ce joli chasseur,
  Ce charmant vainqueur,
  Pour un empereur
 N'est pas du tout flaneur.

MARIE. C'est ça chanter!

ROBERT, *applaudissant*. Bravo! bravo!... et vive l'empereur!... En v'là une soignée!... Et quelle voix!...

L'ABBÉ, *riant*. Ecoute donc... quand je m'y mets... je suis tout aussi gai qu'un autre... à ma manière...

ROBERT. Eh bien, morbleu! je l'aime, ta manière...

ROBERT, *regardant Marie et l'abbé, à part**. Eh! mais, j'y songe, c'est un gendre comme ça qu'il me faudrait plutôt que cet imbécille de forgeron... Au fait, pourquoi pas?... entre bons enfans... ça peut peut-être s'arranger.

L'ABBÉ, *à part*. Qu'est-ce qu'il se dit donc là tout seul?... Soupçonnerait-il?...

ROBERT, *à l'abbé, le tirant à l'écart*. La main sur le cœur, mon jeune guerrier... comment trouves-tu mon héritière?

L'ABBÉ. Charmante, mon camarade... charmante! et je la crois aussi bonne que jolie.

ROBERT, *à part*. Ça va déjà très-bien de ce côté-ci. (*A sa fille, même jeu*.) Et toi, ma petite Marie, que penses-tu du camarade?

MARIE. Moi, mon père, je l'aime comme si je le connaissais depuis dix ans.

ROBERT, *à part*. Ça va encore mieux de ce côté-là... (*A Marie*.) D'après ça, ma petite Marie, si je suis chargé de cette expédition et que je reste en route... tu ne refuseras pas l'appui du camarade...

L'ABBÉ, *avec chaleur*. Oui, Robert, oui, je serai son appui, son protecteur..... son père.

ROBERT. Son père... minute... tu es trop blanc-bec pour ça.... son mari, je ne dis pas...

* L'abbé, Robert, Marie.

L'ABBÉ. Qui... moi... son mari !
ROBERT, *à sa fille*. Qu'en penses-tu ?
MARIE, *riant*. Dam, mon père... s'il y consent, je le veux bien.
L'ABBÉ, *à part*. Oh ! la maligne fille !
ROBERT, *à l'abbé*. Eh bien !
L'ABBÉ, *avec embarras*. Eh bien, dam ! Il faut, avant tout, le consentement de mon général.
ROBERT. Diable... c'est vrai... Mais puisque tu dis qu'il est bon enfant... et indulgent.
L'ABBÉ, *riant*. Oui, mais je ne crois pas que son indulgence aille jusque-là.
ROBERT. Bah ! bah !..... en le priant un peu.
L'ABBÉ, *levant les yeux au ciel*. C'est ce que je fais tous les jours.
ROBERT.
Air : *De la Bergère châtelaine*.
Allons, la chose est décidée,
(*Montrant Marie*.)
V'là ta future... embrasse-la...
L'ABBÉ, *troublé*.
Quoi ! vous voulez ?... ah ! quelle idée !
ROBERT, *faisant passer l'abbé près de Marie*.
N'vas-tu pas t'fair' prier pour ça ?
MARIE, *s'approchant de l'abbé en riant avec malice**.
Voyons, monsieur le militaire,
Il faut obéir à mon père...
L'ABBÉ, *à part*.
Au fait, ce baiser paternel
Ne peut pas offenser le ciel.
(*Il embrasse Marie sur le front avec un trouble comique*.)
ROBERT.
2ᵉ COUPLET.
Sur le front ?... morbleu ! qu'est-ce à dire ?...
Ce baiser-là ne compte pas.
Recommençons...
MARIE, *à part*.
Ça me fait rire.
L'ABBÉ, *à part*.
Grand Dieu ! quel est mon embarras !
MARIE, *s'approchant de l'abbé, en riant*.
Voyons, monsieur le militaire,
Il faut obéir à mon père.
ROBERT, *parlant*. Sur la joue... bon !.. sur l'autre... et plus fort que ça, morbleu ! Que ça résonne.
L'ABBÉ, *regardant Robert*. Il faut que ça résonne ?...
(*Il embrasse Marie sur les deux joues.*)

* Robert, l'abbé, Marie.

ROBERT. A la bonne heure...
L'ABBÉ, *à part*.
Ce baiser est moins paternel,
J'en demande pardon au ciel !

SCÈNE VIII.

LES MÊMES, CHRISTIAN*.

CHRISTIAN, *accourant*. Père Robert !.. père Robert... bonne nouvelle... une nouvelle qui va vous combler de joie... et hâter mon mariage !
ROBERT. Une nouvelle ?
CHRISTIAN. Oui... apprenez que tout à l'heure, un de vos camarades, en se désaltérant avec moi, m'a raconté que, dès ce soir, vous seriez chargé d'une expédition...
MARIE. Ah ! mon Dieu !
CHRISTIAN. Et d'une fameuse !..
ROBERT. Il se pourrait !.. mon brave capitaine m'aurait déjà choisi !..
CHRISTIAN. Mon Dieu, oui... ça va vous arriver d'un moment à l'autre...
ROBERT, *avec joie*. Tant mieux, corbleu !.. et j'espère qu'il y aura de tout là-dedans... la croix !.. la pension !.. des coups de fusil...
MARIE, *tristement*. Oui... des coups de fusil surtout !
CHRISTIAN. Et un gendre ! père Robert... car, selon nos conventions, et attendu que vous n'avez pas pu trouver mieux que moi depuis ce matin...
ROBERT. Ah ! tu crois ça, forgeron... Eh bien ! c'est ce qui te trompe... Je veux un brave pour ma fille... (*Montrant l'abbé.*) Et le voici !
CHRISTIAN. Qui ça ? lui !.. ce militaire inconnu ?.. Et vous consentez à ça, mam-zelle Marie ?... mais c'est une atrocité de votre part !..
ROBERT. Silence, forgeron !
L'ABBÉ, *passant près de Christian*. Calmez-vous, mon ami*.
CHRISTIAN, *furieux, à l'abbé*. Que je me calme, quand vous me dépouillez de mon bonheur... Quand j'ai déjà commandé trois oies grasses et ma famille pour la noce !
ROBERT. Te tairas-tu, vilain cyclope ?..

* Christian, Robert, l'abbé, Marie.
* Christian, l'abbé, Robert, Marie.

CHRISTIAN, *encore plus furieux*, Non, non. Je ne me connais plus... (*à l'abbé.*) Affreux séducteur que vous êtes !..

ROBERT. Ah ! tu l'insultes !.. (*à l'abbé.*) Ah ça, voyons, parle donc un peu à ce pékin-là.

L'ABBÉ. Oui, oui, je vais lui faire entendre raison. (*A Christian, avec onction.*) La colère est un affreux péché, mon cher frère..... songez que la patience et la résignation sont les vertus d'un bon chrétien..

ROBERT, *l'interrompant.* Est-ce que tu vas nous recommencer ton sermon de tantôt ?..... Un bon coup de sabre, s'il n'est pas content, et que ça finisse.

CHRISTIAN. Un coup de sabre !... ce mot me rend à la raison, père Robert.... je suis calmé... (*Criant.*) Mais ça ne m'empêche pas de dire que c'est un affreux procédé de vot' infidèle de fille et de vous..... et je vas décommander mes oies et ma famille !

ROBERT. Et moi, je vas me mettre sous les armes, pour être tout prêt à partir.

ENSEMBLE.

AIR *de Musard.*

Ah ! pour moi quelle aubaine,
Si je peux aujourd'hui,
Grâce à mon capitaine,
Marcher à l'ennemi.

L'ABBÉ, *à part.*

Pauvre homme ! quelle aubaine !
Il espère aujourd'hui,
Grâce à son capitaine,
Marcher à l'ennemi.

CHRISTIAN, *à part.*

Ah ! pour moi quelle peine !
Le bonheur m'est ravi ;

(*Montrant l'abbé.*)

Cet objet de ma haine
Deviendra son mari.

MARIE, *à part.*

Pour Christian quelle peine !
Il me croit aujourd'hui,
Infidèle, inhumaine,
Mais il s'ra mon mari.

(*Robert entre dans la chambre à gauche. Christian sort par le fond.*)

SCÈNE IX.
L'ABBÉ PASCAL, MARIE.

L'ABBÉ. Ouf !... le rôle commençait à me sembler un peu rude !

MARIE. Dam aussi !..... vous n'y êtes pas du tout... vous prêchez au lieu de jurer... et vous vous faites prier pour m'embrasser, comme si c'était si difficile.... Christian ne se le serait pas laissé dire deux fois.. lui !...

L'ABBÉ. *gaîment.* Oui.... mais je n'ai pas les mêmes privilèges que M. Christian.

MARIE. Ça n'empêche pas... on embrasse toujours !.... Avec tout ça, v'là ce pauvre garçon au désespoir..... not' mariage rompu ; et moi, je resterai fille... car vous ne pouvez pas m'épouser, vous.

L'ABBÉ, *riant.* Non, mon enfant, non, quand j'en aurais la meilleure volonté du monde... mais ne vous désolez pas... nous arrangerons tout cela.

MARIE. Vous croyez ?.. après tout, Christian est encore heureux d'avoir un abbé pour rival.

L'ABBÉ. Sans doute... un autre à ma place profiterait des bonnes dispositions de votre père...

MARIE. D'abord... et puis moi, de mon côté, comme je vous trouve déjà très-gentil comme ça... On ne peut pas savoir..

L'ABBÉ, *à part.* Hein ?.. que dit-elle donc là ?

MARIE, *continuant et l'examinant.* D'autant plus que cet habit-là vous va très-bien...

L'ABBÉ, *hésitant.* Vous croyez ?..

MARIE, *se rapprochant.* Et je ne sais pas comment ça se fait, mais vous me plaisez bien plus que ce matin...

L'ABBÉ, *stupéfait, à part.* Par exemple, je ne m'attendais pas à ça... Voyez-vous l'influence de l'uniforme...

(*Haut et gaîment.*)

AIR *de Julie.*

Ma chère enfant, quelle faiblesse !
Mais pensez donc à mon état...

MARIE, *baissant les yeux.*

Dam', à l'aumônier je confesse,
Mon amitié pour le soldat.

L'ABBÉ, *à part.*

Pour un abbé le rôle est un peu rude ;
Une telle confession
Cause bien de l'émotion,
Quand on n'en a pas l'habitude.

MARIE. Ah ! monsieur l'abbé, si vous vouliez, vous pourriez me rendre un grand service.

L'ABBÉ, *vivement.* Parlez... parlez, ma fille.

MARIE. Un aumônier, ça doit avoir du crédit... Eh bien ! obtenez du capitaine qu'il n'envoie pas encore mon père à l'ennemi, comme disait Christian.

L'ABBÉ. Oui, mon enfant... oui, j'espère l'obtenir avec la grâce de Dieu...

MARIE. C'est ça, avec la grâce de Dieu... et des protections.

SCENE X.

LES MÊMES, UN SOLDAT, *entrant par le fond une dépêche à la main* *.

(La nuit commence à venir.)

LE SOLDAT, *à Marie*. Une dépêche pour le maréchal-des-logis Robert.

(Il la donne à Marie et sort.)

MARIE, *avec effroi*. Ah! mon Dieu!... est-ce que ça serait déjà l'ordre de partir?

L'ABBÉ, *regardant*. Un écrit est joint à la dépêche.

MARIE, *prenant le papier*. C'est moi qui lis toujours pour mon père... (*Elle lit.*) « Ce soir, à neuf heures précises, le maréchal-des-logis Robert se mettra en marche suivi de quatre hommes... A sa sortie du village, il descendra la ravine jusqu'au petit bois. Les éclaireurs ennemis feront feu sur lui... il ira toujours. » (*S'interrompant.*) Ciel!... (*Continuant.*) « Et il portera cette dépêche au colonel du 104e de ligne qui occupe le village de Stolberg, à un quart de mille de celui-ci... » (*Pleurant,*) Ah! mon Dieu!... mon Dieu! que je suis malheureuse!.. Mon pauvre père, à peine remis de sa blessure...

L'ABBÉ. Calmez-vous, ma fille... le danger n'est peut-être pas si grand que vous le pensez... Dix minutes suffisent pour porter ce message...

MARIE. Et ces éclaireurs ennemis, près desquels il faut passer... s'ils l'aperçoivent... monsieur l'abbé... il est perdu!

L'ABBÉ. La nuit est noire, ma pauvre enfant... Dieu veillera sur lui!...

MARIE, *pleurant*. Est-ce que Dieu l'a déjà empêché d'être blessé?... Il le laissera tuer, monsieur l'abbé... il le laissera tuer....

L'ABBÉ, *vivement*. Ah! mon enfant!...

AIR: *Adieu, beau rivage de France.* (De Grisar.)

Allons, un peu de confiance
Avec moi;
Et dans la providence

---

* L'abbé, un soldat, Marie.

Ayez foi;
Vous garderez, je l'espère,
Un père.
Allons, un peu de confiance
Avec moi,
Et dans la providence
Ayez foi,
Mon enfant, ayez foi.

Enfant, du haut des cieux un pouvoir tutélaire,
Veille toujours sur nous et nous prend en pitié,
Il aime d'un bon cœur l'innocente prière,
Et le malheur par lui n'est jamais oublié.

Allons, un peu de confiance
Avec moi;
Et dans la providence
Ayez foi;
Vous garderez, je l'espère,
Un père.
Allons, un peu de confiance
Avec moi;
Et dans la providence
Ayez foi;
Mon enfant, ayez foi.

MARIE. Je vous crois, monsieur l'abbé, mais c'est égal, je suis bien malheureuse!... (*On entend à l'extérieur une marche en sourdine.*) Entendez-vous... entendez-vous?..

L'ABBÉ, *écoutant*. Quoi donc?

MARIE. Cette marche... (*Courant à la fenêtre.*) Oui, oui; ce sont eux... (*Regardant.*) Neuf heures vont sonner!... Ils viennent, monsieur l'abbé, ils viennent!..

L'ABBÉ, *ému*. Qui cela, ma fille?

MARIE. Les soldats... les soldats qui doivent escorter mon père... Les voici... les voici!...

SCENE XI.

MARIE, L'ABBÉ, QUATRE SOLDATS *paraissent à la porte du fond*.

(La nuit est close.)

MORCEAU D'ENSEMBLE.

AIR *des Puritains*.

LES SOLDATS.

Amis, voici la nuit,
Il faut de la prudence,
Avançons en silence,
Marchons, marchons sans bruit.

MARIE, *à part*.

Ciel en toi seul j'espère,
Exauce ma prière,
Pour les jours de mon père
Je t'implore aujourd'hui.

L'ABBÉ, *à part*.

Grand Dieu! vois sa misère;
C'est en toi qu'elle espère;
Conserve-lui son père
Et deviens son appui.

ENSEMBLE.

MARIE.
Ciel, en toi seul j'espère, etc.
L'ABBÉ.
Grand Dieu, vois sa misère, etc.

L'ABBÉ, à part. (Parlé, sur la reprise de la marche en sourdine.) Oui... c'est le ciel qui m'inspire... Sous ces habits, ils me prendront pour lui... (A Marie, à demi-voix et vivement.) La dépêche, mon enfant, la dépêche...
(Il passe à gauche, met son chapeau et prend son sabre qui est sur un fauteuil.)

MARIE, la lui donnant. La voici...

Suite de l'air.

Mais quel est ce mystère,
Et que voulez-vous faire?

L'ABBÉ, à demi-voix.

Vous conserver un père,
Qui seul est votre appui.

(A part.)

Oui, j'expierai, j'espère,
Le crime de mon frère.
Ce que l'or n'a pu faire,
Mon sang va le faire aujourd'hui.

L'ABBÉ, se mettant à la tête des soldats. (Parlé.) Marchons, camarades!..

LES SOLDATS, partant en suivant l'abbé.

Amis, voici la nuit,
Il faut de la prudence,
Avançons en silence,
Marchons, marchons sans bruit.

(Marie est à genoux, et l'air de la marche se perd en sourdine dans le lointain.)

SCÈNE XII.

MARIE, essuyant ses yeux.
Oh! le brave homme! en voilà un trait!.. Mais s'il était tué... Je ne me le pardonnerais de ma vie!.. J'entends mon père... cachons-lui bien qu'on est parti pour lui... Je le connais, il y courrait aussi...

SCÈNE XIII.

MARIE, ROBERT, sortant de sa chambre, à gauche, son sabre au côté et une lampe à la main.

(Jour au théâtre.)

ROBERT. Personne n'est encore venu, notr' fille?..

MARIE, très-troublée. Personne, mon père.

* L'abbé, Marie.

ROBERT. Ah ça, que diable me chantait donc ce damné forgeron... avec son expédition?..

MARIE. Vous y tenez donc bien?

ROBERT. Si j'y tiens? écoute donc, les bonnes occasions ne se rencontrent pas tous les jours.... Celle-là, morbleu!.. je ne la céderais pas à mon père... D'ailleurs, j'en reviendrai, sois tranquille, quelque chose me dit qu'il ne m'arrivera rien dans cette affaire-là!

MARIE, embarrassée. Oui, je l'espère...

ROBERT. En tout cas, le camarade sera un bon mari pour toi.

MARIE. Non, mon père, non... Ça ne se peut pas...

ROBERT. Comme tu voudras!.. Il te restera toujours le forgeron... Il est un peu bête, mais en fait de mari, ça ne nuit pas... Diable! l'heure avance... personne ne vient encore... Si fait... on accourt..

MARIE, très-troublée. Vous croyez?..

ROBERT. C'est Christian!..

SCÈNE XIV.

LES MÊMES, CHRISTIAN, accourant.

CHRISTIAN, s'arrêtant stupéfait. Ah! ah! par exemple!.. qu'est-ce que je vois là?.. Comment, c'est vous, père Robert!

ROBERT. Eh! sans doute, c'est moi.

MARIE, bas à Christian. Taisez-vous, Christian.

CHRISTIAN, sans l'écouter, à Robert. Comment!.. vous que je viens de voir partir d'ici avec quatre soldats..

ROBERT. Hein!... qu'est-ce qu'il dit donc là?

MARIE, vivement. Il s'est trompé, mon père...

CHRISTIAN. Mais du tout, mamzelle, j'y vois clair.. malgré mon désespoir.. la nuit surtout, je suis, sans comparaison, comme les chats... et j'ai vu très-distinctement, de loin, le père Robert sortir d'ici avec ses camarades, pour aller porter, à la barbe de l'ennemi, la dépêche dont on l'a chargé.

ROBERT, très-surpris. Une dépêche, à moi?

* Robert, Christian accourant, Marie.

CHRISTIAN. Quant à la dépêche, j'en suis sûr, j'ai conduit moi-même ici le soldat qui vous l'apportait.

ROBERT, *avec force.* Quand ça?... réponds?..

CHRISTIAN. Voilà un demi-quart d'heure environ.

ROBERT. Quelle idée!.. Est-ce que par hasard le camarade de tout à l'heure.. holà! camarade!.. (*Courant à la porte de la chambre à droite**.) Personne ici!... Milzieux!.. qu'est-il devenu?.. camarade! Si c'était vrai... malédiction! (*A Marie.*) Où est-il?... réponds...

(On entend une décharge dans le lointain.)

MARIE, *avec une vive émotion.* Il est.. il est tué pour vous, peut-être, mon père!

CHRISTIAN. Est-il possible?..

ROBERT. Tué pour moi, lui.. il m'aurait pris ma belle action?.. tué pour moi, le traître, il me le paiera!..

MARIE. Ah! mon père.. mon père!

ROBERT, *avec fureur.* Me dépouiller de ma gloire.. t'enlever ma croix.. ma pension.. moi qui voulais lui donner ma fille..!

CHRISTIAN. Et à mon détriment encore!.. S'il en revient, plus de mariage avec lui, n'est-ce pas?

ROBERT. A lui.. ma fille... j'aimerais mieux la donner au diable!.. à toi..

CHRISTIAN. Merci, père Robert, merci toujours.

MARIE, *pleurant.* Le pauvre homme!.. c'est affreux, personne ne le plaint seulement ici.. (*La porte s'ouvre, l'abbé paraît. Marie jetant un cri.*) Ah! le voici.. ah! mon Dieu, je te remercie.

SCÈNE XV.

LES MÊMES, L'ABBÉ**

MARIE, *courant à lui.* Il ne vous est rien arrivé, n'est-ce pas?

L'ABBÉ, *avec calme.* Non, mon enfant, non..

ROBERT, *furieux.* A nous deux, camarade! à nous deux!.. Rentre, ma fille... (*A Christian.*) Et toi, va-t'en.

CHRISTIAN, *avec joie, en regardant l'ab-*

* Christian, Robert, Marie.
** Christian, Robert, l'abbé, Marie.

bé. Oui, père Robert, oui, je vas recommander ma noce et je vous l'amène.

(Il sort par le fond. Marie rentre dans la chambre de son père, en faisant un signe d'amitié à l'abbé. Robert remonte la scène et redescend à droite.)

SCÈNE XVI.

L'ABBÉ, ROBERT.

ROBERT. Un mot, un seul. Reviens-tu de là-bas?

L'ABBÉ, *froidement.* Oui.

ROBERT. As-tu remis la dépêche?

L'ABBÉ. Je l'ai remise.

ROBERT. Sacre et mort! c'est donc vrai! Et sais-tu que tu m'as volé? Sais-tu que l'honneur de c't'action et les coups de fusil qu'ils t'ont tirés, ça me revenait de droit.. Sais-tu qu'il n'y a qu'un lâche pour aller se battre à la place d'un autre?

L'ABBÉ, *souriant.* Je ne savais pas cela.

ROBERT. Eh bien, morbleu! je te l'apprendrai.. et ici même, à l'instant, en tête-à-tête; tu vas m'en rendre raison...

L'ABBÉ, *troublé, à part.* Que dit-il?

ROBERT. Je te tuerai, ou tu me tueras, et c'est ce qui peut m'arriver de mieux à présent. Quand tout le régiment saura que le vieux Robert a pris un remplaçant, crainte des égratignures, je serai déshonoré, milzieux!... (*Avec sensibilité.*) Et ma fille.. ma pauvre fille, à qui j'aurais gagné une dot.. c'te croix, c'te pension qui me sont dues depuis si long-tems.. allons, milzieux.. dégaine, et lestement!

L'ABBÉ. Robert, écoutez-moi..

ROBERT. Je n'écoute rien...

L'ABBÉ. Calmez-vous..

ROBERT. Dégaine!

L'ABBÉ. Je n'en ferai rien..

ROBERT. Bats-toi, ou je te tue.

L'ABBÉ, *froidement.* Je ne me battrai pas, et vous ne me tuerez point.

ROBERT, *tirant son sabre.* Je ne te tuerai pas? et pourquoi ça, milzieux?

L'ABBÉ, *sortant sa main droite de son uniforme et la lui montrant enveloppée d'un linge.* Parce qu'un brave soldat ne frappe jamais un ennemi blessé.

(Il regarde Robert stupéfait et rentre dans la chambre à droite.)

ROBERT, Blessé! blessé!.. Morbleu! je ne m'attendais pas à ça!

SCÈNE XVII.

ROBERT, Soldats de son régiment, dans le fond sur la gauche.

CHŒUR DE SOLDATS.
Air : *Fragment du Châlet.*
Ah ! le beau trait ! ah ! le beau dévouement !
Vive Robert ! il est vraiment
L'honneur du régiment !

ROBERT, *parlant.* Vive Robert !.. vive Robert !.. et pourquoi ?

LES SOLDATS, *reprenant le chœur.*
Ah ! le beau trait ! ah ! le beau dévouement !
Vive Robert ! il est vraiment
L'honneur du régiment !

SCÈNE XVIII.

LES MÊMES, MARIE*.

MARIE, *accourant.* Mon père... mon père... Quelle joie ! quel bonheur !

ROBERT. Quoi ? qu'arrive-t-il encore ?

MARIE. La croix ! la croix pour vous ! à ce que disent les camarades, et vot' nom à l'ordre du jour de ce soir.

ROBERT. Ils ne savent ce qu'ils disent, mon enfant. Mais, morbleu, j'aurais eu tout ça, sans le traître qui m'a tout pris...

MARIE, *baissant la voix.* Lui un traître !.. pas du tout... c'tte dépêche qu'il a portée, l'honneur qui lui en revient, les coups de fusil qu'on lui a tirés.... tout ça s'est fait sous votre nom...

ROBERT. Sous mon nom ?... milzieux !.. est-il possible ?... La gloire pour moi... la blessure pour lui. Ah ! c'est tout de même beau de sa part.... c't' action-là nous réconcilie... (*A sa fille.*) Et s'il veut toujours de toi... à demain la noce...

SCÈNE XIX.

LES MÊMES, CHRISTIAN, *entrant sur le dernier mot de Robert, un bouquet à la main, et suivi de* PARENS ET AMIS**.

CHRISTIAN. La noce !... me v'là, beau-père, moi, mon bouquet et ma famille... quant aux oies, elles resont à la broche.

ROBERT. Garde tes oies, mon garçon, moi je garde ma fille et je la donne à mon brave et généreux camarade. (*Frappant à la porte de la chambre de l'abbé.*) Viens, viens, mon brave...

CHRISTIAN. Comment ! c'est encore l'autre ?..... Ah ! c'est trop fort, à la fin, je m'exaspère... on ne ballotte pas un cœur de forgeron comme ça.... il faut que le troupier m'en rende raison... je ne crains pas plus le soldat maintenant que je n'avais peur de l'abbé ce matin !... (*Criant à la porte de la chambre de l'abbé.*) Sortez, monsieur le militaire... sortez !...

SCÈNE XX.

LES MÊMES, L'ABBÉ, *sortant de sa chambre, dans son premier costume**.

TOUS. Que vois-je ?

CHŒUR DE SOLDATS, *entourant l'abbé.*
Que vois-je en cet instant ?
Pourquoi tout ce mystère ?
C'est notre ami, not'père,
L'aumônier du régiment !

L'ABBÉ, *avec bonhomie.* Eh bien ! mes enfans, que me voulez-vous ?..... s'agit-il d'un mariage, d'un baptême ?... quelque camarade a-t-il besoin de mon ministère ?..

ROBERT, *stupéfait, regardant l'abbé.* Comment !... c'est toi... c'est vous qui.. que...

CHRISTIAN, *à part.* J'ai une affreuse berlue... c'est sûr...

ROBERT, *de même.* C'est pourtant bien ses traits..... ses yeux..... (*Lui prenant la main.*) Et c'te blessure... oui... oui,.. la v'là, c'te bonne blessure.. je la reconnais..

CHRISTIAN, *à part.* Un abbé blessé..... c'est invraisemblable...

L'ABBÉ, *prenant Robert à part.*

AIR *d'Aristippe.*

Eh bien ! Robert, qu'en dis-tu ?.. je me forme...
Au régiment n'ai-je pas fait honneur ?
Oui, malgré ce noir uniforme,
Tu vois qu'on peut avoir quelque valeur,
Et quoique abbé, ne pas manquer de cœur.
Que ta rigueur, ami, soit désarmée,
Et songe bien que dans tous les états,
A l'église comme à l'armée,
Il est de bons et de mauvais soldats.
Pardonnons aux mauvais soldats.

ROBERT. C'est vrai... mais à chacun ses œuvres.. vous êtes un digne homme, vous.. tandis que l'autre, le cafard de Champ-Fleury, c'est...

---

* Robert, Marie, les soldats *dans le fond.*
** Christian, Robert, Marie, soldats, parens et amis.

* Robert, l'abbé, Marie, Christian, soldats, parens et amis.

L'ABBÉ, *l'arrêtant, à demi-voix*. C'est mon frère...

ROBERT. Votr' frère.... pas possible..... un pareil...

L'ABBÉ, *l'interrompant*. Il n'est plus..... paix à sa mémoire!..

ROBERT. Suffit... puisqu'il a fait demi-tour à gauche, n'en parlons plus.... Avec tout ça, c'te croix que vous m'avez gagnée... je ne peux pas vous la prendre...

L'ABBÉ, *montrant sa croix, en riant*. Tu vois que j'en ai déjà une..... quant à la tienne, garde-la..... comme tu le disais tout à l'heure, on te la doit depuis longtems... tu l'as bien gagnée...

ROBERT. C'est vrai... moi et ma jambe.

L'ABBÉ, *à Marie, avec gaîté*. Eh bien! ma petite fiancée, le mariage tient-il toujours?...

CHRISTIAN, *à part*. Oh! quelle inconvenance!...

L'ABBÉ. Seulement, je suis forcé de choisir un remplaçant... (*Montrant Christian.*) Le voici!...

CHRISTIAN, *avec joie*. Oh! brave homme noir!...

L'ABBÉ, *à Robert, montrant son portefeuille*. J'ai là leur dot...

ROBERT, *pleurant*. Pas moyen de le refuser..... Ah ça, c'est donc un ange que ce diable-là?..

L'ABBÉ, *gaîment*. Maintenant je rentre en fonctions.. (*Montrant Christian.*) Et je vais marier mon rival..

CHRISTIAN. Vous êtes bien honnête, monsieur l'abbé..., ah!.... vous êtes bien honnête...

MARIE, *à part, regardant l'abbé en soupirant*. C'est égal... c'est dommage...

CHŒUR.

AIR : *Aumônier du régiment*.

Aumônier du régiment,
Ah! vraiment,
Mon enfant,
C'est un état charmant?

L'ABBÉ, *à Marie*.

Par un heureux privilége,
Votre ami vous bénira ;
Pour que le ciel vous protége
Chaque jour il le priera.
Mon passage sur la terre
N'aura donc pas été vain,
Et j'aurai fait, je l'espère,
Quelques heureux en chemin.

Aumônier de régiment,
Ah! vraiment,
Mon enfant,
C'est un état charmant.

CHŒUR GÉNÉRAL.

Aumônier de régiment,
Ah! vraiment,
Oui, vraiment,
C'est un état charmant!

FIN.

IMPRIMERIE DONDEY-DUPRÉ, RUE SAINT-LOUIS, N° 46, AU MARAIS.

L'OCTOGÉNAIRE,

OU

ADÈLE DE SÉNANGES,

COMÉDIE EN UN ACTE

MÊLÉE DE COUPLETS,

De MM. Bayard et ***.

Représentée pour la première fois, à Paris, sur le théâtre national du Vaudeville, le 6 octobre 1835.

PERSONNAGES.	ACTEURS.	PERSONNAGES.	ACTEURS.
M. DE SÉNANGES.	MM. Lepeintre aîné	JACQUET, fils d'un fermier.	M. Amant.
M. DE MÉRIGNY, son ami.	Fontenay.	ADÈLE, pupille et femme de M. de Sénanges.	Mlles L. Mayer.
GUSTAVE, jeune parent de M. Sénanges.	Emile Taigny.	MARGUERITE, femme de charge.	E. Stéph.

La scène se passe dans le château de M. de Sénanges.

Le théâtre représente un salon élégant. — Entrée par le fond. Portes à gauche et à droite, sur le premier et le second plan. Sur le premier, à droite, porte de la bibliothèque : A gauche, appartement de madame de Sénanges. Sur le second, à droite, appartement de M. de Sénanges ; à gauche, sortie sur le jardin.

SCÈNE I.*

JACQUET, MARGUERITE, *ensuite* M. DE MÉRIGNY.

MARGUERITE, *à Jacquet*. Mais non... mais non !.. madame n'est pas levée... monsieur n'est pas visible.

JACQUET. Quand je vous répète qu'ils m'ont dit de venir ce matin, à cause de mon numéro...

MARGUERITE. Ah ! oui... te voilà conscrit !..

JACQUET. Dam ! la commune doit fournir quatre hommes... j'ai le numéro 8, comptez...

DE MÉRIGNY, *il entre seul et cherche au-*

---

* Les personnages sont indiqués de droite à gauche, comme à la représentation.

tour de lui. Comment ! personne pour me recevoir ! depuis la cour jusqu'au salon ! mais partout des fleurs... des devises... des rubans, tous les débris d'une fête.

MARGUERITE. Un étranger ! un voyageur ! que veut monsieur ? que demande monsieur ?

DE MÉRIGNY. Pardon, ma bonne femme...

Mouvement de la vieille.

JACQUET, *riant, à part.* Ma bonne femme !..

DE MÉRIGNY, *descendant entre eux.* Je cherchais quelqu'un pour me faire annoncer... et je ne trouvais pas...

MARGUERITE. Un domestique ! c'est tout simple... ces pauvres gens ! ils n'en peuvent plus... ils sont un peu paresseux.

JACQUET. Dam! un lendemain de bal.

DE MÉRIGNY. Alors, je conçois... ce désordre, cet abandon... M. de Sénanges aime donc toujours le plaisir?.. il faut jouir de son reste à quatre-vingts ans.

MARGUERITE. Quatre-vingt-un, monsieur... et un bal! une noce!

DE MÉRIGNY. Une noce! je comprends... M. de Sénanges a marié quelqu'un de ses gens.

JACQUET. Comment, quelqu'un de ses gens!

MARGUERITE. Mieux que ça, monsieur; quand je dis mieux... (*Montrant la gauche.*) C'est ici la chambre de madame et monsieur à l'autre bout du château.

DE MÉRIGNY. Voilà de nouveaux époux qui ne risquent pas de se rencontrer...

JACQUET. Et c'est heureux!..

DE MÉRIGNY. Comment cela?

MARGUERITE. Chut!.. voici le marié...

M. de Sénanges paraît sortant de son appartement.

DE MÉRIGNY. Hein?

JACQUET. Il a très bonne mine.

SCÈNE II.

JACQUET, MARGUERITE, M. DE SÉNANGES, M. DE MÉRIGNY.

DE SÉNANGES, *en robe de chambre.* Marguerite! où donc est-elle? Marg... (*L'apercevant.*) Ah! te voilà enfin! mais monsieur... (*A part.*) Allons, quelqu'importun!

DE MÉRIGNY. Mon cher M. de Sénanges, que j'ai de plaisir...

DE SÉNANGES. Eh! mais... je ne me trompe pas... M. de Mérigny!.. quelle aimable surprise!.. je vous croyais bien loin d'ici... n'êtes-vous plus consul à Riga?

DE MÉRIGNY. Si fait! je viens de passer un mois à Paris... et je retourne à mon poste, cette nuit peut-être; j'attends des ordres... mais je n'ai pas voulu partir sans vous faire mes adieux...

DE SÉNANGES. Oui... je me rappelle... dans le château voisin... une jeune et jolie dame. (*Mouvement de Mérigny qui regarde Marguerite.*) Ne craignez rien... je suis discret... entre nous autres jeunes gens... (*Il rit.*) Ah, ah, ah, ah! Marguerite, ma femme est-elle levée?

DE MÉRIGNY, *à part.* Ah! mon Dieu!

MARGUERITE. Je ne crois pas... (*On entend sonner.*) Ah! j'entends la sonnette...

DE SÉNANGES. Elle est éveillée... Eh! bien, va... (*Regardant M. de Mérigny et se redressant.*) Ne fais pas attendre ma femme...

MARGUERITE. J'y vais, monsieur... (*A Jacquet.*) Va-t'en, tu reviendras plus tard.

DE SÉNANGES.* Ah! ah! c'est toi, Jacquet!

JACQUET. Oui, notre monsieur... comme vous voyez...

DE SÉNANGES.

Air : *De sommeiller encor, ma chère.*

Eh bien, qu'est-ce donc qui t'amène?
Je t'écoute... avance d'un pas.

JACQUET.

Notr' monsieur, ça n' vaut pas la peine.

DE SÉNANGES.

Tu veux me parler!

JACQUET.

Oh! non pas.
C' n'est pas à vous, c'est à notr' dame.

DE SÉNANGES.

Un secret!

DE MÉRIGNY.

Je conçois ici,
Que tous les secrets de la femme,
Ne soient pas trop ceux du mari.

DE SÉNANGES. Alors, plus tard... (*On sonne plus fort.*) Eh bien! Marguerite... dépêche-toi donc... tu vois bien qu'elle s'impatiente... (*Se redressant.*) Ma femme!

MARGUERITE, *entrant à gauche.* Oh! ces jeunes dames...

JACQUET. Adieu, mamzelle Marguerite.

Il sort par le fond.

DE MÉRIGNY, *à part en souriant.* Il paraît qu'elle est jeune!..

SCÈNE III.

M. DE SÉNANGES, M. DE MÉRIGNY.

DE SÉNANGES. Très jeune, mon cher Mérigny... très jeune... Oh! vous pouvez sourire... depuis hier, je ne vois que des figures étonnées... et même un peu goguenardes... je commence à m'y faire.

DE MÉRIGNY. Assurément, je ne me permettrai pas...

DE SÉNANGES. Eh bien... je vous permets... hier soir, au milieu de ce bal qu'elle a voulu donner à mes gens, à mes fermiers, je me croyais dans un chapitre des *Mille et une Nuits* : c'était un vrai miracle... toute la journée.

* Jacquet, M. de Sénanges, Marguerite, M. de Mérigny.

Air : *Un page aimait la jeune Adèle.*

Dès le matin auprès d'Adèle ;
J'étais joyeux, j'étais coquet...
Le soir de Champagne, comme elle,
J'ai même arrosé mon bouquet.
Au bal, je causais en jeune homme...
Je sortis, ma femme resta,
Et puis j'ai dormi tout d'un somme !
Et le miracle a fini là !

Oh! riez... ce matin, moi-même, en pensant à mon mariage, je me suis surpris à en rire tout seul... comme un fou... je vous parais bien extravagant, n'est-il pas vrai ?

DE MÉRIGNY. Je ne dis pas...

DE SÉNANGES. Oh! dites, dites, et je vous répondrai, je n'en serai pas fâché... car, vous êtes ici la seule personne à qui je puisse essayer de paraître raisonnable.

Il lui fait signe de s'asseoir.

DE MÉRIGNY. Une confidence... très volontiers.

Ils s'assient.

DE SÉNANGES. Vous le savez, je suis d'une ancienne et bonne famille... mais, j'en suis le dernier; c'est un échantillon qui ne doit pas vous donner une bien haute idée du reste. Mon grand oncle de Sénanges avait à sa mort une assez belle fortune qu'il ne savait trop à qui léguer... du côté de sa mère, c'étaient des collatéraux avides, qui après l'avoir négligé toute sa vie, accouraient à ses derniers moments pour dévorer son héritage... des gens de finance... des loups-cerviers... de l'autre côté, moi... moi seul, peu courtisan, mais ami sincère... parent dévoué... et surtout célibataire entêté... j'ai toujours eu le mariage en haine...

DE MÉRIGNY. Oh! toujours... on m'a dit pourtant qu'à une certaine époque...

DE SÉNANGES. Oui... oui... c'est possible... un amour malheureux... une jeune parente que j'adorais, et que je vis passer aux bras d'un autre... je fus bien triste, et après tant d'années encore, je n'y pense jamais sans éprouver une émotion !.. je l'aimais tant! vous voyez, autrefois on était trahi comme à présent... par bonheur on se consolait de même. Pour me venger, je me lançai dans les plaisirs; jeune et brillant cavalier, toujours amoureux et souvent aimé... ce temps-là est bien loin !.. l'état de garçon me parut si doux, que tous les efforts de ma famille pour me marier, ne firent que m'attacher davantage au célibat. Mon oncle, qui voyait avec peine son nom s'éteindre avec moi, s'avisa d'un singulier moyen pour vaincre mon obstination... il me légua sa fortune tout entière en usufruit seulement, tant que je resterais garçon... la propriété ne devant m'en être acquise que du jour où je serais en puissance de femme; mais je vous l'ai dit : j'étais entêté... d'ailleurs, le revenu était si beau qu'il suffisait de reste à mes besoins et même à mes caprices... j'en ai toujours eu beaucoup... dès lors, je me reposai sur une fortune assurée... dépensant mes rentes avec l'exactitude la plus scrupuleuse, sans jamais toucher au capital... lorsqu'il y a quelques années, je perdis un compagnon de ma jeunesse, un de ces amis bien rares qu'on retrouve aux deux extrémités de la vie, pour en partager d'abord, les plaisirs, et plus tard les peines... il partit avant moi... c'est le seul chagrin qu'il m'ait causé... sa mort laissait orpheline une pauvre jeune fille, son unique bien, il me la légua; si j'acceptai la succession... vous n'en doutez pas! je fis donc élever à Paris, ma petite Adèle...

DE MÉRIGNY. Adèle, comment! cet enfant que j'ai vue chez vous il y a deux ans.

DE SÉNANGES. Je ne vous parle pas de sa beauté, de sa grace; mais tous les dons de l'esprit joints aux qualités du cœur, et pour moi, une tendresse toujours nouvelle... quand on me l'eut renvoyée, je m'aperçus que c'était peu de l'avoir fait élever; il fallait l'établir, et dans mon imprévoyance, je n'y avais pas songé ! comment marier une jeune fille sans dot! et je n'en avais pas à lui donner, mon mariage seul pouvait lui en assurer une... je voyais Adèle, après moi, sans guide, sans appui, son ingénuité même me faisait trembler pour elle; tout à coup, il me vint une idée, que je repoussai d'abord... elle était folle... extravagante! mais, elle me revint souvent et peu à peu je m'y habituai... c'était un peu tard pour penser au mariage... mon vieil ennemi; mais à mon âge du moins, il aura peu de temps pour se venger de moi... un jour, assis près de ma pupille, je me hasardai en tremblant à lui parler de mon projet... je craignais des larmes, je ne vis que du bonheur et de la joie... elle me sauta au cou... elle m'appela son père... son père !.. ce mot me décida... et trois semaines après... c'était hier... je l'ai nommée ma femme...

DE MÉRIGNY. Ah! c'est elle...

Ils se lèvent.

DE SÉNANGES. Non pas vous le pensez bien, pour avoir une jeune femme qui flatte ou mes caprices ou ma vanité.

Air : *En amour comme en amitié, etc.*

Pour que mes biens un jour lui soient remis,
Elle est ma femme aux yeux de la famille ;
Mais ses seize ans sont à peine accomplis,
Son cœur sommeille encore... elle sera ma fille !
Et je l'espère, à l'âge où me voilà,
Plus tard du moins, pour son ame ingénue
Lorsque d'aimer l'heure sera venue,
Pour la troubler, je ne serai plus là.

DE MÉRIGNY, *se levant.* Allons, allons, M. de Sénanges, ne parlez pas ainsi... vous êtes jeune encore...

DE SÉNANGES. Vous êtes un flatteur...

DE MÉRIGNY. Et vous pensez donc que les biens de votre oncle...

DE SÉNANGES. Ils sont à moi... aux termes du testament ! j'ai rempli la condition, je suis marié!... il n'a rien exigé de plus... heureusement... Eh bien ! voyons, trouvez-vous mon mariage bien ridicule !

DE MÉRIGNY. Moi ! au contraire, je l'approuve, quoiqu'il dérange un peu mes projets... mes espérances...

DE SÉNANGES. Hein ! quels projets?.. expliquez-vous...

DE MÉRIGNY. J'attends ici, et je voulais vous présenter le jeune Gustave de Terville, à qui vous le savez... votre fortune devait revenir.

DE SÉNANGES. Oui... si mon célibat eût duré j'usqu'au bout... dam! cela va contrarier un peu certaines personnes... ma foi! tant pis, M. de Terville était un vilain homme, je ne l'estimais guères, je ne l'aimais pas.

DE MÉRIGNY. Ah ! de la prévention ! n'était-ce pas à cause de son mariage avec cette parente, que vous aimiez?

DE SÉNANGES. C'est possible !.. leur union m'a fait un mal que je n'ai jamais pu leur pardonner.

DE MÉRIGNY. Ils ne sont plus, oubliez-les ; mais leur fils est vraiment un fort aimable jeune homme! léger, étourdi comme on l'est à dix-huit ans ; mais du reste, bon, sensible, généreux, il ne lui faudrait pour arriver à tout, qu'un peu de fortune...

DE SÉNANGES. Je conçois... il comptait sur la mienne...

DE MÉRIGNY. Oh ! il ne doit plus y penser, je l'emmenais avec moi, à Riga, pour l'associer à d'assez belles affaires... mais s'il n'a rien... ce qui me contrarie, c'est qu'il va venir...

DE SÉNANGES. Ici !.. Ah ! diable... c'est fâcheux.

DE MÉRIGNY. Depuis quelque temps, je le tourmentais pour qu'il se fît présenter chez vous... il refusait toujours... par délicatesse sans doute ; mais avant hier, il est arrivé chez moi tout hors de lui, «Partons pour Sénanges, m'a-t-il dit, partons !.. je suis prêt ! »

DE SÉNANGES. Je ne me soucie pas de le recevoir...

DE MÉRIGNY. Je l'ai prié de passer au château d'Orvilliers.

DE SÉNANGES. Ah! oui... quelque message secret pour la dame de vos pensées...

DE MÉRIGNY. Je vais écrire à Gustave de ne pas venir jusqu'ici, et envoyer mon domestique.

DE SÉNANGES. Eh bien ! oui, vous ferez bien... tenez, dans mon cabinet...

ADÈLE, *dans son appartement.* Oui, Marguerite... oui, je le veux.

DE SÉNANGES. Ma femme!

DE MÉRIGNY, *la regardant entrer.* Eh! eh!

Il fait signe à M. de Sénanges qu'il la trouve charmante.

SCÈNE IV.

M. DE SÉNANGES, ADÈLE, M. DE MÉRIGNY.

ADÈLE, *courant à M. de Sénanges.* Ah! mon bon ami... (*Apercevant M. de Mérigny.*) Monsieur,..

DE SÉNANGES. Ma chère Adèle, je vous présente M. de Mérigny, qui veut bien s'arrêter quelques instants près de nous.

DE MÉRIGNY. Madame veut-elle recevoir mes félicitations ?

ADÈLE. Avec plaisir, monsieur, car je suis bien heureuse...

Elle tend la main à M. de Sénanges.

DE SÉNANGES. Comment avez-vous reposé, ma chère enfant ?

ADÈLE. Très-bien... et j'en avais besoin.. Dieu! que c'est fatigant un jour de noces ! Savez-vous, bon ami, que j'ai dansé quinze contredanses!.. Aussi que j'ai bien dormi!..

DE MÉRIGNY, *à part.* Pauvre petite !...

ADÈLE. Mais j'y pense, monsieur, vous restez avec nous? Je vais donner des ordres... vous faire indiquer votre appartement... Monsieur n'a rien pris peut-être? (*Se retournant, à M. de Sénange*) Hein !.. Est-ce comme cela ?..

DE SÉNANGES. Charmante !..

DE MÉRIGNY. Pardon, madame..... je n'ai besoin de rien ; avant tout, j'ai une lettre à écrire.

DE SÉNANGES. Oui, Mérigny, passez dans mon cabinet.

DE MÉRIGNY. Si madame veut bien me le permettre. (*Adèle tournée vers M. de Sénanges, ne répond pas. — Appuyant :*) Si madame.

ADÈLE.

Air : *Vaud. de Haine aux hommes.*

Ah ! oui... Madame !.. c'est pour moi
Ce nom qu'on me donne sans cesse...
Dieu ! que c'est singulier !... Je croi
Toujours qu'à quelqu'autre il s'adresse.
S'appeler madame !.. En ce cas,
Cela surprend un peu l'oreille,
Quand on ne l'est que de la veille.

DE MÉRIGNY, *à part.*

Et surtout quand on ne l'est pas.

ADÈLE. Vous êtes libre, monsieur.
DE MÉRIGNY. Madame...
Il entre dans l'appartement de M. de Sénanges.

SCÈNE V.
M. DE SÉNANGES, ADÈLE.

ADÈLE. Enfin nous sommes seuls... c'est ennuyeux des importuns, les premiers jours d'un mariage... N'est-ce pas, mon bon ami ?

DE SÉNANGES. Mais oui... quelquefois.

ADÈLE. D'abord il faut leur faire les honneurs ; c'est embarrassant quand on commence. Et puis, madame ! toujours madame !.. Ils n'ont que ce nom-là à vous donner.

DE SÉNANGES. Est-ce que vous n'êtes pas bien aise de le porter ?

ADÈLE. Je ne dis pas... mais il faut s'y faire ! Voyez un peu ; on était mademoiselle, on va à l'église avec un voile, un bouquet et des diamans... c'est gentil, je ne dis pas... on dit oui, on s'ennuie à table, on s'amuse au bal, et après cela on est madame ! c'est drôle au moins.

M. DE SÉNANGES. Vous trouvez.

ADÈLE. Mais ce n'est pas tout, il faut que je vous gronde ; je remarque une chose que vous oubliez.

DE SÉNANGES. Que j'oublie, moi !

ADÈLE. Oui, et une chose très importante à laquelle je tiens beaucoup.

DE SÉNANGES. Ah ! si vous y tenez...

ADÈLE. Là ! je vous y prends encore ! Pourquoi me dire *vous* ? ce n'est pas bien ; j'ai toujours vu qu'un mari tutoyait sa femme le lendemain... Est-ce que vous ne ferez pas comme les autres ?

M. DE SÉNANGES. Si fait, ma chère Adèle, je vous tutoierai puisque tu le désires. Et vous ?

ADÈLE. Oh! moi, je tâcherai; c'est le monsieur qui commence. Ainsi, nous voilà d'accord sur ce point. Mais, puisque nous sommes seuls, dites-moi, mon bon ami, à présent que me voilà mariée, j'espère bien qu'on ne me traitera plus comme une petite fille. Voyons, désormais qu'est-ce que j'aurai à faire ?

M. DE SÉNANGES. Mais ce que vous... (*se reprenant*) ce que tu as fait jusqu'à présent...

ADÈLE. Est-ce que j'obéirai à tout le monde, comme auparavant?

DE SÉNANGES. Non, tu commanderas, et nous obéirons.

ADÈLE. J'aime mieux ça.

DE SÉNANGES. On ne recevra d'ordres que de toi ; je donnerai l'exemple.

ADÈLE, *avec joie.* Oh! que c'est amusant, le mariage! Eh bien! je serai une bonne maîtresse, je te le promets... Oh! dites-donc, mon ami, je vous ai tutoyé.

DE SÉNANGES. Tu as bien fait.

ADÈLE. Comme ça, si je veux, je ne travaillerai plus.

DE SÉNANGES. Comment?.. plus du tout.

ADÈLE. Oh! si fait, un petit peu, de loin en loin; dam! j'aurai les honneurs à faire, des ordres à donner; ça prend du temps. Et puis, je vous accompagnerai dans vos promenades, parce qu'un mari ne doit jamais sortir seul, surtout quand il est sujet à la goutte.

DE SÉNANGES. À la bonne heure.

Air du *Philtre* (Amédée de Beauplan).

Je ne serai jamais maussade
Quand tu seras auprès de moi.

ADÈLE.

Et puis après la promenade,
Nous dînerons tous deux chez toi.

DE SÉNANGES.

Eh oui, tête à tête avec toi !..
Tu laisseras donc, c'est dommage,
Quand la goutte me rend chagrin,
Ces bals et ces plaisirs... enfin
Tout ce qu'on regrette à ton âge.

ADÈLE.

Eh bien !
je ne regrette rien.

M. DE SÉNANGES.
Quoi ! rien ?

ADÈLE.
en.

ENSEMBLE.
Je ne regrette rien.
Tu ne regrettes rien.

ADÈLE. Mais le soir...
DE SÉNANGES. Le soir tu feras la lecture, un peu de musique.
ADÈLE. Pour vous endormir.
DE SÉNANGES. Oh! non.
ADÈLE. Oh! si... comme avant mon mariage... Et je vois qu'il n'y aura rien de changé... on se couchera à neuf heures.
DE SÉNANGES. Moi... oui... mais tu pourrais...

ADÈLE.

Même air.

Oh! non, bon ami, j'en suis sûre...
Car, vois-tu, quand tu dormiras,
J'aurai grand sommeil, je te jure.

DE SÉNANGES.

Ainsi donc, comme tu voudras!
A neuf heures tu dormiras.

ADÈLE.

De tout mon cœur, jusqu'à l'aurore.
Mais voyons un peu, cherchons bien...
Bon ami, n'oublions-nous rien?
Peut-être qu'en songeant encore...

M. DE SÉNANGES.

Eh bien!
Je ne trouve plus rien.

ADÈLE.

Quoi! rien?

DE SÉNANGES.

Non rien.

ENSEMBLE.

Je ne trouve plus rien.

ADÈLE. Je vous crois... Aussi je suis heureuse... Seulement je voudrais bien revoir mes bons amis de Paris. Est-ce qu'ils ne viendront pas?
DE SÉNANGES. Si fait; tu leur écriras.
ADÈLE. Oui, oui, c'est cela; en attendant, je veux que le château soit gai, très gai... Et d'abord, monsieur, un lendemain de noces, c'est encore un jour de fête. Pourquoi ce négligé, cette robe de chambre!.. Je veux que vous ayez de la coquetterie... j'en ai bien pour vous.
DE SÉNANGES. Du moment que tu le veux...
ADÈLE. Certainement. (*Elle sonne.*) Et le bouquet d'hier, celui que je vous ai fait moi-même?
DE SÉNANGES. Mon bouquet! je ne sais; il est fané, sans doute...
ADÈLE. C'est possible; ça passe si vite!..

mais c'est égal, vous en aurez un, je m'en charge.

SCÈNE IV.

M. DE SÉNANGES, JACQUET, ADÈLE, MARGUERITE.

MARGUERITE, *sortant de chez Adèle.* Monsieur a sonné...
ADÈLE. C'est moi, marguerite... (*Apercevant Jacquet qui est entré et se tient dans le fond.*) Eh! mais... c'est Jacquet... le fils du fermier. Approche, mon garçon, approche. (*A M. de Sénanges.*) C'est mon danseur d'hier... il danse avec une légèreté!.. comme un sylphe... il m'a écrasé les pieds.
TOUS, *riant.* Ah! ah! ah!
JACQUET. Vous êtes bien bonne, madame... je vous fais bien mes excuses.
ADÈLE. Il n'y a pas de mal... et si c'est pour ça que tu viens...
JACQUET. Oh! non... c'est pour l'autre affaire... vous savez... mon numéro.
DE SÉNANGES. Ah! oui, ton numéro.... maladroit!
JACQUET. Oh! ce n'est pas ma faute... c'est le préfet qui en a été cause... Dam!.. il m'a regardé en face, ça m'a intimidé, et j'ai amené le n. 3.
ADÈLE. Mais, moi, je lui ai promis qu'il ne partirait pas... son père ne peut pas lui acheter un homme... jugez donc, bon ami, il a tant d'enfans!..
JACQUET. Dix-sept... nous sommes dix-sept...
MARGUERITE. Miséricorde!..
ADÈLE. Et tous d'une belle venue... comme celui-ci... un beau garçon... à qui je veux donner une femme et une dot...
DE SÉNANGES. Une femme!
JACQUET. Dam!.. pourvu qu'elle soit jeune et gentille... et riche.. et bonne... et...
ADÈLE. Oh!.. oh!.. (*Regardant Marguerite.*) c'est mon secret, et je vais t'en parler au jardin, où tu vas m'aider à cueillir un bouquet pour... (*Riant.*) pour ton monsieur. Toi, Marguerite, tu vas préparer la toilette de mon mari, entends-tu?
DE SÉNANGES. Mon habit noir...
ADÈLE. Non!.. c'est triste... votre habit pensée et gilet blanc, c'est plus gai.

Air : *Petit blanc.*

Je reviens... vous, ma bonne,
Allez que tout soit prêt...
A son mari. Il faut que je vous donne
Mon bras et mon bouquet...

Bas.
Ecoutez mon projet :
Marguerite, j'espère,
Le prendra pour époux.
DE SÉNANGES.
Les marier, ma chère !
ADÈLE.
Pourquoi pas !.. comme nous !..
ENSEMBLE.

Mon danseur, venez vite,
Au jardin suivez-moi..,
Allez donc, Marguerite !
A son mari. Je reviens près de toi !
DE SÉNANGES.
Allez donc et bien vite
Revenez près de moi...
Ah ! bonne Marguerite,
Quel beau moment pour toi.
JACQUET.
Bien, j'y vais tout de suite,
Madame, attendez-moi !..
Quel bonheur, Marguerite,
Si j'échappe à la loi !
MARGUERITE.
Eh ! j'y vais tout de suite,
On peut compter sur moi...
Mais, pauvre Marguerite,
Quels ordres je reçoi !

Adèle et Jacquet sortent par le fond.

DE SÉNANGES, *la regardant aller.* L'aimable enfant !.. elle m'a un peu embarrassé avec ses questions...

MARGUERITE. C'est donc fini, monsieur, ce n'est plus vous qui commandez, c'est madame !.. et de quel ton ?

DE SÉNANGES. Oui, je te conseille de te plaindre, ingrate !.. si tu savais...

MARGUERITE. Quoi donc ?..

DE SÉNANGES. Ça la regarde... Va préparer ma toilette... va !.. (*Il la regarde en riant.*) Eh ! eh ! eh !

Elle sort toute étonnée.

SCÈNE VII.

GUSTAVE, M. DE MÉRIGNY, M. DE SÉNANGES, *ensuite* MARGUERITE.

DE MÉRIGNY. Venez, mon ami, venez !.. et dites-moi... Ah ! voici M. de Sénanges...

DE SÉNANGES. Qu'est-ce donc ?..

DE MÉRIGNY. Mon protégé... Gustave... vous savez !.. j'allais faire partir ma lettre quand il est arrivé...

Gustave salue.

DE SÉNANGES. Il n'y a pas de mal... (*A part à M. de Mérigny.*) Oh ! mon ami... comme il ressemble à sa mère !.. (*Haut. — Passant entr'eux.*) M. Gustave... approchez, approchez... nous sommes un peu parens... et je ne suis pas fâché de faire votre connaissance... c'est un peu tard...

GUSTAVE. Oh ! monsieur, il y a long-temps que je vous connais... oui, ma mère m'a souvent parlé de vous...

DE SÉNANGES. Votre mère !.. en effet... je l'ai connue autrefois... elle ne m'avait point oublié ?

GUSTAVE. Bien loin de là... son plus grand plaisir était de se rappeler vos bontés... et quand je la perdis... « Mon ami, me dit-elle, tu vas être seul, sans guide, sans appui... la fortune de M. de Sénanges te reviendra peut-être un jour ; mais ce que je te souhaite avant tout, c'est son amitié... »

DE SÉNANGES. Elle a dit cela !..

GUSTAVE. Un moment après... je n'avais plus de mère...

DE SÉNANGES, *à part, avec émotion.* Pauvre Julie ! j'ai eu sa dernière pensée... Eh bien ! je remplirai son dernier vœu. (*Haut.*) Mon amitié ne vous manquera point... et puisque M. de Mérigny veut vous emmener en Russie...

GUSTAVE. Pardon... je ne sais... je ne suis pas encore décidé à quitter la France...

DE SÉNANGES. Et pourquoi cela ?.. nous pouvons nous entendre Mérigny et moi, et s'il faut vous aider... eh bien ! je puis encore malgré mon mariage...

GUSTAVE. Votre mariage ?

DE SÉNANGES. Eh ! oui... (*A Mérigny.*) Comment !.. est-ce qu'il ne sait pas ?..

DE MÉRIGNY. Il ne sait rien...

DE SÉNANGES. Ah ! diable ! en ce cas, mon ami, je vous l'apprends... oui... je suis marié... marié d'hier... allons, il ne faut pas m'en vouloir...

GUSTAVE. Et pourquoi donc, monsieur ? vous étiez libre d'agir comme bon vous semblait, je n'ai rien à dire à cela... (*A part, en souriant.*) Je disais bien que cette fortune ne me reviendrait jamais.

MARGUERITE, *entrant.* Tout est prêt...

GUSTAVE. Quelqu'un !.. (*L'apercevant.*) Ah ! madame... (*Il salue respectueusement Marguerite qui lui fait une grande révérence. — A part.*) C'est sans doute la mariée...

DE SÉNANGES, *le regardant. — A Mérigny.*) Eh bien, qu'est-ce qu'il fait donc là ?

DE MÉRIGNY, *en souriant.* Je crois qu'il se trompe.

MARGUERITE. Voilà un jeune homme bien comme il faut !..

SCÈNE VIII.

GUSTAVE, M. DE SÉNANGES, ADÈLE, M. DE CHAVIGNY.

ADÈLE, *accourant un bouquet à la main.* — *A la cantonnade.* C'est bien... j'attends ta réponse... (*Venant en scène.*) Mon ami... mon ami... voilà... (*Apercevant Gustave.*) Ah!..

GUSTAVE. Adèle!..

ADÈLE. Gustave!..

Elle laisse tomber son bouquet.

DE MÉRIGNY, *à part.* Qu'est-ce que cela signifie?

DE SÉNANGES. Ah! il paraît que vous vous connaissez!..

ADÈLE. Oui, beaucoup... c'est un de ces bons amis dont je vous parlais... je le voyais souvent quand je sortais de la pension où vous m'aviez placée.

GUSTAVE. Je savais bien que mademoiselle habitait dans ce pays... mais je ne conçois pas sa présence dans ce château...

DE SÉNANGES. C'est une chose que je vais vous expliquer... (*Prenant Adèle par la main.*) Mon ami, je vous présente ma femme...

GUSTAVE, *interdit.* Comment! votre...

ADÈLE, *gaîment.* Eh bien! oui, sa femme! la femme de mon bon ami...

DE MÉRIGNY, *à part.* Diable! ça n'a pas l'air de lui convenir.

MARGUERITE, *à Adèle.* La toilette de monsieur est prête...

ADÈLE. A la bonne heure... Gustave, je suis bien aise de vous voir ici... vous nous resterez long-temps... oh! bien long-temps, n'est-ce pas?.. (*A M. de Sénanges.*) Allons... votre bras, mon ami.

DE SÉNANGES, *riant.* Volontiers, ma femme... Eh! eh! eh!

ADÈLE.

Air de Malvina.

Sur votre Antigone
Appuyez-vous bien!
(*A Marguerite.*) Suivez-nous, ma bonne...
(*A Gustave.*) Adieu... je revien.

DE SÉNANGES.

Plus gaîment j'existe
Près de ses seize ans;
C'est l'hiver moins triste
Qui touche au printemps.

ADÈLE. Ah! mon bouquet!

DE MÉRIGNY, *le ramassant.* Le voilà!

ENSEMBLE.

ADÈLE.

Sur votre Antigone
Appuyez-vous bien!
Suivez-nous, ma bonne,
Et n'oubliez rien.
On est peu solide
A quatre-vingts-ans,
Et je sers de guide
A vos pas tremblants.

DE SÉNANGES.

Oui, mon Antigone,
Me guide fort bien,
Et l'hymen me donne
Un jeune soutien.
On est peu solide,
A quatre-vingts ans,
Et j'ai pris un guide,
Pour mes pas tremblants.

DE MÉRIGNY.

Oui, son Antigone
Le guide fort bien,
Et l'hymen lui donne
Un charmant soutien.
Il est plus solide...
Mais combien de gens
Un si joli guide
Rendrait plus tremblants.

GUSTAVE.

Grand Dieu! je frissonne
Quel trouble est le mien?
Quel titre il lui donne?
Je n'y comprends rien!
A peine solide
Sur ses pas tremblants,
Il a pris pour guide
Femme de seize ans.

M. de Sénanges, Adèle et Marguerite entrent dans l'appartement à droite.

SCÈNE IX.

GUSTAVE, M. DE MÉRIGNY.

GUSTAVE, *à part.* Mariée! mariée! ah! j'étouffe!

DE MÉRIGNY. Eh! voyons, vous n'avez pas eu le temps de me dire la réponse du château d'Orvilliers...

GUSTAVE. La voici, monsieur.

DE MÉRIGNY. Une lettre! Ah! donnez donc! et dites-moi, elle, madame d'Orvilliers, l'avez-vous vue?

GUSTAVE. Oui, monsieur?

DE MÉRIGNY. Oh! que vous êtes heureux!..

GUSTAVE. Moi!

DE MÉRIGNY. C'est juste, vous ne l'aimez pas... à votre place, j'en aurais perdu la tête! une femme qu'on aime, qu'on adore, une première passion... et après deux ans d'absence... (*Parcourant la lettre.*) Ah! le mari est à Paris...

GUSTAVE, *à part.* Adèle! non, ce n'est point un rêve! mariée...

DE MÉRIGNY, *lisant.* « Ce soir! » Qu'est-ce que c'est! on vient! je vais lire ma lettre dans le jardin... adieu, adieu!

Il sort par la porte du fond à gauche.

SCÈNE X.
GUSTAVE, ADÈLE.

GUSTAVE, *seul.* Il est heureux, lui! on l'aime! au lieu que moi... mais non, je ne puis croire encore... c'est impossible... et pourtant...

ADÈLE, *entrant.* Gustave! ah! c'est vous, je vous retrouve...

GUSTAVE, *à part.* Elle est encore plus jolie comme ça.

ADÈLE. Ah! mon Dieu! comme vous me regardez! quel air triste et malheureux, qu'avez-vous donc?

GUSTAVE. Vous me le demandez? vous, Adèle! mariée?

ADÈLE. Sans doute, depuis hier; est-ce que vous n'en n'êtes pas content?

GUSTAVE. Moi!

ADÈLE. C'est peut-être parce qu'on ne vous a pas invité... mais, ce n'est pas ma faute! je voulais une noce... beaucoup de monde, du bruit, et de la danse surtout... la danse je l'aime tant! alors, on aurait invité tous mes bons amis, et vous savez bien que vous en êtes! malheureusement M. de Sénanges, qui était le maître, a désiré que le mariage se fît sans invitations, sans éclat, entre nous, et sauf les gens du château et de la ferme, qui ont dansé toute la nuit...

GUSTAVE. Il n'y avait personne! je vous crois, le marié devait craindre les témoins, les rires, les railleries...

ADÈLE. Mon bon ami! on l'aime trop pour cela.

GUSTAVE. Se marier, à son âge! songez-y donc!

Air du Baiser au porteur.

Adèle, il serait votre père,
Votre aïeul, votre bisaïeul!

ADÈLE.

Eh! oui... mais sa bonté m'est chère;
Pour appui je n'eus que lui seul! *bis.*

GUSTAVE.

Avant d'unir vos destinées,
Riche de jeunesse et d'attraits,
Il fallait compter ses années!

ADÈLE.

Je n'ai compté que ses bienfaits!

GUSTAVE. Mais vous n'aviez donc pas d'amies à consulter, vous n'avez donc pris conseil de personne...

ADÈLE. A quoi bon? est-ce que tout le monde n'aime pas M. de Sénanges! et tenez, lorsqu'il venait me voir à ma pension... toutes mes compagnes le trouvaient si bon, qu'elles auraient voulu l'avoir pour leur père, leur oncle, leur tuteur.

GUSTAVE. Et pour mari?..

ADÈLE. Dam! nous n'y pensions pas... nous n'en avons jamais parlé...

GUSTAVE. Tant pis! car alors, on vous aurait dit qu'il fallait pouvoir aimer son mari, mais l'aimer... là... d'amour! que pour cela il devait y avoir entre lui et vous, sympathie de goûts, de caractère... d'âge surtout, et enfin, qu'un vieillard, comme M. de Sénanges, ne pouvait rien pour le bonheur d'une jeune personne comme vous!

ADÈLE. Je ne vous comprends pas...

GUSTAVE. Adèle!

ADÈLE. Ou plutôt, vous n'aimez pas M. de Sénanges... vous lui en voulez!

GUSTAVE. Moi! Eh bien, c'est possible! je lui en veux, parce que je vous aime, parce qu'il est affreux de vous avoir sacrifiée!

ADÈLE. Qu'entends-je?

GUSTAVE. Oui, Adèle! oui, sacrifiée... mais dans votre cœur, il n'y avait donc rien qui vous parlât pour un autre? vous aviez donc oublié celui que dans vos jeux tu appelais... (*Se reprenant.*) vous appeliez...

ADÈLE. C'est égal, vas toujours, comme autrefois.

GUSTAVE. Eh bien! que tu appelais ton mari.

ADÈLE. Oui, je me rappelle... Oh! vous m'aimiez bien alors, et vous ne me grondiez pas comme à présent...

GUSTAVE. Oh! je vous aime encore... je vous aime cent fois davantage; car, depuis ce temps, votre image est restée là, oh! non pas comme je vous aime en ce moment... car, jamais je ne vous ai rêvée aussi jolie!..

ADÈLE. Vrai! Eh bien! cela me fait plus de plaisir de vous que d'un autre.

GUSTAVE. Je serais mort plutôt de vous trahir, de vous oublier! je me promettais de faire votre bonheur, moi seul! aussi, dès que j'ai pu être libre... dès que j'ai eu brisé les chaînes qui me retenaient comme un enfant, j'ai voulu savoir votre demeure, je la cherchais, je la demandais partout, je ne voyais que vous, je n'aimais que vous, et dans ce monde où j'entrais en tremblant... quand une femme me retenait près d'elle, me parlait avec bonté, je me disais : Oh ! ce n'est pas Adèle !.. et je m'éloignais pour penser à vous, et je gardais mon cœur libre et pur... que je n'ai donné à personne.

ADÈLE. Oh ! que c'est bien à vous, cela !

GUSTAVE. Aussi jugez de ma joie... quand, hier, j'appris que vous habitiez Sénanges !

ADÈLE. Le château même...

GUSTAVE. J'avais juré de ne jamais y paraître ! mais alors, je courus chez M. de Mérigny pour lui dire que j'étais prêt à partir... il crut sans doute, que c'était pour faire ma cour à ce vieillard dont les biens devaient un jour m'appartenir... mais non, c'était pour vous revoir, pour vous dire tout mon amour, vous le faire partager, obtenir votre main, ou partir avec vous !..

ADÈLE. Gustave !

GUSTAVE.

Air : *Depuis long-temps j'aimais Adèle.*

Pour vous, pour vous seule en voyage,
Je rêvais fortune et bonheur.
J'arrive ! hélas ! j'apprends ce mariage
Qui glace dans mon cœur l'espoir !
Il me ravit, sans que rien le seconde,
Avec ces biens qui m'étaient dus...
Celle qui pouvait seule au monde
Me consoler de les avoir perdus !
Vous dont le cœur m'eut consolé de les avoir perdus !

ADÈLE, *très émue.* Mon ami... Oh ! ne vous chagrinez pas ainsi, car vous allez me faire pleurer.

GUSTAVE. Et il faut partir seul... vous oublier...

ADÈLE. Que dites-vous, Gustave... m'oublier !

GUSTAVE. Maintenant, vous voilà au pouvoir d'un autre... vous êtes la femme de M. de Sénanges.

ADÈLE. Eh bien, qu'est-ce que cela vous fait ?

GUSTAVE. O ciel ! tant de candeur... de naïveté... j'en mourrai !..

ADÈLE. Oh ! non... si je vous aime encore...

SCÈNE XI.

ADÈLE, M. DE SÉNANGES, GUSTAVE.

DE SÉNANGES, *en toilette.* Me voici, ma chère Adèle... en grande tenue... êtes-vous contente ?..

ADÈLE, *cachant ses larmes.* Oui, mon bon ami... oui, très-contente...

DE SÉNANGES. Ah ! monsieur Gustave... mon jeune parent...

GUSTAVE, *très froidement.* Monsieur...

DE SÉNANGES. Je suis bien aise de vous voir... Asseyez-vous donc...

GUSTAVE. Merci !.. merci !..

DE SÉNANGES. Comme vous voudrez... mais moi, c'est différent... car, un jeune mari de quatre-vingts ans n'est pas très solide sur ses jambes.

ADÈLE. Oui, mon bon ami... asseyez-vous là...

DE SÉNANGES, *la regardant.* Eh bien ?.. qu'est-ce que c'est ?.. quel air de tristesse... est-ce que je dérange !..

ADÈLE. Non, non... au contraire...

DE SÉNANGES, *tendant la main à Gustave.* Est-ce que vous n'aurez pas pour moi un peu de cette vieille amitié que vous aviez pour ma femme ?..

GUSTAVE, Monsieur... je ne dis pas... certainement. (*A part.*) Sa femme !..

ADÈLE. Oh !.. quand il vous verra si bon... si aimable... il vous aimera aussi... et il ne me grondera plus, le méchant !..

GUSTAVE. Madame...

ADÈLE, *partant d'un éclat de rire.* Ah ! ah ! ah ! madame !.. et lui aussi il m'appelle madame !..

GUSTAVE. Mais sans doute... je... (*A part.*) Le moyen de se fâcher !..

DE SÉNANGES. Et pourquoi la grondiez-vous, monsieur ?..

GUSTAVE. Mais non... je vous assure...

ADÈLE. Si fait !.. il m'a fait pleurer...

DE SÉNANGES. Toi, mon enfant !.. Ah ! c'est mal... c'est très mal... voyons, calme-toi...

Il l'embrasse.

GUSTAVE, *à part.* Ah !.. il ne manquait plus que cela !.. j'ai la rage dans le cœur !..

ADÈLE. Eh bien ! oui, je vais tout vous dire... jugez-nous...

GUSTAVE, *à part.* Oh ! je ne resterai pas plus long-temps... partons !..

Il sort vivement par le fond.

DE SÉNANGES. Parle, mon enfant... j'écoute...

SCENE XII.
ADÈLE, M. DE SÉNANGES.

ADÈLE. Comment... il sort!..
DE SÉNANGES. Eh! mais... où va-t-il?.. monsieur Gustave...
ADÈLE. Oh! mon Dieu! mon Dieu!.. le mauvais caractère!..
DE SÉNANGES. Hein?... plaît-il?.. que s'est-il donc passé?..
ADÈLE. Est-ce que je sais?.. est-ce qu'il le sait lui-même?.. parce qu'autrefois nous nous voyions souvent... parce qu'il me jura d'être mon meilleur ami,... et que moi, je lui en jurai autant.

ADÈLE.

Air : *Une fille est un oiseau.*

Il m'est venu reprocher...

DE SÉNANGES.

Eh! quoi donc?

ADÈLE.

Mon mariage,
Qui du serment qui m'engage,
Peut, dit-il, me détacher.

DE SÉNANGES.

Que ce serment vous retienne...,
C'est un jeu!..

ADÈLE.

C'est une chaîne!
Ne faut-il pas qu'on la tienne?..

DE SÉNANGES.

Pardon, c'est selon, je crois,
Deux serments, on peut les faire...
Mais on n'en tient qu'un, ma chère...
(*A part*) Et pas du tout quelquefois.

Et il a tort...
ADÈLE. Ce n'est pas que je lui en veuille, au moins, c'est par amitié pour moi qu'il dit cela... car enfin il prétend que je ne serai pas heureuse... oh!.. il se trompe... je serai heureuse... (*pleurant.*) Je le suis déjà!..
DE SÉNANGES. Sans doute!.. Vous aurez toujours en moi un bon père... Ah! si vous eussiez parlé plus tôt... et M. Gustave, qu'on disait si honnête... si délicat...
ADÈLE. Il l'est, mon bon ami...
DE SÉNANGES. Il ne l'est pas...
ADÈLE. Si fait!..
DE SÉNANGES. Mais non!..
ADÈLE, *vivement.* Mais si!.. il est malheureux, voilà tout... Il croit que je ne l'aime plus...
DE SÉNANGES. Et quand cela serait?..
ADÈLE. Oh!.. ce serait bien mal...
DE SÉNANGES. Au contraire, Adèle... vous avez des devoirs à remplir...
ADÈLE. Oh! c'est égal... je sens que je l'aimerai toujours!.. et vous aussi!.. mais ce n'est pas la même chose... vous, c'est une amitié bien calme... bien tranquille... au lieu que lui, c'est avec une colère!..
DE SÉNANGES. Oui... je comprends...

SCÈNE XIII.
Les Mêmes, MARGUERITE.

MARGUERITE, *accourant.* Là!.. un coup de tête!..
DE SÉNANGES. Qu'y a-t-il encore?..
MARGUERITE. Il y a, monsieur... que depuis que la jeunesse est entrée dans le château, on ne s'y reconnaît plus... c'est une révolution...
DE SÉNANGES. Comment cela?
MARGUERITE. Voilà que ce jeune homme qui est arrivé ce matin...
ADÈLE. Gustave!..
DE SÉNANGES. Qu'a-t-il fait?
MARGUERITE. Il est accouru la figure toute renversée... les yeux pleins de larmes...
ADÈLE. Pauvre garçon!..
MARGUERITE. Et puis il a demandé son cheval, avec une impatience qui m'a fait peur!.. il s'est élancé dessus sans dire une parole... et d'un coup de cravache il l'a fait sortir de la cour au grand galop...
ADÈLE *. Il est parti!
MARGUERITE. Et il est loin s'il court toujours!..
ADÈLE. Ah! mon Dieu!... parti!..
DE SÉNANGES. Eh bien!.. il n'y a peut-être pas grand mal...
ADÈLE. Comment!.. vous dites... vous qui êtes si bon!.. ah!.. c'est d'un mauvais cœur...
MARGUERITE. Tiens, moi, je ne vois pas...
ADÈLE. Vous ne voyez pas que cela me chagrine!.. vous ne voyez rien... car si vous aviez un peu d'esprit... de reconnaissance... après ce que j'ai fait pour vous... Gustave ne serait pas parti, vous l'auriez ramené... mais, non... cela m'aurait fait plaisir... et vous êtes jalouse, méchante, insupportable!..
MARGUERITE. Moi?..
DE SÉNANGES. Ma chère enfant!..
ADÈLE. Non, laissez-moi... et puisque tous ceux que j'aime me rendent malheureuse, eh bien je vais pleurer toute seule... et je n'aimerai plus personne... si je puis.
DE SÉNANGES, *avec fermeté.* Madame!..

* M. de Sénanges, Adèle, Marguerite.

Elle rentre dans sa chambre

MARGUERITE. Là!.. qu'est-ce que je vous disais, monsieur?.. voilà que ça éclate...

DE SÉNANGES. Taisez-vous!..

MARGUERITE. Je vous l'ai prédit.. quand vous avez voulu épouser un enfant...

DE SÉNANGES. Taisez-vous.... voilà ma goutte qui me revient!

MARGUERITE. Au lieu d'une femme raisonnable et d'un âge mûr...

DE SÉNANGES, *tout haletant et s'asseyant*. Mais, taisez-vous donc!..

MARGUERITE. Oh!.. je me tais, mon Dieu!.. ne vous fâchez pas!.. (*A part*) Lui aussi... voilà qu'il se gâte déjà!..

SCÈNE XIV.

M. DE SÉNANGES, M. DE MÉRIGNY, *ensuite* JACQUET, MARGUERITE.

DE MÉRIGNY. Allons... allons... diable d'étourdi!..

DE SÉNANGES. Ah! c'est vous, Mérigny...

DE MÉRIGNY. Eh! oui, moi... je fais courir un fermier après Gustave... qu'il va me ramener, je l'espère bien...

DE SÉNANGES. Et moi, j'espère que non...

DE MÉRIGNY. Plaît-il?.. que voulez-vous dire?..

DE SÉNANGES, *bas*. Que je me suis trompé... Adèle, ce cœur de seize ans qui, selon mes calculs, ne devait parler qu'après moi?..

DE MÉRIGNY. Eh bien?..

DE SÉNANGES, *toujours bas*. Eh bien?.. il parle à présent...

DE MÉRIGNY. Comment!.. cet amour que vous croyiez si loin encore...

DE SÉNANGES. Il est arrivé... et Adèle, ma pupille, mon enfant... ce matin si soumise encore... qui ne songeait qu'à nous rendre heureux... qui toujours gaie... toujours folle... pensait même à marier... Marguerite...

MARGUERITE. Moi, monsieur...

DE SÉNANGES. A mon fermier... à Jacquet... plus de gaîté!.. maintenant, elle se fâche... elle s'impatiente... elle pleure...

DE MÉRIGNY. Ah!.. elle a tant de qualités qui doivent vous rassurer!..

MARGUERITE. Oui, madame a du bon... et beaucoup.

DE MÉRIGNY. Croyez-moi... Gustave, car je comprends tout, aura pour vous un respect... une reconnaissance...

DE SÉNANGES. Non, mon ami... non... je n'y compte plus... j'ai fait son malheur... comme son père fit le mien... quand il m'enleva celle que j'aimais!..

MARGUERITE. Ah! Jacquet!.. entre, mon garçon... entre donc...

JACQUET, *arrivant*. Pardon... excuse, notre monsieur... et la compagnie...

DE MÉRIGNY. Eh bien! mon jeune homme?..

JACQUET. Il revient! il revient... Dieu! m'a-t-il fait courir!

DE MÉRIGNY. Tu l'as rejoint!.. tant pis.

MARGUERITE. Ce bon Jacquet... comme il a chaud!

DE SÉNANGES. Et il est arrivé?

JACQUET. Non, pas encore... il vient seul pour n'avoir pas l'air d'être ramené.

MÉRIGNY. Amour-propre d'enfant!..

DE SÉNANGES. Venez, mon ami; venez, vous lui parlerez.

Air : *Séduisante image*.

Il faut qu'il vous suive
Ce soir au plus tard;
Avant qu'il n'arrive,
Réglons son départ.
Dans ce mariage
Je voyais le gage
De notre bonheur ;
C'était de l'orage
Un avant-coureur.

ENSEMBLE.

M. DE SÉNANGES, M. DE MÉRIGNY.

Il faut qu'il $\substack{\text{vous}\\\text{me}}$ suive.
Ce soir au plus tard,
Avant qu'il arrive
Réglons son départ.

JACQUET.

Madame est trop vive!
Avant mon départ,
Il faut que j'esquive
C't hymen au plus tard.

MARGUERITE.

Madame est bien vive!
Avant son départ,
Il faut qu'ell' poursuive
C't hymen au plus tard.

M. de Sénanges et de Mérigny sortent.

JACQUET, *à part*. Faut que je parle à notre dame.

MARGUERITE. Si vous preniez quelque chose, monsieur Jacquet!

JACQUET. Merci, mamzelle, merci. Ma mère est en bas qui veut vous parler.

MARGUERITE, *émue*. Ah! elle veut me parler, votre mère...

JACQUET. Elle est même très pressée.

MARGUERITE. J'y vais, monsieur Jacquet, j'y vais; adieu monsieur Jacquet.
JACQUET. Adieu, mamzelle Marguerite.
MARGUERITE, *en sortant.* Adieu!
JACQUET. Adieu!.. (*Marguerite sort.*) Comme elle me regarde, la vieille!.. Elle me fait peur.

SCÈNE XV.

JACQUET, ADÈLE, *sortant de sa chambre.*

ADÈLE. Je ne les entends plus, et je suis... Ah! Jacquet...
JACQUET. Oui, notre dame; c'est moi qui viens comme vous me l'aviez permis...
ADÈLE. C'est bien, que me veux-tu? Qu'as-tu à me demander? Parle, dépêche-toi..
JACQUET. Oh! je parlerai bien... c'est au sujet de ce que vous m'avez dit ce matin; de ce mariage...
ADÈLE. Oui, je veux te trouver une femme et une dot...
JACQUET. Si vous pouviez me donner la dot toute seule!
ADÈLE. Comment! est-ce que Marguerite?..
JACQUET, *roulant son chapeau.* Oh! Marguerite...
ADÈLE. Eh bien?
JACQUET. Dam!
ADÈLE. Après.
JACQUET. J'en aimerais autant une autre.
ADÈLE. Et pourquoi cela?
JACQUET. Oh! ce n'est pas que... au contraire... mais... c'est que... et puis...
ADÈLE. Tu aimes quelqu'un?
JACQUET. Non, pas encore... mais ça viendra.
ADÈLE. Eh bien! alors..... Marguerite est une bonne fille, un peu grondeuse..... mais elle aura soin de toi... elle te rendra heureux.
JACQUET, *riant.* Eh! eh! eh!
ADÈLE. Hein?
JACQUET. Je ne crois pas.
ADÈLE. Mais pourquoi?
JACQUET. C'est que, voyez-vous; moi, j'ai eu vingt ans à la saint Fiacre... Pas davantage.
ADÈLE. C'est cela, tu es bien jeune, au lieu que Marguerite est une femme raisonnable...
JACQUET. Juste, elle est raisonnable; depuis trop long-temps; parce que... vous comprenez... son âge et le mien... c'est si loin... si loin... si loin.

ADÈLE. Ah! oui, tu la trouves trop vieille...
JACQUET. Voilà.
ADÈLE. Mais, si elle t'aime, qu'est-ce que ça fait?
JACQUET. Plaît-il? qu'est-ce que ça... (*à part*). Ah bien! voilà une question!
ADÈLE. Tu crains donc d'être malheureux?
JACQUET. Et je le serais, j'en suis sûr, parce que, voyez-vous, les ménages mal assortis, ça va mal. On ne se comprend pas, on ne s'entend pas : il y en a un qui veut ci, l'autre qui veut ça, l'autre qui ne veut rien du tout; on se gronde, on se boude, on se déteste, c'est ennuyeux.
ADÈLE, *rêveuse.* Ainsi, il avait raison, et mon mariage...
JACQUET. Oh! (*A part.*) Qu'est-ce que j'ai dit là? (*Haut.*) Oh! le vôtre, c'est bien différent.

AIR *du Parnasse des Dames.*

Un brave et digne homm' qui vous aime,
Qui possède fermes, château...
Dam! ça rajeunit... et moi-même
J'épous'rais Margu'rit' subito,
Si je voyais à cett' bonn' femme
Un château, des ferm's, des écus,
Enfin ce qu'ell' n'a pas, not' dame,
Pour remplacer ce qu'elle n'a plus.

ADÈLE. Ainsi, Marguerite ne te plaît pas, et tu voudrais...
JACQUET. Oh! rien, un homme qui parte à ma place... ce n'est pas si cher qu'une dot; on en a de superbes pour quinze cents francs, des gaillards de six pieds... Tout ce qu'il y a de mieux pour quinze cents francs.
ADÈLE, *qui est allée à un petit bureau, lui tendant deux billets de banque.* En voilà deux mille. C'est l'argent de ma corbeille, mon premier cadeau de jeune femme; il te portera bonheur. (*Elle retient le portefeuille d'où elle les a tirés.*)
JACQUET. Et à vous aussi... Oui, et d'abord nous allons vous bénir tous à la ferme! Tous! Ma mère, mon père et ses dix-sept enfans...
ADÈLE, *écoutant.* Quel est ce bruit?.. un cheval entre dans la cour.
JACQUET, *regardant par le fond.* Eh! oui; c'est ce petit monsieur qui me suivait.
ADÈLE. Monsieur Gustave?
JACQUET. Oui, notre dame, c'est moi qui l'ai ratrappé.
ADÈLE. Ah! c'est toi!.. tiens, pour ton

* Adèle, Jacquet.

cadeau de noce quand tu te marieras, un billet de plus.

JACQUET. Encore un!

ADÈLE, *apercevant Gustave qui entre.* Ah! c'est lui!.. va, va!

Jacques sort par la porte qui mène au jardin.

SCÈNE XVI.
GUSTAVE, ADÈLE.

GUSTAVE, *entrant par le fond.* Adèle, je reviens... non pas pour ceux qui m'ont rappelé, mais pour vous que je ne pouvais quitter ainsi.

ADÈLE. Ah! vous m'avez fait bien de la peine, Gustave!

GUSTAVE. Oh! pardon; vous m'aimez, vous; vous me l'avez dit et je vous crois.

ADÈLE. Enfin, c'est bien heureux, vraiment!

GUSTAVE. Dès que j'ai été loin de ce château, le désir d'y rentrer m'a saisi au cœur, je pensais à vous.

Air *de Téniers.*

Et de loin, mon regard fidèle
Cherchait encore ce séjour enchanté,
Où mon cœur restait près d'Adèle...
Au premier cri je me suis arrêté;
Et mon cheval a ramené son maître
Comme s'il eût deviné ses regrets...
Lorsqu'en ces lieux on m'oubliait peut-être...

ADÈLE, *lui tendant la main.*

Je crois que je vous attendais.

Et maintenant vous resterez, vous ne nous quitterez plus.

GUSTAVE. Eh! le puis-je? me le permettra-t-il, ce vieillard qui n'existe que pour me désoler... à qui je ne dois rien... rien que mon malheur!

ADÈLE. Ne dites pas cela... M. de Sénanges est si bon! il vous retiendra si je l'en prie...

GUSTAVE. Non, Adèle,... il est votre mari... il me chassera...

ADÈLE. Et pourquoi cela... si vous l'aimez aussi, vous! si vous m'aidez à l'entourer de soins, d'amitié..

GUSTAVE. Ah!.. n'y comptez pas...

ADÈLE. Si fait... avant de vous avoir revu, Gustave, je ne vous avais pas oublié,... mais... je m'en accuse, je pouvais me passer de vous voir... de vous entendre... mon cœur était paisible et il ne l'est plus.... votre arrivée, m'a enlevé ce calme, ce bonheur, ces illusions que j'aimais... et pourtant, je ne veux pas que vous partiez.... et voyez-vous, Gustave, il me semble que sans vous je ne resterais plus dans ce château.

GUSTAVE.

Air: *Au temps heureux de la chevalerie.*

Que dites-vous!..

ADÈLE.

Oui... j'en mourrai peut-être!..
De cet asile où je me plaisais tant,
Je sortirais pour n'y plus reparaître!..

GUSTAVE.

Pour moi, grand Dieu!

ADÈLE.

J'espère mieux pourtant!
Restez, monsieur... plus de voyage!
Car, c'est affreux de ne plus se revoir...
Mais on a bien plus de courage,
Quand on est deux pour en avoir.

SCÈNE XVII.
GUSTAVE, M. DE MÉRIGNY, ADÈLE.

DE MÉRIGNY, *entrant.* Ah! Gustave!.. où êtes-vous donc?.. je vous cherchais...

GUSTAVE, *embarrassé.* Je parlais à madame... je lui racontais une promenade que je viens de faire autour du château,.. je lui disais...

ADÈLE, *de même.* Oui, oui,.. monsieur me disait...

GUSTAVE. Que les environs sont délicieux...

ADÈLE. Oui, que les environs sont délicieux. (*A part.*) Un mensonge! c'est le premier.

DE MÉRIGNY. Ah! vous parliez des environs! (*à part.*) Ils sont émus; le bonhomme a raison. (*haut.*) Mon cher Gustave, vous avez bien fait de vous en occuper, car nous quittons ce charmant pays cette nuit même.

ADÈLE. Cette nuit!

DE MÉRIGNY. Oui, madame; on m'a confié monsieur Gustave, et je l'emmène avec moi; c'est convenu, n'est-ce pas?

GUSTAVE. Sans doute, je suis prêt. (*courant à Adèle.*) Grand Dieu! elle chancelle! Madame...

ADÈLE, *se contraignant.* Non, ce n'est rien. Je rentre chez moi; monsieur Gustave, Messieurs, je... (*à part*) Oh! j'ai bien envie de pleurer.

GUSTAVE, *la conduisant jusqu'à la porte et lui parlant bas.* Je vous reverrai, Adèle; je vous reverrai ce soir, ici!... veux-tu!..

ADÈLE, *elle le regarde en souriant, et après un moment de silence:* Messieurs...

Elle salue et rentre chez elle.

SCÈNE XVIII.

M. DE MÉRIGNY, GUSTAVE.

GUSTAVE, *à part la regardant sortir.* Et tant de grâce, de bonté... non, non, non, je ne partirai pas ainsi; cela ne se peut pas; cela m'est impossible.

DE MÉRIGNY. Ah çà! jeune homme, qu'est-ce qui vous prend donc? Que diable! vous vous démenez là...

GUSTAVE, *très agité.* Mais non; pas du tout, je vous assure; je suis très calme.

DE MÉRIGNY. Allons donc! vous avez la fièvre.

GUSTAVE. Oui, monsieur.

DE MÉRIGNY. Vous êtes amoureux?

GUSTAVE. Amoureux! Eh bien! oui, monsieur!.. Eh bien! oui, je le suis depuis que je me connais...

DE MÉRIGNY. Laissez-moi donc tranquille!..

GUSTAVE. Ou plutôt depuis que je connais Adèle.

DE MÉRIGNY. A la bonne heure.

GUSTAVE. Et je sens que s'il fallait la quitter, la perdre, j'en mourrais.

DE MÉRIGNY. Vous la quitterez, et vous n'en mourrez pas. Allons, vous ne voudrez pas faire le malheur de cette jeune femme, de ce bon vieillard.

GUSTAVE. Un vieil hypocrite que je déteste! épouser une jeune fille! la sacrifier à un caprice!

DE MÉRIGNY. Oh! là-dessus, il y a beaucoup de choses à vous dire. Nous causerons de cela en route, cette nuit; car en ce moment je suis pressé de vous quitter.

GUSTAVE. Vous?

DE MÉRIGNY, *baissant la voix.* Chut! personne ici ne doit le savoir que vous. Dans un instant, quand nous serons dans notre appartement, je m'échapperai en secret; je suis attendu.

GUSTAVE. Ah oui! madame d'Orvilliers! vous voyez bien, vous êtes aussi amoureux, vous!

DE MÉRIGNY. Oh! il y a quinze ans que ça dure; je ne suis pas un enfant ni elle non plus. Ecoutez-moi; il se peut que je revienne promptement. Dam! si l'autre est de retour de Paris.

GUSTAVE. J'entends, l'autre... le mari..., car, vous voyez bien, elle aussi a un mari.

DE MÉRIGNY. C'est différent ça, mon cher. Enfin, il se peut que je reste; et dans ce cas vous tiendrez prêt à partir; vous ouvrirez en mon absence les papiers, les dépêches qui pourront m'arriver de Paris. C'est ici que je les attends; et si l'on ordonne de presser mon départ, vous m'enverrez Justin, mon domestique, avec la voiture; m'entendez-vous?

GUSTAVE. Oui, oui, j'écoute.

DE MÉRIGNY, *montrant la chambre d'Adèle.* Bien! c'est que vous avez toujours l'air de regarder par là! Silence, surtout! Vous, vous monterez à cheval et vous m'attendrez sur la route près du taillis, parce qu'il se peut que, dans la voiture, il n'y ait pas d'abord place pour vous, et qu'une autre personne...

GUSTAVE. Comment! que dites-vous? un enlèvement...

DE MÉRIGNY. Oh! un enlèvement!.. un petit voyage! une promenade, n'importe!

GUSTAVE. Ah! elle consent... madame d'Orvilliers?

DE MÉRIGNY. Quand je vous dis qu'il y a quinze ans!.. c'est un amour raisonnable; ça nous regarde.

GUSTAVE. Oui, oui!

DE MÉRIGNY. Ainsi, c'est convenu... allons, que diable! quelle agitation! Vous ne tenez pas en place, vous ne m'avez pas entendu.

GUSTAVE. Si fait! si fait! Les papiers à ouvrir, la voiture à vous envoyer, pour un enlèvement... un enlèvement!

DE MÉRIGNY. Mais taisez-vous donc; voici quelqu'un. Monsieur de Sénanges.

GUSTAVE. Oh! le vilain homme!

SCÈNE XIX.

Les Mêmes, M. DE SÉNANGES, MARGUERITE.

Marguerite porte deux flambeaux. Elle en pose un sur la table, et passe avec l'autre dans la chambre d'Adèle.

DE SÉNANGES. Bien, Marguerite, ne va pas si vite; je ne peux pas te suivre.

MARGUERITE. Dam! monsieur, il me semble que je suis plus légère.

DE SÉNANGES. Oui, à cause de ton mariage! Ah! Mérigny... M. Gustave, vous voilà de retour, j'en suis bien aise*.

GUSTAVE. Vous êtes trop bon!

DE SÉNANGES. Non, mais je vous aime, moi! j'aime la jeunesse... Ça me rajeunit moi-même! je me sens plus gai. Voyons, donnez-moi votre main.

Il prend la main de Gustave que celui-ci laisse aller machinalement.

DE MÉRIGNY. Pardon! nous allions nous retirer tous les deux.

* de Mérigny, M. de Sénanges, Gustave.

DE SÉNANGES. C'est juste... le pavillon du château, à droite (*il indique la bibliothèque*); par là. Nous ne nous reverrons peut-être pas; mais du moins, nous nous quittons bons amis... Bons amis, n'est-il pas vrai? (*Se rapprochant de Gustave.*) Et si jamais, mon jeune camarade, vous avez besoin de mes conseils ou de ma bourse, n'oubliez pas le vieil ami de votre mère... le vôtre.

GUSTAVE. Monsieur... (*à part*) Ah! je n'en crois pas un mot; c'est pour me renvoyer.

DE SÉNANGES, *à Mérigny à demi-voix*. Dites-moi, je rentre dans mon appartement; et avant de m'endormir je vous enverrai une lettre, des papiers que je vous confie à vous... à vous.

DE MÉRIGNY. Comptez sur moi.

MARGUERITE, *dans la chambre d'Adèle*. Eh! mon Dieu! madame, qu'est-ce que cela me fait?

ADÈLE, *de même*. Oh! vous dites cela!

DE SÉNANGES. Adèle! (*A Mérigny.*) Mon ami, adieu, adieu! (*Bas.*) Emmenez-le!

DE MÉRIGNY. Certainement...

GUSTAVE. M'emmener, moi...

DE SÉNANGES. Jeune homme, il le faut!

GUSTAVE. Monsieur!

DE SÉNANGES, *sévèrement*. Il le faut!

Air *du Chemin de fer*.

Bientôt, nous nous mettrons en route,
Gustave, faites vos adieux.

GUSTAVE.

Monsieur, j'ai bien l'honneur... sans doute...
Passant à Mérigny.
Mon ami, sortons de ces lieux!
DE SÉNANGES, *à Mérigny*.
Dans sa rancune il se retranche!
DE MÉRIGNY.
La tête se monte aisément
C'est un bon cœur, une ame franche...
DE SÉNANGES.
Qui me déteste franchement!

ENSEMBLE.

DE MÉRIGNY.

Bientôt nous nous mettrons en route,
Recevez ici nos adieux...
A mon retour je dois sans doute
Vous revoir toujours plus heureux.

GUSTAVE.

Je ne veux pas me mettre en route,
Sans qu'elle ait reçu mes adieux!
Adèle m'attendra sans doute,
Et je reviendrai dans ces lieux!

DE SÉNANGES.

Bientôt vous vous mettrez en route,
Amis, recevez nos adieux...
Et nos vœux, exaucés sans doute,
Vont vous suivre loin de ces lieux.

De Mérigny et Gustave sortent.

SCÈNE XX.

DE SÉNANGES, ADÈLE. MARGUERITE.

MARGUERITE, *sortant de la chambre*. Mon Dieu, madame, il ne faut pas croire que j'y tienne, au moins.

ADÈLE, *de même*. C'est fort heureux, assurément.

DE SÉNANGES. Eh bien! qu'est-ce donc, une querelle?

MARGUERITE. Parce que Jacquetne veut pas se marier, cela m'est bien égal.

ADÈLE. C'est que vous êtes trop méchante, là!..

MARGUERITE. Madame ..

DE SÉNANGES. Allons, Marguerite, éclairez-moi, et taisez-vous... (*Tendant la main à Adèle.**) Adèle, mon enfant, nous nous reverrons demain... dans l'allée du parc, où vous m'accompagnez... (*Se reprenant.*) où tu m'accompagnes tous les matins... tu m'ouvriras ton cœur... à moi... à ton ami!

ADÈLE. Je vais vous reconduire, appuyez-vous sur mon bras.

DE SÉNANGES. Non, merci... tu as besoin de repos... rentre chez toi.

ADÈLE. Oui, tout de suite...

DE SÉNANGES, *s'arrêtant à la porte et lui tendant les bras*. Eh bien, tu ne m'embrasses pas.

ADÈLE, *courant à lui*. Oh! si fait! si fait!

DE SÉNANGES. Et tâchons de nous lever demain, avec des figures plus gaies, et des yeux moins humides... ce n'est pas joli, vois-tu, des yeux rouges... marche donc, Marguerite... (*A Adèle.*) Adieu, mon enfant...

ADÈLE. Adieu, mon bon ami...

Il rentre chez lui précédé par Marguerite qui porte un flambeau.

SCÈNE XXI.

ADÈLE, *ensuite* GUSTAVE.

ADÈLE, *seule*. Je n'ose lever les yeux

* Marguerite, M. de Sénanges, Adèle.

devant lui, je me sens rougir... trembler! et pourtant je ne suis pas coupable... oh! non! mais j'ai besoin d'être seule, de ne voir personne.

Elle se dirige vers sa chambre.

GUSTAVE, *entr'ouvrant la porte à gauche.* M. de Mérigny est parti, je puis enfin...

ADÈLE, *s'arrêtant.* On a parlé.

GUSTAVE, *entrant.* Adèle!

ADÈLE. Gustave! ah! sortez! sortez! je vous le demande en grace!

GUSTAVE. Toi aussi, tu me renvoies, tu me chasses! oh! reste, entends-moi.

ADÈLE. Je ne le dois pas sans doute, car près de vous, j'ai peur, et il me semble que c'est mal à moi de vous voir, de vous écouter en secret.

GUSTAVE, *s'approchant d'Adèle peu à peu et lui prenant la main.* Adèle! oh! ne tremble pas ainsi, si tu savais le bonheur que ton sourire m'a donné... quand je t'ai demandé ce rendez-vous! ah! ne me le retire pas si tu m'aimes.

ADÈLE. Eh bien! oui... mais va-t'en!

GUSTAVE. Non, laisse-moi m'enivrer du plaisir de te voir... une dernière fois, peut-être! car, c'en est fait, nous ne nous reverrons plus... je pars, Adèle!..

ADÈLE. Vous partez!

GUSTAVE. Cette nuit!

ADÈLE. Grand Dieu!

GUSTAVE. Dans un instant, peut-être, si je recevais l'ordre qu'attendait M. de Mérigny; ils veulent m'exiler loin de la France, que sais-je? en Russie... où je mourrai loin de toi!

ADÈLE. Oh! non... ne parlez pas ainsi!

GUSTAVE. Adèle! vous m'oublîrez...

ADÈLE. Moi, jamais!

Air du Matelot.

Ah! je ne sais quel trouble involontaire,
Vient m'agiter pour la première fois...
Vous voir partir, vous perdre... Ah! j'ai beau
(faire,
C'est un supplice affreux!

GUSTAVE.

Ah! je le vois,
Ce trouble-là c'est de l'amour, Adèle!

ADÈLE.

Moi... de l'amour!

GUSTAVE.

Oh! je m'y connais bien...
Amour jaloux, impatient, fidèle
Qui de mon cœur est passé dans le tien!

Tu m'aimes!

ADÈLE. Oh! plus que moi-même... plus que ma vie!

GUSTAVE. Et tu souffres de ce départ...

L'Octogénaire.

de cet exil qu'on exige de moi!

ADÈLE. Peux-tu le demander...

GUSTAVE. Et te sens-tu le courage d'échapper à la tyrannie, à l'esclavage qu'on veut t'imposer... veux-tu que cette séparation n'ait pas lieu... le veux-tu?

ADÈLE. Si je le veux... ah! le sais-je?.. (*Mouvement de Gustave.*) Oui, oui... je le veux, je le veux!

GUSTAVE. Eh bien! il faut quitter ce château! la voiture de M. de Mérigny est prête pour le départ, elle est à mes ordres, partons ensemble... partons tous deux...

ADÈLE, *reculant,* Ah!

GUSTAVE. Si ton amour est égal au mien, s'il est vrai que mon bonheur te soit cher... oh! viens! et qu'une retraite impénétrable... Tu trembles?..

ADÈLE. Quitter ainsi cette maison... M. de Sénanges... mon ami...

GUSTAVE. Ton tyran! il t'a trompée, pour t'enchaîner à son sort! tu seras malheureuse! il est jaloux, et s'il savait que je suis ici, que j'ai pénétré jusqu'à toi... tu serais perdue!

ADÈLE. Ah! Gustave!

GUSTAVE. Viens donc... suis-moi...

ADÈLE, *regardant au fond.* Ciel!.. de la lumière... quelqu'un...

GUSTAVE. On vient... partons!

ADÈLE. Marguerite! Ah!

Elle se jette dans sa chambre et referme la porte.

SCÈNE XXII.

MARGUERITE, GUSTAVE.

GUSTAVE, *voulant la suivre.* Adèle!..

MARGUERITE, *entrant, une lettre à la main.* Allons!.. je vais lui porter cette let... ce paq... (*apercevant Gustave.*) Ah! mon Dieu!.. monsieur!.. monsieur.... qu'est-ce que vous faites là?..

GUSTAVE, *balbutiant.* Moi... rien... je suis sorti du pavillon... pour entrer dans la bibliothèque... pour prendre un livre...

MARGUERITE. Un livre!.. la bibliothèque!.. et c'est pour ça que vous allez à la chambre de madame...

GUSTAVE. Sa chambre... Je n'y pensais pas... je croyais... je...

MARGUERITE. La bibliothèque est là... de votre côté... vous avez dû y passer...

GUSTAVE. Oui... oui... certainement j'y étais... mais ma lumière... s'est éteinte... et je venais à ce flambeau...

MARGUERITE. Ah!.. c'est cela... (*A part.*) il m'a l'air de mentir... (*haut*) Tenez... voilà des papiers pour M. de Mérigny..

paquet cacheté... que je lui portais...
GUSTAVE. Des papiers... donnez !.. je sais ce que c'est... (A part.) Ah !.. l'ordre du départ...
MARGUERITE. Vous lui remettrez, n'est-ce pas?
GUSTAVE. Certainement... je rentre tout de suite.
MARGUERITE. Par là. (A part.) Il y a quelque chose... il y a quelque chose... (Haut.) Adieu, monsieur... l'escalier à gauche.
GUSTAVE. Adieu, bonne femme... adieu.
MARGUERITE, à part, dans le fond. Bonne femme... je t'apprendrai, moi !..

Marguerite sort. Gustave qui allait sortir par la bibliothèque, rentre.

SCÈNE XXIII.
GUSTAVE, seul.

Elle est partie ! et voilà l'ordre que M. de Mérigny attendait !.. l'ordre d'aller le rejoindre... que faire ?.. (Il ouvre le paquet.) Oh !.. si au contraire c'était un retard... (lisant une lettre qu'il a tirée de l'enveloppe.) « Mon cher Mérigny... vous allez » partir... (S'arrêtant.) c'est cela !.. (Lisant.) » Mais je confie ces papiers à votre amitié, » à votre discrétion... vous emmenez ce » pauvre Gustave avec vous. — Gustave !.. c'est moi !.. (Lisant.) « Vous l'emmenez » pour peu de temps... et moi, je lui garde » une fortune, un trésor... qu'il recueillera » bientôt comme mon héritage... (s'arrêtant) Ah ! mon Dieu !.. qui donc ?.. qui donc ?.. (Il cherche la signature.) Monsieur de Sénanges !.. oh !.. ce n'était donc pas M. de Sénanges ! Et il parle de moi. (lisant.) Je n'ai voulu faire que des heureux, » et j'ai fait le malheur de ces deux enfans. » Ah !.. je ne me le pardonnerai jamais... » Dites à ce jeune homme... amoureux, et » jaloux... dites-lui de respecter le cœur » si pur... si chaste de mon Adèle... qu'il » soit digne d'elle et de moi, pauvre vieil- » lard, qui n'ai qu'un jour à vivre, et qu'a- » lors... bientôt sans doute... il puisse re- » cevoir sans rougir... ma fille... (Relisant.) » ma fille ! que, par cet acte... je lui lè- » gue... avec... avec... » (pâle et chancelant.) Ah !.. mes larmes... je ne puis plus lire... je n'y vois plus... sa fille !..

* Gustave, Marguerite.

SCÈNE XXIV.
ADÈLE, GUSTAVE.

ADÈLE, *sortant de sa chambre.* Gustave !.. me voilà.
GUSTAVE, *reculant.* Adèle !
ADÈLE. Qu'as-tu donc ?.. ce trouble... ces papiers peut-être...
GUSTAVE, *les mettant dans sa poche.* Oh! non... ce que j'attendais... l'ordre du départ !..
ADÈLE. Si tu savais... je viens de voir par ma croisée. Marguerite rentrer chez monsieur de Sénanges... elle lui a parlé... et alors... il y a dans son appartement un mouvement de lumières...
GUSTAVE. Grand Dieu !.. aurait-elle soupçonné !..
ADÈLE. Tout, je le crains... et cela m'effraie... ce que tu m'as dit tout à l'heure !.. aussi... aussi... je ne veux pas le revoir... et je viens à toi.

Air d'Aristippe.

Pour partir, pour suivre tes traces,...
GUSTAVE.
Taisez-vous... sortez !
ADÈLE.
Et pourquoi !
Tu ne m'aimes plus... tu me chasses...
A ton tour, tu trembles d'effroi !
GUSTAVE.
Malheureux !.. ah !.. je t'en supplie !..
(A part.) Ainsi, pour faire mon bonheur,
Il me donnait plus que la vie...
Et j'allais lui ravir l'honneur!

ADÈLE. Eh bien !.. Gustave... Oh ! je suis coupable... je le sens... mais tu m'as dit que sa colère...
GUSTAVE. Adèle !.. oh ! ne me crois pas... je te trompais... non pas, sur mon amour... je t'aime... comme un fou... comme un insensé... et c'est là mon crime !.. mais tes devoirs... ce vieillard qui se confie à toi... qui peut nous maudire...
ADÈLE. Nous maudire !.. (*Les portes du fond s'ouvrent. M. de Sénanges, pâle et silencieux, paraît, Adèle l'aperçoit et poussant un grand cri.*) Ah !..
GUSTAVE, *le voyant aussi.* Ciel !..

Ils se séparent. M. de Sénanges descend lentement le théâtre, et vient se placer entr'eux en jetant sur chacun des regards inquiets.

SCÈNE XXV.

ADÈLE, M. DE SÉNANGES, GUSTAVE.

DE SÉNANGES, *à Gustave*. Monsieur!.. monsieur!.. oh!.. c'est mal, savez-vous!.. moi aussi j'étais jeune... une femme me fut chère... une femme dont vous portez le nom... on nous sépara... pour la donner à un autre... et je partis... en homme d'honneur!.. sans laisser de remords dans ce cœur que j'aimais...

GUSTAVE. Ah!.. ne dites pas... ne croyez pas... Adèle a reçu les adieux... d'un frère!.. d'un frère... qui la laisse dans vos bras... digne de vous... digne de veiller sur des jours qui nous sont chers à tous deux...

ADÈLE. Grâce... pour lui!..

DE SÉNANGES. Pour lui... mais toi... toi, Adèle!..

ADÈLE, *d'un air de candeur*. Moi, mon bon ami...

M. de Sénanges la prend dans ses bras en souriant.

GUSTAVE. Ah!.. je voudrais payer de mon sang... ce repos que je vous laisse... et que je n'emporte pas!.. elle vous aime, pour elle et pour moi!

DE SÉNANGES, *le regardant avec surprise*. Monsieur... quel langage... je ne puis comprendre...

SCÈNE XXVI.

Les Mêmes, M. DE MÉRIGNY, MARGUERITE*.

DE MÉRIGNY, *en dehors*. Ils sont ici.. conduisez-moi... (*Il entre avec Marguerite, qui reste dans le fond.*) Ah! vous voilà... Eh bien!.. la voiture est en bas... l'ordre est arrivé... nous partons!..

DE SÉNANGES. Mérigny!.. d'où venez-vous?

DE MÉRIGNY. Oh!.. d'une petite promenade... où j'ai rencontré quelqu'un que je n'attendais pas!.. (*A part*.) Diables de maris!.. ils ne font rien à propos...

DE SÉNANGES. Mais... ces papiers que Marguerite vous a portés de ma part...

MARGUERITE. C'est à M. Gustave que je les ai remis...

DE MÉRIGNY. Des papiers?..

GUSTAVE, *les tendant à Mérigny*. Les voilà!..

ADÈLE. Qu'est-ce donc?..

DE SÉNANGES. Gustave!.. vous avez... ouvert...

GUSTAVE, *tombant à genoux devant M. de Sénanges*. Mon père!.. je pars... bénissez-moi!..

Adèle cache ses larmes en s'appuyant sur M. de Sénanges, qui tend la main à Gustave. — Le rideau tombe.

* Marguerite, Adèle, de Sénanges, de Mérigny.

FIN.

Imprimerie de J. R. Mevarl, passage du Caire, 54.

CHÉRUBIN,

OU

LE PAGE DE NAPOLÉON,

COMÉDIE-VAUDEVILLE EN DEUX ACTES,

Par MM. Charles Desnoyer et Adrien,

REPRÉSENTÉE POUR LA PREMIÈRE FOIS, A PARIS, SUR LE THÉATRE DE L'AMBIGU-COMIQUE,
LE 10 OCTOBRE 1835.

PERSONNAGES.	ACTEURS.	PERSONNAGES.	ACTEURS.
LÉON DE SAINT-MARC, page de Napoléon, surnommé CHÉRUBIN...	Mlle THÉODORINE.	LE BARON D'ESTIGNAC.	M. ST-FIRMIN.
		LA B^{ne} D'ESTIGNAC....	Mlle SOPHIE.
		ÉTIENNETTE, paysanne.	Mlle MARIA.
LE COMTE DE LIGNY, son cousin, chambellan...	M. CULLIER.	MORICEAU, paysan......	M. FRANCISQUE j°.
		BENOIT, paysan......	M. PROSPER.
LA COMT^{sse} DE LIGNY.	Mlle MATHILDE.		

L'action se passe en 1811. Costume des pages de Napoléon : habit vert, galonné or ; culotte et gilet, id.; bottes molles à l'écuyère ; jabot et manchettes en dentelle ; une aiguillette de satin blanc avec les abeilles en or ; chapeau à trois cornes, presque à la Bonaparte ; perruque poudrée d'officier, avec la bourse.

La scène se passe chez le comte de Ligny, à quelques lieues de Paris.

ACTE PREMIER.

Un salon de plain-pied avec un jardin.

SCÈNE PREMIÈRE.

(La baronne est assise devant un guéridon, et tient un livre à la main. Le comte entre doucement par le fond du théâtre, vient se placer derrière le fauteuil de la baronne, et regarde son livre.)

LA BARONNE, LE COMTE.

LA BARONNE, *se retournant*. Ah ! monsieur de Ligny !

LE COMTE. Voilà, belle baronne, une lecture qui vous fait méditer bien profondément. Pourrait-on savoir quel est le philosophe ?

LA BARONNE. Le philosophe ! vous dites bien... tenez.

LE COMTE. Beaumarchais... l'auteur favori de madame la baronne... Oui, *le Mariage de Figaro*... mais vous devez le savoir par cœur... Ma femme m'a raconté qu'enfant encore, et sa compagne de pension à Écouen, vous eûtes un jour une assez mauvaise affaire auprès de Mme Campan, pour avoir laissé surprendre dans vos mains cet ouvrage... de philosophie.

LA BARONNE, *se levant*. Monsieur le chambellan me paraît disposé à plaisanter... il est d'une humeur charmante.

LE COMTE. Votre aspect n'inspire-t-il pas toujours les idées les plus douces, les plus riantes ?

LA BARONNE. Votre galanterie accoutumée, monsieur le comte.

LE COMTE. Aimable baronne !

LA BARONNE. Et puis ?

LE COMTE. Ce d'Estignac est bien heureux d'avoir une femme...

LA BARONNE. Mais tout le monde en a une... vous-même...

LE COMTE. Un trésor qu'il est incapable d'apprécier dignement.

LA BARONNE. Vous croyez? mais d'Estignac, je vous assure, sait apprécier un trésor... tout comme un autre. Voyez-le à l'égard de Mme de Ligny, qui, certes, est une femme bien accomplie, et...

LE COMTE. Sans doute, mon Amélie est une bonne, une excellente personne; mais si grave, si sérieuse..., vu sa dévotion.... Quelle différence avec vous, madame!

LA BARONNE. Monsieur, je vous prie....

LE COMTE.

AIR *de l'Héritière.*

Vive, légère, enfin charmante,
Divine, et parfois, entre nous,
Un peu railleuse, un peu méchante...
Allons, madame, apaisez-vous.
Mais vraiment pourquoi ce courroux?
Oui, méchante, on doit un peu l'être :
Vous l'êtes juste autant qu'il faut...
Je vous aimerais moins peut-être,
Si vous n'aviez pas ce défaut. (*bis.*)

LA BARONNE.

Même Air.

Dans le monde, on vous trouve aimable;
On rend hommage à votre esprit;
Vous avez l'humeur agréable;
Mais vous êtes, chacun le dit,
Présomptueux... chacun le dit.
Je sais bien qu'il faut un peu l'être ;
Mais vous êtes plus qu'il ne faut...
Je vous aimerais mieux peut-être,
Si vous n'aviez pas ce défaut.

LE COMTE. Cruelle! pouvez-vous bien me traiter ainsi, quand mon cœur brûlant d'amour... (*Il se retourne, et voit entrer la comtesse.*) Ma femme!

LA BARONNE. Et mon mari. Je devais m'y attendre... il la poursuit partout.

SCÈNE II.

LES MÊMES, LE BARON, LA COMTESSE.

LA COMTESSE. Monsieur le baron! prenez-y garde, je dirai tout à votre femme... eh! justement la voilà.

LE BARON, *à part.* Mon Adèle! je suis pris.

LA BARONNE. Je vois, monsieur, que vous êtes fort assidu auprès de la comtesse.

LE BARON. Moi!

LE COMTE. Par exemple! baron, cette conduite...

LA COMTESSE. Eh bien! n'allez-vous pas vous fâcher? et la vôtre, monsieur? vos assiduités auprès de Mme d'Estignac?

LE COMTE. Allons, ces dames se tiennent au courant.

LA BARONNE. Oui, monsieur, nous savons toutes les deux que chacun de vous s'occupe fort peu de sa femme, et beaucoup trop de la femme de son ami.

LE COMTE, *à sa femme.* Je vous assure, comtesse, que vous êtes dans l'erreur.

LE BARON, *à sa femme.* Je te jure, chère amie, que les apparences seules sont contre moi, et que jamais... (*Les deux femmes éclatent de rire.*) Tu ris, chère amie?

LE COMTE. Et vous aussi, comtesse?

LA BARONNE. Viens, Amélie, sortons. Laissons-les seuls... seuls avec leurs remords.

AIR *de la Marraine.*

(*Avec une gravité comique.*)

Ah! c'est indigne, c'est affreux.
Je l'aimais tant... ah! l'infidèle!
Leur crime se peint dans leurs yeux.

LE BARON.

Tu ris de tout, ma chère Adèle.

LA BARONNE.

Viens; tous les deux il faut les fuir.
Oui, nous vous laissons en présence,
Exprès pour vous faire frémir
De votre ressemblance.

TOUTES DEUX.

Oui, messieurs, vous devez frémir
De votre ressemblance.

SCÈNE III.

LE COMTE, LE BARON.

(*Ils se regardent. Moment de silence.*)

LE BARON. Eh bien! monsieur le comte?

LE COMTE. Eh bien! monsieur le baron! Ah! vous cherchez à séduire la femme de votre ami.

LE BARON. Et vous, monsieur?

LE COMTE. C'est mal.

LE BARON. C'est très-mal!

LE COMTE. Abuser de l'hospitalité!

LE BARON. C'est vous qui en abusez, monsieur.

LE COMTE. Comment, monsieur? Vous êtes ici chez moi.

LE BARON. C'est pour cela, monsieur, c'est parce que je suis chez vous, que je dois m'y croire en sûreté de toutes les manières; et certainement, si l'un de nous deux devait s'attendre... ce n'était pas moi.

LE COMTE. C'était moi, peut-être?

LE BARON. Ma foi... c'était plus dans les convenances.

LE COMTE. Comment?

LE BARON. Consultez plutôt... tout le monde vous le dira.

AIR *de Préville et Taconnet.*
Jadis à Sparte, incomparable ville ;
On n'en fait plus de pareille aujourd'hui ;
Au voyageur qui demandait asile,
On donnait tout, sa table et son appui ;
Et souvent même on faisait plus pour lui.
Car sans façon, s'il avait le cœur tendre,
On... présentait sa femme.
LE COMTE.
En vérité ?
LE BARON.
Chez les Lapons, cet usage est resté !
Voilà, monsieur, comme l'on doit comprendre
Les droits sacrés de l'hospitalité.

LE COMTE. C'est trop fort, monsieur ! vous osez encore plaisanter...

LE BARON. Du tout, monsieur, du tout... je ne plaisante pas... Certainement, je suis loin de prétendre que vous vous conformiez pour moi aux usages de Lacédémone... ou des Lapons. Mais je ne vois pas pourquoi vous seriez plus en colère contre moi que moi contre vous ; car enfin nos torts sont les mêmes, et ma femme a eu raison : nous nous ressemblons horriblement... au moral. Nous sommes deux monstres, deux profonds scélérats... convenez-en...

LE COMTE. Eh bien ! eh bien, oui.

LE BARON. Allons donc ! (*A part.*) Pauvre comte ! il l'a échappé belle.

LE COMTE, *à part.* Ce cher d'Estignac ! avec une tête comme la sienne..... il est impossible qu'il évite sa destinée. (*Haut.*) Eh ! mon Dieu ! qui vient donc ici en pleurant ?

LE BARON. La petite Etiennette, la fille de votre ancienne fermière, la protégée de ces dames.

LE COMTE. Qu'a-t-elle donc ?

SCENE IV.
LES MÊMES, ÉTIENNETTE.

LE BARON, *arrêtant Etiennette qui entre en pleurant.* Voyons, voyons, la petite.

LE COMTE. Où vas-tu ainsi ?

ÉTIENNETTE, *pleurant.* Pardon, monsieur, je cherche madame.

LE COMTE. Explique-moi...

ÉTIENNETTE. Monsieur le comte, je ne veux pas...

LE BARON. Cesse donc de pleurer.

ÉTIENNETTE. Je ne veux pas...

LE COMTE. Ah ! bien alors, si cela t'amuse.

ÉTIENNETTE. Je ne veux pas épouser Benoît.

LE BARON. Benoît ? qu'est-ce que c'est ?

LE COMTE. C'est cette sorte de paysan que vous voyez quelquefois au château... mon adjoint à la mairie.

ÉTIENNETTE. Il est si laid. Je ne veux pas é....

LE COMTE. Epouser Benoît, oui, c'est entendu ; mais qui donc t'y force ?

ÉTIENNETTE. C'est ma tante, qui me tient lieu de père, depuis que j'ai perdu mon oncle.... elle dit que je ne peux pas être la femme de Moriceau, parce qu'il n'a rien et que Benoît est riche. Moriceau, vous savez bien, ce petit gros qu'a l'air si simple et si bon enfant et qui éternue toujours.

LE COMTE. Mon jardinier.

LE BARON. De quoi te plains-tu là ? il est tout aussi laid que Benoît.

ÉTIENNETTE. Dam ! c'est vrai qu'il n'est pas beau, et qu'il est de plus un peu bête ; mais c'est égal. Une pauvre fille de village n'a pas tant à choisir !... C'est un bon garçon qui ferait tout ce que je voudrais ; tandis que l'autre... il a tous les défauts : laid, méchant, sournois... Oh ! je ne serai peut-être pas bien heureuse avec Moriceau, parce que j'aimerais mieux encore en épouser un autre... si c'était possible...

LE BARON. Un autre ! un troisième !

LE COMTE. Qui donc ?

ÉTIENNETTE, *elle soupire.* Ah !

LE COMTE. Parle.

ÉTIENNETTE. Non, ça ne se peut pas... quoiqu'il soit ben plus genti que tout ça... il n'y aura jamais moyen qu'il soie mon mari... (*pleurant*) il faut absolument que je soie Mme Moriceau ; mais au moins je ne serai pas Mme Benoît. Non, jamais, jamais. Je ne veux pas épouser Benoît.

LE BARON. Pauvre petite ! elle m'attendrit. Je ne peux pas voir pleurer une femme, moi. Je suis singulier pour cela. Je ne peux pas.

LE COMTE. Ecoute, mon enfant, ne te désole pas. Moriceau ou un autre, tu épouseras celui que tu voudras..... parce que je t'aime bien.
(*Il lui prend la main.*)

ÉTIENNETTE. Vous êtes bien bon, monsieur le chambellan.

LE BARON, *lui prenant la main à son tour.* Certainement que nous t'aimons bien. Et s'il faut de l'argent à ta tante, je lui en donnerai.

LE COMTE. Tu auras une dot...

ÉTIENNETTE. Tout de suite ?

LE BARON, *à part.* Diable ! la petite est pressée !

LE COMTE. Quand tu voudras. Tu viendras me trouver...

LE BARON. Moi aussi... moi plutôt...

LE COMTE. Non, c'est moi.

LE BARON. C'est moi.

AIR *des Deux Jaloux.*
Cher comte, daignez me permettre
De doter cette aimable enfant.

LE COMTE.
Non, c'est moi; j'ai dû le promettre.
LE BARON, à *Etiennette.*
Moi, n'est-ce pas?
ETIENNETTE.
Assurément.
De tous les deux je me réclame,
O mes généreux bienfaiteurs !
Laissez chacun ma dot chez votre femme...
LE COMTE *et* LE BARON.
Que dis-tu? ta dot chez ma femme !
ETIENNETTE.
J'irai la chercher, messeigneurs,
Sous vot' bon plaisir, messeigneurs.
LE COMTE. Au fait, elle a raison, baron, chez votre femme.
LE BARON. Chez votre femme, mon cher chambellan. La petite a eu là une excellente idée.
MORICEAU, *dans la coulisse.* Je te dis que j'entrerai le premier.
BENOIT. Je te dis que non.
ÉTIENNETTE. Ah! mon Dieu! c'est Moriceau qui se dispute avec ce vilain Benoît.

SCÈNE V.

LE COMTE, LE BARON, ÉTIENNETTE, BENOIT, MORICEAU.

MORICEAU. Là! je suis entré le premier.
BENOIT. Imbécille.
MORICEAU. Qu'est-ce que tu veux ? l'homme n'est pas parfait.... chacun a ses défauts ; j'ai celui d'éternuer. Tiens! la voilà, elle. Bonjour, Etiennette. Monseigneur...
BENOIT. Monsieur le comte !...
LE BARON. Si vous vouliez parler l'un après l'autre, drôles que vous êtes !...
MORICEAU. Certainement..... c'est un drôle. Ecoutez-moi, monsieur le chambellan.
BENOIT. Monseigneur!
LE COMTE. Laisse-le dire, Benoît.
MORICEAU. Monseigneur, vous savez que je suis l'amoureux d'Etiennette.
LE COMTE. Moi, je sais cela?
MORICEAU. Oui, puisque je vous le dis. Elle veut de moi, puisqu'elle ne veut pas de Benoît qui est un vilain...
BENOIT. Mais, monseigneur.
MORICEAU. Pas vrai, Etiennette? et il a enjôlé la tante...
BENOIT. Moi, j'ai enjôlé?...
MORICEAU. Pas vrai, Etiennette? par ainsi, monseigneur, il faut me protéger. Faut être bon pour le pauvre monde, parce que sans ça, voyez-vous...
(Il éternue.)

BENOIT. Faut-il être bête pour éternuer comme ça !
MORICEAU. L'homme n'est pas parfait. (*Il éternue encore.*) Pas vrai, Etiennette? viens donc prier avec moi ce brave homme de monseigneur que jamais le ciel ne pourra en répandre un sur la terre qui soie plus bienfaisant, plus incomparable... plus misantrope, et même..... pas vrai, Etiennette? voilà la chose, monseigneur.
(Il éternue.)
BENOIT, *gravement.* Monsieur le comte, vous dont je peux compter pour le plus grand honneur de toute ma vie que vous m'avez fait votre adjoint du maire dans le village ci-inclus, vous m'avez promis...
MORICEAU. C'est pas vrai ; il va vous en conter.
BENOIT. Vous m'avez promis...
MORICEAU. C'est pas vrai...
LE COMTE. Assez.
LE BARON. Assez, drôles... vous tairez-vous enfin?

SCÈNE VI.

LES MÊMES, UN LAQUAIS, *portant un paquet cacheté.*

LE LAQUAIS. Monsieur le comte.... une lettre... du château des Tuileries.
LE COMTE. Ah! donne...
(Le laquais sort.)

SCÈNE VII.

LES MÊMES, *excepté* LE LAQUAIS.

LE COMTE. C'est un message du grand chambellan... des nouvelles de Léon, mon petit cousin.
ÉTIENNETTE. De M. Léon? de bonnes nouvelles, n'est-ce pas?
LE BARON. Ah! ah! votre petit Chérubin, comme vous l'appeliez ici, je crois.
BENOIT. Celui qui se moquait toujours de moi... je n'peux pas le souffrir.
MORICEAU. Celui qu'était si bon enfant, et pas fier... qui jouait toujours avec moi comme avec un égal, et qui me donnait toujours de grands coups de poing et de grands coups de pied dans.... comme à un égal !
LE COMTE, *lisant tout haut.* « Mon cher » collègue, votre jeune parent, M. Léon » de Saint-Marc, si joli, si espiègle, jus- » tifie mieux que jamais ce surnom de » Chérubin que vos dames lui avaient » donné, et qu'il a gardé à la cour. C'est » la coqueluche du château ; il fait mer-

» veilles... toutes nos dames en raffolent...
» par malheur, il va sortir des pages. Son
» tems est fini. Je vous transmets son bre-
» vet de lieutenant... » Le voilà.

LE BARON. Diable! c'est joli.

MORICEAU. Comment! ce petit mimi officier!

BENOIT. Drôle d'officier! un gamin pas plus haut que ma botte... si j'en avais...

LE COMTE, *continuant de lire.* « Je vous
» transmets son brevet de lieutenant, avec
» l'ordre de rejoindre son régiment; ordre
» que vous daterez à votre gré : sa majesté
» veut bien s'en rapporter à vous, et je
» vous ai ménagé pour quelque tems le
» plaisir de sa présence. Il va se rendre
» auprès de vous sur-le-champ. Parti ven-
» tre à terre, il suivra de près cette dépê-
» che. Veuillez... agréer, mon cher collè-
» gue... *et cœtera.* » Comment? il va arriver!

LE BARON, ÉTIENNETTE. Aujourd'hui?

LE COMTE. Dans un moment peut-être.

ÉTIENNETTE. Est-il possible? ah! que je suis contente! Et Mme la comtesse! Mme la baronne! vont-elles l'être aussi! elles qui l'aiment tant! je cours les avertir. Mme la comtesse! madame! Léon, M. Léon! c'est M. Léon!

(*Elle sort en courant. Moriceau et Benoît remontent la scène, sur un geste du comte.*)

LE COMTE, *à demi-voix au baron.* Je ne vous ai pas tout lu. Il paraît qu'il a fait des siennes.... à la cour.

LE BARON. Je m'en doute.

LE COMTE. Heureusement qu'ici... nous sommes bien tranquilles.

LE BARON. Mon Adèle....

LE COMTE. Mon Amélie!...

LE BARON. Après la nouvelle preuve de vertu qu'elles viennent de nous donner.

LE COMTE. Enfin, n'importe, puisque je puis le garder ici le tems que je voudrais... je tâcherai de ne pas le garder trop long-tems.

LE BARON. Très-bien,... j'allais vous le dire.

SCENE VIII.

LE COMTE, LE BARON, LA COMTESSE, LA BARONNE, MORICEAU, BENOIT, ETIENNETTE.

ÉTIENNETTE. Oui, madame, je vous l'assure. Venez donc voir vous-même, et dépêchez-vous, car d'une minute à l'autre il peut être ici.

LA COMTESSE, *arrivant.* Est-il vrai, monsieur, que mon cousin Léon...

LA BARONNE, *arrivant.* Comment? Ce matin même, le petit Chérubin? Quel bonheur!

LE COMTE. Oui, mesdames. Cette lettre...

LA COMTESSE. Cette lettre... En effet... nous allons le voir.

LA BARONNE. Courons à sa rencontre.

ÉTIENNETTE. Ah! oui, à sa rencontre.

MORICEAU. J'y vas.

LE BARON. Mais, chère amie...

LA COMTESSE. Et moi donc;... impossible... Dans ce négligé.

LA BARONNE. Eh mon Dieu! et moi aussi..., Étiennette, viens m'aider à passer tout de suite une robe... C'est contrariant!

LA COMTESSE. Il n'y aura personne pour aller au-devant de lui.

LE COMTE. Pardon, mesdames, nous y allons, M. d'Estignac et moi.

LA BARONNE. À la bonne heure. Dépêchez-vous au moins.

AIR *du Pré aux Clercs.*
Chœur des joueurs. (Troisième acte.)

LA BARONNE.
Partez, mon cher époux,
Surtout revenez vite,
Et bientôt avec vous,
Qu'il soit auprès de nous.

LA COMTESSE.
Vraiment mon cœur palpite.

LA BARONNE.
Tous mes sens sont émus.

ÉTIENNETTE.
Ah!... mes deux prétendus
Me déplais' dix fois plus.

ENSEMBLE.

LA BARONNE *et* LA COMTESSE.
Partez, mon cher époux, etc.

LE COMTE *et* LE BARON.
Madame, votre époux
Part et revient bien vite;
Oui, bientôt avec nous,
Il sera près de vous.

MORICEAU *et* BENOIT.
Allons, éloignons-nous,
Surtout revenons vite...
Oui, etc...

ÉTIENNETTE.
Allons, éloignez-vous;
Surtout revenez vite, etc.

SCENE IX.

LA COMTESSE, LA BARONNE, ETIENNETTE.

LA BARONNE. Hâtons-nous, Étiennette; coiffe-moi vite, ici même, comme tu pourras.

LA COMTESSE. Et moi?

LA BARONNE. Vite...

LA COMTESSE. Voyons : ma dentelle...
LA BARONNE. *Elle se regarde à une glace.* Cela va au plus mal. C'est cruel; lorsqu'on est pressé, on ne peut rien faire de bien.
LA COMTESSE. Tu as bien raison, Adèle. Mes gants, Etiennette !
LA BARONNE. Etiennette, ma ceinture !
ÉTIENNETTE. Voilà ! voilà ! C'est à en perdre la tête.
(Elles courent toutes trois çà et là cherchant les objets de leur toilette.)
LA COMTESSE. Ouvrons cette croisée en cas qu'il arrive. Nous le verrons au moins d'ici.
LA BARONNE. Et celle-là. On voit mieux l'avenue. Tu ne comptais pas sitôt le revoir?
LA COMTESSE. Oh ! non.
LA BARONNE. Comme il doit être bien ! Il doit avoir bien grandi depuis six mois que nous ne l'avons vu, car il était de service auprès de l'empereur, à Anvers, avant notre départ de Paris.
LA COMTESSE. Oh ! oui, il était déjà si beau, si aimable!
(Etiennette regarde à la croisée pendant que les deux dames achèvent leur toilette.)
LA BARONNE. Ah! il méritait bien son joli nom que nous lui avions déjà donné quand il venait nous voir à Ecouen... qu'il était si jeune alors... avec ses treize ans.
ÉTIENNETTE, *se retournant.* Je l'aime bien mieux comme il est à présent.
LA BARONNE. Comme nous nous amusions ! te rappelles-tu? C'est en lisant en cachette ce mariage de Figaro qui nous valut de si belles punitions que nous pensions à lui. Te sais ce jour de sortie où nous nous le disputions chez ta tante pour lui mettre, toi, le bonnet carré de l'aumônier, et moi le chapeau à plumes de mon père ?

AIR *nouveau de M. Chantagne.*

Ah ! le joli militaire !
Il avait tout pour plaire,
Tu l'aimais mieux, ma chère,
Sous l'habit révéré,
Prêchant les infidèles.

ÉTIENNETTE.

Puis un jour ces demoiselles,
L' déguis' avec des ailes,
Des ail' en papier doré.

LA COMTESSE.

Sous ce costume étrange,
Je me rappelle qu'en ce jour,
Il avait l'air d'un ange.

LA BARONNE.

D'un démon.

ÉTIENNETTE.

D'un amour.

TOUTES TROIS ENSEMBLE.

Le joli militaire !
Ah! comment jamais l'oublier !
Il sait toujours nous plaire,
Ange, démon ou cavalier.

LA COMTESSE. Maintenant il ne faut plus avoir de ces idées. Il a dix-sept ans.
LA BARONNE. Dix-sept ans !
LA COMTESSE. Oui, ce n'est plus pour nous qu'un ami, un parent, qui vient en passant embrasser la famille, avant de partir pour l'armée.
ÉTIENNETTE. Ah! mon Dieu ! voyez donc, regardez, mesdames !
LA BARONNE, *courant à la fenêtre.* Ce tourbillon de poussière... c'est lui !
LA COMTESSE. Oh ! c'est lui !
TOUTES TROIS. Le voilà !
ÉTIENNETTE. Voyez-vous? voyez-vous ?
LA COMTESSE. Où sont donc nos messieurs ?
ÉTIENNETTE. Ah ! ben oui ; il les aura laissés derrière.
LA BARONNE. Oh ! il a grandi.
LA COMTESSE. Ah ! Dieu ! le fou ! il court à bride abattue.
LA BARONNE. Oh! voyez donc son écharpe qui flotte en mesure avec le galop du cheval ! C'est beau, un cavalier !
LA COMTESSE. Ciel ! s'il ne tourne pas bien, il va se tuer à ce gros arbre !
TOUTES TROIS. Ah !
ÉTIENNETTE. Ah ! bien oui..., il est déjà bien loin !
LA COMTESSE. Comme l'autre Chérubin; aussi leste que joli.
LA BARONNE. Il lève la tête.
ÉTIENNETTE Il regarde ici. Bonjour ! bonjour !
LA COMTESSE. Il salue.
LA BARONNE. Eh bien, où va-t-il ? Il perd la tête ! il veut escalader la terrasse à cheval.
ÉTIENNETTE. C'est pour être plus tôt ici, au lieu de faire le tour.
LA COMTESSE. Fais-lui signe, Étiennette, de suivre l'avenue.
ÉTIENNETTE. Ah! mon Dieu! Eh ! eh ! (*elle crie*) allez-vous-en. Là ! là ! bon, il ne m'écoute pas. Il n'est pas plus raisonnable à présent.
LA COMTESSE. Allons voir...
LA BARONNE. Voyons s'il ne se blesse pas.
ÉTIENNETTE. Là ! là ! le voilà !

SCÈNE X.

LES MÊMES, LÉON.

LÉON. (*il a l'air d'arrêter son cheval en entrant*). O hé ! Phébus ! allons ! Ne veux-tu pas entrer avec moi par hasard ? *Il se retourne et s'élance auprès des femmes* : Ah ! mesdames !

CHŒUR.
AIR *de Mozart*. (Noces de Figaro.)
Chérubin, c'est un dieu qui t'appelle ;
Ah ! toujours à sa voix, sois fidèle ;
Viens cueillir une palme nouvelle :
Obéis à ce Dieu : c'est l'amour !
Chérubin, suis l'amour qui t'appelle,
Sois heureux ! ah ! pour toi, quel beau jour !

LÉON.
Dans cette douce retraite
Votre page est de retour :
Près de vous, plus ne regrette
Bruit et plaisirs de la cour.

Madame d'Estignac ! ma cousine ! permettez... (*Il les embrasse.*) Ah ! mon Dieu ! Étiennette, je t'oubliais ! deux bien gros pour payer l'oubli.
(*Il l'embrasse.*)

LA BARONNE. Eh bien, monsieur ?
LA COMTESSE. Allons, Léon, soyez sage.
ÉTIENNETTE. Il m'a déjà toute chiffonnée.

REPRISE DU CHŒUR.
Chérubin, c'est un dieu qui t'appelle, etc.

ÉTIENNETTE. Est-il gentil ? est-il gentil ?
LA BARONNE. Voulez-vous bien vous asseoir et vous rafraîchir. (*Il s'assied et boit. Les trois femmes l'entourent et parlent presqu'à la fois.*) Voyons, comment l'école vous a-t-elle traité ? Vous ne vous êtes pas ennuyé ?
ÉTIENNETTE. Vous vous portez bien ?
LA COMTESSE. Il ne vous est rien arrivé en route ?
LA BARONNE. Combien de tems avez-vous mis de Paris ici ?
LA COMTESSE. Pourquoi avez-vous tant couru, avec le soleil qu'il fait ?
ÉTIENNETTE. Pourquoi ?...
LA BARONNE. Laisse-le donc respirer, Étiennette, tu vois bien qu'il est fatigué.
LA COMTESSE. Mais, Adèle, il n'en peut plus. Aussi, pourquoi venir ventre à terre ?
LA BARONNE. Ah ! tu vois que c'est toi qui le tourmentes. (*A Léon.*) Vous n'avez pas vu ces messieurs ?
LÉON, *se levant*. Ces messieurs ? Ah ! c'étaient eux ?... J'aurais dû m'en douter. Ils étaient au chemin de traverse : ils me faisaient signe, ils m'appelaient : Léon ! Léon ! Chérubin ! mais, ma foi, j'étais trop pressé d'arriver, de vous voir, de vous embrasser...
(*Il saute au cou des deux dames.*)

SCÈNE XI.
LES MÊMES, LE COMTE, LE BARON, *puis* MORICEAU.

LE BARON. Eh parbleu ! le voici. *Il salue ces dames.*
LÉON. Ah ! M. de Ligny ! M. d'Estignac ! (*Au comte.*) Bonjour, mon cousin !
LE COMTE. Bonjour, Léon !
LE BARON. Serviteur au petit Chérubin.
LE COMTE. Allons, vite le déjeuner.
LA COMTESSE. Étiennette, va veiller à ce qu'on le hâte...
LE COMTE. Saint-Jean, Lapierre !
ÉTIENNETTE, *à Moriceau qui a paru au fond du théâtre, et n'ose avancer*. Va donc toi... quand tu resteras là...
LÉON. Eh ! mon gros Moriceau ! comment ça va-t-il ?
MORICEAU. Bien, monsieur Léon, très-bien, sinon que ce vilain Benoît...
ÉTIENNETTE. Allons, viens nous aider à servir.
MORICEAU. Certainement. Pour M. Léon, oh ! Dieu ! pour M. Léon je servirais cinquante déjeuners... et j'en mangerais... cinquante-neuf.
(*Il sort avec Étiennette.*)

SCÈNE XII.
LES MÊMES, *excepté* ÉTIENNETTE *et* MORICEAU.

LE BARON. Ah ça, maintenant, monsieur le page...
LÉON. Ah ! je vous en prie... je n'en suis plus. Je les renie, les pages... ils ont trop mauvaise réputation, surtout depuis certain portrait dont l'empereur a daigné nous gratifier, et qui a couru tous les salons de la cour. « Un page, a daigné dire » S. M. l'empereur des Français, un page » est malin comme un singe, espiègle » comme un écolier de sixième, colère » comme un dindon, gourmand comme » un chat, étourdi comme un hanneton, » vaniteux comme un paon, et paresseux » comme une marmotte. »
LE COMTE. Excellent !
LE BARON. Délicieux !
LA BARONNE. Mais tout le monde leur en veut donc à ces pauvres enfants ?
LE COMTE. Ah ça, que nous apportez-vous de nouveau ? Il paraît qu'il y a eu à la cour des fêtes étourdissantes.
LA COMTESSE. Ah ! oui, dites-nous un peu...
LA COMTESSE. Racontez-nous...
LE BARON. Voyons, voyons...
(*On se groupe autour de Léon. Pendant ce tems*

Etiennette, qui était sortie, a reparu sur le seuil avec Moriceau qui a sur le bras une serviette.)

SCÈNE XIII.
Les Mêmes, ÉTIENNETTE, MORICEAU.

ÉTIENNETTE. Quel bonheur ! il va nous parler de l'empereur.

MORICEAU. De l'empereur !... fameux ! fameux... Vive l'empereur !

(Il écoute à quelque distance.)

LÉON. Vous savez l'attente générale qu'avait excitée la naissance prochaine de l'héritier de l'empire, car ce devait être un fils... Tout le monde y comptait ; et la providence ne pouvait manquer à l'empereur ni à la France... Il est né, ce fils qu'attendent de si hautes destinées, ce fils qui doit régner sur tant de peuples et de rois... Oh! que le ciel protége sa fortune ! Une foule de têtes couronnées était accourue et se pressait autour du berceau impérial. Les rois d'Espagne, de Naples, de Westphalie, Saxe, Bavière, Wurtemberg, etc., etc., tous ces princes étrangers qui venaient tâcher de conserver leurs royaumes ou d'en faire créer avec leurs duchés; et puis les maréchaux, des régimens de généraux, ministres, sénateurs, écuyers, chambellans, que sais-je ? Et des femmes ! oh! des femmes resplendissantes sous leurs diadèmes, leurs colliers, leurs pierreries... des fleurs, des plumes, des robes d'or et d'argent... Et des figures!... Ah! mesdames, que n'étiez-vous là pour briller d'une manière digne de vous, parmi tant de beautés... pour les éclipser toutes. Quelle pompe ! quelles fêtes !... un enchantement... une ivresse !... Tout semblait s'animer d'une vie inconnue pour fêter celui qui dominait le monde comme un dieu : car c'était un dieu; c'était l'empereur.

MORICEAU, *criant* : Vive l'empereur !...

Dieu de Dieu! l'eau m'en vient à la bouche. (*Il éternue et agite sa serviette.*) A propos de ça, je viens vous annoncer que le déjeuner est servi.

LÉON. Le déjeuner !... Bravo ! je meurs de faim.

LE COMTE. C'est cela... Et puis, à table, vous nous ferez le récit de vos aventures.

LE BARON. Ah! oui, gaillard, vos bonnes fortunes, vos fredaines. Eh! eh! mauvais sujet, nous savons un peu de vos nouvelles. Il paraît que madame de...

LE COMTE. Et mademoiselle de...

LA BARONNE *et* LA COMTESSE. Ah! messieurs...

ÉTIENNETTE. Fi, que c'est vilain, monsieur Léon.

LÉON. C'est faux ! n'en croyez rien, mesdames, je vous jure.. (*Bas.*) Étiennette, ce soir, dans le parc... tu sauras... (*Il va rapidement offrir la main à la comtesse, puis à la baronne.*) (*Bas à la comtesse.*) Ma cousine, il faut que je me justifie, aujourd'hui même... (*Bas à la baronne.*) Ah! de grâce, ne me condamnez pas sans m'entendre... Une minute, ce soir... une seule minute !

LE COMTE, *à part*. Le coquin a déjà parlé à l'oreille à la baronne.

LE BARON, *à part*. Le scélérat vient déjà de glisser un mot à la comtesse. Ce pauvre de Ligny !

LE COMTE, *à part*. Pauvre d'Estignac !

MORICEAU. Ça va bien !... il a dit un petit mot à Étiennette... Elle lui a parlé de moi. Fameux !... fameux !

(Il éternue.)

TOUS. A table ! à table !

CHŒUR FINAL.
Air *du Siége de Corinthe.*

Enfin le voilà de retour,
Le ciel le rend à notre amour.
Ah! quel plaisir ! quel heureux jour !
Le voilà de retour.

FIN DU PREMIER ACTE.

ACTE II.

Le théâtre représente un jardin anglais; au fond la façade du château, auquel on arrive par un perron; un rez-de-chaussée, un premier étage et un deuxième mansardé. Sur le devant de la scène, deux bosquets, l'un à droite, l'autre à gauche à cause des acteurs. Au lever du rideau, il fait demi-nuit.

SCÈNE PREMIÈRE.
LÉON.
(Il arrive par le fond, et parcourt tout le théâtre avec rapidité.)

Je n'y tiens plus... Depuis que je suis dans ce maudit château, j'éprouve un trouble........ Mon cœur qui me suffoque, ma tête prête à se rompre, à éclater... Quelle nature insupportable, délicieuse, indéfinissable! Enfin, je conçois un homme amoureux d'une femme... mais de deux, de trois, de mille si mille y étaient!... c'est trop fort, c'est... Pas un moment de repos! Je croyais avoir oublié tout ce château à Paris... et voilà qui reprend plus que jamais! Encore, si je pouvais conserver assez de sang-froid pour discuter... avec moi-même... Voyons. Bien certainement, mon sentiment le plus intime a toujours été pour Mme de Ligny, ma belle cousine... Oh! oui, monsieur, vous auriez beau dire le contraire, c'est vrai... Soit, ne nous en défendons pas, et restons-en à celui-là... Oui; mais Mme d'Estignac est si vive, si agaçante... Alors, occupons-nous d'elle, d'elle seule... Et cette Etiennette, qui va épouser un rustaud... comme elle s'est développée... Est-elle jolie, accorte, et... Comme elle me plaît! Oui, celle-ci me plaît; puis j'aime l'une, j'adore l'autre... et toutes trois, j'en suis fou... Eh bien, eh bien, va pour toutes les trois!

AIR : *Que la folie à table m'accompagne.*
Trois à la fois! ô folie! ô délire!
O mon patron, Chérubin, guide-moi!
Que ta gaîté, que ta verve m'inspire :
Mon devancier, oui, j'ai compté sur toi.
J'ose beaucoup, mais puisse ta mémoire
Me soutenir dans ce hardi dessein;
Et me léguant une part de ta gloire,
Me faire vaincre au nom de Chérubin!

Voyons, rappelons-nous bien où j'en suis avec chacune d'elles; chacune d'elles en particulier m'a promis de venir ici dans le parc avant la fin de la soirée; Etiennette, parce que je dois lui parler, lui donner des conseils au sujet de son mariage et de son prétendu. Quant aux deux grandes dames, elles ont l'habitude de venir respirer l'air ici tous les soirs, et parce que je suis de retour, ce n'est pas une raison pour déroger à leurs habitudes... Ah! mon Dieu! je ne me trompe pas... c'est elle!... Qui, elle? laquelle des trois?... Ah! ma cousine... une dévote!... C'est juste, elle est plus exacte qu'une autre; elle arrive la première.

(Il se tient à l'écart.)

SCÈNE II.
LÉON, LA COMTESSE.

LA COMTESSE, *rêvant.* Il est de retour!
LÉON, *à lui-même.* Il est de retour! On pense à moi.
LA COMTESSE. C'est singulier! la vue de cet enfant... moi qui le voyais autrefois avec tant de plaisir!... maintenant...
LÉON, *toujours sans se montrer.* Maintenant?... achevez donc, ma belle cousine.

LA COMTESSE.
AIR : *Ce que j'éprouve en vous voyant.*
A quels projets vais-je donc me livrer?.
D'avance je vois l'air sévère
De mon directeur en colère...
S'il était là pour m'éclairer!
Mais seule, je puis m'égarer!
Malgré moi je tremble d'avance...
Est-ce donc mal?.. oh! non, je le vois bien...
Et pourquoi chercher un soutien
Contre un enfant sans conséquence?
Monsieur l'abbé n'en saura rien;
Mon directeur n'en saura rien.

LÉON, *à part.* Ah! je suis un enfant sans conséquence? Nous verrons. (*Se montrant tout-à-coup.*) Madame...
LA COMTESSE. O ciel! vous étiez là, Léon!
LÉON. Oui, belle cousine, j'étais là, heureux de vous entendre, et je vous ai entendue... vous auriez beau nier; vous songiez au pauvre Léon... Ah! moi, depuis notre séparation, je n'ai pas cessé un jour, un instant de penser à vous; car je vous... Oui, je vous aime, Amélie.
LA COMTESSE. Qu'ose-t-il me dire? O mon ami, si votre cœur est sourd à d'autres sentimens, qu'au moins la voix de la religion...

N. B. Les auteurs invitent MM. les directeurs et les comédiens de province à lire attentivement toutes leurs notes pour la mise en scène de cet acte : c'est principalement de leur exactitude à suivre ces indications que dépendra le succès de l'ouvrage.

LÉON, *d'un air patelin.* Oh ! la religion !.. c'est elle que j'invoque, c'est elle qui inspirant les plus tendres sentiments, répand dans les cœurs cette douce influence qui les dispose aux plus pures affections ; c'est elle qui confond deux ames dans cette ineffable union, avant-coureur des célestes béatitudes, de ces béatitudes qu'on oublierait auprès de vous.

(Il lui prend la main.)
LA COMTESSE. Ah! Léon, Léon !...
LÉON. Amélie !... Ah ! laissez-moi, laissez-moi !

AIR *précédent.*
Ici, toujours à vos genoux,
Et vous aimer, et vous le dire...
Amélie... ah ! de mon martyre
Prenez pitié.
LA COMTESSE.
Que faites-vous ?
Monsieur, redoutez mon courroux.
Cessez un discours qui m'offense,
On pourrait vous entendre.
LÉON.
Eh bien !
Qu'importe ? vous le savez bien,
Pour un enfant sans conséquence
Monsieur l'abbé ne dira rien,
Le directeur ne dira rien.

Non, madame, non... Je parlerai une fois, une fois en ma vie... Après, haïssez-moi, chassez-moi pour toujours de votre présence, j'aurai parlé. Ah ! ma belle cousine ! cet intérêt, cette amitié que vous me montriez égarèrent ma tête.

LA COMTESSE. Assez, assez, monsieur, je vous prie.

LÉON. Oh ! je voyais tout, je compris tout. Lorsque j'étais encore enfant, lorsque je ne l'étais peut-être plus, assis sur vos genoux, entouré de vos bras... Oh ! quelles indéfinissables émotions faisaient battre mon cœur, remuaient, bouleversaient tout mon être, quand une boucle de vos beaux cheveux effleurait mon visage, quand votre joue embrasait mes lèvres, quand votre souffle m'enivrait. Oh ! quels rêves, alors !... Vous ne les détruirez pas ! vous ne briserez pas cette existence ! vous m'aimerez, vous m'aimerez... Amélie, Amélie ! n'est-il pas vrai, dis que tu m'aimeras ?

(La comtesse veut s'échapper de ses bras, elle entre dans le bosquet à la droite des acteurs, suivi de Léon. Benoît paraît au fond du théâtre. La comtesse tombe sur un banc de gazon, Léon est à ses genoux.)

SCÈNE III.

BENOIT, *au milieu du théâtre*, LA COMTESSE *et* LÉON, *dans le bosquet à droite.*

BENOIT, *les apercevant.* Ah !..... ne crions pas ! Pauvre monsieur le comte !... Enfin ça le regarde ; chacun pour soi, et Dieu pour tous. Je suis toujours sûr que ce démon-là n'est pas avec Etiennette... ça me tranquillise... (*Il s'éloigne à pas de loup.*) Ne vous dérangez pas, je vous en prie.

(Il sort par le fond.)

SCÈNE IV.

LA COMTESSE, LÉON, *toujours dans le bosquet à droite.*

LA COMTESSE, *regardant tour à tour le ciel et le jeune page.*
AIR *de l'ange gardien.*
La frayeur, le remords sont au fond de mon ame;
Près de lui, de l'amour il faut subir la loi,
O mon ange gardien, pardonne... Pauvre femme!
Pourquoi m'abandonner ? j'avais compté sur toi.
En vain, je veux le fuir, en vain je le repousse,
Il me regarde, il parle... et je le prends pour toi...
Je crois te voir, t'entendre... et ta voix est si douce !
O mon ange, pardonne-moi!

LÉON.
Même air.
Allons, ne tremble plus... Dieu reçoit ta prière,
Le vœu d'un cœur aimant est toujours exaucé,
Amélie... ah ! crois-moi, ce Dieu n'est pas colère,
De me voir trop heureux peut-il être offensé ?
Non, il veut mon bonheur, puisqu'il veut que je
Toujours à ses décrets, je me suis résigné : [t'aime...
Aimons-nous ! aimons-nous ! Telle est sa loi suprême.
Oui, le ciel a pardonné.

(Le comte arrive par le fond et marche vers le bosquet à droite, où sont Léon et la comtesse.)

SCÈNE V.

LE COMTE, *au milieu*, puis un instant après, LA BARONNE, *dans le bosquet à gauche.* LÉON *et la* COMTESSE *toujours dans le bosquet à droite.*

LE COMTE. Allons, je me suis trompé... je croyais pourtant bien que ma femme s'était dirigée par ici.

(La baronne entre par la gauche sur le devant de la scène, dans le bosquet opposé à celui où sont la comtesse et Léon. Au bruit qu'elle fait, le comte se retourne vers elle à l'instant où il allait surprendre sa femme dans le bosquet à droite.)

LA BARONNE. Quelle idée de venir ici ! d'écouter cet enfant ! mais c'est que..... je ne puis rester en place depuis qu'il est arrivé... où est-il donc ? où est Amélie?

LE COMTE, *regardant du côté de la baronne.* Mais non, je ne me trompe pas..... par là, une femme !... c'est la mienne sans doute.

LA COMTESSE, *toujours dans le bosquet de droite avec Léon, et regardant à travers la charmille.* Ciel ! le comte!

LÉON. Il s'éloigne.

CHÉRUBIN. 11

LE COMTE, *qui a rejoint la baronne.* C'est vous, madame d'Estignac!
LA BARONNE. M. de Ligny!
LA COMTESSE. Adèle!
LÉON. La baronne!
LA BARONNE, *au comte.* Je..... je cherchais Amélie.
LE COMTE. Moi aussi, je la cherchais... mais puisque je vous rencontre...
(*Elle veut sortir du bosquet, il la retient.*)
LA BARONNE. Je sais par cœur tout ce que vous allez me dire.
LÉON, *les montrant à la comtesse.* Vous le voyez, le ciel est juste! (*Il avance la tête, et aperçoit Moriceau, qui entre par le fond.*) Dieu! cet autre! fuyons.
(*Il s'enfuit avec la comtesse par la première coulisse de droite. La baronne et le comte sont toujours dans le bosquet à gauche.*)

SCENE VI.

MORICEAU, *au milieu de la scène;* LA BARONNE *et* LE COMTE, *à gauche.*

MORICEAU. J' sais bien qu' c'est ridicule d'être jaloux, et jaloux d' monsieur Léon qui est un de mes meilleurs amis..... c'est c' t'imbécille de Benoît qui m'a fourré c't' idée-là dans la tête..... et j'ai beau faire, ça me revient toujours..... Le fait est que depuis qu'il est ici, je n' sais plus où est Etiennette... si au moins il m'avait prévenu..... c'est bête de ne pas prévenir!....
LA BARONNE, *toujours dans le bosquet de gauche avec le comte.* Encore une fois, monsieur, laissez-moi... je ne puis, je ne veux pas vous entendre.
LE COMTE. Oh! vous m'écouterez malgré vous...
(*Il continue de lui parler bas, et l'empêche de sortir du bosquet.*)
MORICEAU, *qui a descendu la scène.* Je me défie des bosquets, je veux visiter tous les bosquets. (*Il regarde celui de droite.*) Personne! (*Il regarde à gauche.*) Oh! la la! pauvre M. le baron! je me sauve..... nous autres, dans notre classe, nous ne devons jamais voir ces choses-là. (*Il éternue à moitié.*) Qu' c'est heureux que j'aie pu me retenir!
(*En s'en allant, il est heurté par Léon, qui, rentré en scène par la première coulisse de droite, marche rapidement vers la gauche et le renverse.*)

SCENE VII.

LES MÊMES, LÉON.

LÉON. Prends donc garde, imbécille.
MORICEAU. Je vous demande pardon d'être tombé.
(*Il se relève et sort. Léon se cache derrière une charmille.*)

LE COMTE, *à la baronne.* Il y a du monde... adieu, madame.
(*Il s'enfuit par la première coulisse de gauche. La baronne va s'éloigner de l'autre côté par le milieu du théâtre. Léon la retient.*)

SCENE VIII.

LÉON *et* LA BARONNE, *au milieu du théâtre.*

LÉON. Ah! belle dame!...
LA BARONNE. Comment! c'est vous Léon! vous m'avez fait une peur!...
LÉON, *à part.* Allons, du courage, et changeons de batteries.... c'est une femme légère, étourdie, coquette... avec elle, il faut être mauvais sujet, très-mauvais sujet..... (*Il tousse comme pour se donner de l'assurance.*) Hum! hum!... madame.
LA BARONNE. Eh bien! monsieur?
LÉON. Que je suis heureux, enfin, de me trouver seul avec vous... car c'était vous, vous seule que je voulais revoir..... oui, ma chère baronne...
LA BARONNE. Sa chère baronne! eh bien! voyez-vous ce petit garçon!...
LÉON. C'est cela, raillez-moi! petit garçon!..... (*A part.*) C'est ce qu'elles disent toutes. (*Haut.*) Mais vous aurez beau faire, le petit garçon a un cœur; il a des yeux...
LA BARONNE. Taisez-vous donc!
LÉON. Oui, charmante Adèle, des yeux qui savent apprécier les vôtres..... et, comment vous voir sans vous aimer, sans vous adorer?..... aussi, je vous aime, je vous adore, j'en suis fou, j'en perds la tête, je ne pense qu'à vous, je ne vois que vous, tous les jours, toutes les nuits, sans cesse, partout; sans vous, je ne saurais plus vivre, et je meurs si vous ne partagez mon amour.
LA BARONNE. En vérité?
LÉON. Parole d'honneur!
LA BARONNE. Mais songez donc que je suis mariée.
LÉON. Ca m'est bien égal: je vous adore.
LA BARONNE. Je vous défends de me le dire.
LÉON. Ca m'est bien égal: je vous adore, je vous adore, je vous adore, je vous adore.
LA BARONNE. Quelle audace!
LÉON. Voilà comme nous sommes, nous autres pages de l'empereur.
LA BARONNE. Silence! on vient, je crois... ciel! mon mari!
(*Elle s'enfuit dans le bosquet de gauche.*)
LÉON, *regardant à droite.* Il poursuit une femme!..... ma cousine, je crois..... ô le scélérat! (*Il va rejoindre la baronne.*)
LA BARONNE. Mais taisez-vous donc!

SCENE IX.

LÉON, LA BARONNE *dans le bosquet de gauche*. LA COMTESSE, LE BARON, *au milieu du théâtre*.

(La comtesse poursuivi par le baron reparaît avec lui dans le bosquet à droite, par la première coulisse.)

LA COMTESSE. Prenez-y garde, monsieur le baron, je me plaindrai encore de vous à votre femme.

(Elle s'avance au milieu du jardin, il la suit.)

LA BARONNE. Ecoutons.

LÉON. Ecoutons.

LE BARON. A ma femme!... ah! je vous en prie, comtesse, ne faites donc plus de ces plaisanteries-là... à quoi bon troubler le repos de cette pauvre Adèle?..... chère petite femme! elle qui est si tranquille sur mon compte... et qui m'adore au fond de l'âme, sans que cela paraisse.

LA COMTESSE. S'il en est ainsi, monsieur, vous êtes bien coupable...

LE BARON. Que voulez-vous? elle est bien, très-bien, ma femme; mais auprès de vous...

LA BARONNE. Qu'entends-je? ah! c'est indigne.

LÉON. C'est abominable! et vous le laisseriez impunément...

LE BARON. Non, elle n'eut jamais cette grâce douce et imposante, ces attraits,..... cette taille enchanteresse, cette figure...

LA BARONNE. Oh! c'est trop fort. Léon, cela est-il vrai?

LÉON, *à la baronne*.

AIR : *Pendant la nuit*. (Souper du mari, Despréaux.)
Il a menti! (*bis*.)
Vraiment c'est une chose infâme!
Il a menti!
Oui, c'est toujours ainsi, madame,
Qu'on est jugé par son mari. (*bis*.)
LE BARON, *à la comtesse*.
Elle n'a pas, belle Amélie,
Vos yeux, votre main si jolie... (*bis*.)
LA BARONNE, *à Léon*.
Moi, je n'ai pas la main jolie!
LÉON, *lui baisant la main à plusieurs reprises*.
Il a menti!
Oui, vous êtes la plus jolie..
Il a menti!

(A la fin de ce couplet, le baron a ramené la comtesse dans le bosquet de droite; en même tems Léon et la baronne ont quitté le bosquet de gauche, et gagné le milieu du théâtre.)

LE BARON. Et ce n'est pas tout.... Pour l'esprit, elle en a sans doute... mais est-il possible de le comparer au vôtre?..... et puis, elle n'a pas ce charme noble et gracieux répandu dans votre langage, dans vos manières...

LA BARONNE. Ah! je suis d'une colère!...

LÉON, *à part*. Va toujours, baron; va toujours!

AIR *précédent*.
Il a menti!
Quel imposteur, ma chère Adèle!
Il a menti!
LE BARON.
Sans remords je te suis infidèle ;
Oui, mon destin le veut ainsi : (*bis*.)
Car ma femme, la froideur même,
N'a jamais su dire : Je t'aime. (*bis*.)
LA BARONNE, *à Léon*.
Je ne sais pas dire : Je t'aime!
LÉON.
Il a menti!
Oui tu sais bien dire : Je t'aime !
Il a menti!

(A la fin de ce couplet, il embrasse la baronne, et la ramène dans le bosquet de gauche.)

LÉON. Adèle, tu es à moi, à moi pour la vie.

(Il est à ses genoux.)

SCENE X.

LES MÊMES, BENOIT et MORICEAU.

(Ils entrent par le fond à pas-de-loup, et se font signe de ne pas faire de bruit.)

BENOIT et MORICEAU.

AIR *de la Rente viagère*.
Chut! c'est du nouveau;
Sache te taire
Sur ce mystère !
Chut! c'est du nouveau ;
J'ai découvert quelque chose de beau.

BENOIT. Ne fais pas de bruit.

MORICEAU. Ni toi non plus.

BENOIT. Fais bien attention.

MORICEAU. Et toi aussi.

(Ils ont descendu la scène et se trouvent placés entre les deux bosquets.)

BENOIT, *désignant le bosquet à droite*. Tout à l'heure, ici, j'ai vu.

MORICEAU, *désignant le bosquet à gauche*. Et moi, là, j'aperçus...

BENOIT, *se retournant vers la gauche*. Ici! quoi donc?

MORICEAU, *se retournant vers la droite*. Là! tu as vu quelque chose?

(Moriceau voit à gauche le baron avec la comtesse; Benoit voit à droite Léon aux genoux de la baronne.)

MORICEAU. Ah ben! par exemple!

BENOIT. En v'là ben d'une autre!

ENSEMBLE.

Chut ! c'est du nouveau ;
Sache te taire, etc.

(A la fin de ce chœur, Moriceau éternue plus violemment que jamais. Les deux femmes poussent un cri. La baronne s'enfuit par la première coulisse de gauche dans les bras du jeune page ; de l'autre côté la comtesse se sauve aussi par la première coulisse ; et le baron disparaît également dans les charmilles. Tous ces mouvemens s'exécutent à la fois de part et d'autre, et le plus rapidement possible. Tout le reste de l'acte se passe au milieu du théâtre.

N. B. Remarquer ici que Benoît a vu Léon avec les deux femmes, que Moriceau au contraire a vu chaque mari avec la femme de l'autre.)

SCENE XI.
BENOIT, MORICEAU.

BENOIT, *à Moriceau qui éternue toujours.* A-t-on jamais vu un butor pareil?

MORICEAU. Ce n'est pas de ma faute... j'ai fait tout ce que j'ai pu pour me retenir; mais quand une fois il me prend un éternuement... (*Il éternue deux ou trois fois.*) C'est plus fort que moi.

BENOIT. Va toujours, va donc, animal! ne te gêne pas.

MORICEAU. Comme je te disais ce matin, l'homme n'est pas parfait: j'ai celui d'éternuer... D'ailleurs, nous avons vu, ils étaient là.
(Il montre la droite.)

BENOIT, *montrant la gauche.* Oui, ils étaient là.

MORICEAU. Ces pauvres maris!

BENOIT. V'là peut-être comme tu seras... dimanche.

MORICEAU. Enfin, c'est égal, au moins, ils ne l'ont pas volé ni l'un ni l'autre.

BENOIT. Comment ça?

MORICEAU. Dam! M. le baron ne fait que rendre à M. le comte ce qu'il vient de lui prêter.

BENOIT. Imbécille! qu'est-ce qui te parle de M. le baron et de M. le comte?

MORICEAU. Puisque je viens de voir là, dans ces bosquets...

BENOIT. Eh bien! dans tout ça, il n'y a que les femmes de coupables.

MORICEAU. Les femmes... et les maris.

BENOIT. Les femmes... et le petit page.

MORICEAU. Allons, bon! v'là le petit page qu'est cause que les maris... Mais qu'est-ce qu'il t'a fait, c't'enfant? qu'est-ce qu'il t'a fait, scélérat?... Ce pauvre petit Léon qui est si gentil, qui, pendant tout ce train-là, est bien tranquille, j'en suis sûr, sans penser à rien qu'à dormir du sommeil de l'innocence, et... Ah! mon Dieu!

BENOIT. Qu'est-ce que tu as?

MORICEAU. Une idée qui me revient! S'il ne dormait pas du sommeil de l'innocence! s'il était avec Etiennette!

BENOIT. C'est vrai, au fait: s'il était avec elle? je vas voir...

MORICEAU. Non, c'est moi.

BENOIT. C'est moi.

MORICEAU, *l'arrêtant.* Tu n'iras pas.

BENOIT. Je te dis qu' si.

MORICEAU. J' te dis qu' non.

(Tous deux se sont pris au collet et s'arrêtent sur le devant de la scène au milieu du théâtre. Au fond, Etiennette entre en courant; Léon la poursuit. Ils traversent la scène de la gauche à la droite.)

SCENE XII.
Les Mêmes, LÉON, ETIENNETTE.

LÉON, *s'arrêtant.* Ah Benoît!

ETIENNETTE. Moriceau! le nigaud!

LÉON. Le butor!

MORICEAU, *à Benoît.* Qu'est-ce que tu parles de nigaud?

BENOIT, *à Moriceau.* Butor toi-même, entends-tu?

MORICEAU. Tu m'as appelé butor! Benoît, il y a trop long-tems que ça dure.

BENOIT. Moriceau, ça n' se passera pas comme ça... J'ai la tête montée...

MORICEAU. Et moi aussi... J' te défends d'aller voir Etiennette.

BENOIT. De quel droit, paysan?

MORICEAU. Du droit du plus fort, municipal!

BENOIT. Du plus fort! faut voir, faut voir!

ETIENNETTE, *à Léon.* Ah! mon Dieu, ils vont se battre!

LÉON. Reste donc... ils ne se feront pas de mal.

MORICEAU et BENOIT.
AIR: *Clic-clac.* (Ad. Adam.)
Pif! paf! pif! paf! ah! crains ma colère!
MORICEAU.
Tiens! voilà pour toi!
BENOIT.
Par' celui-ci!
MORICEAU.
Toi celui-là!
ENSEMBLE.
Pif! paf! pif! paf! non, t'auras beau faire,
Je ne cède jamais... nous verrons qui l'emportera.
(Ils disparaissent dans la coulisse de droite. Etiennette et Léon, qui sont retournés à gauche pendant le commencement de la querelle, sont au milieu du théâtre et les suivent des yeux.)
LÉON.
Ah! j'en ris au fond de l'âme.
ETIENNETTE.
Et moi, je les plains tout bas.
LÉON.
Se battre pour une femme,
Quand je la tiens dans mes bras!
Mais, ma chère,
C'est le sort de la guerre:
Aux bataill' pour nous
Toujours les blessures, les coups;
Cependant, pauvres hommes
Que nous sommes,
Des combats, hélas! le profit n'est jamais pour nous.
BENOIT et MORICEAU, *dans la coulisse.*
Pif! paf! pif! paf! ah! crains ma colère.
Tiens! par' celui-ci.. toi, celui-là... toi, celui-là...
Pif! paf! pif! paf! non, t'auras beau faire,
Je ne cède jamais... nous verrons qui l'emportera.
(On entend Benoît pousser un grand cri et Moriceau éternuer.)

ETIENNETTE. Ah! mon Dieu! ils reviennent!
LÉON. Etiennette, je ne te quitte pas.
(Ils disparaissent à gauche. Benoît rentre en scène; il a l'œil gauche poché.)

SCÈNE XIII.
BENOIT, MORICEAU.

BENOIT. C'est égal... on a beau dire ; le duel est un grand préjugé.

MORICEAU, *rentrant. Il a la main sur son œil droit, poché aussi.* Finalement... je crois que nous aurions mieux fait de ne pas nous battre.

BENOIT. Nous nous sommes bien comportés tous les deux.

MORICEAU. Trop bien! Benoît, je te déteste toujours, mais je t'estime.

BENOIT. Moriceau, je ne peux pas te souffrir ; mais je te respecte.

MORICEAU.
Air *de Marianne.*

C'est ainsi qu'on doit se conduire
Entre deux rivaux généreux ;
BENOIT.
Dans son adversaire on s'admire ;
Honneur au courag' malheureux !
Quelle colère !
Quand sans témoins,
Nous nous battions à coups d'pieds, à coups d'poings.
MORICEAU.
Mais plus de guerre,
Et sans orgueil
Nous nous voyons tous les deux d'un bon œil.
BENOIT.
La paix est fait', vaille que vaille,
Depuis qu' le combat a cessé,
On est frèr' dès qu'on est blessé
Sur l' mêm' champ de bataille.

MORICEAU. Je ne te propose pas de t'embrasser.

BENOIT. Ni moi non plus.

MORICEAU. Mais si j'en avais la bonne volonté, je le ferais avec plaisir.

BENOIT. Merci !

MORICEAU. Il n'y a pas de quoi... c'est sans façon... Maintenant, avant de courir après Etiennette, je vas bassiner mon œil droit.

BENOIT. Et moi je vais faire mettre une compresse sur mon œil gauche.

(Moriceau éternue. Tous sortent par la droite. Léon rentre par la gauche et parcourt le théâtre d'un air triomphant.)

SCÈNE XIV.
LÉON, *seul, sautant et chantant.*

Enfant chéri des dames,
Je suis en tous pays
Fort bien avec les femmes,
Mal avec les maris.

Pauvre petite Etiennette !.. est-elle gentille !... Ce fichu qu'elle m'a laissé entre les mains... ah ! je le garderai jusqu'à la mort ! et cette bague de la comtesse ! et cette épingle de la baronne... Je suis trop heureux, ma parole d'honneur.

SCÈNE XV.
LE MÊME, UN LAQUAIS.

LE LAQUAIS. Monsieur Léon...

LÉON. C'est toi, Saint-Jean... que me veux-tu?

LE LAQUAIS. Un papier pour vous de la part de M. le comte.

LÉON. De mon cousin !... donne donc...
(Le laquais sort.)

SCÈNE XVI.
LÉON, *seul.*

Les armes de l'empereur !... Mon brevet de lieutenant... (*Avec joie.*) Est-il possible !... Ciel ! un ordre de départ... et la date... demain matin... Mais il y a là de l'écriture de mon cher cousin de Ligny... c'est lui qui me fait partir si vite... ah ! le traître..... (*Tristement.*) Demain matin ! déjà !.. (*D'un ton décidé.*) Enfin, il le faut !

AIR : *En amour ainsi qu'à la guerre.* (Souper du mari.)

Marche en avant, camarade !
L'épée en main gagne ton grade !
La gloire sourit à mes vœux ;
Mais ici que j'étais heureux !
Bientôt, peine cruelle !
Adieu le bonheur et l'amour !
Pars, Chérubin, l'honneur t'appelle ;
Et les combats auront leur tour.
En amour ainsi qu'à la guerre
En avant ! (*bis.*)
Toujours en avant !
C'est le devoir d'un militaire,
En avant !
C'est le refrain du régiment !

Adieu, plaisirs et folie !
Mais hélas ! faut-il que j'oublie
Toutes les trois... Quel souvenir !
Oui, c'en est fait, il faut partir.
Dans mon malheur extrême,
Leur image me poursuivra ;
Mais si je perds tout ce que j'aime,
La gloire me consolera.

La gloire ! oh ! oui, c'est beau la gloire ! De bons soldats, morbleu ! des soldats de Napoléon... basanés, mal vêtus, un grand fusil bien lourd !... Portez armes ! présentez armes ! en joue, feu ! et ne va pas broncher en chemin, mon ami... à moins qu'un bon boulet... un boulet !.. Ah bah ! après cette journée d'amour, une, une seule pour la gloire, et je puis mourir.

(*Reprenant l'air.*)
En amour ainsi qu'à la guerre,
    En avant !
        Toujours en avant !
C'est le devoir d'un militaire;
    En avant !
C'est le refrain du régiment !
(A la fin de ce couplet, il fait nuit complète. Léon regarde dans la coulisse.)

Je ne me trompe pas... on vient de ce côté ! les maris, sans doute, eux à qui je dois cet ordre de départ... Allons, je n'ai pas le droit de leur en vouloir : j'ai bien employé mes vingt-quatre heures. Bonsoir, mon cher cousin, bonsoir, mes bons amis.
(Il sort par le fond. Le baron et le comte entrent en tâtonnant, l'un par la droite, l'autre par la gauche.)

SCENE XVII.
LE COMTE, LE BARON, puis BENOIT et MORICEAU.

LE COMTE, *à lui-même.* C'est bien ici l'endroit que Benoît m'a indiqué.
LE BARON, *de même.* Voilà une heure que je cherche, et je ne trouve rien.
LE COMTE. Ce misérable Léon !
LE BARON. Ce scélérat de Page !
(Benoît et Moriceau rentrent aussi, tous deux par la droite, mais chacun par une coulisse différente.)
BENOIT, *à lui-même.* Pas moyen de r'trouver Etiennette.
MORICEAU, *de même.* Mais où est donc M. Léon ? ça commence à m'inquiéter.
(Ici les quatre personnages se trouvent placés à quelque distance l'un de l'autre, et dans l'ordre suivant en prenant de la gauche à la droite des acteurs : le comte, le baron, Moriceau, Benoît.)
LE COMTE. J'entends du bruit.
BENOIT. Il y a du monde.
LE BARON. Quelqu'un !
MORICEAU. Hein ! qu'est-ce qui vient par là ?... faut voir..... J'vas prendre une petite voix de femme... adroitement, adroitement... (*Toussant très-légèrement.*) Hem ! hem !
LE COMTE. Hem ! hem !
LE BARON. Hem ! hem !
BENOIT. Hem ! hem !
MORICEAU. Comme c'est adroit... trois réponses pour une.
LE COMTE. Chut !
LE BARON. Chut !
MORICEAU. Chut !
BENOIT. Chut !
(Ils ont marché ensemble, se sont rapprochés, et se prennent tous quatre par le bras.)
LE COMTE. Arrêtez !
LE BARON. Le comte !
    (Moriceau éternue.)
BENOIT. Connu, connu... c'est Moriceau.

LE BARON. Et ma femme ?...
LE COMTE. Et la mienne, où est-elle ?
MORICEAU, *appelant.* Etiennette ! Etiennette ! M. Léon !
BENOIT, *criant plus fort que tous les autres.* M. Léon ! Etiennette ! Etiennette !
(Tous les personnages en cherchant et en criant remontent le théâtre.)

SCÈNE XVIII.
TOUS LES PERSONNAGES.
(Ici, au fond du théâtre, s'ouvre une des fenêtres du château, un peu au-dessus du perron qui y conduit.)
ETIENNETTE, *paraissant à cette fenêtre en bonnet de nuit et en petit jupon, une lumière à la main.* Eh ben, qu'est-ce que vous me voulez ? Prenez donc garde de réveiller madame.
TOUS. Etiennette !
LA COMTESSE, *paraissant au premier étage en déshabillé de nuit, un bougeoir à la main.* Etes-vous là, Anatole ? J'ai cru entendre ?...
LE COMTE. Ma femme !
TOUS. La comtesse !
LA COMTESSE. Que faites-vous donc ici, à cette heure ?
LE COMTE. Je...
LA BARONNE, *paraissant à une autre fenêtre du premier étage, également en peignoir, et un bougeoir à la main.* Comment c'est vous, Oscar ! Pourquoi rentrer si tard ? vous m'avez causé une inquiétude.
LE BARON. Ma pauvre Adèle ! elle était inquiète !
LÉON, *paraissant au deuxième étage en robe de chambre, et tenant aussi un bougeoir à la main.* Ah ça ! mais, voulez-vous bien me laisser dormir, drôles que vous êtes !
TOUS. Léon !... Chérubin !...
LE COMTE. Il était couché !
LE BARON. Il dormait.
MORICEAU. Du sommeil de l'innocence.
BENOIT. Prends garde de le perdre.
LÉON. Ah ! monsieur le comte ! monsieur le baron !... je ne vous reconnaissais pas... Attendez, attendez, je suis à vous.
ETIENNETTE. Et moi aussi.
LA COMTESSE *et* LA BARONNE. Et moi aussi.
(Chacune d'elles quitte sa croisée. Les maris et les deux paysans chantent à demi-voix le chœur suivant.)

ENSEMBLE.
LE BARON *et* LE COMTE.
AIR *du Triolet bleu.*
Pas de bruit, taisons-nous !
C'est le lot des époux.
    MORICEAU *et* BENOIT.
Pas de bruit, taisons-nous !
Imitons ces époux.

TOUS QUATRE.
Et surtout gardons-nous
De paraître jaloux.
J'en suis quitte après tout, pour la peur, Dieu merci!
Taisons-nous, les voici,
Et ces dames aussi.
(Les trois dames entrent en déshabillé et leur bougeoir à la main.)
LA COMTESSE et LA BARONNE.
Nous voilà, cher époux.
ÉTIENNETTE.
Me voilà! qu'avez vous?
TOUTES TROIS.
Pourquoi nous réveiller? vous n'êtes pas jaloux.
LÉON, *entrant*.
Me voici; de bon cœur je dormais, Dieu merci!
Pourquoi me réveiller et ces dames aussi.
CHŒUR GÉNÉRAL.
ENSEMBLE.
LÉON *et* LES TROIS FEMMES.
Me voilà, qu'avez-vous?
Vous n'êtes pas jaloux?
Quel motif avez-vous
Pour vous mettre en courroux?
LES DEUX PAYSANS *et* LES DEUX MARIS.
Taisons-nous!
C'est le lot des amans, des époux.
Et surtout gardons-nous
De paraître jaloux.
ENSEMBLE.
LE COMTE, LE BARON *et* MORICEAU.
Enfin plus de soupçon, il dormait, Dieu merci!
Il dormait, j'en suis sûr, et ces dames aussi.
LES TROIS FEMMES.
Me voici: de bon cœur je dormais, Dieu merci!
Pourquoi me réveiller et ce jeune homme aussi?
LÉON.
Me voici: de bon cœur, je dormais, Dieu merci!
Pourquoi me réveiller et ces dames aussi.
BENOIT.
Que m'importe après tout, je ne suis pas mari.
Tous les deux sont bernés; Moriceau l'est aussi.
(Pendant ce morceau, les deux paysans ont pris les bougeoirs des deux dames, et les personnages se trouvent ainsi placés toujours de gauche à droite: Benoît, Moriceau, Étiennette, la comtesse, le comte, Léon, le baron, la baronne.)
LÉON. Mon cousin, mon cher monsieur d'Estignac, demain, à cinq heures du matin, je vais partir.
LES FEMMES. Partir!
LÉON. Et c'est à vous que je le dois, mon bon cousin, puisque j'ai reconnu votre écriture sur mon ordre de départ.
LA COMTESSE. Ah! c'est bien mal.
LA BARONNE. C'est affreux!
LÉON. Recevez donc, messieurs, le salut du lieutenant... et vous, mesdames, vous que je n'ai pu joindre de toute la soirée, permettez-moi de vous embrasser...
LES MARIS. Les embrasser!
LÉON. Oh! pour la dernière fois.
LES HOMMES. Alors...
(Ils lui font place, et la position change encore une fois: Benoît, Moriceau, Étiennette, la comtesse, Léon, la baronne, le comte, le baron.)
LES FEMMES. La dernière fois!
LÉON, *bas, en se rapprochant d'elles*. Oh! non, non! j'emporte avec moi de quoi me donner du bonheur pour toute ma carrière.
LE BARON. Qu'est-ce qu'il dit?
LE COMTE. J'allais vous le demander.
MORICEAU. Je n'entends pas.
BENOIT. Ni moi.
LÉON, *allant rapidement de l'une à l'autre femme, dit d'abord à la comtesse*: Cette bague... (*A la baronne.*) Cette épingle... (*A Étiennette.*) Ce mouchoir... (*A toutes les trois.*) Toujours, toujours!
(Il les embrasse l'une après l'autre.)
LE BARON *et* LE COMTE, *se rapprochant de lui*: Bonsoir, bonsoir, lieutenant.
(Les personnages se trouvent de nouveau placés comme à la rentrée du page.)
LÉON. Bonsoir... Avant deux ans vous me reverrez capitaine, et comme aujourd'hui, toujours votre ami.
LES DEUX MARIS. Notre ami!...
LÉON, *regardant les trois femmes*. Oui, je vous aimerai toute ma vie.
LE BARON, *à part*. Toute sa vie! Pauvre de Ligny!
LE COMTE, *à part*. Pauvre d'Estignac!
(Tous deux se regardent et étouffent un éclat de rire.)
MORICEAU, *à part*. Ces pauvres maris!
BENOIT, *à part*. N'y a que moi qui ne serai pas attrapé. (*Haut.*) Moriceau, je te cède Étiennette.
MORICEAU. Merci!
(Il éternue.)
BENOIT. Dieu te bénisse.
(Chœur général. Reprise de l'air de Mozart, chanté au premier acte, à l'entrée de Léon.)
Chérubin, c'est un Dieu qui t'appelle,
Ah! toujours à sa voix sois fidèle.
Il promet une palme immortelle:
Chérubin, tu sauras la cueillir.
Mon ami, c'est un dieu qui t'appelle...
Le tems presse, allons, il faut partir.

LÉON.
Oui, Napoléon l'ordonne,
Du péril voici le jour:
Déjà le clairon résonne,
Déjà j'entends le tambour...
Chérubin, c'est un dieu qui t'appelle,
Va cueillir une palme immortelle;
Mais parfois à la gloire infidèle,
En cachette tu peux revenir.
(Au public.)
Qu'en ces lieux votre voix me rappelle,
Vous pouvez m'empêcher de partir.

FIN.

IMPRIMERIE DONDEY-DUPRÉ, RUE SAINT-LOUIS, N° 46, AU MARAIS.

COSIMO,

OPÉRA BOUFFON EN DEUX ACTES,

De MM. Saint-Hilaire et P. Duport

Musique de M. E. Prévost.

Représentée pour la première fois à Paris, sur le théâtre royal de l'Opéra-Comique, le Mardi 13 octobre 1835.

PERSONNAGES.	ACTEURS.	PERSONNAGES.	ACTEURS.
LE PRINCE HENRI,	MM. THÉNARD.	LE COMTE BELMONTE.	MM. VICTOR.
COSIMO, Badigeonneur.	CHOLLET.	MATHEO, majordome du château.	LÉON.
LE MARQUIS DE FARAMBOLO.	HENRI.	NOBLES CAMPAGNARDS.	
ELZIDA, sa nièce.	Mmes. CASIMIR.	DOMESTIQUES, PAGES ET GARDES.	
ANGELA, petite ouvrière.	RIFAUT.	PAYSANS, PAYSANNES.	

La scène se passe dans la principauté de Forlis.

ACTE PREMIER.

Le théâtre représente un salon richement décoré, mais dans un goût très ancien. A droite de l'acteur une porte donnant dans d'autres pièces. A gauche une porte semblable. Au fond la porte principale donnant sur un vestibule à côté de cette porte principale une grande fenêtre donnant sur un balcon. A droite de l'acteur une riche toilette chargée de tous ses ustensiles, derrière cette toilette un paravent, près de la toilette un fauteuil.

SCÈNE PREMIÈRE.
LE MARQUIS FARAMBOLO, DOMESTIQUES, PAGES.

INTRODUCTION.

LE MARQUIS.
Vous m'avez entendu,
Tout est bien convenu.

LE CHOEUR.
Nous avons entendu,
Tout est bien convenu.

LE MARQUIS.
En cette grave circonstance
Justifiez ma confiance,
Par votre zèle prouvez tous
Qu'ici je puis compter sur vous.

LE CHOEUR.
En cette grave circonstance
Dignes de votre confiance,
Monseigneur, nous prouverons tous
Que vous pouvez compter sur nous.

* Les personnages inscrits en tête de chaque scène sont placés comme ils doivent l'être au théâtre. Le premier occupe la gauche du spectateur.

LE MARQUIS, à Mathéo* *qui entre par la porte à gauche qu'il referme avec précaution.*
Eh bien ?

MATHÉO.
Dans la chambre de son altesse.
On n'entend aucun bruit.

LE MARQUIS.
Pauvre jeune homme !... après pareille nuit
Il lui faut du repos. ... allons que l'on s'empresse,
Profitons du temps qu'il nous laisse.
(*A un des valets*) Placez-là son habit.
(*à un autre.*) Disposez la toilette.
(*à Mathéo*) Et toi pour notre fête
Fais briller ton esprit.

AIR :
Après dix ans d'oubli
Mon mauvais sort se lasse,
Le vent de la disgrâce
Ne souffle plus ici.
O mon auguste maître
Tu me rends ta faveur,
Ah ! je me sens renaître,
L'espoir rentre en mon cœur.
Pour moi quel triomphe flatteur,
Ah ! quel honneur !
Ah ! quel bonheur.

SCÈNE II.

LES MÊMES, ELZIDA (*).

ELZIDA.
Mon cher oncle, je vous en prie
Expliquez-moi ?

LE MARQUIS.
Dans un moment,
Oui, tu sauras ma bonne amie,
Quel incroyable événement....
(*Aux autres.*)
Je n'ai rien oublié je pense.

MATHÉO.
Monseigneur..

LE MARQUIS.
Paix ! silence !
Laissez-moi réfléchir.
L'habit et la toilette,
Le festin qu'on apprête,
Puis, la joûte et la fête,
Le concert pour finir,
C'est très bien ! plaisir sur plaisir,
Oh ! je saurai le retenir.

ELZIDA.
Me direz-vous enfin ?

LE MARQUIS.
La garde à chaque porte
Et les hommes d'escorte
Oui, c'est bien tout, je croi.

ELZIDA.
Mais mon oncle, répondez-moi ?

LE MARQUIS.
Hein...
(*Il paraît disposé à répondre et s'arrête.*)
O mon auguste maître !

ELZIDA.
Faites-moi donc connaître !

* Le Marquis, Mathéo.
** Le Marquis, Elzida, Mathéo.

LE MARQUIS, *sans l'écouter.*
Tu me rends ta faveur,
Ah ! je me sens renaître,
L'espoir rentre en mon cœur.
Pour moi quel triomphe flatteur,
Ah ! quel honneur !
Ah ! quel bonheur !

ELZIDA.
Il m'apprendra peut être
D'où lui vient ce bonheur,
Ah ! pour sa tête j'ai bien peur.

LE CHŒUR.
Il vous fera connaître
Ce qui charme son cœur.
Pour lui quel triomphe flatteur
Ah ! quel honneur ! ah ! quel bonheur !

(Mathéo, les pages et les domestiques sortent. Le marquis va entrouvrir la porte de gauche et prête l'oreille.)

SCÈNE III.

LE MARQUIS, ELZIDA.

LE MARQUIS. Tu disais donc, ma chère amie ?

ELZIDA. Je désirais savoir, mon oncle, ce que signifie tout ce mouvement dans votre château, d'ordinaire si paisible.

LE MARQUIS. Comment, tu ignores ?.. Ah ! c'est juste, c'était pendant ton sommeil,... et il était un peu tard en effet... deux heures du matin.

ELZIDA. Mais quoi donc ?... Qu'est-il arrivé ?

LE MARQUIS. Ce qui est arrivé... tu ne t'en doutes pas ?... Tu n'as donc pas remarqué ces gardes, ces écuyers, cette maison toute royale que je viens d'improviser ?...

ELZIDA. Si fait, les garçons de ferme en habits galonnés, les gardes-chasse en hallebardiers, et les fils de ma nourrice en pages... A quoi bon cette mascarade ?

LE MARQUIS. Ah ! tu appelles cela une mascarade ?... Et de ta fenêtre tu n'as pas aperçu ces peintres suspendus dans les airs, pour égayer la physionomie de nos vieilles murailles ?...

ELZIDA. Oui, j'ai vu que vous faisiez badigeonner toutes les antiques sculptures du château.

LE MARQUIS. Eh bien ?...

ELZIDA. Eh ! bien, j'ai trouvé cela du plus mauvais goût.

LE MARQUIS. Tu n'entends rien aux beaux-arts... Et les cuisines, y as-tu jeté un coup d'œil ?

ELZIDA. Sans doute, et je voulais vous demander si vous prépariez ici une seconde représentation des noces de Gamache ?

Elzida, le Marquis.

LE MARQUIS. Comment, tu ne devines pas?.... Apprenez donc, ma nièce.....
Chut!... Un moment. (*Il va écouter à la porte de gauche.*) Rien encore... Au fait, il n'est que sept heures, et il ne peut pas être jour avant dix chez une Altesse.
ELZIDA. Une Altesse?...
LE MARQUIS. Voilà le secret... Oui ma chère... ton heureux oncle, le Marquis de Farambolo, ex-Conseiller intime, ex-Chambellan, ex-Grand-Veneur, ex-Directeur des fêtes et concerts, et que sait-on, ex futur Ministre peut-être... car je pouvais arriver à tout!... après dix ans d'oubli, de disgrace, vient de recevoir de son illustre et gracieux souverain, la plus grande, la plus honorable, la plus mémorable, la plus incommensurable marque de confiance.
ELZIDA. Expliquez-vous?...
LE MARQUIS. Voici. Fort irrité contre son fils, le prince Henri, pour quelques folies de jeune homme, et voulant l'enlever à de mauvaises fréquentations, son Altesse a décidé qu'il passerait un, deux ou trois mois enfermé dans un château éloigné de la résidence, où on ne laisserait pénétrer aucun des dangereux conseillers qui l'entouraient... Or, ma chère amie, c'est sur ma maison, que notre auguste maître a daigné jeter les yeux... C'est moi, enfin, qu'il a nommé gardien, premier gentilhomme, gouverneur, mentor, en un mot, de l'héritier de sa couronne.
ELZIDA. Vous, mon oncle?... Mais le prince régnant n'a donc pas appris que depuis quelque temps?...
LE MARQUIS. Quoi?.... Qu'aurait-il appris?
ELZIDA. Oh! je voulais dire seulement qu'à votre âge les fatigues d'une pareille surveillance.
LE MARQUIS. Ah!... à la bonne heure!
ELZIDA, *à part.* Pauvre oncle, sa tête était déjà si faible!... Voilà de quoi la lui faire perdre tout à fait.
LE MARQUIS. Plait-il?
ELZIDA. Rien... Dites-moi, mon oncle, est-il bien, notre jeune prince?
LE MARQUIS. Mais, cela va sans dire, ma chère amie, un prince est toujours bien,... règle générale... Après ça, en particulier, je ne sais pas trop, parce que ne l'ayant pas vu depuis l'âge de dix ans, aujourd'hui qu'il en a vingt, il est peut-être un peu changé.
ELZIDA. Mais, à son arrivée... hier au soir, ou plutôt ce matin?...

LE MARQUIS. Ah! voilà.... il faisait nuit... Il était enveloppé dans son manteau, de très mauvaise humeur, comme bien tu penses, et il a passé brusquement dans sa chambre, sans dire un mot à personne.
ELZIDA. Le fait est qu'il pourra bien vous en vouloir un peu, du rôle que vous avez accepté.
LE MARQUIS. Je saurai le calmer.... Il est mon prisonnier, c'est vrai ;... mais il y a prisonnier et prisonnier, et celui-là... Bref! il est évident que tout en obéissant au père, je ne dois pas trop me brouiller avec le fils; car enfin, nous sommes tous mortels, c'est clair... et si mon château est momentanément changé en prison, ce sera du moins la prison la moins gênante, la plus gaie, la plus agréable qu'on puisse trouver... au fait, n'es-tu pas là pour m'aider à en faire les honneurs?...
ELZIDA. Moi, mon oncle?
LE MARQUIS. Oui, toi, jeune et aimable, riche de talens et de beauté... Le prince est jeune aussi, vois-tu ma chère, fou des arts! très-galant et d'un caractère romanesque, en âge d'être marié... qui sait?...
ELZIDA. A quoi pensez-vous donc, mon oncle?
LE MARQUIS. Au fait, pourquoi pas?... Nous comptons déjà trois altesses officielles dans la famille; et je ne vois pas ce qui pourrait t'empêcher de prendre le numéro quatre.
ELZIDA. Quelle plaisanterie!...

DUO.

Oui, tu peux sur son âme assurant son empire
Rendre à notre maison son antique splendeur.

ELZIDA.

Qui moi?.. sans doute ici mon cher oncle veut rire,
Ah! je n'aspire pas à cet excès d'honneur.

LE MARQUIS.

Tu lui plairais, je le parie.

ELZIDA.

Lui plaire, à quoi bon je vous prie,
Puisqu'un autre a déjà mon cœur.

LE MARQUIS.

Un autre, allons quelle folie!

ELZIDA.

Mais ce n'est pas une folie,
Vous même enfin,
Au comte Arthur, à mon cousin,
N'avez-vous pas promis ma main?

LE MARQUIS.

Dans le temps, oui ma chère amie;
Mais à présent
C'est différent.
Pour nous quelle gloire,
Si tu veux m'en croire,

Ah! de la victoire
Ici tout répond.
Dès aujourd'hui même,
Oui le prince t'aime
Et le diadème
Brille sur ton front.

ELZIDA.
Que me fait la gloire,
Vous pouvez m'en croire
Pareille victoire
Séduit peu mon cœur.
Etre à ce qu'on aime,
Est le bien suprême
Ah ! le diadème
Vaut-il ce bonheur.

LE MARQUIS.
Pour mieux assurer sa défaite,
Dans un concert dans une fête
Il faut qu'il t'entende aujourd'hui.

ELZIDA.
Qui, moi chanter, et devant lui
Je n'oserais, je vous le jure.

LE MARQUIS.
Il le faut...

ELZIDA.
Non, je vous assure.

LE MARQUIS.
Enfantillage que ceci,
Cette frayeur se calmera,
Je veux qu'il juge ton mérite
Tu chanteras, ou je te déshérite.

ELZIDA.
Mais je ne suis pas en voix.

LE MARQUIS.
Tu veux te moquer, je crois,
Jamais ta voix ne fut si pure
Voyons, essaye...

ELZIDA.
Ah ! quel ennui !

LE MARQUIS.
Chante pour moi comme pour lui,
Ton petit oncle t'en conjure,
Voyons j'écoute...

ELZIDA, *essayant plusieurs traits de brillantes vocalisations que le marquis accompagne d'exclamations comiques.*
Ah !...

LE MARQUIS.
Brava ! brava !

ELZIDA.
Mais non ce n'est pas cela
J'ai manqué deux fois mon *la*.

LE MARQUIS.
Du tout du tout c'est à merveille,
Je m'en rapporte à mon oreille.
Je ne demande que cela.
Pour moi quelle gloire !
Si tu veux m'en croire, etc.

ELZIDA.
Que me fait la gloire
Vous pouvez m'en croire, etc.

LE MARQUIS.
Voyons une cadence...

ELZIDA, *essayant*.
Ah !...

LE MARQUIS.
Brava ! brava !

ELZIDA.
Mais non, en vain je m'applique,
Ce n'est pas encore cela.

LE MARQUIS.
Oh ! si fait, c'est bien cela.
Passe à la gamme chromatique.

ELZIDA, *essayant*.
Ah !

LE MARQUIS.
Admirable ! Bravissima !

ENSEMBLE.

LE MARQUIS.
Ta voix si pure
Le charmera.
Tout me l'assure,
Il t'aimera.
Brava ! brava !
Bravissima !

ELZIDA.
Tout me l'assure,
Il s'ennuyera,
Je vous le jure,
J'ai peur déjà.
La voix, la voix
Me manquera.

LE MARQUIS. Viens, mon enfant, viens que je t'embrasse... et tu ne serais pas altesse, avec un gosier comme celui-là... laisse-moi donc tranquille, on te ferait reine, qu'il n'y aurait rien de trop.

ELZIDA. Quelle folie !

LE MARQUIS. Folie !... tu verras, tu verras,... Ah ! ça, tu vas aller mettre une parure un peu moins simple que cette robe du matin ; tandis que moi, de mon côté, je donnerai quelques ordres.... Nous avons encore une bonne heure à nous.

On entend Cosimo qui chante dans la coulisse.

Tra la la, la,
Joli badigeonneur
Chante pendant l'ouvrage.

Qu'est-ce que c'est que ça ? veux-tu bien te taire, braillard ! (*Il continue.*) Te tairas-tu ?... Viens, ma nièce, viens, car il me fait mal... il m'agace les nerfs... Oh ! le butor !... attends, attends !... Je vais t'apprendre. (*Il sort vivement, Elzida le suit.*)

╼╾╼╾╼╾╼╾╼╾╼╾╼╾╼╾╼╾╼╾╼╾

SCÈNE IV.

COSIMO, *toujours dans la coulisse.*

Joli badigeonneur,
Chante pendant l'ouvrage,
Ça donne du courage,
Ça réjouit le cœur.

(*Une grosse brosse tombe sur le balcon.*)
Oh ! là !... gare la dessous !... ma brosse...
(*On le voit suspendu à sa corde à nœuds;*

Il descend sur le balcon.) Pardon! pardon, excuse, messieurs et dames... Tiens, il n'y a personne... (*Il entre dans l'appartement.*) Oh! oh! quel coup d'œil!... ici, fameux!... c'est flambant!... des fauteuils dorés... à ne pas oser s'y asseoir, quoi... (*Il s'assied.*) Oh! comme on enfonce!... que c'est doux! que c'est moelleux!... quel plaisir de s'étaler là dedans. (*Il se retourne et s'aperçoit qu'il a blanchi le dossier du fauteuil.*) Allons bon!... voilà que je badigeonne le velours, à présent. (*Il essuie avec sa manche.*) Tout de même, on n'est pas si douillettement sur ma petite sellette de bois;... c'est égal, faut y retourner... Ah! bah! je n'ai plus le cœur à la besogne... Je ne l'ai plus à rien.

AIR:

Avec mon Angela,
J'ai perdu le courage;
Et peut-être déjà
De moi rit sa volage.
Près de son ravisseur,
Oui, sans doute, elle oublie
Qu'à moi seul pour la vie,
Elle promit son cœur.
Mais qui donc peut-il être,
Ce ravisseur, ce traître
Quelque riche seigneur.
Oh! oui, de la coquette,
Il a tourné la tête,
A force de splendeur;
Et de sa perfidie,
Moi, du soir au matin,
Je me désole en vain.
Ah! vraiment, c'est folie,
Oublions qui m'oublie,
Et nargue du chagrin,
Vite un joyeux refrain:
  Tra la la la,
Cosimo, du courage;
Si ta belle est volage,
Un autre, je le gage,
Bientôt te vengera.
  Tra la la la.
Allons, plus de tristesse;
Allons, rions sans cesse,
Et donnons ma tendresse
A qui me la rendra.
  Tra la la la.

Voilà qui est dit, je ne veux plus y penser; le plus souvent que j'y penserai... (*Il reprend sa brosse.*) Ah! si seulement celui pour qui elle m'a planté là, était de ma condition, un pur et simple badigeonneur, comme moi, il passerait un mauvais quart d'heure, j'en réponds!... Mais non, non, c'est du noble, du hupé qu'il lui a fallu... oui,... ce sont les dorures, les beaux habits qui lui ont donné dans l'œil... car enfin, si ce n'était que le physique... il me semble que sans vanité... Tiens, qu'est-ce que je vois là?... En parlant d'habit, j'espère qu'en voilà un qui brille..

C'est ça qu'il m'aurait fallu pour garder ses affections... Le fait est que ça vous répare joliment un homme! Dieu! comme ça m'irait, moi surtout qui ai la jambe bien faite... Je gage que j'aurais l'air d'un prince, pour le moins... Son excellence Cosimo! Quel plaisir à se donner, rien que pour cinq minutes!... Si j'étais sûr qu'il n'vint personne... On n'entend pas le plus léger bruit... Tout le monde dort encore ici... et puis, l'affaire d'un instant... ma foi, tant pis, risquons-nous. (*Il referme sur lui les feuilles du paravent.*)

SCÈNE V.

COSIMO, LE PRINCE.

(*Le prince est en robe de chambre.*)

LE PRINCE. Décidément, me voilà prisonnier... De ma fenêtre, j'ai vu les factionnaires aux portes du château... pas moyen de m'échapper... mon père a pris au sérieux mes espiègleries... la dernière sera venue à ses oreilles... un enlèvement... c'est un peu fort en effet, et je serais le premier à m'en repentir, si seulement j'avais eu le temps d'en profiter... Cette pauvre petite Angela, que va-t-elle penser de mon absence?... Oh! à tout prix je veux la revoir aujourd'hui même; et si je trouve quelque ruse pour mettre en défaut le ridicule geolier qu'on m'a donné.

COSIMO, *derrière le paravent.* Là! voilà ce que c'est!...

LE PRINCE, *à lui-même.* Hem?... qui est donc là?...

COSIMO, *toujours derrière le paravent.* Diable de culotte... elle est un peu étroite... c'est qu'aussi j'ai de si belles formes!

LE PRINCE. Quel est l'original?...

COSIMO. Bien! l'habit à présent... parfait, juste comme un gant.

LE PRINCE. Je suis curieux de voir...

COSIMO. Ah! si la traîtresse était là!... elle serait dans l'extase. Oui mamzelle, oui, j'en vaux bien un autre... je vaux mieux qu'un autre... cent fois mieux qu'un autre....

LE PRINCE. A qui en a-t-il donc?

COSIMO, *ouvrant le paravent.* C'est à dire qu'il n'y a peut-être pas dans toute l'Italie un seigneur aussi bien troussé que moi... (*Se mirant et se tournant devant la glace.*) Mais voyez donc cette jambe, comme c'est moulé!... et puis cette tournure!... Ah! et des essences, donc...

Diable! n'oublions pas ça, un homme de ma sorte!... il faut que ça se sente venir d'une lieue... (*Il prend un flacon et s'en asperge des pieds à la tête.*) Là, je crois qu'on voilà assez!...

LE PRINCE, *riant à part.* Cet homme est fou.

COSIMO, *se promenant en se dandinant.* Bravo! des grâces maintenant.... l'air insolent, la tête haute; et du plus loin qu'on me verra, on saluera mon Excellence... Qu'est-ce que je dis, mon Excellence? mon Altesse!... Et encore, il n'y en a pas beaucoup d'Altesses dans mon genre! Je voudrais qu'il y eût là quelqu'un... non, mais s'entend quelqu'un qui s'y connaisse, pour me dire seulement l'effet que je lui fais.

LE PRINCE, *haut et riant.* Un très plaisant, ma foi!

COSIMO. Hem! miséricorde! (*tombant à genoux*) Grace, Monseigneur!... le Baron... le Comte... le Marquis... le Duc... je ne sais pas au juste,... mais c'est égal, pardonnez-moi... une idée qui m'a pris... une bêtise.... mais je ne suis pas un voleur, foi d'honnête homme!

LE PRINCE. Assez, assez, relève-toi!

COSIMO. Oui, c'est vrai, ça abyme votre culotte (*s'essuyant*), car sans doute, c'est la vôtre?

LE PRINCE. Je crois que oui!

COSIMO. Et l'habit aussi.... Je vais l'ôter tout de suite.

LE PRINCE. Un mot avant.

COSIMO. Soyez sûr que je ne l'ai pas endommagé du tout.... sauf aux entournures, qu'il a craqué un peu... mais ça vous sera plus commode pour y entrer.

LE PRINCE. C'est bien! c'est bien!...

COSIMO. Vous trouvez?.... Alors, je suis fâché de ne pas l'avoir élargi davantage... mais, vrai, je n'ai pas eu le temps.

LE PRINCE, *le retenant.* Reste donc là, et réponds.

COSIMO. Oui, Excellence, car, à en juger par le costume, que je porte, vous devez...

LE PRINCE. Comment, tu ne te trouves pas assez beau pour me traiter d'Altesse?

COSIMO. Altesse!... Il serait dieu permis! Altesse, ah! oui, le prince Henri arrivé d'hier soir.... (*A part.*) Où diable me suis-je fourré?... (*Il veut encore ôter l'habit.*)

LE PRINCE. Mais demeure donc, encore une fois qui es-tu, voyons?

COSIMO. Oh! bien peu de chose, Altesse, presque rien... un pauvre badigeonneur, contrarié dans ses affections, et qui a un moment perdu la tête,... mais qui du reste...

LE PRINCE. Te connaît-on ici?...

COSIMO. Voilà le malheur, pas du tout... J'y suis arrivé ce matin pour la première fois, à la seule fin de blanchir cette grande muraille en l'honneur de votre présence, ce qui fait que personne de la maison ne pourra me servir de répondant.

LE PRINCE. C'est inutile.... Pourrais-tu sortir librement du château?

COSIMO. Comme ça?

LE PRINCE. Eh non! imbécile, avec ton costume ordinaire.

COSIMO. Sans doute, si votre Altesse était assez bonne pour ne pas me faire arrêter.

LE PRINCE (1). Il suffit. (*Il va ramasser les habits que Cosimo a quittés.*)

COSIMO. Tiens! qu'est-ce qu'il va donc faire?

LE PRINCE. Viens m'aider...

COSIMO. Comment, Monseigneur voudrait?...

LE PRINCE. Pourquoi pas? Puisque tu m'as emprunté mes habits, tu peux bien me prêter les tiens, j'espère?...

COSIMO. Quand à ça, bien à votre service, s'ils en étaient capables... mais votre Altesse se moque de moi.

LE PRINCE. Du tout, c'est très sérieusement... En ce moment, vois-tu, le Prince est prisonnier ici, le badigeonneur ne l'est pas... Or donc, avec ta permission, je serai badigeonneur, et toi, prince provisoirement.

COSIMO. Moi, prince?

LE PRINCE. Oui, j'abdique en ta faveur... Voyons, aide-moi...

Il va s'asseoir et met les guêtres.

COSIMO. Vous êtes bien bon... mais ça n'est pas possible... J'ai votre habit, c'est très bien, mais votre figure....

LE PRINCE. Sois tranquille... Je suis pour tous les gens de la maison aussi inconnu que toi-même... personne de la cour ne m'a suivi ici... ainsi donc, pas d'obstacles.

COSIMO. Mais...

LE PRINCE. Assez; je le veux!... ce n'est qu'à cette condition que je te pardonnerai l'audacieux emprunt que tu m'as fait; choisis donc: cent coups de bâton, ou l'intérim d'Altesse.

COSIMO, *l'aidant vivement à boutonner les guêtres.* Aye! certainement, je respecte trop Monseigneur, pour vouloir être

* Le Prince, Cosimo.

bâtonné sous ses habits. Arrive que pourra, je me résigne,... j'accepte l'intérim.

DUO

Allons, finissons ma toilette,
La veste,... le bonnet.

COSIMO.

Ah! vraiment, c'est parfait,
La métamorphose est complète.

ENSEMBLE.

LE PRINCE.

O! la bonne folie!
Par ce déguisement,
Mon père je défie
Votre ressentiment.
Qu'en ton âme attendrie,
Renaisse un doux espoir,
Mon Angéla chérie,
Je vais donc te revoir.

COSIMO.

O! la bonne folie!
Je suis prince à présent,
Ah! qu'en ces lieux ma vie,
Va s'écouler gaîment;
Toi, dont la perfidie,
Causa mon désespoir,
Que tu serais punie,
Si tu pouvais me voir.

LE PRINCE.

Ça maintenant regarde moi
Ai-je bien les façons, l'air de mon nouveau rôle?

COSIMO.

Tournez un peu;... mais oui, ma foi.
Ah! que c'est drôle!
On vous prendrait vraiment pour moi;
Il faudrait seulement
Marcher plus élégamment.
Tenez ainsi.. (*Il imite la démarche balancée d'un ouvrier.*)

LE PRINCE, *marchant de la même manière.*)

J'y suis!...

COSIMO.

C'est à merveille!
Le bonnet, un peu sur l'oreille.
(*Il lui place son bonnet.*)
Puis, en suivant votre chemin,
Vous roucoulez quelque refrain.

LE PRINCE.

Il faut chanter!...

COSIMO.

Oui, monseigneur,
Dans notre état c'est de rigueur.

LE PRINCE.

Et que veux-tu donc que je chante?

COSIMO.

Quelque romance bien galante!

LE PRINCE.

Voyons ta romance galante.

COSIMO.

Joli badigeonneur
Chante pendant l'ouvrage,

* Cosimo, le Prince.

Ça donne du courage,
Ça réjouit le cœur.
Le long de ta muraille,
Tant que dure le jour
Travaille, ami, travaille,
Ce soir l'amour
Aura son tour.

La tenez-vous?

LE PRINCE.

Mais, oui je crois.

COSIMO.

Voyons, répétez après moi.

LE PRINCE.

Eh! non, c'est inutile.
C'est vraiment trop facile,
Ce soir l'amour
Aura son tour.
Ce refrain-là doit me suffire,
Adieu!

COSIMO.

Vous partez?

LE PRINCE.

A l'instant.

COSIMO.

Daignez au moins m'apprendre avant
Ce qu'à mon tour je devrai faire et dire
Pour vous remplacer dignement,
De grâce ici regardez-moi,
Ai-je bien les façons, l'air de mon nouveau rôle.

LE PRINCE, *cachant son envie de rire.*

Fais quelques pas!.. très bien ma foi,
(*à part.*) Il est fort drôle.
(*Haut*)
On te prendrait vraiment pour moi

COSIMO.

Oui je suis déjà dans mon rôle
Car vous me flattez je le vois...

LE PRINCE, *lui tapant sur l'épaule.*

Pas trop bête ma foi.

COSIMO.

Si l'on me parle que répondre?

LE PRINCE.

Réponds tout ce que tu voudras.

COSIMO.

Mais d'un mot on peut me confondre.

LE PRINCE.

Eh bien! alors ne réponds pas.

COSIMO.

J'entends bien, mais si l'on me presse...

LE PRINCE.

On ne presse pas une altesse.

COSIMO.

Mais cependant....

LE PRINCE.

Dans tous les cas
Si l'on osait à ce point te déplaire,
Tu n'as que ce seul geste à faire.
(*Il fait un geste pour ordonner de sortir.*)

COSIMO.

Quoi, rien que ça?

LE PRINCE.
Rien que cela !

COSIMO.
C'est facile... on s'en souviendra.
(Il répète le geste comiquement.)
Mais pourtant gare à vous, oui dà !
Car si je dis quelques sottises
Sur votre compte ça passera.

LE PRINCE.
Ne crains rien.. grâce à cet habit là,
Quoique tu fasses, que tu dises
Chacun ici t'applaudira.

COSIMO.
Quoi ! vraiment sans que ça paraisse,
Dans le monde avec cet habit
On peut donc se passer d'esprit?
Que c'est commode d'être altesse!

ENSEMBLE.

LE PRINCE.   COSIMO.
O la bonne folie   O la bonne folie
Par ce déguisement,   Je suis prince à présent.
etc.   etc.

LE PRINCE. Pour cette fois, adieu.... Ah! un instant, fouille donc dans ta poche gauche.... (*Cosimo veut fouiller dans la veste que porte le prince.*) Eh! bien, que fais-tu?
COSIMO. Vous me dites de fouiller dans ma poche.
LE PRINCE. Eh! non, imbécile, dans celle de mon habit.
COSIMO. Ah! bon, dans la vôtre !
LE PRINCE. Il doit y avoir une bourse.
COSIMO. Oui, et un peu lourde, même.
LE PRINCE. Donne.
COSIMO. Vous la reprenez donc ?
LE PRINCE. Si tu le veux bien.
COSIMO. Au fait, dans la mienne, il n'y a que juste pour une soupe et un pot de vin... C'est égal, si vous aviez besoin de monnaie, ne vous gênez pas.
LE PRINCE. Merci !.... (*Il va à la porte du fond.*) Malédiction, cette porte est fermée en dehors !
LE MARQUIS, *en dehors*. Qu'on tienne prêt le chocolat de son Altesse.
LE PRINCE. On vient, à ton rôle.

(*Il se cache derrière le rideau de la croisée. Le marquis paraît, referme avec précaution la porte derrière lui et se dirige sur la pointe des pieds vers celle de gauche. Cosimo prend son mouchoir dont il s'évente pour se donner une contenance.*)

─────────────

SCÈNE VI.
COSIMO, LE PRINCE, LE MARQUIS.

LE MARQUIS, *prêtant l'oreille à la porte de gauche*. Il dort encore !... Je l'entends ronfler !... Ah ! il ronfle avec une grâce !
COSIMO. Par exemple !
LE MARQUIS, *se retournant*. Eh ! que vois-je ?... Son Altesse levée, habillée !... Quoi, Monseigneur, vous avez daigné vous-même, de vos propres mains ?...
COSIMO. Mais dame !... est-ce qu'il ne fallait pas ?... est-ce que j'ai eu tort ?...
LE MARQUIS. Tort ! votre Altesse avoir tort... c'est impossible !
COSIMO, *à part*. C'est vrai, je n'y pensais plus... Il va déjà bien celui-là !
(*Pendant ce dialogue le prince est sorti avec précaution de derrière le rideau et essaye d'ouvrir la porte du fond. Au bruit qu'il fait le marquis se retourne.*)
LE MARQUIS. Qu'est-ce ?... Ah! voilà qui est un peu fort.
COSIMO. Quoi donc ?
LE MARQUIS. Un drôle !... un misérable badigeonneur, que je vais faire rouer de coups.
COSIMO. Hem ?... plaît-il ?... doucement. (*à part.*) Que je suis bête... c'est l'autre...
LE MARQUIS, *prenant le prince par le collet*. Insolent ! qui t'a donné l'audace de pénétrer dans l'appartement de son Altesse, réponds ?
LE PRINCE. C'est que...
COSIMO. Le fait est que c'est un peu leste... (*Le prince lui fait un signe de menace.*) Après ça, vous me direz, le pauvre diable avait peut-être ses raisons.
LE MARQUIS. Y en a-t-il jamais pour manquer de respect à son prince ?...
COSIMO. Oh ! quand à ça, d'accord. (*Au prince.*) Est-ce que tu m'as manqué de respect ?
LE PRINCE. Monseigneur ! (*Bas.*) Dépêche-toi de me faire sortir, ou sinon.
LE MARQUIS. Dieu me pardonne, il vous parle bas.
COSIMO. Du tout ; je voudrais bien voir... (*Au prince.*) Allons, c'est bon, sortez, mon cher, sortez.
(*Le prince se dispose à sortir par la porte du fond.*)
LE MARQUIS. Eh bien !... où vas-tu, butor ?
LE PRINCE. On me dit de sortir...
LE MARQUIS. Par là ?... Pour abîmer tous les parquets, n'est-ce pas ?... Veux-tu bien t'en aller par où tu es venu.... Allons, allons, à ta corde, méchant barbouilleur !
COSIMO, *à part*. Oh ! ce pauvre prince !... il va se casser le cou, c'est sûr.
LE MARQUIS. Eh bien ! qu'attends-tu ?
LE PRINCE. Dame ! j'attends !

COSIMO. Oh! là, là!... j'étouffe!...
(*S'efforçant de ne pas rire.*)
LE MARQUIS, *en poussant le prince.* Ah! ça en finiras-tu, voyons.
COSIMO, *à part.* Oh! là! oh!
LE PRINCE, *revenant.* Eh bien! non, au fait, quand son Altesse est là, on n'a d'ordre à recevoir que d'elle; et si elle veut que je sorte par la porte... N'est-ce pas, Monseigneur?
COSIMO, *à part.* Tiens! c'est pas maladroit, ça... (*Haut.*) Il a raison, c'est moi que cela regarde; et j'avoue qu'un chemin ou l'autre, ça m'est absolument inférieur.
LE PRINCE. Merci, Monseigneur, (*Bas.*) A ton tour, maintenant... bonne chance.
(Il sort vivement par la porte du fond.)

SCÈNE VII.

LE MARQUIS, COSIMO.

LE MARQUIS, *regardant le prince s'éloigner.* Ces drôles-là sont d'une insolence!..
COSIMO, *à part.* Du diable si je sais ce que je vais lui dire, à celui-là... asseyons-nous toujours, ça me donnera de l'aplomb.
LE MARQUIS, *revenant.* Votre Altesse est mille fois trop bonne.
COSIMO. Vous trouvez?... Que voulez-vous, mon cher, je suis comme ça... c'est à prendre ou à laisser... Mettez donc votre chapeau.
LE MARQUIS. En votre présence... le ciel me préserve.
COSIMO. A votre aise... Ah! ça mon bon ami, dites-moi un peu, qu'est-ce que vous êtes, vous, ici?... Mon valet de chambre?
LE MARQUIS. Valet de chambre!
COSIMO. C'est que... comme vous aviez l'air fâché de ce que je m'étais habillé tout seul... je croyais... mais ça ne fait rien... Mettez donc votre chapeau...
LE MARQUIS. Monseigneur!...
COSIMO. Eh bien! non là, ne le mettez pas... Ce n'est pas ça que je voulais dire... Au fait, qu'est-ce que vous êtes, voyons, car il faut que ça finisse.
LE MARQUIS, *à part.* Mais... qu'a-t-il donc?...
COSIMO. Hein?...
LE MARQUIS. Je suis, Monseigneur, le maître de ce domaine, le marquis de Farambolo.

COSIMO. Farambolo, joli nom, nom fort agréable... et qui vous va très bien... Mettez donc...
LE MARQUIS. Si Monseigneur l'exige absolument.
COSIMO. Quoi?...
LE MARQUIS. Que je mette...
COSIMO. Eh! non mon cher, je dis ça comme autre chose... faites comme chez vous, voilà tout... Qu'est-ce que c'est que ça?...
MATHÉO. Le déjeûner de votre Altesse.
(Il apporte un plateau servi et le place sur la table à gauche, d'autres laquais enlèvent la toilette et le paravent.)
LE MARQUIS. Mais peut-être est-il trop tôt?
COSIMO, *se levant.* Du tout... au contraire... mets ça là... mon garçon... tiens, tu peux reprendre l'eau... je n'en use pas... j'ai l'estomac trop faible. (*Il prend le pain.*) Vous, mon cher Fa...
LE MARQUIS. Rambolo...
COSIMO. Rambolo... asseyez-vous là, près de moi.
LE MARQUIS. M'asseoir devant votre Altesse.
COSIMO. Pourquoi pas?... Ah! ça décidément, on ne peut donc rien faire de ce qui est commode devant mon Altesse... Oh! mais un instant, je n'entends pas ça... je suis une Altesse à part, moi, voyez-vous... une Altesse toute ronde, sans façon;... et je ne veux gêner personne.
LE MARQUIS. Quelle touchante bonté!
COSIMO, *le poussant dans un fauteuil.* Ainsi, voilà qui est dit... mettez-vous là... et contez-moi quelque chose de gai, pendant que j'expédierai vos flûtes.
LE MARQUIS, *à part.* C'est singulier... ce ton... ces manières,... suite de ses mauvaises fréquentations,... quel dommage!
COSIMO, *la bouche pleine.* Allez, allez, jasez... j'écoute!
LE MARQUIS. Croyez, Monseigneur, que je ne négligerai rien pour adoucir les ennuis de votre captivité... Pour commencer j'avais préparé ce matin même une petite fête.
COSIMO. Une fête! bravo, Marquis!
LE MARQUIS. Une joûte sur l'eau, dans le grand bassin du parc.
COSIMO. Ah! vous avez de l'eau dans votre bassin?...
LE MARQUIS. C'est-à-dire, on en met dans ce moment-ci... En attendant, si Monseigneur daigne examiner ma galerie... on le dit très bon connaisseur en peinture.

COSIMO. La peinture!... je crois bien! c'est mon fort la peinture... la peinture en grand!

LE MARQUIS. Je conçois, un prince veut de la grandeur en tout... On dit aussi que votre Altesse est fort bonne musicienne.

COSIMO. Oui, c'est vrai, je chante un peu... Tout ça tient à l'état, voyez-vous.

LE MARQUIS. Sans doute, qui encouragerait les arts, si un prince ne les aimait pas. En conséquence, j'ai organisé un petit concert qui fera passer le temps jusqu'au dîner.

COSIMO. Ah! oui, le dîner!... à propos de plaisirs, je tiens beaucoup à celui-là; car, votre chocolat, c'est très bon... mais ça creuse en diable!... (*A part.*) En vérité, je suis content de moi; jusqu'à présent ça ne va pas trop mal... Il est vrai que ce brave marquis est passablement stupide.

LE MARQUIS. Monseigneur me fait l'honneur de me dire...

COSIMO. Je dis, mon cher, que je suis enchanté d'avoir affaire à vous... que vous m'allez on ne peut mieux... Non, c'est vrai, à un prince comme moi, il faut des marquis comme vous.

LE MARQUIS. Monseigneur me comble!

COSIMO. Du tout, je nous rends justice.

LE MARQUIS. Qu'est-ce?... que veut-on?

SCÈNE VIII.

Les Mêmes, MATHÉO.

MATHÉO. Je venais annoncer à monsieur le marquis que toutes les personnes invitées sont arrivées, et demandent si son Altesse daignera les recevoir?

COSIMO. Pourquoi pas?... Certainement, je daignerai... Le marquis sait bien que je daigne toujours.

LE MARQUIS. Faites entrer, son altesse daigne.

SCÈNE IX.

Les Mêmes, les Nobles, toute la Maison du Marquis, puis ELZIDA.

(Plusieurs couples ridicules entrent successivement, saluent humblement Cosimo et se rangent en demi cercle, vis-à-vis de lui. Toute la maison se range dans le fond à gauche. On approche un piano à gauche de l'avant scène; des sièges sont disposés à droite pour le prince et le marquis.)

FINAL.

CHŒUR D'ENTRÉE.

Honneur, honneur à son altesse,
Sa bonté captive le cœur
A le fêter chacun s'empresse
Honneur, honneur à monseigneur.

COSIMO, *au marquis.*

Qu'est-ce que ces braves gens là?

LE MARQUIS.

Des environs c'est la noblesse
Qui vient saluer votre altesse.

COSIMO.

La noblesse, oui dà,
D'après ce que je vois personne j'imagine
Ne lui contestera son antique origine.
Mais dites-moi, ces vieilles, ces barbons
N'ont ils pas quelques rejetons?

LE MARQUIS.

Non monseigneur...

COSIMO.

C'est agréable.
(*Il regarde et lorgne successivement les vieilles femmes en faisant pour chacune une grimace.*)

LE MARQUIS, *à part.*

J'ai mes raisons
Pour lui cacher les rejetons
Ma nièce seule ici doit lui paraître aimable.

COSIMO.

C'est une gageure, ma foi,
Eh! quoi! dans tout le voisinage
N'avez-vous pas un plus joli visage.

MATHÉO.

La comtesse Elzida!

COSIMO, *à part.*

Encore une!... ah! mais non, c'est mieux ça.

LE MARQUIS, *la prenant par la main.*

Monseigneur c'est ma nièce
Que je présente à votre altesse.

COSIMO.

Je vous en fais mon compliment
A la bonne heure elle est jolie,
(*lui baisant la main.*)
Vous permettez?

LE MARQUIS.

Certainement.   (*bas à Elzida.*)
Tout va bien son âme est ravie,
Et ton triomphe est certain maintenant.
(*aux gens qui sont dans le fond.*)
Pour le concert, voyons qu'on se dispose.
(*on apporte des pupitres et de la musique.*)

COSIMO.

Le concert ça me va
Pourvu que la belle Elzida
Nous chante quelque chose.

ELZIDA.

Moi, monseigneur...

LE MARQUIS.

Oui, monseigneur,
C'est pour elle beaucoup d'honneur.

Mais cet honneur se doublerait,
Si, par une grâce touchante,
Ici votre altesse daignait,
A sa voix timide et tremblante,
Unir cette voix si brillante
Que tout le monde lui connaît.

COSIMO.
Qui ça, moi, j'ai la voix brillante,
Et vous voulez que je chante?

LE MARQUIS.
Rien qu'un duo; de grâce, monseigneur,
Daignez nous faire cet honneur.

ELZIDA.
Moi, chanter avec monseigneur,
Ah! vraiment, j'en mourrai de peur.

CHŒUR.
Quoi! nous entendrons monseigneur:
Ah! quel honneur! ah! quel honneur!

ELZIDA, *bas au marquis.*
Mais, mon oncle, je vous en prie.

LE MARQUIS.
C'est bien... Viens donc, ma chère amie,
Rien ne pousse à la sympathie
Comme un duo...

ELZIDA.
Mais, j'ai trop peur.

LE MARQUIS.
C'est égal... Monseigneur,
Voilà votre partie.
(*A Elzida.*) Voici la tienne; commençons.
(*Il se met au clavecin.*)

COSIMO, *à part.*
De cette paperasse,
Que veut-il que j'en fasse?

(*Il tourne sa musique dans tous les sens. Il finit par s'asseoir et faire un rouleau de sa partie, et s'en servir pour battre la mesure sur son genou.*)

LE MARQUIS, *au clavecin.*
Silence!... Nous commençons.

CHŒUR.
Silence! nous écoutons.
(*Le marquis paraît exécuter une brillante ritournelle.*)

ELZIDA.
RÉCITATIF.
Vainement Roméo, la haine et la vengeance
S'efforcent chaque jour de désunir nos cœurs.
Ton amour sur mon âme a seul de la puissance,
Et du destin pour toi j'affronte les rigueurs.

COSIMO, *parlé.* Parfait! comme un ange! ma parole d'honneur!
LE MARQUIS. Eh bien?...
ELZIDA. Mais c'est à son Altesse.
COSIMO. A moi, quoi?
ELZIDA. C'est à vous de partir en *mi* bémol, Monseigneur.
COSIMO. Partir en *mi* bémol?
ELZIDA. Oh! j'en suis sûre... (*Prenant la musique.*) Tenez, voyez plutôt... Après cette phrase de Juliette : J'affronte les

* Cosimo, Elzida, le Marquis.

rigueurs, c'est Roméo qui reprend : Ame de ma vie!
COSIMO. Roméo, sans doute, c'est Roméo... Ame de ma vie!... Certainement... Il ne s'agit que de s'entendre... c'est que je suis très distrait, voyez-vous... et puis, voulez-vous que je vous dise?... ça me paraît un peu triste, votre duo... J'aime la musique gaie, moi... Tenez, par exemple, ce morceau de cet opéra... comment l'appelez-vous donc? Le...
LE MARQUIS. Le...
COSIMO. La...
LE MARQUIS. La..,
COSIMO. Non, je crois plutôt que c'est les...
LE MARQUIS. Les...
LE MARQUIS. Je ne sais pas, Monseigneur...
COSIMO. Si fait, si fait...
LE MARQUIS. Vous croyez?...
COSIMO. Vous ne connaissez que ça... Une espèce d'imbécile qui veut apprendre une romance à une jeune fille que ça... que ça n'amuse pas du tout, et qui ne s'occupe que d'une valse, qu'on exécute sous sa fenêtre... Y êtes-vous?...
LE MARQUIS. Non, Monseigneur...
ELZIDA. N'est-ce pas dans le dernier opéra de Bertolzi?
COSIMO. Juste!
ELZIDA. J'ai là le morceau sur mon clavecin, si Monseigneur le préfère?
COSIMO. Oui franchement, ça me va mieux. Je ferai l'imbécile; et vous la jeune fille qui écoute la valse.
ELZIDA. Volontiers, Monseigneur,... voilà votre partie...
COSIMO. C'est inutile.... Je le sais par cœur.
LE MARQUIS. Comme ça se trouve.
COSIMO, *à part.* Je crois bien, je l'ai entendu répéter vingt fois, tout en badigeonnant les corridors du théâtre.... Quand vous voudrez, marquis.
(*Le marquis commence la ritournelle.*)

COSIMO.
Joli badigeonneur!

(*A part.*) Oh là! quelle bêtise!
LE MARQUIS. Qu'est-ce donc?... mon prince?
COSIMO. Rien, rien, une distraction... Allez toujours.
LE MARQUIS. Ah! oui, ce grand braillard de ce matin.
COSIMO. Juste.
LE MARQUIS. Quelle mémoire! c'est colossal!
COSIMO. Allez donc!

MORCEAU DU CONCERT.
(*Après le morceau.*)
LE CHŒUR.
Ah! bravo! bravo! Monseigneur,
On ne chante pas mieux, d'honneur.
(*Cosimo répond aux complimens qu'on lui fait en affectant grotesquement de la modestie.*)
LE MARQUIS, *à qui Mathéo est venu parler.*
Monseigneur, au jardin,
Tout est prêt pour la joûte :
Daignerez-vous?...
COSIMO.
Qui, moi ? sans doute.
(*A Elzida.*) Vous, charmante syrène,
Soyez notre reine.
Acceptez ma main.
LE MARQUIS, *bas à Elzida.*
Le voilà pris... ton triomphe est certain.

ENSEMBLE.
COSIMO.
Ça va bien, j'espère :
Chacun à me plaire,
Met tout son bonheur.
Oui, pour moi leur âme

De zèle s'enflamme;
J'en ris de bon cœur.
LE MARQUIS.
Il t'aime, ma chère.
Ta voix si légère
A touché son cœur.
Son regard de flamme,
Ici de son âme
A trahi l'ardeur.
ELZIDA.
Mon oncle a beau faire
Je ne compte guère
Plaire à Monseigneur
Car d'une autre flamme
Sans doute son âme
A senti l'ardeur.
LE CHŒUR.
Il a tout pour plaire,
Et grâce légère
Et noble grandeur;
Son regard de flamme,
Nous peint bien son âme,
Vive Monseigneur !

ACTE DEUXIÈME.

Le théâtre représente une salle de verdure dans le jardin du marquis, tout autour sont des portes taillées dans la charmille. Au milieu est une fontaine en marbre; à droite de l'acteur, une table et des chaises de jardin.

SCÈNE PREMIÈRE.

ELZIDA.

En vérité, si je n'avais pas acquis de nouveau la certitude que c'est bien le prince héréditaire qui est arrivé ici cette nuit, je croirais mon pauvre oncle victime de quelque mystification... A chaque instant, en effet, le ton, les manières de son Altesse feraient douter de son rang... Mais du moins, à travers ses singularités, on reconnaît toujours un cœur bon et généreux, et c'est là l'essentiel... Ce qu'il y a de mortifiant, pour mon oncle, par exemple, c'est que le prince ne paraît pas disposé à relever en ma personne, l'antique splendeur de notre maison... et franchement, pour ma part, je suis charmé de cette indifférence ; car je pourrai, grâce à elle, rester fidèle à Arthur (*riant*), sans être maudite et déshéritée.

CAVATINE.
Eclat du diadème,
Honneurs du rang suprême,
Aux prix de ce que j'aime
Vous n'êtes rien pour moi.
Que me fait l'opulence,
L'orgueil de la naissance,
Je garde ma constance
A qui reçut ma foi.
Oui, cher Arthur reviens ma voix t'appelle,
De tes combats reviens victorieux.
Ton Elzida, toujours tendre et fidèle
Bravera tout pour couronner tes vœux.
Le ciel m'écoute
Bientôt sans doute
Il va venir.
Mon cœur d'avance
Bat d'espérance
Et de plaisir.

SCÈNE II.

ELZIDA, MATHÉO.

MATHÉO. Mademoiselle, il y a là une dame qui demande à vous parler.
ELZIDA. A moi ?
MATHÉO. Oui, mademoiselle, une dame richement parée, le visage couvert d'un voile, dont elle s'enveloppe avec soin.
ELZIDA. Que signifie ?.. Fais-la venir

MATHÉO. Elle m'a suivi... Elle est là tout près.

Il va vers une des portes de la salle de verdure et fait signe à Angela d'entrer. Elzida lui fait une révérence. Angela fait un mouvement pour lever son voile, aperçoit Mathéo qui regarde et s'arrête. Elzida fait un signe à Mathéo qui sort.

SCÈNE III.

ELZIDA, ANGÈLA.

ELZIDA. Madame, puis-je savoir ce qui me procure l'honneur...

ANGÉLA. Pas tant de politesse, allez, mamzelle, ce n'est que moi.

ELZIDA. Angéla !

ANGÉLA. Oui, votre ancienne couturière, qui vous demande bien pardon de vous avoir laissé faire une si belle révérence... J'en étais toute honteuse, vrai.

ELZIDA. Quel mystère... et qui t'amène ?

ANGÉLA. Le souvenir de votre bonté... Je me suis dit : Elle sera ma protectrice, elle ne me repoussera pas.

ELZIDA. Non, sans doute ;... mais de quelle protection as-tu donc besoin, surtout quand je te revois sous ces riches habits?

ANGÉLA. Oh! quant à çà, je n'avais pas le choix ; il a bien fallu les mettre faute de mieux.

ELZIDA. Je ne puis comprendre.

ANGÉLA. Pardine !... moi, à qui c'est arrivé, c'est au plus si je le comprends moi-même... Une longue histoire, allez.. et une terrible.

ELZIDA. Explique-toi !

ANGÉLA. Il faut que vous sachiez d'abord, mamzelle, que j'avais un sentiment... oh! en tout bien tout honneur, pour un brave garçon, nommé Cosimo.

ELZIDA. Cosimo !

ANGÉLA. Un nom bien gentil, n'est-ce pas ?... comme celui qui le porte... un peintre distingué... dans son genre.

ELZIDA. Un peintre!

ANGÉLA. Oui, en bâtimens... ce qui s'appelle un vrai artiste... nous devions nous marier dès que nous aurions amassé de quoi monter notre petit ménage... et afin d'y parvenir plus vite,... parce que je ne le cache pas, j'étais aussi pressée que lui... j'avais pris le parti de me placer dans un magasin de Forli, où je gagnais le double où je me perfectionnais dans les modes, un métier d'or, tous les avantages. (Pleurant.) Ah ! mamzelle.

ELZIDA. Ne pleures donc pas... Jusqu'ici je ne vois rien que de très bien, de très heureux.

ANGÉLA. Sans doute, si dans ces magasins-là, il n'y avait pas toujours le chapitre des accidens ou des courses, ce qui revient au même.

COUPLETS.

Un jour chez un' pratique,
Je r'portais un bonnet,
Et depuis la boutique
 Un jeune homm' me suivait.
Que vous êtes jolie,
Dit-il, tout près de moi,
 Arrêtez, je vous prie;
Ça m'fit trembler d'effroi.
Alors j'courus plus vite,
Il s'mit à ma poursuite,
 C'était le soir,
 Il faisait noir,
Bien noir, bien noir !
J'implorais ma patronne,
Et sans doute la madonne
Arrêta l'séducteur.
Pour fill' sage et fidèle,
Convenez-en, mamzelle,
C'est avoir du malheur.

ELZIDA. Du malheur, mais non, puisque tu fus sauvée.

ANGÉLA. Oui, ce jour là, par miracle... mais la madone n'en fait pas tous les jours, des miracles.

2ᵉ COUPLET.

Le soir après l'ouvrage
J' m'en allais le lend'main ;
Lorsque sur mon passage,
Deux homm's noirs, s'offr' soudain,
Murmurant ma prière,
Hélas ! je m'évanouis,
Quand je r'vis la lumière
Mes yeux fur'nt éblouis,
Je crus, émerveillée,
Quoique bien éveillée,
 Dormir encor,
 Partout de l'or,
 De l'or, de l'or,
Puis une voix connue,
Me disait, toute émue,
Des trésors pour ton cœur !
Convenez-en, mamzelle,
Pour fill' sage et fidèle,
C'est avoir du malheur.

ELZIDA. Pauvre Angéla.... Mais tu as tout refusé de cet infâme ravisseur, n'est-pas ?...

ANGÉLA. Oh! sans doute, mamzelle... et il y avait du mérite, allez, car il était très bien, l'infâme ; et si prévenant, si doux !... Mais c'est égal, je n'ai pas oublié mon Cosimo un seul instant, et aussitôt que j'ai pu, je me suis échappée.

ELZIDA. Par quel moyen ?

ANGÉLA. Mon inconnu, qui venait tous les jours au château, où on me tenait enfermée ; avait manqué hier pour la première fois, et je crus remarquer du trouble, de l'inquiétude parmi ceux qui étaient chargés de me garder en son absence... Mon parti fut bientôt pris, et profitant du désordre, ce matin, au point du jour, par la petite porte du parc... Ah ! comme le cœur me battait, quand je me vis seule à travers champs,... ne sachant où aller... dans cette toilette, la plus simple encore de toutes celles qu'on me prodiguait... par bonheur une pauvre femme m'a indiqué votre château... ça m'a rendu le courage... Je suis accourue alors sans hésiter et satisfaite de moi, confiante en vous, et me voilà.

ELZIDA. Tu as bien fait... tu resteras près de moi... Le prince héréditaire est ici, tu lui demanderas justice de ton ravisseur... Justement, le voilà qui vient de ce côté ; je vais te présenter.

ANGÉLA. Moi présentée à un prince... Je n'oserais jamais...

ELZIDA. Laisse-moi faire, le voilà !

ANGÉLA. Ah ! mon Dieu !

(Angéla recule tremblante dans un coin du théâtre et se tient contre un piedestal les yeux baissés. Elzida semble faire tous ses efforts pour la rassurer.)

⸻

SCÈNE IV.

LES MÊMES, COSIMO, LE MARQUIS, NOBLES, LAQUAIS *.

COSIMO, *entrant par la droite.*
Assez, assez de promenade.

LE MARQUIS.
Votre altesse est malade.

COSIMO.
Mon altessse a grand appétit
Pressez le diner...

LE MARQUIS.
Il suffit !
(Il dit un mot aux laquai qui sortent aussitôt avec la suite.

ELZIDA, *allant vers Cosimo.*
Permettez monseigneur...

COSIMO.
Quoi donc ! beauté charmante?

ELZIDA.
Un seul mot ?

*Cosimo, le marquis, Elzida, Angéla.

COSIMO.
De vous, dix, vingt, trente.

ANGÉLA, *à part.*
Je n'ose hélas lever les yeux !

ELZIDA.
J'implore ici votre appui généreux

LE MARQUIS.
Comment?...

COSIMO.
Pour qui?

ELZIDA.
Pour une jeune fille.

COSIMO.
Pour une jeune fille !
Très volontiers... oui dà !

LE MARQUIS, *à part.*
Quelle idée a-t-elle donc là?

COSIMO.
Et votre jeune fille,
Est-elle un peu gentille?

ELZIDA.
Dans ses traits l'innocence brille :
Tenez, monseigneur, la voilà.
(*Allant prendre Angéla par la main.*)
Approche donc, pauvre Angéla.

COSIMO et LE MARQUIS.
Angéla !...

COSIMO, *qui s'est retourné brusquement quand il a vu approcher Angéla.*
La traîtresse !
Si je ne me tenais... mais pas de maladresse ;
N'augmentons pas mon embarras.

ELZIDA.
Sans crainte parle à son altesse.

ANGÉLA, *reculant.*
Oh ! non... non... non... Je n'ose pas.

ENSEMBLE.

COSIMO, *à part.*
O rencontre inattendue !
D'où vient-elle ainsi vêtue ?
Ah ! je sens frémir mon cœur ;
Mais cachons bien ma fureur.

LE MARQUIS, *à part.*
O rencontre inattendue
D'où nous est elle venue,
Mise avec tant de splendeur?
Je n'y comprends rien d'honneur.

ELZIDA, *à Angéla.*
Pourquoi trembler à sa vue?
Comme tu parais émue,
Parle donc à monseigneur
Et surtout pas de frayeur.

ANGÉLA, *à part.*
Combien mon âme est émue!
Je n'ose affronter sa vue,
Moi parler à monseigneur
Oh ! non, non, j'ai trop peur.

LE MARQUIS.
Ma nièce est une indiscrète
Blesser ainsi l'étiquette,

à *Angéla*.)
Allez, petite, allez...

COSIMO, *sans se retourner.*
Non, je veux tout savoir...
Qu'elle reste...

LE MARQUIS.
Mais, mon devoir...

COSIMO.
Silence !

ELZIDA.
Ah ! oni daignez l'entendre
Votre pouvoir doit la défendre,
D'un ravisseur qui durant quinze jours
La tint captive et loin de tout secours.

COSIMO, *à part.*
Quinze jours, c'est bien ça
Et revenir si belle,
Aye! aye (*haut*) allez qu'on me laisse avec elle.

LE MARQUIS.
Quoi ! Monseigneur...

COSIMO.
Oui vous l'intimidez

LE MARQUIS.
Mais l'étiquette !...

COSIMO
Allez vous m'entendez.

ENSEMBLE.

COSIMO, *à part.*
Tâchons de me bien contraindre
Sachons enfin si je doi
Ou la maudire ou la plaindre
Ah ! je tremble malgré moi.

LE MARQUIS.
Allons il faut me contraindre
Après tout ici je croi.
Cet entretien n'est à craindre
Pour Elzida ni pour moi.

ELZIDA, *à Angéla.*
Ici que peux tu donc craindre
Son noble cœur va, crois moi
Te protéger ou te plaindre,
Pauvre Angéla calme toi.

ANGÉLA, *à part.*
Mon dieu que je suis à plaindre
Parler au prince qui, moi?
Que dois-je espérer ou craindre
Ah ! je tremble malgré moi.

(Elzida sort avec le marquis qui lui fait à voix basse de nouveaux reproches, Angéla reste dans un coin, Cosimo remonte la scène pour bien s'assurer qu'ils sont seuls.)

SCÈNE V.

COSIMO, ANGÉLA.

COSIMO, *à part.* Nous voilà seuls,... tâchons qu'elle ne me reconnaisse pas... c'est le seul moyen de lui faire avouer toute la vérité... Dieu sait ce que ça va être. J'en ai le frisson d'avance... Il se passe tant de choses en quinze jours.

ANGÉLA, *à part.* S'il ne me dit rien, je n'oserai jamais lui parler la première, puisque je n'ai pas même le courage de le regarder.

COSIMO, *s'asseyant.* Hum ! hum ! hum !
ANGÉLA, *reculant.* Ah ! mon Dieu !
COSIMO. Approchez, petite, approchez.
ANGÉLA, *sans lever les yeux.* Oui, monseigneur...
COSIMO. Là, là, pas trop près... assez... à distance respectueuse... ma chère... Ah ! çà, maintenant parlez, et surtout soyez de bonne foi, parce que si vous me trompiez.

ANGÉLA. Oh! non, non, monseigneur...
COSIMO. Vous prétendez qu'on vous a enlevée, c'est bientôt dit, ça... mais il s'agit de savoir si vous n'avez pas encouragé le ravisseur par votre coquetterie, par des œillades, des sourires agaçans, oh enfin, par toutes ces jolies petites mines à l'usage des jeunes filles et des modistes, surtout.

ANGÉLA. Eh ! mon Dieu, monseigneur, si je l'avais encouragé, si je lui avais donné des espérances, aurait-il eu besoin de m'enlever ?

COSIMO, *à part.* C'est assez juste. (*Haut.*) Mais une fois en son pouvoir... qu'est-ce qui s'est passé ?

ANGÉLA. On vous l'a dit, monseigneur, il s'est passé quinze jours.

COSIMO *à part.* Parbleu ! je ne le sais que trop... Voilà bien ce qui m'effraye ! (*Haut.*) Mais, à quoi ce temps-là était-il employé ?

ANGÉLA. A mille choses,... des promenades, des collations,... des surprises de toute espèce... Il me priait de lui chanter les refrains du pays... il louait ma voix !

COSIMO, *à part.* Vil flatteur, va ! (*Haut.*) Après ?...

ANGÉLA. On me faisait essayer des parures nouvelles ;... et il assurait qu'elles m'allaient à ravir !

COSIMO. Scélérat ! (*Haut.*) C'est très bien pour le jour ;... mais le soir ?...

ANGÉLA. Le soir, il s'en allait.
COSIMO. Tous les soirs ?
ANGÉLA. Tous les soirs.
COSIMO. Ah! je respire un peu !... (*haut.*) Mais peut-être il habitait une chambre voisine de la votre.

ANGÉLA. Non, non, on venait toujours

le chercher... Il ne passait jamais la nuit au château.

COSIMO, *à part*. Ah! je respire tout à fait! ainsi donc à ce compte là vous n'auriez absolument que l'enlèvement à lui reprocher.

ANGÉLA. Mais c'est déjà bien assez... moi qui en aimais un autre; et qui allais me marier... Un joli garçon; allez, et si bon, si aimable!

COSIMO. Vous trouvez... (*A part*.) Tiens c'est agréable d'entendre comme ça ses vérités incognito.

ANGÉLA. Maintenant il ne voudra plus de moi... j'aurai beau lui jurer que je n'ai pas cesser de lui être fidèle... comment lui en donner les preuves après quinze jours d'absence?... il est déjà si difficile de se faire croire sur parole, quand on est toujours restée là!

COSIMO. Pauvre Angéla! il te croira, va je t'en réponds.

DUO.

ANGÉLA.

Qu'entends-je? cette voix! mais c'est une méprise!
Le Prince.... Cosimo...

COSIMO.

   Reviens de ta surprise,
 Regarde... c'est bien moi,
Moi, que ton seul amour rend plus heureux qu'un
          Roi.

ANGÉLA.

Mais, quelle crainte, a passé dans mon âme,
Comment, Monsieur, vous trouvez-vous ici?
Est-ce donc qu'une grande dame,
Vous a fait enlever aussi.

COSIMO.

Pas tout-à-fait... tu sauras le mystère,
 Mais il faudra te taire :
 Car je serai perdu
 Si j'étais reconnu.

ANGÉLA.

Je me tairai, c'est convenu.

ENSEMBLE.

COSIMO.	ANGÉLA.
Plaisir extrême,	Plaisir extrême,
Va plus d'effroi,	Ah! plus d'effroi,
Celui qui t'aime	Celui que j'aime
Est près de toi.	Est près de moi.

ANGÉLA.

 Quelle magnificence!
 Le bel habit,
 Qu'il t'embellit.

COSIMO.

Et toi donc! quelle élégance,
Ah! c'est pour en perdre l'esprit.
 (*Lui prenant la main d'un air solennel*.)
Daignez Madame la duchesse
Couronner mon ardent amour.

ANGÉLA, *du même air*.

Ah! monseigneur! à votre altesse
C'est moi qui doit faire ma cour.

ENSEMBLE.

Les jolis rôles,
Ici vraiment,
Sommes nous drôles :
Ah! c'est charmant!

COSIMO.

De ton ravisseur, si l'audace
Ose encor te mettre en péril,
Près du prince que je remplace,
Je puis l'accuser, quel est-il?

ANGÉLA.

Je n'en sais rien... Mais pour le reconnaître,
Dans ma fuite je n'ai soustrait
Qu'un de ses présens, son portrait.

COSIMO, *prenant le portrait*.

Donne, plus tard il servira peut-être.
A part, Ciel qu'est-ce que je vois?
C'est le prince lui-même.

ANGÉLA.

D'où vient ce trouble extrême :
Pourquoi donc cet effroi?

COSIMO.

C'est fait d'elle et de moi.

ANGÉLA.

Parle donc... réponds-moi.

COSIMO.

N'allons pas l'effrayer. (*Haut*.) Tu m'aimes!

ANGÉLA.

Oui, sans doute!

COSIMO.

Eh bien! alors écoute.
Il faut dès cette nuit
Fuir ensemble et sans bruit.

ANGÉLA.

Mais pourquoi ce mystère?

COSIMO.

 Crois-moi, c'est nécessaire.
Loin de ces lieux maudits quand nous serons tous
          deux,
Nous serons pauvres, mais heureux!
Car sans regrets, j'espère,
Oh! oui, tu me suivras.

ANGÉLA.

 Quand tu voudras,
 Où tu voudras.

COUPLETS.

Riches broderies,
Parures jolies,
Et pompeux atours,
Je quitte sans peine
Votre splendeur vaine.
Adieu, pour toujours,
Gaîté, confiance.
Un signal de danse,
Un refrain joyeux,
Me plaisent bien mieux.
Ta main dans la mienne
Ma main dans la tienne,
Ah! ah! ah! ah! ah!
Le bonheur est là.

COSIMO

Au sein du village,
Dans notre ménage,
Jamais de tourment;
Car le travail même,
Pour celle qu'on aime,
S'achève gaîment.
Puis, à la nuit close,
Le plaisir repose,
Et quand on s'endort
On murmure encor,
Ta main dans la mienne, etc.

A la seconde reprise, Cosimo et Angéla figurent quelques pas de danse et finissent par s'embrasser.

SCÈNE VI.

LES MÊMES, LE MARQUIS. *

LE MARQUIS, *à part*. Bonté divine! que vois-je?.. son altesse qui embrasse la couturière... (*Il tousse.*) Hem! hem! hem!
ANGÉLA, *se dégageant*. Quelqu'un!
COSIMO. Reste donc... est-ce que je n'ai pas le droit de t'embrasser?
ANGÉLA. Oui, si tu n'étais que toi... mais...
COSIMO. C'est vrai... j'étais si heureux que j'oubliais que j'étais prince.
LE MARQUIS, *saluant* Monseigneur!
COSIMO, *bas*. Ah! ce n'est que le marquis... tu vas voir comment je le mène celui là... Eh bien! qu'est-ce mon cher, qui vous amène quand je suis occupé à recevoir les plaintes de l'innocence?... pourquoi interrompez-vous le cours de la justice.
LE MARQUIS, *à part*. Il appelle cela la justice!
ANGÉLA, *à part*. A t-il de l'aplomb!
LE MARQUIS. Pardon, Monseigneur... certainement je n'aurais pas osé me permettre d'interrompre le cours de la justice sans l'arrivée d'un envoyé de votre auguste père qui demande à être introduit immédiatement devant votre altesse.
ANGÉLA, *bas*. Ah! mon Dieu! dis donc, s'il est de la cour, il va te reconnaître.
COSIMO, *de même*. C'est à dire au contraire... il ne me reconnaîtra pas, voilà le diable!.. (*Haut.*) Ecoutez donc, marquis, est-ce qu'on ne pourrait pas le prier poliment cet envoyé de mon auguste père de repasser plus tard, demain par exemple, la semaine prochaine?
LE MARQUIS. Impossible, monseigneur, vous ne pouvez vous dispenser de le recevoir.. ça ferait le plus mauvais effet.

* Angéla, Cosimo, le marquis.

COSIMO, *bas*. Et si je le reçois ça en fera encore un bien pire.
LE MARQUIS. Allons, allons, sortez petite.. allez rejoindre ma nièce... pour moi, monseigneur, je vais remplir mes fonctions de grand maître des cérémonies.
ANGÉLA, *à part*. Pauvre Cosimo! que va-t-il devenir.

Le marquis la pousse par une des portes et sort par l'autre pour chercher l'envoyé.

COSIMO. Si je sais comment me tirer de là... ah! si... c'est ça... oui; parfait.

Il tire son mouchoir de sa poche se l'applique sur la joue et se jette sur le fauteuil.

SCÈNE VII.

COSIMO, LE MARQUIS, LE COMTE DE BELMONTE.

LE MARQUIS. Daignez approcher M. le comte... monseigneur aura le plus grand plaisir à vous recevoir.
COSIMO, *à part*. Oui, il est joli le plaisir.
LE COMTE, *saluant*. Monseigneur.
COSIMO. Oh! ah!...
LE MARQUIS. Qu'est-ce donc?
COSIMO. Ah! oh! ne faites pas attention, ce n'est rien qu'une rage.
LE MARQUIS. Ah! mon Dieu! mais tout-à-l'heure votre Altesse était si bien!
COSIMO. C'est possible!... mais à présent je suis très mal... Oh! la! oh!
LE COMTE. Cette douleur est donc venue subitement.
COSIMO. Tout-à-fait... Oh! ah!
LE MARQUIS. Un coup d'air. une fluction sans doute.... Je vais sur-le-champ envoyer chercher un médecin
COSIMO. Heim? Il ne manquait plus que ça... (*haut*) du tout, pas de médecin... je n'en veux pas... ça m'est défendu pour ma santé.
LE MARQUIS. Ma responsabilité cependant.... Mathéo! Mathéo!
COSIMO, *à part*. Allons, il est dit que je n'esquiverai pas la reconnaissance.
LE COMTE. Ah! monseigneur, combien il m'est pénible pour la première fois que j'ai l'honneur de paraître devant votre Altesse.
COSIMO, *à part*. Plaît-il? La première fois?.. Diable! ça change bien la thèse (*haut*) Marquis! marquis!

* Cosimo, le marquis, le comte.

LE MARQUIS, *se retournant*. Monseigneur?
COSIMO. Revenez, revenez.... ça va beaucoup mieux... Mais revenez donc... Je vous dis que ça se passe.
LE MARQUIS. Est-il possible?
COSIMO. Je crois même que c'est tout-à-fait passé.
LE MARQUIS. Votre Altesse est-elle sûre?
COSIMO. Je dois bien le savoir peut-être.... voilà ce qu'il y a de bon avec moi, estimable envoyé, si ça vient vite, vous voyez ça s'en va de même.
LE MARQUIS. C'est fort étrange.
LE COMTE, *bas*. Si étrange que j'ai beau avoir été prévenu par vous des singularités du princes, celle-ci va plus loin que je ne m'y attendais.
COSIMO. Ainsi, mon cher monsieur l'envoyé, asseyez-vous là, sans façon et allons au fait, vous, marquis, mettez-vous ici à ma droite, vous me conseillerez.
LE MARQUIS. * Quel excès d'honneur!
COSIMO. Et faites bien attention surtout.
LE MARQUIS! Je ne perds pas un mot.
COSIMO. Voyons donc maintenant digne envoyé.. Qu'y a-t-il pour votre service?
LE COMTE. Arrivé d'hier à la cour du prince votre père, je lui ai présenté des lettres de créance du duc de Ferrare, mon maître, avec la mission de mettre un terme aux discordes, qui depuis vingt-ans divisent les deux états dont il est inutile de vous retracer l'histoire.
COSIMO. Parbleu! je la connais mieux que personne... J'ai été bercé là dedans... mais c'est égal... faites absolument comme si je n'en savais pas le premier mot... parce que comme on dit qui n'entend qu'une cloche.... (*se reprenant*) Je suis prêt à vous entendre.
LE MARQUIS. Auguste impartialité!
LE COMTE. Eh bien, monseigneur... il existe entre le duché de Ferrare et celui de Forli un territoire contesté, source de haine et de guerre.... placés près de Venise, nous sommes protégés par elle.... de votre côté le voisinage des Etats Romains vous a donné leur alliance.
COSIMO. Ah! le Pape est de notre côté... alors nous sommes sûrs d'avoir sa bénédiction... Eh bien! mais c'est un avantage ça, n'est-ce pas marquis?
LE MARQUIS. Certainement monseigneur, pour l'effet moral.... Quel profond politique!
LE COMTE. Pour nous Venise a ses vaisseaux, ses soldats!
COSIMO. Et nous donc! les soldats du Pape!
LE MARQUIS. Heim!
LE COMTE. Monseigneur plaisante sans doute.
COSIMO. Vous croyez (*à part*) J'aurai dis une bétise.
LE COMTE. Que votre altesse songe aux conséquences d'une reprise d'hostilités... pour les prévenir, toutes les bases d'un accord sont adoptées... le duc de Ferrare donne à sa fille ses droits sur le territoire en litige... le prince votre père vous fait le même abandon... Et dès lors vous concevez qu'il ne tient plus qu'à vous seul.
COSIMO. Oui, oui, sans doute... je conçois... du moment que la chose est en litige... et que de son côté mon auguste père adopte les bases... c'est clair... il n'y a pas le plus petit mot à dire... c'est très bien arrangé tout ça mon cher ami... très bien... très bien! qu'en pensez-vous, marquis?
LE MARQUIS. Moi, monseigneur?... j'ai compris la chose absolument comme vous.
COSIMO. Oui... eh bien! je vous en fais mon compliment... c'est très bien de votre part.
LE COMTE. Ainsi donc, monseigneur, le but de ma mission est rempli... vous consentez au mariage?
COSIMO, *se levant*. Au mariage... (*Au marquis.*) C'était un mariage.
LE MARQUIS. Si je l'avais su par exemple!
LE COMTE. Votre altesse n'a plus qu'à mettre sa signature au bas de cet acte préparé d'avance par l'ordre de son père, et elle sera libre à l'instant.
COSIMO. Ah! pour être libre, il faut que je signe? (*A part.*) Me voilà bien!... c'est très embarrassant, ça marquis?...
LE MARQUIS. Cela dépend des dispositions de monseigneur.
COSIMO. Oh! ce ne sont pas les dispositions qui m'ont manqué, mais... (*A part.*) Au fait, une fois marié, ce mauvais sujet là s'occuperait peut-être moins des femmes et des maîtresses des autres... (*Haut.*) Eh bien! messieurs; voilà qui est décidé, le prince accepte le mariage. *
LE MARQUIS, *à part*. Est-il possible?

* Le Marquis, Cosimo, le Comte.

* Le Comte, le Marquis, Cosimo.

LE COMTE. Alors, monseigneur, daignez signer.
COSIMO. Signer! (*A part.*) Je n'y pensais plus moi à la signature; si au moins, il m'avait laissé sa griffe... je ne peux pourtant pas aller leur dire... comment faire?..

SCÈNE XVIII.
LES MÊMES, MATHÉO.

MATHÉO. Monseigneur! monseigneur!
COSIMO. Quoi?... (*A part.*) Il arrive bien celui là.
LE MARQUIS. Insolent qui vous a donné l'audace de vous jeter ainsi au milieu d'une conférence diplomatique?
MATHÉO. Dame! j'avais cru bien faire.
LE MARQUIS. Bien faire... conçoit-on... bélître!
COSIMO. Voyons qu'y a-t-il? parle.
MATHÉO. Altesse, c'est qu'on vient d'arrêter un voleur.
LE MARQUIS. Eh bien! qu'on le pende et laisse nous tranquilles...
MATHÉO. Mais c'est que c'est monseigneur qui a été volé ici même.
COSIMO. Moi?...
LE MARQUIS. Dans ma maison, quelle audace! et quel est le misérable?..
MATHÉO. Un de vos badigeonneurs.
COSIMO. Qu'entends-je?...
MATHÉO. Craignant sans doute d'être poursuivi, il est entré dans une ferme à l'autre bout du village... Il a parlé d'acheter un cheval, sans marchander, au prix qu'on en voudrait... avec son costume, c'était déjà suspect; lorsqu'il a tiré une bourse pleine d'or au chiffre de son altesse.. alors on s'est emparé de lui et on l'amène.
COSIMO, *à part*. De mieux en mieux! le prince arrêté à présent... comment tout ça finira-t-il?..

SCÈNE IX.
LES MÊMES, LE PRINCE, ELZIDA, GARDES DU CHATEAU.

(Ils amènent le Prince qui se débat.)

CHŒUR.

Marche, et n'espère pas de grâce
Rusé coquin te voilà pris,

Cosimo, le prince, le marquis, le comte, Elzida.

Et de ta criminelle audace
Bientôt tu recevras le prix.

LE MARQUIS. Eh! mais je ne me trompe pas... c'est notre fripon de ce matin... approche misérable, et dis nous ton nom?
LE PRINCE. Mon nom?
LE MARQUIS. Oui, ton nom! est-ce que tu ne le sais pas par hazard?
LE PRINCE. C'est que...
COSIMO, *à part*. Le fait est qu'il a oublié de me le demander.
LE MARQUIS. Eh bien! parleras-tu?
LE PRINCE. Je ne le dirai qu'à monseigneur.
LE MARQUIS. Voyons, comment t'appelles-tu?
COSIMO, *avec distraction*. Oui, comment t'appelles-tu?
LE PRINCE, *bas en le pinçant*. Comment t'appelles-tu?
COSIMO, *bas*. Bernard, Ignace, Cosimo.
LE MARQUIS. Vous l'a-t-il dit, mon prince?
COSIMO. Hein?...
LE PRINCE. Certainement.
COSIMO. Certainement, il prétend qu'il se nomme...
LE PRINCE. Je me nomme...
COSIMO. Bernard...
LE PRINCE, *répétant presqu'aussitôt*. Bernard.
COSIMO. Ignace...
LE PRINCE. Ignace...
COSIMO. Cosimo...
LE PRINCE. Cosimo...
ELZIDA. Cosimo!... est-il possible? (*A part.*) Pauvre Angéla.
LE MARQUIS. Allons, qu'on le jette dans un cachot, nous reprendrons l'interrogatoire après dîner.
LE PRINCE. Le premier qui approche.
LE MARQUIS. Hein?... qu'est-ce que c'est?... Je crois qu'il s'insurge.
LE PRINCE, *tirant Cosimo à l'écart*. Ecoute... (*Haut.*) Laissez-nous.
LE MARQUIS. Par exemple!
COSIMO. Laissez-nous... puisqu'on vous le dit.
(Le prince et Cosimo remontent et descendent la scène, en causant bas. Cosimo gesticule beaucoup et montre l'envoyé.)
LE COMTE, *au marquis*. M'expliquerez-vous enfin, ce que tout cela signifie?
LE MARQUIS. Assurément... Aussitôt que j'y aurai compris quelque chose, vous serez le premier... chut!
(Voyant le prince et Cosimo qui redescendent.)
LE PRINCE, *bas à Cosimo*. N'importe, fais ce que je t'ai dit, ou sinon...

LE MARQUIS. Eh bien ! monseigneur... faut-il le jeter au cachot, le pendre ?
COSIMO. Non marquis, non, il faut au contraire lui donner la clef des champs, et tout de suite.
LE MARQUIS. C'est inouï !... Allons, va-t-en, puisque monseigneur le veut.
LE PRINCE. S'il vous était égal de me rendre avant, la bourse que monseigneur m'a donnée.
LE MARQUIS. Est-il vrai monseigneur ?
COSIMO. Puisqu'il le dit. (à part.) Au fait, j'aime autant ça... En restant il pourrait voir Angéla,... et alors...
ELZIDA, au prince. Un instant, mon ami, vous ne partirez pas seul, j'ai une compagne à vous donner.
LE PRINCE. Comment ?
COSIMO, à part. De quoi se mêle-t-elle ?
ELZIDA, à Mathéo. Qu'on appelle Angéla...
LE PRINCE. Angéla ! Angéla est ici ?
COSIMO, à part. Aye, aye, aye !

SCÈNE X.

Les Mêmes, ANGÉLA.

FINAL.

ELZIDA, prenant Angéla par la main.
Viens ma chère Angéla ton amant t'est rendu.

ANGELA.
Ah ! grand Dieu ! qu'ai je vu !

LE MARQUIS.
Rassurez-vous ma chère
Et partez avec votre amant.

COSIMO.
Ah ! c'est trop fort !

LE PRINCE.
Calme donc ta colère !
C'est vraiment
Très piquant !

ANGELA.
Hélas ! hélas ! que dois-je faire, etc.

LE MARQUIS.
Qu'attendez-vous ? partez donc à l'instant.

ANGELA.
Hélas ! que faut-il faire, etc.

COSIMO.
J'étouffe de colère,

LE PRINCE.
Venez, venez ma chère

TOUS.
Quel est donc ce mystère ?

COSIMO, allant prendre Angéla par la main.
Je n'y tiens plus ! elle est à moi,
Seul j'ai reçu sa foi
Mais dis-le donc toi-même.

ANGELA.
Oui c'est lui seul que j'aime.

LE COMTE.
Ah ! quel affront en ma présence !...
Vous le voulez prince, eh bien ! c'en est fait
La guerre ! je reprends ce traité d'alliance.

COSIMO.
Que m'importe votre alliance.

LE PRINCE.
Un traité... donnez-moi...

TOUS.
Quel excès d'insolence !

LE PRINCE, à part.
Cédons du moins à la prudence
Puisque l'amour me trahissait.
(haut.)
Je signe !

LE MARQUIS.
O nouvelle impudence
Mais son châtiment est tout prêt.

COSIMO.
Laissez le donc.

LE MARQUIS.
Pourtant

COSIMO.
Silence !
En signant il sait ce qu'il fait
(tirant de sa poche le portrait qu'Angéla lui a remis.)
Vous mon cher envoyé pour gage d'alliance
Du prince par ma main recevez ce portrait.

LE COMTE.
Que vois-je monseigneur ?

TOUS.
Monseigneur !

COSIMO.
Oui je lui cède avec le nom d'altesse,
Gloire, habits, tout, excepté ma maîtresse.

ELZIDA.
Pour cette fois, mon oncle, adieu donc la couronne.

LE MARQUIS.
Je suis anéanti la force m'abandonne.

LE PRINCE.
Je te quitte Angéla, reste fidèle et sage,
Reçois ici ta dot et mes adieux.
Comte, je suis à vous.. Ah ! c'est pourtant dommage,
Partons... adieu... sans moi, soyez heureux.

CHŒUR FINAL.

Honneur à son altesse,
Son pouvoir protecteur,
La { sa }
Te { rend à ma } tendresse,
Me { ta }
Vive, vive monseigneur !

FIN.

Imprimerie de Mad. De Lacombe, Faub. Poissonnière, N. 1.

LE TESTAMENT DE PIRON,

COMÉDIE-VAUDEVILLE EN UN ACTE,

Par MM. Ferdinand Langlé et Alboise.

Représentée, pour la première fois, à Paris, sur le théâtre du Palais-Royal, le samedi 17 octobre 1835.

PERSONNAGES.	ACTEURS.	PERSONNAGES.	ACTEURS.
PIRON.	MM. DORMEUIL.	ANDRÉ GALLET, correcteur du Mercure de France.	Mlles AUGUSTINE
DE PRADINAS, capitoul et mainteneur des Jeux Floraux.	SAINVILLE.	ANGÉLIQUE, nièce de Piron.	CLARISSE.
Chevalier BERTIN, secrétaire particulier du Duc de la Vrillière.	LHÉRITIER.	MARGUERITE, vieille gouvernante de Piron.	ELÉONORE.
FRÉDÉRIC CAPRON DE PRADINAS, neveu du Capitoul.	WELCH aîné.	FAVART, membre du Caveau.	
SOLDATS DU GUET.		LAUJON, id.	
UN COMMISSAIRE.		PANNARD, fils, id.	
GARÇONS RESTAURATEURS.		COLLÉ neveu, id.	
		BARRÉ, id.	
		UN NOTAIRE.	

La scène se passe à Paris dans la maison de Piron.

Le théâtre représente un salon d'entrée. Au fond, la porte principale ; à gauche, l'appartement de Piron ; à droite, celui de sa nièce.

SCENE I.

ANGÉLIQUE, FRÉDÉRIC, puis MARGUERITE.

ANGÉLIQUE, *appelant à mi-voix.* Frédéric ! Frédéric ! dépêche-toi.

FRÉDÉRIC, *sortant de la chambre d'Angélique.* Comment, il est déjà neuf heures !

MARGUERITE. Pardine ! l'horloge se gêne pour ça... Vous croyez donc que la grante aiguille des Petits-Pères va rester là, les bras croisés pendant que vous êtes au lit comme des jeunes mariés d'avant-z-hier.

ANGÉLIQUE. Mais il n'y a pas déjà si long-temps que nous sommes mariés ; à peine dix-huit mois.

MARGUERITE. Excusez du peu ! vous la faites joliment durer la lune de miel.

FRÉDÉRIC. Jolie lune de miel, ma foi ; ne nous voir qu'à la dérobée !

ANGÉLIQUE. N'oser se parler devant le monde !

FRÉDÉRIC. Ne pas seulement pouvoir sortir ensemble pour aller voir notre jolie petite fille qui est en nourrice à Bercy.

MARGUERITE. J'y vais pour vous et je vous donne de ses nouvelles.

FRÉDÉRIC. Et dire que la contrainte et les alarmes continuelles où nous vivons viennent en partie de l'entêtement de l'oncle d'Angélique.

MARGUERITE. Oui, ce bon M. Piron ! le célèbre, le joyeux Piron... Voyons là, une main sur la conscience, mettez-vous un brin à la place d'un vieillard presqu'aveugle, affligé de quatre-vingt-trois ans, et

2e ANNÉE. TOM. IV.

qu'on vienne vous dire : votre jolie petite nièce que vous avez élevée, cette jeunesse qu'elle est depuis quinze ans votre société, votre consolation, eh bien! elle va se marier, porter ses affections et ses soins sur un autre!.. vous quitter peut-être!

ANGÉLIQUE. Oh! je ne veux jamais quitter mon bon oncle, à présent surtout que le docteur Bouvard paraît si peu rassuré sur sa santé, qu'il a promis de m'envoyer aujourd'hui une consultation sur le régime à lui faire suivre.

FRÉDÉRIC. Mais tôt ou tard il faut pourtant qu'il apprenne notre mariage.

ANGÉLIQUE. Tu m'effraies.

FRÉDÉRIC. Ecoute, Angélique, je n'ai pas voulu t'en parler, parce que je craignais de t'affliger; mais mon oncle est à Paris depuis quelques jours.

MARGUERITE. Monsieur de Pradinas!.. ce capitoul de Toulouse qu'on dit si original?.. Eh bien! qu'est-ce qu'il vous veut cet homme?

FRÉDÉRIC. Me marier.

ANGÉLIQUE. Te marier!

FRÉDÉRIC. Oui, à sa fille.

ANGÉLIQUE. Ah mon Dieu!

FRÉDÉRIC. S'il n'y avait chez mon oncle que de l'amour-propre blessé, on pourrait parvenir à le calmer, mais sa conduite à mon égard est dictée par une passion qu'on n'étouffe jamais, par l'avarice. Il sait que j'ai hérité de grands biens dont il jouit depuis mon enfance, et c'est pour se les assurer définitivement qu'il veut que j'épouse sa fille.

ANGÉLIQUE. Oh, mon Dieu! comment faire?

MARGUERITE. Chut! on frappe à la porte.

LE CAPITOUL, en dehors. Ouvrez, ouvrez. Est-ce qu'il n'y a personne?

FRÉDÉRIC. Dieux! c'est la voix de mon oncle!

MARGUERITE. Retirez-vous, et prudemment sortez par le petit escalier. Dans tous les cas, il n'entrera pas chez monsieur... Je vais ouvrir. (*Les jeunes gens sortent. — Marguerite va ouvrir en disant :*) Voilà!.. voilà!

⋯⋯⋯⋯⋯⋯⋯⋯⋯⋯⋯⋯⋯⋯⋯⋯

SCÈNE II.

MARGUERITE, ANDRÉ, LE CAPITOUL.

ANDRÉ. Entrez, entrez, monsieur le capitoul; avec moi toutes les portes vous seront ouvertes.

MARGUERITE, *à part*. C'est ça l'oncle!.. J'aime pas sa mine; il n'a pas l'air paternel du tout.

LE CAPITOUL. Est-ce bien ici que demeure le poète Piron, rédacteur en chef du *Mercure de France*?

MARGUERITE. Oui, c'est ici, nous sommes rédacteurs en chef du *Mercure*, ce qui nous expose à la visite...

LE CAPITOUL. De bien des sots, des ennuyeux et des imbéciles, n'est-ce pas? je connais ça par moi-même, une fois chez vous ils n'en veulent plus sortir.

Il se jette dans une bergère.

MARGUERITE. Il est sans gêne.

LE CAPITOUL, *assis*. Et peut-on lui parler au poète Piron?

ANDRÉ. Je vais l'avertir.

MARGUERITE, *l'arrêtant*. Du tout, du tout, monsieur J'ordonne! le poète Piron dort, et je ne lui ferais pas tort de cinq minutes de son sommeil pour tous les capitouls du monde.

LE CAPITOUL. Diable! ma mie... vous ne savez donc pas ce que c'est qu'un capitoul? vous ignorez qu'il est à la fois académicien et magistrat, qu'il peut envoyer un homme à l'immortalité ou à la potence!

MARGUERITE. Tout cela est fort bien, mais je ne réveillerai pas monsieur Piron.

LE CAPITOUL. Mais quand je vous dis que c'est pour une affaire très grave et qui le touche de près.

MARGUERITE. Monsieur a été malade cette nuit et ne se lèvera pas avant midi.

LE CAPITOUL. A midi, dans trois heures. Diable! Je m'en vais alors; mais songez bien à dire au poète Piron que je serai ici à midi... à midi précis, entendez-vous?.. qu'il ne me fasse pas attendre, car il est indécent que le comte de Pradinas, capitoul à Toulouse, mainteneur des jeux floraux, colonel titulaire des dragons de St-Cernin-en-Rouergue, fasse antichambre chez un poète, c'est le monde renversé. Adieu, la bonne... à midi.

Il sort.

ANDRÉ. Et moi je vais passer dans le cabinet du patron, et travailler à la copie de ses œuvres complètes.

Il entre dans le cabinet.

⋯⋯⋯⋯⋯⋯⋯⋯⋯⋯⋯⋯⋯⋯⋯⋯

SCÈNE III.

MARGUERITE, FRÉDÉRIC, ANGÉLIQUE.

MARGUERITE, *appelant les jeunes gens*. Pst!.. Pst!.. Ils sont partis. (*Ils entrent.*)

h! j'ai eu bien du mal, allez! ce garnement d'André voulait-il pas le faire entrer; quel mauvais sujet que ce petit-là! et dire que monsieur s'en est coiffé, en a fait son secrétaire, parce qu'il est le fils de défunt cet ivrogne de Gallet, l'épicier chansonnier... Mais je compte bien...

ANGÉLIQUE. Assez, assez, ma bonne, nous avons tout entendu... Frédéric est parti par le petit escalier, et tantôt...

MARGUERITE. Silence, voilà monsieur Piron!

ANGÉLIQUE, *courant au-devant de Piron.* Comment mon oncle, c'est vous, de si bonne heure.

SCÈNE IV.

Les Mêmes, PIRON, *en déshabillé, il s'appuie sur le bras d'ANDRÉ et entre avec lui.*

PIRON. Oui, oui, ma fille.

Air : *Un peu de bien l'emportera.*

C'est encor moi, moi de la vie,
Vieux débris attendant son tour,
Vrai, je crois que la mort m'oublie,
Et lorsque je vois chaque jour
Tant de jeunes talens s'éteindre,
Par la main du trépas glacés,
Je me dis : à quoi bon se plaindre?
Laissons passer les plus pressés.

DEUXIÈME COUPLET.

Vous qui m'avez montré la route,
Collé, Fréron, Gallet, Panard,
Là-haut vous murmurez sans doute,
Piron est toujours en retard!..
Mais cette fois, c'est pour affaire,
Par procédé j'y suis forcé...
Je ne puis partir sans Voltaire,
Et le coquin n'est pas pressé.
Je ne puis partir sans Voltaire,
Le vieux coquin n'est pas pressé.

ANGÉLIQUE. Eh bien! mon oncle, comment avez-vous passé la nuit?

PIRON. Hé! hé! comme ci, comme ça... j'ai eu la visite de toutes mes infirmités.

MARGUERITE. Pardine! auriez-vous donc encore la prétention d'employer vos nuits comme il y a cinquante ans; ça serait bien édifiant.

PIRON. Tu crois donc que je ferais bien d'enrayer.

MARGUERITE. Vous feriez bien de dételer!..

ANDRÉ, *à part.* Conseil de bonne femme.

MARGUERITE, *à Piron.* Allez, vous n'êtes qu'un vieux débauché, un libertin endurci.

PIRON. Ah! quelle injustice!.. J'écoute tout ce que vous dites!

ANGÉLIQUE. Oui, mon oncle, mais vous n'en faites qu'à votre idée.

MARGUERITE. Témoin le régime que M. Bouvard votre médecin vous a prescrit il y a un mois, avant de partir en voyage.

PIRON. Ah! il est joli le régime! et pectoral surtout.

Air *de Jean Monnet.*

Quitter Paris pour se rendre
Dans quelque pays de loups,
Cultiver comme Sylvandre
Et les vertus et les choux ;
Du bedeau, du curé
Faire enfin sa compagnie,
Ce n'est point passer sa vie,
C'est tout vif être enterré.

DEUXIÈME COUPLET.

On ordonne que je mouille
Dorénavant mon gosier
Du nectar de la grenouille
Et du bouillon de pompier.
Comme un canard choyé
Boire l'eau jusqu'à la lie,
Ce n'est point passer la vie,
C'est tout vif être noyé!

ANGÉLIQUE. Cependant... mon oncle...

PIRON. Cependant... ma nièce... tu vas me laisser tranquille et me faire le plaisir de t'en aller... N'as-tu pas à dessiner?

ANGÉLIQUE. Pourquoi me dites-vous cela?

PIRON. Parce que ton professeur de dessin, M. Frédéric Capron, paraît te donner des soins assidus, très assidus... Je suis sûr que tes progrès seront très rapides... Je me suis même laissé dire que déjà tu faisais admirablement... les yeux.

ANGÉLIQUE. Je ne comprends pas.

PIRON. C'est bon!... c'est bon... Si j'ai la vue basse j'ai l'oreille fine, et plus tard je me ferai comprendre; mais maintenant laisse-moi avec André. (*Angélique sort.*) Et toi, Marguerite va chercher mon déjeûner.

MARGUERITE. Votre déjeûner... il sera bientôt prêt... Je l'ai commandé chez l'apothicaire.

PIRON. Encore des drogues! je ne les prendrai pas...

MARGUERITE. Vous les prendrez...
PIRON. C'est ce que nous verrons...
MARGUERITE. Oui, que vous les prendrez...

Elles sortent toutes deux.

PIRON, *à André.* Cette vieille Bohémienne-là, est plus maîtresse que moi ici!
MARGUERITE, *revenant sur ses pas.* Et que vous les prendrez...
PIRON, *en colère.* Ah! c'est trop fort!.. veux-tu bien...

Marguerite sort.

SCÈNE V.
PIRON, ANDRÉ.

ANDRÉ. Elle est comme ça... encore ce matin, elle m'a empêché de faire entrer chez vous...
PIRON. Qui donc?
ANDRÉ. Ce Capitoul de Toulouse, que M. Bertin vous a présenté avant hier au café Procope...
PIRON. Ah! le fameux comte de Pradinas, si célèbre à Toulouse, pour s'être reconnu trait pour trait dans Harpagnon, et avoir lancé un mandat d'amener, contre feu Molière...
ANDRÉ. Précisément... il paraît qu'il a un secret à vous révéler!
PIRON. Je le connais son secret... il veut savoir, à tout prix, le nom de l'auteur qui a envoyé au *Mercure de France* une pièce de vers sur son désagrément avec feu Molière...
ANDRÉ. Quelle pièce de vers.
PIRON. Oui... cette plate rapsodie qui se termine ainsi...

« D'après ce fait il est certain,
« Qu'on marche dans les bonnes voies
« Au Capitole Toulousain
« Comme au Capitole Romain,
« On a soin de placer des oies!

ANDRÉ. Comment? vous trouvez ces vers mauvais, par exemple.
PIRON. Oui, je les trouve mauvais, pitoyables! parce que tu en es l'auteur, parce que je t'ai défendu d'écrire, parce que je ne veux pas que tu fasses comme ton père, mon vieil ami Gallet, de jolies chansons et de mauvaises affaires, parce que ta pauvre mère, qui n'existe depuis tant d'années qu'à l'aide d'une pension du roi, a besoin de ton travail, parce que je veux que tu restes imprimeur pour reproduire les sottises de nos grands génies et non pas pour en faire à ton compte.

ANDRÉ. Vous avez beau dire, si à trente ans je ne fais pas partie de l'Académie, je me brûle la cervelle.
PIRON. Tais toi donc, cerveau brûlé; mais voyons... où en sommes-nous du Mercure? le numéro est-il complet pour demain?
ANDRÉ. Il manque les vers qu'avait promis M. de Champfort...
PIRON. Ils seront restés au fond de quelque bouteille...
ANDRÉ. Si vous ne m'aviez pas défendu le culte des Muses, j'aurais rempli la lacune, mais vous les ferez mieux vous-même...
PIRON. Moi? oh! non... maintenant je n'improvise plus... il y a cinquante ans je composais mon journal dans une nuit, et je ne faisais pas que ça; mais j'étais entouré par de nombreux et joyeux collaborateurs, aujourd'hui, je n'ai plus personne... mes contemporains ont passé et je suis resté debout... de tous ceux dont j'ai partagé la gloire et les joies, de tous ceux qui m'ont aimé, il ne reste plus que Voltaire qui ne peut pas me sentir, et je suis seul au milieu d'une génération nouvelle qui n'a pour moi que du respect, tant de respect que pour un rien elle me placerait à la galerie des antiques.
ANDRÉ. Ah! M. Piron...
PIRON. Non, c'est la vérité.

Air : *Je tiens mon air villageois.*

Pauvre vieillard, le plaisir m'abandonne,
De mon émoi se rit dame Vénus!
Loin de chez moi Bacchus roule sa tonne,
Chez les vivans on ne me compte plus.

CHŒUR, *derrière le théâtre.*

Air : *Sans un petit brin d'amour.*

Pour un temple sans façon
Qu'on édifie
A la folie!
Nous cherchons un gai patron
Et nous venons tous chez Piron!

PIRON. Qu'est-ce que j'entends?
ANDRÉ. Il m'a semblé que votre nom...
PIRON. Tu te trompes...

Air *de Louis XI.*

Dans les refrains, dans la joie on m'oublie,
A moi qui pense? et de moi qui s'enquiert...
Je ne vis pas... mais j'assiste à la vie,
A son banquet je n'ai plus mon couvert.

André court ouvrir la porte et sort.

SCÈNE VI.

PIRON, BERTIN, FRANÇOIS, COLLÉ neveu, FAVART, LAUJON, BARRÉ, PANARD fils, ANDRÉ.

CHOEUR, *entrant.*
Air : *Sans un petit brin d'amour.*
Pour un temple sans façon,
Qu'on édifie, etc.

PIRON, *se levant.* Je ne me trompais pas... c'est à moi qu'on s'adresse... Oh! venez, venez mes enfans... mais quelle est donc cette brillante jeunesse qui m'entoure?

BERTIN. Comment, vous ne me reconnaissez pas.

PIRON. Eh! si fait... c'est le chevalier Bertin; poète aimable et secrétaire de notre ministre inamovible le duc de la Vrillière; mais ces messieurs qui vous accompagnent?

BERTIN. Les auriez-vous oubliés... cependant vous les avez vus bien petits, c'est le fils de Panard, le neveu de Collé; c'est Laujon, c'est Favart, dont vous avez encouragé les premiers essais.

PIRON. *leur prenant les mains.* O mes amis! si vous saviez le bonheur que j'ai à vous voir dans ce moment... mais venez, approchez-vous!..

Air : *Vaud. de l'Anonyme.*
Plus près enfans! plus près que je vous serre,
Réchauffez-moi; déjà votre gaîté
A coloré ce front octogénaire;
J'étais éteint, je suis ressuscité.
L'arbre mourant, quand sous sa vieille écorce,
La jeune greffe a porté sa chaleur,
Retrouve encore et la sève et la force,
Et peut produire une dernière fleur.
L'arbre mourant a retrouvé sa force
Il peut produire une dernière fleur.

BERTIN. Que dites-vous? c'est nous au contraire, qui venons nous inspirer à votre inépuisable gaîté.

PIRON. Mais quel est donc le motif qui vous amène?

BERTIN. Nous avons résolu de rétablir la société du caveau, éteinte depuis tant d'années.

PIRON. Oh! la bonne idée... bravo! mes enfans! réédifiez cette joyeuse société et appelez-la, le caveau moderne.

BERTIN. C'est cela! le caveau moderne, et puisse-t-il approcher un peu de l'ancien...

PIRON. Il le surpassera, si vous savez comme vos anciens conserver votre insouciance, bannir la jalousie et surtout garder votre indépendance.

Air du *Refrain des ouvriers.*
(d'Edouard Brugnières.)
Chantez, chantez vous avez vingt ans
Vos devanciers ont fini leur temps,
A vous la folie
Le monde et la vie.
Chantez, chantez vous avez vingt ans.

CHOEUR.
Chantons, nous avons vingt ans
Nos devanciers ont fini, etc.
A nous la folie
Le monde et la vie.
Chantons, (*bis.*) nous avons vingt ans.

PIRON.
Mais que par la ville,
Le couplet futile
Soit une arme utile
Féconde en leçons!
Car sans exigence
Avec la puissance,
Que veut-on en France?
Du pain! des chansons.
Chantez, etc.

CHOEUR.
Chantons, etc.

PIRON.
Guerre à l'arbitraire
D'un refrain sévère,
La pointe légère;
Vaut le fer des lois.
Nul rempart n'en couvre
Pour elle tout s'ouvre,
Ses traits jusqu'au Louvre,
Vont frapper les rois!
Chantez, etc.

CHOEUR.
Chantons, etc.

PIRON.
Dans ces temps austères,
Au fond des affaires;
On ne trouve guères
Que des sacs d'écus!
Voilà sans reproches,
Pourquoi dans nos poches
Dans nos pauvres poches
On n'en trouve plus!
Chantez, etc.

CHOEUR.
Chantons, etc.

BERTIN. Eh bien! M. Piron... nous venons vous prier d'accepter la présidence de notre nouvelle société.

PIRON. Moi votre président!.. Est-ce

que j'ai la force de dominer une assemblée aussi pétulante?

BERTIN. Oh!.. nous serons bien sages...

PIRON. Non, non... ce serait contraire au réglement, et je ne voudrais pas que pour moi... Diable!.. le réglement...

TOUS. Nous ferons tout ce que vous voudrez.

PIRON. Mais je ne suis plus ingambe... je me déplace difficilement.

BERTIN. Nous avons prévu cet obstacle, et si vous le permettez... aujourd'hui même, à deux heures... nous ferons ici, chez vous, l'inauguration du Caveau, dans un repas servi par le fils de Landel, votre ancien cuisinier... qu'avez-vous à dire?

PIRON. Eh quoi... vous voulez... je ne sais pas si je dois accepter... j'ai peur qu'on ne me gronde...

SCÈNE VII.

Les Mêmes, MARGUERITE, *des paniers sous le bras et entrant vivement.*

MARGUERITE. Me voilà... me voilà!..

PIRON, *tâtant un panier*. Qu'est-ce que tu m'apportes donc là?

MARGUERITE. Des fioles... votre régime.

PIRON, *tâtant l'autre panier*. Et là?..

BERTIN. Des bouteilles... du vin... ce qu'il faut que vous preniez.

MARGUERITE. Ce qu'il faut que vous ne preniez pas.

PIRON. Et qui donc s'est permis de m'envoyer?..

MARGUERITE. Les fioles?.. l'apothicaire de M. Bouvard.

PIRON. Non... le vin?

BERTIN. Mon noble patron, le duc de la Vrillière?

PIRON. Le duc de la Vrillière?.. je croyais que ses cadeaux ne consistaient qu'en lettres de cachet en blanc, qu'il adressait à ses amis, pour leur procurer l'agrément de faire coffrer ceux qui les gênent.

BERTIN. Ordinairement... mais il sait que vous préférez l'Aï mousseux.

MARGUERITE. J'espère bien qu'il n'en boira pas (*Elle montre les fioles.*) Voici les bouteilles qu'il lui faut.

BERTIN, *montrant le vin*. Du tout!.. ce sont celles-ci...

PIRON. Ah! ça... me voilà comme l'âne entre deux...

MARGUERITE. Prenez ma tisane de patience.

BERTIN. Prenez ma tisane de Champagne.

PIRON. Une minute... laissez-moi le temps de me reconnaître...

MARGUERITE. Eh bien?
BERTIN. Eh bien?..
PIRON. Eh bien!.. le sort en est jeté... il ne sera pas dit qu'au dernier moment Piron aura démenti toute sa vie!..

Air : *Chacun son goût, son agrément.* (De Festeau).

Julep,
Apozème et salep,
Sucs damnables
A tous les diables
Aucun n'est *dignus intrare*
In nostro docto corpore.
Vite, vite, vite, faites-les
Disparaître.
Par la fenêtre.
Vite, vite, jetez-les;
La Faculté peut courir après!..

Tous les jeunes gens saisissent les fioles et les drogues et les jettent successivement par la fenêtre en chantant :

CHŒUR.

Vite, vite, vite, faisons-les
Disparaître
Par la fenêtre;
Vite, vite, jetons-les,
La Faculté peut courir après.

MARGUERITE. Est-il Dieu possible... Vous voulez donc vous tuer.
PIRON. Laisse donc!..

Suite de l'air.

Long-temps souffrir, quelle folie!
Amis, est-ce vivre long-temps?
C'est le plaisir qui fait la vie,
Ce n'est pas le nombre des ans!
Mettez-moi donc ce vin au frais,
Et que la mousse
Sous le pouce
Jaillisse ce soir à longs traits,
Quand je devrais mourir après.

Verse, verse, ô gai patron
Dans une heure
En cette demeure,
Sera le refrain que tout luron
Viendra répéter devant Piron.

CHŒUR.

Verse, verse, verse, ô gai patron,
Dans une heure
En cette demeure,
Sera le refrain que tout luron
Viendra répéter devant Piron.

Ils sortent.

SCÈNE VIII.

PIRON, *dans son fauteuil*, puis ANDRÉ.

PIRON, *riant aux éclats*. Ah! ah! ah! ah! ah!.. Encore un jour de bonheur...

ANDRÉ, *entrant sur la pointe du pied, et s'avançant mystérieusement.* Vous êtes seul, monsieur Piron?..
PIRON. Tu le vois bien...
ANDRÉ. C'est que je vous apporte vos épreuves...
PIRON. Eh bien! poses-les là..
ANDRÉ. Et une lettre qu'on vient de me remettre pour vous.
PIRON. Pour moi? voyons.
ANDRÉ, *lisant.* A mademoiselle... Ah! je me suis trompé, c'est pour mademoiselle votre nièce.
PIRON. Pour ma nièce, qui peut donc lui écrire... lis bien vite.
ANDRÉ. Est-ce que je puis me permettre de décacheter... il y a pour elle seule.
PIRON. Raison de plus... un billet doux peut-être... donne... (*Il flaire la lettre*) parbleu, il sent l'ambre...
ANDRÉ, *Flairant à son tour.* Vous trouvez... Je crois plutôt qu'il sent la pharmacie.
PIRON. N'importe, mes doutes vont donc s'éclaircir... depuis long-temps je m'aperçois que les visites du maître de dessin sont plus fréquentes qu'on ne veut bien le dire... mes mauvais yeux m'empêchent de le voir entrer dans la maison, mais je le reconnais au bruit de ses pas... il marche toujours sur la pointe du pied, et ça fait: kouïk, kouïk, kouïk... dépêche-toi donc de me lire...
ANDRÉ. M'y voici... « Mademoiselle, »obligé de suivre la cour à Rambouillet, je »prends le parti de vous écrire ce que j'au-»rais préféré vous dire de vive voix. »
PIRON. Il suit la cour à Rambouillet?..
ANDRÉ, *continuant.* « En quatre lignes, »voici mon avis; avec de grands soins un »régime sévère cela peut encore aller quel-»que temps. »
PIRON. Hein! il y a cela?..
ANDRÉ. Parole d'honneur... un drôle d'amour qui peut aller encore quelque temps avec un régime sévère... comprenez-vous?
PIRON, *inquiet.* Je le crains... va toujours...
ANDRÉ, *lisant.* « Je pense donc, mademoiselle, que le moindre excès, la moin-»dre émotion peuvent être funestes à votre on-»cle, croyez-en la vieille expérience de »Bouvard »...Bouvard, le médecin du Roi.
PIRON. C'est une consultation dans toutes les règles...
ANDRÉ. Ah! monsieur Piron, qu'ai-je fait.., je ne me pardonnerai jamais...
PIRON. De m'avoir annoncé que j'allais... vas, j'étais sûr que je finirais par là.

ANDRÉ. Mais le moindre excès, dit monsieur Bouvard, et vous venez d'accepter le repas des membres du Caveau?.. je cours les prévenir...
PIRON. Je te le défends... Veux-tu bien rester...
ANDRÉ. Mais s'il arrivait un malheur...
PIRON. Eh bien! quand cela serait... va mon enfant, pour ce qui me reste de moi-même, ce serait bien de l'amour-propre d'y tenir encore.

Air : *En amour comme en amitié.*

Ce monde que je ne vois plus,
En le perdant, je perds bien peu de choses,
Depuis long-temps, ô regrets superflus...
Mes jours sont sans soleil, et mes étés sans roses!
Ah! lorsque la clarté nous fuit
Lorsqu'à nos yeux la lumière est ravie,
Pour le tombeau quitter la vie
Ce n'est plus que changer de nuit,
Oui, c'est passer de la nuit à la nuit!

ANDRÉ. Que dites-vous, monsieur Piron... votre tête, votre cœur ne sont-ils pas toujours jeunes?
PIRON. Oui, c'est un peu de verdure... quelques fleurs jetées sur des ruines. Allons, achève de me lire cette lettre, je veux savoir au juste où j'en suis avec la médecine.
ANDRÉ. Je n'en ai pas la force...
PIRON. Je t'en prie! je te le demande comme un service...
ANDRÉ, *lisant.* « Croyez-en la vieille ex-»périence de Bouvard, et cachez-lui plus »soigneusement encore le mariage secret et l'existence de votre enfant! »
PIRON. Mariée! ma nièce mariée! et à qui, mon dieu!
ANDRÉ. La lettre ne le dit pas...
PIRON. Mariée! sans mon aveu, ah! j'étais bien fou aussi de penser que l'amitié d'un vieillard suffirait à un cœur de seize ans, que la surveillance d'un aveugle tromperait la ruse d'une jeune fille.
ANDRÉ. Monsieur, voici mademoiselle Angélique...
PIRON. C'est bien... laisse-nous (*André sort. — Piron seul un moment.*) Que lui dire?.. éclater... oh! non... du calme... si j'en ai la force...

SCÈNE IX.
PIRON, ANGÉLIQUE.

PIRON. Ah! c'est toi? Angélique!... tant mieux, j'ai à t'apprendre une nouvelle qui te fera plaisir?

ANGÉLIQUE. A moi, mon oncle.

PIRON. Oui, mon enfant, pour la première fois je cède aux conseils de la médecine. Décidément je me retire à Dijon, je vais respirer l'air natal... à perpétuité.

ANGÉLIQUE, *à part*. Ciel! m'éloigner de Frédéric?.. (*Haut.*) Comment, mon oncle, vous vous décidez à quitter Paris, vous?.. Est-ce bien sérieux.

PIRON. Oui, ce soir je termine ma carrière d'écrivain, je vais mourir pour les libraires, les journalistes et le théâtre..... demain j'existerai encore, comme contribuable, mais la postérité aura commencé pour le poète!

ANGÉLIQUE. Mais mon oncle, ce projet est bien différent de celui que vous formiez encore ce matin...

PIRON. C'est vrai! mais ce matin j'étais un jeune fou... la tête mûrit avec l'âge...

ANGÉLIQUE. Avez-vous bien réfléchi... les fatigues du voyage... le changement total de vos habitudes, l'ennui peut-être...

PIRON. Ah! çà, ah! çà, on dirait que ce voyage te déplait.

ANGÉLIQUE. A moi!

PIRON. D'ailleurs, tu as dix-huit ans, à ton âge on est environné d'écueils, et j'ai de trop mauvais yeux pour...

Ici Frédéric paraît mystérieusement dans le fond de l'appartement. Angélique fait signe à Frédé- de se taire.

SCÈNE X.
PIRON, ANGÉLIQUE, FRÉDÉRIC.

PIRON, *à part*. Kouik! kouik! kouik! voilà les escarpins qui chantent... c'est mon habitué (*Haut.*) tant mieux... je ne suis pas fâché qu'il entende.

ANGÉLIQUE. Vous disiez, mon oncle?..

PIRON. Je disais... que pour t'assurer un sort, un avenir, j'ai jeté les yeux sur un de mes compatriotes, riche propriétaire de Dijon... un charmant garçon et mon camarade de collège.

ANGÉLIQUE. Comment un mari octogénaire!..

PIRON. Hé! hé! ce n'est pas à dédaigner pour une jeune fille... D'abord on est plus tôt veuve.

ANGÉLIQUE. Vous avez beau dire, mon oncle, je n'épouserai jamais votre camarade de classe...

PIRON. C'est ce que nous verrons.. à Dijon!..

ANGÉLIQUE. Comment, mon oncle, vous persistez?

PIRON. Ma résolution est irrévocable!

et je suis étonné, Angélique, de votre résistance. Hésiter encore, serait me faire douter de votre tendresse et de votre cœur; songez que, depuis quinze ans, toutes mes affections, tout l'avenir d'un vieillard, tout son bonheur reposent sur vous, je suis devenu votre second père, et pour suivre son père une fille doit tout quitter.

ANGÉLIQUE. Mon oncle!

PIRON. Je le répète, pour suivre son père une fille doit tout quitter; il n'est qu'une seule circonstance qui pourrait l'en empêcher, c'est un mari, ce sont des enfants qui réclameraient ses soins.

ANGÉLIQUE. Quoi! dans cette situation..

PIRON. Je t'excuserais! mais nous n'en sommes pas là, Dieu merci; tu n'aurais pas commis la faute de te marier à mon insu, d'épouser secrètement quelque mauvais sujet, quelque libertin; car il n'y a que ceux-là qui n'osent se présenter dans une famille.

FRÉDÉRIC, *à part*. Ciel!

PIRON. Il n'y a que ceux-là, te dis-je, qui puissent abuser de l'inexpérience d'une jeune fille pour l'entraîner à une union qu'ils ne reconnaîtront peut-être plus quand il faudra la rendre publique.

FRÉDÉRIC, *s'avançant*. Monsieur Piron, je suis un homme d'honneur.

PIRON. Allons donc, allons donc; on a bien de la peine à leur arracher un aveu!

ANGÉLIQUE. Quoi! vous saviez...

PIRON. De ce matin seulement, car je ne me doutais pas que ma nièce pût à ce point trahir ma confiance; j'espérais que, jusqu'à mes derniers jours, elle ne vivrait que pour moi, que vous auriez la patience d'attendre la fin d'un vieillard. Oh! vous n'auriez pas attendu long-temps.

ANGÉLIQUE. Comment!

PIRON. En voilà l'avis officiel...

ANGÉLIQUE. Que vois-je!

PIRON. Première sommation... sans frais signée Bouvard.

ANGÉLIQUE, *lisant*. « Je pense donc que » le moindre excès...

FRÉDÉRIC, *lisant*. « La moindre émotion » pourraient être funestes à votre oncle. » Qu'avons-nous fait?..

ANGÉLIQUE. Et j'aurais pu être cause...

ANGÉLIQUE *et* FRÉDÉRIC. Oh! pardonnez-moi, pardonnez-moi!

PIRON. Oui, mes enfants, je vous pardonne; car ma seule punition était de vous montrer cette lettre... Mais il faut se hâter de rendre publique cette union... il faut qu'aujourd'hui même...

FRÉDÉRIC. Hélas!.. monsieur, je ne le puis encore...

PIRON. Que dites-vous?
FRÉDÉRIC. Orphelin et âgé de vingt-quatre ans seulement, je suis sous la tutelle d'un oncle qui veut me marier à sa fille pour conserver l'administration de mes biens...
PIRON. Quel est le nom de cet oncle?..
FRÉDÉRIC. Vous le connaissez... c'est le comte Capron de Pradinas.
PIRON. Le Capitoul!.. lui que j'ai refusé de voir aujourd'hui...
FRÉDÉRIC. Lui-même!..
PIRON. Et que peut-il? que voudra-t-il faire?
FRÉDÉRIC. Je n'ose rien espérer de lui.
PIRON. Rien... Mais ne pouvez-vous, vous-même...
FRÉDÉRIC. Les lois me condamnent...
PIRON. Cependant, monsieur, cet enfant!.. cet enfant!.. mais ma nièce est donc perdue?..

SCENE XI.
Les Mêmes, ANDRÉ.

ANDRÉ. Monsieur, monsieur, voici le comte de Pradinas. Il est en bas dans son carrosse et il a l'air encore plus en colère que ce matin.
FRÉDÉRIC. Plus d'espoir!
ANDRÉ, à Piron. Dites donc, si ça vous fâche de le recevoir, je vas lui fermer la porte au nez; ça nous en débarrassera...
PIRON. Gardes-t'en bien; il faut avoir pour lui les plus grands égards. Vous, mes enfans, rentrez, laissez-moi seul soutenir le premier choc. *Ils sortent tous excepté Piron.*

SCENE XII.
PIRON, puis LE CAPITOUL.

PIRON, *seul un moment.* Allons, un dernier assaut...
Le Capitoul entre et salue.
PIRON, *se promenant sans voir le Capitoul.* Quelle situation embarrassante!.. un jeune homme, un mineur se marier à l'insu de son tuteur.
LE CAPITOUL, *id.* Ah! j'y suis... il travaille, il fait une pièce de comédie... c'est bien d'un poète.
PIRON, *id.* Que va dire la famille?.. quel sera le dénoûment de tout ceci?..
LE CAPITOUL, *s'avançant.* Charmant, charmant! plein d'intérêt!..
PIRON. Comment, monsieur de Pradinas, vous étiez là... vous avez entendu?

LE CAPITOUL. Je vous en fais mon compliment. Je la trouve fort intéressante, cette petite comédie...
PIRON. Quelle comédie?
LE CAPITOUL. Eh! celle dont vous faisiez là, le plan tout haut!.. Il paraîtrait que c'est votre dénoûment qui vous manque?.. je vais vous le donner...
PIRON, *à part.* Plaisante-t-il... ou est-il dupe?..
LE CAPITOUL. Ecoutez bien... Le tuteur stipulant pour son pupille fait casser le mariage, envoie le jeune séducteur à Saint-Lazare et la femme à la Salpêtrière...
PIRON. Quoi, monsieur... c'est là la loi?..
LE CAPITOUL. Textuelle et précise... il y a vingt arrêts rendus dans une espèce pareille...
PIRON, *à part.* Oh! les malheureux!.. qu'ont-ils fait? (*Haut.*) Mais c'est que... voyez-vous... ma pièce exige (*Avec hésitation.*) un dénoûment heureux...
LE CAPITOUL. Un dénoûment heureux, c'est encore plus simple!..
PIRON. En vérité?..
LE CAPITOUL. Faites tout bonnement de votre amoureux précoce, un soldat ou un officier... on n'aura plus rien à lui dire...
PIRON. On n'aura plus rien à lui dire?..
LE CAPITOUL. Sans doute, dès qu'il a l'épaulette, un mineur n'est-il pas émancipé de plein droit...
PIRON. En êtes-vous bien sûr?..
LE CAPITOUL. Je connais ça à fond, je suis colonel...
PIRON. Vous êtes colonel?
LE CAPITOUL. Colonel de naissance... vous entendez bien... que je ne me mêle pas de mon régiment, puisque j'ai donné dans la robe... mais je touche les revenus de mes compagnies, et je vends les brevets...
PIRON. Mais si je vous disais que tout ceci loin d'être une comédie, comme vous l'avez cru, est une chose réelle qui regarde ma nièce!
LE CAPITOUL. Je vous répondrais que le moyen indiqué est bon et qu'il faut en user! Vous avez besoin d'un brevet de sous-lieutenant? je vous le donne, pour rien... douze mille livres...
PIRON. Douze mille livres?.. ça ne se trouve pas sous le pied... d'un poète!
LE CAPITOUL. Alors n'en parlons plus! rien pour rien dans ce monde, c'est mon système... A mon tour. Causons de mon affaire... J'espère que vous allez m'apprendre le nom du pied-plat qui s'est permis de me chansonner dans le dernier numéro de votre *Mercure de France!*

PIRON. Volontiers! (*A part.*) Il y viendra... (*Haut.*) Mais pourquoi tenez-vous tant à connaître?

LE CAPITOUL. Pourquoi j'y tiens? parce que, grâce à ses vers, je suis devenu la fable de la cour et de la ville, parce qu'on répète partout sur mon passage :

« Au Capitole toulousain
« On a soin de placer les oies. »

Parce que monsieur le chancelier a daigné me dire : « Je ne peux pas nommer au par-
» lement un président qui va devenir le but
» de tous les quolibets. »

PIRON. Pourquoi diable aussi voulez-vous être magistrat?

LE CAPITOUL. Pourquoi je veux... parce que j'ai acheté ma charge de président à mortier, cent mille écus... et que si d'ici à demain ma nomination n'est pas ratifiée par le roi, je perds cinquante mille livres de dédit...

PIRON. Et moi, si je trahis l'anonyme, je perds (*A part.*) voyons, qu'est-ce que je perds (*Haut.*) ma pension sur le *Mercure de France!*

LE CAPITOUL. Comment cela?

PIRON. Nos statuts sont formels... aussi je vous répéterai votre aphorisme : rien pour rien! c'est mon système... et cœtera... je suis donc votre très humble serviteur.

Fausse sortie.

LE CAPITOUL. Un moment! un moment! poète généreux, vous voulez donc que je perde cinquante mille livres.

PIRON. Infortuné millionnaire, vous voulez donc que je perde ma pension au journal...

LE CAPITOUL. Allons! puisqu'il le faut absolument, je vais vous signer votre brevet... mais donnant donnant! le nom de l'auteur? (*Rires au dehors.*) Qu'est-ce que cela?..

PIRON. Les membres du caveau! je les avais oubliés! justement l'auteur que vous cherchez est parmi eux... dans un instant, je vous le ferai connaître...

LE CAPITOUL. Parmi eux... marché fait, je vais signer votre brevet! (*A part.*) heureusement j'ai fait prévenir le commissaire.

Il s'assied à une table.

PIRON. Et moi, je cours vers mes enfans.

Il entre dans son cabinet, le Capitoul remet un mot de lettre à son domestique.

SCÈNE XIII.

BERTIN, COLLÉ, PANARD *fils*, LAUJON, FAVART, BARRÉ, *et* les autres Membres du Caveau, Landel le Restaurateur, *apportant une table.*

BERTIN.

Air : *Sans un petit brin d'amour.*

Pour un temple sans façon, etc.

CHOEUR.

Oui, ce temple sans façon
Cet asile de la folie,
Aura pour joyeux patron
Le bienheureux Piron.

BERTIN. Bien! Landel... placez là cette table... bonsoir, messieurs... Je ne suis pas en retard, tant mieux! on m'a retenu dans le cabinet du ministre, pour expédier une botte de lettres de cachet en blanc, j'ai cru que ça n'en finirait pas. (*Apercevant le Capitoul.*) Eh! c'est M. le comte de Pradinas?

Il le salue.

LE CAPITOUL, *après avoir salué Bertin.* Enchanté monsieur le chevalier. (*A part.*) Si je pouvais savoir lequel de ces gaillards-là.

BERTIN, *bas aux autres.* C'est l'homme aux oies... nous allons rire... mais voici Piron.

Ils se rangent tous.

SCÈNE XIV.

Les Mêmes, PIRON, ANGÉLIQUE, MARGUERITE.

CHOEUR.

Air : *L'or est une chimère.*

Montrons ce soir la jeunesse,
Avec joie et liberté,
Trinquant près de la vieillesse :
Reine encor par la gaîté.

TOUS.

REPRISE DU CHOEUR.

Montrons ce soir la jeunesse, etc.

LE CAPITOUL, *bas à Piron.* Voilà le brevet, et mon homme?

PIRON. Soyez tranquille, et mettez-vous à table.

TOUS. Le dîner... le dîner!..

BERTIN, *faisant avancer la table.* Le voici! à table!..

TOUS. En place, en place!

MARGUERITE. Monsieur, voici votre notaire?

TOUS. Un notaire?

PIRON. Messieurs, remplissez vos verres et écoutez-moi! un démon jaloux de l'avenir du caveau a voulu s'opposer à notre joyeuse réunion...

BERTIN. Et quel est ce diable incarné?

PIRON. La médecine... elle prétend que

ce dîner sera pour moi la goguette des
adieux, le vin de l'étrier, le chant du
cygne...
BERTIN. Allons donc, quelle sottise!
PIRON. C'est possible! mais de peur
qu'elle n'ait raison..... j'ai résolu au lieu
d'une chanson de vous donner mon testament.
BERTIN. Comment, avant dîner?
PIRON. Oui, oui, ces choses-là se font
mieux à jeun...
TOUS. Comment vous voulez?
PIRON, *fait signe de se taire.* — *Il s'assied dans un fauteuil au milieu d'eux.*
Testament d'Alexis Piron, dédié au Caveau
moderne.

Il déclame.

« Je veux qu'après ma mort..., »
LE CAPITOUL, *se levant.* Hein! qu'est-ce
que vous dites? un testament en vers?
PIRON. L'aimez-vous mieux en chansons... soit!

Air : *Vot' caporal a fait sa ronde.*

Voici mes volontés dernières
Que je vais fredonner ici,
Et dicter par devant notaires
Et douze bouteilles d'Aï;
D'abord... sur la marionette,
Quand les rideaux se tireront.

(*Parlé.*) N'allez pas vous noyer de larmes,
au contraire... rassurez-vous... je serai très
heureux là-haut! ayant eu le bonheur de
me marier deux fois, j'irai droit en Paradis, car deux purgatoires valent un enfer.

TOUS, *choquant les verres.*

Bon! bon!
Mettons la douleur en goguette
C'est le testament de Piron.

PIRON.

Même air.

D'une sculpture mensongère,
Redoutant le grotesque abus,
De peur qu'on barbouille ma pierre
De cinquante francs de vertus,
De peur que sur mon cénotaphe
De moi l'on ne fasse un Caton.

(*Parlé.*) J'ai eu soin de composer moi-même ce que je veux qu'on y grave...

Ci-gît qui ne voulut rien être,
Homme des champs, soldat, valet ni maître
Et vécut nul, en quoi, certe, il fit bien;
Car après tout bien fou qui se propose,
Venu de rien et revenant à rien,
D'être en passant ici-bas quelque chose,
Cit-gît Piron, qui ne fut rien
Pas même académicien!

(*Parlé.*) Cela vaudra mieux pour ma mémoire que tous les éloges publics que l'on
pourrait faire de moi dans les académies
et dans les lycées, car la tribune où les orateurs se succèdent m'a toujours fait l'effet
d'un puits, à mesure qu'un seau descend,
l'autre monte.

TOUS.

Suite de l'air.

Bon! bon!
Qu'on enregistre l'épitaphe
Dans le testament de Piron.

PIRON.

Même air.

De mes biens la part est petite,
L'inventaire n'en est pas long;
Mais c'est égal j'en deshérite
Et prive Angélique Piron.

Mouvement général d'étonnement.

Puis pour la punir je les laisse
A ma nièce femme Capron!

LE CAPITOUL. Femme Capron!
PIRON. Capron de Pradinas!
LE CAPITOUL. Frédéric, mon neveu?
PIRON. Lui-même.
BERTIN. Et c'est vous qui ferez les frais
de la noce!
LE CAPITOUL. C'est un guet-à-pens!

TOUS.

Suite de l'air.

Bon, bon;
Voilà comme on dote une nièce
Dans le testament de Piron.

LE CAPITOUL. Quelle infamie! mon neveu marié... sans mon consentement...
PIRON. Comme ma nièce. Ce n'est pas
ma faute; j'ai fait ce que j'ai pu pour l'empêcher, j'ai voulu lutter contre l'amour...
un aveugle a battu l'autre.
LE CAPITOUL. Ce mariage est nul, de
nullité radicale... je saurai bien...
PIRON. Envoyer le mineur à Saint-Lazare, et la femme à la salpêtrière.
LE CAPITOUL. Ils y coucheront ce soir,
je cours chercher mon neveu, et nous verrons si un enfant en tutelle comme Frédéric Capron...

SCENE XV.

Les Mêmes, FRÉDÉRIC.

FRÉDÉRIC, *en costume de dragon.* Présent,
mon colonel...
TOUS, *riant.* Ah, ah, ah, ah!
LE CAPITOUL. C'est une atrocité, il y a
en rapt, vol... séduction, tentation, capta-

tion, et suggestion... je poursuivrai Frédéric.
PIRON, *riant*. Ah, ah, ah! vous avez donc oublié les lois, monsieur, un mineur est émancipé de plein droit... quand...
LE CAPITOUL. Ah! vous le prenez sur ce ton? mais aux termes de notre marché, vous me devez le nom de l'auteur? c'est sur lui que retombera toute ma colère?
Il court à la porte et sort.
PIRON. Que signifie?
LE CAPITOUL, *à la fenêtre*. A moi, messieurs!
ANDRÉ. Si vous me nommez, je suis conduit à la Bastille! et ma pauvre mère perdra sa pension du roi.
PIRON. Tais-toi, tais-toi!

SCENE XVI.
Les Mêmes, LE COMMISSAIRE, Soldats du Guet.

LE CAPITOUL, *au commissaire*. Monsieur le commissaire, faites votre devoir! (*A Piron.*) Nommez-moi cet insolent!
PIRON. Il est devant vos yeux.
LE CAPITOUL. Vous! j'en suis enchanté! et vous allez payer pour tous, car, je suis porteur d'une lettre de cachet en blanc... le temps d'y mettre votre nom... (*il écrit.*) à la Bastille! à la Bastille!
TOUS, *avec indignation*. A la Bastille!
PIRON, *les arrêtant*. Mes enfans, soyez glorieux comme moi de la faveur dont on m'honore... je vais mourir dans un château royal... je finis comme Voltaire a commencé... Partons...
BERTIN. Un moment!.. (*Au Capitoul.*) Monsieur le Capitoul... je suis le secrétaire de M. le duc de La Vrillière, grâce à la générosité de mon noble patron, ainsi que vous, j'ai toujours sur moi une lettre de cachet... en blanc, le temps d'y mettre votre nom...
Il écrit.
LE CAPITOUL. C'est abominable!..
PIRON, *au Capitoul*. Voulez-vous accepter mon bras!..
LE CAPITOUL. Un moment, que diable!.. le temps de s'expliquer...
BERTIN. Il n'y a qu'une seule explication... (*Faisant signe de déchirer le papier.*) vous comprenez...
LE CAPITOUL, *déchirant sa lettre de cachet.* Allons, puisqu'il le faut... mais je ne l'en déclare pas moins digne d'être embastillé, ainsi que vous tous.

FRÉDÉRIC, *au Capitoul*. Mon oncle...
BERTIN. Allons, voyons!.. honneur du Capitole toulousain, prenez votre parti en homme d'esprit, et dînez avec nous, nous avons un pâté de foie de... canards...
LE CAPITOUL. Moi?.. jamais!.. je donne ma malédiction aux nièces, aux poètes, aux neveux... au guet et aux commissaires...
Il sort.

SCÈNE XVII.
TOUS, *excepté* LE CAPITOUL.

FRÉDÉRIC. Il s'éloigne sans m'entendre!
PIRON. Que voulez-vous? quand il a quelque chose dans la tête, c'est absolument comme s'il l'avait dans sa poche... impossible de l'en faire sortir.
ANGÉLIQUE et FRÉDÉRIC, *s'approchant de Piron et l'embrassant.* C'est à vous que nous devons..
PIRON. C'est bien!.. c'est bien!.. mes enfans... (*Aux convives.*) Maintenant à table!.. en dépit de la lettre de Bouvard, voilà des émotions qui me font revivre...
TOUS. A table!
PIRON, *au guet qui se retire.* Restez, restez, messieurs, on ne sort pas du caveau sans trinquer (*A Bertin.*) Des chansonniers doivent se mettre bien avec le guet, on ne sait pas ce qui peut arriver.

Air *du Procès du cancan.*

Apportez vite du vin frais,
Et que la mousse
Sous le pouce,
Jaillisse partout à longs traits
Quand je devrais
Mourir après!

TOUS, *buvant.* A la santé de M. Piron!..
PIRON. Rien ne manque plus à ma gloire... à trente ans j'ai fait rire le guet... à quatre-vingt-trois ans je le grise...

CHOEUR.

Air : *Chacun son goût*, etc.

Verse, verse... ô gai patron!..
A toute heure
En cette demeure...
Sera le refrain que tout luron
Viendra répéter devant Piron.

FIN.

Imprimerie de J.-R. Mevrel, passage du Caire, n. 54.

LA PÉRICHOLE,

COMÉDIE EN UN ACTE, MÊLÉE DE CHANT,

Par MM. Théaulon et De Forges,

REPRÉSENTÉE POUR LA PREMIÈRE FOIS, A PARIS, SUR LE THÉATRE DU PALAIS-ROYAL, LE 21 OCTOBRE 1835.

PERSONNAGES.	ACTEURS.	PERSONNAGES.	ACTEURS.
DON FERNANDO DE RIBERA, vice-roi du Pérou.	M. DERVAL.	TELLEZ, premier huissier de la chambre.........	M. BARTHÉLEMY.
DON GARCIA, évêque de Lima, oncle du vice-roi.	M. DORMEUIL.	LA PÉRICHOLE, comédienne................	Mlle DÉJAZET.
MENDOZ, premier valet-de-chambre du vice-roi.	M. LEVASSOR.	FILLES CONVERTIES.	

La scène est à Lima, dans le palais du vice-roi.

Un magnifique salon du palais. Au fond un riche fauteuil, placé sur un gradin et formant trône ; de chaque côté une porte à deux battans donnant sur de longues galeries. A droite du spectateur, une petite porte secrète qui s'ouvre dans la boiserie et se ferme avec un verrou. Sur le premier plan, du même côté, un divan. Une porte à gauche vis-à-vis la porte secrète. Fenêtres à droite et à gauche, sur le premier plan. Tapis, sièges, etc.

SCENE PREMIÈRE.

MENDOZ, *puis* TELLEZ.

(Au lever du rideau, Mendoz est près d'une fenêtre à droite, regardant au loin avec une lunette d'approche.)

MENDOZ. Rien !... Il m'avait pourtant semblé apercevoir, à l'horizon, un point noir....

TELLEZ, *entrant, et à la cantonnade*. Pour midi, le carrosse de monseigneur dans la cour d'honneur du palais...Ah ! ah ! encore en observation, seigneur Mendoz?... En vérité, on serait tenté de croire que vous avez échangé votre place de premier valet de chambre du vice-roi contre celle de gardien de la grande vigie, chargé de signaler tous les navires qui entrent dans le port de Lima.

MENDOZ, *fermant sa lunette*. Vous plaisantez, seigneur Tellez... Si je vous disais que le bâtiment dont je guette l'arrivée porte ma fortune ?

TELLEZ. Bah ! ordinairement c'est d'ici que nos galions péruviens partent chargés d'or pour la métropole.

MENDOZ. Eh, bien ! cette fois, c'est le contraire... le vaisseau, *el Real San-Carlo* nous ramène d'Espagne...

TELLEZ. Des lingots ?

MENDOZ, *avec mystère*. Mieux que cela, mon cher... une femme !

TELLEZ Pour vous ?

MENDOZ. Eh ! non, esprit borné... pour monseigneur don Fernando de Ribera, vice-roi du Pérou, votre maître et le mien.

TELLEZ. Comment ?... serait-ce la jeune duchesse de Leirias, que l'on dit si belle, si riche, et qui passe pour la fille naturelle de sa majesté catholique ?

MENDOZ. Elle-même.

TELLEZ. En vérité?... Je sais que monseigneur l'avait aimée autrefois en Espagne... mais je croyais ce mariage rompu.

MENDOZ. Peu s'en est fallu, grâce à cette maudite comédienne, qui semble avoir ensorcelé le vice-roi depuis son arrivée dans ce pays.

TELLEZ. La Périchole?... une joyeuse fille, ma foi!.. l'idole de Lima !... et qui peut se vanter de m'avoir bien fait rire dans la saynete de la *Gitanilla*... Je ne suis pas étonné que monseigneur en soit fou, car elle fait perdre la tête à tout le monde.

MENDOZ. Je m'étonne, moi, d'entendre faire son éloge par le premier huissier de la chambre... Les amours du vice-roi et de cette femme étaient un sujet de scandale pour toute la cour... Heureusement l'évêque de Lima, l'oncle de monseigneur, lui a fait entendre enfin raison, et il a obtenu de lui la promesse de ne plus revoir la célèbre comédienne; l'arrivée de la jeune duchesse fera le reste.

TELLEZ. Ne vous y fiez pas, seigneur Mendoz; la Périchole est femme d'esprit... elle est de race indienne, et ce qu'elle veut, elle le veut fermement.

MENDOZ. Je ne le sais que trop, et je suis dans des appréhensions continuelles, surtout depuis que monseigneur a reçu cette blessure au bras, dans une chasse au tigre... l'autre jour... Aussi je vous recommande de faire bonne garde, pour l'empêcher de pénétrer dans le palais avant le mariage de monseigneur.

TELLEZ. Oh! ne comptez pas sur moi... je ne me mêle pas de tout cela... la Périchole est une ennemie trop dangereuse!... Mais l'heure avance, je vais prévenir monseigneur que son carrosse neuf l'attend aux portes du palais, pour le conduire à la cathédrale... Vous savez que nous avons une grande solennité?

MENDOZ. Oui... c'est aujourd'hui que les jeunes filles nouvellement converties par notre saint évêque sont amenées au palais et présentées au vice-roi.

TELLEZ, *en riant*. Comme on les dit fort jolies, il est à présumer que monseigneur ne renoncera pas à cette prérogative de son rang.

MENDOZ. Belle prérogative, ma foi!... et le voile qui les couvre et qui dérobe leurs traits à tout regard profane?

(On sonne.)

TELLEZ. On sonne chez monseigneur... sans doute pour sa toilette... Rappelez-vous mon conseil, seigneur Mendoz... ne cabalez pas contre la Périchole, il pourrait vous en arriver malheur.

(Il sort.)

SCENE II.

MENDOZ, *seul*.

La Périchole! la Périchole!... il semble qu'ils ont tout dit quand ils prononcent ce nom!.. Oh! n'importe... je dois tout tenter pour empêcher un rapprochement, et gagner ainsi les cinq mille piastres que monseigneur l'évêque m'a promises, si je parviens à détacher son neveu de cette comédienne... Ah! je ne me dissimule pas que je joue gros jeu... lutter contre l'idole de Lima, comme ils l'appellent... et surtout contre l'idole de monseigneur !..... Mais... (*bien bas*) monseigneur est naturellement jaloux, emporté; je ne manque pas d'une certaine habileté diplomatique, et, avec l'aide d'en haut... oui, oui...

AIR *de Julie*.

Contre une femme à qui tout cède,
En tournant mes yeux vers le ciel,
Je dois appeler à mon aide
Ariel, Gabriel et Michel...
Je connais ses ruses étranges,
Je sais le pouvoir de son nom...
Ce n'est pas trop, contre un pareil démon,
De toute une légion d'anges.

(*On entend frapper à la petite porte secrète.*)

LA PÉRICHOLE, *en dehors*. Fernando !... Fernando !..

MENDOZ. Ah! mon Dieu! c'est elle!.. c'est la Périchole! Selon sa coutume, elle vient chez le vice-roi par cette porte secrète... mais monseigneur a mis lui-même le verrou qui ferme cette entrée mystérieuse, et ce n'est pas moi qui l'ôterai...

LA PÉRICHOLE, *en dehors*. Mendoz, mon bon Mendoz, êtes-vous là?

MENDOZ. Oui, oui... ton bon Mendoz... ah! serpent, va!.... appelle, appelle.... personne ici ne te répondra. (*Écoutant.*) Je crois qu'elle se retire... oui, elle s'éloigne... mais il est probable qu'elle va se présenter à la grande entrée du palais... et je cours donner les ordres les plus positifs... (*Il pour sortir, en ce moment le vice-roi entre.*) Ah! monseigneur!

SCENE III.

LE VICE-ROI, MENDOZ.

LE VICE-ROI. Bonjour, Mendoz... Est-ce l'heure de la cérémonie?

MENDOZ. Oui, monseigneur.

LE VICE-ROI. Eh bien! personne ne s'est encore présenté?

MENDOZ. Le Grand-Justicier est venu chercher le rapport qu'il a soumis, il y a huit jours, à votre altesse sur les jugemens du tribunal suprême... votre signature est impatiemment attendue.

LE VICE-ROI. C'est bien... je signerai plus tard... Il n'est pas venu d'autre personne?

MENDOZ. Non, monseigneur.

LE VICE-ROI, *hésitant.* Quoi! Léonora... n'a point paru depuis sa disgrâce?...

MENDOZ. La Périchole... non, monseigneur.

LE VICE-ROI. Un oubli si prompt! après tous les bienfaits dont je l'ai comblée!... Car, vous le savez, Mendoz, je l'ai enrichie de la moitié de ma fortune.

MENDOZ. Sans doute... et la Périchole est reconnaissante... j'oserais presque l'assurer... malgré tous les bruits que répand la médisance sur son compte.

LE VICE-ROI. Mendoz... mes gants, mon chapeau.

MENDOZ, *les lui présentant.* Voilà.... Monseigneur a vu sans doute ce nouveau carrosse dont le roi d'Espagne lui a fait présent et qui lui sert aujourd'hui pour la première fois; il doit éblouir la population de Lima.... On n'a jamais rien vu d'aussi beau dans ce pays.

LE VICE-ROI, *regardant par la fenêtre.* Et ces superbes mules galiciennes... avec leurs panaches; tout cela ressemble au char du soleil!

MENDOZ. N'est-ce donc pas votre voiture? Le soleil du Nouveau-Monde, monseigneur, c'est vous... surtout depuis que vous apparaissez dégagé des nuages dont vous environnait une femme... recommandable, sans doute, mais dont la légèreté...

LE VICE-ROI, *riant forcément.* Oh! sur ce point, je ne crains rien! mon oncle m'a converti, à ce qu'il dit... et j'ai dû renoncer à mon amour pour la Périchole.... mais je puis me flatter d'être le seul qui ait fixé le cœur de cette femme célèbre...

MENDOZ. Comment donc?... c'est ce que je disais encore hier au foyer du théâtre... où l'on me soutenait...

LE VICE-ROI. Quoi donc?

MENDOZ. Oh! je ne voudrais pas répéter devant monseigneur...

LE VICE-ROI. Pourquoi donc?... je vous le permets.

MENDOZ. Je prie votre altesse de remarquer que ce ne sont que des bruits de coulisses...

LE VICE-ROI. Il n'importe... Je veux savoir...

MENDOZ. Ces comédiens sont si mauvaises langues!... aussi je les ai relevés de la bonne manière!...

LE VICE-ROI. Enfin... que disaient-ils?

MENDOZ. Que sais-je? L'un prétendait avoir vu le capitaine Navarro sortir à minuit de chez la senora Périchole... comme s'il n'y avait pas d'autre maison que la sienne dans la rue.

LE VICE-ROI. Après?...

MENDOZ. Un autre parlait d'un jeune carabinier de la reine... je vous demande un peu, monseigneur, comme c'est vraisemblable!

LE VICE-ROI. Est-ce tout?

MENDOZ. Un troisième...

LE VICE-ROI, *avec impatience.* Assez!... monsieur Mendoz, vous êtes un faquin.

MENDOZ. Monseigneur...

LE VICE-ROI. Je vous trouve bien impertinent de venir me débiter tous les sots bavardages que vous entendez... Qu'allez-vous faire au théâtre? est-ce là votre place?... (*Lui donnant ses gants et son chapeau.*) Tenez... je n'irai pas à la cathédrale... Je souffre horriblement de ma blessure... on fera la cérémonie sans moi.

MENDOZ. Que va dire monseigneur l'évêque?

LE VICE-ROI. Eh! corbleu! que ne faisait-il le miracle tout entier... il m'a guéri le cœur, à ce qu'il dit; que ne me guérissait-il le bras?... Il restera.

MENDOZ. Faut-il faire rentrer le carrosse de monseigneur?

LE VICE-ROI. C'est inutile... qu'on le laisse aux portes du palais et que l'on répande parmi le peuple que je suis très-souffrant.

●●●●●●●●●●●●●●●●●●●●●●●●●●●●●●●●●●

SCENE IV.

Les Mêmes, TELLEZ.

TELLEZ. Monseigneur, la senora Périchole demande à voir votre altesse.

MENDOZ, *à part.* Le maladroit!

LE VICE-ROI, *à part, avec joie.* Ah! la voilà... enfin!

MENDOZ. Quelle audace! se présenter ainsi, malgré les ordres de monseigneur...

LE VICE-ROI, *ne pouvant contenir sa joie.* Je la reconnais bien là, Mendoz... mais combien elle doit se trouver humiliée!... elle, qui, autrefois, serait entrée par cette petite porte secrète, sans être annoncée... que dirait-elle si elle savait que j'ai mis moi-même ce verrou qui nous sépare à jamais?

MENDOZ. Ainsi, monseigneur, je vais lui dire que votre altesse refuse....

LE VICE-ROI. Oui... oui... je ne veux pas la revoir... je l'ai promis... j'ai même donné ma parole et je ne dois pas y manquer; non, je ne la reverrai pas; mais vous, recevez-la, Mendoz; parlez-lui... avec douceur, avec bonté; elle mérite des égards... c'est une femme, Mendoz... et puis c'est la Périchole... vous entendez.

MENDOZ, *saluant*. Oui, monseigneur.

LE VICE-ROI, *à part*. Elle est venue!... elle est venue!... et mon oncle prétendait qu'elle ne m'avait jamais aimé! Ah! Léonora... Léonora! si j'osais...

(Il rentre dans son appartement.)

SCÈNE V.

MENDOZ, TELLEZ, *puis* LA PÉRICHOLE.

MENDOZ, *à Tellez*. Allons, faites entrer... puisqu'il le faut.

TELLEZ, *au fond*. Entrez, entrez, senora.

(Il sort.)

LA PÉRICHOLE. Est-ce vous, seigneur Mendoz, qui vous donnez les airs de me faire faire antichambre?

MENDOZ. J'exécute les ordres que j'ai reçus.

LA PÉRICHOLE. Vous mentez, vieux hibou... me faire attendre... moi la Périchole! ah! le peuple de Lima est plus galant que vous... il n'y a qu'à voir quand je passe dans la ville comme je suis accueillie...

Air *de Pablo* (Bruguières).

Voilà
 Périchola!
C'est elle, c'est l'idole
Du peuple de Lima.
Fille joyeuse et folle }
Qui charme tout Lima! } (*bis*.)
Oui, c'est la Périchole,
Honneur à la diva!

Il faut voir, dans les promenades,
Comme on s'empresse sur mes pas;
Ce sont bouquets et sérénades,
Feux croisés de vives œillades,
Et chacun répète tout bas: (*bis*.)
 Voilà
 Périchola, etc.

On rit de la foule hautaine
De vos duchesses du palais...
Du peuple la clameur soudaine
Me salue ainsi qu'une reine
Qui vient visiter ses sujets. (*bis*.)
 Voilà
 Périchola, etc.

MENDOZ. Je conçois, senora, que vous soyez l'idole du peuple de Lima... mais un vice-roi...

LA PÉRICHOLE. Dites-lui que je veux le voir.

MENDOZ. Son altesse ne reçoit personne.

LA PÉRICHOLE. Personne, c'est possible., mais moi...

MENDOZ. C'est vous précisément, senora, que ces ordres regardent.

LA PÉRICHOLE. Vous mentez, vous disje... annoncez-moi, ou j'entre sans être annoncée.

MENDOZ, *à part*. Comment faire?

LA PÉRICHOLE. Vous hésitez... je vais me plaindre au vice-roi lui-même.

MENDOZ. Arrêtez, senora, arrêtez!... ma consigne est positive, et j'ai ordre de vous déclarer que, d'après les conseils de monseigneur l'évêque de Lima...

LA PÉRICHOLE. Et de quoi se mêle-t-il l'évêque de Lima? son neveu n'est-il pas le maître ici? ne sait-il pas que si je voulais m'en donner la peine, je lui tournerais la tête à lui-même!...

MENDOZ. Oh! quelle horreur! parler ainsi d'un saint prélat qui a quitté une position superbe en Espagne pour venir achever de convertir le Nouveau-Monde... un homme qui fait des prodiges!

LA PÉRICHOLE. Des prodiges!

MENDOZ. Oui, senora, c'est connu... et ne fût-ce que celui d'avoir converti le vice-roi...

LA PÉRICHOLE. Ah! il est converti... (*A part*.) Le pauvre homme!

MENDOZ. Converti tout-à-fait.... nous sommes en train d'en faire un petit saint... c'est pourquoi.

Air:

Vous deviez trouver des obstacles,
Malgré vos talens, vos appas...
Notre évêque fait des miracles,
Et les actrices n'en font pas.

LA PÉRICHOLE.

Nous n'allons pas le dire à Rome!...
En l'enflammant d'un feu nouveau,
D'un demi-roi j'ai fait un homme,
Le miracle est bien assez beau!

MENDOZ, *à lui-même*. Conçoit-on une pareille impudence!

LA PÉRICHOLE. Mais je ne suis pas venue ici pour vous donner audience, seigneur Mendoz; c'est au vice-roi que je veux parler... voilà trois jours que j'attends de ses nouvelles! son pardon lui coûtera cher!

MENDOZ. Je vous répète, senora, que vous ne pouvez pas être admise auprès de lui; il l'a défendu expressément... D'ailleurs monseigneur l'évêque est en ce moment chez son altesse, et vous n'oseriez pas, je pense...

LA PÉRICHOLE. Les évêques ne me font pas plus peur que les autres... et puis j'attendrai que le vice-roi soit seul.

MENDOZ. En vérité, je m'étonne que vous insistiez... quand on sait que vous avez à Lima tant de sujets de consolation.

LA PÉRICHOLE. Insolent! (*A part.*) Il doit être sérieusement fâché, je le vois au ton de ses valets.

MENDOZ. J'ai aussi reçu l'ordre de vous redemander la clef de cette porte secrète, et de vous prier de ne plus vous présenter à la principale entrée du palais; elle vous serait refusée.

LA PÉRICHOLE, *à part.* Allons, disgrâce complète... à ce qu'ils croyent... mais nous verrons...

MENDOZ, *à part.* Elle a pâli de colère.

LA PÉRICHOLE, *affectant une rage concentrée.* Ainsi donc, il me faut renoncer à l'espoir...

MENDOZ, *ironiquement.* De devenir vice-reine.....

LA PÉRICHOLE. Pourquoi pas? il est plus facile d'être reine à la cour que reine au théâtre. A la cour on prend un nom tout fait; au théâtre il faut le créer soi-même.

MENDOZ, *à part.* Quel orgueil! (*Haut.*) Si le nom vous échappe, la fortune vous reste, et celle que le vice-roi vous a faite...

LA PÉRICHOLE. La fortune... la fortune... eh! que me font toutes les mines du Pérou auprès de l'amour de Fernando!... L'ingrat! je l'aimais plus que ma vie... et il me chasse! il me chasse sans pitié... sans daigner me voir... sans daigner m'entendre! ah! j'en mourrai de douleur!

(*Elle tombe sur un fauteuil à gauche du spectateur, ayant l'air de s'évanouir.*)

MENDOZ. Senora!...

LA PÉRICHOLE. Pauvre Léonora!

(*Elle ferme les yeux.*)

MENDOZ. Ah! mon Dieu! la voilà qui se trouve mal! Tonio! Pédrille! Maladroit! si j'appelle, monseigneur peut accourir, et la réconciliation est certaine. (*Il lui frappe dans les mains.*) Senora! senora! elle ne revient pas! heureusement j'ai là un flacon..

(*Il sort en courant.*)

LA PÉRICHOLE *se lève vivement et va ôter le verrou de la petite porte secrète.* Ah! seigneur Mendoz, je sais aussi bien jouer la comédie que vous!

(*Elle se replace sur le fauteuil.*)

MENDOZ, *rentrant avec un flacon.* Oh! oui, si monseigneur la voyait dans cet état, il n'y tiendrait pas... (*Il lui fait respirer des sels.*) Ah! la voilà qui revient à elle...

LA PÉRICHOLE, *d'une voix languissante.* Merci, seigneur Mendoz, merci de vos soins touchans... bon et loyal serviteur, je me rends à vos conseils, et je m'en veux de ma faiblesse! votre vice-roi n'était pas digne de tant d'amour! Rendez-moi un dernier service : le voulez-vous, bon Mendoz?

MENDOZ. Lequel, senora?

LA PÉRICHOLE. Donnez-moi le bras jusqu'à ma chaise à porteurs, je me sens si faible... tous les objets tournent autour de moi... Tenez, vous, par exemple, vous me faites l'effet de ne pas rester en place.

MENDOZ. Pauvre femme! venez, venez! (*Il lui donne le bras, à part.*) Et moi qui m'attendais à quelque scène violente! tout marche à ravir!

LA PÉRICHOLE. Je vous charge de dire à l'ingrat... qu'il n'entendra plus parler de moi... Dès demain, je pars pour l'Espagne.

MENDOZ. C'est ce que vous avez de mieux à faire. Il y a trop long-tems que la métropole est privée de votre beau talent... vous allez faire fureur.

LA PÉRICHOLE. Et pourtant, je lui fus toujours fidèle.

MENDOZ, *d'un ton hypocrite.* C'est ce que je lui disais encore ce matin. « Monseigneur, elle vous fut toujours fidèle..... » Il n'a pas voulu me croire.

LA PÉRICHOLE, *à part.* Vieux traître!... je te revaudrai ça!

MENDOZ, *lui donnant le bras.* Appuyez-vous bien sur mon bras. (*A part.*) Si je lui faisais la cour... ça serait drôle... succéder à un vice-roi!... (*Haut.*) Marchez bien doucement.

LA PÉRICHOLE. Que vous êtes bon!.. (*A part.*) L'hypocrite!

MENDOZ. Doucement, bien doucement.

SCÈNE VI.

LES MÊMES, TELLEZ.

TELLEZ. Seigneur Mendoz, son altesse vous fait appeler.

MENDOZ. Je me rends auprès d'elle... Venez, senora... venez.

(*Il entraîne rapidement la Périchole.*)

SCÈNE VII.

TELLEZ, *puis* LE VICE-ROI.

TELLEZ. Qu'est-ce qu'il a donc à brusquer ainsi la senora Périchole? Il ne sait donc pas que d'un mot elle pourrait le faire jeter au fond d'une mine?

LE VICE-ROI. Mendoz... Mendoz... (*A part.*) Elle est partie... Je tremble qu'il lui ait parlé trop durement.

TELLEZ. Monseigneur se sent peut-être maintenant la force d'aller à l'église?

LE VICE-ROI. Non... mais je resterai dans ce salon. De cette croisée, je verrai la procession, et c'est ici que je recevrai les jeunes filles converties... Faites venir Mendoz sur-le-champ.

TELLEZ. Oui, monseigneur.
(Il sort.)

SCENE VIII.
LE VICE-ROI, seul.

Elle est partie... et je ne l'ai pas vue!.. Comme elle doit être irritée contre moi!... et j'ai pu souffrir qu'un valet la chassât pour ainsi dire de mon palais... elle que j'ai tant aimée!... (*Plus bas.*) Elle que j'aime encore!... elle qui était venue!... Oh! mon oncle grondera s'il le veut, je sens qu'il m'est impossible de vivre sans cette femme... elle est mon ame, ma raison, mon courage!... Par son esprit, par ses talens, par ses caprices même, elle m'anime de toutes les facultés qu'elle a reçues du ciel... Sans elle, je ne serais rien..... rien qu'un obscur vice-roi,.... et depuis qu'elle manque à ma vie, ce salon est encore plein de sa présence ; c'est ici, dans l'intimité, et lorsque mes travaux m'empêchaient d'aller la voir au théâtre, qu'elle venait me charmer et me rendre toutes les illusions de la scène par son admirable talent...

AIR de la *Sylphide*. (Mme Duchambge.)

Pour moi quelle souffrance!
Quand j'ai dû la bannir,
Partout de sa présence
Je trouve un souvenir.
Plus de bonheur sans elle...
Mais, regrets superflus,
En vain ma voix l'appelle,
Elle ne viendra plus.

(*Pendant la ritournelle de l'air.*) Mais s'il était vrai qu'elle m'eût trahi!... Ah! Léonora!... Léonora!...

(A peine a-t-il prononcé ce nom, que la Périchole paraît à la porte secrète, et s'avance doucement derrière le divan où le vice-roi est assis.)

SCENE IX.
LE VICE-ROI, LA PÉRICHOLE.

LA PÉRICHOLE. Vous m'appelez, monseigneur?

LE VICE-ROI, *stupéfait*. C'est elle!

LA PÉRICHOLE.
Même air.

Malgré l'ordre sévère
Qui, de votre palais,
Voulait encor naguère
M'interdire l'accès...
Cette injure cruelle
Que de vous je reçus,
Quand votre voix m'appelle,
Je ne m'en souviens plus.

LE VICE-ROI, *ému, mais avec ironie*. Vous êtes généreuse... mais je voudrais bien savoir quel est l'infidèle serviteur qui n'a pas craint de vous ouvrir cette porte.. Serait-ce Mendoz?

LA PÉRICHOLE. Oui, l'infidèle serviteur, c'est lui-même.

LE VICE-ROI. Quel rôle joue-t-il donc auprès de moi? C'est lui seul...

SCENE X.
LES MÊMES, MENDOZ.

MENDOZ, *se frottant les mains*. La voilà partie... pour ne plus revenir... et monseigneur... Que vois-je?

LA PÉRICHOLE, *au vice-roi*. Hein!... comme il joue la surprise!

MENDOZ. La Périchole ici!

LA PÉRICHOLE. L'excellent comédien que votre théâtre royal aurait là, monseigneur. Vous devriez lui donner un ordre de début... Voyez quel masque de Tartufe... démasqué.

MENDOZ, *balbutiant*. Démasqué, moi!...

LA PÉRICHOLE. Pas encore!... mais bientôt, peut-être.

MENDOZ. Monseigneur, vous ne souffrirez pas...

LE VICE-ROI. Pourquoi diable aussi vous avisez-vous d'ôter ce verrou que j'avais mis moi-même?...

LA PÉRICHOLE. Ah! c'est...

MENDOZ, *confus*. Monseigneur...

LA PÉRICHOLE. Laissez-nous.

MENDOZ. J'attends les ordres de monseigneur.

LA PÉRICHOLE, *au vice-roi*. Dites-lui de sortir.

LE VICE-ROI. Mais...

LA PÉRICHOLE. Je le veux!

LE VICE-ROI. Oh!...

LA PÉRICHOLE, *le contrefaisant*. Oh! il faut d'abord vous faire pardonner le verrou... que vous avez mis vous-même.

LE VICE-ROI, *à part.* Elle a raison. (*Haut.*) Sortez, Mendoz.

MENDOZ, *tremblant, à part.* Je suis perdu !... si monseigneur l'évêque ne vient pas à mon secours...

(Il sort.)

SCÈNE XI.
LE VICE-ROI, LA PÉRICHOLE.

LE VICE-ROI. Je n'ai pas voulu que la femme qui m'a été si chère fût humiliée devant mes gens..... mais puisque nous voilà seuls, Léonora...

LA PÉRICHOLE. Ah! d'abord, pardon... comment va votre blessure?

LE VICE-ROI, *avec humeur.* Je vous remercie... je suis guéri.
(Il va s'asseoir sur le divan.)

LA PÉRICHOLE. Ah! tant mieux. (*Prenant un siége et s'asseyant à côté du vice-roi.*) Et maintenant, monseigneur, reprenez votre superbe et majestueux, quoique cela ne vous aille pas du tout, je vous en avertis.

LE VICE-ROI. Je vous avais fait dire que je ne voulais plus vous voir.

LA PÉRICHOLE. C'est justement pour cela que je suis venue. Fernando, vous me prenez donc pour une de ces femmes vulgaires que l'on peut impunément combler de bienfaits, et répudier ensuite sans raison, sans motif... (*Avec dignité.*) Vous vous trompez, monseigneur!...

(Elle se lève.)

AIR :

A votre amour, à votre ivresse,
Ma fierté sans honte a cédé ;
Mais aux grandeurs, à la richesse,
Je n'ai jamais rien demandé.
Ce cœur loyal, moi je le donne,
A qui sut mieux le mériter.
Les trésors de votre couronne
N'auraient jamais pu l'acheter.

LE VICE-ROI, *cherchant à maîtriser son émotion. Il se lève.* Oui, je connais toute la noblesse de votre caractère... mais commencez par vous justifier.

LA PÉRICHOLE. Me justifier!... de vos torts envers moi ?

LE VICE-ROI. Vous éludez la question... Ce capitaine Navarro qu'on a vu sortir de votre hôtel... la nuit...

LA PÉRICHOLE. Qui l'a vu ?

LE VICE-ROI. Qui ?... mais tout le monde.

LA PÉRICHOLE. Tout le monde..... la nuit !... Monseigneur, je vois que vous êtes encore malade... et ce n'est pas le moment de vous demander des grâces..... Je reviendrai demain, si toutefois vous ne mettez pas encore vous-même le verrou de cette porte.

(Elle feint de vouloir sortir.)

LE VICE-ROI. Quelle grâce avez-vous à me demander ?

LA PÉRICHOLE. Non.., vous me refuseriez peut-être... et je ne veux pas avoir le droit de vous haïr.

LE VICE-ROI. Me haïr !... vous, Léonora!... mais je ne m'en consolerais jamais... Voyons..... rapprochez-vous, et causons comme de vrais amis qui se séparent... mais qui s'estiment.

(Il la reconduit à son fauteuil et se rassied sur le divan.)

LA PÉRICHOLE. Vous m'estimez... c'est bien heureux... mais je ne m'en aperçois guère.

LE VICE-ROI, *avec affection.* Voyons... qu'avez-vous à me demander ?

LA PÉRICHOLE. Monseigneur, vous avez de l'esprit, quand vous voulez... et vous avez dû remarquer la lutte singulière qui s'est établie entre votre digne oncle, l'évêque de Lima, et moi, modeste comédienne du théâtre royal de cette ville. Cette lutte n'est pas égale. Votre oncle est vieux et triste ; je suis jeune et folle... tout l'avantage est de mon côté. J'ai pour moi toute la jeunesse du Pérou ; votre oncle a pour lui toutes les dévotes, qui n'ont plus d'autres plaisirs sur la terre que la médisance et la calomnie. Notre rupture a mis en joie toutes les bégueules titrées de la ville et des faubourgs. Chacune de ces dames parle de ma disgrâce en termes plus ou moins injurieux... ce sont ces propos que je viens vous prier de faire cesser aujourd'hui même.

LE VICE-ROI. Comment puis-je, senora ?...

LA PÉRICHOLE, *allant s'asseoir sur le divan, à côté du vice-roi.* Oh ! j'ai trouvé un moyen sublime, et qui fera mourir de dépit toutes ces dames.... Au moment où je vous parle, la population de Lima est réunie pour la cérémonie de ce jour; les rues sont remplies de monde, et jonchées de fleurs comme pour un triomphe..... ce triomphe... ce sera le mien !... mais il doit être éclatant, magnifique, et digne d'une presque vice-reine.

LE VICE-ROI. Expliquez-vous.

LA PÉRICHOLE. Je n'ai mis de ma vie le

pied dans une église... je ne sais pas ce que c'est... Eh bien ! je veux paraître ce matin à la cathédrale.

LE VICE-ROI. Je ne m'y oppose pas.

LA PÉRICHOLE. Oui, mais il faut que votre voiture armoriée, ce beau carrosse neuf qui est aux portes du palais, et qui fait l'admiration de tout le monde, me conduise et me descende aux portes du temple.

LE VICE-ROI. Ah ! c'est là ce que vous voulez ?...

LA PÉRICHOLE. Oh ! mon Dieu ! pas autre chose... et vous jugez de l'effet que doit produire, sur mes ennemis, cette marque de votre royale confiance... cette preuve de votre royal amour.

LE VICE-ROI, *se levant*. Ah ! c'est trop fort !... une comédienne !... dans le carrosse du roi !... avec mes gardes, ma livrée, mes pages, peut-être ?...

LA PÉRICHOLE, *se levant*. Avec votre livrée, vos pages et votre garde d'honneur... elle est en bas qui vous attend... le carrosse est attelé de vos plus belles bêtes, donnez des ordres pour que tout cela m'obéisse seulement pendant deux heures, et je vous pardonne... comme je sais pardonner... vous savez...

LE VICE-ROI, *marchant vivement*. Mon carrosse... ma livrée... et pour une femme qui me trompe... avec un capitaine Navarro... et si je voulais le croire, avec un carabinier de la reine.

LA PÉRICHOLE, *avec fierté*. Si j'aimais un capitaine ou même un carabinier, je ne serais pas chez le vice-roi du Pérou.

LE VICE-ROI. Oh ! l'on vous connaît, mesdames ; quand vous quittez un amant, c'est pour en prendre deux... Vous donnez un ducat, mais il vous en faut la monnaie.

LA PÉRICHOLE. Si bien qu'à votre compte, un capitaine et un carabinier feraient la monnaie d'un vice-roi... Vous comptez mal, Fernando ; il faudrait, selon moi, trois vice-rois pour faire la monnaie d'un capitaine, et six vice-rois et demie pour faire la monnaie d'un carabinier.

LE VICE-ROI. Insolente !

LA PÉRICHOLE. Je vous paie avec votre argent, monseigneur.

LE VICE-ROI. Mais enfin, ce capitaine...

LA PÉRICHOLE. Il est mon amant puisque vous le voulez.

LE VICE-ROI. Et peut être aussi ce...

LA PÉRICHOLE. Il ne faut dédaigner personne.

LE VICE-ROI. Léonora, si je ne me respectais moi-même, je vous enverrais au couvent des filles converties.

LA PÉRICHOLE. Je ne le suis pas encore, monseigneur ; cela viendra peut-être un jour ; car on dit que je ressemble un peu à la Madeleine... mais je tâcherai que ce soit le plus tard possible ; le monde, la gloire, les plaisirs, tout cela est si bon !... Mais quand vous ne craignez pas de me menacer d'un cloître, vous ne savez donc pas qu'il y aurait une révolte à Lima, si la Périchole allait en prison ?

LE VICE-ROI. Une révolte ! voyez quel orgueil !

LA PÉRICHOLE. Faites pendre vos nobles marquis, vos comtes, vos chevaliers, pas un bras ne se lèvera pour eux... Faites égorger douze mille Indiens, envoyez-en vingt mille dans vos mines, on vous applaudira, on vous donnera du Trajan par le nez... mais empêcher les habitants de Lima de voir leur comédienne chérie ! ils vous lapideront quand vous sortirez.

LE VICE-ROI. Et si je vous défendais de reparaître sur le théâtre royal ?

LA PÉRICHOLE. Alors je prendrais ma guitare, j'irais chanter dans les rues de Lima, sous vos fenêtres même, et je ferais rire le peuple aux dépens de votre cour prétentieuse et de votre demi-couronne.

LE VICE-ROI. Fort bien !... oubliez-vous que je puis vous renvoyer en Espagne par le premier navire royal ?

LA PÉRICHOLE. Je ne demande pas mieux ; en Espagne j'y deviendrais la maîtresse du jeune roi, si tel était mon bon plaisir, et je vous ferais amener prisonnier à Madrid, les fers aux pieds comme Christophe Colomb, qui était encore un plus grand homme que vous.

LE VICE-ROI, *avec colère*. Léonora ! Léonora !

LA PÉRICHOLE. Adieu, monseigneur... puisque vous me refusez...

LE VICE-ROI. Oui ; je vous refuse ; votre demande est d'une extravagance...

LA PÉRICHOLE. Adieu donc, ce triomphe éclatant m'eût consolée des affronts que m'a faits votre cour ; heureusement un triomphe plus éclatant encore et que personne ne peut m'enlever m'attend ce soir au théâtre dans la pièce nouvelle du poète Ménarès.

LE VICE-ROI. Quoi! cet opéra dont on m'a déjà tant parlé... un nouveau chef-d'œuvre de notre poète favori... *la Vierge du Soleil?*

LA PÉRICHOLE. C'est moi qui remplis le principal rôle. Sans doute vous n'y serez pas... votre courroux contre moi... la défense de monseigneur l'évêque...

LE VICE-ROI. Il est vrai! j'ai fait serment à mon oncle de ne plus aller au théâtre... (*Avec hésitation.*) mais, si vous vouliez, Léonora, vous pourriez, ici même... vous savez quel plaisir je trouve à vous entendre...

LA PÉRICHOLE, *à part.* J'aurai le carrosse royal.

LE VICE-ROI. Mon oncle est retenu à la cathédrale par une imposante cérémonie.. je vais faire défendre l'entrée de mes appartemens...

LA PÉRICHOLE. Oui, je vous comprends.

LE VICE-ROI. Eh bien! faut-il donner les ordres nécessaires?

LA PÉRICHOLE. Et si je vous refusais à mon tour?

LE VICE-ROI. Oh! ce n'est pas la même chose... le carrosse royal, ma livrée, mes gardes...

LA PÉRICHOLE. Votre carrosse, vos gardes... mais je n'y pense plus! J'avais un instant rêvé que j'étais vice-reine... mais par amour pour vous, je redeviens la comédienne de Lima, et je ne veux plus être ici que la Vierge du Soleil.

LE VICE-ROI. Vous consentez... ah! vous êtes un ange!

LA PÉRICHOLE. Oui, un ange! pour un instant, et puis, vous reprendrez vos soupçons, votre jalousie... N'importe... je suis bonne et je veux vous faire voir tout ce que vous perdez. Dans un instant je suis à vous.

(*Elle sort par la porte secrète.*)

SCENE XII.

LE VICE-ROI, *ensuite* TELLEZ, *qui entre sur la fin de l'air, avec deux domestiques qui placent de chaque côté du théâtre deux riches jardinières, chargées de fleurs.*

LE VICE-ROI. Mon oncle a beau dire.... un vice-roi doit encourager les beaux-arts, il doit accueillir les artistes... et qui jamais mérita mieux...

AIR *de Farinelli.* (Tête espagnole).

La Périchole,
Censeurs jaloux,
Est, dites-vous,
Volage et folle,
Mais cette idole
Dont je raffole,
La Périchole,
Vous rendrait fous!

Reine ou bergère,
Noble et légère,
Elle sait plaire
Par ses talens;
Et cette femme,
Au cœur de flamme,
Ravit notre ame (*bis*)
Par ses accens.
Parais, ma belle, je t'attends.

La Périchole, etc.

Tellez, je me fie à votre adresse, pour écarter les importuns; que mes appartemens soient fermés pour tout le monde... pour tout le monde, Tellez, vous comprenez?

TELLEZ. Oui, monseigneur.

LE VICE-ROI. Quant à l'escalier d'honneur, ordre aux pages de service de ne laisser entrer qui que ce soit... je suis plus souffrant que jamais...

TELLEZ. Ah! mon Dieu! mais cette nouvelle va faire accourir tous les médecins du palais.

LE VICE-ROI. Alors vous leur direz que je repose; enfin, je n'y suis pour personne, je compte sur votre zèle, votre intelligence.

TELLEZ. Monseigneur peut être tranquille, je ne quitterai pas la porte du grand escalier, et le roi d'Espagne lui-même...

(*Il va vers le fond.*)

MENDOZ, *entrant par l'autre porte.* Monseigneur l'évêque de Lima.

LE VICE-ROI. Ciel! On dirait que le traître est allé le chercher.

(*L'évêque entre, Tellez et Mendoz sortent, ce dernier avec un air triomphant.*)

SCÈNE XIII.

LE VICE-ROI, DON GARCIA.

DON GARCIA, *à part.* Mendoz ne m'a pas trompé... elle est ici.

LE VICE-ROI, *embarrassé, à part.* Pourvu qu'elle ait le bon esprit de s'en aller.

DON GARCIA. Je viens vous rappeler, Fernando, les devoirs importans que vous avez à remplir en ce jour solennel; si votre blessure vous défend de m'accompagner à la cathédrale, vous permettrez sans doute que je conduise auprès de vous, après la cérémonie, le cortège des jeunes filles que le cloître enlève, en ce jour, aux erreurs de la terre, et qui doivent recevoir de vos mains la dot que notre pieuse reine accorde en pareille circonstance.

LE VICE-ROI. Je suis à vos ordres, monseigneur.

DON GARCIA. Vous me trompez, Fernando; un instant je m'étais flatté que mes conseils avaient triomphé de votre faiblesse, et que du moins par égard pour votre future épouse, la duchesse de Leirias, qui doit arriver aujourd'hui même, vous aviez renoncé à recevoir cette comédienne, mais il paraît que cette femme frivole...

LE VICE-ROI. Plus bas, mon oncle, plus bas !

DON GARCIA. Non, non, je ne laisserai pas échapper cette occasion de faire entendre la voix de la raison et de la vérité: Fernando, lorsqu'à ma sollicitation, le roi, malgré votre jeunesse, vous accordait le gouvernement de cette belle province, je ne m'attendais pas à vous voir sitôt oublier tous vos devoirs...

LE VICE-ROI. De grâce...

DON GARCIA.

AIR : *Aux braves hussards.*

Ne refusez pas de m'entendre,
Sur le cœur le plus endurci
Souvent le ciel a fait descendre
Un doux rayon de sa merci;
Et peut-être il m'amène ici !...
Sa bonté toujours infinie
Pour les erreurs garde un pardon...

LE VICE-ROI. (*Parlé.*) Allons...

(*A part.*)

J'attendais une comédie,
Il faut que j'entende un sermon !

Seulement, monseigneur, je me permettrai de vous faire observer que l'heure de la cérémonie...

DON GARCIA, *avec force.* Vous m'entendrez, don Fernando !

ooooooooooooooooooooooooooooooooo

SCÈNE XIV.

LES MÊMES, LA PÉRICHOLE, *en costume indien.*

LA PÉRICHOLE. Pardon, monseigneur, mais je suis ici avant vous.

LE VICE-ROI. L'imprudente !

DON GARCIA. Oses-tu bien, Léonora !...

LA PÉRICHOLE, *avec malice et respect.* Monseigneur, chacun sa mission sur cette terre... la vôtre est d'éclairer les hommes et les rendre meilleurs... la mienne, c'est de les distraire et de les charmer... Votre neveu ne pouvait aller au théâtre, le théâtre est venu chez lui... Vous avez été homme du monde, vous êtes homme d'esprit, vous ne pouvez me condamner, ou plutôt me damner, sans m'entendre..... Ecoutez donc, puisque vous avez quelques instans, une scène de notre pièce nouvelle... *la Vierge du Soleil....*

DON GARCIA. Puisque je ne puis me faire entendre, je me retire... (*Il va à la porte de droite; on entend à l'extérieur le bruit d'un verrou que l'on ferme.*) Cette porte....

LA PÉRICHOLE. Elle est fermée, monseigneur, et c'est moi qui en ai donné l'ordre.

LE VICE-ROI. Léonora !...

DON GARCIA. Laissez!... je descendrai par l'escalier de vos appartemens.

(*Il va vers l'autre porte, qui se ferme également.*)

LA PÉRICHOLE. Vous voyez, monseigneur, que tout m'obéit ici... Ces portes ne vous seront ouvertes que lorsque le son des cloches vous appellera pour la cérémonie.

DON GARCIA. Léonora, ton audace est étrange...

LA PÉRICHOLE. Monseigneur...

AIR : *Aux braves hussards.*

On cite votre tolérance
Et votre douce austérité...
Montrez donc un peu d'indulgence...

LE VICE-ROI, *à don Garcia.*

Je blâme sa témérité,
Mais le moyen d'être écouté...
Cédons plutôt à sa folie...

DON GARCIA, *s'asseyant, avec dépit,*
C'est outrager mon caractère...

LE VICE-ROI, *à part.*
Bon !..
Mon oncle aura la comédie,
Et je n'aurai pas le sermon.

LA PÉRICHOLE. Je commence, messeigneurs.

SCÈNE LYRIQUE.

Musique composée et arrangée par M. PILATI.

CORA.

Récitatif.

Lara ne revient pas !.. d'une si longue absence
Ignore-t-il combien je dois souffrir !..
O Lara !.. mon amour !.. mon unique espérance,
Loin de Cora qui peut te retenir?

(*Récit pendant lequel l'orchestre exécute con sordini le motif de la romance d'Obéron.*)

Au temple du Soleil mon héros m'a ravie,
C'est là que s'écoulait mon innocente vie,

Quand la guerre, sur nous exerçant ses fureurs,
Renversa nos autels et dispersa mes sœurs.
Et bientôt de Lara devenant la captive,
J'osai dire au Mexique un éternel adieu...
Enchaînée à ton sort, et sur une autre rive,
Près de toi j'oubliai mes sermens et mon Dieu !
O Lara! si jamais tu deviens infidèle,
Si, portant tes amours aux pieds d'une autre belle,
Tu délaisses Cora, qui te donna sa foi,
Il me faudra mourir, car mon bonheur c'est toi...
Ma vie est toute en toi... ton aspect, à mon ame,
D'un sentiment nouveau fit connaître la flamme...
Désormais à ce cœur que possède un mortel,
Il faut un amour saint, puissant et solennel,
Il faut un aliment à ma vive tendresse ;
Pour toi, Lara, du dieu dont j'étais la prêtresse,
Du Soleil tout-puissant j'ai déserté l'autel;
Si tu quittes Cora, Cora retourne au ciel.

ENSEMBLE. (*Chant.*)

DON GARCIA, *à part et cherchant à réprimer l'émotion qu'il éprouve.*

Sa voix est si tendre,
Plus d'un faible cœur
Doit se laisser prendre
Au charme vainqueur.
Mais, gloire éphémère,
Tes plaisirs si doux,
La sagesse austère
Les méprise tous.

LA PÉRICHOLE, *regardant l'évêque avec malice.*

Il daigne m'entendre,
Et déjà son cœur
Ne peut se défendre
D'un charme vainqueur.
Oui, son œil sévère
Me paraît plus doux,
Et ce juge austère
N'a plus de courroux.

LE VICE-ROI.

Que sa voix est tendre,
Je sens que mon cœur
Ne peut se défendre
D'un charme vainqueur.
Quel juge sévère
Ne doit, entre nous,
A sa voix légère,
Calmer son courroux.

CORA, *qui a regardé au loin.*

(*Parlé.*)

Sous les terrasses du palais,
Pourquoi cette foule bruyante ?
Et ces regards tournés vers ces murs si discrets ?
C'est pour me voir... comme je suis contente !
Je suis donc belle ?.. ô Lara, mes amours,
Puisqu'on m'admire tant, tu m'aimeras toujours !
Mais sous ces murs encor quelles clameurs bizarres !
Comme ces gens-là sont surpris !..
Il paraît que, dans ce pays,
Les vierges du Soleil sont rares ! [aussi...
Leurs cris vont redoublant, et leurs transports
Quel changement !.. Là bas... pauvre prêtresse,
Au temple j'adorais sans cesse,
Et c'est moi qu'on adore ici !
Plaire... charmer... je sens là, dans mon ame,
Que c'est le sort le plus doux d'une femme !
Eh bien ! Lara, quelquefois en grondant,
Lorsque je veux quitter cette retraite,
Me dit : Cora, vous devenez coquette ! [ment..
Oui, c'est bien ce mot-là... coquette !.. franche-
Bien loin de m'affliger lorsqu'il me le répète...
Ce mot-là me semble charmant.

(*Elle va regarder.*)

Ils sont encore là... des filles d'Ibérie
Montrons-leur que j'ai les talens...
Puissent les souvenirs de ma belle patrie,
Lara, de ton absence abréger les instans...

(*Elle forme quelques figures péruviennes. Sa danse est interrompue par le son des cloches et le canon. L'évêque et le vice-roi se lèvent. Les portes s'ouvrent. La Périchole s'avance vers don Garcia.*)

Récitatif.

On attend monseigneur pour la cérémonie !..
Et je fais ouvrir sa prison.

DON GARCIA, *au vice-roi.*

Votre oncle maintenant conçoit votre folie,
Mais vous n'oublierez pas l'honneur de votre nom.

ENSEMBLE. (*Chant.*)

Malgré la magie
De ses doux accens,
Mon cœur se confie
A vos sentimens.
Je vous parle en père
Et sans nul courroux.
Vous serez, j'espère,
Digne ici de vous.

LA PÉRICHOLE.

Heureuse magie
D'un art séduisant !
Leur ame est remplie
D'un charme puissant.
De ce juge austère
Les yeux sont plus doux,
Et j'ai su, j'espère,
Calmer son courroux.

LE VICE-ROI.

Heureuse magie
D'un si beau talent !
Mon ame est remplie
D'un charme puissant.
De ce sage austère
Les yeux sont plus doux,
Et son cœur sévère
N'a plus de courroux.

(*Don Garcia sort. Le vice-roi le reconduit jusqu'à la porte et revient vivement vers la Périchole.*)

LE VICE-ROI. Mendoz, Tellez, exécutez tous les ordres que Léonora va vous donner.

LA PÉRICHOLE. A moi le carrosse royal ! à moi les pages et la garde d'honneur !

LE VICE-ROI. Léonora !... mon ame !... ma vie !

LA PÉRICHOLE. Et, maintenant que tu es redevenu mon Fernando, voici ma justification... voici les preuves de mon innocence... (*Elle lui donne un paquet de lettres.*) Va, connais-moi toute entière, si je préférais quelque chose dans le monde, tu ne me reverrais jamais !... Adieu !... je cours au temple humilier mes rivales et jouir de mon triomphe... car, en ce moment, je suis vice-reine du Pérou !

(*Elle sort.*)

SCÈNE XV.

LE VICE-ROI, seul.

Ah! cette femme est ma gloire et mon bonheur!... et l'on voudrait m'en séparer!... Je ne l'ai jamais soupçonnée... jamais!... Qu'avais-je besoin de ces preuves?... (*Il parcourt les lettres qu'elle lui a remises.*) Des lettres du capitaine à la camériste!... Et quelle fierté dans cette ame brûlante!... avec quelle noblesse elle a dédaigné de se justifier!...

SCÈNE XVI.

LE VICE-ROI, MENDOZ.

MENDOZ, *entrant, des papiers à la main. A part.* La Périchole triomphe... Je serai bien adroit si je me tire de là... essayons toujours. (*Il s'approche timidement*) Monseigneur...

LE VICE-ROI, *avec colère.* Je vous trouve bien hardi d'oser reparaître devant moi.

MENDOZ, *d'un air patelin.* Monseigneur, le Grand-Justicier demande la signature de votre altesse.

LE VICE-ROI, *avec colère.* Donnez!... (*Il lui arrache les papiers.*) Que vois-je!... trois mille Indiens condamnés aux mines!... Qu'ils soient rendus sur-le-champ à la liberté!... Pédro Lopez, condamné à mort pour avoir tué sa maîtresse dans un accès de jalousie... le malheureux!... qu'il vive pour pleurer celle qu'il aimait!

Air : *Je n'ai pas vu ces moissons de lauriers.*

Non, non, je ne veux point punir,
Et, dans mon indulgence extrême,
Partout je veux faire bénir
Le nom de la femme que j'aime...
Oui, de souscrire à ces arrêts cruels
Mon cœur ne se sent point capable;
Où puis-je voir des criminels?..
Non, il n'est plus de criminels,
Léonora n'est pas coupable.

Dites au Grand-Justicier que je fais grâce à tout le monde... et ne reparaissez plus devant moi.

MENDOZ. Eh quoi! monseigneur, grâce pour tout le monde, excepté pour moi!... Je sais que je suis indigne de vos bontés... mais je venais demander à votre altesse une dernière faveur...

LE VICE-ROI. Je vous la refuse.

MENDOZ. C'est la faveur de retourner en Europe sur le royal *San-Carlo*, quand il remettra à la voile, après avoir amené ici la duchesse de Leirias.

LE VICE-ROI, *à part.* La duchesse!... Ah! mon Dieu!... je l'avais oubliée..... (*Haut.*) Eh bien! soit, j'y consens... partez, et que je n'entende plus parler de vous.

MENDOZ. Oui, monseigneur, je partirai... Mais avant, dût le courroux de votre oncle me poursuivre au-delà des mers, je rendrai justice à la vertu... La Périchole est innocente.

LE VICE-ROI. La belle nouvelle!

MENDOZ. Je l'ai calomniée, monseigneur, je l'ai outragée... Oh! je suis un misérable!... Je mérite d'avoir trois cents pieds de mine sur la tête et de ne plus revoir la clarté du jour, puisque j'ai pu trahir votre confiance en entrant dans les vues de monseigneur l'évêque..... Mais moi, voyez-vous..... je croyais que c'était pour votre bonheur... car, au fond, j'admire, je respecte et j'estime la Périchole... c'est un ange de vertu, de bonté, de fidélité...

LE VICE-ROI. J'en ai les preuves.

MENDOZ. Et comme je le disais à votre oncle, quand il me confiait qu'il voulait vous marier à une duchesse du sang royal : « Monseigneur, la Périchole est digne d'une couronne!... »

LE VICE-ROI. Vous disiez cela, Mendoz?

MENDOZ. Oui, monseigneur... Et alors je lui citais les comédiennes qui, dans toutes les parties du monde, sont devenues des princesses, des comtesses, des ambassadrices... que sais-je?... j'en ai cité plus de trente exemples.

LE VICE-ROI. Et que répondait mon oncle à cela?

MENDOZ. Que sa parole était engagée... qu'il ne voulait que votre bonheur..... et qu'il m'offrait cinq mille piastres si je parvenais à perdre La Périchole dans votre esprit... Je suis bien coupable, monseigneur, et la sainte inquisition a fait brûler des gens qui valaient cent fois mieux que moi...

LE VICE-ROI. Relevez-vous... ce n'est pas à moi qu'il faut demander pardon, c'est à cet ange que vous avez calomnié... Ah! vous avez voulu l'humilier..... vous avez voulu l'abaisser jusqu'à vous, marquises et comtesses de Lima... Eh bien! je l'élèverai jusqu'à moi... et mon amour l'entourera de tant de splendeur que le sort d'aucune reine n'aura jamais été comparable au sien.

MENDOZ. Oui, monseigneur... et je vous servirai d'auxiliaire contre votre oncle lui-même !

LE VICE-ROI. Il vous a promis cinq mille piastres, je vous en donnerai dix mille... si vous pouvez lui faire partager votre conviction.

MENDOZ, *à part*. Ceci sera plus difficile...

(On entend les cloches et du bruit en dehors.)

SCÈNE XVII.

Les Mêmes, TELLEZ.

LE VICE-ROI. Qu'est-ce donc ? la cérémonie serait-elle terminée ?

TELLEZ. Monseigneur, une foule immense se précipite vers la place du palais, l'air retentit du nom de la Périchole, on crie au miracle et votre carrosse entre dans la cour du palais aux acclamations de la multitude.

LE VICE-ROI. C'est Léonora... c'est la vice-reine du Pérou..... ah ! jamais je n'éprouvai tant de plaisir à la revoir ! (*Il court vers la porte.*) Ciel ! mon oncle !

SCÈNE XVIII.

Les Mêmes, DON GARCIA.

DON GARCIA. Vous ne m'attendiez pas, Fernando, et je conçois votre surprise... une vierge du soleil était partie dans votre voiture et c'est un vieillard austère qu'elle vous ramène ; mais rassurez-vous ; je ne viens point vous faire entendre le reproche ou la menace, je viens vous faire partager la joie dont je me sens rempli.

LE VICE-ROI. Qu'avez-vous fait de Léonora ?

DON GARCIA. Vous n'aviez pas craint, Fernando, de consentir à ce que la Périchole vînt mêler le scandale de son triomphe aux solennités de ce jour... mais je veillais aux portes du temple, et par un prodige dont je suis loin de m'attribuer toute la gloire...

LE VICE-ROI. Expliquez-vous...

DON GARCIA. Lisez, Fernando...

(Il lui donne un écrit.)

LE VICE-ROI. C'est de Léonora. (*Lisant.*) « Au vice-roi du Pérou : Monseigneur, » la Périchole ne peut désormais être » dans ce monde qu'un obstacle à votre » bonheur ; ne cherchez pas à me revoir, » je viens de mettre entre nous une bar- » rière insurmontable. » (*S'interrompant.*) Est-il possible?...

DON GARCIA. Continuez...

LE VICE-ROI, *lisant*. « Vous m'aviez » parlé ce matin du cloître des filles » converties, et cette menace m'a porté » bonheur, un jour de vérité m'éclaire, je » vous rends à votre famille, à ses nobles » projets, à la duchesse de Leirias, et les » dons que j'ai reçus de votre main, je vous » demande la liberté d'en faire deux parts; » la première sera pour les pauvres de Lima, » auxquels je l'avais dérobée, et la seconde » je la donne au théâtre royal, qui (Dieu » puisse me pardonner ce dernier mouve- » ment d'orgueil) va bien souffrir de ma » retraite imprévue... »

MENDOZ, *à part*. La comédienne est encore là.

LE VICE-ROI, *lisant*. « C'est vous, mon- » seigneur, que je charge de faire exécuter » mes dernières volontés, et maintenant, » oubliez la Périchole, mais gardez un » souvenir pour la sœur Léonora ! » Non ! cette séparation est au-dessus de mes forces ! Qui me prouve d'ailleurs que la violence et les menaces n'ont pas forcé Léonora ?

(Musique.)

DON GARCIA. L'usage amène devant vous toutes les jeunes filles pour lesquelles le cloître va s'ouvrir aujourd'hui ; la Périchole est parmi elles...

LE VICE-ROI, *avec force*. Ce sacrifice ne peut s'accomplir sans mon consentement, et je vous déclare, monseigneur, qu'à la moindre plainte, je refuserai ma signature. Léonora ! la Périchole dans un cloître !... oh ! non, non ! c'est impossible !

DON GARCIA. Les voici ! vous allez vous convaincre par vous-même...

SCÈNE XIX.

Les Mêmes, Jeunes Filles converties ; *elles sont voilées et vêtues du même costume. Elles s'avancent lentement sur deux files par chacune des portes du fond.*

LE VICE-ROI, *au milieu du théâtre*. Jeunes filles, en vous amenant dans ce palais, en présence du vice-roi, l'usage a voulu vous offrir l'occasion de protester contre la violence ; parlez donc sans crainte ; cet acte qui va vous arracher au monde, je puis le sanctionner ou l'anéantir... en est-il parmi vous que la contrainte ou la menace?...

(Silence.)

DON GARCIA. Vous le voyez, Fernando, pas une plainte ne se fait entendre; venez, venez sanctionner ce dévouement sublime; voudriez-vous faire dire à l'Espagne qu'une faible femme eut plus de courage qu'un descendant de Fernand Cortez!

LE VICE-ROI. Laissez-moi, je veux encore... Léonora, répondez... rien... ah! cette indifférence...

(Coup de canon.)

MENDOZ, *entrant*. Le royal *San-Carlo* entre dans le port.

DON GARCIA. La duchesse de Leirias vous attend; signez cet acte solennel et courons au-devant de son altesse.

(Il lui présente un parchemin.)

LE VICE-ROI. Pas un mot! pas un geste! Allons! elle ne m'a jamais aimé!

(Il prend l'acte des mains de l'évêque et va le signer au fond; puis il se place sur le trône, entouré de tous ses officiers qui sont entrés lorsqu'on a tiré le canon. La musique reprend; les jeunes filles se mettent en marche, et se rejoignant au milieu du théâtre, vont s'agenouiller deux à deux devant le vice-roi, qui remet à chacune d'elles la bourse contenant sa dot. Une seule en défilant sort des rangs, vient se placer devant le public, et entr'ouvre son voile : c'est la Périchole. Son mouvement est censé n'être pas vu des autres personnages.)

LA PÉRICHOLE, *au public*.

AIR de *l'Angelus*.

En pénitente, devant vous,
Ici, messieurs, je me présente;
Ne montrez pas trop de courroux
De me voir ainsi repentante. (*bis*.)
Malgré les habits que voilà
Et la ferveur qui me dévore...
Pour vous plaire, je le sens là,
Je suis prête à pécher encore,
Je pourrais bien pécher encore.

(Après ce couplet, elle rabaisse son voile, rentre dans les rangs des jeunes filles, et au moment où elle s'agenouille à son tour devant le vice-roi, le rideau tombe.)

FIN.

IMPRIMERIE DE DONDEY-DUPRÉ, RUE SAINT-LOUIS, N° 46, AU MARAIS.

UN MARIAGE SOUS L'EMPIRE,

COMÉDIE EN DEUX ACTES,

MÊLÉE DE COUPLETS,

Par MM. Ancelot et Paul Duport,

REPRÉSENTÉE POUR LA PREMIÈRE FOIS, A PARIS, SUR LE THÉATRE NATIONAL DU VAUDEVILLE, LE 29 OCTOBRE 1835.

PERSONNAGES.	ACTEURS.	PERSONNAGES.	ACTEURS.
LE BARON DE LA MORLANDIÈRE, émigré rentré..............	M. LEPEINTRE je.	LE PÈRE CHOUPINEAU, riche fermier, cousin de Geoffray...............	M. FONTENAY.
VICTORIN GEOFFRAY, officier de l'empire.....	M. LAFONT.	Mme CHOUPINEAU, sa femme...............	Mme GUILLEMIN.
HENRI DALVILLE, auditeur au tribunal d'Issoudun...............	M. ÉMILE TAIGNY.	OCTAVIE, mère du baron. JENNY DE MAURIENNE, pupille du baron... ANDRÉ, domestique.....	Mme THÉNARD. Mlle C. STÉPHANY. M. BALLARD.

La scène se passe, au premier acte, à Issoudun, dans une maison appartenant à Jenny, en 1806; au deuxième acte, dans un château situé à une lieue d'Issoudun, en 1808.

ACTE PREMIER.

Le théâtre représente un salon. A gauche, au premier plan, une porte conduisant à l'appartement d'Octavie; au deuxième plan, une autre porte; à droite, au premier plan, une fenêtre; au deuxième plan, une porte conduisant à l'appartement du baron; au fond, une autre porte conduisant à l'extérieur; à droite, une table; à gauche, une psyché et une petite toilette, fauteuils, etc.

SCÈNE PREMIÈRE.

JENNY, *assise près de la table à droite, occupée à broder.*

Dieu! que c'est ennuyeux, la broderie! (*On frappe doucement à la porte du fond.*) Entrez!... bon! une visite! ça m'égayera! (*On frappe encore, de même.*) Non; car, à cette manière de frapper, je gage que c'est M. Henri Dalville, un bon jeune homme, c'est vrai... mais si compassé, si cérémo-

* Le premier acteur inscrit tient toujours, en scène, la gauche du spectateur. Toutes les indications sont prises de la droite et de la gauche du public.

nieux! (*On frappe pour la troisième fois. D'un ton d'impatience.*) Entrez donc!

SCÈNE II.

HENRI, JENNY.

HENRI, *la saluant à plusieurs reprises.* Mille pardons...

JENNY, *à part.* C'est ça! il va encore me demander pardon d'être resté à la porte. (*Haut.*) Mais, monsieur Henri, pourquoi ne pas entrer tout de suite dans ce salon?

HENRI. On m'avait dit que vous y étiez seule... et avec une demoiselle !..

JENNY, *se levant*. D'abord, je ne suis pas une demoiselle, monsieur... et c'est bien malgré moi qu'on veut me forcer à le devenir.

HENRI. Malgré vous, mademoiselle Jenny?

JENNY. Je ne suis pas Jenny, non plus ; mais Jeannette, tout bonnement... et encore... à la rigueur, ça devrait être Jeanne ; car c'est là le vrai nom que j'ai reçu de mon parrain, de M. Choupineau, ce brave fermier, qui, pendant l'émigration de mon père, avait recueilli ma pauvre mère, à la veille de ma naissance, et qui depuis se chargea de moi, jeune orpheline, m'éleva, et me rendit si heureuse !.. oui, je l'ai été, pendant quinze ans, dans sa ferme... libre comme l'air... et sans ce baron de la Morlandière, que mon père avait, en mourant à l'armée de Condé, nommé mon tuteur, et qui s'est avisé de revenir d'Angleterre, il y a six mois, tout exprès pour mon martyre...

HENRI. Eh quoi ! vous dont le cœur est si bon, n'êtes-vous pas fière de lui offrir l'hospitalité chez vous, dans cette maison, votre héritage maternel, et la plus belle d'Issoudun?

JENNY. Pardine ! si ça allait tout de go, à la bonne franquette... (*Se reprenant.*) Ah ! bon Dieu ! qu'est-ce que je dis là ?.. heureusement il n'y a que vous... c'est pour le coup qu'on me traiterait de paysanne !... car voilà ce dont j'enrage ; toutes ces simagrées, qu'on appelle les bonnes manières, n'essaie-t-on pas de m'y condamner ?.. et encore, s'il n'y avait que le baron ; au fond, il est bonhomme... bah ! un tuteur... j'en rirais ; mais c'est surtout sa nièce.. Octavie. Depuis un mois qu'elle a quitté Londres, où elle a été élevée...

Air *du Piége.*

Elle a rapporté dans ces lieux
Une pacotille abondante
De tons pincés, prétentieux,
D'airs minaudiers, de hauteur exigeante.
Même à la douan', quand elle vint débarquer,
Ell' fut, dit-on, et si prude et si fière,
Que les commis voulaient la confisquer
 Comme un produit de l'Angleterre.

Sous prétexte qu'elle a trois ans de plus que moi, ne se met-elle pas à refaire mon éducation ! et pour commencer plus de Jeannette... quel dommage ! c'est gentil... elle m'a rebaptisé Jenny, un nom anglais ! et puis tout le reste à l'avenant ; jusqu'à mon déjeuner ! en place de pain bis et de fromage blanc, (c'est bon, ça vous bourre,) maintenant du thé, des mufkins, encore à l'anglaise... avec ça plus de liberté ; par exemple tous les matins il faut que je dessèche sur une broderie ; elle prétend que c'est essentiel pour une demoiselle, parce que dans un salon, si les hommes font des plaisanteries, on n'est pas censé entendre : on brode ! Ah ben ! moi, à la ferme, on n'y brodait pas, et j'entendais tout.

HENRI. Mais pourtant... ce tissu délicat, qui fait si bien valoir une jolie main...

JENNY. Ma main... oh ! je n'y tiens guère ; j'aimerais bien mieux courir dès l'aurore, à travers champs, les pieds dans la rosée, à cueillir des fleurs, à arracher des branches d'aubépine après les haies... on se fait des accrocs, on s'égratigne, mais c'est là le plaisir.

HENRI. Oh ! si j'avais su ! ce matin... dans les buissons... moi-même...

JENNY. Vous ! dans ce costume tout noir... en jabot... (*Riant.*) Ah ! ah ! ç'aurait été drôle ! vous vous seriez mis en sang.

HENRI. Eh ! qu'importe ? mon sang, ma vie, quand c'est pour vous ! moi, qui vous aime tant ! moi dont le bonheur dépend d'un mot de votre bouche ! car, vous le savez, j'ai l'aveu de votre tuteur... touché de mes efforts pour lui rendre un léger service...

JENNY. Pas si léger, dà ! le faire rentrer dans son château, marier sa nièce...

HENRI. Ah ! j'en suis trop payé... puisqu'il m'a promis que si, d'ici à un ou deux ans, je parvenais à vous plaire...

JENNY. C'est vrai ; il me l'a dit aussi.

HENRI, *timidement.* Eh bien ! cette condition, qui m'est imposée, ai-je l'espoir de la remplir ?

JENNY. Me plaire ?... mais dam ! je ne dis pas non... vous êtes assez bien... ce ne sont pas les qualités qui vous manquent...

HENRI. Quel bonheur !

JENNY. Et si vous aviez l'air moins guindé, moins tiré à quatre épingles.... parce que quand je pense à vous aimer, car je ne demanderais pas mieux, j'essaie.. votre sérieux, votre bon ton, ça me gêne.. ça me retient.

HENRI. Pardon ! ce n'est pas ma faute... issu d'une ancienne noblesse de robe, destiné dès l'enfance à la magistrature...

JENNY. Comment vous porterez donc de ces vilaines robes noires?..

HENRI, *souriant.* Rien qu'au tribunal, quand je serai juge... car jusqu'à présent, simple auditeur...

Air du *Charlatanisme*.

En vain mon enfance annonçait
Du goût pour l'état militaire;
La magistrature semblait
Plus noble et plus sûre à mon père :
« En France toujours, disait-il,
» Dans les camps on trouve abondance
» De braves courant au péril;
» Tandis qu'en fait de courage civil,
» On a bien moins de concurrence. »

Et voilà... J'ai été élevé si gravement !.. mais ça se passera, mademoiselle; et si vous daignez seulement m'avertir toutes les fois que vous me trouverez trop bon ton, pour que je me corrige...

JENNY, *à elle-même.* Allons, il a de la bonne volonté! (*Haut.*) Eh bien!... on verra...

OCTAVIE, *avant de paraître à gauche.* Non! ça ne se fait pas.

JENNY. Ah! voici Octavie!

LE BARON, *avant de paraître à gauche.* Mais, ma nièce...

HENRI. Et votre tuteur, le baron de la Morlandière.

(Le baron et Octavie entrent par la porte à gauche.)

SCÈNE III.
HENRI, OCTAVIE, LE BARON, JENNY.

LE BARON. Ah! mon cher Dalville, et toi, Jenny, venez à mon secours... elle me fait tourner l'esprit.

OCTAVIE. Vous avez beau dire, mon oncle, c'est d'une inconvenance révoltante.

JENNY. Quoi donc?

OCTAVIE. Destiner à un inconnu, à ce M. Victorin Geoffray, un appartement contigu au mien!

LE BARON. Parbleu! puisque aujourd'hui, puisqu'en arrivant il va être ton mari.

OCTAVIE. D'abord ce serait une raison de plus. N'avez-vous pas vu qu'en Angleterre la chambre à coucher d'une dame est un sanctuaire inviolable pour son époux lui-même? et puis d'ailleurs, c'est qu'il n'y a rien de moins décidé que ce mariage.

LE BARON. Qu'est-ce qu'elle dit là?

HENRI. Quoi! mademoiselle...

JENNY, *à part.* Encore un caprice! mon pauvre tuteur!

LE BARON. Comment! quand tout est convenu, fixé!..

OCTAVIE. C'est que vous y avez mis une précipitation si bourgeoise, si peu fashionnable...

LE BARON. Et bien naturelle, quand il y allait de mon dernier espoir... car, grâce à ta tante, qui, depuis notre émigration, n'avait jamais voulu quitter Londres, ses raouts, ses bals aristocratiques...

OCTAVIE. Où j'allais aussi, chaperonnée par elle... c'est là qu'elle plaidait la cause de ses princes, qu'elle les servait... en dansant; car elle leur fut toujours fidèle..

LE BARON. Elle avait tant de fidélité, ma défunte! et voilà mon malheur... parce que de son vivant, impossible de rentrer en France... sa volonté fut toujours pour moi un cas de force, ou plutôt...(*Soupirant.*) de faiblesse majeure; d'où il résulte qu'à mon retour, il y a six mois, j'avais laissé passer l'époque favorable pour obtenir de l'empereur la restitution de mes biens... de ceux du moins qui étaient disponibles; puisque déjà ma grande ferme était l'acquisition de Victorin Geoffray...

OCTAVIE. Dont vous aviez autrefois le père pour vassal par droit de naissance.

JENNY. Et qui est aujourd'hui colonel par droit de bravoure. (*A part.*) Attrape!

(Elle se remet à broder.)

LE BARON. Juge de mon crève-cœur, en allant revoir à une lieue d'ici ma vaste forêt, mon beau château de la Morlandière, sans savoir comment les arracher aux griffes du domaine national... le fait est que si ce bon Henri, le fils de feu mon vieil ami le premier président, n'y avait pas mis un zèle...

HENRI. Oh! moins que rien... une requête à l'empereur, quelques apostilles... voilà tout.

LE BARON. Et c'était beaucoup, pour commencer...

OCTAVIE. Oui, mais ensuite, ce que vous ne me ferez jamais concevoir, c'est comment j'ai pu me trouver compromise et engagée dans tout cela...

LE BARON. Mais c'est tout simple... c'est que tu ne te fais pas une idée de l'empereur... ni moi non plus... l'ancien régime ne nous avait pas habitués à des souverains comme ça... Henri, répétez-lui donc*...

HENRI. Oui, mademoiselle, à propos de la requête de votre oncle, il paraît qu'il s'est fait rendre compte des moindres détails... et ce qui restait de votre famille... et à qui appartenait la portion déjà vendue de vos biens...

LE BARON. Quand je te dis.. il s'informe de tout... il ne veut rien ignorer, cet homme!

* Henri, Octavie, le baron, Jenny.

OCTAVIE. Quelle petitesse! c'est bien d'un parvenu!

HENRI. Il fut frappé du nom de Victorin Geoffray, qui, en Égypte et simple soldat, lui avait sauvé la vie. « Eh bien! dit-il, » puisqu'il a déjà la ferme, je lui donne » aussi la forêt et le château, à condition » de les remettre d'ici à deux mois dans la » famille du baron, en épousant sa nièce. »

LE BARON. On dit qu'il aime ces fusions entre l'ancien régime et le nouveau. Il appelle cela croiser les races.

OCTAVIE. Il nous traite donc comme un bétail! Passe pour les siens... mais nous autres! nous!... Et vous avez pu, mon oncle, dégrader votre décorum de baron et ma dignité de femme, en allant m'offrir!...

LE BARON. Oh! non! oh! non! je n'ai pas paru dans les démarches... les dehors ont été sauvés, et cela grâce encore au bon Henri ; c'est lui qui est allé trouver le fermier de Victorin, M. Choupineau.

OCTAVIE. Ah! Choupineau... peut-on porter un pareil nom!

JENNY. Tiens! pourquoi pas?

HENRI. C'est celui du plus digne homme!.. si vous saviez comme il a accueilli ma première ouverture! quelle chaleur! quel empressement!... Sa ferme, ses travaux, il a tout quitté; et comme M. Victorin était à l'armée, c'est à Paris, c'est près de son frère jumeau, M. Émile Geoffray, le maître des requêtes, qu'il a voulu se rendre en personne pour négocier tout avec lui.

LE BARON. Et en effet, il y a un mois, j'ai reçu une demande officielle en mariage. Ainsi tu vois que tout s'est passé dans les règles.

OCTAVIE. Oui, et d'une manière bien glorieuse pour moi! être mariée par l'entremise de M. Choupineau!

JENNY, se levant. Dam! c'est tout simple, puisqu'il était le...

LE BARON, bas à Jenny, en l'interrompant. Tais-toi donc... Je ne lui ai pas dit que le fermier était cousin de son futur ; rien que cela aurait fait tout rompre. (Haut.) Oui, sans doute, comme il était le parrain de Jenny, de ma pupille, je ne pouvais pas l'empêcher de me rendre service ; c'est un égard que je lui devais... et maintenant tu viendrais faire des difficultés quand tout est d'accord, quand tu m'as laissé publier les bans, annoncer le jour de la cérémonie, prévenir les témoins, le maire, le curé!...

OCTAVIE. Je vous ai laissé!... c'est-à-dire que lorsque vous êtes venu me chercher en Angleterre, j'ignorais que, pendant le mois entier qui précéderait le mariage, votre M. Victorin se croirait dispensé de venir à l'avance me rendre ses soins, me faire agréer ses hommages.

JENNY. Est-ce qu'il a pu, ce garçon? il était à la grande armée, en Prusse.

OCTAVIE. On quitte l'armée.

JENNY. A la veille d'une bataille?

OCTAVIE. On manque la bataille.

JENNY. Celle d'Iéna... ah! ouiche!

OCTAVIE. Jenny!

JENNY. Ce n'est pas qu'une victoire de plus ou de moins, quand on en compte autant que lui...

OCTAVIE. Je ne suis pas coquette, Dieu merci! et certainement, ce n'est pas que je tienne à ce qu'on me fasse la cour... non.. c'est aux procédés que je tiens... et en conçoit-on un plus brutal que celui d'un prétendu qui s'en vient dire au débotté à une jeune personne délicate et bien née : « Me » voilà ; nous ne nous sommes jamais vus, » n'importe ; votre main, une signature, » une messe et..... » Fi! il y a là quelque chose qui répugne aux bienséances, qui me fait mal à l'âme!

JENNY, à part. Est-elle chipie?

OCTAVIE. Quelle différence avec ces anciens militaires français, dont me parlait ma tante, qui étaient toujours dans son boudoir!..

LE BARON, soupirant. Ah! oui...

OCTAVIE. A lui faire des madrigaux, à se plaindre de ses rigueurs en acrostiches, à travailler à la tapisserie... à la bonne heure au moins... voilà des colonels!.. au lieu que M. Geoffray... un sabreur... peut-être laid! mal fait!... dam! un paysan!... quelle différence!

LE BARON. Que veux-tu?.. il y a eu depuis ce tems-là une révolution!... enfin, je t'en conjure, ne m'expose pas à perdre la terre promise de mes vieux jours, mon château.. un superbe château gothique, que je venais justement de faire construire en 1788, avec des ruines toutes neuves, qui n'ont pas encore servi...

OCTAVIE. Je sais bien... vous, vous ne voyez que le château ; mais il faut que je voie le mari, moi!...

LE BARON, d'un ton solennel. Ma nièce, puisque vous parlez de l'ancien régime, apprenez que le premier principe d'alors, c'était qu'une jeune personne acceptât aveuglément et de confiance l'époux qui lui avait été choisi par ses grands parens.

OCTAVIE. D'accord, mon oncle... mais, comme vous le disiez, il y a eu une révolution depuis ce tems-là ; et il faut bien au moins qu'elle nous profite à quelque chose.

Air: *Faut l'oublier*.
LE BARON.
Ciel! est-ce bien toi que j'écoute?
Toi qui toujours as détesté
Jusqu'au nom de la liberté?

OCTAVIE.
Celle des gens de rien, sans doute!
Oui, je gémis lorsque je vois
Qu'elle égale leurs droits aux nôtres;
Non, quand elle m'en donne à moi!

JENNY. C'est ça! la liberté! comme disait mon parrain:
Personne n'en veut pour les autres,
Mais tout le monde en veut pour soi.

OCTAVIE. Grâce donc à cette révolution, je ne me marierai pas sans mon consentement, et pour que je le donne, il faudra... (*On entend du bruit par la fenêtre.*) Hein?... quel est ce bruit?

JENNY, *courant à la fenêtre*. Le clic-clac d'un postillon... une chaise qui entre dans la cour...

LE BARON. Si c'était...

HENRI. Je cours savoir...
(*Il sort par le fond.*)

JENNY. Eh! non! non! c'est lui... je le reconnais... malgré ses moustaches.

OCTAVIE. Ses moustaches!... comment! il vient se marier en moustaches?.. c'est indécent!

JENNY, *criant*. Victorin! Victorin! il ne me voit pas!

OCTAVIE. Eh bien! mademoiselle! avoir l'air de regarder un homme.. fi! ôtez-vous de cette fenêtre... (*Elle s'y met.*) Où est-il donc*?

JENNY, *lui montrant*. Là!

OCTAVIE. Ça! cette capote bleue, boutonnée jusqu'au menton, ce bonnet de police enfoncé sur les yeux! et un cigare!!.. il fume! quelle horreur! un homme qui fume!

LE BARON, *d'un ton d'excuse*. Avant le mariage...

OCTAVIE, *qui s'est retirée de la fenêtre*. Justement! qu'est-ce qu'il fera donc après?

HENRI, *entrant au fond*. Le voilà qui monte!

VICTORIN, *en dehors*. En avant, marche! et vivement, ou mille tonnerres...

OCTAVIE. Il jure!... il ne lui manquait plus que ça... costume, habitudes, tout se ressemble... arrangez-vous comme vous voudrez, mon oncle, mais je ne le recevrai pas.

LE BARON. Ma nièce!...

OCTAVIE, *en passant devant Jenny et le baron*. C'est inutile... laissez-moi... je m'en

* Le baron, Jenny, Octavie.

Un Mariage sous l'empire.

vais... (*En sortant.*) J'en étais sûre... un vrai rustre!...

LE BARON, *la poursuivant jusqu'à la porte de gauche*. Octavie! eh bien! Octavie!

SCENE IV.

HENRI, JENNY, ANDRÉ, LE BARON, VICTORIN.

ANDRÉ, *portant une valise et un sac de nuit*. M. le colonel Victorin Geoffray.

LE BARON, *revenant près de lui*. Ah! colonel... mon cher neveu!

VICTORIN. Plaît-il? vous seriez le baron! (*Au domestique.*) Et ce conscrit-là qui ne me prévient pas... (*Jetant son cigare.*) Me laisser arriver là avec mon cigare!... moi, je croyais entrer dans ma chambre, pour prendre une tenue analogue à la circonstance.

LE BARON. On va vous y conduire... André, vous savez...

(*Le domestique sort avec le sac et la valise par la deuxième porte de gauche.*)

VICTORIN. C'est que pour paraître devant ma future... dites donc... (*montrant Jenny*) est-ce que c'est elle?

LE BARON. Octavie?... non... en vous entendant... l'émotion... le saisissement... de plaisir... elle s'est sauvée...

VICTORIN. Bah!

LE BARON. Mais je la rejoins... je la ramène... (*A part.*) S'il y a moyen... (*Haut.*) En attendant, soyez le bien-venu... Jenny, je t'en prie, fais les honneurs... vous aussi, Henri, suppléez-moi... je reviens tout de suite... (*A part, en sortant.*) Ah! quel embarras! j'en perdrai la tête... pourvu que je n'en perde pas mon château!..

(*Il entre chez Octavie.*)

SCENE V.

HENRI, JENNY, VICTORIN.

VICTORIN, *le suivant des yeux*. Qu'est-ce qu'il a donc l'ancien?... a-t-il l'air voltigeur de Louis XIV! (*Descendant la scène, à Henri et Jenny.*) Ah ça! mon jeune monsieur, et vous, ma belle enfant, nous allons toujours faire connaissance.

HENRI. Monsieur, je serai très-flatté...

VICTORIN, *à part*. Des phrases... c'est un pékin.

JENNY, *passant au milieu*. Faire connaissance! c'est-à-dire que j'ai été entièrement oubliée, moi, Jeannette...

2

VICTORIN. Jeannette?... Hein?... comment?
JENNY. Eh! oui, dans le tems... chez M. Choupineau...
VICTORIN. Chez le cousin... pas possible... sa filleule... ce petit lutin pour qui j'allais dénicher des pinsons, cueillir des noisettes...
JENNY. C'est moi!
VICTORIN. Toi... et tu ne m'as pas sauté au cou... viens donc...
JENNY. Ah! de tout mon cœur.
(Il l'embrasse.)
HENRI, à part. Comme il appuye! il ose celui-là... est-il heureux!
VICTORIN, passant au milieu. Ah ça! dis-moi donc... ce jeune homme... je devine.. un amoureux...
HENRI. J'ai cet honneur.
JENNY. M. Henri Dalville, auditeur.
VICTORIN, à part. Un pékin... j'en étais sûr.
JENNY. Et mon parrain... est-ce que vous ne l'amenez pas?
VICTORIN. Comment, vous! des vous avec moi! (A Henri.) Dites donc, vous permettez qu'elle me tutoye, pas vrai?
HENRI. Monsieur, je n'ai pas encore le droit...
VICTORIN, à Jenny, lui tendant la main. Alors, c'est moi qui te le permets.
JENNY, tapant dedans à la paysanne. Eh bien! ça va... mon parrain, où l'as-tu laissé?
VICTORIN. Le cousin Choupineau... retourné près de sa femme... (Il s'assied à droite et Jenny s'approche de lui.) Dam! voilà six semaines que mon mariage lui fait négliger ses affaires, et il n'en manque pas; outre son propre avoir, qui n'est pas mince, n'est-ce pas lui qui fait valoir, qui arrondit notre patrimoine? témoin cette ferme du baron, qu'il m'a achetée... et pour mon frère donc...
JENNY. A propos, ton frère, comment va-t-il?.. depuis le tems, te ressemble-t-il toujours?
VICTORIN. Emile!.. ça n'a fait que croître et embellir... on nous prendrait l'un pour l'autre sans les moustaches... Je lui dis quelquefois : Tu es trop joli garçon pour le civil... c'est du bien perdu!... (A Henri.) Pardon, mon cher ami, je ne dis pas ça pour vous.
HENRI. Monsieur...
JENNY, à part. Le fait est qu'il a raison... il n'y a rien comme le militaire.
VICTORIN, se levant. * Ah ça!..... mais, ma future.... vous ne m'en parlez pas..... Voyons... est-elle un peu passable?..

* Henri, Victorin, Jenny.

JENNY. Oh!.. quant à ça... la plus jolie figure...
VICTORIN. Ah diable! tant mieux.
HENRI. Et l'éducation la plus brillante.
VICTORIN. Ah diable! tant pis... enfin, n'importe... on s'y conformera. Mais quelle satanée idée a eue là l'empereur, d'aller me marier au pied levé, quand j'y songeais le moins? c'est un démon, ma parole d'honneur; il pense à tout! Au surplus, sur le premier avis que m'en a envoyé mon frère, moi, j'ai écrit tout ce qu'on a voulu... parce que, du moment que ça arrangeait l'empereur... la discipline!... et puis... dès que c'était un moyen de faire rendre la fortune à une brave et honnête famille, qui était peut-être un peu fière autrefois, mais qui a fait du bien dans le pays, qui donnait du travail aux pauvres.. je me rappelle avoir entendu conter ça.... et ce n'est pas moi qui aurais voulu mettre obstacle...
JENNY. Toujours ton bon cœur!
VICTORIN. Allons donc... le beau mérite... Qu'est-ce que je risque, moi, un homme, un militaire?... ce n'est pas comme ma future, qui, par dévouement pour son oncle... à la bonne heure, voilà un sacrifice!.. parce qu'une femme... oh!... j'y ai réfléchi... en courant la poste... et aussi, je me suis juré...
LE DOMESTIQUE, rentrant, à Victorin. Quand monsieur voudra...
VICTORIN. Ah! oui, ma toilette... ça presse. Il faut bien se montrer à son avantage... que diable!.. c'est bien le moins... surtout quand on ne doit rester qu'un jour.
HENRI et JENNY. Un jour!
VICTORIN. Mon Dieu oui!... demain de grand matin, en route! Il n'y a pas à dire mon cœur!... je n'ai un congé que de trois semaines.
JENNY. Il fallait réclamer.
VICTORIN. C'est ce que j'ai fait... auprès de Duroc...
JENNY. Qui t'a répondu?..
VICTORIN. Eh me riant au nez : « Bah! bah!... tu t'amollirais dans les délices de Capoue. » Au reste, a-t-il ajouté :

AIR de Turenne.
Tâche d'obtenir davantage
De l'empereur qui t'accueille toujours.

JENNY.
Et tu n'as pas suivi cet avis sage?

VICTORIN.
Cette bêtise!... au même instant j'y cours.

JENNY.
Eh bien! comment a-t-il pris ton discours?
VICTORIN.
Je ne sais trop... car, dès que je réclame
Et de l'hymen veux défendre les droits,
Ce diable d'homme!.. il me donne la croix!..
Ça m'a fait oublier ma femme.
Ainsi affaire baclée! » (*Au domestique.*) Allons, en avant!... Au revoir, Jeannette!

SCÈNE VI.
HENRI, JENNY.

JENNY, *le suivant des yeux.* Toujours le même... ce ton décidé... sans gêne...

HENRI. Oui... c'est ce qu'il m'a paru... (*A part.*) Quand je pense que sans mon père, j'aurais voulu entrer au service..... voilà pourtant comme j'aurais été!

JENNY. Est-il aimable!.... Ah! Octavie ne sent guère son bonheur.

HENRI, *surpris.* Plaît-il?..

JENNY. A la bonne heure!.. voilà un homme...

HENRI, *avec dépit.* C'est-à-dire que moi...

JENNY. Oh! non!.. mais tenez... je suis franche... vous me demandiez tantôt la manière de me plaire... eh bien!..

HENRI. Oh! ciel!.. c'est là le modèle que vous me proposez...

JENNY. Pourquoi pas?..

HENRI, *se reprenant.* C'est que... je crains de ne pouvoir atteindre à la perfection...

JENNY. Dam!... ça vous regarde... arrangez-vous.

HENRI, *à part.* Je suis perdu!.. je n'aurai jamais aussi mauvais ton que ça...

SCÈNE VII.
LE BARON, OCTAVIE, HENRI, JENNY.

(Le baron tient le voile, le bouquet et la couronne de mariée à la main.)

LE BARON, *suivant Octavie.* Puisque je te dis que ça ne t'engage à rien.

OCTAVIE. Non, mon oncle.

LE BARON. Tenez, regardez son voile de mariée qu'on apporte, et qu'elle ne veut pas même essayer.

(Il dépose le voile et les fleurs sur la toilette.)

JENNY. D'une manière ou d'une autre, il faut pourtant bien en finir aujourd'hui, puisque le colonel repart demain.

LE BARON. Il repart!

OCTAVIE. Demain!...

JENNY. De grand matin!..

OCTAVIE. Il se permettrait!.. quelle indignité!.. ça n'a pas de nom.

LE BARON, *à part, en passant.* Elle avait bien besoin de lui dire... *

OCTAVIE. Ne venir tout juste que pour la cérémonie... en agir pour aussi cavalièrement... ah ça! mais pour qui me prend-il?...

LE BARON. Octavie...

OCTAVIE. Mon oncle, par déférence pour vous, je m'étais résolu à le voir, à l'entendre...

LE BARON. C'est tout ce que je te demande...

OCTAVIE. Et ce que je refuse maintenant... après un tel outrage, fût-il le plus aimable des hommes, mon parti est pris... tout est rompu...

LE BARON. O ciel!...

JENNY, *vivement.* Vous ne l'épousez pas?..

OCTAVIE. Jamais...

JENNY, *à part.* Ah! bien! mais..... alors... si plus tard!

HENRI, *observant son mouvement de joie.* Qu'avez-vous donc?

JENNY. Rien, rien...

HENRI, *à part.* Et moi, je devine..... (*Haut, passant près d'Octavie.*) Mademoiselle Octavie, pourquoi prendre en mauvaise part?... le colonel n'a pas mérité... au lieu de l'accuser, vous devriez plutôt le plaindre.

LE BARON, *bas à Henri.* Bien!... très-bien!...

OCTAVIE. Le plaindre!...

HENRI. Oui, mademoiselle... tout-à-l'heure... il se désolait devant nous... demandez à Mlle Jenny...

JENNY. Je n'ai pas fait attention...

HENRI. Et moi, je vous le garantis... je vous l'atteste...

LE BARON, *bas à Henri.* C'est ça!... merci!... (*A part.*) Quel zèle désintéressé pour moi!

HENRI. Ça n'a pas dépendu de lui!.. ce n'est pas sa faute.

OCTAVIE. Celle de qui donc?..

HENRI. Les devoirs de son état...

LE BARON, *à Octavie.* Ah! dès qu'il y a devoir!...

OCTAVIE. Le premier devoir, quand on se marie, c'est d'être à sa femme. Moi, prise et quittée en un jour!.. je deviendrais la fable de la ville...

LE BARON. Mais...

OCTAVIE. Non, mon oncle... vous aurez beau dire... je sais ce que je me dois... je n'y mettrai pas de faiblesse... c'est la faiblesse qui a perdu l'ancienne monarchie!

LE BARON. Ce pauvre colonel!...

OCTAVIE. Ce sera tout gain pour lui...

puisqu'il est si avare de ses instans... Vous pouvez lui annoncer sur l'heure...

LE BARON. Ma foi, non... la commission est trop désagréable... c'est bien le moins que tu t'en charges toi-même.

OCTAVIE. Eh bien, oui!... au fait... (*A part.*) Ne fût-ce que pour mieux l'humilier... (*Haut.*) Et pendant ce tems-là, vous décommanderez tout; vous déprierez tout le monde...

LE BARON. C'est donc définitif, et sans retour?

OCTAVIE. En douter serait me faire une offense.

LE BARON, *soupirant.* Allons!,.. c'en est fait!... je vais m'habiller pour courir chez le curé, le maire, les témoins... Jenny, va dire qu'on mette les chevaux à ma voiture... Et vous, mon cher Henri...

HENRI. Monsieur!

LE BARON, *à part.* C'est qu'il a l'air aussi consterné que moi!.. Dieu, m'aime-t-il!... (*Haut.*) Rendez-moi service jusqu'au bout. Passez dans toutes les maisons de la ville annoncer que notre bal et notre souper n'auront pas lieu, et revenez ce soir pour m'aider à tourner une lettre d'excuses au frère de Paris, au maître des requêtes...

HENRI. Il suffit... comptez sur moi!..

LE BARON, *en sortant à droite.* Ah! mon château !.. mon pauvre château!..

JENNY, *en sortant par le fond.* Victorin restera libre.

HENRI, *sortant avec elle.* Ah! mademoiselle Jenny!.. mademoiselle Jenny!.. vous me pousserez à un coup de désespoir.

SCENE VIII.
OCTAVIE, et ensuite VICTORIN et LE DOMESTIQUE.

OCTAVIE. Oui, recevons-le... quelque rustre qu'il soit, il comprendra ce qu'il a perdu!

VICTORIN, *en dehors.* Eh! prends donc, te dis-je.

OCTAVIE. Le voilà!...

(Elle arrange sa toilette en se regardant dans la glace.)

LE DOMESTIQUE, *en dehors.* Quoi, monsieur, dix napoléons!

VICTORIN, *sortant de la porte à gauche en grand uniforme.* Eh! oui!... c'est mon présent de noce.

OCTAVIE, *souriant avec amertume.* De noce!... C'est ce qu'il faudra voir!...

LE DOMESTIQUE, *qui est entré après Victorin.* Justement, monsieur... voici votre future, voici mademoiselle...

VICTORIN. Ah!... c'est bon... va-t'en.
(Le domestique sort par le fond.)

SCENE IX.
OCTAVIE, VICTORIN.

VICTORIN, *la regardant, à part.* Peste!... on ne m'avait pas trompé... Régiment d'élite!... premier numéro.

OCTAVIE, *à part.* Je suis sûre qu'il doit être à faire peur.

VICTORIN, *à part.* Attention ici : il faut être sur le qui vive.

OCTAVIE, *à part.* Je me fais d'avance une joie de le remettre à sa place.

VICTORIN, *à part.* Allons, en avant. (*Haut.*) Mademoiselle...

OCTAVIE. Monsieur... (*Après l'avoir regardé.*) C'est singulier, il n'est pas si mal que je croyais.. Comme l'uniforme les change!

VICTORIN. En l'absence des grands parens, la présentation est peut-être un peu brusque...

OCTAVIE, *le regardant toujours, à part.* Mais non... ce n'est pas l'uniforme... c'est qu'il est très-bien... Un roturier! Que c'est bizarre!

VICTORIN. Que voulez-vous?... en vous trouvant là, je n'ai pas pu résister... Ces fleurs me rappellent que mon devoir est d'être amoureux de vous, et voilà un visage qui ne permet pas de manquer à la consigne.

OCTAVIE, *à part.* Il ne s'exprime même pas trop grossièrement.... N'importe.... (*Haut.*) Ces fleurs, monsieur, si vous les voyez là... croyez que ce n'est pas de moi-même... et que je... (*à part.*) Allons... voilà que je ne sais plus comment lui tourner...

VICTORIN. Ah! oui.... je vous comprends... ce revirement de circonstances... ce mariage enlevé d'assaut comme une redoute... Il est sûr que pour une jeune personne...

OCTAVIE. Oui, monsieur, voilà justement ce que je voulais dire.

VICTORIN. Et ce que je m'étais dit d'avance... Dam!... c'est l'empereur... il ne faut pas lui en vouloir... Avec lui, l'action doit marcher comme la pensée... et il pense si vite!

OCTAVIE. Vous conviendrez pourtant que cette manière de disposer de moi...

VICTORIN. Sans doute... parce qu'au fait, ce n'est pas votre faute si j'ai reçu pour lui un coup de sabre en Egypte... Ça n'aurait pas dû retomber sur vous... Vous lui servez de récompense impériale... ça prouve du moins qu'il est généreux.

OCTAVIE, *à part.* Comment donc? de la galanterie... Je n'en reviens pas...

VICTORIN. Et ça me faisait même faire tout-à-l'heure un bien drôle de rapprochement...

OCTAVIE, *avec curiosité.* Lequel?

VICTORIN. Je me rappelais involontairement la cause première de notre mariage, ce grand diable de mameluck tout basanné, tout sanglant, qui, à la bataille d'Aboukir, s'était lancé au galop, cimeterre au poing, sur notre général, et je me disais en vous regardant là : Parbleu! Victorin, quand tu t'es jeté au-devant de son coup, et que tu l'as étendu sur le sable, tu ne te doutais guère, mon garçon, qu'au bout de sept ans, il se transformerait toutà-coup pour toi en un vrai bijou de grâce et d'élégance, une petite femme charmante, qui te rendrait presque aussi timide que tu étais hardi avec l'autre.

OCTAVIE, *à part.* Ah! ça... il a donc de l'esprit?

VICTORIN. Car au fait, jusqu'ici vous me représentez mon mameluck, pas autre chose... Seulement, je l'aime beaucoup mieux sous cette forme-ci que sous l'autre.

OCTAVIE, *ne pouvant s'empêcher de sourire.* En vérité!... (*A part.*) C'est qu'il est très-amusant.

VICTORIN. Aussi, à l'avenir, je vais être le partisan le plus fidèle de la métempsycose...

OCTAVIE, *étonnée.* La métempsycose!... hein?... plaît-il?... Vous savez ce que c'est?

VICTORIN. Mais oui... un souvenir du collége...

OCTAVIE. Du collége!... Vous y avez été?

VICTORIN. Deux mortelles années. C'est même pour n'y pas rester que je me suis fait soldat à quinze ans... en achevant ma cinquième.

OCTAVIE, *à part.* Mais alors il est instruit.

VICTORIN. Tout le monde me blâmait alors, surtout mon frère, qui est posé et flegmatique... Eh bien!... qu'on vienne encore me dire que j'ai fait une folie, que j'ai manqué mon avenir... Je suis bien tranquille : (*lui prenant la main*) voilà ma réponse.

OCTAVIE, *à part, sans retirer sa main.* Il se croit sûr!... Pauvre jeune homme!... Il faut pourtant bien le détromper... après ce que j'ai dit à mon oncle... Mais comment m'y prendre? (*Haut.*) Monsieur... cet avenir dont vous parlez là, que vous vous peignez en beau... il est possible... je crains...

VICTORIN. Oh! ne craignez rien... Quelle différence désormais dans mon sort!... Jusqu'à présent j'ai couru le monde sans intérêt, sans but, en ahuri !... Par exemple, tenez, c'est à peine si, à mon retour d'Egypte, j'en ai rapporté trois cachemires.

OCTAVIE. Trois!

VICTORIN. Et encore, il ne m'en reste plus que deux, parce que ce diable d'Opéra...

OCTAVIE. Hein?...

VICTORIN, *se reprenant, à part.* Oh! quelle bêtise! (*Haut.*) Les deux plus beaux!... Je les gardais pour mon frère quand il se marierait... mais sa femme est encore à venir... tandis que la mienne... ils seront pour elle.

OCTAVIE. Pour moi!

VICTORIN. Des palmes longues de ça!

OCTAVIE, *à part.* Il est plein d'attentions.

VICTORIN. Comme je vous disais donc, j'ai négligé les occasions les plus belles ; avec quelle ardeur je vais maintenant les saisir!... Et dans notre carrière, il s'en trouve tant!.. Ce n'est pas pour la fortune que nous nous battons, nous autres Français, et c'est peut-être pour ça qu'elle vient à nous d'elle-même. Les présens de l'empereur, les dotations qu'il nous prodigue...

AIR : *Ah! si madame me voyait.*

En pensant que moi, votre époux,
Je puis conquérir par mes armes
De quoi doubler encor vos charmes,
Oh! combien il me sera doux
De courir m'exposer pour vous!
Oui, le premier, au fort d'une bataille,
J'irai, m'élançant au galop,
Braver les balles, la mitraille!..

OCTAVIE, *vivement.*

Ah! ne vous exposez pas trop!

VICTORIN, *avec joie.* Ça vous fait peur... merci,... merci!...

OCTAVIE *à part.* Qu'est-ce que je viens de dire?...

VICTORIN. Je ne vous ai donc pas déplu?

OCTAVIE. Mais, monsieur... je ne sais... je...

VICTORIN. Ah!.. si c'est vrai... Bah!... dites-le hardiment... Allez... vous ne vous en repentirez pas... je ne suis qu'un soldat... mais capable de réflexions... et j'en ai fait... oui... en apprenant que pour votre oncle, pour assurer son bonheur, vous n'aviez pas hésité à exposer le vôtre, je me suis dit : C'est bien, c'est d'un bon petit cœur.

OCTAVIE, *à part.* Ciel!... une si bonne opinion de moi, et la lui ôter!...

VICTORIN, *continuant*. Mais elle en sera récompensée... Oui, je la rendrai heureuse... à tout prix... Si elle est laide, c'est égal, je lui ferai accroire que je l'adore...
OCTAVIE. Monsieur..
VICTORIN. Dam!... nous autres militaires, il faut du courage.. c'est notre état.. Mais si elle est jolie...
OCTAVIE. Eh bien?...
VICTORIN. Ah! par exemple!... je ne supposais pas que ça serait autant que ça.
OCTAVIE. Vous vous disiez?...
VICTORIN, *avec feu*. Tout mon sang pour elle... et ce ne serait rien encore... Mieux que cela... tous les petits soins, toutes les prévenances... Aucun sacrifice ne me coûtera pour lui plaire... pour satisfaire son moindre désir, fût-ce aux dépens de tous les miens.
OCTAVIE, *émue, à part*. C'est qu'il a les meilleurs principes... toutes les qualités réunies! Dans l'état où ils ont mis la France, je ne pouvais jamais trouver mieux... Qu'est-ce que j'allais donc faire?.. Et s'il faut que mon oncle soit déjà parti...
LE BARON, *en dehors*. Bien!... bien!...
OCTAVIE, *à part*. Non!... ah!... je respire!...
LE BARON *en dehors*. Tu dis, Jenny, que ma voiture est prête?...
JENNY, *en dehors*. Oui, mon oncle...

SCENE X.
OCTAVIE, LE BARON, VICTORIN, JENNY.

LE BARON, *entrant avec Jenny*. C'est bon?.. me voilà... (*Il est en toilette.*)
VICTORIN, *allant à lui*. Ah! monsieur le baron, arrivez donc...
LE BARON, *à part*. C'est lui!... il doit être furieux.
OCTAVIE, *à part*. Comment leur apprendre?...
JENNY, *à Victorin*. Tu étais là, avec Octavie?
VICTORIN. Oui... (*Au baron.*) Nous venons de causer en votre absence...
LE BARON, *d'un air embarrassé*. Monsieur... vous pardonnerez..
OCTAVIE, *le tirant par son habit, bas*. Mon oncle...
JENNY, *d'un air de condoléance*. Mon bon Victorin...
VICTORIN. Quoi?... (*A part.*) Qu'est-ce qu'ils ont donc?...
LE BARON. Ainsi, elle vous a dit?..
OCTAVIE, *de même*. Mais mon oncle...
VICTORIN. Oui, oui... Vous me voyez enchanté...

LE BARON, *stupéfait*. Par exemple!...
JENNY, *à part*. J'étais sûr qu'il ne tiendrait pas à elle.
VICTORIN. Aussi je suis pressé de partir.. Voyons, tout est-il prêt pour la cérémonie?...
LE BARON *et* JENNY. La cérémonie?...
LE BARON, *bas à Octavie*. Il ne sait donc pas encore?...
OCTAVIE, *bas*. Rien!... mon oncle... j'ai pensé à vous... je m'immole!
LE BARON, *avec joie*. Est-il possible?...
JENNY. La cérémonie!.... ah! ça.... mais...
LE BARON, *lui coupant la parole*. Jenny!.. Jenny, va dire qu'on fasse vite venir les voitures de noce.
JENNY. Elles sont en bas.. et j'avais même annoncé aux cochers qu'après s'être rafraîchis...
LE BARON, *l'interrompant encore*. Ils iraient prendre les témoins,.. C'est juste... tu as bien fait.
JENNY, *à part*. Si j'y comprends un mot!
LE BARON *à Victorin*. Mon cher monsieur..
VICTORIN. Monsieur?.. au point où nous en sommes...
LE BARON. Eh bien!... mon cher... (*regardant Octavie*) neveu!... je vous fais bien des excuses... je comptais donner ce soir une petite fête... un bal... et... une circonstance... Ce n'est pas ma faute...
VICTORIN. Il n'y en aura pas?... Tant mieux! une noce en petit comité, au profit du marié seulement!... Moi, qui ai si peu d'heures à passer près de ma femme... si on venait me les voler... Il me semble même qu'à présent nous pourrions partir.
LE BARON, *regardant Octavie*. Pour moi, je n'y vois pas d'obstacle.. (*D'un air incertain.*) Qu'en dis-tu, Octavie?... (*Elle prend son bouquet et le place à son côté. Le baron s'écrie à part :*) Dieu!... mon château!...
JENNY, *stupéfaite, à part*. Comment?... elle ne dit rien... elle se laisse faire!...
VICTORIN, *à Jenny*. Et toi, tu ne viens pas?... tu n'es pas en toilette?...
JENNY. Dam!... est-ce que je m'attendais?... est-ce que je pouvais croire?
LE BARON, *lui coupant encore la parole*. Oui... elle veut rester... pour la surveillance... les préparatifs... Jenny, viens donc aider ma nièce.
(*Jenny aide Octavie à mettre sa couronne et son voile.*)
VICTORIN. Alors, mon respectable oncle, c'est à vous d'ouvrir l'ordre et la marche...

LE BARON. Tout de suite... Viens, ma nièce, bonne Octavie !... (*A part.*) O mon château !... enfin !... (*Haut.*) Chère enfant, je te bénis, va... Puisse le ciel faire descendre sur ta tête !... (*A part,*) Mon beau château !

VICTORIN, *pendant que le baron sort avec Octavie*. Il est fou !... Ah !... pas plus que moi... car vraiment... je ne sais, mais... oh !...

AIR : *Fragment du Dieu et la Bayadère.*

ENSEMBLE.
VICTORIN.
Quelle douce espérance !
Qu'à jamais ma constance
Serve de récompense
Au présent de sa foi.

OCTAVIE.
Sa gaîté, son aisance,
Sa brillante élégance,
Tout de ma répugnance
Triomphe malgré moi.

JENNY.
Après sa résistance,
Quoi ! sans qu'elle balance,
Octavie en silence
Va lui donner sa foi !

LE BARON.
Je reprends l'espérance ;
Grâce à cette alliance,
Désormais l'opulence
Va renaître pour moi.

VICTORIN, *à Jenny près de la porte*. Au revoir, Jeannette !...

SCÈNE XI.
JENNY, *seule.*

Oui... au revoir... quand il sera marié... mais conçoit-on cette Octavie ?.. Dieu !... que c'est vilain d'être capricieuse ! C'est vrai,.. puisqu'elle ne l'aime pas... pourquoi se forcer, et en faire tort à d'autres... Avec ça que, moi qui la connais, je gage qu'au premier moment, un nouveau caprice, tout contraire... Alors, qu'elle se dépêche donc... avant de monter en voiture !.. (*Regardant à la fenêtre.*) Elle y est déjà... et lui !.. il s'élance !.. on part... (*Soupirant.*) Tout est dit !.. C'est pourtant bien beau, un militaire !.. cet uniforme, ça va si bien !.. C'est vrai, Victorin est bien aimable... Nos souvenirs d'enfance, son bon cœur, sa gaîté... Mais dans tout ça... je crois que son uniforme est encore ce qui me plaisait davantage... Au moins ce n'est pas une robe noire, comme M. Henri... Pauvre garçon, il m'aime tant !.. et je devrais à mon tour... Dam !.. ce n'est pas ma faute... Je ne peux pas...

Mme CHOUPINEAU, *en dehors.* Comment ! déjà partis !...

CHOUPINEAU, *de même.* Je te le disais bien, femme, que j'arriverions trop tard.

JENNY. Ces voix !... me trompé-je ?..

LE DOMESTIQUE, *entrant.* Mademoiselle, il y a là des gens de la campagne qui vous demandent, vous et M. le colonel.

JENNY. Faites vite entrer.

LE DOMESTIQUE, *après avoir fait deux pas, revenant.* C'est que je dois prévenir mademoiselle qu'ils ont l'air... bien commun...

JENNY, *lui lançant un regard menaçant.* Cette réflexion !.. par exemple !.. (*Courant vers la porte.*) Entrez donc, mon parrain, maman Choupineau.

LE DOMESTIQUE, *à part, avec surprise.* Ah ! son parrain !..

SCÈNE XII.
CHOUPINEAU, JENNY, Mme CHOUPINEAU.

ENSEMBLE.
JENNY.
AIR *de Jeannot et Colin.*
Amis de mon enfance,
Vous voilà ! quel bonheur !
Croyez-moi, votre absence
Fut bien triste à mon cœur.

CHOUPINEAU et Mme CHOUPINEAU.
Après un' longue absence,
Te voilà ! quel bonheur !
Chère enfant, ta présence
Est bien douce à not' cœur.

CHOUPINEAU, *embrassant Jenny*. Bonjour donc, bonjour, ma petite Jeannette...

Mme CHOUPINEAU, *l'embrassant aussi.* Est-elle gentille, c'te chérie du bon Dieu !

JENNY. Que je suis aise de vous voir !... Je ne l'espérais plus, d'après ce que m'avait dit Victorin.

Mme CHOUPINEAU. Parguenne ! conçoit-on ce Choupineau, qui après avoir manigancé tout le mariage, tire ses guêtres juste au moment de la chose ?

CHOUPINEAU. Écoute donc, femme, après six semaines, j'avais une démangeaison de t'embrasser,...

Mme CHOUPINEAU. Tu n'en es que plus bête... Fallait m'écrire d'avance de venir t'attendre ici...

CHOUPINEAU. Est-ce que je me doutais, moi, que le cousin ferait trois cents lieues pour ne rester qu'un jour ?

Mme CHOUPINEAU. Aussi, c'est pour ça... j'ons dit à mon homme : Faut pas être feignant, Jacquot... un cheval de labour à la cariole, et en deux coups de tems à Issoudun.

CHOUPINEAU. Et j'y sommes...

JENNY. Trop tard...

Mme CHOUPINEAU. Pour la messe, c'est ce qu'on vient de nous dire... mais pas pour embrasser Victorin toujours.. ni pour faire connaissance avec la cousine, y offrir nos service, y dire qu'en l'absence d' son mari, nos soins, not' ferme, nos cœurs, tout est à elle... Sans compter que toi donc, Jeannette, y avait-il des éternités que je t'avions pas vue... vingt fois je voulions venir... Mais dans l'été c'est un ouvrage à c'te ferme... Les moissonneurs pour qui il faut faire cuire des masses de pain, et leux y tremper la soupe.

JENNY. Dieu!.. si j'avais été encore là, qué bonheur!.. je vous aurais aidée...

Mme CHOUPINEAU. Et tu te serais divertie tout de même... Toi qu'aimes la danse... ces jeunesses, quand ça a fatigué tout le jour, faut ben amuser ça le soir... un petit rigaudon... une bourrée, surtout à c't' heure que nous avons le petit Coco, qu'est devenu d'un jolie force sur le flageolet.

JENNY. Dieu!.. qu'c'est tentant!..

Mme CHOUPINEAU. Eh ben!.. si le cœur t'en dit, p'tit chou, pourquoi pas?.. c'est mal de n'pas rev'nir où c'qu'on nous aime.

JENNY, à part. L'affliger, en lui avouant qu'on m'empêche... (Haut.) Sans doute... si j'étais moins occupée ici...

Mme CHOUPINEAU. Ah!.. oui... c'est juste... Le baron nous avait ben dit qu'il te reprenait pour parachever ton éducation... Et alors tu dois avoir aussi ton petit tripotage... Faut ça pour dev'nir une bonne ménagère.... Car te v'là bentôt d'âge...

CHOUPINEAU, lui pinçant la joue. Et avec c'te mine-là, les épouseux n'te manqueront pas...

JENNY. Oh! ce n'est pas d'en avoir qui est le plus difficile, c'est de les aimer...

CHOUPINEAU. Comme tu dis-ça! Est-ce qu'il s'en est déjà présenté un?

JENNY. Que vous connaissez...

Mme CHOUPINEAU. Bah! qui qu' c'est?...

CHOUPINEAU. Attends, femme... j'y suis... Ce petit magistrat qui m'a mis en avant pour le mariage du cousin.... Chaque fois qu'il venait, il me causait toujours de Jeannette, que j'aurais gagé qu'il en tenait.

JENNY. Hélas! oui!...

Mme CHOUPINEAU. Comment, hélas!.. Il me revenait à moi, ce p'tit jeune homme... C'est doux, c'est tranquille, un vrai agneau.

JENNY. Voilà le mal... Parce que je me suis consultée, j'y ai réfléchi... et si je n'ai pour mari un militaire....

CHOUPINEAU. Y en a un qui t'aurait donné dans l'œil?...

JENNY. Pas encore... ce n'est que l'uniforme...

Mme CHOUPINEAU. Tiens, est-ce drôle!.. mon histoire, à son âge... Te souviens-tu, Choupineau? quand t'avais commencé à me fréquenter, et que je m'énamourai d'un dragon... Ah! un superbe dragon! une idée de jeune fille, quoi.

CHOUPINEAU. Oui, mais pourquoi est-ce que je te revins, quand il eut été tué en duel?.. c'est parce que t'avais été franche avec moi, au lieu de faire la coquette, et d' me tenir le bec dans l'eau... Entendez-vous, ma filleule? et si décidément ça ne peut pas prendre, faut pas le faire languir, ce pauvre garçon... faut y déclarer...

Mme CHOUPINEAU. Oui..... ça se doit, quand on a de l'usage...

JENNY. Je sens bien... mais... c'est qu'en face, je n'aurai jamais le cœur, parce que, tenez, tantôt... il n'a fait que s'en douter... un rien, un éclair de jalousie... eh ben!... il avait une mine si malheureuse... il parlait de faire un coup de tête..... que j'en étais toute je ne sais comment...

CHOUPINEAU. Raison de plus... et si ça te peine trop d'y parler verbalement, on prend la plume, et on l'y écrit: Monsieur, je vous fais ces lignes, pour vous faire à savoir...

JENNY. Ah!..... oui, mon parrain!.... quel bon conseil... tout de suite...

(Elle se met à la table pour écrire.)

CHOUPINEAU. Et ne faut pas tourner autour du pot.... bon jeu, bon argent.... ta vraie raison...

JENNY, écrivant. C'est ce que je fais...

Mme CHOUPINEAU. Par ainsi, tu seras libre, et s'il se présente queuque officier à ton goût...

JENNY. N'est-ce pas?.... je dirai à Victorin de m'en chercher un autre...

Mme CHOUPINEAU, allant à la fenêtre. Tiens.. des voitures dans la cour... c'est la noce.

JENNY, à part. Sitôt!..... est-ce qu'au moment de signer, Octavie..... elle en est capable... achevons vite...

Mme CHOUPINEAU, regardant toujours. Ah!... Victorin!... c'est lui!... il va monter... eh! mais non!... en voici ben d'une autre... nous ne le l'aurons pas de sitôt...

CHOUPINEAU. Comment ça?

Mme CHOUPINEAU. Les dames du marché, ses anciennes connaissances, qui viennent y apporter des bouquets, qui lui sautent au cou.

CHOUPINEAU. Je crois ben. (A part.) Il y en a même plus d'une qui dans les tems n'avait pas attendu son mariage pour ça...

Mme CHOUPINEAU, toujours à la fenêtre.

Et lui pas fier !..... c'est qu'il vous les embrasse toutes, et de bon cœur..... comme des payses...

JENNY, *achevant sa lettre, et se levant.* Tenez... lisez, mon parrain...

CHOUPINEAU, *parcourant la lettre.* Bien ça !... (*Lisant.*) « Monsieur... je ne pourrai jamais aimer et épouser qu'un militaire. » Très-bien, petiote..... voilà la conduite d'une brave fille..... et envoie sur-le-champ...

(*Il va près de sa femme, et regarde avec elle par la fenêtre pendant l'à-parté et la scène qui suivent.*)

JENNY. Il la recevra dans un quart d'heure.... je cours donner l'ordre..... (*A part.*) Et en même tems savoir...

(*Au moment où elle va sortir par la porte du fond, entre Octavie.*)

SCENE XIII.
JENNY, OCTAVIE, M. ET Mme CHOUPINEAU.

OCTAVIE. Ah ! j'étouffe !.... je suffoque !

JENNY, *très-vivement.* Est-ce que c'est manqué ?..,

(*Elle se jette sur un fauteuil.*)

OCTAVIE. Non... c'est fini...

JENNY. Ah !.... (*Avec effort.*) Je te fais compliment...

OCTAVIE. De quoi ?... d'une humiliation de plus... des poissardes, des harengères... et lui qui tutoye, qui embrasse ça !.... j'en ai été réduite à remonter seule...

JENNY. Et ton oncle ?...

OCTAVIE. Occupé chez lui à recevoir les témoins... va... cours... je t'en prie... un flacon !.. des sels !.. ah ! je n'en puis plus.. (*Avec impatience.*) Mais va donc...

JENNY. Tout de suite... (*A part.*) C'est pour quand il remontera..... elle veut se trouver mal...

(*Elle sort à gauche.*)

SCENE XIV.
OCTAVIE, CHOUPINEAU, Mme CHOUPINEAU.

OCTAVIE, *assise, et sans voir M. et Mme Choupineau.* De pareilles habitudes !.. oh !.. je l'en corrigerai !... car il m'aime !... et en lui faisant sentir mon autorité dès le premier jour...

Mme CHOUPINEAU, *regardant toujours à son mari.* Par exemple, dans tout ça, où s'est donc fourrée la mariée, que je peux pas la découvrir...

CHOUPINEAU. C'est vrai, dà... et moi, je suis pressé de l'embrasser, la petite cousine...

Mme CHOUPINEAU. Moi, itou..... si je descendions...

CHOUPINEAU, *se retournant, et voyant Octavie.* C'est pas la peine.... tiens !..... ce voile... ce bouquet... la v'la.

Mme CHOUPINEAU. T'as raison .. fraîche comme une pêche... un p'tit air avenant... (*Haut, allant à Octavie.*) Je profitons de l'occasion, cous...

OCTAVIE, *se levant.* Encore une !... jusqu'ici !... que venez-vous faire...

Mme CHOUPINEAU, *un peut étonnée.* Parguenne !... vous embrasser !...

OCTAVIE. C'est une persécution !.. (*Haut.*) Un instant donc... qui êtes-vous ?..

CHOUPINEAU. Ah ! c'est juste !... elle ne sait pas que t'es la mère Choupineau...

Mme CHOUPINEAU. Et v'la mon homme.

OCTAVIE, *à part.* Ah ! les fermiers. (*Haut.*) C'est bien, mes amis... j'ai entendu parler de votre zèle..... on y aura égard... et si mon mari était là...

Mme CHOUPINEAU. Ah ! il est sûr que je commencerions par lui.. parce que, dam !.. c'est quasiment comme si qu'il était not' fieux... mais, c'est égal, en l'attendant, cousine...

(*Elle s'avance comme pour embrasser Octavie.*)

OCTAVIE, *reculant d'un air indigné.* Cousine !...

CHOUPINEAU. Et quoique la parenté ne date que d'à ce matin, ça n'empêche pas que je vous aimons déjà tout plein, petite mère.

OCTAVIE. Ce ton.... ce langage !.... mon mari serait le cousin !... oh !... ce n'est pas possible !...

CHOUPINEAU. Comment, pas possible ?

Mme CHOUPINEAU. Et pourquoi pas, donc ?... est-ce parce que je ne sommes pas mieux requinqués ?..... c'est pas les hardes que nous manquent dà.... et si je n'étions pas partis dar, dar..... à celle fin de venir tout fin dret vous faire notre politesse... mais si c'est comme ça que vous la recevez !...

OCTAVIE. Où suis-je, bon Dieu !...

CHOUPINEAU. Allons !.. allons, la mère.. tu te fâches tout de suite... une soupe au lait !... vas-tu pas pour un mot mettre ton bonnet de travers.... c'té jeunesse... ça n'a pas encore d'usage..... ça ne sait pas ce qu'on doit à sa famille...

OCTAVIE. Une famille comme ça...

Mme CHOUPINEAU. Par exemple !..... et quoiqu'elle a donc, la famille ? quéqu'vous avez à en dire ?

OCTAVIE. Qu'il n'y aura jamais rien de commun entre elle et moi.

Mme CHOUPINEAU. Et ce n'est peut-être

pas le tant pis pour nous... Ah ben! not' homme, te v'la joliment payé des six semaines que tu viens de perdre... on a ben raison de dire: graissez les bottes d'un vilain...

CHOUPINEAU, *la calmant.* Voyons!..... voyons, toi!...

Mme CHOUPINEAU. Jour de Dieu!..... non!... si ne n'était l'amitié que je portons au cousin, all' saurait de moi qu'c'est une malapprise.

OCTAVIE. C'en est trop, finissez, bonne femme...

Mme CHOUPINEAU, *s'emportant.* Bonne femme!...

CHOUPINEAU, *passant près d'Octavie.* Ah ça!.... écoutez donc, aussi, vous!.... pas d'avanie, parce que jamais on n'a appelé mon épouse bonne femme..... elle n' mérite pas ça... et je n' souffrirai pas qu'on la tarabuste devant moi..

OCTAVIE. Mais c'est une halle...

Mme CHOUPINEAU, *calmant son mari à son tour.* Allons, voyons, à ton tour... vas-tu te faire passer la bile dans le sang?..... je n'avons besoin de personne, nous!..... je demandons pas d' services... et j' sommes au-dessus des impertinences...

OCTAVIE. Ça passe toutes les bornes...

CHOUPINEAU. Au fait, t'as raison, et j' suis d'un bête..

Mme CHOUPINEAU. Parbleu!... drès qu'ça n' vient pas du cousin... qu'en est incapable..... oui, ma belle dame, il n'est pas fier comme vous, votre mari... vous allez voir s'il nous méprise, lui, s'il trouve que j' sommes de trop dans sa famille.

OCTAVIE, *hors d'elle.* Eh bien! soit..... allez, allez donc lui porter vos plaintes... mais ce qu'il y a de sûr, c'est qu'en lui accordant ma main, je n'ai pas prétendu vous épouser avec lui, et que je ne suis pas d'humeur à m'encanailler pour son plaisir...

Mme CHOUPINEAU, *avec explosion.* Encanailler!...

CHOUPINEAU, *de même.* De la canaille!... nous!...

Mme CHOUPINEAU. C'est trop fort de café, aussi.... ah! tiens, sortons, mon homme, je t'en prie, sortons..... il s'en va grand tems...

CHOUPINEAU. Oui, sortons...

OCTAVIE, *passant à droite, pendant qu'ils remontent la scène.* Et vous ferez bien!...

(Au moment où Choupineau et sa femme sont à la porte, paraît Victorin qui les arrête. En même tems, Jenny entre par la gauche, et le baron par la droite.)

SCENE XV.

JENNY, VICTORIN, CHOUPINEAU, Mme CHOUPINEAU, OCTAVIE, LE BARON.

JENNY. Quel bruit!...

LE BARON. Que signifie?...

VICTORIN. Vous ici, cousin!... où alliez-vous donc?.. (*Apercevant Mme Choupineau.*) Eh! mais, ma chère, mon excellente cousine, que je vous embrasse!...

Mme CHOUPINEAU, *après qu'il l'a embrassée, à part, regardant Octavie d'un air de triomphe.* Ah! ell' voit!

VICTORIN, *à Mme Choupineau.* Ah ça!.,. cet air tout agité, tout ému... que s'est-il donc passé?

CHOUPINEAU, *avec bonhomie.* Rien!..... rien!... c'est nos femmes qui causiont....

Mme CHOUPINEAU, *comprenant les signes de son mari.* V'la tout!...

OCTAVIE, *s'avançant.* Eh! mon Dieu!... il n'est pas besoin de cette affectation de générosité... je suis chez moi peut-être,... j'ai le droit d'y choisir la société qui me convient; et dans une maison où vient toute la noblesse du Berry, que penserait-on, si on y rencontrait...

VICTORIN, *passant vivement près d'elle.* N'achevez pas.

JENNY, *serrant les mains de Choupineau.* Ciel! mon parrain!...

OCTAVIE. Comment, monsieur...

VICTORIN, *avec dignité.* Madame, je vous présente ma famille...

OCTAVIE, *avec hauteur.* Qui ne sera jamais la mienne...

VICTORIN. Y songez-vous?...

JENNY. Octavie!

LE BARON. Ma nièce!.... ma nièce!.... (*Bas.*) Ça se pense... mais ça ne se dit pas..

CHOUPINEAU. Adieu, cousin...

VICTORIN. Restez.

Mme CHOUPINEAU. J' sommes pas gens à v'nir dans un ménage semer la zézanie.

VICTORIN. Restez, vous dis-je.

OCTAVIE. Vous les retenez... Ah! j'aurais cru, monsieur, qu'en m'épousant, vous auriez pris les idées d'un homme comme il faut.

VICTORIN. Vous voulez dire d'un ingrat.

OCTAVIE. Monsieur!...

VICTORIN. Vous ne savez donc pas que vous avez devant vous mes bienfaiteurs, la crème des honnêtes gens, des cœurs d'or. Ils ne font pas de belles phrases, eux; ils agissent. Si mon frère et moi sommes aujourd'hui quelque chose, c'est à eux, c'est à leurs soins que nous le devons ; et Jeannette, qui l'a élevée ? qui lui a sauvé sa fortune ? et jusqu'à cette maison où vous êtes...

JENNY. Bien sûr !... et les en chasser....

OCTAVIE. Qu'à cela ne tienne !... J'en puis sortir... j'ai un château, celui de ma famille, (*appuyant*) à moi !..., et là, du moins...

VICTORIN. Partout, madame, où ce sera chez moi, et fût-ce dans un palais, ils seront les bien-venus, les bien-reçus ! je serai fier et honoré d'eux.

CHOUPINEAU. Merci, cousin... ce mot-là t'acquitte.... Adieu.

VICTORIN. Non, vous ne sortirez pas... je ne dois pas le souffrir.

OCTAVIE. Voilà donc cette complaisance que vous me juriez... ce dévouement à mes désirs, même aux dépens des vôtres ?

VICTORIN. Et pouvais-je m'attendre... (*D'un ton amical et gracieux*.) Ah ! tenez, de grâce, Octavie, ma femme, écoutez... Caprices, fantaisies, tout contre moi, moi seul... tourmentez-moi bien.... Je vous passe tout... mais...

OCTAVIE. Mais plutôt que de céder, je me retire chez moi ; je m'y enferme... jusqu'à demain... jusqu'à votre départ...

VICTORIN. Vous qui venez de vous donner à moi !

OCTAVIE. Oh ! si c'était à refaire !...

VICTORIN. Vous regretteriez ?...

OCTAVIE. Je n'ai pas de compte à vous rendre de mes sentimens... Laissez-moi, monsieur, je suis la plus malheureuse des femmes !... Mon oncle, soutenez-moi, je vais me trouver mal.

JENNY, *à part*. Je l'aurais gagé !...

LE BARON, *à part, sans bouger*. C'est toute sa tante.

Mme CHOUPINEAU, *courant à Octavie, qui se jette dans un fauteuil*. Pauvre chère dame !... Eh ! vite donc, du vinaigre, queuq' chose !...

JENNY, *tirant un flacon de son tablier*. Son flacon...

CHOUPINEAU, *le lui arrachant*. Donne !

(Il le porte à sa femme, qui le remet au baron. Ils sont tous groupés autour d'Octavie pendant l'à-parté de Victorin.)

VICTORIN, *à part, sur l'avant-scène, à gauche*. Malheureuse !... il serait vrai... et par moi ! Non, non : un soldat n'a que son serment... et puisqu'il le faut... (*Il va vers la porte, s'arrête et dit en regardant Octavie et la chambre à coucher alternativement*.) C'est dommage !... (*Comme un homme qui prend son parti*.) Allons, allons !

SCENE XVI.

LES MÊMES, *hors* VICTORIN.

OCTAVIE, *repoussant le flacon que lui fait respirer le baron*. Assez !..., assez !

CHOUPINEAU. V'là qu'ell' revient... allons, Victorin... Eh ! ben, où est-il donc ?

Mme CHOUPINEAU. Il est allé quérir du secours.

CHOUPINEAU. Femme, profitons de ça pour lever le pied.

JENNY, *courant à eux*. Vous en aller !

CHOUPINEAU et Mme CHOUPINEAU. Chut !
(Tous deux l'embrassent.)

LE BARON, *à Octavie*. Octavie, voyons... un petit effort sur toi-même ., Sois bonne enfant. . quelques mots de politesse.

OCTAVIE. Plus tard... on verra... c'est possible... Mais le premier jour, fléchir... ce serait fini pour la vie.

CHOUPINEAU ET Mme CHOUPINEAU, *à Jenny*. Viens nous voir chez nous ..Adieu !

LE BARON, *allant à eux*. Mon cher monsieur, ma respectable dame, croyez que je suis désolé... que je ne partage pas... Ma nièce seule... l'éducation anglaise...

CHOUPINEAU. Ne vous dérangez pas, monsieur le baron.

LE BARON. Si vous voulez ma voiture...

Mme CHOUPINEAU. Grand merci !... j'ons not' carriole.

SCENE XVII.

CHOUPINEAU, Mme CHOUPINEAU, JENNY, HENRI, LE BARON, OCTAVIE, *assise*.

HENRI, *à Jenny*. Ah ! mademoiselle !...

TOUS. Henri !

HENRI, *à Jenny*. Je viens de recevoir votre lettre... J'accours vous en remercier.

JENNY. Mon Dieu ! il n'a a pas de quoi.

HENRI. Pardon... A présent je suis sûr de vous plaire... En entrant, j'ai rencontré M. Victorin ; j'ai réclamé sa protection. Il m'a promis de me faire avoir une sous-lieutenance.

JENNY. Qu'entends-je ?

HENRI. Et je l'accompagne... le tems de donner ma démission. Je dois le rejoindre cette nuit à Orléans.

TOUS. Le rejoindre !...

OCTAVIE, *se levant vivement et passant devant le baron*. Cette nuit !... Comment ? il part...

HENRI. Sans doute. Il vient de monter dans sa chaise de poste.

TOUS. Ciel !...
OCTAVIE. Lui !... (*A part.*) Ah ! si j'avais su...
HENRI, *à Octavie.* Il m'a dit que c'était pour votre satisfaction, votre bonheur !... qu'il vous prouverait qu'il est un bon mari ; qu'il ne reviendrait plus... et que, quant au château, vous pouviez en disposer, vous et votre oncle.
OCTAVIE. Quoi !... voilà ses adieux.... tout ce qu'il vous a dit de moi ?
HENRI. Tout ce que je doive vous répéter.
OCTAVIE. Achevez... Je veux tout savoir...
HENRI, *embarrassé.* Madame...
OCTAVIE, *avec impatience.* Parlez donc, je l'exige.
HENRI. Il a ajouté en me serrant la main : « Elle est charmante, mais... »
OCTAVIE. Eh bien ?...
HENRI. Je n'ose...
OCTAVIE. Je vous l'ordonne...
HENRI. « Elle est charmante mais... c'est une bégueule !... »
OCTAVIE, *indignée.* Ah !...
LE BARON. Comme sa tante.

(Tableau. La toile tombe.)

FIN DU PREMIER ACTE.

ACTE II.

Le théâtre représente un salon du château. Porte au fond ; à droite, au premier plan, une porte conduisant dans l'appartement d'Octavie ; à gauche, au premier plan, une croisée ; sur le devant, à droite et à gauche, une table, chaises, fauteuils, etc.

SCENE PREMIERE.
Mme CHOUPINEAU, JENNY, *entrant par le fond.*

JENNY. Oui, bonne maman Choupineau, je vous le répète, vous ne venez pas me voir assez souvent.
Mme CHOUPINEAU. Par exemple !... J'allais te faire le même reproche, moi. Il est vrai qu'il y a une bonne demi-lieue d'ici à not' ferme, et que tu n'es plus si disposée à courir, que tu ne te lèves plus si matin qu'autrefois.
JENNY. J'en conviens : les réunions, les soirées...
Mme CHOUPINEAU. Oui, depuis deux ans que tu habites le château de la Morlandière avec la femme de notre pauvre Victorin Geoffray, tu n'as pas cessé de voir toute la noblesse du pays, et tu as fini par t'accoutumer aux manières de ces beaux messieurs et de ces belles dames, par prendre leur langage et leurs habitudes ; c'est trop juste, et j'en suis bien aise, vois-tu ! Parce que tu es riche, tu es née dans c'te classe-là, et il faut que chacun vive dans l'état où le bon Dieu l'a mis.. L' poisson de mer n'est pas bien dans l'eau douce... Par ainsi, je ne t'en veux pas, et je te permets d'être mamzelle Jenny pour tout le monde, pourvu que tu sois toujours pour la mère Choupineau la bonne petite Jeannette.
JENNY, *l'embrassant.* Oh ! toujours !...
Mme CHOUPINEAU. Ah ça, dis-moi comment la fière Mme Octavie a pris la triste nouvelle qui nous est arrivée avanthier ?
JENNY. Je crois que dans le fond elle a éprouvé plus de chagrin qu'elle n'a voulu en montrer.
Mme CHOUPINEAU. Dam ! elle n'aurait pas de cœur si elle ne regrettait pas ce pauvre Victorin !... Et pourtant elle a osé se vanter devant toute sa belle société de l'avoir fait déguerpir, de n'avoir pas voulu de lui !
JENNY. Oui, elle s'est vanté de cela dans les premiers tems ; mais depuis...
Mme CHOUPINEAU. Quelle conduite que celle de Victorin !... Partir le jour même de son mariage parce qu'il a vu qu'il déplaisait à sa femme, lui laisser toute la jouissance du château, de toute la fortune, ne pas reparaître pendant deux ans, et se faire tuer dans une bataille !.... Bon et brave garçon !... Ça m'a-t-il fait de la peine, quand j'ai appris sa mort !....
JENNY. Et à moi donc ?... Il avait pour moi tant d'amitié...
Mme CHOUPINEAU. Et tu le lui rendais bien !... Ah ! si t'avais été à la place de Mme Octavie, tu n'aurais pas fait la chipie comme elle, toi, tu ne l'aurais pas vexé, tracassé, et il vivrait peut-être encore.... J'ai bien du mal à ne pas l'y en vouloir de tout ça... Dis donc, ma petite Jeannette, m'est avis que les fêtes, les bals, les dîners qu'on donnait au château, tout ça va finir ; à c't' heure ?... V'là Mme Geoffray veuve, autant dire sans avoir été mariée : il y a dix-huit mois qu'elle a

perdu son oncle, elle est toute seule au monde à présent.

JENNY. Hélas! oui!..

M°ᵐᵉ CHOUPINEAU. Ce pauvre baron de la Morlandière, c'est pourtant d'une indigestion qu'il est mort, pas vrai?..

JENNY. Eh! mon Dieu, oui!..

M°ᵐᵉ CHOUPINEAU.

AIR : *Un homme pour faire un tableau.*

Il s'dédommageait, Dieu merci,
Des jours passés dans l'abstinence :
Quels repas on faisait ici !
L'brave homme aimait-il la bombance !..
Il fallait à cet affamé
Une indigestion journalière !..
Il s'y s'rait même accoutumé,
S'il n'était mort de la dernière.

JENNY. Maintenant, c'est peut-être heureux pour lui d'être mort; car on ne sait pas comment les affaires vont tourner, et il aimait tant son château!.. On ignore quelles dispositions a faites le bon Victorin, et son frère jumeau, le conseiller d'état, M. Emile Geoffray...

M°ᵐᵉ CHOUPINEAU. T'as raison!.. à moins de testament, c'est lui qui est l'héritier de Victorin.

JENNY. On l'attend au château : une lettre qu'Octavie a reçue annonce sa prochaine arrivée.

M°ᵐᵉ CHOUPINEAU. Oui, je sais ça!... Ce cher Emile! y a-t-il des années que je ne l'ai vu!... serai-je contente de l'embrasser et de voir s'il ressemble encore à son pauvre frère?.. Autrefois, c'était comme deux gouttes de lait, et si c'est toujours de même ça me consolera un brin de la perte de l'autre.

JENNY. Je crois que j'entends Octavie qui descend de chez elle.

M°ᵐᵉ CHOUPINEAU. Diantre!.. je ne veux pas qu'elle me trouve ici : depuis l'avanie qu'elle m'a faite à moi et à mon homme, il y a deux ans, le jour de son mariage, nos chevaux ne mangent pas au même râtelier, et ce n'est que pour toi que je viens queuquefois au château, le matin, quand elle n'est pas levée ; adieu donc!... J'aurais bien voulu causer un peu plus long-tems ; mais tu viendras me voir, pas vrai?..

JENNY. Oh! oui, bonne maman!

M°ᵐᵉ CHOUPINEAU, *l'embrassant.* Je compte sur toi, ma petite Jeannette!.. Si tu peux t'échapper aujourd'hui, tu n'auras pas besoin d'aller jusqu'à la ferme, parce que Choupineau et moi je sommes installés à l'auberge du village, pour recevoir le cousin Emile.

JENNY. Je ne l'oublierai pas.

SCENE II.
JENNY, OCTAVIE.

JENNY. Déjà levée, Octavie?

OCTAVIE. Il le faut bien!... dans la situation nouvelle où je me trouve, ignorant quel sera mon sort à venir... ne suis-je pas condamnée à une préoccupation qui m'interdit le repos?

JENNY. Oh! ce n'est pas seulement de la préoccupation que tu éprouves, il y a aussi de la tristesse!..

OCTAVIE. De la tristesse?..

JENNY. Des regrets!.. mais n'est-ce pas bien naturel?

OCTAVIE. Des regrets pour un homme qui s'est conduit envers moi comme l'a fait celui dont on m'a forcée de porter le nom!..

JENNY. Ecoute donc! tu avais agi si mal avec lui, avec ses parens.!..

OCTAVIE. Partir! sans daigner s'expliquer, sans me demander pardon...

JENNY. Te demander pardon des torts que tu avais ?..

OCTAVIE. Rester absent deux années, m'exposer aux sots quolibets, aux malignes interprétations...

JENNY. Pauvre Victorin !..

OCTAVIE. Tu as toujours pris sa défense, toi !...

JENNY. Et je ne suis pas la seule!.. car ton cœur aussi le défend!.. Tu as beau dire, tes yeux sont rouges, tu as pleuré.

OCTAVIE. Moi!.. non... tu te trompes.

JENNY. Chère Octavie, n'essaie pas de cacher des regrets qui te font honneur. Moi aussi, j'ai été bien triste! et je peux te l'avouer à présent, ton mariage avec lui m'avait désolée.

OCTAVIE. Tu l'aimais?..

JENNY. D'amitié, dès l'enfance, et je sentais là qu'il n'aurait pas fallu grand'chose pour que ça devînt de l'amour. Cette franchise militaire, ce langage sans détours et sans affectation, ce courage dont il avait donné tant de preuves...

OCTAVIE. Et cet uniforme, ces brillantes épaulettes, tout cela te séduisait... au point que M. Henri Dalville s'est cru forcé, pour te plaire, de faire violence à ses inclinations, de quitter le barreau et de partir pour l'armée! Mais il me semble qu'aujourd'hui...

JENNY. Eh bien! oui, je ne te le cache pas, les deux années que j'ai passées près de toi ont bien changé mes idées : au milieu de ce cercle élégant où nous avons vécu, j'ai cru remarquer que tu avais peut-être un peu raison, et qu'un homme, à la rigueur, pouvait être aimable sans moustaches, sans cigare et sans uniforme. Puis, le malheur arrivé à Victorin m'a guérie tout-à-fait de mon penchant pour les militaires : avec eux on n'est sûre de rien, et l'on se trouve veuve au moment où l'on s'y attend le moins.

OCTAVIE. De sorte que si M. Henri revenait...

JENNY. Oh! en deux ans, il n'aurait pas entièrement perdu ses manières élégantes et polies, son ton modeste et réservé, et je suis sûre que, malgré son nouvel état...

UNE VOIX DANS LA COULISSE. Allez au diable! encore une fois .... Je vous répète que je me présenterai bien tout seul.

OCTAVIE. Eh! mais... cette voix?..

JENNY. Ah! mon Dieu!

SCENE III.
JENNY, HENRY, OCTAVIE.

HENRI, *entrant. Il est en grand uniforme de hussard. A lui même.* A-t-on vu un pareil butor! (*Haut.*) J'ai l'honneur, mesdames, de vous offrir mes salutations.

OCTAVIE. Monsieur Henri Dalville!

HENRI. Lui-même qui arrive de l'armée d'Espagne et vient tomber ici comme une bombe !.. Mais qui espère être mieux accueilli.

JENNY, *l'examinant. A part.* Quel changement!..

OCTAVIE. Nous parlions de vous à l'instant même ; mais nous ne nous attendions guère à ce retour subit.

HENRI. Un volontaire espagnol m'a délivré un congé de trois mois avec sa carabine ; j'en ai profité pour revoir mon pays et les personnes qui me recevaient autrefois avec bonté.

JENNY, *avec intérêt.* Vous avez été blessé?

HENRI. Deux chevrottines avaient fait élection de domicile dans mon épaule gauche... on a eu toutes les peines du monde à les déloger ; mais je vais beaucoup mieux, et le bonheur de vous voir achèvera de me guérir.

JENNY, *plus contente de la dernière phrase.* Ah!

HENRI, *à part.* Diable !.. prenons garde à ce que je dis !... si je suis si galant, elle va encore me détester comme un pékin.

OCTAVIE. Vous savez, monsieur Henri, tout ce qui s'est passé pendant votre absence?..

HENRI. Oui, madame, tandis que je devenais capitaine en Espagne, M. Victorin se faisait signer, en Autriche, sa feuille de route pour l'autre monde.

JENNY. Ah! cette façon de s'exprimer...

HENRI. Ne ressemble guère à mon langage d'autrefois, pas vrai?.. cela vous prouve, mademoiselle Jenny, que le désir de vous plaire peut enfanter des miracles. Si vous saviez avec quelle ardeur j'ai travaillé à me défaire de ces paroles mielleuses, de ces petites manières à la fleur d'orange que vous haïssiez tant!... Vous le voyez aujourd'hui!.. j'ai la moustache, le ton libre et l'air dégagé!.. Ah! je vous demande pardon !.. j'ai oublié ma pipe dans mon porte-manteau.

JENNY. Votre pipe?..

HENRI. J'en peux fumer dix par jour sans me gêner !.. Oh! vous serez contente de moi.

AIR : *Un page aimait la jeune Adèle.*

Lorsqu'il s'agit d'une victoire,
Je frappe comme un vieux troupier ;
Quand sous la tente il faut chanter et boire,
C'est toujours moi qu'on trouve le premier ;
Je fus vainqueur dans plus d'une querelle ;
J'ai bivouaqué, sabré, juré, fumé !
Enfin j'ai fait, mademoiselle,
Tout ce qu'il faut pour être aimé.

(*A part.*)
Si après ça elle n'est pas contente de moi, c'est qu'elle y mettra de la mauvaise volonté.

OCTAVIE, *à part.* Le pauvre garçon a la main malheureuse.

JENNY, *à part.* Mon Dieu, quel ton !.... c'est horrible !.. Mais comment lui dire à présent?..

HENRI, *à Octavie.* C'est à la dernière poste, madame, que j'ai connu tous les détails de la mort de M. Victorin.

OCTAVIE. Ah !.. et par qui?

HENRI. Par son frère.

OCTAVIE. Son frère?... il est arrivé?..

HENRI. J'entrais dans la cour de la poste, au moment où l'on attelait une voiture ; je demande des chevaux, il n'en restait plus ; on me signifie qu'il faut attendre deux grandes heures... Deux grands diables qui vous étranglent !... dis-je aux postillons... et, comme ils refusaient toujours de me conduire, je me mets à leur administrer je ne sais combien de coups de cravache, parce que nous autres militaires..

JENNY, *à part.* A-t-on jamais vu cela?..

HENRI, *à part.* Bon !.. elle croit que je les ai battus, et ça lui fait plaisir ! (*Haut.*) Au moment où je les étrillais, mieux qu'ils n'étrillent leurs chevaux, un monsieur se présente à moi... je reste confondu, car au premier aspect, je crois voir votre mari, moins le costume et les moustaches pourtant!... j'apprends alors que c'est son frère jumeau, le conseiller-d'état, M. Emile Geoffray. « Je vous ai entendu nommer le château de la Morlandière, me dit-il ; si c'est là que vous allez, je peux vous offrir une place dans ma voiture, car c'est aussi le but de mon voyage. » J'accepte avec empressement, nous faisons route ensemble, et là il m'annonce qu'il vient pour régler avec vous les affaires de la succession. Enfin, je le laisse à l'auberge du village, où moi-même, pour être à votre goût, je venais d'endosser mon grand uniforme, et j'accours près de vous en toute hâte. Mais en vérité, j'avais toutes les peines du monde à ne pas croire que je voyageais à côté d'un revenant.

OCTAVIE. Mon beau-frère est arrivé!... il ne va pas tarder sans doute à se rendre ici ; il faut que je me dispose à le recevoir. Monsieur Henri, vous acceptez un appartement au château?...

HENRI. Très-volontiers, madame!... je voudrais toujours bivouaquer comme ça !

OCTAVIE. Mais vous n'avez pas déjeuné? Jenny, charge-toi de ce soin...

JENNY. Oui, venez, monsieur.

HENRI. Oh! moins que rien!.. une tranche de jambon et un verre de rhum!. ah! du rhum surtout!.. Vous verrez, mademoiselle Jenny, comme j'avale cela maintenant !

JENNY, *à part.* Il est capable de se griser pour me plaire!.. Ah! il faudra pourtant bien que je lui dise... (*Haut.*) Allons, suivez-moi !

HENRI. Vous me tiendrez compagnie, n'est-ce pas?..

JENNY. En buvant du rhum, peut-être?...

HENRI. Pourquoi pas... ça fait faire aux femmes une grimace tout-à-fait gentille.

JENNY. Eh bien ! monsieur, vous vous passerez de la grimace.

HENRI, *saluant Octavie.* A l'honneur de vous revoir, madame.

SCÈNE IV.

OCTAVIE, seule.

Mon beau-frère va venir... et que va-t-il m'annoncer?.. Mon avenir maintenant, quel sera-t-il?... Ce château, cette terre, c'est à M. Victorin Geoffray que tout cela avait été donné par son empereur !... faudra-t-il donc les quitter?.. surtout mon joli boudoir, que j'avais fait décorer avec tant de goût et d'élégance... Mais aurais-je le droit de me plaindre?.. Cet homme, qui fut mon mari, me doit-il quelque chose?.. Me suis-je montrée pour lui ce qu'il pouvait espérer peut-être?... N'ai-je pas été fière et dédaigneuse?... Ne l'ai-je pas offensé dans sa famille?.. mais comme il s'en est vengé!.. de quelle façon il m'a traitée... c'est une... bégueule!... une bégueule?.. voilà dans quels termes il aura parlé de moi à son frère!.. Eh bien! non, je ne veux pas qu'il me juge ainsi!.. s'il a des préventions, je les détruirai!.. je le forcerai de convenir que son frère fut injuste et cruel envers moi... et ce sera ma vengeance!...

AIR : *Tyrolienne d'Emma.*

Quel espoir!
Pour me voir,
Qu'il vienne !
Sa haine
S'éteindra ;
Il lira
Dans ce cœur qu'on déchira ;
Il me plaindra.

Il va sans doute être froid et sévère !
Qu'importe ?.. Je veux aujourd'hui,
Si je n'eus pas l'amour de mon mari,
Conquérir l'amitié d'un frère.
Il faut qu'en lui
J'aie un appui.

Quel espoir! etc.

UN DOMESTIQUE. M. le comte Geoffray demande la permission de se présenter devant madame.

OCTAVIE. Ah! comment dites-vous?.... M. le comte?...

LE DOMESTIQUE. Oui, madame, c'est bien ainsi qu'il s'annonce.

OCTAVIE. Vraiment?.. Priez-le d'entrer. (*Le domestique sort.*) Comte !.. il est comte, lui !..

SCÈNE V.

VICTORIN, OCTAVIE.

VICTORIN, *entrant. Il est vêtu de noir, et a le ruban à la boutonnière.* Madame!...

OCTAVIE, *poussant un cri.* Ciel!... ces traits...

VICTORIN. Produisent sur vous, je le vois, madame, l'effet qu'ils font sur toutes les personnes qui ont connu mon frère ; mais cette ressemblance, vous ne l'ignoriez pas.

OCTAVIE, *l'examinant.* Non sans doute ! et pourtant elle est si extraordinaire...

VICTORIN. Peut-être c'est elle aussi qui augmente mes craintes, et qui me faisait hésiter à me présenter devant vous.

OCTAVIE. Comment?...
VICTORIN. N'est-ce pas une raison pour vous déplaire?
OCTAVIE. Mais... non, monsieur.
VICTORIN. S'il eût été possible de traiter loin de vous les tristes affaires qui m'ont fait entreprendre ce voyage, j'aurais épargné à votre délicate susceptibilité un souvenir... aussi désagréable.
OCTAVIE. Pouvez-vous parler ainsi, monsieur?... votre frère...
VICTORIN. Mon frère?... je sais qu'il avait des habitudes bien différentes des vôtres!.. Que voulez-vous?... la main devient plus rude à manier un sabre qu'à remuer un éventail!... Peut-être se fût-il formé près de vous!... mais de quoi vais-je vous occuper?... Je dois me renfermer dans la mission que je viens remplir ici... D'abord, vous saurez que mon frère, nommé aide-de-camp de l'empereur, a reçu de lui de nombreuses faveurs.
OCTAVIE. Mais... vous aussi, monsieur!... car vous portez un titre...
VICTORIN. En effet, le titre de comte!... Une affaire importante dans laquelle j'eus le bonheur de rendre service à l'état.....
OCTAVIE. Votre frère vivait encore quand vous l'avez obtenu?...
VICTORIN. Sans doute!... Oh! il mettait, lui, peu de prix à ces titres. La célébrité qu'on attache à son nom, disait-il, quelques grandes actions, quelques nobles projets, voilà la vraie noblesse! Mais il ajoutait : quand l'empereur décore un brave, c'est comme s'il disait aux autres : Honorez-le pour les actions passées!... Et à lui : Distinguez-vous par les actions à venir!... Et il eût accepté!...
OCTAVIE. Ah!... mais savez-vous, monsieur, que les idées de votre frère, rendues par vous, il est vrai, me paraissent bien différentes de celles que je lui ai connues?
VICTORIN. Je leur prête peut-être les formes d'un langage... qui n'était pas le sien; mais je ne dis rien, je vous jure, qu'il n'ait pensé comme moi!... Seulement, averti par son malheur, je ne voudrais ni vous déplaire ni vous irriter... et cependant......
OCTAVIE. Quoi donc?...
VICTORIN. C'est que, pour expliquer clairement, pour terminer nos affaires d'intérêt, la présence de M. Choupineau serait nécessaire.
OCTAVIE. Eh bien?...
VICTORIN. Je n'ai pas osé le lui dire.
OCTAVIE. Pourquoi cela, monsieur?

VICTORIN. Oh!... je sais votre répugnance pour de simples cultivateurs dont le langage et les manières...
OCTAVIE, *à part*. J'en étais sûre!... Il lui a tout conté!... (*Haut.*) Vous êtes dans l'erreur, monsieur!... (*Elle sonne; un domestique entre.*) Courez vite à la ferme; dites, de ma part, à M. et à Mme Choupineau que je les prie de vouloir bien me faire l'honneur de se rendre au château, et surtout, les plus grands égards!...
VICTORIN. Il est inutile qu'on aille jusqu'à la ferme; M. et Mme Choupineau sont à l'auberge du village.
OCTAVIE. Ah!... (*Au domestique.*) Vous entendez?... ne perdez pas une minute. (*Le domestique sort.*) Vous finirez, je l'espère, monsieur, par prendre de moi une opinion meilleure et plus juste que celle qu'on vous a donnée; j'espère aussi que nos affaires se traiteront amicalement, sans contestation, sans procès...
VICTORIN. C'est mon désir!... Et je ne fais en cela que suivre les intentions de mon frère!... Une dernière lettre de lui...
OCTAVIE. Une lettre?... ne pourrai-je la voir?
VICTORIN. Vous la verrez, madame! Elle est dans mon portefeuille; mais je l'ai laissé à l'auberge...
OCTAVIE. Oh!... à l'auberge!... quand ce château est à votre frère... à vous... plus qu'à moi!... Comment n'êtes-vous pas descendu ici?...
VICTORIN. Aurais-je osé prendre cette liberté?... Je sais que vous ne recevez que de la plus haute noblesse, et la mienne est si récente!...
OCTAVIE. Il ne s'agit pas de la date!... Et quand les manières sont élégantes, les sentimens distingués, que peut-on craindre... ou désirer?... (*A part.*) Ah! si mon mari eût été ainsi?...
VICTORIN. Je n'userai point de votre permission, madame; car je n'oublie pas le malheur de Victorin.
OCTAVIE. Et vous ne le pardonnez point?
VICTORIN. Je ne veux pas au moins le partager.
OCTAVIE. Que dites-vous?
VICTORIN. Je dis, madame, que je ne voudrais pas vous paraître importun, désagréable!... vous déplaire enfin.
OCTAVIE. Vous êtes si loin de suivre le même chemin que lui, qu'il est peu naturel de craindre d'arriver au même but...
VICTORIN. Je n'ose vous remercier; car, ici, mon éloge est la satire de mon pauvre frère.

OCTAVIE, *à part.* Beau comme lui !... Mais quelle différence de manières et de langage !...

SCÈNE VI.
HENRI, JENNY, VICTORIN, CHOUPINEAU, Mme CHOUPINEAU, OCTAVIE.

JENNY, *au fond.* Entrez, entrez !... (*Elle s'avance.*) Octavie, c'est M. et Mme Choupineau...
OCTAVIE. Ah !... qu'ils viennent !
MADAME CHOUPINEAU, *à Henri.* Après vous, mon jeune officier !... Est-il gentil avec ses petites moustaches ?...
CHOUPINEAU, *à Octavie qui est allée au devant d'eux.* Madame, vous nous avez fait prier de nous rendre au château, et j'arrive avec mon épouse...
OCTAVIE. Soyez les bien-venus, monsieur et madame Choupineau !... Je regrette beaucoup que des circonstances, indépendantes de ma volonté, vous assure, vous aient tenus éloignés de moi si long-tems ; mais, vous le savez, dans les petites querelles qui troublent nos relations en ce monde, il y a souvent plus de malentendu qu'autre chose.
MADAME CHOUPINEAU, *à part.* Ouais !.. queu revirement !
HENRI, *bas à Jenny.* C'est comme dans la tactique !... un changement de front complet !...
JENNY, *examinant Victorin.* Quelle ressemblance !...
OCTAVIE. Les tristes affaires qui amènent ici M. le comte exigent votre présence pour une foule de renseignemens, et j'espère que vous voudrez bien loger au château.
CHOUPINEAU. Madame !...
OCTAVIE. Je vous en prie, ne me refusez pas !... vous me feriez sentir que vous m'en voulez encore !
MADAME CHOUPINEAU. Pas du tout !... mon homme et moi je n'avons pas plus de fiel qu'un poulet.
OCTAVIE. Ainsi, voilà qui est convenu !.. vous acceptez ?...
MADAME CHOUPINEAU. Mon Dieu, ma chère dame, vous nous confusionnez !... je sommes des gens tout ronds, voyez-vous ; il n'y a pas besoin de tant de façons avec le père et la mère Choupineau, et, comme on dit, faut pas tant de beurre pour faire un quarteron !...
OCTAVIE, *à part.* Celui-là, du moins, ne dira pas que je suis fière et bégueule !.....

CHOUPINEAU. Ah ça ! mon cher Émile, tu n'as pas encore fait connaissance avec tout le monde ici ; je ne t'ai pas présenté notre petite Jeannette, ou, pour mieux parler, Mlle Jenny de Maurienne.
VICTORIN. Mon frère m'a souvent parlé de vous, mademoiselle ; votre nom était dans toutes ses lettres ; je sais que vous aviez de l'amitié pour lui, et je serais heureux que vous voulussiez bien en reporter un peu sur moi.
JENNY. Monsieur..... (*A part.*) En vérité, j'ai toutes les peines du monde à ne pas l'appeler Victorin.
VICTORIN, *souriant.* J'ai appris aussi que mon frère vous tutoyait !... Je le remplace à présent, et je voudrais lui succéder en tout !... S'il m'était donc permis de réclamer la même familiarité...
HENRI, *à part.* Eh bien, a-t-on jamais vu ?... comme si ça faisait partie de la succession ?...
VICTORIN, *à Jenny.* Vous hésitez ?...
JENNY. Mais c'est que, monsieur Émile, avec vous c'est si différent !...
VICTORIN, *souriant.* Vous croyez ?... allons, laissez-moi, du moins, espérer que cela viendra.
(Il lui baise la main.)
OCTAVIE, *à part.* Comme il est affectueux pour elle !... comme il a été froid pour moi !...
JENNY, *à demi-voix à Henri.* Voyez comme il a pris tout de suite les habitudes d'un comte ?
HENRI, *à demi-voix.* Il est tellement comte, qu'il en est marquis !... C'est bien ridicule, n'est-ce pas ?
JENNY. Ridicule ?... par exemple !...
CHOUPINEAU, *à Victorin.* Faut pas que ces petites simagrées-là t'offusquent, mon cher Émile... Ah ! dam, on a pris le ton du grand monde, on est même devenu un brin mijaurée.
HENRI. Qu'est-ce que vous dites donc, monsieur Choupineau ?
CHOUPINEAU. Je dis la vérité.
MADAME CHOUPINEAU. Je vous conseillons de reprendre vot'robe noire, et de troquer votre chapeau à plumet contre un bonnet carré.
HENRI. Est-il possible ?...
OCTAVIE. Madame Choupineau, ces messieurs ont sans doute à parler d'affaires ; permettez-vous que je vous indique l'appartement que je vous destine ?
MADAME CHOUPINEAU. Très-volontiers, madame.
OCTAVIE. Veuillez me suivre. (*A Jenny et à Henri.*) Venez avec nous, et laissons ces

Un Mariage sous l'empire. 3

messieurs ensemble. (*A Victorin.*) Je vous reverrai bientôt, monsieur le comte; vous ne quittez pas le château?

VICTORIN. Un instant seulement, madame, pour aller prendre mon portefeuille à l'auberge.

OCTAVIE. Restez, monsieur, je vais donner des ordres pour qu'on vous l'apporte.

(Elle va vers le fond, en faisant des politesses à Mme Choupineau, en l'engageant à passer devant elle.)

HENRI. Mademoiselle Jenny, il faudra que vous m'expliquiez...

JENNY. Mon Dieu, que voulez-vous que je vous explique?... ce n'est pas ma faute!....

HENRI, *à lui-même*. C'est à se faire sauter la cervelle!... mille tonnerres!...

OCTAVIE, *se retournant*. Hein?...

HENRI. Pardon, madame!... c'est moi qui ai juré?... Une habitude que j'avais prise pour plaire à Mlle Jenny.

OCTAVIE. Pauvre garçon!... venez!...

SCENE VII.
CHOUPINEAU, VICTORIN.

VICTORIN, *éclatant de rire*. Ah, ah, ah!... Victoire!... Elle a donné dedans!... Eh bien! cousin Choupineau, dites-moi si je joue bien la comédie.

CHOUPINEAU. On ne peut pas mieux, Victorin!... on ne peut pas mieux?... C'est une justice à te rendre!...

VICTORIN. Par exemple, il était tems que ça finît!... je retenais une envie de rire qui m'aurait fait crever si ça avait duré dix minutes de plus.

CHOUPINEAU. Dam! je conviens qu'il y avait de quoi.

VICTORIN. Jenny, la cousine Choupineau, le petit capitaine et ma femme, tout le monde y a été trompé!

CHOUPINEAU. Quand j'ai reçu la lettre où tu me confiais toute la manigance, je n'ai rien voulu dire à mon épouse, parce que ça bavarde, ça bavarde!... une vraie pie!... Mais ça me vexait dans le fond!... Elle te regrettait, elle te pleurait de si bon cœur, la brave femme!..

VICTORIN. Elle se consolera en me voyant ressuscité.

CHOUPINEAU. Mais quelle diantre d'idée t'est venue là?...

VICTORIN. Une idée excellente!..

CHOUPINEAU. Je ne comprends pas bien?

VICTORIN. Que voulez-vous, cousin Choupineau? j'ai passé deux cruelles années!.. J'avais vu ma femme, j'avais le malheur de la trouver charmante, je lui déplaisais.. et je dus partir!.. Parce qu'en appeler à mes droits, faire le tyran, le despote, ça ne m'allait pas!.. Mais comme j'ai souffert!.. A l'armée, mes camarades se moquaient de moi! « Ta femme n'a pas voulu de toi, me disaient-ils, elle t'a prié poliment de décamper, et tu as filé comme un nigaud! » Il m'était même revenu aux oreilles qu'elle s'était vantée de m'avoir tenu à distance... Et j'étais vexé!.. mais vexé!..

CHOUPINEAU. Je conçois ça!..

VICTORIN. J'avais beau tâcher de me distraire, d'oublier la bégueule, pas moyen!.. C'était l'éternel sujet des plaisanteries du bivouac : une fois même il me sembla que l'empereur avait souri en me regardant.

CHOUPINEAU. L'empereur?.. Voyez un peu de quoi il se mêle!..

VICTORIN. Oh!.. il se mêle de tout, celui-là!... Le souvenir de ma femme ne me quitta plus!.. Les jours de bataille, au plus fort de l'action, son image était devant mes yeux : dans les longues nuits de la solitude des camps, lorsque le silence n'est troublé que par le qui-vive des sentinelles et le pas lent et mesuré des patrouilles, c'était à ma femme que je pensais! Je prononçais son nom avec dépit, avec rage!.. C'était devenu une idée fixe, une monomanie conjugale.

CHOUPINEAU. En vérité?..

VICTORIN. A force de songer toujours à la même chose, je finis par me monter la tête!.. Comment, me disais-je, j'ai vaincu à Vienne, Berlin, Dresde, Munich; j'ai fait la conquête de dix capitales, et je ne ferai pas la conquête de ma femme?.. alors savez-vous ce que j'imaginai?

CHOUPINEAU. Non vraiment!..

VICTORIN. Je pris un grand parti!.. Ah! me dis-je, ce sont mes manières, mon ton, et mon langage qui la blessent?.. Eh bien! nous verrons!.. Nous étions à Vienne alors : pour me former aux belles façons aristocratiques, je me fis l'amant d'une duchesse autrichienne.

CHOUPINEAU. Bah!..

VICTORIN. Dam! c'était rude!.. Mais j'étais résolu à tout!.. Croiriez-vous que j'ai eu le courage d'étudier trois grands mois?...

CHOUPINEAU. Oui-dà?

VICTORIN. Sarpebleu! j'étais à une fière école, allez!.. Ma duchesse avait trente-quatre ou trente-cinq quartiers au moins!.. Elle m'a fait faire un fameux apprentissage!.. Mais, dès que mon éducation fut terminée, je la plantai là!..

CHOUPINEAU. Oh! oh!..

VICTORIN. Alors la paix me permettait de rentrer en France, je n'avais plus à faire la guerre qu'à ma femme, j'avais toutes mes munitions de combat, et je me décidai à engager l'affaire.

CHOUPINEAU. C'est drôle!..

VICTORIN. J'arrangeai tout avec mon frère Émile, je lui empruntai son nom, je mis bas les moustaches, j'endossai l'habit noir, et me voilà!.. J'ai joliment joué mon rôle, hein?..

CHOUPINEAU. Mais oui!..

VICTORIN. Quel sang-froid! quelle dignité!.. j'avais l'air d'un chambellan!.. J'étais absurde!..

CHOUPINEAU. Ah ça! mais, dis-donc, tu es comte à présent, toi!

VICTORIN. Vraiment oui!.. et ma femme croit que c'est à mon frère que ce titre appartient.

CHOUPINEAU.

Air du Verre.

A c't'heure il faut donc qu'nous t'nommions
Monsieur le comte?.. Ça m'étonne!..
Car, j'm'en souviens, quand nous parlions,
D'ces nouveaux noms qu'l'emp'reur vous donne,
Tu m'disais : « Cousin Choupineau,
» Ces faveurs-là, je les dédaigne!..
» Un titre n'est qu'un écriteau :
» Bon vin n'a pas besoin d'enseigne. »

VICTORIN. Vous avez raison!.. mais c'est une fantaisie de l'empereur, et ma foi!..

CHOUPINEAU. A la bonne heure!.. mais après avoir attrapé ta femme, que prétends-tu?..

VICTORIN. Ce que je prétends!.. Je prétends obtenir un double succès!.. Je veux qu'on regrette le mort, et qu'on aime le vivant!..

CHOUPINEAU. Bon! bon!.. je devine!.. et après... suffit!...

VICTORIN. Après, sarpebleu!.. après?.. vous verrez!.. Ah! j'apporte ici deux années de colère et de rancune!.. Il faut qu'elle enrage à son tour!.. Elle m'aimera, mille tonnerres! et elle apprendra ce que fait souffrir un amour dédaigné!.. Je veux lui faire payer mes tourments, les railleries que j'ai dévorées pour elle!.. Du côté de l'argent, elle sera riche, elle sera heureuse!.. mais de l'amour, de l'affection... jamais!.. Je veux en donner, et je n'en prendrai pas!.. Ah! mademoiselle de la Morlandière, vous saurez de quel bois se chauffe un aide-de-camp de l'empereur!.. J'aurai ma revanche!.. Vous voudrez de moi, et je ne voudrai plus de vous!.. Je vous camperai là!.. Et je m'en vanterai aussi!.. Et toute l'armée le saura!.. Et je le ferai carillonner, s'il le faut, par tous les tambours de ma brigade.

CHOUPINEAU. Diable! diable! dis donc, Victorin?.. Moi, fonctionnaire public, maire de mon village, m'associer à une pareille vengeance!..

VICTORIN. Pourquoi pas?

CHOUPINEAU. Au fait, je n'ai pas mon écharpe.

VICTORIN. Laissez-moi faire, cousin. notre tour est venu!.. Mon début a déjà produit son effet, et ma vengeance est commencée!.. Avez-vous vu comme elle est adoucie?.. Sarpebleu, ça ne suffit pas!.. Mais silence... on vient... à mon rôle!... Tiens, c'est le petit capitaine!.. Qu'est-ce qu'il nous veut?..

SCENE VIII.

CHOUPINEAU, VICTORIN, HENRI.

HENRI, vivement à Victorin. Monsieur le comte!..

VICTORIN. Monsieur.

HENRI. Je n'ai pas l'honneur d'être connu de vous : vous ignorez qui je suis?

VICTORIN, à part. Ah! j'ignore!.. Il est bon là le fantassin!.. (Haut.) Je sais que vous êtes capitaine dans l'armée française, et je vous en fais mon compliment.

HENRI. Mais en même tems, monsieur, je suis amoureux de Mlle Jenny.

VICTORIN. Cela ne m'étonne pas.

HENRI. Je viens d'avoir avec elle une explication qui était devenue nécessaire, et par suite, il faut que j'en aie une avec vous.

VICTORIN. Parlez, monsieur.

HENRI. Sachez qu'il y a deux ans, pour plaire à Mlle Jenny, j'ai renoncé à mes travaux, à mes habitudes; je me suis modelé sur votre frère.

VICTORIN. Était-ce un bon moyen de plaire à une femme?

HENRI. Je le croyais alors; on me l'avait dit; on avait même daigné me l'écrire!.. Eh bien! à présent, ce n'est plus cela!.. Elle vient de me déclarer que, pour se faire aimer d'elle, il faut être comme vous.

VICTORIN. Vraiment.

CHOUPINEAU, à part. Il a du guignon, le petit officier.

HENRI. C'est ainsi que j'étais il y a deux ans, et l'on ne pouvait pas me souffrir!.., Je n'ai rien négligé pour que la métamorphose fût complète; mais, que diable! je ne peux pas changer comme ça à chaque instant!... Je ne suis pas un homme d'état, moi!...

VICTORIN. Je vous en fais encore mon compliment.

HENRI. Merci!... mais c'est votre présence, c'est votre langage doucereux, c'est votre mielleuse galanterie qui me nuisent maintenant dans son esprit, et je viens vous demander, monsieur, si votre intention est de lui faire la cour?...

VICTORIN, *bas à Choupineau.* Oh!... quelle idée!... donner de la jalousie à ma femme!..

CHOUPINEAU, *bas.* Bravo!... t'as raison!..,

HENRI, *à Victorin.* Daignerez-vous me répondre, monsieur?...

VICTORIN. Que vous dirai-je?... je ne m'engage à rien!... Mlle Jenny est charmante, et puisqu'elle veut bien me trouver aimable...

HENRI. Ce n'est pas ainsi qu'on répond, monsieur!... c'est un oui ou un non que je vous demande avec la franchise d'un militaire.

VICTORIN. Monsieur, je suis conseiller d'état.

HENRI. Cela empêche-t-il de dire sa pensée?

VICTORIN. J'ai été employé dans la diplomatie.

HENRI. A merveille!.. mais moi, qui ne suis point diplomate, je vous dirai franchement que je ne suis pas d'humeur à souffrir un rival.

VICTORIN, *bas à Choupineau.* Tudieu!.. c'est un petit César que ce conscrit-là!..

CHOUPINEAU, *bas.* Il est amusant!...

HENRI. J'ajouterai que, si votre intention est de profiter des dispositions favorables de Mlle Jenny pour vous, il faudra auparavant, monsieur, que vous me tuiez ou que je vous tue.

VICTORIN. J'ai eu l'honneur de vous dire, monsieur, que je suis conseiller d'état.

HENRI. Ah!... c'est trop fort!... si votre pauvre frère vivait, que dirait-il, lui si brave, si loyal?...

VICTORIN. Mon frère n'en ferait ni plus ni moins que moi, je vous le proteste!

HENRI. Oh! pardieu, nous verrons!... Je vous proteste, moi, que je saurai bien vous contraindre... c'est une horreur!.... une abomination, et, mille tonnerres!...

VICTORIN, *bas à Choupineau.* Dans sa fureur, il est gentil à croquer!..

SCENE IX.

CHOUPINEAU, VICTORIN, JENNY, OCTAVIE, HENRI.

OCTAVIE. Eh! bon Dieu!... quels sont ces cris?...

JENNY. Qu'y a-t-il donc?

VICTORIN. Oh! peu de chose, mademoiselle!... M. le capitaine qui veut me tuer pour m'empêcher de vous plaire... et de vous aimer.

JENNY. Ah!..

OCTAVIE, *à part.* L'aimer?... elle!...

JENNY, *à Henri.* De quoi vous mêlez-vous, je vous prie?

HENRI, *à part.* Voyez-vous!.. elle serait bien aise d'en être aimée.

VICTORIN. J'excuse la colère de monsieur; car, en vous voyant, mademoiselle, je comprends sans peine ce qu'il éprouve.

OCTAVIE, *à part.* Serait-il possible?

VICTORIN. Mais monsieur s'apaisera!.... il est trop raisonnable.

HENRI. Eh non, monsieur, mille fois non! je ne suis pas raisonnable, je suis amoureux!

VICTORIN. Vous ne vous étonnerez donc pas qu'on le devienne.

OCTAVIE, *à part.* Devenir amoureux de Jenny!.. lui!...

VICTORIN, *bas à Choupineau.* Regardez-la!... elle est vexée!... ça chauffe, cousin Choupineau, ça chauffe!

OCTAVIE. Un peu d'irritation de la part de M. Henri me semblerait assez naturel : car Jenny ne peut pas oublier les preuves d'amour et de dévouement qu'il lui a données.

HENRI. N'est-il pas vrai que ce serait bien mal?...

VICTORIN, *avec ironie.* Et madame s'entend en reconnaissance! elle sait de quel prix on paie le dévouement et l'amour.

CHOUPINEAU, *à part.* Attrape!

OCTAVIE. Ah! monsieur...

VICTORIN. Pardon! je néglige les importantes affaires qui m'ont appelé ici; mais que ne ferait pas oublier la présence de mademoiselle... et la vôtre, madame?...

OCTAVIE, *à part.* Ah! elle d'abord... et moi ensuite... par politesse...

LE DOMESTIQUE, *entrant.* Voici le portefeuille de M. le comte.

OCTAVIE. Posez cela ici.

VICTORIN. Vous voulez donc bien permettre, madame...

OCTAVIE. A l'instant même, monsieur.

VICTORIN, *allant s'asseoir à la table de*

droite. Capitaine, nous reprendrons l'entretien plus tard.

HENRI. Je l'espère bien. (*A Octavie.*) Parlez pour moi, je vous en prie...

CHOUPINEAU, *qui a suivi Victorin, bas.* Je te dis que tu n'y tiendras pas.

VICTORIN, *bas.* Si je faiblis, je vous permets de m'appeler imbécille.

CHŒUR. (*Quatuor de Lestocq.*)
OCTAVIE *et* JENNY.
Quel trouble dans mon ame !
Hélas ! et quel malheur
Quand la raison réclame
Contre les vœux du cœur !

HENRI.
Quel trouble dans son ame !
Adieu tout mon bonheur !
En vain je le réclame ;
Plus d'espoir pour mon cœur !

VICTORIN.
Enfin donc pour mon ame
Brille un espoir flatteur !
Me venger de ma femme
Et punir sa rigueur.

CHOUPINEAU.
Gare que de ta femme
Le coup d'œil séducteur,
En rallumant ta flamme,
Ne reprenne ton cœur.

SCENE X.

OCTAVIE, VICTORIN, *assis, et tirant plusieurs papiers de son portefeuille.*

OCTAVIE. Que se passe-t-il donc dans mon cœur ? je me sens triste, mal à l'aise.

AIR *de Teniers.*
Le sentiment qu'à son aspect j'éprouve
Malgré moi me trouble aujourd'hui :
C'est mon mari qu'en rêve je retrouve,
Il me semble être devant lui.
Quand je le vois, chaque regard ajoute
Au pouvoir qu'il vient d'usurper ;
Mais surtout, lorsque je l'écoute,
Je voudrais ne pas me tromper.

VICTORIN, *se levant. Il tient un écrin, une lettre et un parchemin.* Êtes-vous prête à m'entendre, madame ?... Mais quand j'y pense ; troubler la solitude d'une jeune et jolie femme, pour lui parler d'affaires... c'est bien barbare !... vous allez peut-être me prendre, moi aussi, pour un sauvage qui ne comprend ni votre ennui... ni son bonheur.

OCTAVIE. L'un n'est pas plus réel que l'autre, monsieur : je vous entendrai... sans ennui... et certes votre bonheur n'est pas auprès de moi.

VICTORIN. Le croyez-vous ?

OCTAVIE. J'en suis sûre ; et si j'avais pu en douter, n'avez-vous pas vous-même, il y a peu d'instans, pris soin de me le faire entendre ?... Regardez donc, monsieur, je suis seule !... Jenny n'est pas là...

VICTORIN, *à part.* Bon ! le coup a porté.

OCTAVIE. Au reste, c'est fort naturel.

VICTORIN. Oh ! sans doute ! vous pensez qu'élevée simplement, et dans des habitudes un peu communes, la filleule de M. Choupineau conviendrait au cousin de M. Choupineau.

OCTAVIE. En vérité, monsieur, vous interprétez bien mal mes paroles ! et c'est la suite des préventions que vous avez apportées ici contre moi ! Si Jenny n'avait pas ajouté à son bon cœur et à son esprit naturel toutes les grâces de la bonne éducation, je ne supposerais pas qu'elle pût plaire à celui qui réunit tous ces avantages.

VICTORIN, *vivement.* Que vous êtes aimable !... (*Se reprenant.*) Je sais, il est vrai, combien la politesse apprend aux femmes d'un rang élevé à se contraindre avec des étrangers, à feindre des sentimens qu'elles n'ont pas, à cacher la répugnance qu'o leur inspire.

OCTAVIE. Ah ! monsieur...

VICTORIN. Mais je sais aussi que rien n'est perdu ; que le tems et l'intimité les rendent à leurs vrais sentimens : mon frère l'apprit bientôt près de vous.

OCTAVIE. Toujours des reproches ! vous m'accusez d'avoir été cruelle envers votre frère, d'être injuste envers moi ! et si vous aviez tort, monsieur ? si c'était vous qui fussiez en même tems injuste et cruel envers moi ?

VICTORIN. Ah !... je serais charmé que vous voulussiez bien me prouver cela.

OCTAVIE, *souriant.* Daignez m'en dispenser ; ce n'est pas là, monsieur, le motif de votre voyage.

VICTORIN. Qui sait ?...

OCTAVIE. Et si vous m'en croyez, nous parlerons d'affaires, ce sera plus intéressant.

VICTORIN. Peut-être.

OCTAVIE. Je suis à vos ordres, et je vous écoute.

VICTORIN, *à part.* C'est juste ! songeons à ma vengeance. (*Il s'assied près d'elle.*) Mon frère, madame, m'a chargé de traiter avec vous suivant ma volonté, et par conséquent selon vos désirs. Voici d'abord un écrin, qu'il n'osa point vous envoyer lui-même, de peur que la main qui l'offrait n'ôtât quelque chose au mérite de cette parure.

OCTAVIE, *vivement.* Toujours parler de fâcheux souvenirs ! Me laissa-t-il le tems de l'aimer et de mettre du prix à ce qui venait de lui ?... Ne repoussa-il pas cette... affection... que je m'étais sentie disposée à lui accorder dès le premier moment où je l'ai vu?

VICTORIN, *vivement*. En vérité!

OCTAVIE.

AIR : *Un matelot.* (de Mme Duchambge.)

Au premier mot, il s'éloigne, il m'évite...
Pas un instant, un seul, pour réfléchir!..

VICTORIN.

L'empereur veut qu'on réfléchisse vite ;
Pour Victorin, penser c'était agir!..

OCTAVIE.

S'il eût voulu d'une injuste colère
Auprès de moi sa laisser désarmer,
J'aurais peut-être essayé de lui plaire,
Il eût peut-être essayé de m'aimer.

VICTORIN, *à part*. Je conviens que le premier mouvement avait été bon ; mais le second ne valait pas le diable?

OCTAVIE. Il ne me laissa que le tems d'avoir tort.. (*Souriant avec coquetterie*.) S'il eût attendu, j'aurais eu peut-être le tems d'avoir raison.

VICTORIN, *à part*. Sarpebleu! qu'elle est gentille!... (*Revenant à lui*.) Parlons d'affaires, madame!... Voici un parchemin...

OCTAVIE. Qu'est cela?

VICTORIN. Le titre de comtesse.

OCTAVIE. Pour moi!

VICTORIN. Oui, madame ; comprenant le chagrin que vous pouviez ressentir d'avoir échangé l'ancien nom de vos aïeux contre un nom... plébéien, j'ai voulu du moins qu'il fût accompagné d'un titre. Je l'ai sollicité et obtenu pour vous.

OCTAVIE. Ce nom, votre frère l'avait rendu glorieux!... cela m'eût suffi.

VICTORIN, *à part*. C'est étonnant, ma parole d'honneur!... mais, bah!... simagrées auxquelles je ne me laisserai pas prendre. (*Haut*.) Des bienfaits de l'empereur, Victorin avait acheté un hôtel dans le faubourg Saint-Germain ; il l'avait embelli.. avec une pensée... puis il hésita!... pour que vous passiez l'habiter, il eût fallu qu'il y fût avec vous!.... et.... vous n'auriez pas consenti!

OCTAVIE, *vivement*. Encore!..... et qui vous dit, monsieur, que je n'ai pas trouvé pénible cette séparation qu'il m'imposa?... que je n'ai pas souhaité le revoir?

VICTORIN, *vivement*. Serait-il vrai?

OCTAVIE. Mais qu'importe?..... comme vous le disiez, monsieur, parlons d'affaires.

VICTORIN, *se remettant*. L'hôtel.... vous appartient, madame ; et ce château, qui fut jadis un bien de votre famille, qui était devenu une propriété de l'état, et que le chef de l'état avait donné à mon frère, il y aurait de la cruauté à vous l'enlever...

OCTAVIE, *avec un peu d'attendrissement*. Oui, je l'avoue, il me serait cruel de quitter des lieux.. que j'aurais dû habiter avec mon mari ; et où je crois aujourd'hui le voir..., sous une forme nouvelle.

VICTORIN, *vivement*. Quoi donc!... vous fut-il cher, en effet?,.. et m'avez-vous vu avec plaisir?

OCTAVIE, *d'un ton plus froid et se levant*. Parlons d'affaires, monsieur.

VICTORIN, *d'un ton plus froid*. Ce château est à vous.

OCTAVIE. Je l'habiterai!... il fut le confident de mes peines, de ma tristesse.

VICTORIN. Des peines? de la tristesse?... vous!...

OCTAVIE. Croyez-vous donc, monsieur, que ces deux années de solitude aient été bien joyeuses?.... voilà pourtant deux de ces années qu'on appelle les plus belles de la vie, et qui pour les autres femmes sont marquées par les plaisirs et par...

VICTORIN. Et par l'amour?... (*A part*.) Pauvre femme!... il faut être juste et elle a raison.

OCTAVIE. Moi, seule ici, sans les espérances des jeunes filles, sans le bonheur des jeunes femmes, n'ayant aucune distraction à un malheur sans remède, personne à qui confier mes ennuis, pas un ami... ah! si fait, un seul, mon miroir, qui me disait que, si je continuais à m'attrister ainsi, je deviendrais laide à faire peur!...

VICTORIN, *vivement*. Votre miroir mentait, madame!... (*Se remettant*.) Ou vous avez cessé de vous attrister.

OCTAVIE. Pensez-vous que cette existence ait été bien agréable?...

VICTORIN. Le fait est que cela ne devait pas être fort gai!... (*A part*.) C'est égal!... il faut que je la punisse!..... que diraient mes camarades, si j'allais fléchir?... Non, morbleu!... je ne fléchirai pas!...

OCTAVIE, *allant se rasseoir ; Victorin la suit*. Revenons aux intérêts qui nous occupent. J'en conviens, éblouie un moment par ces riches présens, ils m'ont charmée ; mais je réfléchis!..... tous ces biens, dont vous me comblez, m'étonnent et m'embarrassent : votre frère qui mourut..... sans connaître mon cœur..... vous, monsieur, qui me semblez avoir adopté ses idées, vous êtes trop généreux!..... je ne puis rien accepter de celui qui crut que je ne l'aimais pas... et encore moins de celui qui ne doit pas m'aimer.

VICTORIN. Que dites-vous, madame?... la volonté d'un mourant est sacrée.

OCTAVIE. Celle des vivans a bien aussi ses droits.

VICTORIN. La lettre de mon frère...

OCTAVIE. Ah!... cette lettre, voyons-la, monsieur!... mais, avant d'apprendre ce qu'elle renferme, je veux vous répéter que je n'accepte rien!..... Ecoutez-moi!..... qu'une fois mon cœur se fasse connaître!... oui, j'ai eu des torts!...

VICTORIN, *vivement.* Vous en convenez?

OCTAVIE. Pourquoi pas, si cela est vrai?

VICTORIN, *à part.* Elle en convient!... oh!... n'importe! je me cuirasse et je me vengerai!...

OCTAVIE. Mes chagrins... car j'ai souffert!.. mes chagrins n'ont pas tout expié!.. Votre frère, monsieur, il méritait qu'une femme bonne et douce vînt charmer par son amour sa vie pleine d'actions glorieuses, de fatigues et de dangers!... toute autre femme eût chéri de semblables devoirs, adoré un tel mari..... et il n'est plus!.... et moi, moi, je lui ai volé deux années de bonheur!.... et, si jeune, il est mort!... et je ne puis réparer!.... non, je le répète, non, je ne veux rien de lui!...

VICTORIN, *à part.* Sarpebleu!... il faut du courage. (*Haut.*) Lisez donc sa lettre, madame.

OCTAVIE, *lisant.* « Mon frère, je vais » mourir!..... c'est à peine si ma main » pourra tracer mes dernières volontés; » mais elles sont toutes renfermées dans » une seule : qu'Octavie soit heureuse!... » que tout ce que la victoire me donna, au » prix de ma vie, soit son héritage. Peut- » être sa haine... » (*Parlé.*) Oh! encore ce mot affreux!..... (*Lisant.*) « Fera place à » un peu de reconnaissance!... dis-lui que » mon cœur n'était pas dur et cruel!..... » (*Parlé.*) Qui l'en accusait?..... (*Lisant.*) « Que je l'ai regrettée chaque jour; que » je fus bien malheureux!...... » (*Parlé.*) Ah!... je ne puis plus lire!...

VICTORIN, *prenant la lettre et s'animant.* (*Il lit.*) « Bien malheureux de n'être pas » aimé!.. car je l'aimais... avec tendresse. » avec passion!..... et j'aurais trouvé dans » son amour un bonheur au-dessus de tous » les biens de ce monde. »

OCTAVIE, *pleurant.* Oh! mon Dieu!...

VICTORIN, *ému.* Eh bien! elle pleure, à présent?... diable! les larmes n'en sont pas!..... allons donc, Victorin!..... de la force!...

OCTAVIE. Cette lettre.. donnez-la-moi!.. qu'elle soit ma part de l'héritage!... gardez tout, monsieur!... mais donnez-moi cette lettre!..... Comme il m'aimait!.... Et moi, moi...... ah!... il n'a pas su que je l'aimais aussi!...

VICTORIN, *vivement.* Qu'est-ce que vous dites là?...

OCTAVIE. Monsieur!...

VICTORIN. Vous l'aimiez?... et vous avez pu le contraindre à vous fuir?..... Ah! si vous aviez su le mieux juger?..... si vous aviez su deviner, sous cette écorce un peu rude peut-être, un cœur capable de tendresse et de dévouement; un homme qui n'aurait eu qu'une pensée, votre bonheur, qu'une joie, votre gaîté; un ami qui pour vous épargner un chagrin, aurait couru au bout du monde; c'est alors, madame, que vous vous accuseriez, que vous le regretteriez!...

OCTAVIE. Eh bien! oui, monsieur, je le regrette!...

VICTORIN. Est-il possible?...

(*Ils se lèvent.*)

OCTAVIE.
AIR : *des Amazones.*
Oui, je suis, par mon imprudence,
Bien malheureuse, et le serai toujours!

VICTORIN.
Vous, malheureuse?.. au diable la vengeance,
Et mes amis et tous leurs sots discours!

OCTAVIE.
Qu'ai-je entendu?

VICTORIN.
Rendons-lui ses beaux jours!
Censeurs malins, dont j'affronte le blâme,
Et qui raillez un transport amoureux,
Riez! riez!... moi, j'embrasse ma femme;
Nous verrons bien qui s'amuse le mieux.

(*Il l'embrasse plusieurs fois.*)

OCTAVIE. Mon Dieu!... qu'est-ce donc? qu'y a-t-il?

VICTORIN. Il y a que je t'aime, que je t'adore, et que je ne te quitte plus.

OCTAVIE. O ciel! se pourrait-il?...

SCENE XI.
HENRI, JENNY, OCTAVIE, VICTORIN, CHOUPINEAU, Mme CHOUPINEAU.

Mme CHOUPINEAU, HENRI, JENNY, *au fond en entrant.* Oh! oh!...

CHOUPINEAU, *riant.* Eh bien! Victorin?.

TOUS, *hors Victorin et Octavie.* Victorin!.

VICTORIN. Oui, Victorin, qui n'est pas mort et qui n'a jamais tant désiré de vivre.

OCTAVIE. Ah!..... mon cœur me disait que c'était lui.

VICTORIN. Et le mien vous le prouvera!... (*A Jenny.*) Tu vois bien, ma petite Jeannette, que je n'avais pas tort de vouloir te tutoyer?... (*A Henri.*) Vous ne voudrez plus me tuer, n'est-ce pas, mon jeune capitaine?...

HENRI. Oh!... mon général!...

VICTORIN. Du tout, du tout!..., je serai votre ami, car vous quitterez l'état militaire, vous reviendrez à vos anciens travaux; mon frère Emile arrangera cela et se chargera de votre avancement dans la magistrature. Cela vous convient mieux et à Jenny aussi!... vous couperez vos moustaches et je laisserai repousser les miennes. (*A Octavie.*) Mon Octavie me le permettra?... elle ne voudra pas que je me révolte contre l'ordonnance.

OCTAVIE, *se jetant dans ses bras.* Ah! mon ami!...

CHOUPINEAU. Ah ça! dis donc!... c'est comme ça que tu te venges?

VICTORIN. Pardieu!..... j'aurais voulu vous y voir.

CHŒUR. (*Quatuor de Lestocq.*)

OCTAVIE, CHOUPINEAU, Mme CHOUPINEAU.

Qu'on t'approuve ou te blâme,
N'écoute que ton cœur;
Venge-toi de ta femme
En faisant son bonheur.

JENNY.

D'Henri soyons la femme,
Couronnons son ardeur;
D'autres vœux dans mon ame
N'étaient rien qu'une erreur.

HENRI.

Je veux, puisque son ame
Se rend à mon ardeur,
Me venger de ma femme
En faisant son bonheur.

VICTORIN.

Qu'on m'approuve ou me blâme,
J'en veux croire mon cœur;
Vengeons-nous de ma femme
En faisant son bonheur.

FIN.

IMPRIMERIE DE DONDEY-DUPRÉ, RUE SA......IS, N° 46, AU MARAIS.

LA Pensionnaire Mariée,

COMÉDIE-VAUDEVILLE EN UN ACTE,

Imitée d'un roman de Mme de Flahaut,

Par MM. Scribe et Varner,

Représentée pour la première fois à Paris, sur le théâtre du Gymnase-Dramatique, le 3 novembre 1835.

PERSONNAGES.	ACTEURS.	PERSONNAGES.	ACTEURS.
M. de BOISMORIN, riche propriétaire.	MM. Ferville.	ADÈLE, femme de M. de Boismorin.	Mme Allan-Despréaux.
ANATOLE, son pupille.	Paul.	MARIE, nièce du curé.	Mlle Habeneck.
TRICOT, maître d'école.	Numa.	Jeunes Pensionnaires amies d'Adèle.	
Villageois et Villageoises.			

La scène se passe dans la terre de M. de Boismorin, en Normandie, aux environs du Hâvre.

Le théâtre représente un grand salon ouvert par le fond, et donnant sur une partie du parc. — Portes latérales. Sur le devant du théâtre, à droite de l'acteur, un petit guéridon, de l'autre côté, une table avec une corbeille vide, un encrier et des plumes.

SCÈNE I.
ANATOLE, TRICOT.
Ils entrent par le fond, à gauche.

TRICOT. Ainsi, monsieur, vous venez de débarquer?

ANATOLE. Ce matin même, au Hâvre, et j'arrive de New-Yorck.

TRICOT. C'est étonnant qu'on revienne de New-Yorck!.. je ne peux pas me faire à cette idée-là, moi, magister de ce village qui ne suis jamais allé plus loin que Bolbec... vous devez être bien fatigué?

ANATOLE. Du tout... je suis venu à pied, en me promenant, jusqu'au château de M. de Boismorin... est-il levé?.. peut-il me recevoir?

TRICOT. Il n'est pas encore arrivé de Paris.

ANATOLE. Comment?.. mais il venait toujours passer six mois dans ce beau domaine.

TRICOT. Oui, monsieur, l'année dernière encore, avec des messieurs, des dames de Paris et une pension de demoiselles... étaient-elles gentilles!.. une surtout que je vois encore courir dans le parc... mais cette année monsieur le capitaine est en retard... on ne sait pas pourquoi. Au surplus, il est peut-être en route; on l'attend d'un moment à l'autre.

ANATOLE, *posant son chapeau et ses gants sur le guéridon.* En ce cas, je l'attendrai... Je ne partirai pas sans avoir revu mon bienfaiteur, mon second père.

TRICOT. Vous lui avez donc des obligations?

ANATOLE, *avec chaleur.* Je lui dois mon éducation... ma seule fortune! c'est lui qui a pris soin de mon enfance... qui plu tard m'a soutenu de ses conseils, de sa bourse... je lui dois tout ce que je suis.

TRICOT. Moi, je lui dois ma place de régisseur... il paraît qu'il donne à tout le monde. J'étais déjà instituteur primaire de la commune, M. Tricot, écrivain public... mais la littérature est aujourd'hui si mal payée! aussi, M. de Boismorin m'a chargé de l'administration de ce domaine; et grâce à mes deux emplois, en n'demandant quelque chose à la grammaire, et le reste à l'arithmétique, je finis par y trouver mon compte.

ANATOLE. C'est à merveille; et je vous prierai aussitôt son arrivée...

TRICOT, *sans l'écouter, remontant vers le fond, et regardant dans le parc, à droite.* Ah! mon Dieu!

ANATOLE. Qu'avez-vous donc?

TRICOT, *de même et regardant à droite.* Rien!

ANATOLE. Je vous prierai de me prévenir... mais vous ne m'écoutez pas...

TRICOT. C'est égal... parlez toujours.

ANATOLE, *se fâchant.* M. Tricot!

TRICOT. Pardon... j'avais cru apercevoir au bout de cette allée... quelqu'un...

ANATOLE. Que vous attendez...

TRICOT, *regardant toujours.* Que j'attends toujours... et qui ne vient jamais... que le matin... au château... chercher de la crème... pour le déjeuner de monsieur le curé...

Ils descendent le théâtre.

ANATOLE. Son vicaire?

TRICOT. Non, sa nièce, qui depuis quelque temps est venue habiter avec lui.

ANATOLE. Est-ce que par hasard M. Tricot en voudrait aux biens du clergé?

TRICOT. Non, monsieur... je vous prie de croire que je n'ai aucune vue coupable ou illégitime... je ne suis pas assez riche pour ça! mais mamzelle Marie qui est près de son oncle... un oncle respectable... est tellement sévère que je n'ai jamais osé lui parler verbalement de mon amour... avec ça que j'ai peu de facilité pour la parole...

ANATOLE. Je ne m'en aperçois guère!

TRICOT. Oui, avec vous... qui ne m'imposez pas; mais dès qu'il y a là quelqu'un, et qu'il faut parler... je commence par me taire.

Air *du Pot de fleurs.*

Mais si malgré moi retardées,
Les paroles me font défaut,
Ce n'est point le manque d'idées;
C'est qu'au contraire, j'en ai trop...

Et leur foule, quand j'en accouche
Pour s'échapper à l'envi se pressant,
Fait sur ma lèvre un tel encombrement
Que cela me ferme la bouche.

C'est ce qui m'a empêché d'être du conseil municipal, où il faut essentiellement être orateur; mais la plume à la main, je prends ma revanche... j'ai de l'éloquence, j'écris toujours quatre pages, quelquefois plus; jamais moins... parce que l'écriture, c'est mon état... c'est ma partie... et toutes les semaines... je taille ma plume... je règle mon papier et je lance à mademoiselle Marie une épître amoureuse...

ANATOLE. Qu'elle accepte...

TRICOT. Sans jamais me répondre; ce qui me désespère, et m'empêche d'envoyer à son oncle, le curé, une page d'écriture, que j'ai depuis quinze jours dans mon portefeuille, avec des traits de ma main... pour lui demander celle de sa nièce...

Il regarde dans la coulisse.

ANATOLE. Je ne veux point troubler votre tête-à-tête... et vais tâcher de me loger dans le village.

TRICOT. Du tout... le château est assez grand, et je ne souffrirai pas qu'un ami de monsieur le capitaine.

ANATOLE. En son absence... ce serait trop indiscret...

TRICOT. Eh bien, chez moi?

ANATOLE. A la bonne heure.

TRICOT, *lui indiquant sa maison de la main, vers le fond à gauche en dehors.* Au bout de ce petit chemin, la maison du régisseur, maison badigeonnée à neuf, et en caractères noirs sur fond rouge, Tricot *professeur de belles lettres...* Je vais vous y rejoindre...

Anatole prend ses gants et son chapeau.

Air *du ballet de Cendrillon.*

Dans ce séjour modeste et printanier,
Changeant souvent d'emplois et de symbole,
L'instituteur le matin fait l'école,
Et puis le soir il se fait jardinier.
Tenant tantôt mon Horace à la main,
Tantôt l'arrosoir... je me pique
De cultiver les fleurs de mon jardin
Comme les fleurs de rhétorique.

ENSEMBLE.

Dans ce séjour modeste et printanier,
Changeant souvent, etc.

(Anatole *sort par la gauche.*)

SCÈNE II.

MARIE, *entrant par le fond à droite*, TRICOT, *au fond à gauche*.

TRICOT, *à part, regardant Marie*. La voilà! comme je tremble, et comme le cœur me bat! c'est bien la peine d'être savant pour être aussi bête que les autres!

MARIE, *à part*. C'est le jeune magister qui me fait la cour, et qui me remet toujours des lettres...

TRICOT, *à part*. Tant pis! je vais lui décocher un compliment. (*Haut.*) Je vous salue, Marie, pleine de grâces...

MARIE, *lui faisant une révérence*. Bonjour, M. Tricot.

TRICOT. Vous avez l'air bien joyeux?

MARIE. C'est vrai que je ne me sens pas d'aise.

TRICOT, *timidement*. Et peut-on vous demander pourquoi?

MARIE. Certainement, c'est pas un secret... vous savez que, maintenant je suis à la charge de mon oncle le curé, qui ne peut pas me donner de dot...

TRICOT. Je le sais... et même ça me fait déjà assez de peine.

MARIE. Pourquoi donc?

TRICOT, *hésitant*. Oh! pour vous...

MARIE. Vous êtes bien bon... Or donc ce matin, mon oncle m'a dit : « Réjouis-toi » ma nièce... je reçois une lettre de Paris, » une lettre de M. de Boismorin qui m'en- » voie deux sacs d'écus pour les pauvres de » la commune... et de plus il te donne au » château une place superbe... tu seras à la » tête de la laiterie. — Comment ça se fait- » il, que je lui ai répondu. — Tu le sauras » bientôt... trouve-toi seulement au châ- » teau ce midi, au moment de l'arri- » vée de M. de Boismorin. »

TRICOT. Il arrive aujourd'hui?... tant mieux, il y a quelqu'un qui l'attend.

MARIE. Mais quelle bonté à lui, qui me connaît à peine, d'avoir pensé à moi de si loin... à Paris?

TRICOT. C'est un ancien marin, qui a encore bonne mémoire pour son âge... il n'oublie personne! il ne se couche jamais sans avoir fait un peu de bien dans sa journée et voilà quatre-vingts ans qu'il va comme ça...

Air de Lantara.

Il peut sans regrets, sans envie,
Vers le passé souvent faire un retour;
Il a bien employé sa vie
Et sa vieillesse est le soir d'un beau jour.
Si près de lui, quelqu'un souffre ou soupire,
Son cœur discret, prompt à le soulager,
Fait des heureux, sans jamais en rien dire;
Et des ingrats, sans se décourager!

MARIE. Des ingrats, je n'en serai pas !... comme je vais le remercier... car enfin une place de quatre cents francs, c'est une dot.

TRICOT. Je crois bien! et ça irait joliment avec...

MARIE. Avec quoi?

TRICOT. Avec des idées que j'ai...

MARIE. Et lesquelles?... (*A part.*) Il ne parlera pas!

TRICOT, *avec embarras et lui montrant une lettre*. Des idées... que j'ai glissées sur ce papier...

MARIE, *à part*. Allons, encore une !... il a la rage d'écrire... et moi qui justement ne sais pas lire...

TRICOT, *présentant toujours sa lettre*. Et si vous vouliez seulement accepter...

MARIE, *à part*. Dieu que c'est ennuyeux! (*Haut.*) Non monsieur!

TRICOT. De grâce! daignez la lire.

MARIE. C'est impossible...

TRICOT. Quoi, vous me refusez!

MARIE. J'y suis forcée.

TRICOT, *à part*. Il n'y a rien à faire avec une vertu comme celle-là. (*Haut.*) Et les autres cependant... les autres billets, vous les avez reçus...

MARIE. C'est vrai... mais je ne les ai pas ouverts.

TRICOT. Que dites-vous?

MARIE. La preuve, c'est que les v'là... tenez, regardez plutôt...

Elle les lui présente.

TRICOT, *les prenant*. En effet... ils y sont tous!... et le cachet est intact!... ô influence du village et d'une éducation champêtre... voilà bien les vertus du presbytère...

MARIE. Et vous êtes bien heureux que je n'aie pas montré toutes ces lettres-là à mon oncle... qui vous aurait appris à parler...

On entend en dehors le cœur du chalet, et la musique continue pendant le dialogue suivant.

TRICOT. Mon dieu! que signifie ce bruit?

MARIE. Ce sont les villageois qui courent au-devant d'une voiture de voyage... serait-ce déjà monsieur le capitaine?

TRICOT, *se démenant*. Et moi qui ne suis pas là, pour représenter l'instruction publique... et la harangue... je n'ai pas une seule idée...

MARIE. Qu'est-ce que ça fait?

Air : *Un homme pour faire un tableau.*

Quand mon oncle me lit l'journal,
J'vois maint orateur qu'on admire,
Qui possèd' l'art original
De parler une heur' sans rien dire ;
Ils font des phras's, à tout bout de d'champ...
Cela donne aux pensé's qui suivent,
L'temps d'arriver... et bien souvent
L'discours finit sans qu'ell's arrivent.

(La musique recommence.)

TRICOT. Vous avez raison... je ferai comme cela... (*Il veut encore causer avec Marie ; Marie lui dit :*) Allez ! allez donc... Tricot, (*A la cantonade,*) me voilà !.. me voilà !..

Il sort par le fond à droite.

SCÈNE III.

MARIE, *seule*. Est-il impatientant celui-là ?.. parce qu'enfin on a son amour-propre comme une autre, et on n'aime pas à avouer... qu'on ne sait rien... et puis lui qui prend ça pour de la vertu... c'est toujours désagréable de le détromper... enfin me v'là laitière au château... il en est régisseur... on se rencontre...

Air : *Ses yeux disaient tout le contraire.*

Par état, forcés tous les jours
D'nous trouver tous deux en présence,
P't'êtr' qu'il n'écrira pas toujours,
Qu'il s'lass'ra d'brûler en silence.
Son amour craint d'être importun ;
Mais pour peu qu'il se fasse entendre,
Il est sûr de trouver quelqu'un
Qui n'demande qu'à le comprendre.

Regardant par le fond à droite.

Ah mon Dieu ! la belle calèche ! c'est celle de notre bon vieux maître... s'il a son accès de goutte comme l'autre année, il ne pourra pas descendre... Ah ! voilà une jeune demoiselle qui s'élance... elle a été bien vite à terre... elle aide monsieur à sortir de voiture... elle lui donne le bras... il s'appuie sur elle. . comme elle marche lentement et avec précaution... c'est drôle ! je ne savais pas que notre maître eût des enfans... et à l'air dont elle le regarde... aux soins qu'elle prend de lui... c'est sa fille... ou plutôt sa petite-fille... c'est sûr !.. les voilà à la porte du salon... où attendent tous les fermiers et le régisseur... il embrasse la petite demoiselle sur le front... et lui fait signe d'aller jouer dans le parc... elle ne se le fait pas dire deux fois... la voilà qui s'élance dans l'allée.... Dieu comme elle court... (*S'éloignant.*) gare... gare... elle n'a pas la goutte celle-là !

SCÈNE IV.
ADÈLE, MARIE.

ADÈLE, *entrant en courant et en sautant.* Ah ! le beau parc !.. les belles allées... il n'y en avait pas une comme celle-là... à la pension... (*Apercevant Marie et poussant un cri.*) Marie !... la petite laitière...

Elle va à elle.

MARIE. Mademoiselle Adèle... qui, l'année dernière...

ADÈLE. Est venue ici aux vacances ! es-tu installée ?.. as-tu du bon lait... sais-tu faire des fromages à la crème... je t'apprendrai...

MARIE. Comment ! vous savez déjà que j'ai une place ?..

ADÈLE. C'est moi qui te l'ai fait avoir.

MARIE. Est-il possible !

ADÈLE. Tu es donc contente ?

MARIE. Je crois bien !

ADÈLE. Alors et moi aussi ! embrasse-moi ! (*Elle l'embrasse.*) tu ne te rappelles donc pas que l'autre année quand je suis venue ici, avec madame Dubreuil, ma maîtresse de pension, une vieille amie à M. de Boismorin, j'étais bien triste, bien malheureuse... je pleurais toute la journée... il est vrai que je ris et que je pleure aisément... dans ce moment encore mais aujourd'hui c'est de joie, c'est de bonheur, parce que vois-tu bien... où en étais-je ?.. et qu'est-ce que je te disais ?.. ah !.. ah je me rappelais notre promenade ici... un soir dans le parc... parce que moi pauvre orpheline, tu m'avais prise en amitié, tu me contais tes peines... et tu me disais en soupirant « Ah ! made-
» moiselle qu'il y a dans le monde, des gens
» qui ont du bonheur ! si j'étais jamais dans
» ce beau château, à la tête de la laiterie...

Air : *du Vaudeville de la Somnambule.*

« Ah, si le ciel comblait mon espérance,
» Si j'obtenais jamais un tel emploi,
» Tu le disais : » oui la reine de France
« Ne serait pas plus heureuse que moi.»
Et j'ai voulu, bonne magicienne,
Par ma baguette, à tous dictant ma loi,
Te rendre heureuse ici comme une reine...

(*Lui prenant les mains avec bonté.*)

Afin de l'être encore plus que toi.

J'ai demandé en ton nom cette place, dès que j'ai été mariée.

MARIE, *vivement.* Vous êtes mariée?..
ADÈLE. Depuis deux mois!
MARIE. Vous n'êtes plus demoiselle?.
ADÈLE. Du tout... du tout... je vais te raconter tout cela... car c'est bien l'événement le plus singulier et le plus extraordinaire... c'est-à-dire le plus simple du monde... et c'est justement pour ça...
MARIE. Dites donc vite.
ADÈLE. Tu sais déjà que j'étais sans parents, que j'étais restée bien jeune, confiée aux soins d'un beau-père...
MARIE. Dont on ne disait pas grand bien ici... un joueur, un mauvais sujet, un malhonnête homme qui avait mangé toute votre fortune.
ADÈLE. Je l'ignore... tout ce que je sais, c'est qu'il était méchant avec moi, qu'il me maltraitait, et que j'étais bien malheureuse... nous habitions alors une petite maison dans une rue de Rouen... et dans mon quatrième étage où je travaillais, et où je pleurais toute la journée, personne ne s'intéressait à moi, qu'un jeune étudiant qui demeurait sur le même palier... chaque fois qu'il me rencontrait, il me saluait sans me parler... mais avec un regard qui voulait dire : pauvre fille!.. je compris que j'avais là un ami... un protecteur... je comptais sur lui... et quand j'avais du chagrin, ce qui m'arrivait tous les jours, je pensais à lui... il y avait aussi un homme riche et laid, que mon beau-père m'amenait depuis quelque temps, et qui nous menait promener dans une belle voiture... celui-là était plus prévenant, plus aimable pour moi... cependant il me déplaisait... c'était injuste; car c'était le protecteur de mon beau-père... il devait même nous emmener le lendemain à une terre qu'il possédait... lorsque la veille, le jeune étudiant entre chez moi... il était pâle et il tremblait... mademoiselle, me dit-il, on veut vous perdre, — Moi! et comment?—vous ignorez les dangers qui vous menacent...— lesquels?—vous ne pourriez les comprendre et je n'oserais vous les dire... mais vous êtes perdue, si vous ne me permettez de vous défendre... avez-vous confiance en moi?—Je le regardai, et je lui dis : oui.— Il me serra la main et partit. — J'ignore ce qui arriva; mais le lendemain, je vis entrer un homme en noir, un magistrat... Il demanda à parler à mon beau-père qui était furieux... j'entendis des cris... des menaces, et puis l'homme en noir qui avait une figure calme et respectable, me conduisit dans une pension de demoiselles, et me confia à la maîtresse en lui disant : Veillez sur elle!.. Quelques heures après, se présente devant moi mon jeune protecteur.—Vous serez dans cette maison à l'abri du danger, me dit-il... moi je pars; et vous me reverrez quand j'aurai fait fortune... adieu... adieu... je voudrais... et n'ose vous embrasser.—Et moi je vous le demande, lui criai-je, en me jettant dans ses bras... alors et les yeux mouillés de larmes, il s'élança vers la porte?.., il disparut et depuis je ne l'ai plus revu!

MARIE. Pauvre jeune homme!.. il m'intéressait tant, j'ai cru que c'était lui que vous aviez épousé...
ADÈLE. Non pas.
MARIE. Quel dommage!.. j'avais déjà arrangé ça et ça aurait été bien mieux...
ADÈLE. Pourquoi donc?
MARIE. Pourquoi?... c'te question...
ADÈLE. Oui, pourquoi?
MARIE. Dam!.. je n'en sais rien... c'est une idée... enfin mamzelle, continuez? vous voilà dans cette pension... chez madame Dubreuil...
ADÈLE. Qui m'avait prise en amitié!.. tout le monde m'aimait; aussi je travaillais avec un courage! Lorsqu'arriva la distribution des prix... ah! quel beau jour! toutes les autorités de la ville, les magistrats, les premières familles, tout le monde était là... et ces fanfares de triomphe, et ces couronnes et ces parents qui embrassaient leurs enfants! ils étaient si heureux... si occupés... que nul ne faisait attention à moi. Alors et pour la première fois je m'aperçus dans cette foule que j'étais seule au monde et je me pris à pleurer?... un vieux monsieur qui était bien vieux... mais qui avait l'air de la bonté même s'approcha de moi et me regardant avec une surprise mêlée d'intérêt, me demanda pourquoi je pleurais ainsi à chaudes larmes, Hélas! monsieur, lui répondis-je, c'est que j'ai trois couronnes et que personne ne m'embrasse... je n'ai ni père ni mère pour se réjouir de ma joie... Eh bien, mon enfant me dit-il, me voilà! je viens la partager avec vous; et il se mit à causer avec tant de charme et d'abandon, qu'au bout d'un instant nous nous connaissions depuis un siècle, nous étions des amis intimes... tout le monde partait, chaque mère emmenait sa fille avec elle en vacances... et moi j'allais rester seule à la pension; mais le vieux monsieur qui semblait lire dans ma pensée s'approcha de madame Dubreuil et lui dit : » Mon ancienne et respectable amie, » voici ma fille qui vous prie en grâce de » venir avec elle passer les vacances dans » mon château de Boismorin..
MARIE. C'était notre maître?

ADÈLE. Ne l'avais-tu pas déjà reconnu à sa bonté?.. oui, c'était lui. Je n'espérais jamais pouvoir lui prouver ma reconnaissance... mais cet hiver il a été malade, bien malade... j'ai demandé à Mad. Dubreuil à quitter la pension, à me rendre à Paris près de lui.
MARIE. Pour lui donner vos soins?..
ADÈLE. Et je me rappelle encore sa convalescence... j'ai été bien inquiet me dit-il, car je ne croyais pas en revenir et pour des raisons que je t'expliquerai plus tard... je ne peux rien laisser par testament. —Ah! monsieur, lui dis-je, quelle idée avez-vous là?.. Alors il me prit la main et me dit en souriant : Adèle, veux-tu m'épouser?.. moi! répondis-je en sautant de joie... il serait possible... je resterais là auprès de vous... je ne vous quitterais plus... je serais votre femme...
MARIE, *vivement*. Comment vous avez accepté?
ADÈLE. De grand cœur...
MARIE. C'est là votre mari?..
ADÈLE. Certainement!..
MARIE. Ah! mon Dieu!
ADÈLE. Qu'as-tu donc avec ton air de me plaindre?..
MARIE, *embarrassée*. Mais dam!.. quel âge avez-vous?
ADÈLE. Dix-huit ans.
MARIE. Et l'on dit que M. le capitaine en a soixante et dix-neuf.
ADÈLE. Mieux que cela!.. quatre-vingts bien sonnés depuis un mois! mais je te jure que cela n'y fait rien.
MARIE. Tant mieux, mademoiselle.

ADÈLE.

Air *Vaud. du baiser au porteur.*

Jamais triste, jamais morose,
Souriant même au sein de la douleur,
Il est aimable et joyeux quand il cause,
Et son esprit rajeuni par son cœur,
A du printemps la grâce et la fraîcheur...
C'est par erreur ou par mégarde....
Qu'on lui donne quatre-vingt ans;
S'il les a, quand je le regarde,
Ils n'y sont plus... quand je l'entends.

MARIE. Mais l'autre... le jeune étudiant.
ADÈLE. Eh bien?
MARIE. Eh bien, vous l'avez donc oublié?..
ADÈLE. Moi! me prends-tu donc pour une ingrate?.. oh! non! dans ma nouvelle fortune ma première pensée a été pour lui. il reviendra... car il me l'a promis... il reviendra près de nous et quel plaisir de lui dire à mon tour : tenez, tenez, mon ami, soyez riche, car je le suis... soyez heureux car vous êtes la cause de mon bonheur... je me représente sa surprise et surtout son contentement... c'est là ma seule idée... le rêve de mes jours et souvent même de mes nuits... moi l'oublier!.. ah! bien oui! est-ce que j'oublie mes amis?.. est-ce que je n'ai pas pensé à toi?
MARIE. Si vraiment!..
ADÈLE. Et ce n'est rien encore!.. je te marierai aussi... je veux que tout le monde se marie... je te chercherai un prétendu.
MARIE. *vivement*. Je l'ai déjà.
ADÈLE. Un prétendu qui t'aime?
MARIE. A ce que je crois.
ADÈLE. Il ne te l'a pas dit?
MARIE. Il ne parle jamais... il écrit... et à moi qui ne sais pas lire, il me remet toujours des lettres.
ADÈLE, *gaîment*. Nous les lirons ensemble... nous ferons les réponses.
MARIE. Quoi! vous auriez la bonté?.. oh! je ne me permettrais pas...
ADÈLE. Laisse-donc! cela m'amusera...
—Ah! c'est mon mari.

Elle va au-devant de lui.

SCÈNE V.

MARIE, ADÈLE, *courant au-devant de* M. *de Boismorin à qui elle donne le bras*, M. DE BOISMORIN, TRICOT, Villageois, Villageoises*.

CHŒUR.

Air : *Berce berce, bonne grand' mère.*

Quel plaisir quel charme suprême,
De revoir cet endroit chéri!
Il est près de celle qu'il aime
Et le bonheur l'a rajeuni.

M. DE BOISMORIN.

En parcourant cette allée, où l'ombrage,
Est aussi vert qu'aux jours de mon printemps,
D'un demi-siècle oubliant le passage
J'ai retrouvé mes jambes de trente ans.

ENSEMBLE.

M. DE BOISMORIN.

Quel plaisir, quel charme suprême
De revoir cet endroit chéri!
De s'y trouver auprès de qu'on aime
Par le bonheur je me sens rajeuni.

* Tricot, M. de Boismorin, Adèle, Marie.

ADÈLE, TRICOT, MARIE, *et le* CHOEUR.

Quel plaisir, quel charme suprême
De revoir cet endroit chéri,
Il est près de celle qu'il aime,
Et le bonheur l'a rajeuni.

TRICOT, *à M. de Boismorin.* N'êtes-vous pas bien fatigué du voyage?

DE BOISMORIN. Du tout... je me suis délassé en revoyant mes amis, mes enfans et puis ces beaux arbres que j'aime tant!... ces arbres mes contemporains...

TRICOT. C'est vrai : ils sont de votre âge...

DE BOISMORIN, *souriant.* Oui... mais ils se portent mieux que moi... et grâce au ciel ils me survivront.. Adèle, tu les respecteras, n'est-il pas vrai!.. et quand je ne serai plus là pour défendre mes vieux amis...tu empêcheras qu'on ne les abatte!..

ADÈLE. Ah! monsieur...

DE BOISMORIN. Il est de jeunes propriétaires qui bouleversent tout, qui ont la manie de tout couper... ils ont tort... car il y a au monde deux choses bien précieuses qu'on ne peut avoir ni pour or ni pour argent... c'est l'amitié et les vieux arbres... tous deux ne viennent qu'avec le temps...

ADÈLE. Et vous avez tous les deux... car ici tout le monde vous aime et vous bénit... et voici encore une jeune fille qui vient vous remercier... la petite Marie.

Elle lui présente Marie.

DE BOISMORIN. Ta protégée, la nièce du curé?.. Bonjour mon enfant, ton oncle est un brave homme, qui demande toujours pour ses paroissiens... c'est très bien!.. il y en tant d'autres qui demandent pour eux-mêmes... désormais, ma chère Adèle, ces soins-là te regardent... tu as de meilleures jambes que moi, tu courras chez les pauvres... les malheureux... ils y gagneront tous et ces braves gens seront bientôt comme moi, ils seront ravis de mon mariage!. et vous, maître Tricot, êtes-vous content de vos petits écoliers?

TRICOT. Très content, ils se portent bien, ils mangent bien...

Air : *Le luth galant.*

Certainement ça leur porte profit :
Car leur visage en lune s'arrondit.
D'un vaillant estomac dotés par la nature,
Vous les voyez manger autant que le jour dure;
Mais sitôt qu'il s'agit
De mordre à la lecture,
Ils n'ont plus d'appétit.

DE BOISMORIN. C'est qu'ils n'ont pas assez d'encouragement... je leur en donnerai davantage... il faut que tous les jeunes paysans sachent lire!..

ADÈLE, *regardant Marie.* Et les jeunes filles aussi.

MARIE. C'est quelquefois si utile!..

DE BOISMORIN. Sans doute. (*A Adèle.*) Eh bien! charge-toi de fonder une école d'enseignement mutuel pour les jeunes filles... nous mettrons Marie à la tête.

MARIE, *à part.* Il choisit bien!

DE BOISMORIN. Et puis comme il ne faut pas que tous les momens soient consacrés aux occupations sérieuses, je vous annonce que ce soir pour notre arrivée nous aurons un bal.

ADÈLE, *avec joie.* Un bal, est-il possible! (*A M. de Boismorin.*) oh! non... non... il ne faut pas... vous n'aimez pas le bruit... cela vous ferait mal...

DE BOISMORIN. Non,... car cela te fera plaisir.. tu aimes tant la danse... et puis c'est un bal champêtre... au milieu du jardin... loin de mon appartement...

Marie va causer avec les jeunes filles, Tricot va la rejoindre, puis ils reviennent ensemble sur le devant du théâtre.

ADÈLE. C'est égal... cela vous réveillera...

DE BOISMORIN. Tant mieux : je penserai à toi... je penserai que tu t'amuses... et puis à mon âge on dort peu et l'on a raison...

ADÈLE. Pourquoi donc?

DE BOISMORIN, *souriant.* Parce que bientôt on aura tout le temps de dormir.

ADÈLE, *pleurant.* Ah! monsieur...

DE BOISMORIN. Allons... allons... enfant que tu es... je ne t'ai pas dit cela pour t'affliger... mais pour t'y accoutumer...

ADÈLE. Jamais... et je ne veux plus entendre parler de danses ni de divertissement... d'ailleurs un jour d'arrivée... rien n'est arrangé, rien n'est prêt...

DE BOISMORIN. J'ai tout commandé.

ADÈLE. Je n'ai seulement pas de robe de bal pour l'été.

DE BOISMORIN. Elle est dans ta chambre...

ADÈLE. Est-il possible!.. de quelle couleur?

DE BOISMORIN. Tu la verras, et quant aux invitations, je n'en ai envoyé qu'une... à madame Dubreuil, ton ancienne maîtresse.

ADÈLE. O ciel!

DE BOISMORIN. Et nous aurons pour danseuses toute la pension.

ADÈLE, *sautant de joie.* Mes anciennes amies... elles vont venir, je vais les recevoir... elles seront témoins de mon bonheur... Oh! que vous êtes aimable... que vous êtes un bon mari... Oui, oui, je crois maintenant que cela ne vous fatiguera pas; nous danserons si doucement, et nous vous aimerons tant!

DE BOISMORIN. Je le savais bien... Mais qu'as-tu donc?

ADÈLE. Je voudrais bien voir ma robe nouvelle, ma robe de ce soir.

DE BOISMORIN. Vas-y.

ADÈLE. Tout de suite. (*A Marie.*) Et toi, à ta laiterie; occupe-toi de tes fromages à la crême, il nous en faudra pour ce soir.

MARIE. Soyez tranquille.

Tricot passe à la gauche de Marie*.

Air *nouveau de M. Hormille.*

Adèle, Vous disiez vrai, mademoiselle,
Comme il est complaisant et doux;
Des bons maris c'est le modèle...
Et déjà j'l'aime comme vous.

TRICOT, *à Marie.*
Il est marié, c'est dommage.

MARIE.
Qu'import'?

TRICOT.
C'est juste, et c'est heureux;
Il n'en coût' pas plus à son âge
D'en épouser une que deux.

ENSEMBLE.
DE BOISMORIN.
A lui plaire je mets mon zèle,
Je veux, de son bonheur jaloux,
Etre des maris le modèle,
Pour moi c'est un devoir bien doux.

ADÈLE.
A me plaire il met tout son zèle,
Comme il est complaisant et doux!
Des bons maris c'est le modèle...
Mon sort fera bien des jaloux.

TRICOT, MARIE *et le* CHOEUR.
Oui, des maîtres c'est le modèle,
Comme il est complaisant et doux;
Il sait récompenser le zèle,
Et dans ces lieux nous l'aimons tous.

(Adèle sort par la droite; Marie et les paysans par le fond. M. de Boismorin s'assied à droite auprès du guéridon; Tricot est resté auprès de lui.)

SCÈNE VI.
M. DE BOISMORIN, TRICOT.

DE BOISMORIN, *assis.* Toi, Tricot, occupe-toi de l'orchestre.

* M. de Boismorin, Adèle, Marie, Tricot.

TRICOT. Oui, monsieur... mais je ne vous ai pas dit qu'il y avait chez moi un étranger qui vous connaît, et qui attendait votre arrivée.

DE BOISMORIN. Un étranger... que me veut-il?

TRICOT. Je l'ignore... mais voilà son nom qu'il m'a donné.

Il lui remet une carte.

DE BOISMORIN. O ciel! arrivé de ce matin! l'enfant prodigue est de retour! lui que j'ai élevé, lui qui depuis dix-huit mois nous a quittés!.. qu'il vienne... qu'il vienne!

TRICOT, *montrant Anatole qui entre.* Eh parbleu! le voici dans cette allée.

SCÈNE VII.
M. DE BOISMORIN, ANATOLE.

ANATOLE, *se jetant dans les bras de M. de Boismorin.* Mon bienfaiteur!

DE BOISMORIN, *le tenant serré contre lui.* Mon ami!.. (*A Tricot.*) Laisse-nous. (*Tricot sort. — A Anatole.*) Me quitter pendant si long-temps, ce n'était pas bien... tu t'exposais à ne plus me retrouver.

ANATOLE. Grace au ciel! je vous revois et toujours le même.

DE BOISMORIN. Pourquoi depuis dix-huit mois, ne pas me donner de tes nouvelles? pourquoi surtout partir aussi brusquement... s'embarquer sans me rien dire?

ANATOLE. Que voulez-vous? mon entreprise était si folle, si extravagante, que je n'osais vous la confier, qu'après avoir réussi... et plus tard, j'ai été si triste et si malade.

DE BOISMORIN. Je devine tout alors.

Air : *Contentons-nous d'une simple bouteille.*

Il est des soins que chaque âge réclame;
Oui, le chagrin que l'on cache au dehors,
A dix-huit ans vient des peines de l'ame,
A soixante ans, vient de celles du corps...
Et commençant par là ses ordonnances,
Un bon docteur devrait presque toujours,
Dire aux vieillards: Contez-moi vos souffrances.
Aux jeunes gens : Contez-moi vos amours.

Ainsi conte-moi les tiennes.

ANATOLE. Ah! vous avez raison... une femme que j'adorais, que je voulais épouser... mais elle était sans biens, et moi aussi... j'ai voulu alors m'enrichir en peu de temps.

DE BOISMORIN. Comme tout le monde! c'est la manie du siècle; on fait fortune en un jour, et on la perd de même.

« Le temps respecte peu ce qu'on a fait sans lui. »

Voilà pourquoi tu as abandonné la carrière du barreau à laquelle je te destinais.

ANATOLE. Oui, monsieur.

DE BOIMORIN. Et ton père qui m'avait dit en mourant : « Mon vieil ami, je te lègue mon fils... fais-en un honnête homme... et un avocat. » Il ne se doutait pas que tu embrasserais un état où tu n'entends rien... que tu te lancerais dans le commerce.

ANATOLE. Source féconde de richesses, on me le disait du moins. Au Hâvre, où je me suis embarqué, j'avais à peu près employé en achats de marchandises les dix mille francs que vous m'aviez si généreusement avancés, j'espérais réaliser des bénéfices; mais tous les gens à qui j'ai eu affaire, à commencer par mes associés, m'ont trompé; je n'ai pu rencontrer là-bas un seul honnête homme... je reviens à vous le chagrin dans l'ame, en proie au doutes les plus affreux... car je ne sais pas dans ce moment si je n'aurai pas plutôt fait de me brûler la cervelle.

DE BOISMORIN. Mauvaise pensée ! pensée à la mode ! De mon temps on vivait; c'est absurde, si tu veux; mais j'ai été élevé dans ces idées-là, et tu vois que j'y tiens. Fais comme moi, mon garçon: prends la vie en patience; aide-toi, comme on dit, et le ciel t'aidera. Tu ne peux épouser celle que tu aimes?

ANATOLE. C'est impossible.

DE BOISMORIN. Parce que tu n'as pas de fortune? Eh bien ! ne suis-je pas là? Travaille, et quoi que tu entreprennes, je répondrai pour toi, je te cautionnerai.

ANATOLE. Non, non. Déjà vous avez trop fait pour moi.

DE BOISMORIN. C'est le devoir d'un vieillard d'aider les jeunes gens; je ferai pour toi ce que l'on a fait pour moi; oui vraiment : autrefois dans ma jeunesse, simple capitaine de navire marchand, je dus toute ma fortune à l'amitié et à la protection d'un vieillard, lord Sydmouth, un marin à qui j'avais sauvé la vie! Il était vieux, célibataire, et, comme quelques Anglais, d'humeur assez bizarre. Tourmenté par d'avides collatéraux, il sentait mieux que personne la nécessité du mariage, et voulant assurer mon bonheur de toutes les manières, il me laissa tous ses biens, à la condition expresse que je me marierais; si je mourais sans être marié, toute cette immense fortune devait revenir à ses parents.

La Pensionnaire mariée.

ANATOLE, *écoutant avec intérêt.* En vérité !

DE BOISMORIN. J'avais alors trente ans. Je me suis dit : je puis attendre et choisir; mais par malheur je tombai amoureux, amoureux fou, comme toi, comme tous les jeunes gens... de plus amoureux d'une honnête femme.

ANATOLE. Il fallait l'épouser.

DE BOISMORIN. Elle était mariée, et son mari était mon ami ! Aussi, fidèle à l'honneur et à l'amitié, je l'aimai sans crime, mais tourmenté, mais malheureux ; et quand je la perdis, quand elle mourut, mon cœur était tellement usé d'émotions, qu'il me semblait ne pouvoir plus aimer personne. Je restai garçon de peur d'être plus malheureux encore. D'ailleurs que m'importait à qui mes richesses retourneraient après moi; je ne m'en inquiétais guères, lorsque le ciel offrit à moi une pauvre enfant, une orpheline, qui m'inspira une affection soudaine et irrésistible ; et sais-tu pourquoi ? — Non pas seulement parce qu'elle était bonne, douce et aimable, mais parce qu'elle ressemblait beaucoup à celle que j'avais tant aimée. C'était elle à dix-huit ans ! De plus elle était bien malheureuse, et je tremblais pour son avenir. Si j'avais pu après lui laisser toute ma fortune, je l'aurais fait; mais je n'en avais pas le droit ! Je lui ai proposé alors... (*avec hésitation*) de l'épouser, ce qu'elle a bien voulu accepter.

ANATOLE. Quoi ! réellement, depuis mon départ vous êtes marié ?

DE BOISMORIN. Oui, mon garçon. J'ai voulu te l'annoncer tout doucement pour ne pas te sembler trop ridicule tout à coup.

ANATOLE. Vous, monsieur? le meilleur des hommes !

DE BOISMORIN. Et je t'ai expliqué les motifs de ma conduite parce que je tiens à l'estime de mes amis.

ANATOLE. Ils diront tous : vous avez bien fait ; vous avez donné un appui, une compagne à votre vieillesse.

DE BOISMORIN. Tu ne peux t'imaginer quel ange de douceur et de bonté, de quelles prévenances je suis entouré.

Air de Coralto.

Contre l'ennui, la tristesse des ans,
  Sa douce gaîté me protège ;
N'as-tu pas vu quelquefois dans nos champs
La verdure qui brille au milieu de la neige ?
  Sur moi son effet est pareil ;
Son front serein amène l'allégresse,
Et son aspect réjouit ma vieillesse,
Comme en hiver un rayon de soleil.

(Lui montrant la porte à droite.)
Et tiens, la voici, je vais te présenter à elle.

SCÈNE VIII.
ADÈLE, M. DE BOISMORIN, ANATOLE.

Adèle tient sous son bras un album, et des lettres à la main.

ANATOLE, *la regardant pendant que monsieur de Boismorin va au-devant d'elle.* O ciel! c'est là sa femme!

ADÈLE, *à M. de Boismorin.* Voici vos lettres et vos journaux.

DE BOISMORIN, *lui prenant la main.* C'est bien! Mais nous avons ici un ami qui désire te voir.

ADÈLE, *apercevant Anatole et courant à lui en poussant un cri de joie.* Quel bonheur! c'est lui!

DE BOISMORIN. Eh! qui donc?

ADÈLE. Celui dont vous a parlé madame Dubreuil, ce jeune homme que je connaissais à peine, qui a réclamé pour moi le secours des magistrats, et que depuis ce jour je n'avais plus revu.

DE BOISMORIN, *passant auprès d'Anatole.* Toi! Anatole! toi mon fils! j'aurais dû te reconnaître à ce trait-là. — Allons, ton père sera content de moi; j'aurai rempli au moins la moitié de ses intentions: si je n'en ai pas fait un avocat, j'en ai fait un honnête homme.

ANATOLE, *cherchant à se remettre de son trouble.* Oui, oui! c'est à vous que je le dois, et je le serai toujours.

ADÈLE. J'en suis bien certaine; mais depuis si long-temps, qu'étiez-vous devenu et d'où venez-vous?

DE BOISMORIN. De New-York, où des revers, des malheurs, des projets contrariés... Nous parlerons de cela; nous avons le temps de nous occuper de lui et de ses affaires, car il reste avec nous.

ANATOLE. Non, monsieur, cela m'est impossible; des raisons de la plus haute importance me forcent à me rendre sur-le-champ à Paris.

ADÈLE. Eh bien! par exemple, ce serait joli! je ne le souffrirai pas, je ne le veux pas (*Regardant de Boismorin*); nous ne le voulons pas, n'est-il pas vrai? (*A Anatole*) Nous avons ce soir un bal qui sera charmant si vous restez! Je compte sur vous pour danser; il danse, n'est-ce pas?

DE BOISMORIN. Très bien!

ADÈLE. Vous le voyez! ainsi c'est convenu, vous ne partez pas.

ANATOLE, *d'un air sec.* Je suis désolé, madame, lorsqu'ici tout vous obéit, d'être le seul à vous refuser; mais je vous ai dit qu'une affaire indispensable...

ADÈLE. Et laquelle?

ANATOLE, *avec embarras.* Je ne puis le dire.

DE BOISMORIN. Même à moi?

ANATOLE, *de même.* Non, monsieur.

DE BOISMORIN. Alors, je devine; viens ici. (*L'amenant au bord du théâtre et à mi-voix:*) Il n'y a d'indispensable à ton âge que les affaires d'amour. —En est-ce une?

ANATOLE. Peut-être bien.

DE BOISMORIN. La personne dont tu me parlais est donc à Paris?

ANATOLE, *vivement.* Oui, monsieur.

DE BOISMORIN. Elle y habite.

ANATOLE, *de même.* Oui, monsieur.

DE BOISMORIN. C'est différent, je n'insiste plus. (*Haut à Adèle:*) Il faut qu'il parte, mon enfant.

ADÈLE. Et vous aussi, qui êtes contre moi!

DE BOISMORIN. Mais qu'il ne parte que demain, je lui demande ce sacrifice qu'il ne nous refusera pas.

ADÈLE. Un sacrifice! C'est donc pour vous? car pour moi je serais bien fâchée d'en exiger.

ANATOLE. J'ai tort sans doute.

ADÈLE. Un très grand tort : c'est d'avoir été à New-York; car avant vous étiez bien plus aimable.

ANATOLE. Peut-être alors me voyiez-vous avec des yeux plus favorables.

ADÈLE. C'est possible! je ne me connaissais alors ni en prévenances ni en galanterie.

Regardant de M. de Boismorin.

Air : *Ces postillons sont d'une maladresse.*

Ce que j'ai vu me rend plus difficile.

ANATOLE, *montrant M. de Boismorin.*
Je n'entends pas l'égaler.

ADÈLE, *avec ironie.*
Dieu merci!
Car pour le faire il faudrait être habile,
Et plus que vous...

DE BOISMORIN.
Adèle!

ADÈLE.
Oser ainsi
Vous attaquer...

DE BOISMORIN.
Quoi! pour ton vieux mari,
Toi déclarer la guerre à la jeunesse!

Je te sais gré, ma femme, d'un tel soin.
Va, tu fais bien; va, soutiens la vieillesse,
 (S'appuyant sur son bras.)
Car elle en a besoin.

ANATOLE, *à Adèle, d'un ton piqué.* Je vais alors, et pour plaire à madame me hâter de vieillir.

ADÈLE. Je vous le conseille, surtout si cela doit vous donner de la complaisance, de la bonté, de l'indulgence.

DE BOISMORIN. Eh! mais toi qui parles d'indulgence, il me semble que tu n'en as guère pour tes amis.

ANATOLE, *avec aigreur.* Aussi madame s'inquiète fort peu de les conserver.

ADÈLE, *avec colère.* Moi! c'est bien plutôt vous.

DE BOISMORIN, *les séparant.* Allons, tous deux à présent! en vérité, mes chers enfans, la jeunesse est bien extravagante! pour la première fois que vous vous revoyez, vous voilà en guerre ouverte, et je suis obligé, moi, d'intervenir. (*Mouvement d'Adèle.*) Je prononce donc, par l'autorité que me donnent l'âge et la raison, que demain il partira pour Paris; si ça lui convient; mais qu'il reviendra au plus vite.

ANATOLE. Je ne le puis.

DE BOISMORIN. Et moi je l'exige. En attendant que je t'aie trouvé quelque emploi où tu puisses faire fortune, je te garderai près de moi, tu seras mon secrétaire. (*Mouvement d'Anatole.*) Que tu y consentes ou non, c'est jugé, je le veux. (*Lui tendant la main.*) Je t'en prie, et j'espère qu'imitant mon exemple, tout le monde ici fera désormais bonne mine à notre hôte.

ADÈLE. Moi je n'ai pas besoin de secrétaire.

DE BOISMORIN. Non sans doute; mais pour ton dessin, par exemple, tu peux avoir besoin de leçons, ou du moins de conseils; Anatole t'en donnera. Il a des talens, il peint très joliment, il corrigera tes ouvrages.

Air *Ah! Colin, je me fâcherai.*

Pour commencer, montre-nous là
Cette esquisse d'après nature.
 ADÈLE.
De mon crayon il ne verra
Aucun ouvrage, je le jure.
 DE BOISMORIN.
Et moi, je puis te l'assurer,
Lui montrer tes dessins, ma chère,
Vaudrait mieux que de lui montrer
 Un mauvais caractère.

ADÈLE, *interdite et se mettant à pleurer.*

Moi! un mauvais caractère! Vous croyez qu'il le pense?

DE BOISMORIN, *froidement.* Il y en a qui à sa place auraient cette idée-là.

ADÈLE. Vous le pensez vous-même; c'est la première fois que vous me grondez, et c'est lui qui en est là cause; c'est bien mal! mais c'est égal, me voilà prête à vous obéir; je ferai tout ce que vous voudrez; je lui montrerai mes dessins, je ne serai plus en colère, pourvu que vous me pardonniez et lui aussi.

DE BOISMORIN, *à Anatole.* Tu l'entends, elle redevient bonne.

ANATOLE. Moi! je serais désolé de contraindre madame et de la gêner en rien.

ADÈLE. La! vous voyez qu'il m'en veut encore, et que c'est lui qui a de la rancune.

DE BOISMORIN, *s'approchant d'Anatole et lui parlant à demi-voix.* Elle a raison; c'est toi à ton tour qui as un mauvais caractère, et tu la traites avec trop de sévérité; car enfin c'est l'enfant de la maison; elle fait ici ce qu'elle veut, et elle n'a pas l'habitude d'être contrariée.

ANATOLE, *froidement.* Cela ne m'arrivera plus.

DE BOISMORIN. D'autant que dans son insistance à te faire rester, dans sa colère même, il y avait pour toi quelque chose d'aimable, de bienveillant, et la manière dont tu viens de lui répondre...

ANATOLE, *de même.* J'ai tort, monsieur.

DE BOISMORIN. A la bonne heure! (*Allant près d'Adèle.*) Il reconnaît qu'il a tort. — Puisque nous devons vivre ensemble, mes enfans, tâchons de vivre en bonne intelligence; et pour cela, que chacun y mette du sien; c'est là le grand secret des ménages. — Je m'en vais lire mon courrier. (*A Adèle.*) Toi, dessine. (*A Anatole.*) Toi, monsieur le professeur, donne la leçon, et qu'à mon retour la paix soit signée.

Adèle lui donne son chapeau. Il sort par la droite.

SCÈNE IX.

ANATOLE, *debout à gauche du théâtre*, ADÈLE, *tirant le guéridon qu'elle place un peu sur le devant. — Elle prend son album s'assied et s'occupe à dessiner.*

ANATOLE, *à part et la regardant.* Quand je pense que c'est là sa femme! j'ai peine à modérer mon dépit et ma colère; elle est à lui! et sans m'adresser un mot de regrets ou de consolation, elle m'a accueilli sans trouble et le sourire sur les lèvres.

ADÈLE, *assise et dessinant toujours.* Eh bien! monsieur, il me semble que, pour me donner leçon, il faut au moins regarder ce que je fais.

ANATOLE, *s'avançant et regardant par-dessus son épaule.* C'est très bien.

ADÈLE. J'en doute; mais vous n'osez pas dire que c'est mal; convenez-en franchement.

ANATOLE. Non, mademoiselle.

ADÈLE, *souriant.* Mademoiselle!... dites donc, madame.

ANATOLE. C'est juste. (*Après un moment de silence.*) Y a-t-il long-temps que vous êtes mariée?

ADÈLE. Deux mois.

ANATOLE. Et c'est ici, dans ce château?

ADÈLE. Non c'est à Paris. (*Levant la tête.*) Je vous ferai observer, monsieur, qu'il ne s'agit pas de mon mariage, mais de mon dessin.

ANATOLE, *le regardant.* J'y trouve des progrès très grands.

ADÈLE. Vous dites cela d'un air fâché.

ANATOLE. Nullement... Je le suis seulement de ne m'être pas trouvé à Paris au moment de votre mariage.

ADÈLE, *dessinant toujours.* Je vous aurais invité.

ANATOLE, *avec colère.* Moi!

ADÈLE. Certainement... c'était très beau.

ANATOLE. Et très gai.

ADÈLE. Oui monsieur... une noce charmante! des toilettes magnifiques! La mienne surtout... Un voile d'Angleterre qui faisait l'admiration de toutes les dames! — En sortant de l'Eglise, vous ne savez pas ce qui nous attendait?

ANATOLE, *avec ironie.* Non vraiment.

ADÈLE. M. de Boismorin avait donné ses ordres... Oh! le beau déjeûner! et que j'ai regretté alors mes amies de pension! Si elles avaient été là, Dieu sait comme elles s'en seraient donné... Moi pas, je n'avais pas faim, j'étais trop contente.

ANATOLE, *avec émotion.* Et après?

ADÈLE. Après? Il y a eu un bal superbe! Car M. de Boismorin, qui ne danse pas, n'empêche pas les autres de danser; au contraire, il veut que l'on s'amuse... et je n'ai pas manqué une contredanse. (*Gaîment.*) De tout le bal je suis restée la dernière! et enfin...

ANATOLE, *avec colère.* Enfin...

ADÈLE. Il était bien tard, M. de Boismorin m'a serré affectueusement la main; a sonné une femme de chambre, est rentré chez lui (*Gaîment.*) et je me suis trouvée toute seule dans un bel appartement doré... où j'ai dormi tout d'un trait... rêvant à mon bonheur... à vous, monsieur.

Elle se lève.

ANATOLE, *avec joie.* O Ciel!

ADÈLE. Et surtout, à votre surprise, quand vous me reverriez riche et heureuse... je me faisais de ce moment une idée charmante... et votre retour a tout glacé... je ne vous reconnais plus.

ANATOLE. Ah! pardon, mille fois... j'étais un insensé, un malheureux... qui n'était pas digne de votre amitié... que voulez-vous?.. il est des sentiments dont on ne peut se rendre compte... on se fâche souvent contre soi-même, ou contre les autres, sans savoir pourquoi.

ADÈLE. Vous êtes boudeur!

ANATOLE. Et le difficile après est de s'expliquer, et de revenir... on n'ose pas.

ADÈLE. Je conçois cela... vous serez donc de meilleure humeur à votre prochaine leçon?

ANATOLE. Ah! toujours, désormais...

ADÈLE. A la bonne heure... vous corrigerez mes dessins, vous me montrerez la peinture; puisque M. de Boismorin prétend que vous savez peindre... Sont-ce des tableaux de genre?

ANATOLE. Non; de simples miniatures que je garde pour moi. (*Pendant qu'Anatole parle, Adèle remet le guéridon à sa place.*) Dans les voyages, ou dans l'absence, c'est une ressource, une consolation de pouvoir retracer des traits qui nous sont chers, et que nous ne voyons plus... cela nous rend présens les amis que nous regrettons.

ADÈLE. Ah! je crois que cela vous inquiétait fort peu, et que, dans l'absence, vous ne pensiez guère à vos amis.

Anatole lui présente un portrait qu'il tire de son sein.

ADÈLE, *poussant un cri.* Ah! qu'est-ce que je vois là?.. cette jeune fille... oh! non, non, monsieur.

Air : *un jeune Grec.*

Ce n'est pas moi, ce ne sont pas mes traits,
Non... c'est trop bien pour que je le soupçonne.

ANATOLE.

C'est vous, hélas, comme je vous voyais,
Quand vous étiez et bienveillante, et bonne...
Oui, ce portrait était frappant,
Oui, c'étaient là tous vos traits, il me semble...
Lorsque sur moi, jadis si tendrement,
Vous arrêtiez vos yeux.

ADÈLE, *regardant Anatole avec expression.*

Et maintenant
Trouvez-vous encor qu'il ressemble?

ANATOLE. Ah! plus que jamais vous voilà! je vous ai retrouvée.

ADÈLE. Mais j'ai toujours été la même... c'est vous seul qui aviez changé.

ANATOLE. C'est vous, plutôt...

ADÈLE. Eh bien, oui; tout à l'heure... pour quelques instans, parce que j'avais de l'humeur, du dépit de ce que vous partiez... mais vous ne partez plus... ou vous reviendrez bien vite... dites-le-moi, et je croirai que vous êtes toujours mon ami.

ANATOLE, *avec passion.* Jusqu'à la mort!

ADÈLE. Et vous avez raison... car pendant votre absence, que de fois j'ai pensé à vous... seulement je ne savais pas peindre... voilà tout, sans cela...

ANATOLE, *avec tendresse et s'élançant vers elle.* Adèle!!

ADÈLE. Qu'avez-vous?..

ANATOLE, *s'arrêtant.* Moi! rien... (*Se reprenant.*) Ce portrait vous a donc fait plaisir.

ADÈLE, *le regardant toujours.* Beaucoup... et je ne sais comment vous en remercier...

ANATOLE. J'en sais un moyen... donnez-le-moi?

ADÈLE. A quoi bon?.. il est à vous!.. il vous appartient...

ANATOLE. Oui, mais si je le reçois de vous, si vous me le donnez... il me sera bien plus précieux encore, il me rendra bien heureux.

ADÈLE. Tenez donc!.. le voilà.

ANATOLE, *avec joie.* Ah!.. (*Le mettant sur son cœur.*) Il restera là.. et écoutez-moi maintenant, je veux que vous me regardiez comme indigne de le porter, je veux que vous le repreniez à l'instant, si je manquais jamais à l'amitié que je vous ai jurée, à vous, Adèle... à vous... (*s'arrêtant.*) et à monsieur de Boismorin.

ADÈLE. Est-ce que c'est possible!.. il est si bon pour vous et pour moi... nous serons deux à l'aimer!.. Vous me seconderez dans les soins que je lui rends... nous lui ferons la lecture...

ANATOLE. Et dans ses promenades, c'est moi qui lui donnerai le bras.

ADÈLE. Oui... l'autre! et ne croyez pas que ce soit ennuyeux... il est si gai et si aimable... et puis il n'est pas exigeant... il ne veut pas qu'on soit toujours là près de lui... nous aurons tout le temps d'étudier, de dessiner, de faire de la musique et de courir dans le parc...

ANATOLE, *avec joie.* Avec vous!

ADÈLE. Toujours avec moi!.. et puis toutes les semaines il y aura un bal champêtre...

ANATOLE. Je serai votre cavalier...

ADÈLE. J'y compte bien... dès ce soir!.

ANATOLE. Ah! quelle douce existence! quel bonheur de passer ses jours dans ce château...

ADÈLE. Vous êtes donc content?..

ANTOLE. Je ne désire plus rien!.. puisque vous m'avez rendu votre confiance, votre amitié.

ADÈLE, *souriant.* Moi! du tout... est-ce que vous l'aviez jamais perdue?

ANATOLE. Ah! que vous êtes bonne.

Il lui prend les mains et ils restent ainsi jusqu'au moment où M. de Boismorin leur parle.

SCÈNE X.

Les Mêmes, M. DE BOISMORIN*.

DE BOISMORIN, *qui a entendu les derniers mots.* N'est-ce pas? je te le disais bien; j'étais sûr que vous finiriez par vous entendre.

ADÈLE. Oh! certainement! c'était moi qui avais tort.

ANATOLE. C'était moi!

ADÈLE. Du tout!

ANATOLE. Je vous dis que si...

DE BOISMORIN. Allons, n'allez-vous pas vous disputer encore?

ADÈLE. Oh! non! nous sommes trop bons amis pour cela.

DE BOISMORIN. Eh bien, puisque tu es son amie, tu vas te réjouir avec moi du bonheur qui lui arrive.

ADÈLE. Un bonheur!.. ah! que je suis contente! car à coup sûr il le mérite bien! et cette fois du moins la fortune sera juste. Parlez vite.

DE BOISMORIN. Je ne le peux pas si tu m'interromps toujours.

ADÈLE. Moi... je ne dis rien... j'écoute!.. mais allez donc...

DE BOISMORIN, *à Anatole.* Je te disais bien ce matin, qu'il ne fallait désespérer ni de soi, ni de la providence... (*A Adèle.*) car, dans son extravagance, monsieur ne parlait rien moins que de se tuer.

ADÈLE. Eh bien, par exemple, je voudrais bien voir cela! vous aviez des idées pareilles?

ANATOLE. Ce matin!.. (*La regardant tendrement.*) pas maintenant!..

ADÈLE, *de même.* A la bonne heure!

DE BOISMORIN. Et c'est agir sagement, car dans les lettres arrivées et que je viens de lire, il y en avait une d'un de mes amis, un riche fabricant qui demeure à Mulhouse.

* Adèle, M. de Boismorin, Anatole.

ADÈLE. Mulhouse.
DE BOISMORIN. En Alsace... c'est un peu loin de la Normandie où nous sommes.
ANATOLE. Eh bien, monsieur?..
DE BOISMORIN. Eh bien, ce brave manufacturier a fait une grande fortune, grace à son activité; mais il se fait vieux, il n'a pas d'enfans sur qui il puisse se reposer des soins continuels que demande une exploitation aussi considérable... et il m'écrit que s'il pouvait trouver un jeune homme de talent et de bonne conduite qui méritât sa confiance... il le mettrait à la tête de sa maison, lui assurerait de son vivant un intérêt dans les bénéfices, et plus tard lui laisserait sa manufacture.
ADÈLE. Eh bien?
DE BOISMORIN. Eh bien!.. j'ai pensé à lui!..
ANATOLE, *à part, avec effroi.* O ciel!.. (*Haut.*) A moi!..
DE BOISMORIN. C'est ce que tu voulais; c'est une fortune qui t'arrive!..
ADÈLE. Une fortune à Mulhouse... est-ce que ça a le sens commun?
DE BOISMORIN. Pourquoi pas?
ADÈLE, *vivement.* Il n'en a pas besoin, puisqu'il reste avec nous... ici dans ce château!.. il me l'a promis... (*Vivement à Anatole.*) Mais parlez donc, monsieur, cela ne vaut-il pas mieux! n'est-ce pas plus simple, plus avantageux, plus agréable?
DE BOISMORIN. Pour nous, certainement; mais pour lui c'est autre chose.
ADÈLE, *insistant.* S'il ne tient pas à la fortune.
DE BOISMORIN. Nous devons y tenir pour lui; il ne faut pas être égoïste; il faut aimer ses amis pour eux-mêmes, et se sacrifier pour eux... En restant mon secrétaire, cela ne peut le mener à rien!.. tandis que là-bas... il aura une position... il fera son chemin... il trouvera les moyens de s'établir... de se marier...
ADÈLE, *avec étonnement.* Se marier!.. à quoi bon?..
BOISMORIN, *souriant.* Cette question!.. crois tu donc qu'il n'y a que toi au monde qui te maries?
ADÈLE, *naïvement.* C'est vrai! je n'y avais jamais songé!
DE BOISMORIN. Mais lui, il y songe... c'est là son but, son espoir... il y a à Paris une jeune fille qu'il aime, qu'il adore...
ADÈLE. Comment!
ANATOLE, *à part.* O mon Dieu!
DE BOISMORIN. Et qu'il doit épouser dès qu'il aura fait fortune.
ADÈLE. Oh! non... ce n'est pas possible... il me l'aurait dit... il me dit tout!..

ANATOLE. Pardon, madame!
DE BOISMORIN, *à Adèle.* Il en est convenu avec moi. (*Adèle fait un geste de surprise et de douleur.*) Mais toi, tu es encore trop jeune, pour qu'il te tienne au courant de ses passions ou de ses conquêtes.

Air : *Vaudeville de l'Apothicaire.*

De droit un pareil entretien
Revient à moi seul, et pour cause;
Cela nous regarde... il faut bien
Qu'il nous reste au moins quelque chose.
N'enlevez pas, mes chers enfans,
A des âges tels que les nôtres,
Les vieux rôles de confidens...
Nous n'en pouvons plus avoir d'autres.

(*A Anatole.*) Je vais donc écrire à Mulhouse que je réponds de toi, que tu acceptes... et comme il n'y a pas de temps à perdre, dès demain tu te mettras en route, en passant par Paris... c'est le chemin!
ANATOLE, *avec effroi et regardant Adèle.* Dès demain!..
DE BOISMORIN. Il ne faut jamais faire attendre la fortune... les rendez-vous manqués ne se retrouvent plus... je vais tout disposer pour que tu fasses la route avec agrément; quant aux frais de voyage, ne t'en inquiète pas.
ANATOLE. Monsieur...

Il s'éloigne vers le fond.

DE BOISMORIN. C'est mon affaire... Viens, Adèle? (*Regardant Adèle qui est restée immobile et comme absorbée dans ses réflexions.*) Eh bien, eh bien, tu ne m'entends pas... qu'as-tu donc?..
ADÈLE, *revenant à elle et comme s'éveillant.* Rien, monsieur... me voilà... que voulez-vous?..
DE BOISMORIN. Ton bras... donne-moi ton bras, je suis un peu fatigué.

Adèle donne son bras à M. de Boismorin. Anatole fait un pas, se rapproche d'elle et lui touche légèrement le bras. Adèle, sans lui répondre et sans le regarder, s'éloigne de lui, se serre contre M. de Boismorin, qu'elle entraîne vivement. Ils sortent tous deux par la porte à gauche de l'acteur.

SCÈNE XI.

ANATOLE, *seul, les regardant sortir.*

Elle refuse de m'écouter! elle ne me regarde plus! elle croit que j'en aime une autre... que je vais en épouser une autre!.. Comment faire? mon Dieu! puis-je m'éloigner sans la détromper... je le devrais peut-être!.. mais partir sous le poids de son dédain et de sa colère, ne pas même emporter un sentiment de pitié... Non, non, je n'en ai pas le courage, et avant mon départ, je lui dirai que celle que j'adore, c'est elle! elle saura que mes pensées, mes affections, toute mon existence sont à elle... à elle seule!.. elle le saura!.. il le faut, d'ailleurs! il faut la prévenir... son chagrin, son dépit... ses imprudences peuvent à chaque instant trahir aux yeux de son mari, un secret qui, pour moi, n'était que trop clair...et dont M. de Boismorin se serait déjà aperçu, sans la confiance qu'il a en elle et en moi surtout! mais s'il nous devinait enfin... s'il découvrait la vérité... lui, mon bienfaiteur! oh! que devenir!... il faudrait mourir de honte et de remords... Oui... oui, courons...

Au moment où il veut entrer par la porte à gauche, il rencontre Marie qui en sort.

≈≈≈≈≈≈≈≈≈≈≈≈≈≈≈≈≈≈≈≈≈≈≈≈≈≈≈≈≈≈≈≈

SCÈNE XII.

ANATOLE, MARIE, *portant des fleurs à la main et dans son tablier.*

MARIE, *l'arrêtant.* Eh bien! où allez-vous donc ainsi?
ANATOLE. Parler à madame...
MARIE. Vous ne pourrez pas.
ANATOLE, *à haute voix.* Et pourquoi donc?
MARIE, *lui faisant signe de se taire.* Silence!.. notre vieux maître était un peu las... et après avoir donné des ordres pour que vous partiez demain au point du jour, il s'est assoupi dans son grand fauteuil... madame est restée auprès de lui, dans son boudoir... dont elle a fait défendre la porte.
ANATOLE, *avec impatience.* Et s'il dort long-temps?
MARIE. Dam! à la manière dont il est parti... peut-être quelques heures....

Elle prend la corbeille qui est sur la table.

ANATOLE, *à part.* Demain, m'éloigner et au point du jour!.. (*Haut.*) et Adèle?..
MARIE. Je ne sais pas ce qu'elle a... mais il faut qu'elle souffre; car elle m'a dit qu'elle ne pourrait pas paraître au bal.
ANATOLE. Est-il possible!
MARIE. Un bal pour lequel j'arrange les corbeilles du salon... et elle n'y sera pas! elle restera toute la soirée dans sa chambre.
ANATOLE. Toute la soirée!
MARIE. Sans recevoir personne.
ANATOLE. Personne au monde?
MARIE. Excepté son mari... et puis moi, qui puis entrer à toute heure... elle a tant de bontés pour moi.

Elle a pris la corbeille qui est sur la table à gauche, y met les fleurs, et va s'asseoir à droite près du guéridon... elle dispose ses bouquets, et tourne le dos à Anatole.

ANATOLE, *s'arrêtant, et à part.* Ah! si j'osais! Non, non, l'exposer, la compromettre auprès de cette petite fille... mais comment faire... elle ne sortira plus d'aujourd'hui... et moi qui pars demain, au point du jour...
MARIE*, *qui pendant ce temps s'occupe à arranger ses fleurs dans sa corbeille.* Qu'est-ce que vous dites donc là tout seul?
ANATOLE. Je pensais à l'affection que ta maîtresse a pour toi...
MARIE, *arrangeant toujours les fleurs dans la corbeille.* On ne peut pas s'imaginer combien elle est bonne!.. vous ne le croiriez jamais... au point qu'elle m'a proposé d'être comme elle dit, mon secrétaire.
ANATOLE. Ton secrétaire?... es-tu folle?
MARIE. Du tout... ce n'est pas moi, c'est M. Tricot, mon amoureux qui s'obstine toujours à m'écrire à moi qui ne sais pas lire... vous jugez comme c'est ennuyeux, et combien j'ai été heureuse quand madame m'a dit : apporte-moi tous les billets qu'il t'écrira... je les lirai... et j'y répondrai... c'est drôle, n'est-ce pas?..
ANATOLE. Oui, certainement (*s'asseyant vivement près de la table à gauche, et écrivant pendant que Marie, qui lui tourne le dos, arrange des fleurs dans la corbeille à droite.*) Ma foi! l'occasion est trop belle...

MARIE, *toujours à la corbeille.*

Air : *Quand on ne dort pas de la nuit.*

Grâce à mon secrétaire, ainsi
Comm' tant d'autr's j'aurai d'la science;
Et p'têtr' plus tard, mon mari,
Contr' les billets-doux garanti,
N' s'ra pas fâché d' mon ignorance...
Maint' fill' s'est mis' dans l'embarras
Pour avoir signé son paraph'...
Moi, j'suis sûre, en n'écrivant pas
De n'pas fair' (*bis*) de faut' d'orthographe.

ANATOLE, *qui pendant ce temps a achevé d'écrire sa lettre, se lève et s'approche de Marie, qui lui tourne le dos, et qui arrange toujours des fleurs dans la corbeille.* Crois-tu que ton amoureux t'adresse bientôt un billet-doux?
MARIE. Je l'ai refusé ce matin, et j'ai peur qu'il n'ose plus...
ANATOLE. Tu te trompes!..

* Marie, Anatole.

MARIE. Comment!..
ANATOLE*. Tout à l'heure dans le parc, M. Tricot s'est approché de moi d'un air mystérieux et m'a dit : « Je suis obligé de »partir tout de suite... daignez remettre ce »petit mot à mademoiselle Marie, c'est très »important!»
MARIE, *quittant ses fleurs et se levant.* Bah!
ANATOLE, *lui présentant le billet.* Le voilà.
MARIE. Qu'est-ce que ce peut être?..
ANATOLE. Je l'ignore.
MARIE. Que c'est impatientant qu'il ait la rage d'écrire comme s'il n'aurait pas pu dire tout de suite... voyons, monsieur, que signifient ces petites barres toutes noires?..
ANATOLE. Demande à ta maîtresse... je ne veux pas aller sur ses brisées... et puis, si c'est un secret!..
MARIE. C'est juste!.. je vais porter ça à madame...
ANATOLE. Tu devrais déjà être partie... vas-y donc.
MARIE. J'y cours**. (*Regardant par la porte à gauche, et revenant près d'Anatole.*) C'est encore mieux... la voici qui vient...
ANATOLE. Remets-lui ce billet!
MARIE. Elle est avec son mari.
ANATOLE, *vivement.* Ne le lui remets pas!
MARIE. Pourquoi donc? Ah! ce n'est pas monsieur qui me gêne... ni elle non plus, vous allez voir.

Anatole voudrait la retenir, mais M. de Boismorin entre en ce moment, appuyé sur le bras de sa femme, et Marie s'élance au-devant d'eux.

SCÈNE XIII.

ANATOLE, MARIE, M. DE BOISMORIN, ADÈLE.

MARIE, *à M. de Boismorin.* Vous voilà donc réveillé, monsieur?
DE BOISMORIN. Oui, cet instant de sommeil m'a fait du bien... et Adèle voulait, malgré ça, rester près de moi... Il a fallu presque se fâcher pour la forcer à prendre un peu l'air.
MARIE. Vous avez bien fait... car j'ai justement quelque chose à montrer à madame.
ADÈLE. Quoi donc?..
MARIE. Une lettre de M. Tricot, mon prétendu.

* Anatole, Marie.
** Anatole, Marie.

DE BOISMORIN. Mon régisseur?
MARIE. Oui, monsieur.
DE BOISMORIN. Un fort brave homme! (*à Adèle.*) Voyons, chère amie...
ANATOLE, *cherchant à détourner l'attention de M. de Boismorin.* Monsieur, je voulais vous demander sur Mulhouse quelques renseignemens...
DE BOISMORIN. Je suis à toi!.. laissez-nous lire d'abord la lettre de M. Tricot; tout le monde peut l'entendre, c'est un homme moral par état et par inclination...

Il donne la lettre à Adèle.

ADÈLE, *lisant.* « Ce soir, pendant le bal, »il faut que je vous voie seule un instant, »ou je suis capable de tout oublier. »
DE BOISMORIN. Il a écrit cela?
ADÈLE. Oui, monsieur.
DE BOISMORIN. Demander un rendez-vous secret à cette petite!
MARIE. Un tête-à-tête à moi seule!.. quelle horreur!
DE BOISMORIN. J'en suis fâché pour Tricot; et je ne le reconnais pas là! chercher à égarer une jeune fille sans expérience... l'entraîner dans une démarche dont elle aurait à se repentir, c'est mal, c'est très mal; n'est-ce pas, Anatole?
ANATOLE, *embarrassé.* Peut-être qu'il n'a pas senti lui-même... qu'il ne voulait pas... que son intention...
DE BOISMORIN. Nous allons le savoir... car le voici.
ANATOLE, *à part.* C'est fait de moi.

SCÈNE XIV.

ANATOLE, MARIE, TRICOT, DE BOISMORIN, ADÈLE.

DE BOISMORIN. Approchez, approchez, maître Tricot.
TRICOT. On a besoin de moi, monsieur?
DE BOISMORIN. Oui, il s'agit d'une petite explication.
TRICOT. Si ça peut vous être agréable.
ANATOLE, *à part.* Ah! que je voudrais être loin d'ici.
MARIE, *s'avançant près de Tricot.* Fi!.. c'est affreux! c'est indigne!
TRICOT, *étonné.* Heim?
DE BOISMORIN, *d'un ton sévère.* Je ne vous connaissais pas encore, monsieur...
MARIE. Ni moi non plus!
TRICOT, *à M. de Boismorin.* Je croyais pourtant que depuis trois ans!..
DE BOISMORIN. Vous devriez rougir...
TRICOT. Et de quoi?

ADÈLE. De votre correspondance...
TRICOT. Quelle correspondance?
ANATOLE. Avec Marie.
TRICOT. Elle me l'a rendue sans la lire.
DE BOISMORIN. Elle a bien fait!.. c'est une honnête fille!..
TRICOT. Précisément ce que j'ai dit en reprenant le paquet.
ADÈLE. Mais aujourd'hui vous lui avez écrit encore!..
TRICOT. C'est vrai.
ANATOLE, *à part, avec joie.* Quel bonheur! il en convient!
DE BOISMORIN. Et cette lettre est indigne de vous, honnête Tricot.
TRICOT. Comment le savez-vous?
ADÈLE. Parce que nous l'avons lue!
TRICOT. Vous l'avez lue?
MARIE, *sèchement.* Sans doute!
TRICOT. C'est bien étonnant!
BOISMORIN. Pourquoi?
TRICOT. C'est qu'elle est encore là dans ma poche... je l'apportais à mademoiselle Marie.
MARIE. Voilà qui est fort!.. moi qui l'ai déjà reçue... et la preuve... tenez, tenez, monsieur.. reconnaissez-vous votre écriture?
TRICOT, *regardant avec indignation.* Ça! il n'y a pas un jambage de ma composition!
MARIE. Par exemple!
TRICOT. C'est une anglaise efflanquée, et moi, j'ai une bâtarde, une pure bâtarde... je m'en rapporte à monsieur le capitaine... qu'il dise si c'est là le style de mes pleins et de mes déliés!..
BOISMORIN, *cherchant à lire.* Attendez donc... autant que je peux distinguer... (*A Marie.*) Mais enfin ce billet... qui te l'a remis?
MARIE, *montrant Anatole.* Monsieur, ici présent.
TRICOT, *avec indignation.* Lui.
MARIE. Pour votre compte, à vous.
TRICOT. Et de quoi se mêle-t-il?
ADÈLE, *à Anatole.* C'est vrai! parlez, monsieur, répondez à l'instant.
DE BOISMORIN. Calme-toi, calme-toi... (*à Marie.*) Marie, laisses-nous, ainsi que vous, monsieur Tricot.
TRICOT. Oui, monsieur (*Montrant Anatole*) et lui aussi, qui décoche des billets-doux à mademoiselle Marie... si je l'y rattrappe!.. moi qui l'ai reçu ce matin,... qui lui ai fait la conversation à son arrivée... c'est un serpent que j'ai réchauffé dans mon sein.

Marie sort, Tricot la suit et veut encore lui parler; elle le repousse et sort par la droite, tandis que Tricot s'en va par le fond.

SCENE XV.
ANATOLE, DE BOISMRION, ADÈLE.

DE BOISMORIN. Je n'ai pas voulu que cette explication eût lieu devant eux... et pour cause... car il ne m'avait pas fallu beaucoup de peine pour reconnaître cette écriture... Elle est de vous, Anatole.
ADÈLE, *avec indignation.* De lui... il écrit à Marie... il en est amoureux!..
ANATOLE, *vivement.* Moi!.. vous pourriez supposer, vous pourriez croire... ce n'est pas vrai, je vous l'atteste!.. et jamais de la vie...
ADÈLE. A la bonne heure... aussi, je me disais: c'est impossible... mais alors, monsieur, pour qui était cette lettre? C'est ce que nous voulons savoir... Ce n'est pas pour cette demoiselle que vous aimez... que vous voulez épouser... elle est à Paris et à coup sûr vous lui en écrivez... si vous lui en écrivez.. car moi je n'en sais rien, cela ne me regarde pas et cela m'est fort indifférent mais enfin vos lettres, vous n'iriez pas les remettre à Marie...
DE BOISMORIN, *froidement.* C'est assez clair!..
ADÈLE, *toujours avec la même chaleur.* N'est-ce pas?.. c'est évident!.. alors si ce n'est pas pour cette petite Marie... c'est donc pour quelqu'un des environs... quelqu'un du pays... quelqu'un d'ici...
DE BOISMORIN, *les regardant tous deux.* Quelqu'un d'ici... tu crois?
ANATOLE, *à part avec effroi.* O ciel! (*Haut et dans le plus grand trouble.*) Arrêtez!.. ne m'accablez pas de votre colère ou plutôt de vos railleries... car vous devinez sans peine à mon trouble et à mon embarras, combien il m'en coûte d'avouer un pareil choix... eh bien! oui, monsieur, cette petite Marie...
ADÈLE. Marie!
ANATOLE, *dans le plus grand trouble.* Un caprice... une plaisanterie... une idée qu'un instant avait fait naître et à laquelle j'ai déjà renoncé... car j'ignorais que votre régisseur... d'ailleurs dès demain... dès ce soir... je m'éloigne... vous le savez...
ADÈLE. Il est donc vrai!.. il en convient!
ANATOLE, *hésitant.* Oui, madame, bien malgré moi!
ADÈLE, *à M. de Boismorin.* Et vous n'ê-

tes pas en colère? vous n'êtes pas furieux contre lui... vous ne le traitez pas comme il le mérite!..

DE BOISMORIN. Tu t'en acquittes si bien, que je te laisse faire...

ADÈLE. Vous qui disiez ce matin que c'était un honnête homme! un cœur si bon, si honnête... si vertueux... oui, monsieur... mon mari le disait, mais maintenant, c'est bien différent! il vous connaît, il voit bien que vous aimez tout le monde... ce qui est affreux... ce qui annonce le plus mauvais caractère; aussi il ne vous aime plus... il vous a retiré son estime et son affection... moi j'ai fait comme lui, et pour commencer je retracte tout ce que je vous ai dit ce matin.

DE BOISMORIN. Et que lui as-tu dit?

ANATOLE. (A part.) O ciel!

ADÈLE. Tout ce que j'avais éprouvé de chagrin en son absence, combien j'avais pensé à lui... combien j'étais heureuse de le voir... et c'était vrai... je vous le jure... mais cela ne l'est plus... car je désire au contraire qu'il s'en aille, qu'il s'éloigne...

ANATOLE. Vous serez satisfaite!..

ADÈLE. Et vous ferez bien... mais auparavant, rappelez-vous que ce que vous m'avez demandé... je ne vous le donne plus...

DE BOISMORIN. Quoi donc?

ADÈLE. Un portrait que pendant son voyage... il avait fait d'idée et de souvenir, un portrait de moi...

DE BOISMORIN. Un portrait!

ANATOLE, voulant faire taire Adèle. Je vous en supplie...

ADÈLE. Il m'a prié de le lui laisser comme un gage d'amitié... moi j'ai dit: bien volontiers, parce que je l'en croyais digne!.. mais maintenant... et après sa conduite envers nous, je lui en veux tellement, que jamais je n'ai éprouvé rien de pareil... car enfin, mon ami, vous êtes là... près de moi et cependant je souffre... je suis malheureuse... et j'ai beau faire... je ne puis retenir mes larmes...

Elle se jette dans les bras de M. de Boismorin.

ANATOLE. Le ciel m'est témoin que j'aurais fait tout au monde pour vous en épargner une seule... mais ici l'on ne me croirait plus... en perdant votre estime, j'ai tout perdu et maintenant je ne prendrai plus conseil que de mon désespoir!

Il sort.

SCÈNE XVI.
M. DE BOISMORIN, ADÈLE.

DE BOISMORIN, *la tenant toujours dans ses bras.* Allons... allons, mon enfant... remets-toi!

ADÈLE, *essuyant ses yeux.* Depuis qu'il n'est plus là... cela va mieux... et je vous demande pardon d'avoir été si peu maîtresse... de mon indignation.

DE BOISMORIN, *avec bonté.* C'était si naturel.

ADÈLE. N'est-ce pas?

DE BOISMORIN. Certainement!

ADÈLE. Conçoit-on... une audace semblable? aimer quelqu'un à Paris, et faire ici la cour à votre jardinière; devenir le rival de M. Tricot... et tout cela dans votre château, sous vos yeux!... voilà ce qui m'a fâchée...

DE BOISMORIN, *froidement.* Il y avait de quoi; mais que serait-ce donc, si tu savais la vérité toute entière.

ADÈLE. O ciel! qu'avez-vous donc appris de nouveau?

DE BOISMORIN, *froidement.* Des choses qui vont bien plus encore exciter ta colère, il nous a trompés... il n'aime personne à Paris...

ADÈLE, *avec satisfaction.* Vraiment?

DE BOISMORIN, *de même.* Il n'a pas eu un instant d'amour pour la petite Marie...

ADÈLE, *de même.* Est-il possible!

DE BOISMORIN, *de même.* C'est bien pire encore... c'est toi qu'il aime.

ADÈLE, *avec joie.* Moi! qu'est-ce que vous me dites là?

DE BOISMORIN. Et je ne te vois contre lui ni fâchée ni indignée... Son crime cependant est bien plus grand encore... car celle qu'il aime est la femme de son bienfaiteur... c'est le trésor, la consolation, le dernier bonheur d'un vieillard qui perdrait tout en perdant sa tendresse... Et il a voulu la lui disputer du moins... Est-ce là de la reconnaissance?

ADÈLE. Oh! monsieur...

DE BOISMORIN. Il s'est adressé à une jeune fille simple et candide qui, dans l'ignorance de son cœur ne pouvait se défendre contre des sentimens qu'elle ne soupçonnait même pas... Est-ce là de l'honneur, de la probité?

ADÈLE. Oh! non... non!.. il n'est pas coupable!.. il avait pour vous tant de vénération et de reconnaissance... Il me parlait comme à sa sœur, moi à mon frère...

et si nous nous entendions tous deux, c'était pour vous aimer et vous respecter...

M. DE BOISMORIN. Je n'ai donc pas perdu toute ton amitié?

ADÈLE, *vivement*. Jamais! jamais! Est-il rien au monde que je puisse vous préférer!.. Je suis auprès de vous si heureuse et si tranquille... c'est un plaisir, un bonheur que rien ne vient altérer! mon cœur et ma raison se trouvent d'accord... je suis en paix avec moi-même... car il me semble que vous aimer c'est aimer la vertu!.. Auprès de lui, au contraire, c'est un trouble, un malaise que je ne puis exprimer... Tout m'agite et m'irrite; mécontente de moi et des autres, je souffre... et loin d'oser me plaindre... je sens là, dans ma conscience, une voix qui me dit : tais-toi, tais-toi!.. ce n'est pas bien... Voilà ce que j'éprouve, monsieur, voilà ce dont il est cause, et vous pourriez croire, après cela, que je l'aime mieux que vous.

DE BOISMORIN, *secouant la tête*. Non, pas mieux, mais plus!.. Ecoute-moi, mon enfant; car je te regarde comme ma fille, ma fille bien-aimée! Que n'en ai-je une de ton âge, parée de tes attraits, de ta candeur, j'éclairerais son inexpérience, je lui dirais que dans les premières démarches d'une jeune femme, tout est grave, tout est important... car souvent d'une imprudence dépend le bonheur de sa vie entière. Oui, ma fille, aux yeux du monde... bien plus, aux yeux même de ce jeune homme qui t'aime, il faut que tu apparaisses toujours pure et irréprochable... Dans ton intérêt, dans ton bonheur... dans le sien!.. oui... oui, écoute-moi bien... cet ami qui est là près de toi n'y sera pas toujours; son absence te rendra bientôt et ta liberté et le droit de disposer de toi-même. Mais alors, et quel que soit le choix que tu fasses, c'est ta conduite passée qui répondra de ton avenir... Il n'y a pas d'amour durable sans beaucoup d'estime... et celui qui t'aurait aidée à tromper ton vieux mari, craindrait d'être trompé à son tour.

ADÈLE. Ah! monsieur.

DE BOISMORIN. C'est pour toi que je te dis cela!.. moi, je touche au port... ma carrière est finie... la tienne va commencer... tu as de longues années à espérer... Qu'elles s'écoulent sans remords et sans regrets! que rien n'attriste une existence qui promet d'être si belle, et pour cela, mon enfant, suis mes conseils.

ADÈLE. Oh! toujours, monsieur... Parlez, que faut-il faire?

DE BOISMORIN. Anatole va partir!

ADÈLE. Demain?

DE BOISMORIN. Ce soir! Tu vas le voir tout-à-l'heure pour la dernière fois, et, dans ce dernier adieu, calme et indifférente, ne lui laisse rien soupçonner de ce que tu éprouves.

ADÈLE. Oui, monsieur.

DE BOISMORIN. Tâche de maîtriser ton émotion... de commander à ta physionomie... à tes regards.

ADÈLE, *sanglottant*. Oui... oui... je vous le promets.

DE BOISMORIN. Ah! tu pleures!... tu le regrettes.

ADÈLE. Non... non... mais cette idée de départ... de séparation éternelle peut-être...

DE BOISMORIN, *avec fermeté*. Eh bien! s'il était vrai... s'il fallait choisir!

ADÈLE, *poussant un cri et se jetant dans ses bras*. Ah!.. je resterais avec vous!.. n'êtes-vous pas mon père?

DE BOISMORIN. Oui, mon enfant, oui, je reçois tes chagrins et tes larmes... ne crains pas de me les confier... Et moi aussi, quoique glacé par l'âge, je me rappelle des souffrances et des tourmens pareils... Il est des sacrifices bien cruels que la vertu nous impose... mais dont elle nous dédommage!.. Courage, ma fille, courage!.. ne te laisses pas abattre aux chagrins : car la vie en est faite, et il faut combattre... il faut se vaincre soi-même... Vous surtout! vous pauvres femmes, à qui il n'est pas permis de laisser éclater vos douleurs... vous devez les réprimer... les renfermer en vous-même... et quand la souffrance déchire votre cœur... il faut aux yeux de tous que le sourire brille sur vos lèvres... l'honneur le veut ainsi.

ADÈLE, *vivement*. Et je lui obéirai... ne craignez rien... je ne pleure plus, monsieur, et quoi qu'il arrive vous serez content de moi.

SCENE XVII.

ADÈLE, M. DE BOISMORIN, TRICOT.

TRICOT. Pour cette fois, c'est trop fort, il n'y a plus de doutes.

DE BOISMORIN. Qu'est-ce donc?

TRICOT. M. Anatole en veut décidément à mademoiselle Marie... elle en est folle...

ADÈLE, *s'avançant*. Comment...

Sur un geste de M. de Boismorin elle s'arrête.

TRICOT. C'est à ne rien comprendre aux femmes!.. un homme qui ne sait pas tenir sa plume... qui n'a pas même d'écriture décidée... car qu'est-ce que c'est qu'une anglaise en pattes de mouches... Eh bien, elle l'aime malgré cela... elle l'écoute !

DE BOISMORIN. Qu'en sais-tu?.. les as-tu entendus?..

TRICOT. Non !.. mais mieux que ça... je les ai vus de loin dans le parc derrière un bouquet d'arbres... qui était là comme un pâté au milieu de la page... je veux dire de la plaine... si bien qu'ils ne pouvaient m'apercevoir... je l'ai vu qui courait à elle... qui l'arrêtait... il était hors de lui... en délire, la tête perdue, il la suppliait d'accepter une lettre...

ADÈLE, *avec émotion.* Encore !..

DE BOISMORIN, *à voix basse et lui faisant signe de se modérer.* Adèle !.

ADÈLE, *s'efforçant de sourire.* Une lettre... Ah! c'est singulier !.. c'est unique !

TRICOT. Pas du tout... c'est la seconde fois d'aujourd'hui... et quoique mademoiselle Marie se soit défendue d'abord avec assez de résolution... quand elle l'a vu qui se jetait à genoux... qui lui serrait les mains, en lui disant : *Dans deux heures, pas avant...* Qu'est-ce que cela veut dire?.. je l'ignore; mais elle a accepté la lettre, la perfide... elle l'a prise... et moi qui sentais mon cœur défaillir, qui ne pouvais plus me soutenir sur mes jambes... j'ai encore eu la force de lui arracher cette lettre... cette preuve que voici, et que je vous apporte.

Il donne la lettre à M. de Boismorin.

DE BOISMORIN, *regardant l'adresse.* Cette lettre... elle est pour moi.

TRICOT. Pour vous !

DE BOISMORIN. Tu ne sais donc pas lire?

TRICOT. Par exemple !..

DE BOISMORIN. Va me chercher Anatole.

TRICOT. Mais, monsieur, vous êtes bien sûr.

DE BOISMORIN. Va me le chercher.

Tricot sort.

SCÈNE XVIII.
ADÈLE, M. DE BOISMORIN.

DE BOISMORIN, *s'approchant d'Adèle, qui est assise auprès du guéridon.* Tu as de meilleurs yeux que les miens... (*Lui présentant la lettre.*) Et d'ailleurs, je n'ai pas de secret pour toi... tiens, lis-moi cela.

ADÈLE, *toujours assise.* Oui, monsieur... je vais tâcher... (*Lisant.*) « Malgré les » apparences qui m'accusent, je ne suis point » un ingrat... je ne suis pas coupable; j'ai- » mais Adèle avant qu'elle ne fût la femme » de mon bienfaiteur... et jamais un seul » mot n'a trahi l'amour que j'ai pour elle. » C'est bien vrai.

DE BOISMORIN. Continue...

ADÈLE. « Mais, vous ne me croirez pas... » vous m'avez retiré votre confiance et vo- » tre estime, je ne puis vivre ainsi! je ne » puis supporter l'idée de votre mépris et » quand vous recevrez cette lettre, j'aurai » délivré la terre d'un malheureux... mais » non pas d'un ingrat! (*Elle se lève.*) Adieu, » mon bienfaiteur, adieu mon second père, » ma dernière pensée sera pour vous et » pour une autre personne que je n'ose » nommer. » Ah! monsieur! il est mort! (*Apercevant Anatole et poussant un cri d'effroi.*) Ah!

Elle se remet promptement et affecte de sourire. Elle paraît calme et posée pendant la scène suivante. M. de Boismorin se dirige vers la table à gauche, s'assoit et écrit au bas de la lettre qu'il tient à la main.

SCÈNE XIX.
TRICOT, MARIE, ANATOLE, ADÈLE, M. DE BOISMORIN.

TRICOT. Monsieur le capitaine, vos ordres sont exécutés!

MARIE, *passant à la droite d'Adèle.* Madame, voici toutes ces demoiselles, vos amies de pension, qui viennent d'arriver en carriole.

ADÈLE. C'est bien.

ANATOLE, *à M. de Boismorin.* On m'a dit, monsieur, que vous me demandiez...

DE BOISMORIN, *assis à la table.* Oui sans doute !.. tu nous avais annoncé que tu partirais ce soir...

ANATOLE. Je pars à l'instant même...

DE BOISMORIN, *repassant entre Anatole et Adèle*[*]. Raison de plus pour te voir !.. avant d'aller à ce bal où l'on nous attend, nous voulions ma femme et moi te faire nos adieux... (*Regardant Adèle.*) n'est-ce pas?..

ADÈLE. Certainement...

DE BOISMORIN. Rien ne porte bonheur comme le dernier adieu d'un ami !

ANATOLE. Un ami... m'en reste-t-il un seul?

DE BOISMORIN. Mieux que ça !.. ici d'abord je t'en connais deux. (*Regardant Adèle.*) n'est-il pas vrai?..

[*] Marie, Adèle, de Boismorin, Anatole, Tricot.

ADÈLE, *avec calme*. Oui, monsieur.
DE BOISMORIN. Qui, malgré l'éloignement et l'absence, s'intéresseront toujours à ta fortune... à ton bonheur... et quant à la lettre que tu m'as adressée...
ANATOLE. O ciel! serais-je trahi...
  Il regarde Marie.
MARIE. Ce n'est pas moi... c'est lui.
DE BOISMORIN. Non... non!.. je l'ai reçue deux heures trop tôt... ce qui vaut beaucoup mieux que deux heures trop tard... et dorénavant, mon cher Tricot, vous pouvez vous rassurer... Anatole m'annonce dans cette lettre qu'il s'éloigne de nous...
TRICOT. Dieu! soit loué...
MARIE. Pourquoi donc?...
  Adèle par un signe lui impose silence.
DE BOISMORIN. Cette lettre qui du reste est très bien nous a réconciliés... et puisque vous tenez encore à mon estime... je vous la rends!
TRICOT, *avec noblesse*. La mienne aussi!
DE BOISMORIN, *à Anatole qui veut lui prendre la main*. Quoiqu'il y ait encore là un certain passage que je blâme... (*avec sévérité*.) que je blâme très fort! et qui peut-être ne méritait pas de réponse... j'en ai fait une cependant... je l'ai faite en un seul mot!.. elle est là... au bas de cette page...
et j'espère qu'après l'avoir lue... vous aurez assez de force, assez de courage pour changer d'idée... (*On entend en dehors un prélude de contredanse, et l'on voit paraître au fond, les jeunes pensionnaires invitées pour le bal.*) C'est le bal qui commence... viens, ma femme, viens... donne-moi ton bras! (*avec bonté.*) Adieu, Anatole!
ADÈLE, *donnant le bras à monsieur de Boismorin et passant près d'Anatole.*) Adieu, monsieur!
MARIE, *prenant le bras de Tricot qui vient de le lui offrir, et s'en allant en regardant Anatole.*) Pauvre jeune homme!..
BOISMORIN, *de loin et prêt à sortir, lui faisant un dernier adieu de la main.*) Adieu!.. adieu!.. mon ami!..
  Ils s'éloignent.
ANATOLE, *resté seul en scène, suit encore quelque temps des yeux monsieur de Boismorin et Adèle, puis il redescend le théâtre dans la plus grande agitation.*) Non! quoi qu'il puisse dire... ma résolution est prise... je ne puis vivre sans elle et je me tuerai!.. (*Jetant les yeux sur la lettre.*) Que vois-je!.. ce mot de sa main... Attendez!
  Il se jette à genoux, en jetant un dernier regard sur M. de Boismorin et Adèle, qui s'éloignent.—Pendant ce temps l'air de danse qu'on entend au dehors devient plus vif et plus animé.—La toile tombe.

FIN.

Imprimerie de J.-R. MÉVREL, passage du Caire, 54.

LE JUGEMENT DE SALOMON,

VAUDEVILLE EN UN ACTE,

PAR MM. DUVERT ET LAUZANNE,

REPRÉSENTÉ POUR LA PREMIÈRE FOIS, A PARIS, SUR LE THÉATRE DES VARIÉTÉS, LE 3 NOVEMBRE 1835.

PERSONNAGES.	ACTEURS.	PERSONNAGES.	ACTEURS.
LECOUTEUX, sous le nom de *Nestor Bonneval*.........	M. FRANCIS.	COQUEBERT, notaire......	M. GEORGES.
DUTAILLIS, marchand de rouenneries...............	M. CAZOT.	LE PETIT GUILLOT, fils du concierge du tribunal......	M. AUVIGNE.
LÉONARD BINOT, arpenteur...................	M. ADRIEN.	ESTELLE, fille de Dutaillis.	Mlle CAROLINE.
		GENEVIÈVE, vieille domestique de Dutaillis.........	Mme VAUTRIN.
		UN COMMISSIONNAIRE.	

La scène se passe à Saint-Brieuc, chez Dutaillis.

Un salon octogone simple, ouvrant, au fond, sur un jardin; portes dans les angles; portes à droite et à gauche, au premier plan; tableaux, chaises; à droite, sur le devant, un guéridon recouvert d'un tapis : tout ce qu'il faut pour écrire; une chaise derrière la table; une autre, à côté, faisant face au public; plus loin, entre les deux portes, toujours à droite, un secrétaire; en face, à gauche, une toilette élégante avec tiroir et glace.

SCÈNE PREMIÈRE.

GENEVIÈVE, *en scène*, ESTELLE, DUTAILLIS, *entrant par le fond* *.

(Dutaillis est en robe de chambre; Estelle en toilette du matin.)

DUTAILLIS, *à Estelle*. Ah! ma fille, voilà un grand jour pour toi! un fameux jour!...

ESTELLE, *tristement*. Oui, mon père.

DUTAILLIS. Comme tu dis cela!... On dirait que c'est contre ton gré...

ESTELLE. Non, mon père; mais...

GENEVIÈVE. C'est la timidité. Ah! dam! on ne se marie pas sans que ça produise un peu d'effet.

(Elle sort.)

* Les personnages sont inscrits en tête des scènes comme ils sont placés au théâtre, en les indiquant de gauche à droite. Toutes les indications sont données de la salle.

DUTAILLIS. Voyons, ma fille, tu sais que je t'aime. Je quitte la rouennerie pour t'établir avec le produit de la chose. Je désire que tu épouses Léonard. C'est un brave garçon; il n'est pas révoltant de figure; il a vingt-cinq ans, et il n'y a pas dans toute la ville de Saint-Brieuc un arpenteur plus distingué (d'abord il est seul, c'est déjà une raison)... Moi, je suis père, et je n'ai pas l'ame d'un scélérat; nous ne sommes pas très-scélérats dans la rouennerie; je ne veux donc pas te contraindre... Est-ce que Léonard ne te plaît pas?

ESTELLE. Je ne dis pas qu'il me déplaise... J'aime bien M. Léonard, je l'estime; mais il me semble que je suis encore bien jeune... et vous eussiez pu différer...

DUTAILLIS. Je sais ce que tu vas me dire; je te comprends. Tu as une passion dans le cœur, n'est-ce pas?... C'est justement ce que Mme Caporal m'a écrit dans le tems.

ESTELLE, *vivement.* Ma marraine vous a écrit cela ?

DUTAILLIS. Mais on ne se prend pas de belle passion pour un homme qu'on n'a jamais vu... Tu ignores... ce monsieur !

ESTELLE. Il est vrai qu'il était absent de Paris pendant le tems que j'ai passé chez ma marraine ; (*s'animant*) mais le portrait qu'elle m'a fait de lui est bien suffisant pour me prouver que lui seul peut me rendre heureuse. Il est bon, galant, aimable... des manières charmantes, une tournure distinguée...

DUTAILLIS. Allons, mon Estelle, allons, je goûte tes raisons ; elles me frappent !.. et tu consens à épouser Léonard... tout est pour le mieux... Oh ! il te rendra heureuse : c'est le meilleur garçon qu'il y ait... et puis...

Air de Julie.

Il est plein d'esprit, chère amie,
J'en suis tout fier et c'est bien naturel,
C'est un quine à la loterie
Qu'un arpenteur spirituel.
Car il est des classes entières
Où l'esprit jamais n'entrera ;
C'est un malheur, et je ne dis pas ça
Pour vexer en rien les notaires.

ESTELLE. Puisque vous le voulez, mon père, je serai madame Léonard. (*A part.*) Ah ! Nestor !

DUTAILLIS, *tout-à-coup, et comme par inspiration.* Ah ! mon Dieu ! mon Dieu ! et le tribunal ? C'est aujourd'hui qu'on juge mon juif. (*Il tire sa montre.*) Ah ! nous avons encore deux heures.

ESTELLE. Mon père, vous ne ferez pas condamner ce malheureux ?

DUTAILLIS. Ma fille, tu as beaucoup de sensibilité ; ça me fait plaisir.... Tu me rappelles ta mère... qui en était pleine. (*Il l'embrasse.*) Et moi aussi, j'en ai, mais, Moïse Salomon ne m'appartient plus. Il est sous la main de la justice ; il faut que cette déesse ait son cours.

ESTELLE. Il ne vous a rien pris.

DUTAILLIS. Il ne m'a rien pris !... Il m'a pris deux paquets de foin, sur l'étalage de mon magasin. Pourquoi a-t-il pris ces paquets de foin ? Parce que j'avais écrit : *Flanelle de santé* sur l'enveloppe... Or, il y a le fait et l'intention : le fait est foin ; mais il a agi dans une intention de flanelle ; et mon beau-frère, qui vient d'être nommé procureur du roi dans cette ville, et qui arrive ce matin, sera enchanté de débuter par une cause qui m'intéresse. Mais voilà ton fiancé ; sois gaie... Allons, ris, ris ferme. (*A Léonard.*) Allons donc, flâneur. Allons donc !

SCÈNE II.

ESTELLE, DUTAILLIS, LÉONARD, *entrant par la porte de l'angle à droite.*

LÉONARD, *riant d'un air un peu niais.* On n'en finit pas un jour comme celui-ci : le tailleur, le bottier, le chapelier....

DUTAILLIS. Mais dites-donc, mon gendre, je ne vois pas que vos parens se hâtent beaucoup d'arriver.

LÉONARD. Mes parens ? Vous savez bien que je n'ai pas de famille, ou presque pas... excepté mon cousin Nestor Bonneval, à qui j'ai annoncé mon mariage.

ESTELLE, *vivement.* Nestor Bonneval, avocat ?

LÉONARD. Oui, un enfant de douze ans, très-gentil... que je n'ai pas vu depuis... dix-huit ans.

ESTELLE, *bas à Dutaillis.* C'est le jeune homme dont m'a parlé Mme Caporal.

DUTAILLIS. Pas possible !

LÉONARD. Je l'ai engagé à venir à ma noce, et comme il ne m'a pas répondu, j'ai lieu de croire qu'il apportera lui-même...

SCÈNE III.

GENEVIÈVE, ESTELLE, DUTAILLIS, LÉONARD, *puis* NESTOR.

GENEVIÈVE, *entrant.* Il y a là un homme qui demande M. Léonard ; il s'appelle M. Bonneval.

LÉONARD. C'est lui.

DUTAILLIS. Le cousin ! Il arrive comme mars en carême. (Quand je dis mars, je n'entends nullement parler du dieu Mars, qui a inventé cette double bière si estimée... C'est un proverbe.) Allons, ma fille, ris un peu, ris.

LÉONARD. Faites-le entrer, Geneviève.

NESTOR, *entrant gaîment.* * C'est moi ! Bonjour, mon cousin ; serviteur à toute l'aimable société.

(Il est mal vêtu, a un mauvais chapeau, tous ses vêtemens sont extrêmement râpés, mais pas déchirés. Sa redingote est boutonnée avec soin par le bas. Il a des gants sales. C'est l'homme sans ressources, qui s'est fait aussi propre qu'il l'a pu.)

* Geneviève, Estelle, Dutaillis, Nestor, Léonard.

LÉONARD, *stupéfait.* Quoi! Nestor!...

ESTELLE, *avec beaucoup d'émotion à Geneviève.* M. Nestor!

DUTAILLIS, *effrayé.* Qu'est-ce que c'est que ça?

NESTOR. Moi-même! je viens pour la noce. J'ai appris ton mariage, et je suis venu pour bambocher un instant dans la famille.

LÉONARD, GENEVIÈVE et DUTAILLIS, *à part, scandalisés.* Bambocher!

ENSEMBLE.

AIR *du Philtre.*

NESTOR.

Dans cette conjoncture,
Je viens pédestrement;
La voix de la nature
A conduit ton parent.

LÉONARD.

Quelle étrange tournure!
Est-ce là mon parent?
L'étonnante aventure!
Grand Dieu! quel changement!

DUTAILLIS.

Quelle est cette figure?
Quel cousin effrayant!
Quelle affreuse tournure!
Quel langage étonnant!

ESTELLE.

L'étonnante aventure!
Ah! mon cœur est tremblant!
Oui, c'est lui, je le jure;
Quel affreux changement!

GENEVIÈVE.

Une telle figure
N'a rien de rassurant;
Mais, je vous en conjure,
Calmez-vous, mon enfant.

(*Pendant l'ensemble, Estelle semble prête à défaillir; elle s'appuie sur Geneviève, qui cherche à la rassurer.*)

DUTAILLIS. Ma fille, qu'as-tu donc?

ESTELLE. Rien, mon père; je voudrais me retirer.

NESTOR, *gaîment, et portant avec la main une botte à Léonard.* Ça va bien?

LÉONARD, *interdit.* Mais.... oui, ça ne va pas trop mal.

(*Nestor remonte la scène et examine l'appartement avec curiosité.*)

ESTELLE, *à part.* Ah! comme ma marraine m'a trompée!

DUTAILLIS, *à Léonard, à qui il a fait signe de s'approcher.* Je vous déclare que votre cousin est révoltant.

LÉONARD. Mais, monsieur Dutaillis, songez donc qu'il serait injuste...

DUTAILLIS. Viens, ma fille. (*A Léonard, en sortant.*) Il est à pendre sur la mine... On ne se permet pas d'avoir des cousins pareils.

LÉONARD, *le suivant.* Mais, permettez donc... (*Regardant Nestor.*) Que le diable t'emporte... Monsieur Dutaillis!...

(*Tous sortent, excepté Nestor, par la porte de l'angle à gauche.*)

SCÈNE IV.

NESTOR, *seul, à Léonard qui s'est éloigné.*

Eh bien!... tu me laisses là? (*Redescendant la scène vivement et gaîment.*) Me voilà entré... ça s'est très-bien arrangé. Comme tout s'enchaîne dans la vie!... Voilà que je passe pour le cousin!... me voilà pourvu d'une famille.. moi, simple Lecouteux, vivant sur le commun, tantôt bien, tantôt mal, selon les caprices du hasard et de la police correctionnelle, deux choses qui ne m'inspirent pas de confiance. Pouvais-je faire autrement?... Je rencontre, par hasard, mon ancien camarade de classe, Nestor (le vrai Nestor), je vais le voir chez lui. Sur ces entrefaites, Moïse Salomon, un de mes amis, m'écrit qu'il a, à Saint-Brieuc, un démêlé avec la justice, et qu'il compte sur mon adresse pour le tirer de là. Avouer cela à Nestor, c'eût été une bêtise, cet homme étant resté dans la ligne des préjugés... Je lui fais un conte de *Ma Mère l'Oie*; je lui dis qu'une affaire de famille m'appelle ici et je lui demande quelques recommandations, s'il a des connaissances dans les Côtes-du-Nord, parce qu'une lettre de recommandation, c'est un passe-partout... On entre dans les maisons et... on voit!... « Des connaissances! me répond-il, mieux que cela; j'y suis invité à une noce. — Bravo! moi qui adore les noces! — C'est un cousin que je n'ai pas vu depuis mon enfance et qui se marie. Voici une lettre d'excuses pour lui, charge-t'en; tu seras bien reçu. » Que fais-je, moi, je garde la lettre en poche, je me mets en route à pied... comme un insecte, et je me présente comme Jupiter à la place d'Amphitryon; l'exemple date de loin et ne manque pas de noblesse. Je fais d'une pierre deux coups; je puis rendre service à Salomon et me voilà ancré dans une bonne maison; il n'y a pas le moindre mal... Ah! voilà Léonard... Attention à ne pas démentir mon personnage de cousin. (*A Léonard qui entre.*) Eh bien! qu'est-ce que tu as donc? tu as l'air tout déconfit!.. Aurais-tu quelque peine de cœur?

SCÈNE V.

LÉONARD, *entrant par la deuxième porte à gauche.* **NESTOR.**

LÉONARD, *embarrassé.* J'ai... j'ai... que ma future vient de se trouver mal.

NESTOR. Elle a tort, moi je la trouve très-bien... Ça ne sera rien : il faut lui taper dans les mains et lui faire renifler du vinaigre des quatre vol... (Ces gaillards-là ont des inventions précieuses pour l'humanité.) Ah ça! dis-moi, le père fait-il un joli magot?

LÉONARD. Comment, un joli magot?.. Je te prie, Nestor, de parler avec plus de respect de mon beau-père.

NESTOR. Perds-tu la tête? Je te demande s'il fait un joli magot, s'il donne une bonne dot à sa fille?

LÉONARD. Ah!... Quarante mille francs.

NESTOR. Fichtre!... Mais tu fais là une bonne affaire.

LÉONARD. Pas mauvaise.... Mais toi, que fais-tu maintenant? car je suis fort curieux...

NESTOR. Ma foi, je fais tantôt une chose, tantôt l'autre... Généralement, je prends ce qui se présente.

LÉONARD. Et ton père, comment est-il maintenant?

NESTOR. Mon père?... (*A part.*) Je ne savais pas que Nestor avait un père. (*Haut et avec aplomb.*) Mon père, toujours actif; il exerce toujours la même partie...

LÉONARD, *étonné.* La même partie.... Il n'est donc plus paralytique?

NESTOR, *vivement.* Si, si! Aussi, je te dis : toujours actif; il exerce toujours fort activement la paralysie. (*S'attendrissant.*) Ce pauvre homme, ça me désole, ça m'afflige... c'est bien gênant pour lui.

LÉONARD. Heureusement encore, il a de la fortune.

NESTOR, *de même.* Oui, il ne se retire que là-dessus.

LÉONARD. Ah ça! mais dis-moi comment, ayant un père comme le tien, tu cours le monde sous un pareil accoutrement? tu as l'air d'un escamoteur.

NESTOR, *avec insouciance.* Tu trouves? Ça dépend des opinions : cependant, je suis assez lié avec toi pour convenir d'un fait... Je suis mal mis...

LÉONARD. Mais...

NESTOR, *l'interrompant.* Chut! Léonard... (*Appuyant.*) Tu vois ma franchise... je suis mal mis.

LÉONARD. Je m'en étais parbleu bien aperçu.

NESTOR.

AIR : *Amis, jamais le chagrin ne m'approche.*

Oui, j'en conviens, ma mise est déplorable,
Le fait est vrai, je ne m'en défends pas ;
C'est que la vie est raboteuse en diable ;
Quand le chemin a des hauts et des bas,
On monte, on baisse, on change à chaque pas.
Trois fois heureux quand, en rase campagne,
On peut marcher! L'an dernier, mon garçon,
On m'encensait dans mon propre salon.
Ah! c'est qu'alors j'étais sur la montagne,
Et maintenant je suis dans un vallon.

LÉONARD. Et tu as tout perdu?

NESTOR. Non. (*Indiquant ses vêtemens.*) Il me reste ce que tu vois. Une mauvaise spéculation a compromis tout mon avenir.

LÉONARD. Elle était honorable?

NESTOR. Parbleu!! une délicieuse affaire, une affaire d'or; mais il y a eu des bêtises, des maladresses, un procès, et quand la justice se mêle de quelque chose, tu sais ce que c'est.

LÉONARD. Oui, c'est fort long.

NESTOR. Et ennuyeux; ne m'en parle pas!... J'ai les tribunaux en exécration... C'est même encore là une des causes qui m'amènent à Saint-Brieuc.

LÉONARD, *avec une joie naïve.* Alors, ce n'est pas uniquement pour ma noce que tu es venu ici?

NESTOR. Franchement, non.

LÉONARD. Alors, tant mieux, tant mieux... Je ne sais trop comment te dire cela.

NESTOR. Parle. (*A part.*) Que diable a-t-il donc à me dire?

LÉONARD.

AIR : *Vos maris en Palestine.*

C'est que, vois-tu, mon beau-père
Est un vieux fort exigeant.

NESTOR.

Je tâcherai de lui plaire,
Aussi dis-moi franchement
Quel est son goût dominant.

LÉONARD.
Ça ferait très-bien, je pense,
Afin de le cajoler..

NESTOR.
Voyons?... tu n'as qu'à parler.

LÉONARD.
Si.. dans cette circonstance,
Tu voulais...

NESTOR.
Quoi?

LÉONARD.
T'en aller!
Si tu voulais t'en aller!

NESTOR. Comment, m'en aller!

LÉONARD, *avec sentiment...* Oui!... ta présence m'est précieuse... mais ton absence... j'y serais extrêmement sensible... et je me souviendrais éternellement de la faveur que ton affection..,

NESTOR, *l'interrompant.* Écoute, écoute, ne perds pas ton éloquence... Je puis te rendre ce petit service-là.

LÉONARD. Vraiment? ce bon Nestor.... (*Il lui prend la main.*) Je voudrais qu'il fût déjà à trente lieues d'ici... au fin fond des enfers.

NESTOR. Mais, service pour service... J'en ai un à te demander aussi; mais un grand, mais un solide, (*lui frappant sur l'épaule*) mais un tapé.

LÉONARD, *à part.* Un tapé?... (*Haut.*) Parle.

NESTOR. Voici l'affaire. Il y a ici, à Saint-Brieuc, un pauvre diable qui joue ce matin un rôle de jeune premier devant la cour d'assises, entouré de quatre figurans en culottes de peau, il s'appelle Moïse Salomon.

LÉONARD, *vivement.* Un voleur?

NESTOR, *avec feu.* Dis un homme abusé, un homme indignement trompé, une erreur! Pauvre Salomon... Un homme admirable, un génie arrêté... au commencement de sa carrière.

LÉONARD. Mais tu le défends avec une chaleur...

NESTOR, *avec force.* Je n'aime pas l'oppression. (*D'un air décidé.*) Deux mots... Il est question d'un marchand qui a fait arrêter mon ami : le connais-tu?

LÉONARD. Parbleu!... c'est M. Dutaillis, mon futur beau-père.

NESTOR, *avec joie.* Ah! c'est un coup du ciel... Comme ça se trouve!... (*Prenant la main de Léonard.*) L'affaire est arrangée.

LÉONARD, *avec embarras.* Arrangée.... arrangée... Jamais il ne consentira.

NESTOR. Alors, je reste et je me charge de le pousser à la magnanimité.

LÉONARD, *vivement.* Non, non, laisse-moi faire... Je sais comment il faut le prendre : éloigne-toi, compte sur mon zèle.

NESTOR. Eh bien! écoute, c'est ça ; mais comme ta démarche pourrait n'avoir pas un succès assez prompt, je vais me transporter de ma personne chez les juges et chez le président. (*Vivement.*) Ils ne me connaissent pas; mais je dirai que je suis ton cousin ; c'est un titre à l'estime... (*avec force*) et j'en suis horriblement orgueilleux.

LÉONARD, *très-contrarié.* Sans doute, sans doute ; mais dans l'état où tu es, j'aimerais autant que tu te présentasses sous le voile de l'anonyme.

NESTOR, *avec bonhomie et regardant sa chemise.* Ah! tu dis ça à cause du linge... Possible... Effectivement, il est un peu hâlé... C'est l'air, c'est l'air... ça reviendra à la lessive... As-tu un faux col à me prêter?

LÉONARD. Un faux col, un faux col... Mais...

NESTOR, *piqué, enfonçant son chapeau avec humeur, et s'avançant vers Léonard qui recule avec crainte.* Mais... mais... Je te laisserai le mien ; je n'emprunte que sur hypothèque. (*Avec force.*) Léonard!!

LÉONARD. Voyons, ne nous emportons pas... (*A part.*) Est-il chatouilleux!... (*Haut.*) Eh bien! passe dans ma chambre, tu trouveras cela dans la commode, dans le tiroir du haut : les clefs y sont.

NESTOR, *avec sentiment.* Je ne l'oublierai jamais. (*A part.*) Noble maison! les clefs partout.

ENSEMBLE.

NESTOR.

AIR : *Adieu! partez, bonne chance.*

Après une si longue absence,
Ici, je trouve un obligeant
  Parent!
Je rends grâce à ta complaisance,
Un col est un meuble vraiment
  Charmant
Pour se présenter décemment.

LÉONARD, *à part.*

Au diable la reconnaissance!
J'ai là, je crois, un effrayant
  Parent!
Sa tournure et son assurance

Forment un contraste alarmant.
Vraiment,
Et pour moi c'est peu rassurant.
(*Nestor va sortir par la gauche, Léonard lui indique la porte de l'angle à droite.*)

NESTOR, *en sortant.* Très-bien... Je t'en prie, ne me suis pas.

SCÈNE VI.

LÉONARD, *seul.*

A-t-on plus de malheur que moi?... Existe-t-il un cousin plus incommode et plus déloqueté? Comment faire maintenant pour l'évincer, ou tout au moins pour le réhabiliter dans l'esprit de M. Dutaillis?... Et puis, cette connaissance qu'il a ici, ne voilà-t-il pas une recommandation bien puissante auprès de mon beau-père?

SCÈNE VII.

GENEVIÈVE, DUTAILLIS, *entrant par la porte de l'angle à gauche*; LÉONARD.

GENEVIÈVE, *à Dutaillis.* Je vous assure, monsieur, que vous avez tort... On n'est pas responsable de la tournure de ses parents.

DUTAILLIS. Ta ra ta ta !... (*Apercevant Léonard.*) Ah ! c'est vous, Léonard?... Votre cousin est gentil.

LÉONARD. J'avouerai que sa tenue est un peu... négligée.

DUTAILLIS. Comment, négligée? Léonard !... J'ai été très-lié, de son vivant, avec Latour-d'Auvergne, qui n'a jamais passé pour une poule mouillée ; malgré cela, je déclare que, le soir, dans un endroit écarté, si j'apercevais votre cousin, j'aimerais mieux rencontrer tout autre... (*Appuyant.*) Je vous le dis sèchement : j'aimerais mieux rencontrer tout autre. Et je ne consentirai jamais à m'allier à une famille qui compte dans son sein de pareils membres.

LÉONARD. Grand Dieu !

DUTAILLIS. Non, Léonard, non! cela ne se peut pas. Geneviève, va prévenir M. Coquebert le notaire, il est inutile qu'il se dérange.

LÉONARD. Comment?

DUTAILLIS. Va, va!

GENEVIÈVE, *à part, en sortant par le fond.* Plus souvent que je ferai une chose comme ça !

SCÈNE VIII.

ESTELLE, *entrant par la porte du second plan à gauche*; DUTAILLIS, LÉONARD.

DUTAILLIS, *faisant un pas vers Estelle.* Ah ! la voilà !.. Eh bien ! ma fille, es-tu remise un peu de ta frayeur?

ESTELLE, *tristement.* Oui, mon père.

DUTAILLIS. Je devine, mon enfant, ce qui a causé ton émotion.

ESTELLE. Oh ! non. (*A part.*) Et c'est là le jeune homme dont ma marraine m'a parlé?

DUTAILLIS. Je le devine : c'est l'idée d'avoir un cousin aussi cruel... Eh bien ! rassure-toi, j'estime Léonard, je le crois capable de toutes sortes de bonnes choses...
(*Il prend la main de Léonard.*)

LÉONARD, *à Dutaillis.* Vous êtes bien bon.

DUTAILLIS, *à Estelle.* Mais tu ne l'épouseras pas.

LÉONARD. Est-il possible !

ESTELLE. Mais, mon père, au contraire, et je venais vous demander comme une grâce de hâter notre union.

LÉONARD. Que je suis heureux !

DUTAILLIS. Mais le cousin !...

LÉONARD, *vivement.* Ne craignez rien !.. (*Avec chaleur.*) Non, monsieur Dutaillis, non, mademoiselle, vous ne connaissez pas Nestor !... Son extérieur a pu vous abuser sur son compte, mais il a un cœur d'or, une loyauté...

ESTELLE, *à part.* Il se pourrait !

LÉONARD. Entraîné par son caractère généreux, il s'est sacrifié pour des ingrats ; il s'est dépouillé pour satisfaire des créanciers qui n'étaient pas les siens.

DUTAILLIS. C'est une bêtise fort respectable.

ESTELLE, *à part.* Il est malheureux !

LÉONARD. Mais il se relèvera... Vous croyez peut-être que, dans son malheur, il vient ici solliciter pour lui?.. Eh bien ! pas du tout, c'est pour un autre.

ESTELLE, *à part.* Oh ! mon Dieu ! comme je l'avais mal jugé !

LÉONARD. Oui, il vient chercher des protecteurs, des appuis, pour un prisonnier, pour un infortuné.

DUTAILLIS. Ah! c'est fort beau! ah! c'est philantropique!

LÉONARD. Et vous pouvez lui rendre un très-grand service.

DUTAILLIS. Lequel?

LÉONARD. L'homme auquel il s'intéresse, c'est justement le vôtre.

DUTAILLIS, *vivement.* Qui ça, le mien?

LÉONARD. Salomon.

DUTAILLIS, *avec force.* Mon fripon?.. votre cousin le connaît? il s'intéresse à lui? c'est propre!

LÉONARD. Mais...

DUTAILLIS, *avec autorité.* Allons, allons, ne parlons plus de ça. (*A Estelle, avec une grande bonhomie.*) Tu dis donc, ma fille, que tu aimes Léonard?.. Tu vois donc bien! (*D'un ton très-contrarié.*) Mais c'est ce cousin qui me défrise d'une manière incroyable!.. Enfin!

LÉONARD, *bas à Dutaillis.* Ma fiancée est émue, dites donc!

DUTAILLIS, *bas à Léonard.* C'est naturel, un premier mariage... En secondes noces elle n'y pensera plus.

LÉONARD, *interdit.* Comment?

SCÈNE IX.

LES MÊMES, GENEVIÈVE, COQUEBERT. *Ils entrent par le fond.*

GENEVIÈVE. Voici M. Coquebert.

ESTELLE, *à part.* Le notaire déjà; j'en mourrai, c'est sûr.

DUTAILLIS, *à Coquebert*.* Je vous attendais avec une vive impatience.

GENEVIÈVE, *à part.* Il m'avait dit de le décommander. Quelle girouette que ça fait?

COQUEBERT, *tirant une boîte d'or de sa poche et offrant une prise à Dutaillis.* Etes-vous tombé d'accord sur la dot?

DUTAILLIS. Toutes les clauses comme nous l'avons dit, et voici mon gendre.

LÉONARD. Jean-Sylvandre-Léonard Binot.

COQUEBERT, *prenant la main de Léonard.* Monsieur, je vous félicite de tout mon cœur.

* Geneviève, Estelle, Dutaillis, Coquebert, Léonard.

LÉONARD, *avec naïveté.* Comment donc! comment donc! comment donc!

COQUEBERT, *allant à Estelle.* Permettez-moi de réclamer le privilège du notariat! (*Il donne un baiser à Estelle.*) Je forme des vœux pour votre bonheur et celui de vos hoirs et ayant-cause.

LÉONARD. Il est très poli.

ESTELLE, *à part, en soupirant.* Nestor est malheureux! j'avais une si belle occasion de rompre ce mariage!

COQUEBERT. Je reviens bientôt, c'est à deux pas.

(*Il sort par le fond.*)

SCÈNE X.

GENEVIÈVE, ESTELLE, DUTAILLIS, LÉONARD.

DUTAILLIS. Allons, allons, Geneviève, as-tu tout préparé pour ma toilette?

GENEVIÈVE. Oui, monsieur, tout est prêt dans votre chambre.

DUTAILLIS, *s'animant.* Léonard, pour l'amour de Dieu, dépêchez-vous aussi! Va, ma fille, va; en attendant mon beau-frère, le procureur du roi, habillons-nous tous, soyons beaux comme des astres! (*Levant les bras vivement et avec gaîté.*) Quelle journée! (*Il porte la main à sa culotte pour la soutenir.*) Allons, bon! j'ai cassé ma bretelle! Heureusement j'ai la paire que tu m'as brodée.

(*Il entre dans la seconde chambre à gauche.*)

ESTELLE, *à Geneviève.* Ah! Geneviève!

(*Elles entrent dans la première chambre à droite.*)

LÉONARD, *un instant seul, regardant dans sa chambre.* Tiens, Nestor n'est plus là? Ah! il sera sorti par le jardin; il est allé solliciter les juges.

DUTAILLIS, *dehors, appelant.* Geneviève!

LÉONARD, *gaîment.* Le beau-père est à sa toilette, hâtons-nous.

(*Il entre dans la seconde chambre à droite.*)

SCÈNE XI.

DUTAILLIS, LÉONARD, GENEVIÈVE, *tous trois hors de vue.*

DUTAILLIS, *appelant.* Geneviève!

GENEVIÈVE, Monsieur?

DUTAILLIS. Où diable as-tu donc fourré mes bretelles brodées?

GENEVIÈVE. Elles sont sur le dos d'une chaise dans la chambre de M. Léonard.

DUTAILLIS. Bien, bien! (*Appelant.*) Léonard!

LÉONARD. Hein!.. quoi?

DUTAILLIS. Voyez-vous une chaise qui a mes bretelles sur le dos?

LÉONARD. Pas du tout; mais vous, est-ce que, par distraction, vous auriez pris mes bottes?

DUTAILLIS. Pourquoi faire?

LÉONARD. Pas pour vous faire un bonnet de nuit, apparemment! mes bottes neuves?

DUTAILLIS. Je n'en ai pas la moindre connaissance.

LÉONARD. Eh bien! et mon habit noir?

DUTAILLIS. Geneviève!

GENEVIÈVE, *impatientée.* Monsieur?

DUTAILLIS. Léonard ne trouve pas mes bretelles!

LÉONARD, DUTAILLIS, GENEVIÈVE, *passant tous trois la tête à la porte; ils parlent en même tems et syllabe par syllabe. Dutaillis et Léonard sont en manches de chemise.* Voilà qui est particulier!

(*Ils rentrent et referment les portes.*)

SCÈNE XII.

NESTOR, *seul.*

(Il entre par le fond; il est en manches de chemise; il porte un habit sous le bras; il a mis des bottes, un pantalon noir et des bretelles brodées; il s'habille en parlant.)

Me voilà retapé, je peux dire... à neuf. Des bretelles!.. c'est là une trouvaille rare! et un habit qui réellement est plus élégant que la redingote que j'avais! Brave Léonard, va! tu es un homme accompli; c'est dommage que tu aies le pied si petit, tes bottes me gênent... N'importe! je ne t'en veux pas. (*Montrant une montre qu'il met dans son gousset.*) Cette montre est un peu petite aussi, mais le philosophe se contente de peu. (*Il passe son habit.*) Maintenant que me voilà complètement restauré sous le rapport de la toilette, (*il prend un mouchoir blanc qu'Estelle a laissé sur la toilette, et y met de l'odeur qu'il trouve dans le tiroir*) il s'agit de faire des démarches pour tirer du guêpier mon pauvre Salomon, mon collaborateur, mon associé, qui a un plan complet... une fortune, à ce qu'il m'écrit... Mais il faut qu'il sorte de prison; quand l'oiseau est en cage, il ne peut pas... (*Il tient toujours le mouchoir, il exprime du geste le vol d'un oiseau, et puis il met le mouchoir dans sa poche. Avec colère.*) Abominable marchand!.. écrire sur des paquets de foin: *Flanelle de santé!* Mais tout le monde y serait pris... c'est se jouer de la bonne foi du public... (*Plus fort et gaîment.*) Il devrait y avoir des lois très-sévères contre de pareils abus. Mais où diable fourre-t-il son argent, ce Léonard?.. J'ai fureté partout: pas un sou! (*La porte de la chambre d'Estelle s'ouvre.*) Ah! voilà la jeune personne!.. soyons dandy!

(Il remonte le théâtre en se donnant des airs.)

SCÈNE XIII.

ESTELLE, NESTOR.

ESTELLE, *à part.* Il est malheureux! c'est à moi de venir le trouver!

(*Nestor descend vivement.*)

ESTELLE, *surprise.* Ah!

NESTOR *retombe un peu lourdement, sa botte le blesse, il jette un petit cri de douleur.* Ah!

ESTELLE, *un peu effrayée.* Ah!.. quel changement!

NESTOR, *la saluant avec aisance. Cette scène exige beaucoup de passion et d'abandon comique.* Mademoiselle!

ESTELLE, *fort émue.* Ah! monsieur Nestor!.. oui, je vous reconnais maintenant!

NESTOR, *surpris..* Vous me reconnaissez? (*A part.*) J'ai du bonheur.

ESTELLE. Oh! oui, bien que je ne vous aie jamais vu.

NESTOR, *à part.* C'est donc ça!

ESTELLE. Votre image était dans ma pensée... et jamais mes pressentimens ne m'ont abusée.

NESTOR, *à part.* Un roman! bravo! je les aime. (*Haut.*) Il se pourrait!

ESTELLE. Ma marraine, Mme Caporal, m'a si souvent parlé de vous!

NESTOR, *tendrement.* Oh! grand Dieu! croyez-vous donc que je l'aie oublié?

ESTELLE, *s'animant un peu.* Aussi, jugez de mon étonnement, de mon émotion, lorsque ce matin je reconnus dans le cousin de M. Léonard ce même jeune homme que ma marraine attendait de jour en jour, et dont elle m'avait fait un si brillant éloge.

NESTOR. Excellente madame... machin! Et vous ne l'aviez point oublié?

ESTELLE. Je l'aurais dû. Comment, monsieur, vous chargez ma marraine de demander ma main à mon père, vous-même lui adressez les lettres les plus touchantes, et puis... plus rien!

NESTOR. Quoi? (*A part.*) Si je pouvais faire sauter Léonard! (*Haut.*) Ah! je suis un grand coupable! (*A part.*) Quarante mille francs de dot! (*Haut.*) Mme Sergent doit m'en vouloir aussi!... mais mon repentir vous a assez vengée.

ESTELLE. Vous avez des remords!

NESTOR. Comment n'en pas avoir lorsqu'on a encouru votre haine?..

ESTELLE. Oh! oui, la pauvre Estelle devrait vous haïr...

NESTOR, *vivement, à part.* Estelle! bon!

ESTELLE. Car c'est votre silence qui est cause que je suis aujourd'hui la fiancée d'un homme... que j'estime, il est vrai...

NESTOR, *vivement.* Mais que vous n'aimez pas!!... Eh bien! mon Estelle, accablez-moi de votre sévérité; mais, dissimuler devant vous, cela ne m'est plus possible.

ESTELLE. Comment?

NESTOR. Oui, j'apprends, à Paris, que cette jeune personne, cette Estelle que je rêvais depuis un an, et à laquelle Mme Sergent m'a uni dans sa pensée.

ESTELLE, *étonnée.* Mme Sergent?... Mme Caporal!

NESTOR. Oui, Caporal!... n'importe... (*A part.*) Quand on prend du galon.... (*Haut.*) J'apprends qu'elle est sur le point de devenir ma cousine; alors je m'avise d'un prétexte, j'accours à Saint-Brieuc, et je viens me jeter à vos pieds.

ESTELLE. C'était un déguisement; je l'avais deviné.

NESTOR. Vous l'aviez deviné!... (*A part.*) Elle l'avait deviné.

ESTELLE. Mes pressentimens ne me trompent jamais. Mais, monsieur, que prétendez-vous faire? à présent que je suis promise à M. Léonard, quand le notaire va arriver, quand tout est convenu?... Qu'espérez-vous?

NESTOR. Rompre le mariage! (*A part.*) ou le mari...

(*Haut et posément.*) Croyez-vous que votre père fasse bien des difficultés?... Il a des idées très-fugitives.

ESTELLE. Oh! mon père est bon... Il m'aime... mais c'est M. Léonard!...

NESTOR, *vivement.* Oh! pour Léonard, j'en fais mon affaire... A vous, à vous pour la vie!... O Estelle! permettez qu'un baiser déposé sur cette main devienne le sceau de mon bonheur.

ESTELLE, *tendrement.* Monsieur Nestor!

(*Nestor lui baise la main.*)

NESTOR. Vous avez une main charmante... (*A part.*) Quel beau diamant!

ESTELLE. Vous regardez mon anneau de fiancée.

AIR : *La voix de la sagesse.* (Théophile.)

Il offre à ma pensée
Un emblème fatal,
Car je suis fiancée,
C'est l'anneau nuptial.

NESTOR.

A jamais je m'engage!
Mais de vous, en retour,
Je voudrais un seul gage,
Un seul gage d'amour.
Cet anneau, ce gage fidèle,
Qu'à l'amour on doit accorder,
N'ai-je pas quelques droits, Estelle,
A vous le demander?

(*Vivement en parlant.*) Possesseur de ce précieux talisman, je vaincrai tous les obstacles qui s'opposeront à mon bonheur. Chère Estelle, vous ne répondez pas? (*Il prend l'anneau d'Estelle, qui jette un petit cri.*)

NESTOR, *à part.* Je le tiens.

ESTELLE. Mais ce n'est pas cet anneau!

NESTOR, *vivement.* Qu'importe?

ESTELLE. C'est mon diamant.

NESTOR, *de même et s'éloignant un peu.* Qu'est-ce que ça fait? il ne m'en est pas moins précieux.

(*Il se rapproche.*)

ENSEMBLE.

A jamais je m'engage!
Jusqu'à mon dernier jour
Je garderai ce gage,
Ce doux gage d'amour.

ESTELLE.

Un présent nous engage!
Jusqu'à son dernier jour
Il gardera ce gage,
Ce doux gage d'amour.

J'entends mon père... O mon Dieu! je tremble.

NESTOR. Je me tiens à l'écart.

SCENE XIV.

ESTELLE, DUTAILLIS *en habit*, NESTOR, *à l'écart*, Un Commissionnaire, *portant une valise.*

DUTAILLIS, *au commissionnaire, indiquant la première chambre à gauche*. Là, mon ami, dans cette chambre, vous sortirez par le jardin.

(*Le commissionnaire disparaît dans la première chambre de gauche.*)

NESTOR, *à part, essayant de mettre la bague*. J'ai la main malheureuse : elle m'est trop petite, comme les bottes de Léonard.

ESTELLE. Qu'est-ce donc, mon père?

DUTAILLIS. (*Nestor entend ce que dit Dutaillis, mais sans y prendre beaucoup d'intérêt.*) La valise de ton oncle, qui renferme son costume de magistrat. Il vient d'arriver ; je le quitte à l'instant. As-tu jamais vu une chose plus déplorable? Geneviève ne sait pas ce que sont devenues les bretelles que tu m'as brodées, et j'ai cassé les autres. Cela me gêne, cela me préoccupe...(*il remonte son pantalon*) c'est intolérable! (*Nestor a salué plusieurs fois Dutaillis; enfin il l'aperçoit.*) Quel est ce jeune homme?

(*Nestor le salue de nouveau avec aisance.*)

ESTELLE. Vous ne le reconnaissez pas, mon père? Monsieur est le cousin de M. Léonard; M. Nestor.

DUTAILLIS. Quoi! celui de ce matin?

ESTELLE, *les yeux baissés*. Oui, mon père; c'était un déguisement. C'est de monsieur que ma marraine vous entretenait dans ses lettres.

NESTOR. Oui, monsieur.

DUTAILLIS. Je tombe des nues !.. Mais, malheureux jeune homme, pourquoi avoir gardé un pareil silence? vous m'alliez parfaitement... Que me demandez-vous, à présent?

NESTOR. La main de votre fille, ou le malheur de toute mon existence.

DUTAILLIS. Vraiment !

NESTOR. Ma famille vous est connue... elle ne se compose plus que de mon cousin.

DUTAILLIS, *avec bonhomie*. Eh bien! et vous?

NESTOR. Et moi, naturellement.

DUTAILLIS. Monsieur Nestor, la demande que vous me faites... Je suis horriblement ému (et je n'ai pas de bretelles... Que le diable emporte Geneviève !) Vous me demandez ma fille : voilà un incident bien contraire aux projets de votre cousin. Que va-t-il faire, ce malheureux géomètre?

Air : *J'en guette un petit de mon âge.*

Voyant s'enfuir le rêve de sa vie,
C'est dans le cas de le tuer.

NESTOR.
     Mais non ;
Il trouvera dans sa propre industrie
Un doux motif de consolation.

DUTAILLIS.
Comment cela ?

NESTOR.
  Si sa cause est perdue,
En sa qualité d'arpenteur,
Pour se calmer, du moins, de son malheur,
Il peut mesurer l'étendue.

DUTAILLIS, *avec bonhomie*. Je ne regarde pas cette distraction comme très-efficace.

NESTOR. Et puis, voilà vingt-cinq ans qu'il est garçon : il a la grande habitude ; il continuera sur le même pied.

DUTAILLIS, *gaîment*. C'est vrai, au moins : je ne pensais pas à cela, moi. Voilà une délicieuse raison ; et puis, tenez, ma foi, je vous l'avoue, je ne suis pas fou de Léonard... je n'en suis nullement insensé... et je crois que ma fille partage mon affection. Dis, ma mère ?

NESTOR, *à part, gaîment*. Généreux vieillard !

ESTELLE. Je rends justice à M. Léonard. C'est un jeune homme d'une grande probité...

DUTAILLIS. Et tu le considères comme devant faire un parfait cousin.

ESTELLE. Oh ! oui.

DUTAILLIS, *d'un ton solennel*. Monsieur Castor !

NESTOR. Nestor.

DUTAILLIS. N'importe. Monsieur Castor, je suis rond en affaires ; je n'aime pas que ça traîne... J'ai été fort lié avec Latour-d'Auvergne, qui n'était pas un traînard. Touchez là, vous serez mon gendre.

NESTOR, *lui donnant la main*. Ah! monsieur !

ESTELLE. Ah ! mon père !

NESTOR, *à part*. Quel père ! un type, un modèle fait pour moi.

SCÈNE XV.

ESTELLE, DUTAILLIS, NESTOR, COQUEBERT, *entrant par le fond.*

COQUEBERT, *allant déposer ses papiers sur la table à droite.* Voilà, monsieur Dutaillis! l'acte est complet. J'ai été diligent, n'est-ce pas?

DUTAILLIS. Ah! mon cher Coquebert, vous arrivez à propos; le contrat ne peut pas servir. Le gendre est changé.

COQUEBERT, *étonné.* Changé!

(*Il s'avance, tire sa tabatière d'or, et la dépose sur la table après avoir pris une prise.*)

DUTAILLIS. Que voulez-vous, mon brave Coquebert? Tout change dans la nature; je changerai, vous changerez, nous deviendrons affreux.

NESTOR, *entraînant Coquebert à la table. Il le fait asseoir et passe à sa gauche.* Et puis d'ailleurs, c'est la moindre des choses. Un petit renvoi; voyons, un petit renvoi... et soyez tranquille...

(*Il lui parle à l'oreille et semble lui faire une promesse d'argent.*)

COQUEBERT, *scandalisé.* Monsieur!....
(*Changeant de ton.*) Impossible! les marges sont encombrées.

NESTOR, *à part.* Le diable l'emporte avec ses retards!

(*Il reprend sa place à la droite du notaire.*)

COQUEBERT. Cependant je vais faire de mon mieux. Vous vous nommez, monsieur?...

NESTOR. Le vicomte.... (*se reprenant.*) ah! pardon.... Nestor Bonneval.

COQUEBERT, *après avoir écrit.* Parfait! (*Nestor prend la tabatière de Coquebert; il la tient à la main sans affectation et prend une prise, tandis que Coquebert s'avance vers Estelle et lui dit :*) Madame, permettez-moi de réclamer le privilège du notariat. (*Il l'embrasse.*) Je forme des vœux pour votre bonheur et celui de vos hoirs et ayant-cause.

(*Il sort.*)

DUTAILLIS, *pendant la sortie de Coquebert, en riant.* Il embrasse toujours, lui. Il ne laisse rien traîner.

NESTOR, *riant aussi et mettant la tabatière dans la poche de son gilet.* C'est vrai! il ne laisse rien traîner.

SCÈNE XVI.

LES MÊMES, LÉONARD *dans son premier costume, sortant de la seconde chambre à droite.*

LÉONARD, *à part, au fond, sans être vu, une lettre à la main.* Comment; il serait le complice de ce Salomon?... Ah! grand Dieu! il est dans mes habits!

NESTOR, *à Dutaillis.* Pourvu qu'il revienne bientôt, ce coquin de notaire!

LÉONARD * *met dans sa poche la lettre qu'il tenait à la main.* Quel notaire? pourquoi faire? Qu'est-ce qu'il y a?

NESTOR, *à part.* Léonard! (*Haut, très-gaîment.*) Il y a un fameux changement, va!... Tu n'épouses plus.

DUTAILLIS, *riant.* Vous n'épousez plus.

ESTELLE, *de même.* Vous n'épousez plus.

NESTOR. C'est fort curieux.

LÉONARD. Comment, je n'épouse plus? (Dutaillis, Nestor et Estelle rient; Léonard, entraîné par l'exemple, rit avec eux d'un air inquiet.)

DUTAILLIS, *reprenant l'air sérieux.* Mon pauvre ami! Vous voyez ce qui arrive! je vous le dis avec tous les ménagemens que commande votre position : ma fille ne peut pas vous sentir.

LÉONARD. Comment, mademoiselle...

ESTELLE. Ah! mon père, je n'ai pas dit...

DUTAILLIS. Elle ne vous le dira pas; mais moi, je sais pertinemment qu'elle aimait monsieur.

LÉONARD. Lui?

NESTOR, *se rengorgeant.* Moi!

DUTAILLIS. Je ne connaissais pas votre cousin; mais l'éloge que vous m'avez fait de son caractère, de sa probité, tout cela m'a décidé...

LÉONARD, *à part.* Eh bien! j'ai eu une heureuse idée. (*Haut.*) Mais vous ne savez pas...

NESTOR. Je n'oublierai jamais ce que tu fais pour moi, Léonard!

(*Il le prend dans ses bras avec effusion et le porte jusqu'auprès de l'avant-scène de droite.*)

DUTAILLIS, *riant.* Tiens! tiens! comme il le porte!

NESTOR, *bas à Léonard, en le posant par terre.* Si tu dis un mot, je te détruis.

* Estelle, Dutaillis, Nestor, Léonard.

LÉONARD, *interdit, à part.* O Dieu !

NESTOR, *haut, secouant la main de Léonard.* Ce cher Léonard ! brave et digne parent !

DUTAILLIS. Mettez-vous à ma place, mon pauvre Léonard ; vous avez une fille qui aime mon cousin...

LÉONARD. Qui ça, ma fille ? Quoi ! votre cousin ?...

DUTAILLIS. C'est une supposition. Vous êtes désolé de me congédier, et Geneviève a égaré vos bretelles ; c'est piteux !

LÉONARD, *indigné.* Et vous ne reculez pas devant un pareil procédé ?

DUTAILLIS, *avec fierté.* Je ne recule pas. Je suis un ancien ami de Latour-d'Auvergne, et certainement il n'a jamais passé pour un homme qui reculât.

NESTOR. Parbleu ! le premier grenadier de France.

LÉONARD, *à part.* Et n'oser rien dire ! Un brutal qui m'assassinerait !

DUTAILLIS, *se frappant sur le front.* Ah ! et le tribunal ?.. nous n'avons pas de tems à perdre.

NESTOR, *légèrement.* A propos, cher beau-père, vous renoncez à poursuivre ce paltoquet ?

DUTAILLIS. Ma fille m'en a parlé, ça me chiffonne beaucoup ; j'en ai dit deux mots à mon beau-frère, qui m'assure que ça ne me regarde plus, le ministère public étant saisi ; et c'est lui qui est ministère public dans la circonstance, puisqu'il est procureur du roi, et qu'il arrive de Paris.

NESTOR, *à part.* Ah ! diable !

DUTAILLIS. Mon Dieu, oui ! Il est même tout désorienté, lui qui ne connaît pas un chat dans Saint-Brieuc.

NESTOR, *avec inquiétude.* Ah ! M. votre beau-frère est procureur du roi ?

DUTAILLIS. On ne peut pas plus.

NESTOR. Son nom ?

DUTAILLIS. Siboulet.

NESTOR, *vivement.* L'ancien substitut ?

DUTAILLIS. Lui-même.

NESTOR, *à part, effrayé.* Que le diable l'extermine ! c'est mon cauchemar !

LÉONARD, *à part, regardant Nestor.* Il le connaît ! Ah ! ah ! très-bien !

DUTAILLIS. Vous le connaissez ?.. Parbleu ! voilà une délicieuse rencontre.

NESTOR, *à part.* Je suis frit ! Comment sortir de la poêle ?

ENSEMBLE.

AIR : *Ah ! que le nouvel an achève.*

DUTAILLIS, *à Estelle.*

Allons, dépêchons-nous, ma chère,
Pourquoi plus long-tems différer ?
Que je présente à mon beau-frère
Le gendre qui va m'honorer.

NESTOR, *à part.*

Pour moi quelle effrayante affaire !
Certes, je ne puis l'ignorer,
Il a l'œil perçant et sévère,
Comment faire pour m'en tirer ?

ESTELLE.

Je suis à vos ordres, mon père ;
Puisque nos nœuds vont se serrer,
Près d'un oncle que je révère,
Rendons-nous tous sans différer.

LÉONARD, *à part.*

Est-il un malheur sur la terre
Que l'on puisse au mien comparer ?
Je sens qu'une affreuse colère
De tous mes sens vient s'emparer.

NESTOR, *à part.*

Comment faire ? il me faut paraître
Devant le procureur du roi.
Le brutal va me reconnaître ;
O mon génie, inspire-moi !

(*Reprise de l'ensemble.*)

(Nestor, Dutaillis et Estelle sortent.)

SCÈNE XVII.

LÉONARD, *seul, se levant d'un air furieux et les regardant sortir.*

Abominable scélérat ! Que le ciel, l'enfer, Belzébuth et les neuf muses te confondent et tombent sur ta misérable tête de cousin ! Il m'a tout pris, tout ! mes habits de noce, ma montre de noce, mes bottes de noce, et ma future... qui était de noce aussi !

(*Avec exaltation.*)

AIR : *Epoux impudent, fils rebelle.*

Fit-on jamais plus funeste rencontre ?
Il apparaît, et dans un tour de main
Il me supprime habits, future et montre,
Ecrasant tout sur son chemin.
Mais non, mais non, ce n'est pas un cousin ;
C'est une trombe, un torrent, un orage ;
C'est une lave, un produit de volcan,
Une avalanche, un ouragan,
Qui passe sur mon mariage.

Et il veut m'assassiner par-dessus le marché ; ah ! (*Il reste absorbé un instant pendant lequel Nestor, qui sort de la première chambre à gauche, vêtu en procureur du roi, traverse le théâtre et sort par le fond. Léonard se retourne et ne le voit que lorsqu'il est passé.*) Ah ! voilà M. Siboulet qui va au tribunal pour faire condamner un autre garnement..... Ah! si je parlais, l'affaire de Nestor serait bientôt faite... mais un parent... impossible!... il faudrait le décider à partir..... mais comment?..... Et puis, qu'importe! Estelle est perdue pour moi! Fatalité des fatalités! Et le père un tel qui vient me parler de sa position!

SCENE XVIII.
DUTAILLIS, LÉONARD.

DUTAILLIS, *entrant en riant.* Ah! ah! ah!... si j'avais des bretelles, je serais le plus heureux des hommes!

LÉONARD, *à part.* Qu'est-ce qu'il a encore?

DUTAILLIS. Figurez-vous, mon pauvre Léonard, que votre cousin est très-lié avec le procureur du roi, mais très-lié.

LÉONARD, *étonné.* Bah!

DUTAILLIS, *riant toujours.* En entrant dans le salon, à peine ai-je eu le tems de dire à mon beau-frère : Je vous présente mon gendre, Castor s'écrie : Eh! c'est ce bon M. Siboulet!.. Il lui saute au cou, il l'embrasse, il le soulève, juste comme il a fait avec vous il y a une demi-heure, et il l'entraîne, ou plutôt il l'emporte au jardin... Je me tenais les côtes, moi.

LÉONARD. Ah! il l'a emporté!

DUTAILLIS. Et la figure de Siboulet qu'il fallait voir... à peindre! à peindre!... Trop serré pour pouvoir articuler, il disait seulement : Quoi! quoi! quoi! un canard! le cri d'un canard; et ils ont disparu l'un portant l'autre, c'est le cas de le dire... mais ces messieurs devraient revenir; j'ai le bec absolument dans l'eau; et je n'ose pas rire... faute de bretelles.

LÉONARD, *avec contrainte.* C'est fort plaisant; c'est fort comique! mais si vous attendez ici M. Siboulet, vous pourrez l'attendre long-tems, je viens de le voir partir pour l'audience.

DUTAILLIS. Sans moi? Eh bien! et mon témoignage! (*Apercevant Estelle, qui amène un petit garçon.*) Qu'est-ce que c'est?

SCENE XIX.
ESTELLE, LE PETIT GUILLOT, DUTAILLIS, LÉONARD.

ESTELLE. Mon père, c'est le petit Guillot, le fils du concierge du tribunal; il vient de la part de mon oncle.

DUTAILLIS. Qu'est-ce que tu veux, mon bonhomme?

LE PETIT GUILLOT. Monsieur Dutaillis, M. le procureur du roi, qui est à l'audience, m'envoie vous dire qu'il n'a pas pris d'argent sur lui; il vous prie de lui envoyer deux cents francs pour une collecte qu'on fait dans ce moment ici.

DUTAILLIS. Ce bon Siboulet! Je vais les lui porter. D'ailleurs, il faut que je témoigne; j'ai promis à mon gendre d'adoucir ma déposition.

LÉONARD, *à part.* Il va faire acquitter l'autre coquin; il faut absolument que je parle.

LE PETIT GUILLOT. C'est qu'il dit que c'est très-pressé.

LÉONARD, *bas à Dutaillis.* Restez, je vous prie, j'ai à vous parler.

DUTAILLIS. Vous?

LÉONARD. Envoyez à votre beau-frère ce qu'il vous demande et écoutez-moi : il y va de votre repos.

DUTAILLIS, *étonné.* Comment, de ma peau?

LÉONARD, *appuyant.* De votre repos!

DUTAILLIS, *comprenant.* Ah! (*après réflexion et d'un air intrigué.*) ah! diable!

(*Il va au secrétaire et prend un rouleau.*)

ESTELLE, *à part, regardant Léonard.* Comme il a l'air triste!

LÉONARD, *à part.* Non, je ne peux pas laisser Estelle épouser un pareil homme! C'est impossible! cela ne se peut.

DUTAILLIS, *au petit Guillot, en lui remettant le rouleau.* Tiens, mon ami, va; et dis à mon beau-frère que je vais l'aller rejoindre. (*Le petit Guillot sort. A Léonard.*) Je suis à vous. Qu'est-ce que c'est?

SCENE XX.
ESTELLE, LÉONARD, DUTAILLIS.

LÉONARD. Quelque malheur qui puisse m'arriver, il faut que je vous dise la vérité. (*A Dutaillis.*) Savez-vous qui vous allez épouser? Un gueux! (*A Estelle.*) Savez-vous qui vous allez prendre pour gendre? Un gueux!

DUTAILLIS, *jetant un cri.* Bah!

ESTELLE. Ah! monsieur Léonard! employer la diffamation pour nuire à un homme qui n'a d'autre tort que celui d'être votre rival!

LÉONARD. Les preuves sont là... il m'a

dévalisé... il s'est revêtu de la peau du lion, et il m'a laissé en place une redingote usée, un vieux gilet et des bottes dans un état de dégradation tel que je ne puis les comparer qu'à son âme. Voilà ce qu'il a fait, ou plutôt ce qu'il a pris, ou plutôt ce qu'il a laissé.

ESTELLE. Je ne vois dans cette mutation d'habits qu'une plaisanterie.

DUTAILLIS. Elle est un peu hasardée, mais ça se fait.

LÉONARD. Ce n'est pas tout; lisez cette lettre que j'ai trouvée dans la poche de ce dont je vous parle.

DUTAILLIS, prenant la lettre. Voyons! (Il lit.) «Mon cher ami, ch'ai fait un mau-
» vais obération.» C'est de l'allemand!

LÉONARD. Allez toujours!

DUTAILLIS, lisant. « Je suis dans le bri-
» son de Saint-Brieuc, tâche par tes pro-
» tections de me tirer d'affaire..... ch'ai un
» grand brochet qui est un fortune pour
» nous deux.
                » Moïse Salomon. »

Mon juif!

LÉONARD, à Estelle. Le juif de votre père!

ESTELLE, confondue. Ah! Nestor!

DUTAILLIS. Je suis extrêmement mal à mon aise.

LÉONARD. J'ai accompli un devoir, maintenant je me retire.

ESTELLE, le retenant. Ah! mon père! ah! monsieur Léonard!..... vous ne savez pas tout: il m'a pris ma bague en diamant!

DUTAILLIS. Ta bague aussi?... tout lui va! je n'ai jamais vu un scélérat plus accommodant. Léopard!

LÉONARD, étonné. Léopard!

DUTAILLIS. Cinq cents francs qu'il a mes bretelles! c'est le comble!... où est-il, ce misérable, que je le livre à Siboulet?

LÉONARD, cherchant à le calmer. Monsieur Dutaillis! de grâce! c'est mon parent.

DUTAILLIS, furieux. Léopard! Léopard! laissez-moi! quand il serait votre père, quand il serait votre jumeau, Castor est un intrigant.

LÉONARD, étonné. Castor!

DUTAILLIS. Je veux le voir aux griffes de Siboulet! ah! je veux te voir aux griffes de Siboulet, toi! Justement voilà le procureur du roi qui revient de l'audience; et moi, qui n'ai pas témoigné.

SCENE XXI.

LÉONARD, ESTELLE, NESTOR en robe, DUTAILLIS, GENEVIÈVE entrant par la première porte à droite.

DUTAILLIS, à part, voyant Nestor. C'est lui! ô toupet!

ESTELLE ET LÉONARD. Nestor!

DUTAILLIS. Je suis pétrifié!

NESTOR, descendant gaîment la scène, et jetant sa robe et sa toque. Comment trouvez-vous cette farce-là? en voilà une bonne! j'ai joué au procureur du roi pendant une heure; j'ai fait pleurer le jury à une majorité énorme; j'ai vu treize yeux baignés de larmes! (je dis treize yeux! il y avait un juré borgne!)

DUTAILLIS. Je bous!

NESTOR. Messieurs, leur ai-je dit (aux jurés), la société vous a remis ses droits; c'est sa cause que je viens plaider devant vous. Quel spectacle s'offre à nos yeux? Quel est ce jeune homme? quelle fatalité a pu l'amener sur ce banc? Messieurs! ce n'est pas devant un jury aussi éclairé que je chercherai à atténuer ses torts. Il a distrait un paquet de foin... un paquet de foin!... Messieurs! y a-t-il là aliment pour l'accusation? il y a erreur! il croyait que c'était de la flanelle....., Et qu'est-ce donc, messieurs, qu'un israélite qui se trompe? c'est un juif..... errant! et depuis quand l'erreur est-elle assimilée au crime? (De nouveaux applaudissemens éclatent dans l'enceinte, le président agite sa sonnette. C'est son devoir.)

LÉONARD. C'était bien!

NESTOR, continuant. Toutes ces considérations admises, messieurs!

DUTAILLIS. Elles ne le sont pas!

NESTOR. Toutes ces considérations admises, messieurs!

DUTAILLIS. Mais elles ne le sont pas.

NESTOR, continuant. Vous ne condamnerez point ce jeune israélite, j'en atteste les larmes que vous répandez! vous le rendrez à ses travaux, à la société, à sa patrie, qui le réclament et lui tendent les bras avec amour! Notre conscience d'homme, notre devoir de magistrat, nous ordonnent d'abandonner l'accusation, de nous en remettre aux lumières du jury, et de provoquer même en sa faveur une souscription, en tête de laquelle nous nous inscrivons pour 200 francs.

DUTAILLIS. Mes 200 francs!

NESTOR. Les mêmes. Attendrissement général; acquittement de Moïse Salomon; tout le monde est satisfait, moi aussi. Nous avons fait mille francs de recette.

DUTAILLIS. Effronté coquin? as-tu fini?

NESTOR. Quoi donc?

DUTAILLIS, *avec indignation*. Connais-tu cette lettre?

NESTOR, *prenant la lettre tranquillement et la déchirant*. Ah! cette lettre!..... vous voyez le cas que j'en fais! elle est purement confidentielle! je vous prie de la regarder comme nulle et non avenue.

TOUS, *scandalisés*. Comme nulle!

DUTAILLIS, *avec indignation*. Il veut que je la regarde comme nulle!

NESTOR, *avec dignité*. Je vois ce que c'est... c'est un prétexte pour me refuser la main de mademoiselle.

(Il semble attendri et tire de sa poche un mouchoir qu'Estelle reconnaît.)

ESTELLE. Mon mouchoir!

(Nestor le passe vivement dans l'autre main et le remet dans sa poche.)

DUTAILLIS. La main de ma fille?..... à toi?... j'aimerais mieux... oui, je le préférerais!

NESTOR, *d'un air de pitié*. Ah! ce que vous dites-là est misérable, c'est d'un petit esprit. Vous êtes un homme sans moyen!

DUTAILLIS. N'avez-vous pas de honte?.. vous introduire dans une famille respectable... vous?

NESTOR, *tranquillement*. Eh bien?

DUTAILLIS. M'escroquer 200 francs de la manière la plus hideuse!

NESTOR, *tranquillement*. Eh bien?

DUTAILLIS. Mais rends-les-moi, sacripant! rends la bague à ma fille, rends-moi les bretelles qu'elle m'a brodées, et quitte à l'instant ces habits que tu souilles de ta présence.

LÉONARD. Oui, quitte à l'instant mes habits, que tu souilles..... de ce que monsieur t'a dit.

NESTOR. Quitter.... devant mademoiselle?... ah!...

DUTAILLIS, *d'un air triomphant*. Heureusement, Siboulet va venir, il ne peut être loin; nous allons rire un peu!

NESTOR, *souriant*. Venir?..... oh! j'y ai mis bon ordre!

DUTAILLIS, *avec effroi*. Grand Dieu! il a détruit Siboulet!

NESTOR. Incapable!.... je l'ai seulement resserré.

DUTAILLIS, *au comble de l'exaltation*. Siboulet! rendez-moi Siboulet!

NESTOR. Du calme, vieillard! voici deux clefs, l'une est celle de la première cave, l'autre est celle d'un petit caveau qui est au fond. C'est là que j'ai déposé le ministère public.

TOUS. Ah!... dans la cave!...

NESTOR. Dans une heure il sera bon à tirer.

(Il porte deux montres, il en tire une.)

DUTAILLIS, *remettant les clefs à Geneviève*. Geneviève, va extraire Siboulet de cet odieux séjour.

(Elle sort.)

NESTOR, *regardant l'heure*. Tiens! elle est arrêtée, la montre du magistrat! patraque!... (la montre!)

DUTAILLIS. Sortez, exécrable que vous êtes! votre présence m'affecte, elle me nuit, sortez!

✵✵✵✵✵✵✵✵✵✵✵✵✵✵✵✵✵✵✵✵✵✵✵✵✵✵✵✵✵

XXII.

LES MÊMES, COQUEBERT.

COQUEBERT. Voilà! voilà! vous n'avez plus qu'à signer*.

(Il va à la table.)

DUTAILLIS. Du tout! ce n'est plus lui.

COQUEBERT. Encore changé?..... oh! c'est trop fort?...

NESTOR, *d'un air décidé*. Je ne signerai point au contrat.

DUTAILLIS. Je l'espère parbleu bien!

NESTOR, *au notaire, lui indiquant Léonard et Estelle*. Voilà les futurs définitifs.

LÉONARD, *saluant Coquebert*. Jean-Sylvandre-Léonard Binot.

COQUEBERT. L'ancien?...le numéro un?

NESTOR. Précisément!

COQUEBERT, *se levant et allant vers Estelle*. Alors..... mademoiselle, permettez-moi de réclamer le privilége du notariat...

* Léonard, Estelle, Nestor, Dutaillis, Coquebert.

NESTOR, *prenant sur la table le chapea.* *de Coquebert, tandis qu'il a le dos tourné* Il me va !

COQUEBERT. Je forme des vœux pour votre bonheur...

NESTOR, *à Coquebert.* Assez ! c'est moi qui forme des vœux pour leur bonheur et celui de leurs hoirs et ayant-cause. Je vous prends votre mot, notaire.

(*Il enlève le lorgnon à Coquebert, en lui donnant familièrement une tape sur l'épaule.*)

DUTAILLIS. Il prend tout !.. c'est un tic !

NESTOR. Je vous présente mes hommages.

DUTAILLIS. Va-t'en ! va-t'en ! horrible scélérat !

SCENE XXIII.
LES MÊMES, GENEVIÈVE.

GENEVIÈVE. M. Siboulet vient de faire cerner la maison.

DUTAILLIS. Ah ! coquin ! tu ne nous échapperas plus !

(*Chacun des personnages se place devant une des portes pour lui couper la retraite. Sur un signe de Dutaillis, ils sont placés ainsi : Dutaillis à la première porte à droite; Geneviève à la seconde, à droite ; Coquebert au fond; Léonard à la seconde à gauche ; Estelle à la première à gauche.*)

NESTOR, *à part.* Je suis pincé ! (*Il jette autour de lui des regards inquiets.*) Une tentative hardie !...

(*A demi-voix.*)

AIR *de l'Apothicaire.*

Puisqu'on va me faire un procès,
Pour le dernier des subterfuges,
Je voudrais chiper.....

(*Il cherche des yeux et dit, comme par une inspiration subite* : un succès.)

Pour le présenter à mes juges.

(*Au public.*)

Vous tous dont le cœur est humain,
Nous partag'rons les bénéfices :
Il ne me faut qu'un coup de main ;
Allons, servez-moi de complices.

TOUS.

Il ne lui faut qu'un coup de main,
Ne lui servez pas de complices.

FIN.

IMPRIMERIE DE DONDEY-DUPRÉ, RUE SAINT-LOUIS, N° 46, AU MARAIS.

UN MARIAGE RAISONNABLE,

COMÉDIE EN UN ACTE EN PROSE,

De M. Ancelot.

PERSONNAGES.	ACTEURS.	PERSONNAGES.	ACTEURS.
Le baron de NORMONT.	MM. PROVOST.	UN DOMESTIQUE.	ALEXANDRE
Le comte ARTHUR DE LA VIL-LETTE, chef d'escadron, aide-de-camp du ministre de la guerre.	MENJAUD.	LADY NELMOOR, jeune veuve.	Mes PLESSY.
		EMMA DE MELVILLE, son amie de pension.	NOBLET.
M. DE VERPY, oncle de lady Nelmoor.	PÉRIER.	MARIETTE, femme de chambre de lady Nelmoor.	THIBERET.

La scène se passe à quelques lieues de Paris, dans un château appartenant à lady Nelmoor, en 1835.

Le théâtre représente un salon, porte au fond, deux portes latérales. Une fenêtre à la droite du spectateur ; à gauche une psyché. Une table. Sur la table, un vase plein de fleurs ; Lady Nelmoor a une robe blanche. Sur la table une grande mantille noire, un chapeau très simple, et des gants.

SCÈNE PREMIÈRE.

LADY NELMOOR, *puis* EMMA. *Au lever du rideau, elle est assise la tête appuyée sur sa main et plongée dans la plus profonde rêverie. — Après un instant elle relève la tête, passe la main sur son front, sourit et se lève.*

A quoi bon tant réfléchir ? Ne suis-je pas décidée ? Et n'ai-je pas mis tant de raison dans ma conduite que, si le bonheur, ne venait pas, ce serait sa faute, et non la mienne ?....

EMMA, *elle s'est arrêtée au fond et a entendu la dernière phrase elle est en élégant négligé de voyage.* Bien certainement.
(*Elle s'avance.*)

LADY NELMOOR. Que vois-je ? ma chère Emma !

EMMA. Oui, moi qui viens te surprendre ici à la campagne. Toute la nuit dernière, j'ai réfléchi.

LADY NELMOOR, *souriant.* Bah ! toi aussi !

EMMA. Une fois n'est pas coutume... Tu étais l'objet de mes réflexions ; j'ai pensé qu'il n'était pas naturel que tu quittasses Paris deux jours avant celui où tu dois signer ton contrat de mariage, et dès le matin je me suis mise en route pour apprendre ce qui arrive à ma chère Adine; quoi, partir au moment de te marier ! En vérité tu as l'air d'un soldat qui s'effraie et déserte devant l'ennemi.

LADY NELMOOR. Rien n'est plus simple que ma conduite.

EMMA. C'est ce dont je jugerai quand tu me l'auras expliquée.

LADY NELMOOR. Très volontiers.

EMMA. Eh bien, permets d'abord que je me dispose à t'entendre. (*Elle ôte son chapeau et son écharpe.*) Asseyons nous et causons.

LADY NELMOOR. A l'instant d'épouser M. le baron de Normont, j'ai voulu prendre encore vingt-quatre heures de solitude pour bien penser à tout et méditer à mon aise; tant j'ai peur de faire un mariage qui ne soit pas parfaitement raisonnable.

EMMA. C'est une belle chose que la raison !... mais en fait de mariage, il y a plus de hazard que de bien joué.

LADY NELMOOR. Oui, lorsqu'à seize ans nos parens nous marient avec quelqu'un que nous ne pouvons ni connaître ni juger; mais quand à dix-neuf ans, veuve, libre de mon choix, éclairée par les malheurs d'un premier mariage, je me décide à en contracter un second, je ne veux pas risquer de faire une nouvelle folie.

EMMA. Quoique ton ainée d'un an, et mariée depuis quatre, je commence à prendre pour toi un terrible respect ! Sais-tu que j'ai presque peur en songeant que tu vas être unie à M. de Normont.... Vous serez bien le couple le plus épouvantablement raisonnable de tout Paris... Je connais ton futur depuis quelques années... Et mon mari l'a vu dès son enfance; eh bien, il a toujours été aussi calme qu'il l'est à trente-cinq ans! point de folies, point de jeunesse! jamais distrait par le plaisir, jamais entraîné par le caprice! Il n'a point de premier mouvement ! Il pense à tout, calcule tout, et il semble qu'il soit venu au monde à soixante ans.

LADY NELMOOR. Quel bonheur pour moi d'avoir rencontré un semblable caractère ! c'était là l'objet de toute mon ambition ! avec lui, point de crainte et de jalousie! ce sera toujours la même personne et mon cœur sera toujours paisible.

EMMA. Je te l'avouerai, ma chère Adine; depuis trois mois que tu es arrivée d'Angleterre, je me donne une peine infinie pour retrouver en toi ma joyeuse compagne d'autrefois. Je sais bien qu'il s'est passé plusieurs années ; que tu as été mariée, que tu es veuve, et que ce sont là de ces événemens qui changent bien un peu les idées ! mais enfin, je n'ai jamais vu par exemple que cela donnât l'envie de paraître laide.

LADY NELMOOR, *souriant.* Voilà un grand crime, n'est-ce pas ?

EMMA. Il faut être bien généreuse pour te le reprocher, et je suis peut-être la seule femme qui ne soit pas enchantée de te voir constamment, depuis ton retour, affublée de cette grande et vilaine mantille noire qui cache entièrement ta jolie taille ; ensevelie sous ce chapeau qui ne laisse voir ni tes beaux cheveux, ni ton frais visage ! car aujourd'hui seulement et pour la première fois depuis que tu es à Paris, tu as figure humaine. Toujours enveloppée de cette horrible toilette on ne s'aperçoit pas que tu es charmante; et vraiment il n'y a que M. de Normont qui ait pu songer à faire sa femme d'une personne aussi...

LADY NELMOOR. Allons tranche le mot ! aussi disgracieuse ! eh bien, j'ai donc réussi ! Il m'a choisie pour compagne en me croyant dénuée de tous les agrémens.

EMMA. Explique-moi cela un peu plus clairement, je te prie. Nous sommes seules c'est l'instant ou jamais de me faire tes confidences.

LADY NELMOOR. Te souviens-tu du jour où ta mère vint te chercher à la pension, et où tu me laissas si désolée de ton absence, moi pauvre orpheline, qui ne voyais d'autre terme à ma captivité que le mariage ?

EMMA. Oui, sans doute ; mais j'appris bientôt que M. de Verpy, ton oncle et ton tuteur, t'avait confiée à une anglaise, une ancienne amie de ta mère. Tu la suivis à Londres.

LADY NELMOOR. Mon tuteur, qui a pris des années sans vieillir, crut faire merveille en me remettant à lady Nelmoor, parce qu'elle était l'arbitre du bon goût et de l'élégance de la société anglaise : sa réputation de femme à la mode durait depuis vingt ans.

EMMA. Nous serions bien heureux en France si celle de nos hommes célèbres en durait autant ! nos voisins ont du bon.

LADY NELMOOR. Grâce à ses conseils, je parus dans le monde avec éclat. Dans ce pays les jeunes filles sont comptées pour quelque chose, elles parlent, agissent, plaisent et choisissent; elles sont élégantes, coquettes...

EMMA. Il paraît que c'est comme ici les femmes mariées! Nos voisins ont beaucoup de bon chez eux, point de temps perdu.

LADY NELMOOR. Je fus bientôt l'objet de l'attention générale, les dandys les plus à la mode m'entourèrent, parmi eux le neveu et l'héritier de lady Nelmoor se faisait remarquer, c'était le plus joli homme de Londres, je l'aimai il m'adora.... et je devins lady Nelmoor.

(*Elles se lèvent.*)

EMMA. Voilà un malheur avec lequel bien des femmes se trouveraient fort heureuses!

LADY NELMOOR. Les fêtes commencèrent alors, pour ne plus cesser; pendant un an toutes les têtes folles de l'Angleterre furent pénétrées d'admiration; nos chevaux, nos équipages, le train de notre maison, le luxe de nos raouts firent parler tous les désœuvrés et excitèrent l'envie de tous les étourdis! le fait est que nous étions si occupés de ces soins importans qu'au bout d'une année nous n'avions pas eu le temps de faire connaissance. Je savais que lord Nelmoor conduisait merveilleusement un tilbury, qu'il franchissait à cheval des fossés profonds, que ses habits étaient les plus admirablement coupés des trois royaumes. Il savait que le monde me trouvait jolie, qu'on admirait ma toilette, que je faisais à son gré les honneurs de sa maison! mais, nous n'avions jamais eu une demi-heure d'entretien intime; mais de l'esprit, des idées, du caractère de l'un et de l'autre, pas un mot!... et nous aurions pu passer toute notre vie de la même façon, sans en savoir davantage!

EMMA. C'est le moyen de ne pas se lasser l'un de l'autre.

LADY NELMOOR. Sans quelques petites scènes de jalousie et le nom de Lady Nelmoor que je portais, j'aurais oublié que j'étais mariée.

EMMA. Il y a tant de gens qui sont fâchés de s'en souvenir.

LADY NELMOOR. Au milieu de ce fol enivrement, Lord Nelmoor me fut enlevé. A la suite d'une perte considérable au jeu, une violente dispute amena un duel, et il fut tué.

EMMA *lui tendant la main*. Pauvre amie.

LADY NELMOOR *serrant la main affectueusement*. Pour bien connaître le monde et apprécier l'amitié, il faut avoir été malheureux. Lord Nelmoor laissait une fortune en désordre; ceux qui l'avaient aidé à la manger, ne prirent pas sur leurs amusemens un instant pour pleurer sa perte! et moi, quand je fus triste, malade, vivant avec économie dans la retraite, je n'eus pas une compagne pour mes chagrins! J'en avais eu pourtant un si grand nombre pour mes plaisirs! Je compris alors qu'il n'y avait de relations durables, d'attachemens sincères que quand ils sont fondés sur des qualités et des vertus! J'ai bien réfléchi pendant deux années de veuvage passées à la campagne.

EMMA. Je le crois bien, là, toute seule, tu ne savais que faire.

LADY NELMOOR. Et je pris la résolution de revenir en France! On ne me connaissait point à Paris. Je ne voulus pas m'y faire connaître par ces agrémens frivoles qui m'ont si peu servi. Je parus sans toilette, je ne cherchai point à me montrer aimable; j'annonçai une fortune si médiocre qu'elle ne peut tenter ceux qui pensent à spéculer sur les avantages d'un mariage; et encore, mon projet est-il, avant d'épouser M. de Normont, d'essayer l'effet que produira sur lui la nouvelle que je ne possède plus rien au monde. Tu vois, ma chère, que je me suis dépouillée de tous les moyens de succès; simple et sérieuse je n'ai pas eu d'adorateurs; mais j'espère avoir trouvé un ami! c'est tout ce qu'il faut!

EMMA. Tu auras beau dire, cela ressemble à de la fausseté. Depuis trois mois que tu es en France, tu t'es rendue laide, à faire plaisir à toutes les autres femmes.

LADY NELMOOR. Aussi, ma chère Emma, je vais faire ce que j'avais résolu; un mariage raisonnable.

EMMA, *riant*. Voilà qui est superbe! tu parles comme un livre, et tu agis comme un sage! Il n'y a au monde que M. de Normont digne de tant de raison! Lui qui ne dit et qui ne fait que ce qui est parfaitement convenable!

SCÈNE II.

MARIETTE, LADY NELMOOR, EMMA.

Elle arrive en courant, et s'arrête en voyant Emma.

MARIETTE. Madame?

* Mariette, Lady Nelmoor, Emma.

EMMA. Eh! bien, que veut donc Mariette?

MARIETTE. Quelqu'un à cheval entre dans l'avenue.

EMMA. Ah! ce ne peut être que ton futur!

LADY NELMOOR. M. de Normont? Il ignore que je suis ici.

EMMA. Mais non, c'est qu'il ne l'ignore pas.

LADY NELMOOR. Comment?

EMMA. Il était si inquiet d'apprendre où tu étais...

LADY NELMOOR. Que tu le lui as dit.

EMMA. Je crois qu'oui.

LADY NELMOOR. Et tu penses qu'il viendra?

EMMA. J'ai peur de le lui avoir conseillé.

LADY NELMOOR. Mais c'est une trahison!

EMMA. Que tu me pardonneras!

LADY NELMOOR. Il le faut bien.

EMMA. Et j'espère que tu ne refuseras pas la porte à ton futur?

LADY NELMOOR. Le moyen? Allons, recevons-le! mais aide-moi d'abord à reprendre mon costume ordinaire. (*Elle prend la mantille de taffetas noir*).

EMMA. Laisse-moi faire! Et vous Mariette, allez pour qu'il ne nous surprenne pas. (*Mariette sort*).

LADY NELMOOR, *riant pendant qu'Emma l'aide à placer sa mantille*. Il doit penser, j'en suis sûre, que j'ai au moins la taille de travers, tant je prends soin de la cacher.

EMMA, *lui donnant son chapeau*. Tiens, ton affreux chapeau qui te donne dix années de plus.

LADY NELMOOR, *riant en mettant ses gants*. Il doit me supposer des mains affreuses.

EMMA *arrangeant le bonnet qui est sous le chapeau*. Attends, cette dentelle ne tombe pas assez bas, elle laisse encore voir un peu de tes cheveux.

LADY NELMOOR *se regardant au miroir*. Oh! mais tu me rends horrible!

EMMA. C'est par amitié. Tu m'as convertie à tes principes.

LADY NELMOOR *souriant*. T'en serviras-tu pour ton usage.

EMMA. Je ne suis pas encore assez parfaite pour cela! Et puis, vois-tu, ma chère Adine, pour se faire aimer avant le mariage, on peut avoir du superflu en fait de beauté; mais après on n'a rien de trop... (*Elle examine Lady Nelmoor de tous côtés*) Que dira M. de Normont qui t'a toujours vue ainsi, et qui croit t'épouser qu'une femme respectable, quand il trouvera une jolie femme! Il est capable de se plaindre de ce que la mariée est trop belle.

LADY NELMOOR *riant*. Oh! alors, je serai sa femme et il ne s'apercevra peut-être pas si je suis jolie.

EMMA. C'est possible! d'ailleurs, avec un homme si raisonnable, la beauté... ce sera du bien perdu.

LADY NELMOOR *soupirant*. Ah!...

EMMA. Voilà un soupir qui n'est pas du même avis que tes paroles de tout à l'heure.

LADY NELMOOR *avec un peu d'impatience*. Écoute, Emma! autrefois à la pension, tu passais pour la plus contrariante et la plus moqueuse de nos compagnes : est-ce que ce serait encore comme autrefois?

EMMA. Par exemple! est-ce que toi, autrefois, tu n'étais pas étourdie, coquette? Et à présent, Dieu merci, tu as de la sagesse plus qu'il n'en faut à une femme pour son usage! Cela m'effraie, j'ai peur qu'il n'arrive quelque malheur.

LADY NELMOOR *riant*. Et que veux-tu qu'il arrive, folle?

EMMA. Cela n'est pas naturel! car enfin les autres femmes me trouvent déjà prude et sévère moi, parceque je n'ai envie de plaire qu'à mon mari! Ce qui n'empêche pas pourtant que je sois bien aise quand les autres me trouvent aimable et jolie.

LADY NELMOOR. Ah! ah! mais c'est de la coquetterie, cela!

EMMA. Allons donc, il faut bien se distraire un peu, surtout lorsqu'on a un mari officier, qui passe la moitié de l'année à son régiment et qui ne nous aime que par semestre.

LADY NELMOOR. Eh bien! cela n'est pas prudent! On est sage... c'est vrai, mais il vaut encore mieux fuir le danger.

EMMA. C'est aussi ce que je fais... quand il peut y avoir du danger. L'hiver dernier, par exemple, j'ai consigné à ma porte un jeune fou, un de nos hommes à la mode, qui me suivait partout et faisait mille extravagances! Ah! j'ai été d'une sévérité, d'autant plus que ces mauvais sujets ont toujours un je ne sais quoi!...

LADY NELMOOR. Quelle horreur! peux-tu bien dire cela?

EMMA. Que veux-tu, c'est que c'est vrai! Ils réussissent souvent à plaire aux femmes les plus raisonnables, et l'emportent sur les hommes les plus sensés.

LADY NELMOOR. Tu as vraiment des idées!... Pour moi, ma chère amie, on m'en avait présenté un de ce genre là, des les premiers jours de mon arrivée à Paris; on avait imaginé un projet de mariage... Ah! si tu savais comme je l'ai traité...

EMMA. Moi, je n'ai jamais voulu recevoir le mien! Eh! bien, je te l'avoue, je crois que j'ai eu tort ! il ne faut jamais prendre de résolutions extrêmes !

LADY NELMOOR. Au contraire ! et je lui ai fait fermer ma porte impitoyablement.

EMMA. Pourquoi cela ! tu ne risquais rien, toi, puisque tu as les hommes à la mode en horreur, et que tu serais digne de te mettre à la tête d'une croisade contre les étourdis.

LADY NELMOOR. Encore !

EMMA. Ne te fâche point ! Mais pourquoi donc M. de Normont n'arrive-t-il pas? Mariette le retient peut-être.

LADY NELMOOR, *souriant*. Elle pense sans doute que je ne suis pas prête à le recevoir.

SCÈNE III.

LADY NELMOOR, MARIETTE, EMMA.

EMMA. Eh! bien, cette visite que vous nous aviez annoncée !

LADY NELMOOR. Vous vous étiez donc trompée, Mariette ?

MARIETTE. Non, madame ! la visite y est.

EMMA. Où est-elle ?

MARIETTE. Ici, à côté.

LADY NELMOOR. Comment.

MARIETTE, *hésitant*. Mais... je...

LADY NELMOOR. Achevez!

MARIETTE. J'ai refusé la porte ; ce n'était pas monsieur de Normont.

LADY NELMOOR. Qui était-ce donc?

MARIETTE, *soupirant*. Le plus beau jeune homme.

EMMA ET LADY NELMOOR, *ensemble*. Ah! Vous avez très bien fait.

EMMA. Son nom ?

MARIETTE. Je ne l'ai pas demandé ; j'ai vu tout de suite qu'il avait une charmante figure, pas trente ans, et alors... (*elle soupire*) j'ai refusé de le recevoir.

EMMA, *riant*. C'est donc là ta consigne... trente ans, l'âge de rigueur... comme à la chambre des Députés, tu ne veux te laisser donner des lois que par ceux qui sont d'âge à en faire.

LADY NELMOOR, *à Mariette*. Il est parti tout de suite, sans difficultés...

MARIETTE. Par exemple! je ne pouvais lui faire entendre raison.

* Lady Nelmoor, Mariette, Emma.

LADY NELMOOR. Mais du moins vous lui avez parlé poliment? vous êtes quelquefois si brusque.

MARIETTE. Certes je ne lui ai rien dit de désagréable, J'ai dit que ces dames voulaient être seules, parce que les visites les ennuient. Que lui, particulièrement, ne pouvait pas entrer, que...

EMMA. Je pense qu'il a dû s'en aller de fort mauvaise humeur.

MARIETTE. Ah! bien oui... Il ne s'en est pas allé du tout !

LADY NELMOOR. Qu'entends-je ?

MARIETTE. Puisqu'il est encore là...

LADY NELMOOR. Retournez donc le congédier.

MARIETTE. C'est que...

EMMA. C'est que?... quoi ?...

MARIETTE. Ce monsieur a une manière de trancher les difficultés qui lui est particulière... Il m'a déjà embrassée trois fois.... une pour chaque prétexte.

LADY NELMOOR. Est-ce possible ?

MARIETTE. Et gare pour la quatrième... car, tenez, je l'entends...

(*Une voix en dehors*).

Mademoiselle Mariette !

LADY NELMOOR, *à part*. Je connais cette voix.

EMMA, *à part*. Je ne me trompe pas, c'est lui.

SCÈNE IV.

LADY NELMOOR, EMMA, LE COMTE ARTHUR DE LA VILLETTE.

ARTHUR, *avant d'entrer*. Vous ne plaidez pas ma cause assez vivement, mademoiselle Mariette.... (*Il s'arrête en voyant les deux dames et les salue très gracieusement*).

EMMA. Monsieur le comte Arthur de la Villette ! (*A part*). C'est bien lui.

LADY NELMOOR, *à part*. Mon étourdi!... (*Elle fait signe à Mariette qui sort*.)

ARTHUR. Veuillez me pardonner mesdames si je viens plaider moi même et solliciter l'hospitalité. Egaré sur la route...

EMMA. De Paris à Fontainebleau ! c'est avoir du malheur.

ARTHUR. Arrivé par hazard à la porte de ce château.

* Lady Nelmoor, Le comte Arthur de La Villette, Emma.

LADY NELMOOR. Par hazard? et voulez y entrer de force.

ARTHUR. Surpris par l'orage qui menace...

EMMA. Le temps est superbe; il ne pleuvra pas de quinze jours.

ARTHUR. Mon malheureux cheval...

LADY NELMOOR. Galoppait dit-on, bien estement dans l'avenue.

ARTHUR. Enfin... puisque l'on ne se contente pas de ces raisons là, j'en ai d'autres. (Il avance des sièges aux dames). Mais..

LADY NELMOOR, à part. Eh! bien. (Arthur à l'air de les supplier de s'asseoir; les deux dames prennent place, moitié étonnées, moitié résignées).

EMMA, souriant à part. Allons!

ARTHUR, debout entre-elles d'un air gracieux. Dans le monde où nous vivons, mesdames, dans ces élégantes habitudes qui sont les vôtres, ne voyez-vous pas le plus maussade, le plus ennuyeux des hommes avoir le droit d'importuner de ses visites la plus gracieuse et la plus spirituelle des femmes. Et il n'est pas que vous n'ayez été dans le cas d'exercer votre patience, à cette rude épreuve. Je n'ai même jamais vu que les ennuyeux fussent plus mal reçus que les autres. A plus forte raison ne sont-ils jamais expulsés. Je citerai, pour exemple, mon ami de Normont.

EMMA. Ah!

ARTHUR. Je vous jure qu'il n'a jamais été éconduit; et pourtant, c'est bien l'ennuyeux le mieux conditionné...

LADY NELMOOR, sévèrement. Monsieur.

EMMA. L'homme le plus parfait.

ARTHUR. C'est ce que je voulais dire! Il n'a point de défauts et ce sont nos défauts qui nous amusent et qui amusent les autres. Eh! bien, puisque l'ennui ne fait pas exclure d'une maison un honnête homme, il faut qu'il y ait quelque chose de bien grave pour motiver une semblable punition; alors quand une femme nous bannit, on a le droit de lui dire : madame, il n'y a ni tribunaux, ni jurys, ni conseils de guerre qui condamnent sans dire pourquoi, et, avant de me résoudre à subir mon jugement, je désire apprendre quel est mon crime. Veuillez donc me le dire, je vous en prie.

EMMA, à part. Eh! bien, est-ce qu'il faudra lui avouer qu'on le craignait.

LADY NELMOOR, à part. Voila une question assez embarrassante.

ARTHUR. Pourqoi cette sévérité pour moi seul? une femme charmante à laquelle mon cœur vouait un culte involontaire, m'a banni de sa présence, mis hors de la loi commune; quels sont donc mes torts?

LADY NELMOOR, à part. C'est qu'il n'en a pas.

EMMA, à part. J'étais sûre qu'en lui fermant ma porte j'avais fait une sottise.

ARTHUR, d'un ton caressant. Et l'on ne daigne pas me répondre! (Les deux femmes échangent des regards. Enfin Lady Nelmoor prend son parti, elle se lève. Emma se lève aussi.

LADY NELMOOR d'un ton froid. Lors même, monsieur, qu'on aurait été sévère à votre égard, il est peu généreux à vous d'abuser de la situation où se trouve une femme seule à la campagne avec une amie. Que penserait-on de votre séjour ici. Ce serait les compromettre toutes deux que d'y rester plus longtemps; mais demain nous retournons à Paris. Bientôt le mari d'Emma sera de retour.

ARTHUR. Ah!

LADY NELMOOR. Et monsieur de Normont aura reçu ma main.

ARTHUR, riant. Votre main! Normont! cela n'est pas possible!

LADY NELMOOR, après avoir jeté sur lui des regards d'étonnement. Si ces messieurs veulent vous voir chez eux, nous n'y mettrons point d'obstacle, et vous, monsieur, comme tout autre vous pourrez vous y présenter.

ARTHUR. Alors! Oh! non! ce n'est pas ainsi! je voudrais au paravant...

LADY NELMOOR, l'arrêtant du regard. Monsieur le comte!

EMMA, à part. Adine a vraiment très bien parlé, après cela je n'ai plus rien à dire.

ARTHUR. Eh! quoi, refuser obstinément de m'expliquer pour quel motif je suis consigné.

LADY NELMOOR. Monsieur, insister davantage ne serait pas digne de votre politesse. Je vous recevrai plus tard sous les auspices de M. de Normont.

ARTHUR. Allons, je vois qu'il faut me retirer; en m'éloignant du moins j'emporte le sentiment de mon innocence, et il me sera moins difficile de pardonner votre injustice, que de l'oublier. Daignez, mesdames, agréer l'hommage de mon respect.

(Il sort).

SCÈNE V.

LADY NELMOOR, EMMA.

EMMA. Tu as été bien sévère.
LADY NELMOOR. Mais aussi quelle audace !
EMMA. Il est vrai qu'il n'est pas mal étourdi ! venir jusqu'ici et entrer de force.
LADY NELMOOR. Si M. de Normont fût arrivé.
EMMA. Il n'en faut pas davantage pour compromettre une femme.
LADY NELMOOR, *souriant*. Est-ce qu'il serait véritablement amoureux ?
EMMA, *riant*. Mais j'en ai peur ! et je t'ai vraiment une grande obligation.
LADY NELMOOR, *étonnée*. Et de quoi donc ?
EMMA. De m'avoir épargné l'embarras de le congédier moi-même.
LADY NELMOOR. N'est-ce pas moi seule que cela regardait ?
EMMA. Oui, parce que nous sommes chez toi ! mais enfin, cet embarras, c'est moi qui te l'ai attiré.
LADY NELMOOR. Comment ?
EMMA. Puisqu'il venait ici pour moi.
LADY NELMOOR. Tu te trompes, ma chère, c'est moi qu'il cherchait.
EMMA. Mais non. C'est mon étourdi, dont je te parlais tout-à-l'heure.
LADY NELMOOR. C'est celui que j'ai banni de chez moi.
EMMA. Est-ce possible !... (*riant aux éclats*). Un adorateur pour nous deux quand nous croyions en avoir chacune un ! Oh !
LADY NELMOOR. Peux-tu rire de cela ?...
EMMA. Veux-tu donc que j'en pleure. (*Elle rit*).
LADY NELMOOR. Voilà bien tes gens à la mode.
EMMA. C'est assez plaisant, il n'a pas eu l'embarrassé et ne s'en est pas tiré trop mal ! chacune a pu se croire seule adorée ! s'il fut resté, il serait peut-être parvenu à nous tromper toutes les deux.
LADY NELMOOR. Oh ! je l'en défie bien ! je méprise trop un semblable caractère.
EMMA. Ah ! oui, j'oubliais ! toi tu es invulnérable ! Mais comment l'as-tu donc connu ?
LADY NELMOOR. Cette étourdie de Caroline, notre ancienne compagne, ne me l'avait-elle pas présenté comme un parti convenable, il y a trois mois, dès mon retour en France ? Je l'ai vu quelquefois.
EMMA. Ah ! c'était lui ? En effet, il est le cousin de Caroline ! et j'aurais dû me rappeler. (*Elle rit*). Ah ! ah ! ah !
LADY NELMOOR. Tout te fait rire aujourd'hui.
EMMA *riant*. Et tu as cru vraiment ?
LADY NELMOOR. J'ai cru... quoi ?
EMMA, *d'un ton insouciant*. Oh ! rien !... un souvenir ! je te dirai cela plus tard ! mais sais-tu bien que c'était un parti charmant. Riche, d'une famille distinguée, lieutenant-colonel à vingt-six ans, neveu et aide de camp d'un maréchal de France !
LADY NELMOOR. C'est cela ! un aide de camp, un jeune fou faisant la cour à toutes les femmes et incapable d'en aimer une réellement.
(*On entend le bruit d'une voiture*).
EMMA. Oh ! pour le coup, voilà notre futur ! Il ne vient pas à cheval, lui, comme notre écervelé d'amoureux ! oh bon. Un bon landaw ! Tout ce qu'il fait est grave et paisible ! Il n'a pas cet empressement qui nous troublerait, et il suit le précepte du sage : Dans tout ce que tu fais, hâte-toi lentement.
UN DOMESTIQUE *annonçant*. M. le baron de Normont, M. de Verpy...
LADY NELMOOR *étonnée*. Ah ! mon oncle aussi.
LE DOMESTIQUE *annonçant*. Et M. le comte Arthur de la Villette.
EMMA. Comment ?
LADY NELMOOR. Par exemple.
M. DE VERPY, *en dehors*. Prenez bien garde.
M. DE NORMONT *en dehors*. Appuie-toi sur moi !
(*La porte s'ouvre. Arthur paraît, soutenu par MM. de Verpy et de Normont. Il a l'air de ne pouvoir se poser sur un de ses pieds.*)

SCÈNE VI.

M. DE VERPY, ARTHUR, M. DE NORMONT, LADY NELMOOR, EMMA.

M. DE VERPY. Ma nièce, je vous amène un blessé !
ARTHUR. Daignerez-vous me pardonner madame ?
LADY NELMOOR *à part*. Est-ce possible !

M. DE VERPY. A peu de distance de l'avenue, M. de la Villette, qui allait de Paris à Fontainebleau, a été jeté violemment à terre par son cheval et il semble avoir le pied démis.

(*On assied Arthur dans un fauteuil*).

M. DE NORMONT. Un cheval trop vif! tu es si étourdi.

ARTHUR, *d'un ton moqueur*. C'est juste, tu as de la raison, toi!

M. DE NORMONT. Heureusement, nous arrivions au moment même...

ARTHUR. Quel bonheur pour moi?

M. DE VERPY. Et j'ai pensé que ma nièce, en noble châtelaine, voudrait bien recueillir un beau chevalier blessé.

EMMA *à part*. Je n'en reviens pas.

M. DE VERPY. Eh! bien, Adine, vous avez l'air tout étonnée?

LADY NELMOOR. J'avoue... que... cet accident...

M. DE NORMONT. Ce ne sera rien, j'ai une recette excellente pour les foulures.

ARTHUR. Oh! mon ami, combien je te serai obligé.

LADY NELMOOR, *à part*. Il se moque de lui, c'est sûr.

M. DE VERPY. Mais je ne vous comprends pas, ma nièce! vous ne dites rien, vous êtes là...

LADY NELMOOR. Pardon, mon oncle! pardon! c'est qu'en vérité j'ai été troublée.. Je m'attendais si peu... Mais je vais envoyer chercher un médecin.

M. DE NORMONT. J'ai pris ce soin, madame, en entrant ici, car j'ai pensé que vous permettriez... J'ai aussi à m'excuser d'être venu sans votre autorisation; mais votre amie....

EMMA. J'ai déjà obtenu le pardon pour vous et pour moi.

M. DE VERPY. Et M. de Normont est venu me chercher, pensant que ma présence rendrait sa visite plus convenable.

ARTHUR. Ce cher Normont, comme il songe à tout! Un autre, un étourdi comme moi, eût été si empressé, que l'idée ne lui serait pas venue de se choisir un témoin! à mon dernier duel, moi je l'oubliais! Jugez donc si pour une tendre entrevue...

M. DE NORMONT, *d'un air satisfait de lui-même*. C'est que toi, Arthur, ou moi, c'est un peu différent.

ARTHUR. Oh! je te rends justice! Aujourd'hui, par exemple, à ma place tu n'aurais pas eu le pied démis, comme moi.

M. DE NORMONT, *riant*. Certainement non.

M. DE VERPY. Ah! ça, ma nièce, savez-vous que nous avons fait huit lieues... et que....

LADY NELMOOR *souriant*. Ah! mon oncle, veuillez m'excuser. (*A un domestique qui entre*). Qu'on prépare à déjeuner pour ces messieurs. (*Le domestique sort*).

ARTHUR. Oui, ces messieurs, après un voyage, ont besoin de réparer leurs forces; moi, pauvre blessé, je resterai ici pendant ce temps. (*Ici M. de Verpy commence à examiner Arthur*).

M. DE VERPY, *à part*. Ah!.. rester!..

EMMA *à part*. C'est cela, il espère n'être pas seul.

LADY NELMOOR *à part*. Je comprends! il veut parler à Emma.

M. DE NORMONT. Mais Arthur, tu dérangerais ces dames, à qui vraiment j'ai bien des excuses à faire pour tout l'embarras que je leur donne avec ta blessure.

ARTHUR. Laisse donc, laisse donc! c'est moi que cela regarde et je veux être chargé tout seul de la reconnaissance.

M. DE NORMONT. Non pas, c'est pour moi que madame veut bien te recevoir. (*à Lady Nelmoor*). N'est-il pas vrai?

LADY NELMOOR *avec un peu d'impatience*. Pour vous si vous le voulez.

M. DE NORMONT. J'ai bien l'honneur de vous remercier. (*A Arthur*) Tranquillise-toi donc et sois ici comme chez toi.

ARTHUR. C'est là tout ce que je voudrais. (*A demi voix*) Ah! si je pouvais lui parler seul!

M. DE VERPY, *examinant le visage de tout le monde. A part*. Diable, diable... (*Haut*). La blessure de monsieur me rappelle qu'en 1805, j'étais comme lui lieutenant-colonel....

ARTHUR. Et vous fûtes blessé à l'armée en défendant la patrie!

M. DE VERPY *le regardant avec intention*. Non pas? mais un jour, je fis semblant de l'être pour avoir accès dans une maison dont l'entrée m'était interdite.

ARTHUR. Ah!

LADY NELMOOR *à part*. Il a des soupçons.

EMMA, *à part*. Le cher oncle devine.

M. DE NORMONT, *à de Verpy en souriant*. Quelque amourette!... ah! vous avez été un peu...

M. DE VERPY. Beaucoup.

M. DE NORMONT, *d'un ton plus sérieux*. Vous nous conterez cela entre hommes, ces dames ne permettent pas....

M. DE VERPY. Vous croyez que ces dames ne permettent pas... (*A part*) Ma nièce a rougi, Arthur est inquiet!.. Je ne me suis pas trompé.

M. DE NORMONT. C'est que, de votre temps, les jeunes gens étaient très-audacieux, sous l'Empire. Et les femmes étaient coquettes!...

M. DE VERPY. Oh! c'est si différent maintenant!...

M. DE NORMONT. Ce n'est plus cela! plus cela du tout!

M. DE VERPY. Oh! mon Dieu non!

M. DE NORMONT. Voyez plutôt Lady Nelmoor, quelle simplicité! quelle absence de toute coquetterie; aussi j'ai rendu hommage à tant de raison! Toujours douces, égales et bonnes, voilà les femmes que nous aimons maintenant; ce n'est pas comme à votre époque, une folie passagère; c'est une estime et une amitié de toute la vie...

EMMA *à part*. Ce pauvre Normont (*haut*) Ces messieurs avaient parlé de déjeûner?

M. DE VERPY. Oui, mais je desire auparavant avoir quelques instans d'entretien avec ma nièce.

LADY NELMOOR *étonnée*. Avec moi?

M. DE VERPY. Oui, je vous en prie. (*Il a sonné, un domestique entre*). Aidez M. de la Villette à passer dans la salle à manger, où j'irai le retrouver bientôt.

ARTHUR. A vos ordres, monsieur. (*Il se lève soutenu par le domestique. A part*). Maudits souvenirs de 1805.

M. DE NORMONT *allant à son aide*. Prends donc garde! et le médecin qui n'arrive pas! J'ai bien envie de l'indiquer ma recette pour les foulures!

EMMA. Je vais te remplacer, ma chère Adine, et faire les honneurs du déjeûner en attendant ton arrivée à table et celle de monsieur.

M. DE VERPY. Nous ne tarderons pas à vous rejoindre. (*Ils sortent. Arthur est soutenu par Normont et le domestique*).

SCÈNE VII.

LADY NELMOOR, M. DE VERPY.

M. DE VERPY. Ma chère nièce, une petite explication, s'il vous plait.

LADY NELMOOR. Tant que vous voudrez mon oncle.

M. DE VERPY. Vous connaissez mon expérience. C'est une vertu qui coûte assez cher en général, pour qu'on n'en dédaigne pas l'usage; la mienne me sert donc à éventer une embuscade et à deviner les manœuvres d'un ennemi. Je suis comme ces vieux soldats qui ont encore du plaisir à aider de leurs conseils ceux qu'ils ont le regret de ne plus pouvoir suivre dans les combats.

LADY NELMOOR. Je ne vous comprends pas mon oncle.

M. DE VERPY. Patience!... voici mes observations: au moment de vous remarier, vous fuyez brusquement Paris, et vous venez vous enfermer dans ce château; c'est peu naturel! votre futur vient vous y surprendre! c'est bien imprudent! Il se trouve des blessés sur la route, c'est fort extraordinaire. Voyons! avec qui la guerre est-elle déclarée? où est l'ennemi, quels sont les alliés... et qui est-ce qu'on veut attraper?

LADY NELMOOR, *d'un ton sévère*. Personne, mon oncle; je suis libre! et mes actions dictées par ma volonté, le sont d'abord par la raison. Jamais je n'épouserai un étourdi; ce n'est pas moi qui pardonnerais à des folies, j'ai eu trop à en souffrir! si l'on eût mieux dirigé ma jeunesse on m'eût épargné les chagrins que m'a causés le caractère léger de lord Nelmoor, et ce n'est qu'au plus raisonnable des hommes que je veux confier le bonheur de mon avenir.

M. DE VERPY. Vrai? c'est bien vrai? alors je n'y comprends plus rien et je ne sais que penser de tout ce qui se passe ici! mais on vient...

SCÈNE VIII.

LADY NELMOOR, M. DE VERPY, MARIETTE.

MARIETTE. On demande M. de Verpy.

M. DE VERPY. Moi?

MARIETTE. Un homme accourant en toute hâte pour une affaire importante et mystérieuse.

M. DE VERPY. C'est impossible, je n'ai jamais eu d'affaires importantes et je n'en ai plus de mystérieuses.

LADY NELMOOR. Êtes-vous bien sûr que ce soit mon oncle qu'on demande?

MARIETTE. Oui, madame, et cela paraît être très pressé.

M. DE VERPY. Que diable ce peut-il être?... j'aurai plutôt fait d'aller voir moi-même. Je vous retrouverai tout-à-l'heure ma nièce et nous reprendrons l'entretien.

LADY NELMOOR, *souriant*. Allez mon oncle, et que l'inquiétude sur mon compte ne vous empêche pas de déjeûner! mon cœur est si tranquille que rien ne pourra le troubler désormais.

M. DE VERPY. C'est ce que nous verrons. Allons Mariette, conduisez-moi vers cet homme. (*Il sort avec Mariette*).

―――――――――

SCÈNE IX.

LADY NELMOOR, *puis* ARTHUR.

LADY NELMOOR *seule un instant*. Oui, mon cœur est paisible! Peut-être pourrait-il y avoir un peu plus de tendresse pour l'homme à qui je vais m'unir? mais ce n'est pas ma faute, on ne règle pas les mouvemens de son âme! on n'y met pas ce qu'on veut, on y prend ce qu'on y trouve! et je n'y trouve pas d'amour pour M. de Normont.... mais cela vaut mieux! beaucoup mieux. (*En ce moment Arthur grimpe en dehors de la fenêtre qui est restée entre ouverte, il la pousse et saute dans la chambre*).

LADY NELMOOR. Ciel!

ARTHUR. Enfin.

LADY NELMOOR. Est-il possible!

ARTHUR. M'y voici donc!

LADY NELMOOR. Que vois-je, par cette fenêtre? vous, monsieur! quand votre blessure...

ARTHUR. Ah! cette blessure, vous n'en avez pas été dupe...

LADY NELMOOR. Mais que voulez-vous?

ARTHUR. Vous voir... vous parler. seul un instant. Qu'il m'a fallu de peines pour arriver là.... mais, eussé-je dû risquer dix fois ma vie, j'y serais parvenu!

LADY NELMOOR, *reculant*. Oh! laissez-moi.

ARTHUR. Vous ne me fuirez pas! vous ne vous éloignerez pas! songez madame que depuis un mois je vous cherche, je vous poursuis partout pour saisir ce moment, pour obtenir une explication nécessaire à mon bonheur.... au vôtre peut-être.

LADY NELMOOR. Monsieur!...

ARTHUR. Vous êtes la seule femme que j'aie aimée!

LADY NELMOOR. Si je le demandais à Emma?

ARTHUR. Si j'ai offert à elle ou à d'autres cet hommage qu'un jeune homme ne peut refuser à la beauté.... c'est qu'alors je ne vous connaissais pas!.... Mais quand j'eus entendu votre voix si douce, vos paroles dont la grâce et le charme m'ont seules révélé ce que la raison peut ajouter à l'esprit, ce que la bonté peut prendre d'empire sur le cœur, j'ai senti... que c'était vous, madame, que je devais aimer.

LADY NELMOOR. M'aimer, moi, si grave, si sérieuse!....

ARTHUR. Justement! ne me fallait-il pas dans l'objet de mon choix de la raison pour deux.

LADY NELMOOR. Vous, si élégant, si frivole!...

ARTHUR. Ah! cette austère sévérité de votre extérieur, cette simplicité qui prend autant de soins pour se dérober à nos hommages que les autres femmes en mettent à les chercher, n'est-ce pas un mérite qui n'appartient qu'à vous seule? et qui inspire plus d'admiration que tout l'art de la coquetterie peut inspirer d'amour?

LADY NELMOOR, *un peu troublée*. Monsieur, ne parlez pas ainsi!.. je ne dois ni ne veux le permettre.... Encore une fois, éloignez-vous!....

ARTHUR. Non, madame! j'ai appris que vous étiez engagée, que, par je ne sais quelle erreur, vous croyiez trouver un sort heureux avec l'homme du monde le moins fait pour vous convenir.

LADY NELMOOR. Son noble caractère, sa raison si sûre, conviennent à mes idées, à mes principes à mes projets.

ARTHUR. Vous vous trompez, madame! car vous avez ne âme tendre, quoique vertueuse! le premier besoin d'une âme comme la vôtre est d'éprouver, en les inspirant des sentimens tendres et vifs, et avec mon ami Normont que ferez-vous de tout cela?

LADY NELMOOR. Mais monsieur!...

ARTHUR. Oh! je m'y connais! et d'ailleurs j'étais trop intéressé pour ne pas tout voir. Il n'y a qu'un instant, n'était-il pas là, près de vous, et je cherchais, madame, s'il y avait en lui quelque chose qui pût convenir à votre nature aimante et délicate! Je regardais ses yeux, rien n'y paraissait! il n'y avait pas une émotion dans ses paroles! le son de sa voix n'exprimait rien, et quant aux mouvemens de son cœur; il n'en perçait aucun! Ah!... il n'est point de sentimens qui puissent se contraindre si bien qu'un rival ne les sache deviner! Il ne vous aime pas, madame, il est froid, il est glacé!... s'il sentait quelque chose il s'animerait! l'amour est comme le feu, il échauffe du moins s'il ne brûle pas! non, madame, il ne vous aime point!... et quand il est des cœurs pleins d'amour, qui recevraient avec ravissement le bonheur que vous lui destinez, irez-vous lui donner un bien dont il ne saura pas comprendre tout le prix?

LADY NELMOOR, *un peu émue.* En vérité, monsieur, ce langage... doit me surprendre... et je ne sais de quel droit...

ARTHUR. Du droit que me donne votre injustice envers moi! du droit que me donne l'amour le plus vrai, le plus sincère!

LADY NELMOOR, *se réveillant.* Et je vous écoute! et je vous réponds!... mais vraiment, je suis aussi folle que vous!

M. DE VERPY, *en dehors.* Ah! ça, où diantre êtes-vous donc, M. de Normont?

LADY NELMOOR, *inquiète.* C'est la voix de mon oncle.

ARTHUR, *avec embarras.* Quoi, déjà...

NORMONT, *en dehors.* Venez me délivrer, M. de Verpy, je suis enfermé...

LADY NELMOOR. Enfermé, comment?

ARTHUR. Oh! ce n'est rien... mais ils vont venir.

LADY NELMOOR, *troublée.* Et que leur dirai-je?... sortez, monsieur, sortez...
(*Arthur va vers le fond on entend la voix d'Emma.*)

EMMA, *en dehors de la porte du fond.* Adine, es-tu là.

ARTHUR. Je suis pris de tous les côtés!

LADY NELMOOR. Et si l'on vous voit, que pensera-t-on? il ne faut pas... qu'on vous trouve ici... que faire... ah! entrez là! Et voyez, monsieur, à quoi m'expose votre imprudence. (*A elle-même.*) Et la mienne!

ARTHUR, *saisissant sa main et la baisant.* Oh! pardonnez, pardonnez!
(*Il sort par la porte de gauche.*)

LADY NELMOOR. Quelle folie!... et si on l'eut vu, quelles idées on aurait pu concevoir!

(*Elle s'assied et arrange des fleurs sans trop savoir ce qu'elle fait.*)

~~~~~~~~~~~~~~~~~~~~~~~~~~~

SCÈNE X.

EMMA, LADY NELMOOR, *puis* M. DE VERPY, NORMONT.

EMMA, *entrant.* Enfin, je te trouve! que fais-tu donc là?

LADY NELMOOR. Tu le vois... je... ces fleurs.

EMMA. Voilà une affaire bien pressée pour faire oublier le déjeûner!

LADY NELMOOR. Ah! oui, le déjeûner!

EMMA. Il y a une heure que je suis toute seule dans la salle à manger; sous prétexte qu'il souffrait de sa blessure M. le comte de la Villette s'est fait conduire par M. de Normont dans une chambre; j'attendais toujours ou l'un d'eux, ou M. de Verpy... personne n'a paru.

LADY NELMOOR. Vraiment!.. (*Normont entre avec Verpy par la porte de droite.*)

EMMA, *à Normont.* Ah! c'est bien heureux! pourquoi donc, monsieur, ne vous ai-je pas revu?

NORMONT. N'en accusez qu'une étourderie inconcevable d'Arthur! Il me conduit dans une chambre, afin que je lui prépare ma recette pour les foulures, qu'il voulait employer en attendant le médecin; tout-à-coup il me quitte, appuyé sur le bras d'un domestique; il va revenir, me dit-il! point du tout! Il ne revient pas, et quand je veux sortir, je m'aperçois que sans y prendre garde, il a tourné deux fois la clé dans la serrure, et que je suis enfermé! point de sonnette! je crie, on ne me répond pas! et si M. de Verpy ne fût venu à passer et ne m'eût entendu, je serais peut-être resté toute la journée dans cette chambre! quel étourdi que cet Arthur!

LADY NELMOOR, *à part souriant.* Je m'en doutais!... c'est une nouvelle espièglerie.

EMMA, *riant.* Allons! et d'un!... je parie qu'il est aussi arrivé quelque aventure à M. de Verpy?

M. DE VERPY. Mais oui!... à peu près! une espèce de paysan m'a retenu presque de force pour me raconter une longue dispute accompagnée de coups de poing, qu'il a eue avec un de ses camarades. J'avais beau faire et beau dire, il ne voulait pas absolument me laisser partir, et ce n'est qu'au bout d'un grand quart d'heure que j'ai su qu'il me prenait pour le maire ou le juge de paix du canton.

LADY NELMOOR, *riant.* Oh! mais!... c'est drôle.

M. DE VERPY, *la regardant avec intention.* Je ne sais pas si c'est drôle; mais je crois savoir que c'est quelque mauvais plaisant.

LADY NELMOOR, *riant.* Bah!... vous soupçonnez toujours quelque malice.

M. DE VERPY. J'ai tort, n'est-ce pas?

EMMA, *regardant lady Nelmoor.* Mais, M. Arthur? est-ce qu'on le retiendrait aussi quelque part?

M. DE VERPY. Oh! il ne me semble pas de ceux qu'on attrape lui, mais de ceux qui attrapent les autres.

LADY NELMOOR, *riant.* Ce n'est pas le plus mauvais rôle.

NORMONT. Est-ce que vous supposeriez Arthur capable de se moquer de nous?

M. DE VERPY. Il n'oserait pas... mais j'ai l'idée qu'il a voulu se ménager un tête-à-tête.

NORMONT. Et avec qui?

EMMA. Ce n'est pas avec moi qu'on a laissée seule à table.

M. DE VERPY. Alors!...

NORMONT, *indiquant lady Nelmoor*. Ce ne peut pas être avec madame.

EMMA. Je ne le crois pas, car ce serait bien singulier.

LADY NELMOOR. Singulier!....

M. DE VERPY. Pas si singulier que vous le pensez...

EMMA. Pardon, pardon!... et je peux prouver ce que j'avance.

LADY NELMOOR. Quoi donc!... que prouvrais-tu?

EMMA. Que M. Arthur ne peut pas, ma chère Adine, penser à te plaire, d'après la façon dont il s'exprime sur ton compte.

NORMONT. Et puis cela n'est pas possible, par la raison qu'il connaît nos engagemens.

M. DE VERPY. Ah!... vous croyez...

EMMA. Je vous assure qu'il ne songe pas à Adine.

LADY NELMOOR. En vérité, je voudrais savoir ce qui te rend si sûre!...

EMMA. Mon Dieu!.... si tu es si curieuse, j'ai de quoi te satisfaire.... c'est là ce souvenir qui me faisait rire tantôt!... tiens, voici une lettre qu'il écrivit à sa cousine Caroline le lendemain du jour où elle te l'avait présenté.... tu te rappelles?

LADY NELMOOR. Oui, mais comment cette lettre est-elle entre tes mains?

EMMA. Caroline, notre ancienne compagne, me l'avait communiquée. Je la priai de me la confier, parce que je voulais t'en donner connaissance, afin de te faire voir combien ton système de conduite réussissait auprès des étourdis comme monsieur Arthur. C'était pure amitié de ma part.

LADY NELMOOR, *amèrement*. Oh! je n'en doute pas!

M. DE VERPY, *moqueur*. Cela se voit tout de suite.

EMMA. Et maintenant qu'on soupçonne M. de la Villette, l'instant de te faire lire son épitre ne pouvait-être mieux choisi.

LADY NELMOOR *prenant la lettre*. Voyons donc!

M. DE VERPY *à part*. Bon petit cœur de femme! (*Haut*) Prenez garde, ma nièce, la curiosité est souvent dangereuse!

LADY NELMOOR *lisant*. « Ma chère cousine, chez quelle bizarre personne m'a-
« vez-vous conduit. Et avez-vous perdu
« la raison, en imaginant que je pourrais
« en faire ma femme?» (*parlé*) Comme si l'on eût voulu de lui! (*Elle lit*) « Son air de
« puritaine, et sa toilette singulière dé-
« guisent, j'en suis sûr, plus de défauts
« que de beauté; les cheveux qu'on aper-
« çoit par hazard, cachent ceux qu'elle ne
« peut montrer, et ce n'est pas sans cause
« qu'elle nous dérobe sa taille; son amie,
« elle-même me l'a donné à entendre! » (*Parlé*) Ah! je vous remercie, Emma.

EMMA, *à demi-voix*. J'entrais dans tes vues, je voulais te rendre service.

LADY NELMOOR. Vous êtes trop obligeante! Mais continuons. (*Elle lit*). « Il
« n'y a qu'une chose qui pourrait donner
« l'envie de plaire à Lady Nelmoor; c'est
« qu'il semblerait très original qu'on l'eût
« entrepris. »

NORMONT. Le moyen, après cela, de croire qu'il est amoureux de madame!

EMMA. Tu me pardonnes, ma chère Adine?

LADY NELMOOR *très-colère*. Et de quoi me demandez-vous pardon? Que me font vos paroles? Que me font les sottes impertinences d'un fat?..

M. DE VERPY. Remettez-vous, ma nièce, remettez-vous!

LADY NELMOOR. Que je me remette? et qui vous dit que cela me trouble? Quel intérêt puis-je y prendre? Je ne sais en vérité pourquoi j'ai lu ces sottises! j'ai bien autre chose à faire, vraiment! Et dans ce moment puis-je m'occuper de ces pauvretés ridicules, moi qui peux à peine songer aux choses essentielles tant je suis souffrante, malade.

NORMONT. Comment, madame!

LADY NELMOOR. Oui monsieur, la fatigue, le bruit... Je viens ici à la campagne pour me reposer quelques heures dans la solitude.... et je suis accablée de visites, d'embarras!

M. DE VERPY. Nous allons nous retirer.

LADY NELMOOR, *allant s'asseoir près de la table*. Je vous en prie! un moment de repos, je n'en puis plus.

EMMA. Si mes soins...

LADY NELMOOR. Laissez-moi, de grâce.

EMMA *à part*. Quelle humeur!

M. DE VERPY *à part*. Infortuné Normont.

NORMONT. J'espère, madame, que votre indisposition n'aura pas de suite... Si c'était une migraine, j'ai une recette excellente...

LADY NELMOOR. Merci, merci, ce ne sera rien.

NORMONT. Ce pauvre Arthur commence à m'inquiéter aussi !.... où peut-il être ?
M. DE VERPY, *d'un air moqueur.* Ah ! c'est lui qui vous inquiette? vous êtes bien bon ! Allons venez, suivez-moi, laissons ma nièce seule... c'est je crois la meilleure recette pour son mal.

༺༻

SCÈNE XI.

LADY NELMOOR, puis ARTHUR.

LADY NELMOOR *seule un instant. Elle se lève vivement, regarde la lettre qu'elle tient encore et la cache dans son sein.* Voilà-t-il assez de choses désagréables ! Emma était-elle contente ! Il lui semble qu'il me serait impossible de plaire à monsieur Arthur. (*Souriant*) Pourtant, si je le voulais bien ! mais non certes, non pas ! Je vais le renvoyer de la bonne manière. (*Elle va ouvrir la porte de la pièce où est Arthur*). Sortez, monsieur, sortez, je vous prie !...
ARTHUR. Ah ! vous êtes seule enfin, madame, ils sont partis.
LADY NELMOOR *émue et colère, mais tâchant de se contraindre.* Oui, je suis seule !
ARTHUR. Quel bonheur.
LADY NELMOOR *d'un ton froid et très sévère.* Et disposée, monsieur, à écouter ce qui vous reste à me dire ! c'est très-important sans doute à en juger par tout ce que vous avez fait pour obtenir cet entretien.
ARTHUR *souriant.* Ah ! vous savez, madame?...
LADY NELMOOR. Parlez-donc, monsieur, puisque je veux bien vous entendre.
ARTHUR. Quel ton froid et sévère.
LADY NELMOOR. Vous trouvez?
ARTHUR. Vous n'étiez pas ainsi tout à l'heure !
LADY NELMOOR. Tout à l'heure ? c'est possible ! mais que disiez-vous alors quand on vous a interrompu ?
ARTHUR. Oh ! il m'est bien facile de le répéter ; car c'est une pensée qui ne me quitte pas ! Je disais, madame, que le bonheur de vous plaire eût été la plus grande ambition de mon cœur.
LADY NELMOOR. Ah !
ARTHUR. Et qu'être aimé de vous eût réalisé toutes mes espérances !
LADY NELMOOR. Vraiment ? « C'est original n'est-ce pas ? — « Et vous avez là une bien singulière idée !
ARTHUR. Que signifie ce ton moqueur ?
LADY NELMOOR *avec beaucoup d'ironie.*

Non, je ne me moque pas ! pourquoi donc me moquerais-je ? il n'y a rien de plus sincères que vos paroles ! Vous exprimiez si naturellement tout à l'heure ce qu'une âme aimante et bonne peut éprouver ; qu'on voit bien que vous êtes incapable d'essayer de tromper une femme sur les sentimens qu'elle vous inspire !
ARTHUR. Ce cruel langage est-il une punition du passé ? Quand je mentais, on me croyait !, ne me croit-on plus quand je dis vrai ?
LADY NELMOOR, *toujours ironique.* Oh ! sans doute, vous dites vrai, ce n'est pas vous qui chercheriez à pénétrer par surprise dans le cœur d'une femme craintive et réservée ! qui voudriez, par défi et comme difficulté vaincue, lui inspirer des sentimens que vous n'auriez pas, que vous ne pourriez jamais avoir pour elle.
ARTHUR. Mais vos paroles, le ton dont vous les prononcez, m'étonnent et me troublent. Ah ! madame, cette amère dérision....
LADY NELMOOR *d'un ton plus sérieux.* Oh ! oui, ce serait une amère dérision, comme vous dites, si rencontrant une femme modeste, sans prétentions, un homme employait auprès d'elle, par bravade, ce langage fait pour séduire !
ARTHUR. Mais cela est impossible.
LADY NELMOOR. Si, la poursuivant jusque dans la retraite, où elle veut cacher plus de défauts que de beauté !
ARTHUR, *cherchant à se soutenir.* Qu'est-ce donc !... Je m'y perds.
LADY NELMOOR. Il venait lui exprimer tout ce qui peut porter dans l'âme, le trouble et la persuasion ! Et si alors, la pauvre dupe croyant qu'elle est aimée, imaginant que ce rêve de la vie des femmes, ce bonheur qu'elles devinent et qui fuit toujours devant elles, l'amour fondé sur l'estime, garanti par la noblesse du cœur, exprimé par la délicatesse ; s'imaginant disje, qu'elle a rencontré tout cela, si elle abandonnait son âme à cette espérance pour découvrir ensuite qu'un étourdi s'est joué de son repos, s'est moqué de son bonheur, et pour rester d'autant plus malheureuse qu'il lui faudrait renoncer à l'espoir d'être aimée après en avoir entrevu tout le charme ! (*elle s'est un peu attendrie vers les dernières phrases*). Oh ! oui, ce serait une amère dérision.
ARTHUR. Si vous saviez quel trouble agite mon âme.
LADY NELMOOR, *revenant à un ton plus*

calme et essayant de sourire. Heureusement, monsieur, rien de tout cela ne pouvait arriver ! vous nous avez donné des armes pour nous défendre, (*elle sourit et lui donne la lettre*) et voici un bouclier sous lequel notre cœur était aisément invulnérable !

ARTHUR, *attiré.* Ciel ! ma lettre à ma cousine !

LADY NELMOOR, C'est dommage, n'est-ce pas. C'eût été une *entreprise si originale* que de chercher à plaire à Lady Nelmoor.

ARTHUR. Je suis perdu.

LADY NELMOOR. Eh ! bien, monsieur ?

ARTHUR, *confus.* Eh ! bien madame ?

LADY NELMOOR. Cette lettre ?...

ARTHUR. Je ne puis la nier !

LADY NELMOOR. Et ?

ARTHUR. Et Lady Nelmoor ne la pardonnera jamais! j'aurais beau lui dire que chaque fois que je l'ai vue depuis ce moment, une impression nouvelle, vive et profonde a rempli mon âme de tendresse et d'admiration...

LADY NELMOOR. Elle ne vous croirait pas

ARTHUR. Je suis bien malheureux !

LADY NELMOOR, *à la psyché, ôtant son chapeau.* Cette pauvre Lady Nelmoor est si laide !...

ARTHUR. Je n'ai pas écrit cela !

LADY NELMOOR, *ajustant ses cheveux.* Elle cache ses cheveux parce qu'elle ne pourrait pas les montrer.

ARTHUR. Que vous êtes cruelle ?..

LADY NELMOOR. *ôtant sa mantille et la jetant sur la table.* Sa taille est certainement de travers, elle l'enveloppe avec tant de soin !

ARTHUR. Madame

LADY NELMOOR. Sans goût, comme sans grâces, elle ignore cet art de donner à la coquetterie un air de négligence ! d'être simple avec élégance ! gracieuse sans affectation.

ARTHUR, *l'examinant enchanté.* Mon Dieu, sous quel aspect nouveau !

LADY NELMOOR, *d'un ton plus sérieux.* Lady Nelmoor, monsieur, avait été choisie par son mari pour sa figure et ses talens; elle avait brillé par son élégance; et tout cela, en flattant sa vanité, n'avait pas satisfait son cœur ! aussi dédaignant les hommages et méprisant l'amour, elle s'était promis de ne sacrifier sa liberté qu'à la seule amitié !

ARTHUR. L'amitié ? vous !..

LADY NELMOOR. Et vous êtes venu monsieur, insulter à sa raison, qui vous condamne, défier son cœur, qui vous échappe; vous moquer de sa figure...

ARTHUR. Qui s'en venge bien.

MADY NELMOOR, *souriant.* Ah ! je lui en saurais gré.

ARTHUR. Vraiment ?

LADY NELMOOR, *riant d'un air mutin.* Oui, vous mériteriez qu'on fût assez jolie pour vous donner des regrets ! ce serait vengeance permise que de souhaiter de vous plaire !... ma colère est si grande que je voudrais, monsieur, vous paraître charmante, et qu'en vous disant adieu.... pour toujours, je voudrais vous laisser un souvenir qui ne s'effaçât jamais !

(*Elle le salue et sort par la porte de droite*).

SCÈNE XII.

ARTHUR, *seul et exalté.*

Elle est charmante, délicieuse ! j'en suis amoureux fou ! Elle a repris tous les attraits, toutes les grâces, toute la coquetterie, tous les défauts d'une femme ; il ne lui manque plus rien pour être adorée ! mais que faire maintenant pour l'apaiser ! (*Il s'assied à gauche et réfléchit*).

SCÈNE XIII.

NORMONT, ARTHUR, *puis* LADY NELMOOR.

NORMONT, *entrant du fond et se parlant à lui-même.* Je savais bien que lord Nelmoor avait laissé des affaires en désordre ; mais ruiné à ce point ! mais les dettes qui ne sont pas payées ! Mais cette terre (*il aperçoit Arthur*). Ah ! te voilà ! Eh bien, mon ami, il y a du nouveau.

ARTHUR. Quoi tu le sais déjà ?

NORMONT. Sans doute !

ARTHUR. C'est impayable !

NORMONT. J'en tremble !

ARTHUR. Comment.

NORMONT. Je croyais lady Nelmoor plus raisonnable que cela ?

ARTHUR. Elle veut être aimée pour ses seules vertus.

NORMONT. C'est bien romanesque.

ARTHUR. C'est charmant !

NORMONT. Je ne vois pas ce que tu peux trouver de charmant dans tout cela ! Une terre magnifique

ARTHUR, *qui ne l'a pas écouté.* Elle est vraiment délicieuse.

NORMONT. Oui, mais elle n'est pas payée.

ARTHUR, *étonné*. Payée?

NORMONT. Elle était déjà hypothéquée et je l'ignorais.

ARTHUR. Hypothéquée? ah! ça, as-tu perdu la tête.

NORMONT. Ne sais-tu pas qu'on va la saisir?

ARTHUR. Saisir? Quoi?

LADY NELMOOR, *entrouvrant la porte de droite et s'arrêtant quand elle les aperçoit*. A part. Ah! il est encore là!... et M. de Normont avec lui!

ARTHUR, *à Normont*. Achèveras-tu?

NORMONT. Que j'achève? mais je te dis depuis une heure qu'on va saisir la terre de lady Nelmoor!

ARTHUR. Cela se pourrait-il?

LADY NELMOOR, *à part*. Écoutons!

NORMONT. Il ne lui reste rien; cette terre étant sa seule propriété, et de nouveaux créanciers de son mari se présentant.

ARTHUR. Juste ciel!

NORMONT. Comment lui apprendre cette nouvelle? et comment supportera-t-elle ce malheur?

ARTHUR, *se levant vivement*. Ah! qu'on le lui cache; un chagrin à elle? oh non, non!

NORMONT. Prends donc garde à ta foulure.

ARTHUR. Il s'agit bien de cela, qu'elle ignore toujours ce qui arrive.

NORMONT. C'est impossible.

ARTHUR. Impossible! Ah! s'il le faut, moi je réponds pour elle!

NORMONT. Toi, qui n'a jamais le sou.

ARTHUR. Il est vrai que j'ai le tort, ou la raison de manger ordinairement mon revenu de l'année prochaine; c'est une malice que je fais à mes héritiers! mais je suis riche, mes biens sont considérables. Je peux répondre pour bien plus que ce château. Et, s'il était nécessaire, Normont, dispose de toute ma fortune.

NORMONT. Allons, tu n'es guères raisonnable non plus. Mais tu as bon cœur, voilà un trait qui me montre toute ton amitié pour moi.

ARTHUR. Hein, plaît-il?

NORMONT. Il est vrai qu'entre anciens camarades; puis, tu sais qu'avec moi tu n'as rien à risquer. Mais c'est égal, c'est fort beau, et j'en garderai une vive reconnaissance.

ARTHUR. Encore une fois, cours donc vite, et toi qui sais si bien calculer, arrange tout cela.

NORMONT. J'y vais, j'y vais, mais sois tranquille, tu auras des sûretés (*Il sort par le fond*).

LADY NELMOOR, *à part*. Ah! comment n'être pas touchée en voyant un cœur si généreux. (*Elle vient en scène*). Merci, M. Arthur, merci! Combien je bénis l'erreur à laquelle je dois de vous avoir vu si noble et si bon.

ARTHUR. Vous étiez là, madame.

LADY NELMOOR. Heureusement.

ARTHUR. Quoi, vous avez entendu! et vous savez ce que je voulais vous cacher.

LADY NELMOOR. Ne craignez rien; je ne suis pas inquiète sur ma fortune! je suis riche, fort riche! et n'ai point cessé de l'être!

ARTHUR. Comment! ces créanciers....

LADY NELMOOR *riant*. Ces créanciers! une plaisanterie que j'avais imaginée, comme j'avais imaginé d'annoncer ma ruine!....

ARTHUR. Ah!

LADY NELMOOR. Les deux années que j'ai passées dans la retraite, ont payé toutes les dettes de Lord Nelmoor; mais, venant en France avec l'intention de m'y fixer par un second mariage, je n'ai voulu rien devoir à ma fortune, et, au moment de m'engager, une dernière épreuve devait m'assurer de la tendresse désintéressée de l'homme que j'avais choisi! oui, je connaissais sa raison et je voulais éprouver son cœur!

ARTHUR. Ah! vous l'estimez donc bien peu?

LADY NELMOOR. Comment?

ARTHUR *d'un ton froid et contraint*. Je sais madame, que cela ne me regarde point, que je n'eus jamais de droits sur votre cœur et que vous venez à l'instant même de me bannir de votre présence, c'est pour celui que vous aimez, que je m'offense, que je m'afflige de vos soupçons! Ah! si j'avais été assez heureux pour être à sa place, si vous m'eussiez choisi, je souffrirais beaucoup en ce moment, je l'avoue et je ne sais si je pardonnerais à celle que j'aime, de m'avoir fait rougir devant elle, en me soumettant à cette outrageante épreuve.

LADY NELMOOR. Que dites-vous!

ARTHUR. Cacher votre fortune, pour vous assurer que ce n'est pas elle qu'on cherche en vous aimant. Ah! la femme à qui il faut une preuve convaincante de l'honnêteté d'un homme, et qui prend avec lui les précautions du mépris; elle ne l'aime pas, madame, elle ne l'aimera jamais! Il y a dans l'amour une estime si grande, une admiration si vive, un sentiment si juste de ce que vaut celui qu'on aime, qu'il ne peut s'élever dans l'âme aucun doute, aucun soupçon! Les apparences fussent-elles contre lui, le monde l'eût-il condamné, c'est près de celle qu'il aime qu'un homme doit trouver justice. Pensez donc, madame, si, quand tous l'estiment, il peut lui pardonner d'avoir osé douter de lui.

LADY NELMOOR. Quel langage!

ARTHUR. J'ai tort peut-être, d'exprimer aussi vivement ma pensée! Excusez-moi, madame! Je me retire. Auprès de vous, je ne suis assez maître ni de mes paroles ni de mes sentimens.

(*Il fait un profond salut et sort par le fond*).

◈◈◈◈◈◈◈◈◈◈◈◈◈◈◈◈◈◈◈◈◈◈◈◈

SCÈNE XIV.

LADY NELMOOR, *puis* M. DE VERPY.

LADY NELMOOR *seule et agitée*. Eh bien! il part, il s'éloigne et je ne puis le retenir. Que lui dire? Je l'ai offensé, je l'ai banni. Il ne reviendra plus! Quelle noblesse de pensées, quelle chaleur d'expressions, quelle délicatesse de sentimens; et je ne le reverrais jamais? Oh..... il faut..... (*Elle va vers la porte du fond sans trop savoir ce qu'elle fait. M. de Verpy paraît*). Mon oncle....

M. DE VERPY. Où couriez-vous ainsi, ma nièce? Et quel changement, bon Dieu. Cette robe, cette coiffure, c'est charmant, charmant en vérité? Mais qu'avez-vous? ce n'est pas seulement votre toilette qui est différente; vous, si calme d'ordinaire, si paisible, vous êtes troublée...

LADY NELMOOR. Moi!

M. DE VERPY. Vos yeux sont pleins de larmes.

LADY NELMOOR. Mais non.

M. DE VERPY. Mais si (*Il lui prend la main*) et vous tremblez?

LADY NELMOOR. Vous vous trompez, mon oncle.

M. DE VERPY. Non, je ne me trompe pas, et je viens de rencontrer M. Arthur, il était troublé aussi. Ma nièce, auriez-vous à vous plaindre de cet étourdi?

LADY NELMOOR. A me plaindre de lui? de M. Arthur; oh non! c'est impossible.

M. DE VERPY. Impossible, allons donc! un jeune fou, audacieux, inconséquent.

LADY NELMOOR. Et où avez-vous pris, mon oncle, qu'il est fou, audacieux et inconséquent.

M. DE VERPY. Où je l'ai pris, mais quand il n'y aurait que toutes les extravagances qu'il a faites aujourd'hui.

LADY NELMOOR. Quoi donc?

M. DE VERPY. Eh bien, sa chûte de cheval?

LADY NELMOOR. Un événement malheureux.

M. DE VERPY. Malheureux! je voudrais savoir pour qui? Et Normont, enfermé dans une chambre, pendant qu'on me retenait d'un autre côté!

LADY NELMOOR. Une méprise sans doute!... un accident!...

M. DE VERPY. Un accident qui a des suites, il me semble!

LADY NELMOOR. Vous croyez?

M. DE VERPY. J'en ai peur!.... et cet amour qu'il promène aux pieds de toutes les femmes, qu'il a offert à votre amie même!...

LADY NELMOOR. La vanité d'une femme peut si bien se tromper sur ces choses là!

M. DE VERPY. Ah! mais ses affaires en désordre.

LADY NELMOOR, *vivement*. Du désordre! lui qui tout à l'heure offrait une somme considérable qu'il croyait m'être nécessaire!

M. DE VERPY. Bah!... ah ça, mais c'est donc un garçon très rangé, un modèle de sagesse?

LADY NELMOOR. Et si bon... si noble...

M. DE VERPY. Oui dà?

LADY NELMOOR. Jamais aucun homme n'a si bien senti tout ce qui convient au caractère et au cœur d'une femme.

M. DE VERPY. Vraiment?

LADY NELMOOR. Il devine ses idées, partage toutes ses petites susceptibilités...

M. DE VERPY. Voyez vous ça....

LADY NELMOOR. Comprend tout ce qu'elle peut éprouver, tout ce qui peut servir à son bonheur.

M. DE VERPY. Qui diantre se serait douté de pareille chose?

LADY NELMOOR. Certes, il faudrait une grande injustice pour ne point trouver sa conduite et ses paroles pleines de bonté, d'esprit et de raison.

M. DE VERPY. En vérité!...

LADY NELMOOR. Oui, mon oncle...

M. DE VERPY. Malepeste! M. Arthur a fait bien du chemin pour un boiteux?

LADY NELMOOR. Que dites vous?...

M. DE VERPY. Je dis, ma nièce que je m'associe à vos inquiétudes, à votre trouble car vous êtes agitée, émue, comme quelqu'un qui aurait à réparer une erreur où une injustice!... envers M. Arthur, eh! bien, nous réparerons cela! n'est-ce pas? (*Il la regarde malicieusement.*) Après votre mariage avec M. de Normont!

LADY NELMOOR, *reculant et comme frappée de stupeur.* Mon mariage avec M. de Normont!

M. DE VERPY. N'est-ce pas demain que nous signons le contrat?

LEDY NELMOOR. Demain!...

M. DE VERPY. Sans doute, est-ce que les vingt-quatre heures de réflexion...

LADY NELMOOR, *vivement.* Les vingt-quatre heures de réflexion prouvent que j'avais encore la possibilité de changer d'avis.

M. DE VERPY. Certainement!... si vous trouviez qu'il y avait moyen de faire un mariage plus raisonnable!... est-ce que... (*Il la regarde avec intention.*)

LADY NELMOOR, *maligne et caressante.* Convenez, mon oncle, que des gens méchants pourraient trouver M. de Normont... quelque peu ridicule!...

M. DE VERPY. Ah! ah! et vous avez découvert cela aujourd'hui! tudieu! que de découvertes en un jour! allons, allons!.... j'y suis! et moi aussi j'en ai fait une!

≈≈≈≈≈≈≈≈≈≈≈≈≈≈≈≈≈≈≈≈

SCÈNE XVIII.

EMMA, LADY NELMOOR, M. DE VERPY, NORMONT, ARTHUR.

NORMONT, *amenant Arthur.* Eh. non, je te répète que tu ne partiras pas ainsi nous retournerons à Paris tous ensemble.

M. DE VERPY, *examinant Arthur et sa nièce.* Monsieur partait! Oh! je comprends le trouble!

EMMA, *à lady Nelmoor.* Quelle métamorphose ma chère Adine...

NORMONT. Tiens c'est vrai! moi qui ne voyais pas (*d'un air de triomphe à Arthur*). Eh bien Arthur!

ARTHUR. Je vous demande bien pardon, madame, d'être revenu sans votre permission... et...

NORMONT. Puisque c'est moi qui t'ai ramené! Mais à propos quand je t'ai arrêté, tu courais comme un lièvre!

ARTHUR. J'ai été guéri par ta recette!

NORMONT. Tu ne t'en es pas servi!

ARTHUR. C'est égal, l'intention seule.

M. DE VERPY, *à Arthur.* Il est des gens qui ont obligation à M. de Normont de vous avoir fait rester, monsieur. Moi, d'abord, qui doit m'excuser car je vous avais jugé légèrement, et ma nièce vient de me détromper sur une foule de choses.

ARTHUR. Comment?

LADY NELMOOR, *bas.* Mon oncle!

M. DE VERPY. Oui, oui, j'avais la maladresse de vous prendre pour un étourdi, vous, si sage, si rangé, si fidèle, si...

NORMONT, *à Arthur.* Est-ce qu'on se moque de toi?

M. DE VERPY. Pas le moins du monde! si je répétais ce que ma nièce vient de m'apprendre!...

ARTHUR. Madame?

LADY NELMOOR, *bas.* Encore une fois, mon oncle!...

M. DE VERPY. Oui, par exemple...

EMMA. Oh! moi je sais à fond l'opinion d'Adine sur M. Arthur, car ce matin nous parlions de lui, et cela ne ressemble guères...

M. DE VERPY. Pas du tout.... vous croyez savoir, et je gage que vous ne savez rien!... Tenez, entre autres choses, ma nièce m'a prouvé que la coquetterie de quelques femmes qui enterprétaient comme témoignage d'amour, des politesses insignifiantes, valait seule à monsieur sa réputation de légèreté,

EMMA. Ah! votre nièce a dit cela! (*A part*). C'est aimable!

LADY NELMOOR. Mon oncle! je vous en prie.

M. DE VERPY. Elle ajoutait que M. Arthur, tendre, délicat, sensible!.. Oh si je répétais tout.. n'aime qu'une seule femme!

ARTHUR. Je le jure.

NORMONT. Bah!

M. DE VERPY. Oui, ma nièce m'en paraît assez persuadée!

ARTHUR. Et croit-elle que je l'aimerai toute ma vie?

M. DE VERPY, *après les avoir regardé l'un et l'autre.* Je pense que c'est là ce qu'elle sera bien aise de savoir.

ARTHUR, *allant à lady Nelmoor.* Madame! (*Elle baisse les yeux et ne répond pas*).

EMMA. Allons, allons, je devine!

NORMONT. Qu'est-ce que tout cela veut dire?

M. DE VERPY. Que ma nièce s'était promis de faire un mariage parfaitement sage et raisonnable, et qu'il paraît que...

EMMA. M. Arthur lui a prouvé qu'il était le plus sage de vous deux.

NORMONT. Pas possible!

ARTHUR, *tendrement à Lady Nelmoor.* Est-il vrai que mes torts soient pardonnés?

LADY NELMOOR, *lui tendant la main et se détournant timidement.* Il paraît que celui qu'on aime a toujours raison.

NORMONT, *pétrifié*. Ah! ça!... mais que suis-je donc venu faire ici?

M. DE VERPY. Vous avez guéri la foulure de monsieur.

NORMONT. Permettez... il me semble...

M. DE VERPY. Un homme sage comme vous êtes, prend son parti et ne se fâche point.

EMMA. Voilà un mariage raisonnable comme il s'en fait beaucoup.

M. DE VERPY. C'est qu'en fait d'amour une femme a beau en appeler à sa raison, c'est toujours son cœur qui décide... c'était déjà comme cela de mon temps.

FIN.

LA TIRELIRE,

TABLEAU-VAUDEVILLE

EN UN ACTE,

Par MM. Cogniard, frères, et Jaime.

Représenté pour la première fois, à Paris, sur le Théâtre du Palais-Royal, le 5 novembre 1835.

PERSONNAGES.	ACTEURS.	PERSONNAGES.	ACTEURS.
GEORGET, Relieur.	MM. SAINVILLE.	MARIE, Cousine de Georget	
JUSTIN, son frère.	WELCH JEUNE.	et de Justin.	Mlle EMMA.
TITI-LE-TALOCHEUR, ami de Justin.	ACHARD.	PHROSINE, Ouvrière relieuse.	Mlle PERNON.
JEAN CABILLOT, Lorrain.	OCTAVE-GALL.		

La scène est à Paris.

Le théâtre représente une chambre mansardée, mais propre, qui sert d'atelier. A droite, au premier plan, une cheminée sur laquelle est une grosse tirelire; au second plan, une fenêtre. — Une table à gauche; porte au fond et deux portes latérales.

SCÈNE I.
GEORGET, JUSTIN, MARIE, CABILLOT.

Au lever du rideau, Cabillot est assis devant la table à gauche et mange. Georget et Justin, au fond, rangent des livres sur un établi, Marie à droite ourle des torchons.

JUSTIN. Allons! v'là tout en ordre...tout l'ouvrage de la semaine; de la reliure joliment soignée!

GEORGET. Fort bien, petit frère; pour lors, proverbe général: quand l'ouvrage est finite, faut la porter chez le bourgeois; en échange de laquelle on vous donne du quibus en effigies quelconques.

MARIE. Ah! dame, cousin, c'est que c'est aujourd'hui le grand jour!

GEORGET. Comme tu dis; c'est le grand jour que celui où l'on va démolir c'te vieille tirelire. (*Il l'indique.*) Dont le contenu doit emplir les poches de Jean Cabillot... n'est-ce pas, goulu?

CABILLOT, *mangeant*. Ecoutez donc emplir mes poches, c'est tout simple, M. Georget; sans quoi de ça, votre frère Justin y serait obligé d'aller à la guerre... puisqu'il a attrapé un numéro qui ne valait rien, et que je sommes son remplaçant.

JUSTIN. Et ça coûte cher un remplaçant!

CABILLOT. Laissez donc! vous n' me payez pas mon prix.

MARIE. N'importe, M. Cabillot; nous vous sommes bien reconnaissans... (*A part.*) Et moi, surtout; ce bon Justin, ça m'aurait fait tant de peine.

CABILLOT. Reconnaissans? j' veux bien, mais ça n'empêche point que si vous ne me donniez point mon argent à ce soir, je ne partirais point... dà!

GEORGET. On sait ça, Lorrain... mais dieu merci, grace à la tirelire, nous serons en mesure... on a fait chaque semaine sa petite économie. (*Otant sa casquette.*) C'est not' pauvre père qu'a eu cette idée-là... et je dis qu'elle est bonne! Tous les jours, on se retranche ce qu'il y a de superflu dans le strict nécessaire, et au bout de quelques années, on trouve un homme au fond de la tirelire; c'est comme ça que je me suis trouvé libéré du service militaire; et Justin le sera à son tour, par le même procédé... car moyennant cinq cents francs dont une partie doit se trouver là... c'est toi, Lorrain, qui te chargeras de devenir un jour à sa place maréchal de France.

CABILLOT. Ça me fera plaisir de devenir maréchal de France... mais en attendant, j' veux tout de suite mes cinq cents francs.

JUSTIN. Il ne s'endort pas, le Lorrain.

GEORGET. Nous ferons nos comptes après le dîner... et à propos du dîner, tiens, Marie, v'là d' quoi faire les provisions... tu sais qu'il nous faut un petit extra.

Marie se lève.

MARIE. Oui, mon cousin.

JUSTIN, *riant.* Ah! c'est vrai; nous traitons aujourd'hui; Phrosine, la brocheuse, doit venir, et de plus, mon camarade Titi le Talocheur, bon cœur au fond, mais au dehors un casseur fini!

MARIE. Oh! celui-là, il est toujours déchiré de quéque part.

JUSTIN. C'est égal, c'est un bon garçon.

GEORGET. Et puis il est amusant. Ensuite, voici ta semaine, Marie, neuf livres dix sous. (*Il la paie, à Justin.*) Toi, je te l'ai payée d'avance.

MARIE. Merci, mon cousin, je vais descendre pour faire les provisions.

CABILLOT, *se levant et tenant un énorme morceau de pain.* Si vous permettez, mamzelle, je vas m'en aller avec vous, j'ai fini de déjeuner.

GEORGET. C'est ça... allez vous promener, Lorrain, ça vous fera voir Paris.

CABILLOT. Ah! j'y tiens pas; c'est déjà pas si beau... c'est des maisons en pierre, tout bonnement, comme à Nancy! d'ailleurs, avant d' partir, y a qu'une chose que je désirons voir, à Paris, voyez-vous?

GEORGET. La Colonne, pas vrai?

CABILLOT. Non, c'est les abattoirs.

GEORGET. Les abattoirs sont un monument public qui ont bien leurs charmes.

MARIE. Allons, venez, M. Cabillot.

JUSTIN. Allez, Lorrain, allez gagner de l'appétit; nous ferons un bon dîner, et ensuite nous pincerons une galopade, hors barrière.

CABILLOT. Et puis, de-là, je m'en irons à votr' place tout d' même... quand vous m'aurez payé, s'entend.

ENSEMBLE.

Air :

Ici, pour faire bombance,
Il faudra nous réunir,
Puis viendra la contredanse;
En un seul jour que d' plaisir!

MARIE, *à part.*
Je garde celui que j'aime!

CABILLOT.
Moi, j' m'en vas l' long des trottoirs,
J'ons une impatience extrême
D'admirer les abattoirs.

Reprise de l'Ensemble.

Ici, etc.

SCÈNE II.
GEORGET, JUSTIN.

JUSTIN. Les voilà partis... tant mieux... je suis ben aise de me trouver seul à seul avec toi.

GEORGET. Ah! et pourquoi?

JUSTIN. Voilà, frère... c'est pour te demander si tu ne pourrais pas, outre ma semaine, me donner quelque argent... la moindre chose.

GEORGET. Comment? encore? Ah! ça, Justin, sais-tu que tu deviens une sangsue par trop incommode... encore de l'argent! mais qu'est-ce que ça veut dire? pourquoi faire? Il faut que ton gousset soit percé, c'est pas dieu possible! car avec toi les pièces de cent sous, ça file avec une facilité abusive... Justin, fais-y attention, mon garçon, tu te figures que tu habites le Pérou, tandis que nous sommes dans la rue aux Ours... Je te préviens que ça ne peut plus marcher comme ça.

JUSTIN. Mais frère... tu te souviens que la semaine dernière tu ne m'as presque rien donné.

GEORGET. La semaine dernière, j'avais des paiemens à faire... monsieur. (*A part.*) C'te diable de roulette m'avait plumé la semaine dernière. Ah ça, est-ce que ce gaillard-là jouerait aussi? (*Haut.*) Justin!

JUSTIN. Frère...

GEORGET. Ecoute-moi avec calme et respect; je dis respect, parce qu'étant ton aîné de quinze ans, j'ai droit à des interrogatoires paternels : jusqu'à ce jour, petit frère, je t'ai travesti de ma confiance; mais depuis dix-huit mois, tu n'es plus le même...

JUSTIN. Comment?

GEORGET. Je m'y connais : depuis dix-huit mois, tu es devenu soucieux et cachotier... tes plaisirs, je ne sais pas où tu les prends, ta monnaie, je ne sais pas à quoi que tu la consacres... enfin, tout ce que tu fais est de la mythologie pour moi, de la pure mythologie.

JUSTIN. Par exemple ! mais je fais comme les autres, je m'amuse comme les camarades... d'ailleurs, tu sais bien que l'argent est rond, et que ça roule.

GEORGET. Oui, mais avec toi ça roule à la vapeur... Justin... tu n'es pas... tu n'es pas joueur, au moins?

JUSTIN, avec chaleur. Moi, joueur! (A part.) C'est lui qui me demande ça. (Haut.) Moi, joueur! Il faudrait donc que je ne me souvienne plus des conseils de notre père. (Georget fait un mouvement.) Moi, aller jouer l'argent qu'on gagne avec tant de peine!

GEORGET, avec impatience. Hé ben, c'est bon, c'est bon! je te demande ça... parce que, vois-tu, le jeu, c'est dangereux pour des petits pigeons comme toi... faut connaître ça.

JUSTIN. Oh! sois tranquille... c'est pas là mon genre de spéculation... j'en ai un autre que je mitonne... tu verras. (Lui tendant la main.) Allons, frère... un peu de laissez-aller...

GEORGET. T'as toujours fait de moi ce que t'as voulu... je veux bien encore te lâcher quelque pièces de métal... (Mouvement de joie de la part de Justin.) Mais je te préviens que dorénavant, je désire savoir où tout ça s'engloutit; sans quoi, zéro à ton budget, rien de rien... et pour toute jouissance, tu iras prendre des bains froids, ou pêcher à la ligne, plaisir des innocens qui abrutit; mais qui ne coûte rien.

JUSTIN. Ça suffit, Georget, je te dirai tout... allons, fouille à la poche; cette morale-là vaut bien une gratification.

GEORGET, tirant de l'argent de sa poche. Voilà ce qui reste à la maison, quinze francs! d'abord cent sous pour la chose promise et sacrée de chaque semaine. (Il va mettre cinq francs dans la tirelire.) A présent, le reste est pour toi.

JUSTIN. Hé ben! mais... et toi... il ne te reste rien?

GEORGET. Moi, je vais porter ces livres-là, trente reliures à la Bradelle, tranche dorée, ça me fera une quarantaine de francs. (A part.) Avec ça, on peut faire sauter la banque.

Il va arranger son paquet.

JUSTIN, à part. Quarante francs! et ce soir il n'aura plus rien... oh! je ne dois plus attendre; aujourd'hui même, il saura tout, puisse-t-il après ça se corriger! (On entend Titi chanter dans la coulisse.) Ah! voilà Titi. (Il va regarder à la porte.) Ah! mon Dieu! quel air triomphant!

SCÈNE III.

JUSTIN, TITI LE TALOCHEUR, GEORGET.

TITI, *un paquet à la main.*

Air : *Ah! c'est charmant!* (du For-l'Evêque.)

De quoi? de quoi!
Trois contre moi...
V'lan! leur défaite
Est complète;
Je suis vainqueur,
Honneur, honneur!
A Titi le Talocheur!

Reprise de l'Ensemble.

De quoi? de quoi?
JUSTIN, et GEORGET.
Ha ça, pourquoi
Trois contre toi?
Si leur défaite
Est complète,
Si t'es vainqueur
Honneur, honneur!
A Titi le Talocheur!

TITI. Oui, mes amis, vainqueur à mort! pas un seul coup de pied! pas le plus petit poche-œil... à preuve, voilà mon physique!

Il se pose.

GEORGET. Encore des batteries!

TITI. Et cela sans le moindre accroc... ça n'est pas comme la semaine dernière, que Justin a été obligé de me prêter sa veste... j'étais tombé sous un particulier qu'avait fait de l'amadou avec ma rédingotte. Tiens, Justin, v'là ton effet que je te rapporte.

Il donne le paquet à Justin.

GEORGET. T'es donc incorrigible?

TITI. Est-ce qu'on se repétrit le caractère? tout à l'heure, à vot' porte, je trouve trois paroissiens qui font des calembourgs et qui veulent me mécaniser, moi, Titi surnommé le Talocheur, à cause des innombrables taloches que je me suis plu à semer sur le chemin de ma vie; je pose mon paquet sur la borne, et je leur demande qu'est-ce qu'il faut vous servir? sans leur laisser le temps de consulter la carte, je leur donne un dîner complet, et au dessert, je leur fais prendre un potage au milieu de la rue; le champ de bataille me reste, mes trois Prussiens s'en vont sans demander des curedents, et je m'écrie :

Reprise de l'air.

De quoi ? de quoi ?
Trois contre moi !
V'lan, leur défaite
Est complète.
Je suis vainqueur,
Honneur, honneur !
A Titi le Talocheur !

ENSEMBLE.

De quoi ? de quoi ?
Trois contre moi,
toi, etc.

GEORGET. Et dire que j'étais flambard comme ça... mais à présent, c'est plus ça, autre âge, autres goûts. Tiens, Titi, si j'ai un conseil à te donner, c'est de te modérer, car tu trouveras ton maître, tu te feras brosser ; un beau jour, foi de Georget, on te brisera la colonne Gibraltar, et ça te gênera.

Il va au fond.

TITI. Bah ! bah !.. Ah !.. à propos, Justin... v'là un papier qu'était dans ta veste... et qui m'a été drôlement utile, va !

JUSTIN, *vivement*. Donne... donne-moi ça.

Il le prend.

TITI. Je sais pas lire, et j'y ai rien compris... Imagine-toi qu'avant-z-hier j'ai eu des mots avec un corps-de-garde, et v'là-t-il pas que sur le vu du présent, on m'a relâché à la liberté.

JUSTIN, *baissant la voix*. C'est bon... c'est bon... ce n'est rien... on t'aurait bien relâché sans ça.

GEORGET. A cet' heure, un coup de main, Titi, que j'aille livrer mes livres.

Titi et Justin l'aident à se charger.

TITI. Enlevé !.. C'est-y des classiques ou des romantiques, que vous avez là ?

GEORGET. Peu m'inquiète ! je les porte également sur mes épaules. Au revoir, les amis.

TITI. Au revoir, Georget.

Georget sort.

SCÈNE IV.
TITI, JUSTIN.

TITI. Ah ça, Justin, c'est pas le tout... je suis venu pour causer avec toi, mais sérieusement ; j'ai à te faire deux confidences.

JUSTIN. Toi, Titi, causer sérieusement, v'là du nouveau... Ça ne fait rien, je t'écoute.

TITI. T'es mon ami, et je ne veux rien te cacher... Voici le premier événement : Je veux dénaturer mon existence : autrement, je quitte mon état...

JUSTIN. Bah ! comment ça ?

TITI. Fabricant de queues de boutons... polir des boutons... c'est une existence trop cocasse.

JUSTIN. Alors, qu'est-ce que tu veux donc être ?

TITI. Ce que je veux-t-être ?.. cocher de cabriolet !

JUSTIN. En voilà une farce !

TITI. C'est une idée qui me poursuit... qui me domine... qui trouble mes digestions... Cocher de cabriolet ! Dieu de Dieu ! Tiens, Justin, écoute : Tu as trente francs, n'est-ce pas ?.. tu vas au marché aux chevaux, t'achètes une bête fringante, on te confie un tilbury numéroté, tu attèles ton Bucéphale, et tu domptes la bête fougueuse... Dès ce moment, le pavé de Paris t'appartient ! tu te trouves subitement au niveau de toutes les classes de la société ; tu as autant de place que le bourgeois ; tu coules une vie heureuse, à l'abri de l'obtempérie des saisons... et tu joues avec ton fouet l'air de Robin-des-Bois. C'est-y ça de la félicité ?

Air : *Quand je m'y mets un peu.*

Quel état charmant !
Oui, c'est là ma chimère ;
Gagner de l'argent
En s' donnant d' l'agrément,
C'est-y séduisant !
L' mortel heureux sur terre,
Mon cher ami, c'est
L' cocher d' cabriolet.
Sur de bons ressorts
Doucement l'on se berce,
On a d' bons rapports,
Et cela sans efforts ;
On peut charrier
Sur ses coussins de Perse,
L' notair', l'épicier,
L' pair de Franc', l'ouvrier.
D'ici, me vois-tu ?
Me v'là, je suis en tête,
Un individu
Mont', je frappe ma bête ;
En avant Coco,
A la course, un galop,
A l'heure, un petit trot,
Oh ! mais, tout petit trot,

(*S'interrompant et parlant.*) —Cocher! que m' dit une petite voix douce... Au concert des Champs-Elysées; mon mari m'attend, fouettez fort... — Bien, ma petite dame... J' pousse Coco... nous arrivons... — « Ah! le voilà... arrêtez, qu'elle crie... Bonjour, Jules », et un beau jeune homme lui offre la main pour descendre... gants beurre frais, genre mousseux... y m' donne cent sous... suffit, que j'dis...compris... c'est pas le mari... et j' ris comme un bossu dans mon for intérieur.

   Quel état charmant!
   Oui, c'est là ma chimère,
    Gagner de l'argent,
   En s' donnant d' l'agrément,
    C'est'y séduisant!
   L' mortel heureux sur terre,
    Mon cher ami, c'est
    L' cocher d' cabriolet.
    On l' voit s'oublier,
   Près de la blonde ou d' la brune,
    Selon le quartier,
   Où l' conduit son coursier.
   Chacun d' nous, hélas!
   Court après la fortune,
    Lui seul, ici-bas,
   Court sans faire un seul pas,
   Rien n' manque à ses vœux,
    Il est exempt de crottes,
    Il a, grace aux dieux,
   Du foin dans ses deux bottes,
    Oui, chez nous, ma foi,
   C'est le plus bel emploi,
   Quand il pleut, c'est un roi,
    A tous, il fait la loi.

(*Parlant.*) — Cocher, arrêtez... Ah! quel temps affreux! ouvrez vite. — Doucement, mon maître, combien qu' vous offrez? — Vous aurez trente sous, voyons, dépêchons! — Trente sous! merci... j'en veux cent, ou je vous abandonne dans la boue... et le particulier qui craint les rhumes de cerveau! paie sans répliquer... et en avant! gare! gare!..

   Quel état charmant! etc.

JUSTIN. Allons, il paraît que t'as la tête furieusement montée sur ce chapitre-là.

TITI. Oui, oui, c'est décidé... je sais ben que pour la masse, les boutons ça a quelque chose d'attachant, mais je les méprise... car, dans cet état-là, vrai, je m'amuse comme une croûte de pain derrière une malle. Ecoute maintenant le plus important : Je suis passablement nerveux, et je veux me laisser calmer par une épouse, une épouse légitime.

JUSTIN. Bah!.. te marier?

TITI. J'ai tout ce qu'il faut pour ça, il ne me manque plus qu'une femme, et je crois que je trouverai mon affaire sans sortir d'ici.

JUSTIN. Comment?.. Est-ce que tu aurais jeté les yeux sur Marie ou sur Phrosine.

TITI. Ça y est. Marie est bonne comme du pain, c'est un agneau pascal pour la douceur, et un vrai castor pour le travail. De son côté, Phrosine est pleine de gentillesse, un peu vive, mais bonne fille... je ne lui connais qu'un défaut, un seul... c'est d'être un peu trop sur sa bouche; mais c'est plutôt la faute de son estomac que de son cœur.

JUSTIN. Où veux-tu en venir?

TITI. Tu as comme moi des envies de mariage, tu me l'as confié... et vivant toute la semaine près de Marie et de Phrosine, je veux savoir pour laquelle que t'éprouves de la préférence, afin de ne pas faire de l'opposition avec toi.

JUSTIN. Je te remercie de ta démarche... Eh bien, Titi, puisque tu désires que je te parle franchement, je t'avouerai que c'est Phrosine qui me plaît le plus.

TITI, *vivement*. Phrosine? vrai?.. comme ça se trouve!.. c'est justement Marie que je désire... En v'là une de chance!

JUSTIN. Vraiment!

TITI. Oui, mais c'est pas le tout, quoique je soye à la tête d'un physique agréable, quand il s'agit de faire une déclaration, je suis ce qu'il y a de plus godiche au monde; je te propose donc de parler pour moi à Marie, et moi, de mon côté, je me charge d'en faire autant pour toi auprès de Phrosine... Ça va-t-il?

JUSTIN. Ça va. T'as là une bonne idée... mais je les entends, n'ayons pas l'air...

SCÈNE V.

TITI, PHROSINE, MARIE, JUSTIN.

Air : *Je payais d'une bonne fortune.*
(Deuxième acte du Triolet Bleu.)

ENSEMBLE.

   Quel plaisir! *bis.*
  Lorsqu'on vient de se divertir;
   Quel plaisir! *bis.*
  Comme on s'empresse d'accourir.

PHROSINE.

  Quand on n'a pas vingt ans
   Faut s' donner du bon temps,
  De pied ferme on attend la vieillesse.

TITI.
Lorsque l'on se fait vieux,
Pour être un peu joyeux,
Faut avoir des souv'nirs de jeunesse.

Reprise d'ensemble.

Quel plaisir ! *bis.*
Lorsqu'on vient se divertir ;
Quel plaisir ! *bis.*
Comme on s'empresse d'accourir.

TITI, *passant au milieu.* Bonjour, mesdemoiselles... comment que ça va ?.. pas mal, tant mieux, et moi d' même.
Il les cajole.
PHROSINE. Mon Dieu, M. Titi, comme vous êtes gai, aujourd'hui ?
TITI. Aujourd'hui, comme hier, comme avant-z-hier... et comme après-demain. La gaîté !.. je ne connais que ça... (*S'avançant près de Marie qui range ses provisions.*) N'est-ce pas, mamzelle Marie ?.. Tiens, qu'est-ce que c'est que ça ?
JUSTIN. C'est-y d' bonnes choses ?
PHROSINE. Faut pas leur z'y dire; quand on connaît la carte, il n'y a plus d' plaisir... Ah ça, où qu'est donc le remplaçant... Est-ce qu'il dort encore le Lorrain ?.. Faut lui faire des farces.
JUSTIN. Il est sorti... il est allé voir les abattoirs.
TITI. En v'là un de physique amusant. Ah ça, mes poulettes, faut nous amuser.
MARIE. Nous amuser... et le dîner, qu'est-ce qui le préparera ?
PHROSINE. Elle a raison... et puis faut nous ménager pour ce soir.
TITI. Ah ! oui... à la barrière.
PHROSINE. Si vous voulez, nous irons au salon de Flore.
TITI. Fi donc !.. mesquin !.. Au grand salon du Lion-d'Or, à la bonne heure... Ah ! le Lion-d'Or... parlez-moi de ça !

Air : *Heureux habitans des beaux vallons...*

Ce n'est qu'au Lion-d'Or
Que le plaisir charme la vie,
Sans bruit, sans effort,
On y brave les coups du sort.
Sitôt que l'archet vient exhaler son harmonie,
A trois sous l' cachet
On peut fair' danser son objet.
Au premier signal,
Du bal
Et de la contredanse,
On saute, et d'un bond,
Crac, on prend sa place au grand rond ;
On s'pose adroit'ment,
Vis-à-vis d'une connaissance ;
Puis, artistement,
On balance avec sentiment,
Avec volupté
Si vot' beauté
Danse et s'élance,
Si par la chaleur,
Son visage a pris d' la couleur,
D'un litre ou d'un broc pour lui plair' faites la dé-
(pense.
Et ce n'est qu'un prêt
Dont l'amour paie l'intérêt.

Afin d'obtenir,
Si douc'ment vous lui dit's : Bobonne,
Laisse-toi fléchir !
Impossibl' de n'pas réussir,
L'amour, les quinquets, le vin, la poussière, le
(trombonne,
Tout vient l'attendrir
Et l'éblouir
Et l'étourdir.

Le verre à la main,
Comme sur le champ de bataille,
Attaquez soudain,
Serrez-lui tendrement la main...
En valsant
Gaîment,
Pressez-lui doucement la taille,
La main sur son cœur,
Tâchez d' d'viner vot' bonheur.

Dans c' moment si doux,
Saisissant un mot, une œillade,
Loin des r'gards jaloux,
Tâchez de tomber à ses g'noux ;
Si, là, sans courroux,
Ell' accept' du veau, d' la salade,
Vous êt's son époux,
Et ça vous coût' trois livr's dix sous.

Ce n'est qu'au Lion-d'Or,
Que le plaisir charme la vie,
Sans bruit, sans effort,
On y brave les coups du sort.
Sitôt que l'archet vient exhaler son harmonie,
A trois sous l' cachet
On peut faire danser son objet.

Reprise d'ensemble.

Ce n'est qu'au Lion-d'Or, etc.

Phrosine, je vous retiens pour la première.
PHROSINE. Volontiers.
JUSTIN. Pour lors, Marie, te v'là forcée de me prendre pour cavalier.
MARIE. Je ne m'en plains pas, Justin.
TITI. Dites donc, v'là une idée qui me vient... je veux fournir mon plat pour le festin... je vas le chercher.

Marie, Titi, Phrosine, Justin.

MARIE. Comment! vot' plat?
TITI. Oui, une surprise... je ne vous le montrerai qu'au dessert.
PHROSINE. Oh! Titi, dites-nous ce que vous allez acheter, hein? est-ce sucré? c'est-y de la frangipane... c'est-y du flan?
TITI. Phrosine, ne soyez donc pas portée comme ça sur les alimens... c'est quelque chose, v'là ce que c'est. (*Phrosine passe à gauche. — Bas à Justin.*) Je te laisse seul avec elles, sonde leurs caractères. (*Haut.*) Ah ça, où qu'est donc mon couvre-amour? Ah! le v'là.
Il prend son chapeau.

Air du quadrille des Puritains.

J' vas chercher ma friandise,
Dont chacun aura sa part;
L' festin, grace à ma surprise
Egal'ra le festin d'Baltazar.
(*A Justin.*)
Toi, Justin, remplis bien ton message,
Fais l'article auprès de ma beauté;
Du bagou, d' l'embarras, d' l'étalage,
Chauff'-moi ça, j' te nomme mon député.

Reprise.

J' vas chercher, etc.

JUSTIN.
Vas chercher ta friandise.

MARIE et PHROSINE.
Apportez vot' friandise, etc.
Titi sort.

SCENE VI.
JUSTIN, PHROSINE, MARIE.

Pendant la scène précédente et le commencement de celle-ci, Marie se sera occupée des apprêts du dîner.

PHROSINE, *qui a défait son bonnet, cherche à en arranger les rubans; s'interrompant tout à coup, à part.* Décidément, il est impossible d'aller danser avec ce bonnet-là... il est trop galette, et la mercière qui ne veut plus me faire crédit.

JUSTIN, *à part.* Voici l'instant d'éclaircir la chose...

PHROSINE, *à part.* Oh! mais que j' suis bête! en mettant mes boucles d'oreilles en gage, pour huit jours seulement. Ah! bah! tant pis, après moi, la fin du monde.

MARIE, *à Justin.* Qu'est-ce que vous faites donc là à réfléchir, Justin?

JUSTIN. Moi, je vous regardais toutes les deux, et je me disais... (c'est qu'une supposition,) dans le cas qu'on vous ferait des offres honnêtes... savez-vous que vous êtes furieusement bonnes à marier, à cette heure.

PHROSINE. A qui le dites-vous? nous le savons bien.

MARIE. Ah! c'est à ça que vous pensiez.

JUSTIN. Oui, et je m'ajoutais: je voudrais bien savoir quelle idée ces deux petites femmes-là se font du mariage.

PHROSINE. Oh! moi, je m'en fais une idée toute drôlette... et toi, Marie?

MARIE. Moi, v'là ce que j'en pense:

Air nouveau de Frétillon. (Acte premier, scène deuxième.)
Faire des heureux, c'est ma devise.

Lorsque viendra le mariage,
Plaire à mon mari, v'là c' que j' veux,
En me voyant soumise et sage
J'aurai l'espoir de l' voir heureux.
Si l' plaisir chasse la tristesse,
Le travail donne la richesse;
Aussi j' lui dirai qu' faut toujours
S' priver un peu pour ses vieux jours;
Oui, toujours!
Toujours l'aimer, le voir content;
Voilà comm' j'entends l' sentiment. *bis.*

Reprise d'Ensemble.

PHROSINE.
Toujours l'aimer, le voir content,
Voilà comm' t'entends l' sentiment.

JUSTIN.
Toujours l'aimer le voir content;
Voilà le meilleur sentiment.

Même air.

PHROSINE.
Je trouv' qu'on a plus d'avantage
A s'amuser... et moi je veux
Rire de tout dans mon ménage,
Afin qu' mon mari soit joyeux.
Pour plaire aux homm's faut d' la toilette,
Aussi je veux être coquette...
A sa femm' s'il vous trouv' des attraits,
Un mari ne change jamais.
Non jamais!
Jamais d' soucis, vivre gâment;
Voilà comm' j'entends l' sentiment. *bis*

Reprise d'Ensemble.

MARIE.
Jamais d' soucis, vivre gâment,
Voilà comm' t'entends l' sentiment.

JUSTIN.
Jamais, etc.
Voilà le meilleur sentiment.

JUSTIN. Bravo, Phrosine! t'as raison. (*A part.*) V'là le moment de faire ma commission. (*Haut.*) Dis donc, Marie, j'ai àte parler.

MARIE. Vraiment, Justin? alors je vas me dépêcher de secouer ma salade.

PHROSINE, *à part.* Je suis sûre qu'il veut lui faire la cour. (*Haut.*) Donne, donne, je vais la secouer, moi... j'asperge toujours ceux qui passent sur le carré... ça m'amuse. (*Elle prend à Marie la salade qui est dans un torchon, et dit, à part.*) Comme ça... ils ne seront pas gênés...

Elle sort.

JUSTIN. A nous deux, ma petite Marie, je n'ai pas le temps de te faire des prologues et des grandes phrases... je vas donc droit au but; je viens te faire... une déclaration.

MARIE. Une déclaration.

JUSTIN. Faut pas rougir pour ça... t'es ma cousine, nous avons été élevés ensemble, ainsi, pas d'enfantillage... oui, je viens te faire une déclaration...

MARIE. Vraiment!

JUSTIN. Au nom de Titi.

MARIE. Comment, Justin! vous vous êtes chargé... vous... (*A part.*) Et moi, qui croyais...

JUSTIN. Comme te voilà troublée... Hé bien, oui, j'ai pris sur moi de te faire cette demande, Titi est un brave garçon, il t'aime, il veut t'épouser.

MARIE, *émue, l'interrompant.* Ah! Justin, j'avais souvent pensé que lorsqu'il s'agirait de mariage, ce serait vous qui m'en parleriez... mais je n'aurais jamais pu croire... que ce fut pour un autre!

JUSTIN, *à part.* Que dit-elle?

MARIE. Veuillez répondre à M. Titi que je regrette de ne pouvoir l'aimer... lui qui m'aime, quoiqu'il ne soit pas de ma famille et qu'il n'ait pas été élevé avec moi.

JUSTIN, *à part.* Serait-ce possible? elle pensait à moi. (*Haut.*) Marie, ma petite Marie... écoute-moi...

PHROSINE, *rentrant.* Là, je crois qu'elle est assez secouée comme ça. (*A part.*) Je leur ai laissé le temps de s'en dire suffisamment. (*Haut et passant au milieu.*) Maintenant je vais aller faire une petite course... Justin, voulez-vous m'accompagner jusqu'au bout de la rue... Ah! dame, chacune son tour.

JUSTIN. Volontiers! (*A part.*) Oh! il faut que je voye Titi, que je m'explique... Cette chère Marie!

PHROSINE, *lui prenant le bras.* Allons, allons, Justin...

Air : *Estelle.* (de Gustave.)

Allons, vite, vite,
Partons au plus tôt;
L' plaisir nous invite
A r'venir bientôt.
Reprise d'Ensemble.
Allons, vite, vite.

Justin et Phrosine sortent.

SCÈNE VII.
MARIE, *seule.*

Le voilà parti... tant mieux... car je craignais de pleurer devant lui... lui, Justin, me demander que j'en épouse un autre... après m'avoir aimée si long-temps comme sa cousine, il y avait si peu de chose à faire pour m'aimer comme sa femme... ce matin encore je me réjouissais à la vue de son remplaçant, et maintenant... Ah! plutôt qu'il se marie à une autre, j'aimerais mieux le voir partir... le voir soldat! mais que dis-je?

Air de *Téniers.*

Puis-je vouloir ce qui le désespère?
Quel vœu cruel je viens de prononcer!
Oh! non, je dois tout comme à l'ordinaire,
Déposer là de quoi le remplacer.
Plus de bonheur, pour moi plus d'espérance!
Il me repousse, une autre aura son cœur...
Mais, malgré lui, malgré son inconstance,
J'aurai, du moins pris part à son bonheur.

Avant de répéter le dernier vers : elle va déposer une pièce de monnaie dans la tirelire, et reprend ensuite le bis.

Allons, il faut tâcher de me guérir de cet amour-là...

SCÈNE VIII.
GEORGET, MARIE, *un peu au fond.*

GEORGET, *sans voir Marie.* Quel guignon! comprend-on ça? perdre... après avoir gagné deux cents francs! n'y a pas à dire... sur la noire... avec mes quarante francs, j'en avais gagné deux cents... mais y m' fallait cent écus; j' l'avais en tête... ah! bén, oui... crac... c'te chienne de rouge arrive, enfoncé tout mon gain... enfoncé la totalité... plus un sou! chienne de rouge! Ah! Marie!

MARIE. Qu'est-ce donc que vous avez, mon cousin?

GEORGET. Moi, rien... j'ai rien... qu'est-ce que tu veux que j'aie... Eh bien, quand tu resteras là à me regarder, occupe-toi de tes affaires... de ton dîner.

MARIE. Oui, mon cousin... (A part.) Qu'est-ce qu'il a donc?..

Elle prend son panier.

GEORGET. Eh ben, va donc!

Marie entre à droite.

SCÈNE IX.
GEORGET, seul.

Quelle infamie de jouer... et de ne pas gagner!.. Et je leur laisserais ça... quand la noire va revenir et qu'elle va passer au moins vingt fois de suite... (*Frappant dans ses poches.*) Mais comment faire? pas le moindre métal... les toiles se touchent... (*Ses yeux rencontrent la tirelire.*) V'là bien de l'argent, là, mais je le respecte... Et pourtant, il ne me faudrait que deux ou trois écus de cent sous, pas plus. (*Il approche lentement de la cheminée.*) Si je pouvais les faire tomber!.. (*Il prend la tirelire.*) Elle est lourde, ma foi!.. Voyons. (*Il essaie de faire tomber quelques pièces en renversant la tirelire.*) Impossible!.. Hé ben? (*Il la secoue encore.*) Rien... Allons donc... j'en aurai pas le démenti... je les aurai... (*Il secoue plus fort. La tirelire rencontre la cheminée et se brise.*) Cassée! (*Au même instant Titi paraît à la porte.*) Quelqu'un!..

Il se place aussitôt devant la cheminée, s'efforçant de cacher les morceaux de la tirelire.

SCÈNE X.
TITI, GEORGET.

TITI, *cachant un long papier enveloppant quelque chose qu'on ne voit pas.* C'est moi... c'est moi... me voilà de retour... Est-ce que ces demoiselles ne sont pas là?

GEORGET, *très agité et cachant avec soin la tirelire.* Non, non, elles ne sont pas là.

TITI, *à part.* Pourquoi diable qu'il se tient comme ça?

GEORGET. En v'là un qu'est embêtant!

TITI. Ah ça, qu'est-ce que vous cachez donc, Georget?

GEORGET, *troublé.* Moi, rien... je ne cache rien...

TITI. Ah! bon, bon, je devine... vous avez fait comme moi... c'est une surprise que vous nous ménagez... un plat de votre façon...

GEORGET. Qu'est-ce que tu veux dire?

TITI. Bon, bon. je ne vous demande pas à voir la chose... car, moi qui vous parle, je ne veux pas non plus faire voir ce que j'apporte. (*A part.*) Diable de pâte ferme, elle me brûle les doigts. (*Haut.*) Je vais mettre ça dans votre chambre en attendant le dîner.

GEORGET. C'est ça, va, mon garçon, va...

TITI. C'est dit. (*Il s'approche de Georget qui cache avec plus de soin la tirelire.*) Mais soyez donc tranquille, puisque je ne veux pas voir.

Il entre un moment dans la chambre à gauche.

GEORGET, *seul.* Dieu merci!.. j'en suis débarrassé... Dépêchons, pour qu'on ne s'aperçoive de rien. (*Il rassemble vivement les morceaux de la tirelire et l'argent, et met le tout dans sa casquette.*) Le v'là qui revient... éclipsons-nous.

Il s'échappe.

TITI, *rentrant.* C'est fait... j' l'ai joliment caché, allez... et je défie bien de deviner... Tiens, où qu'il est donc? (*Il appelle.*) Georget!.. il s'a donc évanoui comme une ombre chinoise. Liberté, libertas!.. (*On entend chanter Phrosine dans la coulisse.*) Qu'est-ce que j'entends?.. je ne me trompe pas... c'est Phrosine qui roucoule en grimpant les escaliers... Bon! Justin, qui a de la conscience, a dû faire chaudement ma commission auprès de Marie... je vas faire la sienne auprès de Phrosine, franchement et royalement... En avant le langage de la persuasion.

SCÈNE XI.
TITI, PHROSINE, *elle a un bonnet neuf.*

PHROSINE.

Air : Je chante, je danse, je danse.

Je chante, je chante, je chante,
A tout propos il faut que je plaisante,
La vie est courte, on doit toujours
Autant qu' possible en égayer le cours,

TITI.

Bravo, bravo! belle Phrosine,
A quoi bon pleurer et gémir?
Lorsque je suis dans la débine,
Ainsi que vous, afin de m'étourdir...

TITI et PHROSINE.

ENSEMBLE.

Je chante, je chante, je chante, etc.

TITI. Ça, c'est vrai... c'est ma philosophie... vive la joie!, l'amour! vivent les folies de ce bas monde... et à bas les queues de bouton!

PHROSINE. Dites donc, Titi, où va donc M. Georget? comme il courait dans les escaliers... il ne m'a seulement pas vue.

TITI. J'en sais rien : ça m'est égal, aujourd'hui, je ne pense qu'à la gaîté folâtre et légère...

PHROSINE. Titi... votre caractère me plaît... j'aime les farceurs... et je vous trouve amusant.

TITI. Vrai?

PHROSINE. Ma parole la plus sacrée! seulement y a un défaut que vous devriez bien vous en corriger... allez.

TITI. Un défaut... pas plus?

PHROSINE. Oui, c'est d'être trop tapageur.

TITI. Moi, je tapage? Oh! Phrosine!

PHROSINE. Oui, faites le jésuite... Croyez-moi, Titi, corrigez-vous de ça, et vous gagnerez vingt-cinq pour cent.

TITI. Du moment que ça vous intéresse, Phrosine, je tâcherai de modérer mes nerfs et de devenir un homme à femmes. (*Il lui prend la taille.*) Dieu! que vous avez là un petit bonnet qui vous va bien!

PHROSINE. Vous trouvez? (*A part.*) Je crois bien, mes *bouques* d'oreilles y ont passé.

TITI. Vrai... ça vous donne un petit air cancan, tout genti... allons, allons... vous êtes joliment agréable à voir... (*A part.*) Hé ben, qu'est-ce que je fais donc, moi? et Justin? et l'amitié? halte-là, Titi, modérez-vous, mon ange.

PHROSINE. Marie est donc sortie?

TITI, *prenant un air grave* Oui, Phrosine, elle l'est, je n'en sais rien et j'en suis bien aise... car j'ai quelque chose d'importance à vous communiquer.

PHROSINE, *riant*. Ah! mon Dieu! de quel air vous me dites cela!

TITI. L'air n'y fait rien... Phrosine! ce que j'ai à vous dire mérite toute votre attention... donc... attention, s'il vous plaît.

PHROSINE. Mais parlez donc, je suis sur le gril.

TITI. J'entre en matière, Phrosine!

Air nouveau de

Quand les pierrots du voisinage
S' donn'nt entr'eux des p'tits coups de bec,
Quand vous entendez leur ramage,
Pour vous, ma belle, est-ce du grec?
N' pensez-vous pas à queuqu' chose,

Quand vous les voyez ainsi?

PHROSINE.
Oh! que si!.. oh! que si!..

TITI.
Qu'est-c' que c'est, voyons?

THROSINE.
Mais, je n'ose...

TITI.
C'est un mari, je le suppose...

PHROSINE.
Oui, j'en conviens, j'y pense souvent,
Oui, le matin, en me levant, *bis.*

TITI, *répétant au bis.*
Oui, le matin, en se levant...

TITI.

Et le soir, dans votre chambrette,
Quand vous rentrez, c'est ennuyeux,
N'est-ce pas, d'être ainsi seulette?..
Un' jeun' fille a l'esprit peureux!
Ne craignez-vous pas, ma chère,
L' tonnerr' les voleurs aussi?

PHROSINE.
Oh! que si!.. oh! que si!..

TITI.
Eh bien, un mari, ma p'tit' mère,
Vous f'rait oublier le tonnerre...

PHROSINE.
C'est ce que je me dis bien souvent
Le soir, hélas! en me couchant, *bis.*

TITI.
Le soir, hélas! en se couchant...

TITI. C'est comme ça... Hé bien, sachez donc qu'un jeune homme d'un extérieur gracieux et d'un caractère idem, a élevé sur vous un regard touchant la question en question... et que pour peu que ça vous aille, ce jeune homme veut vous épouser en pleine mairie... aux yeux de toute la France.

PHROSINE. Mais ce jeune homme?

TITI. Vous le connaissez... vous le voyez tous les jours... vous le savez par cœur... j'ose croire même que vous l'estimez... et s'il faut vous dire son nom...

PHROSINE, *l'interrompant.* Son nom... Non, j'en ai assez... Ah! bah! ça ne sert de rien de faire la sucrée... Comme vous, Titi, je veux m'expliquer à cœur ouvert... Hé bien, oui, le mariage me plaît... et puisque vous vous déclarez... puisque vous m'offrez votre main... je dois être bonne fille, et vous dire franchement: Oui, Titi, oui, vous me convenez.

TITI. Comment?

PHROSINE. Vous êtes tout rond, et je

crois que vous ferez un excellent mari... touchez donc là... c'est convenu.

TITI. C'est convenu!.. Ah ça, où que je suis? qu'est-ce que ça veut dire? Comment, Phrosine, ça se pourrait... et le fortuné Titi... (*A part.*) Ah! ma foi, tant pis pour Justin, je ne peux pas empêcher la petite de m'aduler... je m'étais trompé... ça doit être elle que j'aimais, sans le savoir.

PHROSINE. Que dites-vous?

TITI. Est-ce que je le sais... au milieu de tant de bonheur... Ah! Phrosine! Phrosine!.. je suis comme si j'avais bu!.. la tête, le cœur, tout ça est en révolution...

Air : *Salut bois et coteaux.*

Je suis ton cavalier
Adorable brocheuse,
Vois ma flamme amoureuse,
J' sens là comme un brazier,
Calme ce feu brûlant qui cause mon tourment,
Car, vois-tu, c't'incendie
Doit durer tout' ma vie.
Phrosine, à toi mon cœur,
Que n'en ai-je un' douzaine !
Titi-le-Talocheur
Te r'connaît pour sa reine.

Quels ravissans destins !
J' voudrais qu'à la minute
On te cherche dispute,
Quand ils seraient dix gamins !..
J' te prouv'rais mon amour en leur cassant les reins.
Respect à l'Andalouse
Qui devient mon épouse.
Phrosine, à toi mon cœur, etc.

Il se met à genoux.

PHROSINE. J'espère bien, monsieur, que je ne me repentirai jamais de mon laissez-aller.

TITI. Jamais, jamais, au grand jamais, je le jure à tes genoux comme un vrai troubadour ! Donne-moi ta bénédiction.

༺༺༺༺༺༺༺༺༺༺༺༺༺༺༺༺

SCÈNE XII.
Les Mêmes, MARIE.

MARIE, *surprenant Titi aux genoux de Phrosine.* Monsieur Titi aux genoux de Phrosine?..

TITI, *sans se relever.* Jurant à sa beauté amour... constance et fidélité... à perpétuité.

MARIE. Il paraît que monsieur Titi court plusieurs lièvres à la fois.

TITI, *se relevant.* Comment ça? (*A part*) Ah! mon Dieu! Justin a parlé!

PHROSINE. Qu'entends-tu par tes lièvres, Marie?

Elle passe au milieu.

TITI. Ah! rien, rien...

PHROSINE. C'est égal, monsieur, je veux le savoir... Marie, je te somme de t'expliquer (*Elle fait sonner l'r.*) plus clairement. Qu'y a-t-il?

TITI, *à part.* Ma position est fort bête!.. oui!

MARIE. Hé bien, il y a qu' monsieur Titi se moque de toi ou de moi, ou plutôt de toutes les deux... car ce matin il m'a fait dire qu'il m'adorait et qu'il voulait m'épouser...

PHROSINE. Ah! ciel!.. quelle indignité!.. comment, monsieur, vous me trompiez... vous me faisiez poser?

TITI, *à part.* Ça sent le brûlé!

PHROSINE. Mais parlez donc? répondez donc... grosse infamie que vous êtes!..

TITI. Un instant... Phrosine... je demande la parole pour me blanchir à vos yeux.

PHROSINE. Voyons, monsieur, voyons, blanchissez-vous.

TITI. Marie... Je vous gage trois francs que c'est Justin qui vous a dit ça?

MARIE. Oui, monsieur, c'est Justin... Après?

TITI, *passant au milieu en se croisant les bras.* Comment... religieuse trop naïve... vous n'avez pas compris la couleur?

MARIE. La couleur...

TITI. Vous n'avez pas deviné que depuis six mois Justin vous aime comme un nègre... et qu'il voulait vous éprouver.

MARIE, *à part.* Il serait vrai? (*Haut*) Oh! non, Titi, vous vous trompez, Justin ne m'aime pas.

TITI. Il en est bête, il m'ennuie de vous toute la journée. (*à part.*) Ma foi, Justin s'arrangera...

PHROSINE. Ce pauvre Titi que j'accusais.

TITI. Ah! Phrosine... vous m'avez froissé l'âme!.. vous m'avez perforé le cœur! Ah! Phrosine... un homme qui est plein d'innocence et dont la probité, et l'intégrité, et la naïveté. Ah! Phrosine! (*A part.*) Ça devrait être défendu de mentir comme ça.

PHROSINE. Titi, je vous indemniserai. (*à Marie.*) Marie, faut faire comme moi... si ce jeune homme t'aime violemment... il faut lui correspondre. Justement, j' crois qu' le v'là. (*Elle va voir.*) Non, c'est le cousin Georget.

SCÈNE XIII.
MARIE, GEORGET, PHROSINE, TITI.

Georget est pâle et tout en désordre.

TITI, *l'envisageant.* Ah! ça, qu'avez-vous donc?
MARIE. Ah! mon Dieu! mon cousin, que vous est-il arrivé?
GEORGET. Il ne m'est rien arrivé.
Il s'assied et jette son chapeau à terre avec violence.
PHROSINE. Mais vous êtes tout défait?..
GEORGET. Je ne suis pas défait.
TITI. Est-ce que vous auriez eu des mots dans la rue?... J'y cours...
GEORGET. J'ai pas eu de mots.
PHROSINE. Mon Dieu! Marie, il me fait peur!
TITI. Y comprenez-vous quelque chose?
MARIE. Mais vous paraissez souffrir...
GEORGET. *à part.* Oh! oui, je souffre, ça m'étouffe!
Il tient sa tête dans ses deux mains. — On entend Cabillot dans la coulisse.
GEORGET, *se levant.* Qu'est-ce que j'entends? c'est le remplaçant!
TOUS. C'est le Lorrain.

SCÈNE XIV.
PHROSINE, TITI, GEORGET, MARIE, CABILLOT, *et peu après* JUSTIN.

CABILLOT, *il a un sac de militaire sur le dos.* Pardon, excuse, la société... c'est moi que je reviens, M. Georget, et je vous apporte du nouveau, allez... je dînons pas avec vous... il faut que je parte tout de suite et subitement... je venons de recevoir un ordre très pressé... demain, le gouvernement veut me voir sous les drapeaux... c'est son idée, et je venons chercher mon argent, et vous dire adieu.
GEORGET, *anéanti.* Son argent.
CABILLOT. Oui, monsieur Georget... mon argent... tout de suite.
Justin paraît au fond.
MARIE, *passant à droite.* Ça sera facile. (*Elle va vers la cheminée.*) Ah! mon Dieu! où donc est la tirelire?
PHROSINE et JUSTIN. Comment! elle n'y est plus?.. qu'est-ce que ça veut dire?..
GEORGET, *avec désespoir.* La tirelire! la tirelire! Il n'y a plus de tirelire! il n'y a plus d'argent!..
JUSTIN, *s'avançant.* Comment! frère?.. qu'est-ce que j'entends?..
GEORGET. Justin! ah! Justin, laisse-moi, je suis un malheureux!..
JUSTIN. Un malheureux?.. mais qu'y a-t-il donc?.. tu m'effraies!..
GEORGET. Mon frère... mon pauvre frère... obligé de partir, de se faire soldat, à cause de moi!..
JUSTIN. A cause de toi?.. Est-ce que c'est possible?
GEORGET. Eh bien! oui! car c'est moi qui ai brisé la vieille tirelire; c'est moi qui ai oublié que l'avenir de mon jeune frère dépendait de l'argent qu'elle contenait... j'ai tout joué, j'ai tout perdu!.. et maintenant il faut que tu partes.
Il pleure.
TOUS. Partir!..
MARIE. Pauvre Justin.
JUSTIN, *à part.* Ah! sa douleur me fait trop de mal! (*Haut.*) Frère! ah! ne pleures pas ainsi... Oui, en effet, ce serait affreux de nous séparer... mais rassure-toi, je ne te quitterai pas, je ne partirai pas!..
TOUS. Comment?
JUSTIN. Tu as joué et tu as perdu, n'est-ce pas?
GEORGET. Hé ben?
JUSTIN. Hé ben, moi,... j'ai gagné!
TOUS. Gagné!
GEORGET, *rayonnant de joie.* Gagné!.. Tu as gagné! tu jouais donc aussi sans me le dire?
JUSTIN. Oui, frère, oui, je suivais ton exemple, mais je ne jouais pas le même jeu que toi.
GEORGET. Comment ça!..
JUSTIN. Au lieu d'aller dans ces maisons où l'on perd toujours, je me suis dit: Justin, faut tâcher de trouver une maison... où l'on perde jamais.
GEORGET. Est-ce que c'est possible?
JUSTIN. Oui, frère, car cette maison.. je l'ai trouvée!
GEORGET. Tu l'as trouvée..
TITI. J'y comprends rien.
JUSTIN. D'abord, j'avais pas trop de confiance, parce que, comme toi, ça me semblait impossible... mais enfin, je me décide... j'entre... Au lieu de ces mauvaises figures que l'on rencontre où tu vas d'ordinaire, j'suis tout surpris de ne voir là que des visages tranquilles et joyeux. Je m'approche de la table de jeu... j'hasarde une somme... puis deux... gagné!.. Je poursuis... la veine continue... J'ouvrais de grands yeux... C'est que là, vois-tu, rien n'est louche.. pas de rateau de bois qui vous escamote tout votre or ou bas de coup de banque... Rien à craindre... on pose une pièce.. on en retire deux... C'est

dans le jeu.. Si bien que de semaines en semaines, de mois en mois, cet argent que tu me donnais... que je savais si bien te soutirer.. je l'ai vu doubler, tripler, grossir enfin, au point de former une belle somme que j'ai là... et que j'apporte en bons écus...

TOUS. Est-il possible!..

JUSTIN. Oh! je sais bien, ça vous étonne tous, n'est-ce pas? ça vous paraît imaginaire, mais c'est comme ça.

GEORGET. Mais, enfin, quelle est cette maison?

TOUS. Quelle est cette maison?

JUSTIN. La caisse d'épargnes.

TOUS. La caisse d'épargnes...

TITI. La caisse d'épargnes... Comment donc... mais je la connais beaucoup... de réputation.

GEORGET. Quelle leçon!..

JUSTIN. Une leçon... Non frère, c'était un devoir sacré que je remplissais... car je me suis souvenu des conseils de notre pauvre père! Et maintenant nous irons tous ensemble porter nos épargnes, n'est-ce pas? (*bas à Georget.*) Hé bien... De loin en loin... quand ça te tiendra trop... tu pourras risquer...

GEORGET. Oh! jamais.. jamais!

JUSTIN, *l'embrassant.* Que je suis heureux!

PHROSINE. Moi, j'en pleure.

CABILLOT. Et moi aussi.. j'en pleure... car le Lorrain a bon cœur, voyez-vous... et puisqu'il y a de l'argent.. je partirai, voyez-vous.

TITI, *à Justin.* A présent je m'explique pourquoi qu'on m'a relâché après avoir vu le papier qu'était dans ton habit... comme il disait le chef du poste: Il n'y a qu'un bon ouvrier qui puisse aller là... C'était...

JUSTIN, *montrant le papier:* Un reçu de la caisse d'épargnes.

TITI. Fameux! Une fois cocher de cabriolet, je veux avoir de ces papiers-là... moi qui me bats souvent, ça me sera utile.

MARIE. On vous en procurera dès que Phrosine sera votre femme.

JUSTIN. Comment.*

TITI. Oui, oui, nous étions trompés, c'est Marie que tu aimes, nous t'expliquerons ça.. mais pour le quart d'heure, ne pensons qu'au plaisir, à la noce, à la bombance... bonheur général!.. de la joie comme s'il en pleuvait à verse!.. et quand nous aurons fini, nous recommencerons!

* Cabillot, Georget, Marie, Justin, Titi, Phrosine.

VAUDEVILLE FINAL.

CHŒUR.

Air *du vaudeville de la Carotte d'Or, ou le Capitaine de vaisseau.*

L'économie est un' vertu,
C'est rebattu
Mais cett' sentence
Est bonne je pense,
A pratiquer
Il ne faut pas nous en moquer.

TITI.

Quand je veux boire du liquide à bas prix,
Vers la barrièr' je me mets en campagne,
La bouteill' coût' quat' sous moins qu'à Paris,
C'est tout profit; plus j'en bois, plus j'y gagne.

TOUS.

L'économie etc.

CABILLOT.

Rien n' coût chez nous, plus cher que l'habillement,
C'est ma parole, une dépense atroce!
Pour épargner au moins un vêtement,
Pourquoi ne pas faire comme en Ecosse..

TOUS.

L'économie, etc.

GEORGET.

L' soldat français économe et plein d' soins,
Qui met d' côté sa paye avec sagesse,
Peut épargner huit francs par an, au moins,
Pour s'assurer une douce vieillesse.

TOUS.

L'économie, etc.

TITI.

Pour s'amuser, que de gens, dans l'été,
Dont p'tit à p'tit les effets se dérangent!
Si j' mets les miens quequ'fois au Mont d' piété,
C'est que chez moi j' crains qu' les vers ne les mangent.

TOUS.

L'économie, etc.

PHROSINE, *au public.**

Notre refrain aura-t-il du succès?

MARIE.

Ah! n'allez pas tromper notre espérance!

TITI, *les interrompant.* Mais non, mes petites chattes, mais non, c'est pas ça...

* Ici les acteurs sont ainsi placés: Cabillot, Georget, Justin, Marie, Titi, Phrosine.

l'espérance, c'est trop commun... allez, recommencez... je vais vous souffler.

Soufflant à demi-voix.

Notre refrain aura-t-il du succès...

PHROSINE *et* MARIE, *chantant.*

Notre refrain aura-t-il du succès?

TITI, *de même.*

Avec calcul, ménagez vos finances!..

PHROSINE *et* MARIE, *de même.*

Avec calcul, ménagez vos finances.

TITI *id.*

Surtout, messieurs, n'achetez jamais d' sifflets!..

(*vivement.*) car, ma parole, c'est la dépense la plus inutile, la plus folle et la plus dangereuse; mais, allez donc! vous me laissez là patauger..

PHROSINE *et* MARIE.

Surtout, messieurs, n'ach'tez jamais d' sifflets,
C'est selon nous, la plus foll' des dépenses.

CHOEUR.

L'économie, etc.

FIN.

Imprimerie de J.-R. MEVREL, passage du Caire, 54.

LES BEDOUINS EN VOYAGE,

ODYSSÉE AFRICAINE EN TROIS CHANTS,

TRADUITE EN BAS-BRETON ET EN VAUDEVILLES,

Par M. Anatole de Beaulieu,

ET CHANTÉE POUR LA PREMIÈRE FOIS, A PARIS, SUR LE THÉATRE DE LA PORTE-SAINT-MARTIN, LE 14 NOVEMBRE 1835.

AVIS.

D'un bout à l'autre de la pièce, il y a des indications et des variantes pour les grandes villes de province où les Bédouins donneraient des représentations.

PERSONNAGES.	ACTEURS.	PERSONNAGES.	ACTEURS.
TIMOLÉON, acteur tragique en représentation......	M. SERRES.	SYMPHORIEN, garde champêtre..................	M. TOURNAN.
OSCAR, son ami, également acteur tragique.........	M. ALFRED.	MANON..................	Mlle LAISNÉ.
PUTIPHAR, adjoint du maire.	M. DUPLANTY.	LUCIENNE...............	Mme ASTRUC.
BADOULARD, brigadier de gendarmerie.............	M. MOESSARD.	UN COCHER de coucou...	M. MARCHAND.
		UN PAYSAN.............	M. FONBONNE.
		LES BÉDOUINS.	
		PAYSANS ET PAYSANNES.	

La scène se passe, pendant les deux premiers tableaux, dans un petit village du département du Finistère, à peu de distance de Landerneau; le troisième tableau se passe à Paris, au théâtre de la Porte-Saint-Martin.

PREMIER CHANT.

LES BÉDOUINS A LANDERNEAU.

La place publique du village.

SCENE PREMIERE.

(L'orchestre joue l'air : *Voyage, voyage*, etc. Un coucou venant de la deuxième coulisse traverse le théâtre de la gauche à la droite.)

LE COCHER, *sur son siège.*

Hu la roussé !

(*Chantant.*)
Quand la natur' s'ra reverdie,
Quand l'hirondell' s'ra de retour,

Hu donc, la roussé.

J'irai revoir ma Normandie,
C'est le pays qui m'a donné le jour.

Ohé ! ohé ! la roussé. Tonnerre de chemins, va !

TIMOLÉON, *passant à travers la portière sa tête qui est enveloppée d'un foulard.*

Allons donc, cocher, allons donc ! nous

n'arriverons jamais, mon garçon. Dieu ! que c'est humiliant de voyager en coucou !

LE COCHER, *reprenant son refrain.*

J'irai revoir ma Normandie,
C'est le pays qui m'a donné le jour.
Hu ! la rousse !

(*Le coucou disparaît. L'orchestre continue l'air* Voyage, *etc. ; puis on entend d'abord dans le lointain, ensuite plus rapproché, le bruit du tambour, puis le son du tocsin, et l'on voit paysans et paysannes arriver en courant de tous les côtés.*)

SCÈNE II.

PAYSANS *et* PAYSANNES. BADOULARD, *brigadier de gendarmerie, et* SYMPHORIEN, *garde-champêtre.*

CHŒUR DE PAYSANS.

AIR *du Triolet bleu.*

Qu'est-ce donc, mes amis ?
Nous v'là tous étourdis...
Ah ! quel bruit ! quel tapage !
L'feu s'rait-il au village ?..
Pourquoi donc tant d'tracas ?
Tout le monde
A la ronde
Se l'demand', mais hélas !
On s'répond : je n'sais pas.

(*Symphorien, garde-champêtre, entre en scène, en battant la générale sur son tambour : tout le monde marche au-devant de lui. Badoulard, brigadier de gendarmerie, entre d'un autre côté.*)

BADOULARD.

Me voilà,
Je suis là,
Le gendarme est bon là...
Mais quel est le danger ?
Qui faut-il protéger ?

SYMPHORIEN.

Mes amis, près de moi rangez-vous ;
Venez tous ;
Car ça nous r'garde tous,
Et surtout les époux.

(*Il fait un nouveau roulement de tambour.*)

REPRISE DU CHŒUR.

Qu'est-ce donc, mes amis ? etc.

(*Pendant la reprise du chœur, Symphorien s'est débarrassé de sa caisse, et il est monté sur un tonneau pour dominer les paysans qui l'entourent ; puis il tire de sa poche une énorme pancarte.*)

SYMPHORIEN. Ecoutez ; silence !

BADOULARD. Silence ! silence !

SYMPHORIEN, *lisant avec emphase.* « Paysans Bas-Bretons, et paysannes Basses-» Bretonnes, habitans et habitantes de la » commune ci-incluse, en l'absence de » M. le maire, et de par son adjoint, » M. Rodrigue Putiphar, il vous est fait » à savoir que la ville voisine, la bonne » ville de Landerneau, vient d'être envahie » par les Bédouins. »

TOUS. Les Bédouins !

SYMPHORIEN. « On n'en a vu que dix » jusqu'à présent, dont deux enfans en » bas âge ; et tous d'un caractère pacifique, » d'une douceur invraisemblable... ce qui » fait supposer qu'ils sont en très-grand » nombre, et cachent, sous cette apparence » perfide et enfantine, les plus horribles » desseins. En conséquence, il est ordonné » à tous les Bas-Bretons de leur courir sus, » et à toutes les Basses-Bretonnes de s'en-» fuir rapidement à leur approche, lesdits » Bédouins étant gravement soupçonnés et » entachés de vouloir égorger tous les » maris et enlever toutes les femmes, ayant » fait leurs preuves en ce genre à Maroc, » Alger, Tunis, Pékin, Moscou, Cons-» tantinople, et cœtera, et cœtera. »

BADOULARD. Egorger tous les maris !

LUCIENNE. Enlever toutes les femmes !

SYMPHORIEN, *continuant sa lecture.* « Le » brigadier de gendarmerie, Magloire Ba-» doulard... »

BADOULARD. Présent.

SYMPHORIEN. « Et le garde champêtre, » Symphorien Varichon, » (*se désignant lui-même*) présent... (*reprenant sa lecture*) « sont chargés de l'exécution de la pré-» sente ordonnance... »

BADOULARD. C'est très-bien...... Vous l'avez entendu, mesdames, rentrez chez vous... et nous, camarades, aux armes !

TOUS. Aux armes !

(*Ils sortent de différens côtés pour aller prendre leurs armes.*)

SYMPHORIEN, *à Manon.* Adieu, Manon. Tu peux dormir tranquille... ton mari veille pour te défendre.

BADOULARD, *à Lucienne.* Lucienne, mon épouse, méfiez-vous des Bédouins.

LUCIENNE. Sois donc tranquille... On n'enlève pas une femme malgré elle.

BADOULARD. C'est égal ; méfie-toi toujours... méfie-toi... ça n' peut pas faire de mal.

(*Tous les paysans rentrent armés de diverses manières, et viennent se ranger autour de Badoulard et de Symphorien. Celui-ci a repris sa caisse et bat un nouveau roulement pendant la ritournelle de l'air suivant.*)

BADOULARD.

AIR : *En avant.* (De Blanchard.)

La victoire nous appelle ;
Tremblez, Bédouins, tremblez tous.
Gendarme et mari fidèle,
Me voilà, malheur à vous !

SYMPHORIEN, *aux Paysans.*

Gloir', danger, plaisir et peine,
Entre nous qu'tout soit égal.
Je me nomme capitaine.

BADOULARD.

Je me nomme général.

CHŒUR.

En avant ! (*bis.*)
En avant ! partons sur-le-champ.
En avant ! (*bis.*)
Marchons, la gloire nous attend.

(*Sortie des paysans au bruit du tambour ; les femmes se sont retirées lentement. Deux d'entre elles, Manon et Lucienne, ont marché, l'une vers la maison de droite, l'autre vers celle de gauche ; puis, arrivées jusqu'au seuil de la porte, après le départ des hommes, elles se retournent toutes les deux. L'air précédent continue en sourdine, et le bruit du tambour cesse peu à peu pendant les premiers mots de la scène suivante.*)

SCÈNE III.
LUCIENNE, MANON.

LUCIENNE, *se retournant la première.* Dis donc ?... Eh ! Manon ?

MANON. Eh bien ! après, Lucienne ?

LUCIENNE. Arriv' donc un peu... T'es ben pressée de t'en aller.

MANON. Me v'là... Quequ' tu veux ?

LUCIENNE. Est-ce que t'as peur des Bédouins, toi ?

MANON. Dam ! tu viens d'entendre la proclamation.

LUCIENNE. Certainement, je viens de l'entendre... Mais, tu sais bien qu'elle est de M. l'adjoint.

MANON. Eh ben ?

LUCIENNE. De M. Putiphar... C' pauvre cher homme... depuis que son épouse, Mme Putiphar, s'est ensauvée du pays avec son cousin, Joseph Dumanet, un troupe de ligne qu'avait fait la conquête d'Alger, il a la tête sens dessus dessous.

MANON. C'est fait pour ça.

LUCIENNE. Il voit partout des Algériens, des troupes de ligne, des Bédouins, et des femmes qu'on enlève.

MANON. Ainsi, t'es d'avis, Lucienne, qu'il n' faut pas avoir peur...

LUCIENNE. Je n' dis pas ça ; mais j' dis qu'il faut connaître avant d'avoir peur....

MANON. Ah ! tu voudrais connaître....

LUCIENNE. Tiens, c'te bêtise !... Il y a comm' ça un tas de choses dont on vous effraie à l'avance... et puis, quand on les connaît, quand on les voit, c'est rien du tout. Moi je veux voir les Bédouins... Quequ' ça me fait, à moi, qu'ils soient Russes, Chinois ou Arabes ?... J'ai du courage... je suis la femme d'un gendarme..

(*On entend la voix de Timoléon dans la coulisse.*)

TIMOLÉON, *au dehors.* Allons, bon, il ne nous manquait plus que ça... Merci, cocher, merci...

LE COCHER, *dans la coulisse.* C'est pas ma faute, c'est la rousse qu'était fatiguée : elle a glissé, c't' pauvre bête !

MANON. Qu'est-ce que c'est ?

LUCIENNE, *regardant dans la coulisse à sa gauche.* Ah ! mon Dieu ! là-bas... au pied de la montagne... une voiture qui vient de verser !

MANON. C'est vrai... un coucou.

LUCIENNE. Il faut appeler du monde... Au secours ! au secours !

MANON. Au secours !

LUCIENNE, *la retenant.* Non, attends... Il n'y a personne de blessé... V'là les voyageurs qui finissent par sauter hors du coucou... Ils sont deux... (*Poussant un grand cri.*) Ah ! les drôles de costumes, Manon, ma chère Manon !

MANON. Eh bien !

LUCIENNE. C'en est.. ça doit en être... c'est des Bédouins.

MANON. Des Bédouins !... Je me sauve.

LUCIENNE. Et non... t'es bête, reste donc... Je suis sûre qu'ils ne nous feront pas de mal.

SCÈNE IV.

LES MÊMES, TIMOLÉON, *puis* OSCAR.

TIMOLÉON. *Il a sous son manteau le costume complet d'Orosmane ; un turban par dessus son foulard.* Que le diable emporte le cocher, la rousse, les habitans de Landerneau et les routes de Basse-Bretagne.

OSCAR, *entrant à son tour, habillé à peu près de même que Timoléon.* Ne t'impatiente pas, Timoléon.... Heureusement, nous ne sommes blessés ni l'un ni l'autre.

MANON, *criant de toute sa force.* Au secours! au secours! v'la les Bédouins... Au secours!

(Elle s'en va.)

SCENE V.
TIMOLÉON, OSCAR, LUCIENNE.

TIMOLÉON. Qu'est-ce qu'elle chante, celle-là, avec ses Bédouins?

LUCIENNE. Si on peut crier comme ça avant de connaître le monde!

OSCAR. Ah! en v'là une autre.

TIMOLÉON. Elle ne se sauve pas, c'est heureux! Bonjour, ma belle enfant.

OSCAR. Très-jolie, parole d'honneur!

LUCIENNE *à part.* Ma belle enfant!.... très-jolie...Est-elle bête, c't' Manon, est-elle bête!.... Ils sont très-aimables, les Bédouins! Et comme ils sont bien habillés!

TIMOLÉON. Ah! vous regardez nos costumes... Ne faites pas attention... Aux lumières ils font quelquefois de l'effet; mais en plein jour, ils sont un peu enseignes de tabac... Pour le moment, il ne s'agit que d'une chose... Oscar et moi... Monsieur s'appelle Oscar, et moi, Timoléon.

LUCIENNE. Oh! les jolis noms! Moi je me nomme Lucienne, pour vous servir, si j'en étais capable.

TIMOLÉON. Tiens! à la bonne heure, elle est gentille... Certainement que vous pouvez nous servir, ma petite Lucienne... Oscar et moi, nous sommes excédés de fatigue.

OSCAR. Nous mourons de faim, de soif.

TIMOLÉON. Enfin, nous vous demandons avec instance, en payant, de quoi nous rafraîchir, et une chambre pour cette nuit.

LUCIENNE. Des rafraîchissemens, je ne dis pas... une chambre... impossible.

TOUS DEUX. Impossible!

LUCIENNE. Mon mari ne le souffrirait pas...

TIMOLÉON. Votre mari!

LUCIENNE. Le brigadier de gendarmerie...

TIMOLÉON. Ah! diable!

OSCAR. Respect aux maris!

TIMOLÉON. Et aux autorités.

LUCIENNE. Et même, si vous faites bien, quand vous n'aurez plus soif... vous quitterez l'endroit, et le plus vite que vous pourrez.

TIMOLÉON. Pourquoi donc?

LUCIENNE. Parce que... ce n'est pas moi qui vous chasse, au contraire... Mais, j'vous dis ça par intérêt pour vous.

TOUS DEUX. par intérêt pour nous!

LUCIENNE.

Air : *Allons réveiller tout le monde.*

Mais d'abord, messieurs, je vous quitte;
Avant tout je dois vous servir,
Attendez-moi, je reviens... puis ensuite,
Sur-le-champ il faudra partir.

TIMOLÉON.

Partir déjà!

LUCIENNE.

Pour vous, messieurs, je tremble.

TIMOLÉON.

Quoi! sitôt quitter tant d'attraits!
Elle est charmante.

LUCIENNE, *à part.*

Eh! vraiment il me semble
Que c'Bédouin-là parle très-bon français,
Il parle très-bien le français.

ENSEMBLE.

Pour un instant, messieurs, j'vous quitte, etc.

LES DEUX HOMMES.

Pour un instant elle nous quitte...
Elle s'empresse à nous servir!
Nous attendons, mon enfant... mais ensuite,
Hélas! nous faudra-t-il partir?
Non, plus tard nous pourrons partir.

SCENE VI.
OSCAR, TIMOLÉON.

TIMOLÉON. C'est égal, il est impossible d'avoir un guignon comme le nôtre!

OSCAR. Ah! bah! je te croyais tout consolé... Il me semblait que la petite femme du brigadier...

TIMOLÉON. Laisse-moi donc tranquille. Et mon rôle d'Orosmane! et les couronnes que j'attendais à Landerneau, et la recette surtout, la recette qui nous est échappée, qui nous échappe toujours, qui semble fuir devant nous au grand galop à mesure que nous la poursuivons... Il est vrai que nous autres, nous n'allons qu'au petit pas... en coucou... ce n'est pas notre faute. Enfin, nous partons de Paris, tous les deux ensemble, parce que, pour le moment, nous n'y faisions pas fortune ; nous courons toute la province avec nos brochures dans nos poches, et nos costumes dans nos malles...

OSCAR. Tu ferais bien de dire notre malle et notre costume, puisque...

TIMOLÉON. C'est vrai.. Je n'en ai qu'un, et toi aussi ; mais avec celui-là, je peux jouer tous les rôles : Orosmane, Mahomet, Gengiskan, Abuffar, le Calife de Bagdad, Hariadan-Barberousse, Othello, et Schaabaam, dans l'Ours et le Pacha...

OSCAR. Moi, Corasmin, Phanor, Zamti, Marécot, et ainsi de suite.

TIMOLÉON. C'est un excellent répertoire...

OSCAR. Bref, nous arrivons à Landernau..... et nous étalons notre affiche..... Affiche magnifique ; deux pieds et demi, des lettres longues comme ça...
(Il tire de sa poche l'affiche suivante et en fait lecture.)

GRAND THÉÂTRE DE LANDERNEAU.

PAR AUTORISATION DE M. LE MAIRE.

Billets et Entrées de faveur généralement suspendus.

« Aujourd'hui, par extraordinaire, la
» première représentation sur ce théâtre de
» *Zaïre, ou le Grand-Turc amoureux d'une*
» *chrétienne*, tragédie en cinq actes et en
» vers de feu M. Arouet de Voltaire. Cette
» pièce, l'une des plus intéressantes du
» Théâtre-Français, a été montée avec le
» plus grand soin, et n'a aucune similitude
» avec les drames de l'époque, qui inspi-
» rent plutôt de l'éloignement que de l'in-
» térêt.

» Dans cet ouvrage, M. Timoléon, pre-
» mier acteur tragique de France, succes-
» seur de Talma, élève du Conservatoire,
» et passant par cette ville pour se rendre
» à Constantinople, remplira pour cette
» fois seulement le rôle d'Orosmane, qu'il
» a créé et joué cent cinquante fois de suite
» dans la capitale, et l'un des plus brillans
» de son répertoire.

» M. Arouet, épicier-droguiste de cette
» ville, arrière-petit-fils du grand homme,
» assistera à la représentation.

» Le prix des places ne sera pas aug-
» menté. »

L'heure du spectacle arrive..... tu frappes les trois coups... Je suis prêt... Je me drape, et j'entre en scène d'un air majestueux. Mais, à peine ai-je dit les deux premiers vers :

Vertueuse Zaïre, avant que l'hyménée
Joigne à jamais nos cœurs et notre destinée...

J'ai une distraction... je regarde dans la salle pour me faire une idée juste de la recette... Trois personnes... quarante-cinq sous... Je me trouve mal ; nous rendons l'argent pour cause d'indisposition.. Zaïre, qui avait retrouvé à Landerneau une ancienne connaissance de Paris, monte avec elle en chaise de poste... Nous, nous regagnons bien vite notre modeste équipage, sans nous donner le tems de reprendre nos habits de ville... Nous crions au cocher : Tout droit... toujours tout droit ! et tu nous arrêteras dans la première ville où tu trouveras un théâtre.... Il nous en faut un, n'importe lequel. Il nous faut une recette ! le siècle nous la doit... Il nous la donnera malgré lui.

AIR : *Voyage, voyage*.

Tous deux nous reprenions courage,
Mais ce n'était pas encor tout...

OSCAR.

Jour malheureux ! maudit voyage !
Il fallait souffrir jusqu'au bout.

TIMOLÉON.

A travers la campagne
De la Basse-Bretagne
Le cocher nous menait
Comme il voulait.
Riant de nous avec effronterie,
Il nous chantait sa Normandie.
Tu te désolais,
Et moi, je jurais.

OSCAR.

Long-tems cahotés,
Long-tems ballotés,
Abîmés, rompus,
Et n'en pouvant plus,

TIMOLÉON.

Nous disions : nous sommes perdus.

Il ne nous manquait plus que de verser ! Et maintenant, j'espère que nous pouvons dire comme Titus : Je n'ai pas perdu ma journée. Aussi, c'est fini, quand je devrais renoncer à toutes les couronnes, à tous les succès, à toutes les recettes de France..... et de Navarre...

Voyage, voyage
En coucou qui voudra !
Pour moi cette rage
Jamais ne me prendra.

(*Ils reprennent ensemble le refrain.*)

SCÈNE VII.

Les Mêmes, LUCIENNE, *rentrant avec une bouteille, deux verres et des gâteaux.*

LUCIENNE. Me v'là, messieurs, me v'là. Je vous ai fait attendre... c'est que je voulais vous donner du meilleur et mon mari l'avait caché derrière la grande futaille...

TIMOLÉON. Merci, mon enfant ; merci, Lucienne... (*Elle leur verse à boire.*) Ma foi, il fallait une rencontre comme celle-là pour nous dédommager de toutes nos infortunes... A ta santé, Lucienne !

OSCAR. A votre santé, madame la brigadière.

(On voit Badoulard le gendarme et une partie des paysans paraître au fond du théâtre et descendre la scène à pas de loup.)

SCÈNE VIII.

Les Mêmes, BADOULARD ; Paysans.

TIMOLÉON, *après avoir bu.* Excellent ! Oh ma foi ! je n'y tiens plus ; si jolie, si aimable, et du vin comme celui-là.... Embrasse-moi.

LUCIENNE. Laissez-moi donc, monsieur. Voulez-vous me laisser, s'il vous plaît ?

(Timoléon l'embrasse. Le gendarme et sa suite ont descendu la scène.)

BADOULARD. Halte là !

LUCIENNE. Ciel ! mon mari.

TIMOLÉON et OSCAR. Le gendarme !

BADOULARD. Allons, mes amis, courage !... Arrêtez-moi ces deux coquins, ces deux Bédouins, qui se permettent de boire mon vin et d'embrasser ma femme.

TIMOLÉON. Comment, qu'est-ce que vous faites ?

LUCIENNE. Mais, mon ami, tu te trompes ; je t'assure que ces deux messieurs...

BADOULARD. Silence, mon épouse. En v'là assez sur ce chapitre.

TIMOLÉON. C'est une infamie, et jamais...

BADOULARD. Silence, Bédouins ! Vous allez nous suivre à la mairie.

TIMOLÉON. Bédouins, Bédouins !... Que diable ont-ils donc à nous appeler Bédouins, dans ce pays-ci ?

OSCAR. Brigadier, écoutez-moi..... Nous ne sommes pas...

BADOULARD. Connu ! connu !... Nous savons très-bien ce que vous êtes...

TIMOLÉON. Cependant, vous ne pouvez nous refuser...

BADOULARD. Connu ! connu !... Faites-donc semblant de parler français... Ça ne prend pas... Connu !... Vous avez appris ça pendant la guerre d'Alger. Connu ! connu !... connu comme le loup blanc.

TIMOLÉON. Mais mon cher ami, vous êtes absurde.

BADOULARD. Connu !... connu !... En avant, marche !

OSCAR ET TIMOLÉON.

AIR *du Final du deuxième acte de Gillette.*

Non, non, je ne marcherai pas. }
TOUS. } (*bis.*)
Allons, il faut suivre nos pas. }

OSCAR.

Ecoutez, je vous prie.

BADOULARD.

Marche, Bédouin, crois-moi,
Ou la gendarmerie
T'f'ra marcher malgré toi,
De par la loi, de par le roi.

CHŒUR.

BADOULARD *et les siens.*

De par le roi ! de par la loi !
Allons, pas tant d'cérémonie.
Bédouins, il faut suivre nos pas ;
Non, non, vous n'échapperez pas.

TIMOLÉON *et* OSCAR.

De par le roi ! de par la loi !
Mais vraiment c'est une infamie.
Cet ennui nous manquait, hélas !
Non, non, nous ne partirons pas.

(On les emmène tous deux par la première coulisse à la droite du public. L'orchestre joue piano l'air de Garde à vous, de la Fiancée. Les dix véritables Bédouins, en costume de voyage, traversent le fond du théâtre de gauche à droite ; ils disparaissent dans la coulisse de droite ; Manon rentre doucement par la première coulisse de gauche, amenant à sa suite les autres femmes.)

SCÈNE IX.

MANON, Paysannes.

MANON. Oui, par ici, par ici... Je vous dis que j'en ai vu deux, deux véritables. Je les ai laissés avec Lucienne, et j'ai bien peur... Enfin, ne faites pas de bruit, ne faites pas de bruit... Eh bien ! où sont-ils donc !

(Elle remonte la scène et regarde du côté par où viennent de disparaître les dix Bédouins.)

MANON *et* TOUTES LES FEMMES, *criant.*

Ah !.. en v'là dix autres à présent.

MANON. Je suis morte.

TOUTES LES FEMMES, *tremblant*. Et moi aussi... Et moi aussi...

(Symphorien le garde champêtre et tous les autres paysans en armes paraissent au fond du théâtre.)

SCENE X.

LES MÊMES, SYMPHORIEN, PAYSANS.

SYMPHORIEN. Ne craignez rien... nous sommes là... Nous les tenons, les scélérats.. nous les tenons.. Alerte, camarade. Rendez-vous, Bédouins, rendez-vous ! Une fois, deux fois, trois fois, vous ne voulez pas vous rendre. Camarades, attention à votre commandement... Apprêtez, armes.. Y êtes-vous ?

(Ils couchent en joue les Bédouins, qui sont toujours dans la coulisse.)

SYMPHORIEN. Tiens ! qu'est-ce qu'ils ont donc à sauter comme ça ?

MANON. C'est joli...

SYMPHORIEN. L'fait est qu'c'est amusant tout de même. Faut voir, faut voir... reposez armes.

(Ils se rangent tous.)

SCENE XI.

LES MÊMES, LES BÉDOUINS.

(Ils entrent en dansant et s'accompagnant du tambour de basque. Première partie de leurs exercices. Ils sortent.)

SCENE XII.

LES MÊMES, *excepté les Bédouins*.

SYMPHORIEN. C'est des sorciers ! des vrais sorciers ! A propos, une idée qui me revient !

MANON. Laquelle.

SYMPHORIEN. Nous les avons laissé partir ! Faut courir après.

MANON. Pour quoi faire ? Pour vous battre avec eux ?

SYMPHORIEN. Du tout... pour les voir danser encore une fois... C'est bien plus agréable.

AIR *de Blanchard*.
A-t-on vu chose semblable ?
Des gaillards comme ceux-là...
C'est vraiment inconcevable...
Malin qui les égal'ra !
Entre nous la guerre cesse.
L'adress' plaît en tous pays :
Avec tant d'grâce et d'adresse,
Mêm' les Turcs s'raient des amis.

(*Parlant.*) Vivent les Bédouins !

TOUS. Vivent les Bédouins !

CHŒUR GÉNÉRAL.
En avant, (*bis*.)
Marchons, le plaisir nous attend.

(*Ils sortent.*)

FIN DU PREMIER CHANT.

DEUXIÈME CHANT.

LE PROCÈS DES BÉDOUINS.

La salle de la mairie. Sur le devant de la scène, une table élevée sur une estrade, et servant de tribunal ; M. Putiphar, adjoint du maire, occupe le fauteuil ; auprès de lui, à sa gauche, est assis sur une chaise le secrétaire de la mairie, faisant l'office de greffier ; au milieu, sur une banquette, Timoléon et Oscar ; debout, en face du siége de M. Putiphar, le brigadier Badoulard, sa femme, d'autres paysannes et tous les paysans qui ont fait avec lui l'arrestation de Timoléon.

SCENE PREMIÈRE.

PUTIPHAR, OSCAR, TIMOLÉON, BADOULARD, LUCIENNE.

CHŒUR *de tous les personnages s'adressant avec colère à Oscar et Timoléon.*

AIR *des Couturières.*
Chut ! chut ! taisez-vous donc ;
Vit-on jamais une telle insolence !

Bédouins, faites silence !
Vous êtes pris, pour vous point de pardon.

ENSEMBLE.

TIMOLÉON et OSCAR.
Allons, laissez-nous donc !
Mes braves gens, vous êtes en démence ;
C'est trop de patience ;
Quand tous ici vous perdez la raison.

LUCIENNE.
Allons, laissez-les donc ;
Mes braves gens, vous êtes en démence;
C'est trop de patience,
Quand tous ici vous perdez la raison.

TIMOLÉON.
Vraiment, cher Oscar,
Il vaut mieux en rire.

BADOULARD.
Hein ! qu'osez-vous dire !
Craignez Badoulard.

PUTIPHAR.
Craignez Putiphar.

TIMOLÉON.
Eh quoi ! Putiphar !...

(*Parlant*). Ah ! ah ! ah ! Est-ce que par hasard, monsieur l'adjoint, vous seriez un descendant de ce fameux Putiphar dont la femme... en Égypte... avec Joseph...

PUTIPHAR. Joseph ! Joseph Dumanet ! voltigeur au 37e de ligne... Infâme Bédouin, quel nom as-tu prononcé ?

REPRISE DU CHOEUR.

Chut ! chut ! taisez-vous donc, etc.

PUTIPHAR. Malheureux ! tu vas me donner des nouvelles de mon épouse... tu sais où elle est ? tu vas me le dire ?

TIMOLÉON. Votre épouse ? je n'ai pas l'avantage de la connaître... Est-elle jolie ?

PUTIPHAR. Réponds-moi, tu ne la connais pas ?

TIMOLÉON. Non.

PUTIPHAR. Non !.. Et toi ?

OSCAR. Moi non plus.

PUTIPHAR. Ainsi, vous ne la connaissez ni l'un ni l'autre.

TOUS DEUX. Ni l'un ni l'autre.

PUTIPHAR. Bien sûr.... Votre parole d'honneur ?

TIMOLÉON. J'en jure... foi d'Orosmane.

BADOULARD. Orosmane ! c'est quelqu'adjoint du maire de leur pays.

OSCAR. J'en jure... par Mahomet.

BADOULARD. Mahomet ! c'est un saint turc... Vous voyez bien... ils se trahissent ! D'ailleurs, j'en ai la preuve... je vous l'ai dit, mon magistrat... je les ai surpris qui buvaient mon vin, qui embrassaient ma femme... Oh ! j'ai des témoins... Ils étaient au moins trente avec moi qui l'ont vu embrasser ma femme... N'est-ce pas que vous l'avez vu ?... Ah ! ah ! voilà une preuve... Bédouins, Bédouins, Bédouins !

purs Bédouins... j'en lève la main, mon magistrat.

LUCIENNE. Ça n'est pas vrai, c'est une infamie, c'est une indignité... ils sont plus Français que vous tous ; moi aussi, j'en ai la preuve, je m'y connais... les femmes s'y connaissent, et si elles l'avaient vu, elles diraient toutes qu'ils sont Français...

BADOULARD. Lucienne... Lucienne...

LUCIENNE. Oh ! tant pire, laisse-moi parler. Il y a une heure que je me tais... ça me fait mal, ça m'étouffe. D'ailleurs, je suis témoin, je dois dire la vérité, toute la vérité, rien que la vérité... Français, Français, Français, tout ce qu'il y a de plus Français... j'en lève la main, mon magistrat.

TIMOLÉON. A la bonne heure ! elle est charmante !

BADOULARD. Hum, hum ! charmante... flatteur africain, va !...

TIMOLÉON. Farceur de Bas-Breton...

PUTIPHAR, *se levant avec un mélange de majesté et de colère*. C'en est trop. Femme Badoulard, vous venez de donner l'exemple du plus inconcevable scandale ; femme Badoulard, je vous rappelle à l'ordre.

BADOULARD. Bravo !

TIMOLÉON. Oui, bravo ! Au fait... je prends mon parti, moi ! Ah ! ah ! ah ! ils sont très-amusans... Bas-Bretons, vous êtes très-amusans.

PUTIPHAR. Nous verrons si nous t'amuserons long-tems... Qu'on dresse procès-verbal ? Accusés, votre nom ?

TIMOLÉON. Mon nom ? Palmérin.

BADOULARD. Un nom turc !

PUTIPHAR. Votre profession ?

PALMÉRIN. Solitaire des Gaules.

BADOULARD. C'est ça... Les Gaules, en Turquie.

PUTIPHAR. Vos papiers ?

OSCAR. Ah ! diable, nos papiers.

TIMOLÉON. Dis donc, Oscar, nous ne les avons plus.

OSCAR. Oubliés !

TIMOLÉON. Perdus dans ce maudit coucou !

PUTIPHAR. Coucou ! insolent !.. En prison ! sur-le-champ en prison !

BADOULARD ET LES PAYSANS. Oui, oui, en prison !

OSCAR. Par exemple... Nous n'irons pas.

TIMOLÉON. Quelle amère plaisanterie! Arrière, gendarme, arrière... ne m'approche pas.

(Timoléon et Oscar sont adossés à l'avant-scène. Lucienne s'est placée entre eux, son mari et les paysans.)

PUTIPHAR. Gendarme, faites votre devoir.

SCENE II.
Les Mêmes, un Paysan.

LE PAYSAN, *Il entre en courant de toute sa force, et en criant depuis la coulisse!* Monsieur Putiphar! monsieur Putiphar. Des nouvelles!... de grandes nouvelles!...

PUTIPHAR. De qui, des nouvelles? de ma femme... Sait-on où elle est? est-elle retrouvée?...

LE PAYSAN. Non, ce n'est pas ça... c'est une lettre...

PUTIPHAR. Une lettre... de mon épouse?

LE PAYSAN. Eh! non, de M. le sous-préfet.

TIMOLÉON. Pauvre M. Putiphar! qui diable lui a donc pris son épouse?

PUTIPHAR. Ne parlez pas de mon épouse, Bédouin! ça m'empêche de comprendre ce que je lis. (*Après avoir parcouru la lettre.*) Ah! mon Dieu! Gendarme, lâchez le Bédouin.

BADOULARD. Pourquoi ça?

PUTIPHAR. Lâchez-les tous les deux... nous allions faire une bêtise. Ecoutez: « Monsieur le maire, je recommande à » votre protection spéciale les Bédouins » qui viennent de quitter Landerneau, et » doivent s'arrêter une demi-journée dans » votre commune. Vous aurez pour eux, » je n'en doute pas, les plus grands égards, » et vous exercerez envers ces étrangers » tous les devoirs de l'hospitalité avec le » bon esprit qui vous caractérise. Je fais » mettre à votre disposition tout ce qu'il » faut pour les défrayer pendant les quel- » ques heures qu'ils vont passer auprès de » vous. »

LE PAYSAN. Oui, il y a là un panier de vin de Champagne et toutes sortes de provisions... pour les Bédouins.

OSCAR, *bas*. Des provisions!

TIMOLÉON, *bas*. Du champagne! Ce sous-préfet est un fort galant homme. Attention, Oscar!

PUTIPHAR. « Agréez, monsieur le maire, etc... »

TIMOLÉON, *se promenant en long et en large sur l'avant-scène, et suivi d'Oscar qui le copie.* Microc sécar pesklavesken réyonsed sermazescof abracadabra.

OSCAR. Gentinuflar ventisoned mercadin Erxosmaniflor verbikrak.

TIMOLÉON. Médon-Karsec-Tirtar-Pantagruel Thesaurochrysoni-cocrysidès.

(Pendant ces quatre ou cinq lignes qu'ils ont débitées rapidement et toujours en arpentant la scène, les autres personnages les ont sans cesse suivis, en se faisant signe mutuellement de garder le plus profond silence. Ici Timoléon et Oscar s'arrêtent, les autres personnages en font autant.)

PUTIPHAR, *bas à Badoulard*. Gendarme, tout me prouve que ce sont de grands personnages qui voyagent incognito.

BADOULARD, *bas en montrant Timoléon*. C'est peut-être le dey d'Alger.

LUCIENNE, *bas*. Moi, je crois que c'est le Grand-Turc.

(Elle marche vers Timoléon.)

BADOULARD, *l'arrêtant*. Silence! Lucienne, restez-là.

(En marchant doucement, ils se sont rapprochés de Timoléon et d'Oscar. Ceux-ci continuent alors leur dialogue bédouin, en se lançant les mots suivans qui sont censés des questions et des réponses.)

OSCAR, *d'un air interrogatif*. Crysidès?

TIMOLÉON. Chrysoni.

OSCAR, *de même*. Pantagruel?

TIMOLÉON. Médon.

OSCAR, *de même*. Karsec?

TIMOLÉON. Tirtar.

(Ils se donnent la main comme gens très-satisfaits l'un de l'autre.)

PUTIPHAR, *qui se trouve auprès de Badoulard*. Monseigneur, ce gendarme a été égaré par son zèle. Il a eu le plus grand tort, mais enfin...

BADOULARD. Monseigneur, c'est la faute de M. l'adjoint... sans ça.

OSCAR. C'est bien... c'est bien...

TIMOLÉON. Dombruskark.

OSCAR. Monseigneur dit qu'il n'en veut à personne, et qu'il est content de tout le monde.

BADOULARD. Tout ça en un seul mot! Quelle belle langue que le turc!

TIMOLÉON. Alôpex eis oikian elthoussa.

BADOULARD. Elle toussa?

PUTIPHAR. Qui donc? ma femme?

BADOULARD. Non, quelque princesse bédouine.

(Deux paysans traversent le théâtre portant le panier de vin et les provisions.)

TIMOLÉON, *les montrant*. Elkistra champagne bonum vinum xisdertrunk.

PUTIPHAR. Ah! bien, très-bien... je comprends... On s'y fait, on s'y fait... quand on a un peu d'esprit et d'intelligence...

BADOULARD. Certainement... quand on a...

PUTIPHAR. Monseigneur, voulez-vous vous donner la peine d'entrer dans la salle voisine?

(Il montre une porte à la première coulisse de gauche.)

TIMOLÉON. Sidrac.

OSCAR. Ça veut dire volontiers.

PUTIPHAR. Je m'en doutais.

TIMOLÉON. *Il va gracieusement vers tous les personnages, et s'adressant d'abord aux paysans.* Sophronig.

OSCAR. Il vous porte tous dans son cœur.

TIMOLÉON. Vertranisberg, Badoulard.

(Le gendarme salue.)

OSCAR. Comptez sur lui, monsieur Badoulard.

TIMOLÉON. Lucienne derbig.

OSCAR. Lucienne est charmante.

LUCIENNE. Vous êtes bien bon, monseigneur. (*A son mari.*) Laisse-moi donc faire la révérence.... Est-il malhonnête donc!

TIMOLÉON. Jennemork Putiphar.

OSCAR. Je vous aiderai à retrouver Mme Putiphar.

PUTIPHAR. O grand homme!... Merci! Merci!

AIR *de Faublas.*

Mais, monseigneur, le souper vous appelle...
Et rien ne doit troubler votre grandeur :
Moi-même ici je ferai sentinelle...
Oh! je le veux, pour moi c'est trop d'honneur,
 Trop d'honneur,
 Monseigneur!

TIMOLÉON.

Microc salam hypocrata sidraque.

OSCAR.

De votre zèle il est fort enchanté.

TIMOLÉON.

Salamaleck dorniflar albikraque.

OSCAR.

Et nous allons boire à votre santé.

CHŒUR GÉNÉRAL.

Oui, monseigneur, le souper vous appelle,
Et rien ne doit troubler votre grandeur.
Ici, pour vous, chacun fait sentinelle,
En vérité pour nous c'est trop d'honneur,
 Trop d'honneur,
 Monseigneur!

(Timoléon et Oscar entrent ensemble dans la chambre voisine. On les reconduit jusqu'à la porte en les saluant toujours.)

SCÈNE III.

LES MÊMES, *excepté* TIMOLÉON *et* OSCAR.

PUTIPHAR. Gendarme, courez ventre à terre dire à M. le sous-préfet que ses ordres ont été ponctuellement exécutés.

BADOULARD. J'y vas, monsieur l'adjoint... Mais c'est égal... tu vois, Lucienne, que j'avais raison, et que c'est vraiment des...

LUCIENNE. Eh bien, oui, là... C'est des Bédouins; mais c'est des bons Bédouins, et qui ne font de mal à personne.

BADOULARD. C'est égal, méfie-toi.

TIMOLÉON *et* OSCAR *dans la coulisse.*

Lorsque le champagne
Fait en s'échappant
 Panpan,
Ce doux bruit me gagne
L'âme et le tympan.

TIMOLÉON, *toujours dans la coulisse.* Microc salam hypocrata... A la santé de tous les habitants de la Basse-Bretagne!

BADOULARD, *s'approchant de la coulisse.* Merci, monseigneur, merci, j'm'en vas dire bien des choses de votre part à M. le sous-préfet.

LUCIENNE. Va donc, dépêche-toi.

BADOULARD. Je m'en vas... Lucienne, méfie-toi, méfie-toi.

LUCIENNE. Va donc, va donc.

(Le gendarme s'en va en courant; il heurte le garde-champêtre qui entre au fond avec Manon.)

SYMPHORIEN. Prenez donc garde, gendarme.

BADOULARD. Il n'y a pas de mal, garde-champêtre, il n'y a pas de mal.

(Il sort. Symphorien descend la scène avec sa femme, et tout le monde fait bientôt cercle autour de lui.)

SCÈNE IV.

PUTIPHAR, SYMPHORIEN, MANON, LUCIENNE, Paysans et Paysannes.

SYMPHORIEN. Ah! mes amis! mes bons amis! ah! monsieur Putiphar! quel malheur! Ils nous ont échappé!

MANON. C'est vrai... impossible de les rejoindre.

PUTIPHAR et LUCIENNE. Qui donc?

SYMPHORIEN et MANON. Les Bédouins.

LUCIENNE. Les Bédouins! ils sont là!

SYMPHORIEN. Vraiment?

PUTIPHAR. N'approchez pas... Ils sont très-occupés.

LUCIENNE. Ils boivent du champagne.

SYMPHORIEN. Eh bien, tant mieux... quand ils auront fini, nous les prierons de recommencer leurs exercices...

TOUS LES PERSONNAGES. Leurs exercices!

LUCIENNE. Quels exercices?

SYMPHORIEN. Comment! vous ne les avez pas vus danser?

PUTIPHAR. Danser! le dey d'Alger!

LUCIENNE. Le Grand-Turc. Il danse! Il ne manquait plus que ça! moi qui suis folle de la danse.

SYMPHORIEN. Tenez... voyez plutôt... V'là le programme qu'ils ont laissé tomber en se sauvant.

TOUS. Le programme!

MANON. Écoutez...

SYMPHORIEN, *lisant*. Programme des exercices des dix Bédouins...

LUCIENNE. Dix! nous n'en avons que deux ici, mais deux magnifiques.

SYMPHORIEN. Alors, il y en a huit à retrouver.

(Il lit le programme.)

« Programme des exercices des dix Bé-
» douins de la tribu de Soutza.
» Jeux et danses atlastiques. — Les ser-
» pens du désert. — La pyramide humaine.
» — Le Kamouki. — Le Kaïkouk. »

LUCIENNE. Le calicot!

SYMPHORIEN, *lisant*. « La grande course
» des Jockos. »

LUCIENNE. Oh! que ça doit être joli!

PUTIPHAR. Les voilà qui se lèvent, laissez-moi faire, je vas leur parler.

SYMPHORIEN. Non, c'est moi.

MANON. C'est moi.

LUCIENNE. C'est moi qui me charge de leur demander ça.

(Tout le monde marche vers la porte.)

SYMPHORIEN. Tiens, je connais pas ces deux-là... c'en est des autres que les miens.

LUCIENNE. Alors il y en a douze.

(Entrée de Timoléon tout-à-fait ivre, et d'Oscar, qui l'est à moitié.)

SCÈNE V.

Les Mêmes, TIMOLÉON, OSCAR.

TIMOLÉON, *chantant*.
Vive le vin! vive l'amour!

(*Parlant.*)

Ah! vous voilà, mes amis... Bonjour, bonjour... Microc salam hyppocrata salamalek... je vous porte tous dans mon cœur.

(*Chantant.*)
Je nargue la mélancolie...

PUTIPHAR, *le saluant avec tout le monde*. Monseigneur... c'est peut-être indiscret, ce que je vais vous demander au nom de toute la société...

SYMPHORIEN. V'là ce que c'est; monseigneur, voulez-vous?..

LUCIENNE. Voulez-vous nous danser quelque chose?

TIMOLÉON et OSCAR. Danser?

TIMOLÉON. Qu'est-ce qu'elle nous chante avec sa danse, la petite Basse-Bretonne?

OSCAR. Encore une nouvelle folie!

LUCIENNE. Je vous en prie, monseigneur.

TIMOLÉON. Danser! Non, non, non, non... Microc salam hyppocrata... Je ne peux pas dans ce moment-ci.

(*Chantonnant*.)

La danse n'est pas ce que j'aime,
Mais c'est le vin du sous-préfet;
Foi de Grand-Turc, il est parfait...

(*Parlant*)

Mais j'en suis désolé, mes enfans... il n'y en a plus... thésauro chrysonico chrysidès... il n'y en a plus du tout...

(*Chantant*.)

Que je vous plains (*bis*)! car vous n'en boirez pas.

SYMPHORIEN. Il est un peu casquette, le Grand-Turc !

LUCIENNE. Ah ! monseigneur... seulement la danse des jockos, ou le calicot, ou le kamoukik.

TIMOLÉON. Le kamoukik !... Allons, si tout le monde se mêle de parler bédouin, il n'y a plus de raison pour qu'on s'entende.

SCENE VI.

Les Mêmes, BADOULARD.

BADOULARD, *rentrant*. Les voilà ! les voilà ! Enfin... je les tiens ! je tiens les véritables ! Tous les dix !

TOUS. Tous les dix. Les véritables ?

BADOULARD. Je les ai rencontrés ; je leur ai parlé très-poliment, suivant l'usage de la gendarmerie ; je leur ai offert du tabac... et ils m'ont suivi sans se faire prier... Regardez plutôt...

(Tous les paysans remontent la scène et regardent dans la coulisse.)

SYMPHORIEN. Ah ! j'en étais sûr... Ceux-là, c'est les bons. Vous allez voir.

CHŒUR GÉNÉRAL *à voix basse*.

Chut ! faisons silence !
Regardons bien ;
La danse
Enfin commence.
Chut ! faisons silence !
Et du spectacle, amis, ne perdons rien.

TIMOLÉON. Décidément... je ne suis plus Grand-Turc... j'abdique.

SCÈNE VII.

Les Mêmes, LES BÉDOUINS.

(Ils entrent en dansant. Deuxième partie de leurs exercices. Ils sortent et tous les personnages en scène applaudissent.)

SCÈNE VIII.

Les Mêmes, *excepté les Bédouins*.

TIMOLÉON. Bravo ! bravo ! bravo ! Ça m'a dégrisé... C'en est fait, mon cher Oscar, je pars avec eux... je me fais leur camarade, je les suivrai partout, et, s'ils y consentent, je les emmène avec moi à Paris, Porte-Saint-Martin.

TOUS. Porte-Saint-Martin !

SYMPHORIEN. Quequ' c'est qu' ça ?

LUCIENNE. Je n'en sais rien, mais ça m'est égal, du moment que les Bédouins iront, j'irai aussi, moi.

TOUS LES PERSONNAGES. Et moi aussi, et moi aussi.

TIMOLÉON.

AIR *du Souper du Mari*.

Oui, je me mets en voyage,
Camarade, allons, bon courage !
Avec eux bientôt, mes amis,
Je veux débuter à Paris.
J'affronte le parterre.
Le Bédouin l'émerveillera,
Et peut-être aussi, je l'espère,
Au Grand-Turc il applaudira.

Allons, allons, vite, partons, à la Porte-Saint-Martin !

TOUS. A la Porte-Saint-Martin !

CHŒUR GÉNÉRAL.

Vite, en route,
Et coûte que coûte,
En avant !
Partons à l'instant !
Vite, en route,
Et coûte que coûte,
En avant ! vite en chemin
Pour la Porte-Saint-Martin[*] !

FIN DU SECOND CHANT.

---

[*] AVIS POUR MM. LES DIRECTEURS DE PROVINCE.

Dans les villes où les Bédouins se trouveraient en représentation, on remplacerait à la fin de ce tableau ces mots : « Je les emmène avec moi, à Paris, Porte-Saint-Martin, » par ceux : « à Toulouse, ou à Bordeaux, ou à Marseille ; » et le chœur final serait chanté de la manière suivante :

Vite en route,
Et coûte que coûte,
En avant !
Partons à l'instant.
Vite en route,
Et coûte que coûte
En avant ! vite, en avant !
La fortune nous attend.

(L'air de ce couplet s'est chanté aux *Variétés*, dans le Mariage par ordre ; et à l'*Ambigu-Comique*, dans *Chérubin*.)

Au lieu de ce vers :

« Je veux débuter à Paris. »

On dirait :

« Je veux courir tous les pays. »

TROISIÈME CHANT.

LES BÉDOUINS A LA PORTE-SAINT-MARTIN.

Les coulisses du théâtre en désordre. Un plan de forêt à côté d'un plan de salon gothique; plus loin, un portant de coulisse sans aucune décoration, etc., etc.

(Au lever du rideau, un garçon de théâtre traverse en sonnant et en criant:)

En place pour la répétition générale des *Bédouins en voyage !*

(Timoléon entre avec Oscar. Tous deux ont gardé leur costume turc.)

TIMOLÉON. Ah ! enfin, nous y voilà ! A la bonne heure, c'est mieux que le théâtre de Landerneau. Dieu ! que cette salle-là doit être jolie quand elle est pleine !

OSCAR. J'espère bien qu'elle le sera demain.

TIMOLÉON. Oui... pour nos débuts.

OSCAR. Eh bien ! te rappelles-tu ce jour où tu te plaignais tant de notre étoile, où tu semblais désespérer de l'avenir... Tiens, ce jour-là... nous avions déjà notre costume...

TIMOLÉON. Oui, notre unique costume, et je le garde aujourd'hui par reconnaissance.

OSCAR. Et moi aussi.

TIMOLÉON. C'est qu'il nous a rendu pas mal de services. Il m'a fait passer pour le Grand-Turc pendant une heure, ce qui est fort agréable ; il m'a fait boire d'excellent champagne, ce qui n'est pas désagréable non plus ; il m'a fait faire la connaissance d'un gendarme bas-breton et de son épouse... c'est encore quelque chose. Enfin, et voilà le meilleur, grâce à lui je suis devenu l'ami, le camarade, le directeur des Bédouins, et comme eux artiste du théâtre de la Porte-Saint-Martin.

OSCAR. Et nous avons amené avec nous tous nos amis de Basse-Bretagne... Ils ont tous un emploi dans le théâtre : l'un est souffleur, l'autre régisseur, etc., etc... chacun suivant ses moyens.

TIMOLÉON. Et dans un instant nous allons répéter généralement et en costumes la pièce que nous donnons demain.

OSCAR. *Les Bédouins en voyage*, odyssée africaine en trois chants.

TIMOLÉON. Traduite en bas-breton et en vaudevilles par un de mes amis.. Que veux-tu, mon pauvre Oscar, on ne sait plus où rencontrer la vogue ; elle est si capricieuse ! elle ne veut plus se fixer nulle part. Le public est d'une impatience qu'il est presque impossible de satisfaire ; il se lasse de tout, il est blasé sur tout, même sur les chefs-d'œuvre, même sur *l'Auberge des Adrets...* C'est vrai... il trouve que ça commence à devenir rococo*.

OSCAR. C'est incroyable.

TIMOLÉON. N'est-ce pas? Pendant longtems, le classique et le romantique se sont disputé le terrain avec acharnement... il n'était bruit que de leurs batailles continuelles... Il faut croire qu'un beau jour ils se sont enferrés tous les deux ; car on n'entend plus parler ni de l'un ni de l'autre. Quant aux grands auteurs de notre époque, ils dorment, ou ils voyagent, les uns pour leur plaisir, les autres pour découvrir... quelque fleuve dont le nom ne se trouve pas encore sur la carte. Alors, pour satisfaire le siècle qui demande sans cesse du nouveau, on ne pouvait mieux faire que de remplacer les grands hommes et leurs chefs-d'œuvre par la troupe atlastique de nos dix Bédouins, par des vaudevillistes et des tragédiens de Landerneau... Avec cela, nous réussirons peut-être, et j'ai dans l'idée que notre habit turc continuera de nous porter bonheur.

SYMPHORIEN, *traversant le théâtre en sonnant.* En place pour la répétition générale !..

TIMOLÉON. Ah ! ah ! le garde champêtre aujourd'hui garçon de théâtre.

OSCAR, *montrant Badoulard qui entre.* Et le brigadier de gendarmerie qui s'est transformé en régisseur.

---

* En province, on nommera à la place de *l'Auberge des Adrets* la pièce la plus souvent jouée de tout le répertoire.

BADOULARD *et* SYMPHORIEN.

Air : *J' n'ai pas l' sou.*

Me voilà, je suis là,
A mon poste me voilà!
Me voilà, je suis là,
Mon directeur, me voilà!

SYMPHORIEN.

Autrefois j'étais crieur,
Garde-champêtre et sonneur;
Aujourd'hui j' suis allumeur,
Garçon d' théâtre et claqueur.

CHŒUR.

Me voilà, je suis là, etc.

TIMOLÉON *et* OSCAR.

Les voilà, les voilà,
A leur poste, ils étaient là!
Les voilà, les voilà,
Pour commencer, ils sont là!

BADOULARD.

Moi, dans mon nouvel emploi,
J' suis toujours l'homm' de la loi.
D'un gendarme j'ai le cœur
Sous l'habit du régisseur.

A l'amende, le premier qui manquera
la répétition! à l'amende!

LUCIENNE, *en costume turc.*

Me voilà, me voilà!
Mon régisseur, je suis là,
Pas d'amende, je suis là,
En Bédouine, me voilà,
J'suis actrice, et chaque soir
Désormais tu pourras m'voir
Favorit' du grand seigneur...
Pour mon mari quel honneur!

CHŒUR.

Me voilà, etc.

OSCAR.

En ordre il faut nous placer.
Mais d'abord, pour commencer,
Il manque, cher régisseur...

BADOULARD.

Que manque-t-il?

OSCAR.

Un souffleur.

BADOULARD, *parlant.* Le souffleur n'y
est pas... A l'amende! à l'amende!

PUTIPHAR, *passant sa tête hors du trou du souffleur.*

Me voilà, je suis là;
Pas d'amende, me voilà!
Dans mon trou me voilà,
Depuis long-tems j'étais là,
Mais sachez, mon directeur,
Que j'ai r'trouvé, quel bonheur!

Mon épouse et sa vertu
Dans les chœurs de l'Ambigu!*

CHŒUR GÉNÉRAL.

Me voilà, je suis là, etc.

TIMOLÉON. Vite, commençons.

(*Musique en sourdine à l'orchestre.*)

BADOULARD. A l'instant.

TIMOLÉON. Vous savez que nous laissons entrer quelques personnes à notre répétition générale. Il me semble qu'il y a déjà un peu de monde dans la salle.

BADOULARD. C'est juste, il ne faut pas les faire attendre... Place au théâtre.

SYMPHORIEN. Place au théâtre**!

(*Tout le monde se range. Changement à vue; les coulisses dégarnies et en désordre sont remplacées par un riche palais, et l'on voit entrer en scène les principaux personnages des drames à succès de la Porte-Saint-Martin.*)

TOUS.

Nous voilà, nous voilà!
Pour vous aider nous voilà,
Nous voilà, nous voilà,
Camarades, touchez là...

TIMOLÉON.

D'effroi mon cœur est saisi;
Le souvenir d'Antoni,
De Buridan, Borgia;
Hélas! nous écrasera.

(*Montrant les personnages qui sont au fond du théâtre.*)

Les voilà!
Ils sont là!
Drames sanglans, les voilà,
Les voilà, (*bis.*)
Pour nous tuer ils sont là!
Il faut bien un peu de tout,
Du public c'est là le goût.
Essayons...

OSCAR.

Mais qui pourra
Nous rendre ces succès-là?

TIMOLÉON, *parlant.* Eh! mon Dieu...
qui sait... peut-être. (*Montrant la coulisse.*)
Tiens, camarade...

* VARIANTE POUR LA PROVINCE.

Mon épouse et son honneur
A ce théâtre dans les chœurs.

** *Tout ce qui suit serait supprimé dans les villes de province où l'on n'aurait point joué les drames d'Antoni, la Tour de Nesle, etc. Après le changement de décor, ou même sans changement, pour peu que cela parût embarrassant, on arriverait de suite à l'entrée de tous les personnages en différens costumes, puis celle des Bédouins, et le chœur final.*

Les voilà !
Ils sont là !
Ils vont venir, les voilà.
Que fait-on ?
Ils sont là !
Notre succès... le voilà !

CHŒUR GÉNÉRAL.
Les voilà !
Ils sont là !
Ils sont venus, les voilà.
Les voilà !
Ils sont là !
Notre succès... le voilà !

FIN.

IMPRIMERIE DONDEY-DUPRÉ, RUE SAINT-LOUIS, N° 46, AU MARAIS.

LA FEMME QUI SE VENGE,

COMÉDIE-VAUDEVILLE EN UN ACTE,

Par M. d'Ennery,

REPRÉSENTÉE POUR LA PREMIÈRE FOIS, A PARIS, SUR LE THÉATRE DES VARIÉTÉS, LE 14 NOVEMBRE 1835.

PERSONNAGES.	ACTEURS.	PERSONNAGES.	ACTEURS.
ALFRED............	M. BRESSANT.	JENNY, sa sœur........	Mlle A. DUPONT.
DUCORMIER.........	M. CAZOT.	UN DOMESTIQUE....	M. GUSTAVE.
AMÉLIE DE JERSAY..	Mlle JENNY COLON.		

La scène se passe à Paris, chez Amélie de Jersay.

Le théâtre représente un salon ; portes latérales ; un guéridon, à gauche.

SCÈNE PREMIÈRE.

JENNY, DUCORMIER.

DUCORMIER. Ainsi, mademoiselle, Mme de Jersay, votre sœur, n'est pas encore visible ?

JENNY. Pas encore, monsieur, mais cela ne peut tarder.

DUCORMIER. J'attendrai, je désire trop la voir, lui parler.

JENNY. C'est naturel, elle est si jolie, si bonne, et vous si empressé de lui faire votre cour !

DUCORMIER. Oui, je l'ai été jusqu'à présent, et cela, depuis trois cent soixante-huit jours.

JENNY. Vous comptez bien, monsieur.

DUCORMIER. C'est mon état, je fus banquier, et maintenant je suis amoureux ; mais aujourd'hui ce n'est pas tout-à-fait l'amour qui m'amène.

JENNY. Auriez-vous à vous plaindre de ma sœur ?

DUCORMIER. Justement.

JENNY. Et quelle est la cause de votre mauvaise humeur ?

DUCORMIER. La cause ?... c'est que trois et six font neuf, neuf et cinq font quatorze, quatorze et huit vingt-deux ; voilà la cause.

JENNY. Ah !... mais, monsieur, que peut y faire Amélie ? Avec toute la meilleure volonté du monde, elle ne peut empêcher que trois et six fassent neuf, et quatorze et huit vingt-deux !

DUCORMIER. Mais, mademoiselle, quand ces vingt-deux sont autant de billets de mille francs, que cette somme a été prêtée par moi, à qui ?... à un M. Alfred, et pourquoi ?... pour que ce jeune homme puisse paraître plus aimable à celle que j'aime, vous conviendrez que c'est trop fort.

JENNY. Mais, monsieur...

DUCORMIER. Et cela, par l'ordre de madame votre sœur... Tous les jours on a des rivaux, on les déteste, quelquefois même on se bat avec eux, mais il est sans exemple de leur prêter de l'argent pour vous supplanter.

JENNY. N'êtes-vous pas certain du cœur de ma sœur?

DUCORMIER. Je l'étais, du moins je croyais l'être; il me semblait que je devais lui plaire; j'ai quelques avantages physiques et moraux, et avec de l'argent... car c'est toujours la meilleure qualité.

JENNY. Ah! quelle idée!

Air de la Famille de l'Apothicaire.

Dans la richesse pouvez-vous
Placer tout votre espoir de plaire?
Croyez que ce n'est rien pour nous;
Monsieur, l'or n'est qu'une chimère!

DUCORMIER.

Je sais qu'un auteur d'aujourd'hui
Nous l'a fort bien dit; mais, ma chère,
Que de gens voudraient, comme lui,
Se nourrir de cette chimère!

JENNY. Enfin, c'est votre manière de voir.

DUCORMIER. Aussi, chaque jour en me levant, pour me convaincre de mes moyens de plaire, je consulte mon miroir et ma caisse... mais ce matin, tous mes calculs de bonheur se sont évanouis en m'arrêtant devant l'un des deux!

JENNY. Devant le miroir, peut-être?

DUCORMIER. Non pas, non pas, devant ma caisse; je me suis dit : Ah ça mais, voyons donc, trois et six font neuf, neuf et cinq font quatorze, quatorze et huit vingt-deux; décidément on se moque de moi.

JENNY. Bon, bon, je commence à comprendre... mais vous oubliez dans quelle intention ma sœur agit ainsi.

DUCORMIER. Oui, c'est, dit-elle, par amitié pour vous; elle est, dans cette affaire, tout-à-fait désintéressée; mais enfin le jeune homme est aimable, très-aimable, et avec de l'argent...

JENNY. Vous penseriez...

DUCORMIER. Et dans ce cas, ce n'est pas à moi de lui en fournir!

SCENE II.

JENNY, AMÉLIE, DUCORMIER.

JENNY. Ah! ma sœur, tu fais bien d'arriver, voici monsieur qui se plaignait.

DUCORMIER, *à part.* Certainement.

AMÉLIE. Comment! monsieur se plaignait!

DUCORMIER. Je me plaignais de n'avoir pas le bonheur de vous voir.

JENNY. Et puis des visites, de l'assiduité de M. Alfred.

AMÉLIE. Comment monsieur!...

DUCORMIER. Eh bien, oui, oui, madame, et d'ailleurs... (*A part.*) D'ailleurs, trois et six font neuf.

AMÉLIE. Ah! c'est me faire injure, et estimer bien peu votre propre mérite.

DUCORMIER. Mais mon mérite, mon mérite... si vous m'obligez à le prodiguer à ce jeune homme, car enfin nous voilà à vingt-deux.

AMÉLIE. Monsieur Ducormier, faut-il vous rappeler l'injure que j'ai à venger et l'engagement que j'ai pris vis-à-vis de ma sœur?

DUCORMIER. Oui, madame, oui, je sais; mais récapitulons : c'est en Allemagne que j'ai eu le bonheur de vous connaître, je ne vous rappellerai pas comment pour abréger...

AMÉLIE. Et pour ne pas me parler des services que vous m'avez rendus; monsieur Ducormier, vous êtes un brave homme.

DUCORMIER. Je le veux bien; votre veuvage touchait à son terme, et vous vouliez revenir en France.

AMÉLIE. Enfin...

DUCORMIER. Nous arrivons, et vous courez chez votre tante embrasser votre jeune sœur, que vous trouvez nageant dans les larmes et déplorant la perte d'un infidèle amant.

JENNY. Hélas! oui; il était prêt à m'épouser, lorsqu'un héritage vint lui tourner la tête.

DUCORMIER. Pour distraire cette pauvre enfant, nous la conduisons à l'Opéra.... Tout-à-coup, mademoiselle se jette dans le fond de la loge en poussant un cri... Elle devient rouge, blanche, bleue, arc-en-ciel enfin.

AMÉLIE. C'était lui qu'elle avait aperçu.

DUCORMIER. Et le lui en question était un jeune châtain, doué d'un bel habit bleu, d'une paire de gants blancs, d'une canne à pomme d'or, et d'un physique analogue.

AMÉLIE. Ce jeune homme, vous le connaissiez?

DUCORMIER. Parfaitement! c'était un ancien clerc de mon avoué, et qui pour le moment était occupé à se défaire d'une soixantaine de mille francs dont il venait d'hériter.

AMÉLIE. Je vous priai de le faire causer.

DUCORMIER. A cet effet je l'emmenai au foyer; dans la loge, il n'avait aperçu que vous, et loin de soupçonner la parenté qui vous liait à sa victime, c'est de vous seule qu'il me parla : depuis plusieurs jours, disait-il, il vous suivait partout, et ses assiduités semblaient ne pas vous déplaire.

AMÉLIE. Le fat!

JENNY. L'ingrat!

DUCORMIER. Enfin, il osa me parier que si je le présentais chez vous, il ferait en un mois la conquête de votre cœur.

AMÉLIE. Et moi, monsieur, je vous demandai de me le présenter, car désormais j'avais deux missions à remplir, l'une pour mon propre compte, l'humilier et me venger, l'autre pour celui de ma pauvre Jenny, dont il avait déchiré le cœur. Cette ombre de fortune qui l'avait rendu si fier, si cruel, je voulus la lui enlever ; cette jeune fille qu'il dédaignait parce qu'elle lui paraissait trop simple, trop naïve, je voulus la lui faire mieux apprécier, je voulus qu'à force de tourmens que lui ferait subir une coquette, il en vînt lui aussi à la regretter, à la pleurer, à son tour, comme elle l'avait pleuré elle-même; c'est un mois qu'il a demandé pour m'enchaîner, c'est un mois aussi que j'ai voulu pour me venger; demain ce terme expire, jusque-là je veux être encore coquette et cruelle; et gardez-vous de vous fâcher, monsieur, gardez-vous de m'enlever à mon rôle avant ce moment, de peur que m'ayant pas employé tout ce que j'avais amassé de ruse, de coquetterie et de méchanceté, il ne m'en reste quelque peu pour celui qui sera mon époux.

DUCORMIER. Je me rends, madame, dépensez, dépensez bien vite tout cela; je comprends ce calcul, c'est votre dernier jour, pas d'économies, pas d'économies, je vous en prie.

AMÉLIE, *lui tendant la main.* Croyez, monsieur Ducormier, que je n'oublierai jamais cette bonne amitié à laquelle j'ai dû la conservation de mes biens, et soyez persuadé que ce n'est pas votre fortune qui m'a fait vous distinguer.

DUCORMIER. Oui, mais les jeunes gens...

AMÉLIE. Les jeunes gens n'ont rien qui me séduise.

AIR du *Premier Prix.*

Ces élégans dont la figure
Prévient d'abord en leur faveur,
Qui plaisent tant par leur tournure,
Dont le langage est si flatteur,
Ils ont, pour tromper une femme,
Grâce, jeunesse, *et cætera*;
Mais vous seul rassurez mon âme,
Vous n'avez rien de tout cela.

DUCORMIER. Vous êtes ravissante.

(Il lui baise la main et sort.)

SCENE III.

JENNY, AMÉLIE.

JENNY. Aujourd'hui le dernier jour, et crois-tu, ma sœur, que demain il soit entièrement corrigé?

AMÉLIE. Demain, je me serai fait tant détester que tu lui paraîtras un ange.

JENNY. Oh! je n'en demande pas tant, pourvu que ce soit demain.

AMÉLIE. Tu l'aimes donc beaucoup?

JENNY. Ce n'est pas ma faute, il est si entraînant, si persuasif!... oh! tu verras...

AMÉLIE. Moi, par exemple!

JENNY. Et quand il veut obtenir quelque chose, il a une manière de vous prier...

AMÉLIE. N'importe, on refuse.

JENNY. Certainement, certainement, on refuse, mais ça coûte bien, ma chère, tu verras.

UN DOMESTIQUE. Monsieur Alfred!

JENNY. Lui!

AMÉLIE. Faites attendre.

(Le domestique sort.)

JENNY. Dépêche-toi bien vite de le corriger.. A demain, tu me l'as promis. (*Revenant.*) Ne lui fais pas trop de peine pourtant.

(Elle sort.)

AMÉLIE. L'épargner?... non, non, je ne saurais être trop cruelle envers lui; à son nom seul je sens se réveiller toute ma colère. Jusqu'ici je n'ai fait que préparer ma vengeance, mais voici le grand jour... Galant, empressé, il m'a fait une cour assidue ; aujourd'hui il faut qu'il m'aime, qu'il m'adore, que je le voie à mes pieds et que je le désespère. (*Elle sonne. Au domestique qui paraît.*) Faites entrer.

SCÈNE IV.
AMÉLIE, ALFRED.

ALFRED. Ah! madame, enfin je puis vous voir!

AMÉLIE. Vous étiez donc bien pressé, monsieur?

ALFRED. Si je l'étais?... et pensez-vous que je serais venu si tard si je n'avais employé pour vous toute la matinée?

AMÉLIE. Pour moi?.. mais quel motif?..

ALFRED. Quel motif?... l'espoir de vous plaire... puis-je en avoir d'autres?...

AMÉLIE, *à part.* Il le dit avec un naturel... m'aimerait-il déjà?

ALFRED. Hier, au bois de Boulogne, vous admiriez deux magnifiques chevaux attelés à un brillant équipage...

AMÉLIE. C'est vrai, j'ai remarqué leur grâce, leur richesse, leur vivacité.

ALFRED. Eh bien! madame, depuis hier j'en cherchais partout le possesseur; il n'y a qu'un instant que j'ai pu le découvrir, nous nous sommes entendus, et maintenant...

AMÉLIE. Comment, une pareille folie! n'était-ce pas assez de toutes les autres.... mais vous avez donc résolu de vous ruiner?

ALFRED. Eh! qu'importe!

Air de Colalto.

Pour être aimé de vous un peu,
Je donnerais et grandeurs et richesse;
    Mon seul espoir et mon seul vœu
Ce serait d'obtenir un jour votre tendresse...
Du monde, moi, je donnerais tout l'or,
    Pour votre cœur que je réclame,
    Et je croirais encor, madame,
    Gagner en changeant de trésor.
Je gagnerais en changeant de trésor.

AMÉLIE. Alfred.... (*Se reprenant.*) Vraiment, à vous entendre, on croirait presque à votre sincérité.

ALFRED. En douteriez-vous?... tout à l'heure, cet équipage, ces chevaux si vifs, je me disais: comme ils nous conduiraient avec vitesse à la mairie, à l'église, au bonheur!...

AMÉLIE. Oui, le jour de votre mariage, cela pourrait bien être.

ALFRED, *voulant lui prendre la main.* Amélie...

AMÉLIE. Un instant... vous n'en êtes pas encore là; mais tout ce que vous me dites, ne l'avez-vous jamais dit à une autre?

ALFRED. Je ne l'ai jamais pensé comme auprès de vous.

ALFRED. Jamais?

ALFRED. Mais rendez-vous donc plus de justice, madame, et dites-moi si l'on peut aimer une autre femme autant que l'on vous aime?

AMÉLIE, *à part.* Voilà ma vengeance qui arrive.

ALFRED, *avec passion.*

Air *de Guillaume Tell.* (Verse, etc.)

Quels traits charmans! quels yeux parfaits!
Mais qu'ils auraient bien plus d'empire,
S'ils me disaient que je vous plais.

AMÉLIE, *à part.*

Tâchons de le leur faire dire,
    Ils vont le dire.

ALFRED.

Ils paraissent m'encourager;
C'en est fait, pour toute la vie,
Ce regard vient de m'engager.
Que dans ce moment, Amélie,
Je vous trouve aimable et jolie!...

AMÉLIE, *à part.*

Il me trouve aimable et jolie;
Ah! qu'il est doux de se venger!

ALFRED.

Même air.

Pour ce jour que j'appelle ici,
Nous avons déjà l'équipage;
Maintenant il faudrait aussi
La corbeille de mariage,
De mariage...

AMÉLIE.

Oui, vraiment, on peut y songer.

ALFRED.

Que de peines ce mot efface,
Quel bonheur il fait présager!
N'est-ce pas un rêve qui passe?
(*A genoux, en lui baisant la main.*)
Amélie, un gage de grâce...

AMÉLIE, *à part.*

Il presse ma main, il l'embrasse;
Ah! qu'il est doux de se venger!

(*On frappe à la porte.*)

AMÉLIE. Ah! c'est M. Ducormier.

ALFRED, *se levant.* Ducormier!...

DUCORMIER, *entr'ouvrant la porte.* Puis-je entrer?

AMÉLIE. Certainement.

SCÈNE V.

DUCORMIER, AMÉLIE, ALFRED.

DUCORMIER, *bas.* Eh bien !

AMÉLIE, *de même.* Ça marche à merveille !

DUCORMIER. Bravo !

AMÉLIE. Il m'aime, il m'adore !

DUCORMIER. Bravo !

AMÉLIE. Quand vous avez frappé, il était à mes pieds !

DUCORMIER. Bravo !

AMÉLIE. Il m'embrassait la main !

DUCORMIER. Bra... Est-ce que c'était bien nécessaire ?...

ALFRED, *à part.* Au diable l'importun !

AMÉLIE. Encore un peu de patience et ma vengeance sera complète ; il aura sans doute encore besoin de vous, ne lui refusez rien. (*A Alfred.*) Monsieur...

(Elle salue et sort.)

SCÈNE VI.

DUCORMIER, ALFRED.

DUCORMIER, *à part.* Pauvre jeune homme, il me fait de la peine.

ALFRED, *lui saisissant le bras.* Ah ! mon cher Ducormier, je suis le plus heureux des hommes !

DUCORMIER, *un peu effrayé, à part.* Le plus heureux.

ALFRED. Elle m'aime, mon cher, elle m'aime !

DUCORMIER, *à part.* C'est qu'il le dit d'un air qui me fait trembler. (*Haut.*) Comment, vous êtes sûr ?...

ALFRED. Ma parole d'honneur !... c'est-à-dire que ça ne tient plus qu'à un fil.

DUCORMIER. Un simple fil ! (*A part.*) Pourvu qu'il n'aille pas rompre.

ALFRED. J'ai déjà acheté la voiture qui doit nous servir dans le grand jour, grâce à l'argent que vous m'avez prêté...

DUCORMIER, *à part.* Grâce à mon argent ! ça serait amusant.

ALFRED. Et maintenant, je compte encore sur vous pour...

DUCORMIER. Pour rompre le fil... Allons donc !

ALFRED. Il s'agit de la corbeille, vous ne me refuserez pas.

DUCORMIER. Si fait, je refuserai.

ALFRED. Mais enfin quel motif vous fait hésiter, quand je suis en si bon chemin.

DUCORMIER, *à part.* Quel motif ?.. il me le demande !... (*Haut.*) Mais, avant tout, voyons... à quoi avez-vous reconnu qu'elle vous aimait !

ALFRED. Mais à tout ce qui fait reconnaître l'amour.

DUCORMIER. Ah ! oui, très-bien... Mais enfin, à quoi ?

ALFRED. Allons... est-ce que vous n'avez jamais été aimé ?

DUCORMIER. Ah ! par exemple !... vous sentez bien que dans ma position, et avec de l'argent !... Mais encore, à quoi ?

ALFRED. A son regard, qui brillait en rencontrant le mien, à sa voix qui tremblait en me parlant, à tout enfin !...

DUCORMIER. C'en est assez !...

ALFRED. Et vous consentez à me prêter... d'ailleurs, je vous donne une hypothèque sur...

DUCORMIER. Sur votre ferme de Normandie, c'est la quatorzième.

ALFRED. Et la dernière... je cours faire mes emplettes, et c'est chez vous que j'enverrai toucher.

DUCORMIER. Allons, puisqu'elle l'ordonne.

ALFRED.

AIR : *Valse de Robin des bois.*

Comme par ce doux hyménée,
Vous aurez fait tout mon bonheur,
Moi, je veux, dans cette journée,
Vous faire mon garçon d'honneur.
Garçon d'honneur, je vous proclame
Que vous porterez bien ce nom !

DUCORMIER, *à part.*

Il est sûr, s'il me prend ma femme,
Que je serai joli garçon.

ENSEMBLE.

Comme par ce doux hyménée, etc.

ALFRED. Au revoir, mon ami, mon bon ami.

(Il sort.)

SCENE VII.

DUCORMIER.

Son ami, son bon ami... c'est que j'en ai tout l'air; et Amélie, ses yeux qui brillaient, sa voix qui tremblait; c'est étonnant, je n'ai jamais remarqué ces indices quand je lui parlais de mon amour.

SCENE VIII.

JENNY, DUCORMIER, AMÉLIE.

AMÉLIE. Eh bien ! monsieur Ducormier ?

DUCORMIER. Eh bien ! madame.

AMÉLIE. Il vous a sans doute demandé...

DUCORMIER. A emprunter, oui, oui.

AMÉLIE. Et vous avez consenti sans hésiter ?

DUCORMIER. Sans hésiter. (*A part.*) Je serais curieux de savoir si ses yeux brilleraient et si sa voix tremblerait.

JENNY. Ainsi, ma sœur, il me reviendra bientôt ?

DUCORMIER. Certainement, ça marche. (*A part.*) J'ai bien envie d'essayer si je produirais l'effet en question.

AMÉLIE. Eh bien ! monsieur Ducormier, est-ce que vous n'allez pas...

DUCORMIER. Donner des ordres à ma caisse ?... Si fait, belle dame, j'y vais, mais..

AMÉLIE. Mais ?...

DUCORMIER, *à part*. Si je lui disais quelque chose d'aimable, d'extrêmement spirituel, dans le genre de ce petit Alfred. (*Haut.*) Ah ! Amélie !...

AMÉLIE. Qu'est-ce donc ?

DUCORMIER. Ah ! si vous saviez !...

AMÉLIE. Mais qu'avez-vous ?

DUCORMIER. Si vous saviez ce que j'éprouve...

AMÉLIE. Ce que vous éprouvez ?... Seriez-vous indisposé ?

DUCORMIER. Du tout, du tout ! (*A part.*) Je crois que sa voix a tremblé.

AMÉLIE. Allez donc, monsieur, allez donc !

(*Elle lui tourne le dos.*)

DUCORMIER. J'y cours. (*A part.*) Je n'ai pas pu voir si ses yeux ont brillé, mais pour sûr sa voix a tremblé... je suis très-heureux ! Ah ! que l'amour est agréable !

Air : *Je pars, au revoir.* (Carlin à Rome.)

Je cède à vos vœux,
Je fais vite ma visite ;
Bientôt j'en suis quitte,
Et je reviens en ces lieux.

ENSEMBLE.

Je cède, etc.

AMÉLIE *et* JENNY.

Il cède à nos vœux,
Et fait vite sa visite ;
Dès qu'il sera quitte,
Il reviendra dans ces lieux.

SCENE IX.

AMÉLIE, JENNY.

AMÉLIE. Qu'a-t-il donc ?

JENNY, *soupirant*. Ah ! ma sœur ! je tremble.

AMÉLIE. Et toi aussi ! Allons, allons....

Air *de l'Héritière.*

Ma petite sœur, patience ;
Pour ton bien ne m'empêche pas
D'achever ici ma vengeance,
Après tu lui pardonneras. (*bis.*)

JENNY.

Je ne sais comment tu t'arranges ;
J'irais bien plus vite, je crois ;
Ma sœur, depuis que tu te venges,
Moi, j'aurais pardonné cent fois.

AMÉLIE, *vivement*. Et tu aurais eu cent fois tort.

JENNY. C'est qu'il est si bien !

AMÉLIE. Oui, oui, il est vrai qu'il n'est pas mal... l'air distingué, une jolie tournure...

JENNY, *froidement*. Tu l'as remarqué ?

AMÉLIE, *s'animant*. Galant, empressé, spirituel, très-spirituel, même !...

JENNY, *plus froidement*. Ah ! tu as vu tout cela.

AMÉLIE, *sans l'écouter*. Et puis du cœur, de l'enthousiasme, du désintéressement !...

JENNY, *l'arrêtant*. Ah ! mon Dieu ! mais tu n'en dirais pas davantage si tu l'aimais comme je l'aime.

AMÉLIE, *vivement*. L'aimer !... moi, l'aimer !... y penses-tu ?... mais je le déteste, je le...

JENNY. Tu ne me ressembles pas !

AMÉLIE. Et tiens, il va venir, il faut enfin qu'il sache qui je suis, et que je le prépare à t'aimer et à me haïr.

JENNY. Te haïr... cela me paraît difficile.

AMÉLIE. Oh ! je réponds de tout !... Va, va, ma sœur, je ne veux plus qu'un moment, un seul moment.

(Jenny sort.)

SCENE X.

AMÉLIE, seule.

Folle de Jenny, ce qu'elle disait à l'instant... L'aimer, moi... Ah !...

Air *nouveau de M. Ch. Tolbecque.*

Je ne songe qu'à ma vengeance !
Le punir, le rendre à ma sœur,
Voilà toute mon espérance,
Voilà le seul vœu de mon cœur.

(Inquiète.)

Mais en vain je l'appelle,
Voyez donc s'il viendra ;
Le trompeur, l'infidèle,
Trouve, hélas ! dans sa chaîne
Si peu (bis) d'appât,
Quand j'ai pris tant de peine
Pour qu'il m'aimât.

Je ne songe qu'à ma vengeance, etc.

SCENE XI.

AMÉLIE, ALFRED.

ALFRED, *entrant.* Enfin, madame, j'ai choisi la corbeille !

AMÉLIE. Comment, déjà ?

ALFRED. Vous me l'aviez permis, pouvais-je trop me hâter ?

AMÉLIE, *à part.* Allons, il est tems de le désabuser.

ALFRED, *à part.* Décidément, je dois tout lui apprendre.

AMÉLIE. Monsieur...

ALFRED, *l'arrêtant.* Madame, je vous aime trop pour ne pas vous avouer...

AMÉLIE. Qu'avez-vous à me dire ?

ALFRED. Une chose qui me pèse sur le cœur, qui peut-être me perdra dans votre esprit, mais que je ne puis vous taire plus long-tems.

AMÉLIE, *à part.* Ah ! mon Dieu ! que vais-je entendre ?

ALFRED. Je suis bien coupable envers vous.

AMÉLIE. Coupable !... vous ?

ALFRED. Il y a quelques mois à peine, j'étais loin d'être, comme aujourd'hui, ce qu'ils appellent un brillant cavalier, un homme à la mode... Un héritage vint me tirer de mon obscurité, me tourna la tête, et me fit même abandonner...

AMÉLIE. Qui donc ?

ALFRED. Mais non, non, c'est à vous, à vous seule que je puis songer... Jeté tout-à-coup dans le grand monde, et pressé de lui ressembler, je l'imitai d'abord dans ses travers et dans ses ridicules... Un soir, une femme charmante, brillante de parure et d'attraits, s'offrit à mes regards... c'était vous !

AMÉLIE. Moi !...

ALFRED. Eh bien, madame, le croiriez-vous ?... cette femme !...

Air *de Julie.*

En la voyant aussi jolie,
La vanité parla seule à mon cœur,
Et je voulus, dans ma folie,
La charmer pour m'en faire honneur.
Oui, j'en conviens, tout mon projet, naguère,
Fut de lui plaire sans l'aimer...
Mais maintenant je puis vous l'affirmer,
Je crains de l'aimer sans lui plaire.

AMÉLIE. Quoi ! monsieur, votre projet...

ALFRED. C'est ma tête et non mon cœur qu'il faut en accuser ; je ne vous connaissais pas alors, j'ignorais combien vous étiez bonne, aimable, sincère !...

AMÉLIE. Assez, assez, je vous en prie.

ALFRED. Non, non, laissez-moi m'accuser, il faut que vous connaissiez toute ma faute.

AMÉLIE, *à part.* Mais, mon Dieu, s'il me dit tout, je n'aurai plus de motif de haine ni de vengeance, et alors...

ALFRED. Enfin, madame, cette femme qui fixait tous les regards, qu'entouraient tous les hommages, j'ai eu l'audace de parier...

AMÉLIE. Monsieur !...

ALFRED. Mais depuis que vous m'avez laissé lire dans votre cœur, depuis que je sais tout ce qu'il renferme de vertus et de bonté, jugez de mes regrets, de mon désespoir.

AMÉLIE. Alfred ! oh ! taisez-vous, taisez-vous.

ALFRED. Cet aveu, si j'ai eu le courage

de le faire, c'est que je sentais qu'il y avait dans mon ame assez de repentir et d'amour pour que vous me pardonniez.

AMÉLIE, *à part*. Du repentir, de l'amour!...

(Elle détourne les yeux.)

ALFRED. Vous me cachez vos regards, est-ce mon malheur ou mon pardon que je dois y lire?... Oh! mon pardon, mon pardon, n'est-ce pas?... car depuis ce cruel pari, chaque pas vers son accomplissement me le faisait détester... chaque jour, chaque heure que je passais près de vous, me donnaient une vie nouvelle et remplissaient mon ame de bonheur et d'espoir... Maintenant, vous ne voudrez pas renverser et détruire tout ce bonheur, Amélie!..

AMÉLIE, *à part*. Oh! comme il m'aime!

ALFRED. Un mot, un seul, Amélie.... Cet aveu m'a-t-il attiré votre haine, votre colère?

AMÉLIE, *s'oubliant*. Ma haine, ma colère... Comment en avoir?

ALFRED. Oh! tu m'aimes, tu m'aimes aussi!...

AMÉLIE, *transportée*. Alfred!... eh! qui ne vous aimerait pas?

ALFRED. Tous mes vœux seront donc comblés!... Plus de retard, plus de délais... Ma femme! tu seras ma femme!... Un ordre à mon domestique, et dans un instant le notaire sera ici... Amélie!... Oh! j'en deviendrai fou!

(Il sort.)

AMÉLIE, *avec explosion*. Alfred!... quel transport! quel feu! quel entraînement!... Ah! quel bonheur d'être aimée ainsi!

○○○○○○○○○○○○○○○○○○○○○○○○○○○○○○○○○○○○○

SCENE XII.

JENNY, AMÉLIE, *puis* DUCORMIER.

JENNY, *se montrant*. Eh bien! il est parti?

AMÉLIE. Ma sœur!... oh! mon Dieu! je l'avais oubliée!...

JENNY. Tu parais encore toute émue, tu as donc été bien sévère, bien cruelle envers lui?

AMÉLIE, *embarrassée*. Moi... mais... Est-ce que tu écoutais?

JENNY. Je n'ai rien pu distinguer; j'entendais seulement que tu parlais avec force, que tu l'emportais contre lui; mais, je te le répète, je n'ai rien pu distinguer.

AMÉLIE, *à part*. Ah! Dieu soit loué!

JENNY. Je l'ai vu descendre avec tant de précipitation, que j'ai craint qu'il ne dût pas revenir.

AMÉLIE. Oh! si, si, il reviendra.

DUCORMIER, *accourant*. Bravo! bravo! madame, je viens d'apercevoir le jeune homme; il paraissait tout effaré, tout bouleversé, il faut que vous ayez joué votre rôle à ravir.

AMÉLIE. Oui, en effet. (*A part*.) Que leur dire?

DUCORMIER. Je suis très-content de vous.

JENNY. Est-il bien repentant de ses torts envers moi?

AMÉLIE. Oui, bien repentant.

JENNY. Alors, je puis l'attendre et me montrer à lui?

DUCORMIER. Et moi, je puis lui montrer ma note?

AMÉLIE. Oui, oui, bientôt, mais il faudrait encore...

JENNY. Quoi donc?

DUCORMIER. Lui prêter de l'argent, peut-être?...

AMÉLIE. Non; mais me laisser seule avec lui, c'est indispensable...

DUCORMIER. Pour lui porter le dernier coup!... soit, pauvre garçon!...

JENNY. Mais, le voilà qui revient.

DUCORMIER. Cette fois, il faut nous donner le plaisir d'écouter; je veux jouir de sa stupeur.

AMÉLIE. Allez, allez.

Air *des Baigneuses*.

Chut!.. cet entretien
Va, je le pense,
Combler votre espérance.
Chut!.. sans dire rien,
Pour me juger vous écouterez bien.

ENSEMBLE.

DUCORMIER *et* JENNY.

Chut!.. cet entretien, etc.

(*Jenny entre à gauche, Ducormier à droite; ils reparaissent au fond, quand Alfred est entré.*)

○○○○○○○○○○○○○○○○○○○○○○○○○○○○○○○○○○○○○

SCENE XIII.

AMÉLIE, *puis* ALFRED, JENNY *et* DUCORMIER.

AMÉLIE. Allons, du courage, il m'en faut maintenant.

ALFRED, *à la cantonnade*. Oui, oui, qu'il vienne tout de suite. (*Entrant.*) Voici donc le plus beau jour de ma vie ! L'ordre est donné, madame, et dans un instant...

AMÉLIE, *froidement*. De quel ordre voulez-vous parler, monsieur ?

ALFRED. Comment !... mais de celui qui doit assurer mon bonheur.... notre mariage !...

AMÉLIE, *avec un rire forcé*. Ah ! ah ! ah ! notre mariage !

ALFRED. Que signifie ?...

AMÉLIE. Mais vous avez donc pris au sérieux tout ce que je vous ai dit ?

ALFRED. Qu'entends-je ?... Eh quoi ! madame, n'est-ce pas ainsi que vous le disiez ?

AMÉLIE, *tranquillement*. Vous avez mal compris.

ALFRED. Est-il possible !... oh ! non, non, vous voulez éprouver mon amour, n'est-ce pas ?

AMÉLIE. Vous m'avez fait un aveu, c'est à moi de vous en faire un maintenant.

ALFRED. Expliquez-vous, Amélie, expliquez-vous, vous me faites trembler.

DUCORMIER, *à part*. Bon, bon, chacun son tour.

AMÉLIE, *à part*. Décidément, il le faut. (*Haut.*) Apprenez donc, monsieur, que ce pari, dont vous m'avez fait l'objet, je le connaissais depuis long-tems.

ALFRED. Vous le connaissiez !...

AMÉLIE. Oui, monsieur ; je savais que la vanité seule vous amenait auprès de moi ; je savais que, plein de confiance dans vos brillantes qualités, vous vous faisiez un jeu de m'éblouir, de me charmer.

DUCORMIER. Bravo ! voilà que ça vient, voilà que ça vient.

AMÉLIE. Dès lors, j'ai été sans pitié pour vous, et je n'ai plus songé qu'à vous faire subir l'affront que vous me prépariez... Vous vouliez me soumettre, m'enchaîner, et rire ensuite de votre esclave... Eh bien ! sachez-le donc, monsieur, notre but a été le même : qui de nous deux a réussi ?

DUCORMIER, *à part*. Très-bien ! ça vient tout-à-fait.

ALFRED. Eh quoi ! il serait vrai !.. tout

* Alfred, Amélie ; au fond, Jenny, Ducormier.

cela était arrêté, calculé d'avance !.. Ainsi, madame, lorsque je vous voyais accueillant avec grâce mes soins et mes visites...

AMÉLIE. Je ne vous aimais pas !

ALFRED. Lorsqu'en souriant, vous encouragiez mes paroles d'amour...

AMÉLIE. Je ne vous aimais pas !

ALFRED. Et tout à l'heure encore, lorsque votre regard, votre émotion...

AMÉLIE. Je ne vous aimais pas !

ALFRED. Vous avez pu si bien feindre et remplir ce rôle jusqu'au bout !.. vous n'avez pas craint de vous jouer du repos, du bonheur d'un homme, vous n'avez pas craint de détruire toute sa foi et ses illusions, de flétrir son âme, sa vie !... Mais c'est un crime, madame, et ce crime, vous l'avez commis, la joie dans les yeux et le sourire sur les lèvres, vous !... Oh ! mais à quelle femme faudra-t-il donc se fier désormais !...

AMÉLIE, *à part*. Que je souffre !...

DUCORMIER, *à part*. Il est né orateur, ce jeune homme !

ALFRED. Et savez-vous que je vous sacrifiais tout, moi, jusqu'à mon premier amour !..... Oui, madame, il est une femme que j'aimais sincèrement, qui ne m'aurait pas trompé, elle...

JENNY, *à part*. Que dit-il ?

ALFRED. Innocente et douce Jenny, je te quittai dans un moment d'orgueil ; sans vous, madame, je serais retourné vers elle, j'aurais obtenu mon pardon !..... Et quand je l'oubliais pour vous, quand vous seule occupiez mon âme, vous venez me dire froidement que votre amour n'a été que perfidie et mensonge... Oh ! soyez satisfaite, madame, car vous vous êtes bien vengée, soyez satisfaite, car vous m'avez rendu bien malheureux !...

AMÉLIE, *à part*. Oh ! mon Dieu ! mon Dieu !

DUCORMIER, *à part*. Je suis tout ému, je me sens fondre.

ALFRED.
Air *de Renaud de Montauban*.

Vous avez dit : Il a douté
De ma vertu, ce crime est sans excuse ;
Il faut qu'il souffre. Ah ! je l'ai mérité ;
Car à mon tour, madame, je m'accuse.
Jenny, le sort te venge ; hélas !
Je te trompai, se peut-il qu'il m'excepte ?
Oui, mon malheur est juste, je l'accepte...

JENNY, *s'approchant*.

Et moi, je ne l'accepte pas !
Pour vous, monsieur, je ne l'accepte pas !

ALFRED. Jenny!... vous ici!

JENNY. Oui, monsieur, et je ne veux pas que vous soyez malheureux toute la vie, et puisque ce mariage aurait fait votre bonheur, eh bien! eh bien! épouse-le, Amélie.

DUCORMIER, *s'approchant.* Epouse-le! épouse-le!... Elle est charmante, et moi donc, qu'est-ce qui m'épousera?

AMÉLIE. L'épouser, moi, y songes-tu? mais je n'ai jamais aimé monsieur, et je suis certaine que de son côté...

ALFRED. Oh! sans doute!... Et vous, Jenny, puisque vous étiez là, vous avez vu mon repentir et mes regrets, c'est vous, vous seule que je pouvais aimer, vous qui ne me trompiez pas, qui ne vous faisiez pas un jeu de mon amour et de mes tourmens.

JENNY. Alors, rendez plus de justice à Amélie, vous ignorez pourquoi...

AMÉLIE. Tais-toi, tais-toi, je le veux.

ALFRED. Que voulez-vous dire?

AMÉLIE. Que vous avez mal lu dans votre cœur; que, plus habile que vous-même, j'y avais découvert cet amour pour Jenny; que je n'ai pas seulement voulu me venger, mais encore réveiller cet amour et vous rendre à ma sœur.

ALFRED. Votre sœur!... c'était votre sœur!...

AMÉLIE. Oui, monsieur, et vous comprenez maintenant que j'aie pu si bien feindre et jouer ce rôle jusqu'au bout. Soyez son mari, et ne voyez plus en moi qu'une amie.

DUCORMIER, *un papier à la main.* Comptez aussi sur moi, jeune homme, et comme les bons comptes font les bons amis... trois et six font neuf, neuf et cinq font...

AMÉLIE. Que faites-vous donc?

DUCORMIER. Hum! quoi?... est-ce que je me trompe dans l'addition?

AMÉLIE. Et la dot de ma sœur?...

DUCORMIER. C'est juste, c'est juste! Allons, allons, nous lui avons donné une fière leçon. (*A part.*) C'est égal, c'est lui qui la reçoit et c'est moi qui la paie.

JENNY. Ah! ma sœur, combien je te dois.

AMÉLIE. Je ne recommencerais pour personne, c'est trop dangereux.

CHŒUR.

AIR *de l'If de Croissey.* (1er chœur.)

Au plaisir, à l'ivresse,
Livrons tous notre cœur;
Plus d'ennui, de tristesse,
En ce jour de bonheur!

AMÉLIE, *au public.*

AIR: *Vaudeville d'une Fille d'Ève.*

On dit partout que la vengeance
Des femmes est le plus grand bonheur;
Pourtant, oubliant mon offense,
Je rends un époux à ma sœur.
Lorsque j'abjure ma colère,
Quand leur bonheur devient ma loi,
Si la pièce a pu vous déplaire,
Messieurs, vengez-vous comme moi.

CHŒUR.

Au plaisir, à l'ivresse, etc.

FIN.

LA TACHE DE SANG,

DRAME EN TROIS ACTES,

Par MM. Maillan et Boulé,

MUSIQUE DE M. BÉANCOURT,

REPRÉSENTÉ POUR LA PREMIÈRE FOIS, A PARIS, SUR LE THÉATRE DE LA GAITÉ, LE 19 NOVEMBRE 1835, JOUR DE L'OUVERTURE DE LA NOUVELLE SALLE.

PERSONNAGES.	ACTEURS.	PERSONNAGES.	ACTEURS.
LE DUC D'ESTEIN...	M. JOSEPH.	LE DOCT^r MORAND..	M. PRADIER.
VICTOR DE SYRVAL, son neveu............	M. EUGÈNE.	JOSEPH, valet de confiance................	M. CH. LEBEL.
ARTHUR DISNARD, jeune avocat.........	M. MAILLART.	UN DOMESTIQUE....	M. LAISNÉ.
DELAUNAY, prêteur d'argent................	M. CHÉRI-LOUIS.	MARIE, fille du duc d'Estein.................	Mlle C. VANDERWAL.
		FEMME DE CHAMBRE.	Mme CHARLES.

ACTE PREMIER.

A Paris, en 1831, à l'hôtel du duc. Un riche salon ; entrée au fond, deux portes latérales, dont l'une conduit dans le cabinet du duc, et l'autre dans une salle de bal. Il est dix heures du soir et les invités arrivent en foule.

SCÈNE PREMIÈRE.

LE DUC et VICTOR, en scène; JOSEPH, près de la porte du fond.

JOSEPH, *annonçant*. M. le docteur Morand.

LE DUC, *allant à sa rencontre*. Eh ! arrivez donc, mon ami.

VICTOR. Meilleur ami que bon prophète.

LE DOCTEUR. Comment cela ?

VICTOR. J'en appelle à mon oncle. Hier, en nous quittant, ne nous aviez-vous pas gravement annoncé, dans votre science de médecin, que l'indisposition de ma cousine Marie nous forcerait d'ajourner la signature du contrat qui devait avoir et aura lieu aujourd'hui pendant le bal ?

LE DOCTEUR. Heureux de m'être trompé !... Jamais fête plus brillante !...

LE DUC. Oui, n'est-ce pas ? La Chaussée-d'Antin au faubourg Saint-Germain ; des banquiers, des agens-de-change... la noblesse d'aujourd'hui chez celle d'autrefois !... il faut bien que le passé et l'avenir finissent par s'entendre... Mais qu'avez-vous, mon cher docteur ?

VICTOR. En effet... la contrainte, l'embarras... Serait-ce désappointement de vos sinistres prévisions ?

LE DOCTEUR. Oh! je ne pousse pas si loin le fanatisme de mon art..... et la vieille amitié dont M. le duc d'Estein veut bien m'honorer m'est trop précieuse pour que je ne la reporte pas sur tout ce qui lui est cher... En quelque tems et de quelque part que vienne le bonheur de son unique enfant, croyez que je ne serai pas le dernier à l'appeler de mes vœux.

VICTOR. Souhaitez donc alors la prompte arrivée du notaire qui commence à se faire attendre.

LE DUC, *jetant les yeux sur la pendule.* Bientôt dix heures.

VICTOR, *indiquant la salle de bal, qui se trouve à sa gauche.* Qu'il me tarde d'être l'époux de Marie!... Regardez, regardez, docteur, quelle grâce! quelle aisance au milieu de la foule qui l'environne!

LE DOCTEUR. Oui... mais sur son visage une tristesse indéfinissable..... je ne sais quel air de souffrance... sa pâleur...

VICTOR. Ce trouble! l'émotion bien naturelle en pareille circonstance. Faut-il vous en étonner, vous, docteur, qui croyez si fortement aux affections morales?

LE DOCTEUR. Oui, j'y crois.

(Joseph, qui s'est éloigné pendant cette scène, rentre et remet un billet cacheté.)

LE DUC, *brisant le cachet.* D'Arthur.

VICTOR. Ah! de M. Arthur!...

SCENE II.

LE DUC, VICTOR et JOSEPH.

LE DUC, *à Joseph.* Qui vous a remis ce billet?

JOSEPH. M. Arthur lui-même... C'est la troisième fois, depuis hier, qu'il se présente à l'hôtel.

LE DUC. Que vous a-t-il dit?

JOSEPH. Rien, monsieur le duc; il avait seulement un air...

LE DUC. C'est bien, laissez-nous. (*Au docteur.*) Vous permettez, docteur?

(Le docteur s'incline et entre dans le bal.)

JOSEPH. *Il fait quelques pas, puis se rapproche du duc.* Pardon, monsieur le duc... s'il revenait?

LE DUC, *après avoir réfléchi.* Vous l'introduiriez.

(Joseph sort.)

SCENE III.

LE DUC, VICTOR.

VICTOR. Le recevoir! mon oncle..... ce n'est pas ce que vous aviez bien voulu me promettre.

LE DUC. J'ai mon projet.

VICTOR. Mais enfin.

LE DUC. Fou que tu es de prendre ainsi l'alarme! Crois-tu que la noble héritière du duc d'Estein ait jamais pu encourager l'amour d'un homme sans nom, sans famille, d'un orphelin qui doit tout à ma généreuse pitié?... Crois-tu qu'elle se soit oubliée à ce point, et qu'il se soit oublié, lui, jusqu'à porter ses regards sur la fille de son bienfaiteur?...

VICTOR. Sur celle qu'il était libre de voir à chaque heure, à chaque minute; sur celle dont l'enfance fut élevée près de la sienne; sur celle enfin qui maintenant se trouble involontairement à sa voix et pâlit à son aspect.

LE DUC. Assez de pareils soupçons...

VICTOR. Ce n'est pas Marie que j'accuse, mais mon rival.

LE DUC. Ton rival!

VICTOR. Oui.

LE DUC. Ah! si tu disais vrai!...

VICTOR. Eh bien?...

LE DUC. Qu'il paierait cher son lâche triomphe!... Mais non, cela ne se peut: le crime d'Arthur n'existe que dans ton imagination jalouse..... N'importe, il va venir... et je te l'ai dit, j'ai mon projet... Quant à ma fille, rassure-toi... elle a trop de vertu pour ne pas donner tout son amour à l'époux qu'elle acceptera de ma main... et cet époux, avant une heure, ce sera toi.

VICTOR, *avec joie.* Ah! mon oncle!

LE DUC. Resté sans fortune à la mort de ton père, je fis le serment de te rendre un père et la fortune que tu avais perdus. Ce n'est qu'en t'unissant à ma fille que je puis assurer ton avenir sans nuire au sien... Je te le répète donc, dès aujourd'hui Marie sera marquise de Syrval.

VICTOR, *avec joie.* Et je vous devrai le bonheur de ma vie.

LE DUC, *à Joseph qui reparaît.* Qu'est-ce encore?

JOSEPH. Il y a là un monsieur qui demande à parler à M. Victor de Syrval.

VICTOR. Son nom ?

JOSEPH. M. Alfred de Bièvre.

LE DUC. Cet ami de collége dont tu m'as si souvent parlé ?

VICTOR. A Paris! lui!... Alfred de Bièvre!... Il y a à peine deux mois qu'il m'a écrit de Calcutta, m'annonçant devoir s'y fixer.

LE DUC. Projet de voyageur, projet de fou. (*A Joseph*.) Faites entrer.

SCÈNE IV.

LES MÊMES, DELAUNAY, *sous le nom de de Bièvre, est introduit par Joseph, qui s'éloigne aussitôt.*

DELAUNAY, *en entrant*. Ce cher Victor!

(Victor, qui s'avançait les bras ouverts, s'arrête court à la vue de Delaunay.)

VICTOR, *à part*. Delaunay!

DELAUNAY. Mais embrasse-moi donc!

(Il saute au cou de Victor qui se laisse faire machinalement.)

VICTOR, *à part*. Que signifie...

DELAUNAY. Ce bon Victor!... Quelle joie de nous retrouver! (*Se tournant vers le duc, et s'inclinant.*) Pardonnez-moi, monsieur le duc, si d'abord je n'ai vu que mon ami.

LE DUC. Victor m'a beaucoup parlé de vous, monsieur, et j'applaudis à la franche amitié qui vous unit à un neveu que j'aime.

DELAUNAY, *à Victor*. Je conçois qu'en me voyant ta surprise a dû être grande.

VICTOR. Très-grande, en effet.

DELAUNAY, *continuant*. Arriver ainsi comme une bombe, quand tu me croyais bien tranquillement à Calcutta... La singulière figure! ah! ah! ah! ce cher ami, il n'en revient pas... mais c'est bien moi, je t'assure.

LE DUC. Vous arrivez à propos, monsieur..... un grand événement se prépare pour votre ami.

DELAUNAY. Qu'est-ce donc?

LE DUC. Vous le saurez en restant à la fête que je donne aujourd'hui... Mais pardon, quelques ordres à distribuer... je vous prie de m'excuser... Victor, je te charge de retenir ton ami... tu me réponds de lui.

(Delaunay s'incline, le duc lui rend son salut et sort.)

SCÈNE V.

VICTOR, DELAUNAY. *Ils se regardent quelques instans en silence.*

VICTOR, *lentement*. J'admire votre aplomb, monsieur Delaunay.

DELAUNAY. N'est-ce pas que j'étais étourdissant?.. c'étaient bien les manières aisées, la morgue, la sotte impudence d'un homme de qualité, qu'en dites-vous?

VICTOR. Qu'il me tarde que vous m'expliquiez le but de cette ridicule comédie!

DELAUNAY. Dans cette comédie ridicule, monsieur le marquis, je vous réserve un des principaux rôles.

VICTOR. Aviez-vous besoin, monsieur, pour vous présenter ici, d'affubler votre obscurité d'un nom recommandable?

DELAUNAY. Peut-être. (*Baissant la voix.*) Marquis de Syrval, si c'est un crime de prendre un nom qui ne nous appartient pas, comment qualifieriez-vous l'action de signer au bas d'une lettre-de-change un nom qui n'est pas le sien?

VICTOR, *pâlissant*. Je... ne vous comprends pas, monsieur.

DELAUNAY, *ironiquement*. Vous ne me comprenez pas?... Alors je vais aider vos souvenirs en vous racontant une anecdote assez curieuse, que je pourrai bien, si la fantaisie m'en passe, publier avant peu.

VICTOR, *à part*. Il me fait trembler!

DELAUNAY, *regardant autour de lui*. Prêtez-moi toute votre attention.

VICTOR, *dont le trouble augmente*. Je vous écoute.

DELAUNAY. Un de ces hommes qui, n'ayant rien à perdre, ont tout à gagner, et dont il serait assez difficile de décliner la profession... agent d'affaires, usurier et intrigant par-dessus tout, exerçant le plus volontiers l'honnête métier de prêter à gros intérêts... enfin, le caissier de tous les jeunes gens du faubourg Saint-Germain... assez fripon pour faire argent de tout, même de sa conscience... assez adroit pour ne jamais dépasser le but et donner prise à la justice... tel est, en peu de mots, l'un des héros de mon histoire.

VICTOR, *à part*. Où veut-il en venir?

DELAUNAY, *continuant*. L'autre..... un de ses cliens... noble... par ses aïeux seulement... joueur effréné, perdu de dettes et de débauche... ayant usé toutes ses ressources, harcelé par ses créanciers, menacé de voir rompre, par un éclat, un brillant mariage, son unique planche de salut... se présenta, il y a trois mois environ, chez l'usurier qui depuis long-tems lui avait fermé sa bourse... mais cette fois il était porteur d'une lettre-de-change de cinquante mille francs souscrite à son ordre.

VICTOR, *vivement*. Après.

DELAUNAY. Après?... L'usurier connaissait trop bien la signature du banquier pour ne pas s'apercevoir aussitôt que celle qu'on lui présentait était fausse... ce qui ne l'empêcha pas d'escompter la lettre-de-change sans laisser rien paraître... Il avait son projet... une seconde avait suffi pour lui démontrer qu'il tenait entre ses mains le précieux talisman qui devait bientôt l'enrichir.

VICTOR, *à part, se laissant aller sur un fauteuil*. Je suis perdu!

DELAUNAY. Mais qu'avez-vous donc, monsieur le marquis, vous pâlissez.

VICTOR. Rien, rien.

DELAUNAY. Il ne me reste plus maintenant qu'à vous faire connaître les noms des héros de cette aventure.

VICTOR, *vivement*. Arrêtez!

DELAUNAY, *continuant*. L'agent d'affaires, l'usurier, l'intrigant, comme il vous plaira de l'appeler, c'est moi,.... le faussaire, c'est...

VICTOR, *vivement*. Chut!

DELAUNAY. Il est donc inutile de vous le nommer? Tenez, monsieur le marquis, croyez-moi, jouons cartes sur table.

VICTOR, *défaillant, et après avoir fermé la porte du bal*. Qu'attendez-vous de moi?

DELAUNAY. Vous allez le savoir... Tout a réussi au gré de mes désirs. Grâce à mes cinquante mille francs, vos créanciers ayant reçu de forts à-comptes se sont tus, donc vous êtes au mieux avec le cher oncle; toujours grâce à mes cinquante mille francs, vous allez devenir d'un seul coup possesseur d'une femme charmante et d'une fortune considérable, tout le bien de sa mère, sans compter la fortune que le duc ne tardera pas à vous abandonner, un peu malgré lui, j'en conviens, mais n'importe, nous sommes tous mortels... J'ai donc des droits incontestables dans les bénéfices de l'opération... Ainsi, le jour même de votre mariage (*tirant un portefeuille*), en retour de la lettre-de-change de cinquante mille francs que voici dans ce portefeuille, vous m'en remettrez une de trois cent mille francs, souscrite simplement par vous à mon profit... Je ne suis pas trop exigeant? je crois.

(Il remet le portefeuille dans sa poche.)

VICTOR, *lançant sur Delaunay un regard sinistre, et prenant peu à peu de l'assurance*.) Savez-vous bien, vous qui osez me dicter des lois, qu'il est fort imprudent à vous de me dire, en me montrant ce portefeuille... il y a là dedans de quoi vous perdre?... Savez-vous bien que nous sommes seuls (*s'avançant vers lui*) et que je puis...

DELAUNAY, *froidement, l'arrêtant*. Rien. La preuve de votre crime est en sûreté là. (*Tirant un poignard de la même poche où est le portefeuille.*) J'en ai confié la garde à ce poignard.

VICTOR. C'est abuser étrangement de l'avantage de votre position, monsieur..... mais n'importe... je me soumets à ce que vous exigez..... Quand vous le désirerez, l'échange proposé par vous aura lieu.

DELAUNAY. A la bonne heure!

VICTOR. Je puis au moins compter sur votre discrétion?

DELAUNAY. Mon intérêt vous en répond.

VICTOR. Vous aurez donc les trois cent mille francs... recevez-en ma parole.

DELAUNAY. Votre parole!... j'ignore si vous la tiendrez... mais au moindre indice de trahison de votre part..... je jure, moi, de vous perdre..... et je tiendrai la mienne, je vous en réponds... tout est dit. Maintenant, n'oubliez pas que je suis Alfred de Bièvre, votre plus cher ami.

VICTOR, *avec dédain*. Vous voulez dire mon ami le plus cher?

DELAUNAY. Soit!... (*Continuant.*) C'est pour vous perdre de vue le moins souvent possible que j'ai emprunté le rang et le nom de ce pauvre de Bièvre, que je savais votre ami, inconnu dans cette maison et de plus à Calcutta... Qu'aurait pensé votre oncle de vos liaisons, s'il avait vu un Delaunay... Delaunay tout court... fréquentant son hôtel et se disant votre ami?... Vous voyez que je pense à tout.

VICTOR, *vivement*. Silence! on vient..... C'est M. le duc.

SCENE VI.

Les Mêmes, LE DUC, ensuite ARTHUR.

LE DUC. Eh bien ! Victor, monsieur nous reste-t-il ?

VICTOR. Oui, mon oncle.

DELAUNAY. Oh ! nous sommes inséparables.

JOSEPH, *annonçant.* M. Arthur.

VICTOR. Arthur !... (*A part.*) Oh ! sortons... car je ne pourrais contenir mon indignation.

DELAUNAY, *courant après lui, et le prenant par le bras.* Eh bien ! eh bien ! cher ami... attends-moi donc un peu... Monsieur le duc... j'ai bien l'honneur...... Ce cher Victor !...

(Ils sortent.)

SCENE VII.

LE DUC, ARTHUR.

LE DUC. Vous m'avez fait demander une entrevue ?

ARTHUR. Oui, monsieur.

LE DUC. Dans quel but ?

ARTHUR. Pour reconquérir, s'il est possible, votre estime et votre amitié, qui semblent s'être éloignées de moi.

LE DUC. Vous vous trompez, Arthur.

ARTHUR. Non, oh ! non...... En ce moment encore...... votre voix est glacée..... votre regard dur et sévère..... J'ignore ce qui s'est passé et ce qui se passe depuis quelques jours, vainement je sollicite la faveur d'être admis en votre présence... ce bonheur, dont il m'était donné de jouir, jusqu'ici m'est obstinément refusé !... on me ferme la porte de votre hôtel, à moi, que vous appeliez votre enfant ! à moi, si sûr de ce titre.

LE DUC. La fatigue du voyage... quelques affaires de famille.

ARTHUR. Qu'ai-je fait, mon Dieu ? mais qu'ai-je donc fait pour mériter un tel changement à mon égard ?

LE DUC. Écoutez-moi, Arthur. (*Moment de silence.*) Pendant vingt-cinq ans je vous ai traité comme mon fils ; Arthur, votre mémoire en a-t-elle gardé le souvenir ?

ARTHUR. Il y a des souvenirs qui se gravent si avant dans le cœur, monsieur le duc, que rien ne saurait les en effacer.

LE DUC. Ai-je bien rempli la tâche que je m'étais volontairement imposée ? dites, Arthur, ai-je mérité de vous un peu de reconnaissance ?

ARTHUR. Une reconnaissance éternelle.

LE DUC, *continuant.* Si vos talens vous ont acquis une position indépendante, si à vingt-huit ans, avocat déjà célèbre, on vous désigne comme l'espoir du barreau, si vous êtes devenu un homme utile enfin.

ARTHUR. C'est à vous, à votre appui seul que je le dois !.. Ah ! combien je vous sais gré d'avoir deviné ma vocation, d'avoir dirigé mon penchant vers une profession si belle !... Avocat !... est-il un ministère plus sacré que celui de défendre les droits du malheur, d'arracher l'innocence au glaive trop souvent égaré dans les mains de la loi, et de faire tomber à la voix de l'éloquence ces échafauds terribles qui sont moins pour la société une justice qu'une vengeance !.... Quelle joie ! quel orgueil pour l'avocat de se dire : Aujourd'hui j'ai sauvé la vie d'un homme, j'ai épargné à toute une famille un avenir de larmes et de honte !... Il y a des cœurs où ma mémoire vivra éternellement...

LE DUC, *se levant.* Continuez à vous montrer digne de cet avenir de gloire dont mon appui vous a frayé la route. Votre père en mourant m'a transmis ses droits, soumettez-vous donc sans murmures à ce que je vais exiger de vous.

ARTHUR, *avec explosion.* Mon père !.... ah ! monsieur le duc, quel mot venez-vous de prononcer ! je ne connais que vous au monde qui puissiez me nommer mon père... pour la millième fois, je vous en conjure, le nom de mon père, monsieur le duc, le nom de mon père ! je vous le demande à genoux.

LE DUC. Relevez-vous, Arthur, vous savez bien qu'il m'est impossible de vous répondre à ce sujet.

ARTHUR. Suis-je donc un de ces enfans nés de la débauche ou du crime ? parlez... Je tiens peu à l'éclat ou à l'obscurité de la naissance... l'idée de bâtard même n'a rien qui m'effraie, ce titre à mes yeux n'est pas un déshonneur, car selon moi, en fait de crime ou de vertu, rien n'est héréditaire, tout est personnel, et chacun n'est responsable que de ses œuvres ! Vous vous taisez !... ah ! mon sort est bien malheureux ! pas un parent, un ami, personne avec qui je puisse parler de mon père, un vide affreux m'entoure, quelque chose me manque dans le passé, mes désirs ont toute l'amertume des regrets et mon cœur semble avoir perdu un bien dont il n'a pas joui.

LE DUC. Le secret de votre naissance n'est connu que de moi et descendra avec moi dans la tombe... mais c'est trop long-tems nous éloigner du but de cet entretien...

ARTHUR. Ah ! pardon, monsieur le duc, vous parliez de vos titres à ma reconnaissance... titres sacrés ! qu'attendez-vous de moi ?

LE DUC. Un sacrifice bien grand, bien pénible sans doute.

ARTHUR. Quel qu'il soit, comptez sur mon dévouement.

LE DUC. Arthur, si je vous disais que pour assurer mon repos et le bonheur de Marie...

ARTHUR, *vivement*. Marie !

LE DUC, *à part*. Victor avait raison... il l'aime.

ARTHUR. Pour vous, pour Mlle Marie, croyez, monsieur, qu'il n'est rien que je ne fasse.

LE DUC. Eh bien ! Arthur (loin de moi toute pensée qui vous blesse), il faut... pour quelque tems seulement suspendre vos visites à l'hôtel.

ARTHUR. Renoncer à vous voir !

LE DUC. Moi ! est-ce bien moi seul qui vous occupe ?

ARTHUR. La reconnaissance me fait une loi de protester contre un arrêt aussi sévère.

LE DUC. La reconnaissance vous fait une loi d'obéir... Interrogez votre cœur et vous me comprendrez.

SCENE VIII.

LES MÊMES, JOSEPH.

JOSEPH. Le notaire de monsieur le duc l'attend dans son cabinet.

ARTHUR. Le notaire !

LE DUC. Pour le contrat de mariage de ma fille.

ARTHUR. Ah ! tout est donc décidé... mademoiselle votre fille épouse...

LE DUC. Son cousin Victor... Pardon de ne vous en avoir pas instruit plus tôt.

ARTHUR. Merci ! oh ! merci, monsieur, je vous ai compris.

LE DUC. Bien !... votre main, Arthur, comme à celui qui fut autrefois votre ami et qui le sera toujours.

(Il sort par le fond.)

SCENE IX.

ARTHUR, *seul*.

C'en est donc fait ! (*Moment de silence*.) Pauvre fou ! qui n'a pas même un nom et qui ose aimer la fille d'un duc !... Quels sont tes titres pour aspirer à sa main ? Des talens, qu'est-ce que cela ? quand ton cœur renfermerait vingt fois plus de noblesse qu'en contiennent les cœurs de vingt nobles. A quoi bon ?... tu n'as pas même un nom !... L'absurde chose que l'hérédité ! parce que jadis un homme s'est illustré par quelque action d'éclat, parce que le caprice d'un maître lui a jeté en récompense de ses services un marquisat, faut-il que cette récompense, alors justement acquise, arrive de chute en chute, de dégradation en dégradation, jusqu'à un Victor de Syrval qui n'eut que la peine de naître !... tandis que ceux dont le mérite fait la noblesse sont contraints de s'incliner et de baisser la tête... Marie la femme d'un autre !... si je pouvais la revoir une fois encore... là dans ce bal... au milieu de ce tourbillon qui l'environne, si je pouvais lui parler, si le hasard... (*Avec amertume*.) Le hasard, il ne sert que ceux qui n'attendent rien de lui, il ne sourit qu'à ceux qui sont heureux... et puis, le duc a ma promesse... il faut que je m'éloigne... il le faut... oui, pas sans lui avoir écrit à elle. (*En ce moment Marie sort du bal, reconduisant quelques personnes qui sortent jusqu'à la porte du fond. Après les avoir saluées, les portes du fond se referment, et Marie vient en scène*.) par qui je souffre, à elle, la compagne de mon enfance, ma première, ma seule amie, à elle qui ne résiste pas à l'injuste volonté de son père lorsqu'il lui commande l'oubli de nos sermens.

SCÈNE X.

ARTHUR, MARIE.

MARIE. Eh! qui te dit que je les ai oubliés?

ARTHUR. Marie!

MARIE. Oui, Marie que tu accuses et qui te pardonne, parce qu'elle doit juger de ton désespoir par le sien... Me voilà donc enfin hors de ce bal où j'étouffais de douleur! La femme du marquis de Syrval, moi! pas encore.

ARTHUR. Toi, Marie! ô bonheur! ô délire!.... et pas un mot pour te peindre mes transports... Aimé de toi, et ne pouvoir te dire combien je t'aime à mon tour.

MARIE. Cher Arthur!

ARTHUR. Toi! unir à la destinée du pauvre orphelin, de l'enfant abandonné, ta destinée si belle, si riche d'espérance!

MARIE. Ne parle pas d'espérance, Arthur... je t'aime... je suis heureuse de ton amour... mais je n'espère rien... tu connais la fierté de mon père...

ARTHUR. Ah! par pitié, laisse-moi mon illusion! animé du feu de ton regard, électrisé par ta pensée, ne puis-je me créer un nom, m'élever aux honneurs, mériter des titres?... oui, je forcerai ton père à s'enorgueillir un jour de mon alliance. Alors s'ouvrira pour nous, Marie, un long avenir de bonheur, alors commencera pour nous une vie au-dessus de toutes les joies de l'existence humaine.

SCÈNE XI.

Les Mêmes, LE DUC, *venant du fond.*

LE DUC. Qu'entends-je?

MARIE, *tombant à genoux.* Mon père!

LE DUC. Debout.

ARTHUR. Oui, c'est à moi seul qu'il appartient d'implorer ici le pardon d'une faute qui fut la mienne... Monsieur le duc...

LE DUC, *l'interrompant brusquement.* Assez!... (*A Marie.*) Rentrez dans le bal où peut-être votre absence n'aura déjà été que trop remarquée.

MARIE. Eh! que m'importe ce monde auquel on me sacrifie!... Mon père, jusqu'à ce jour ma soumission fut absolue, jusqu'à ce jour, docile à vos moindres vœux, à vos moindres désirs, je me suis fait une loi de n'avoir d'autre volonté que la vôtre... mais aujourd'hui mon devoir est dans la désobéissance, car vous vous repentiriez bientôt de m'avoir rendue malheureuse, et c'est à moi de vous épargner le repentir. (*Désignant Arthur.*) Si sa renommée, ses talens et ses succès, ne sont pas assez nobles à vos yeux, si votre fierté s'indigne de ce que vous appelez une mésalliance, votre cœur vous en consolera en songeant que je suis heureuse... mon père! c'est le bonheur que votre fille vous demande à genoux.

LE DUC. Dis l'infamie!

ARTHUR. Monsieur!...

LE DUC. Oui, l'infamie.

ARTHUR. Mais qui suis-je donc pour me traiter ainsi?

LE DUC. Qui vous êtes?

ARTHUR. La vérité, monsieur, la vérité tout entière... le secret de ma naissance, que je vous demandais il n'y a qu'un instant, comme une grâce, je l'exige maintenant comme une dette.

MARIE. Parlez, parlez, mon père; joie ou douleur, gloire ou opprobre, j'accepte tout de son amour.

LE DUC. Tout... Eh bien! donc, insensée...

ARTHUR. Parlez...

LE DUC. Mes paroles ne seront pas sorties de ma bouche que vous souhaiterez qu'elles y retournent, car elles vont vous tuer.

ARTHUR. De grâce.

LE DUC. Vous voulez absolument la connaître, cette histoire... Approchez-vous donc, que je vous la raconte à voix basse: il y a là du crime et du sang.

ARTHUR. Du sang!

MARIE. Grand Dieu!

LE DUC. Votre père se nommait François Disnard... comme vous. Sans fortune comme vous, il osa aimer la fille d'un homme que sa naissance plaçait dans un rang élevé.. Fier d'avoir inspiré à l'héritière du comte de Mircourt un de ces amours qui n'offrent que l'alternative du crime ou du malheur, il poussa l'audace jusqu'à l'enlever... Après plusieurs mois de recherches vaines, le comte découvrit enfin la retraite du ravisseur et vint lui redemander sa fille... Un refus positif amena une scène terrible, et le comte tomba frappé d'un coup mortel... Votre père, Arthur, arrêté comme meurtrier, fut jugé et condamné.

ARTHUR, *les mains jointes.* Par pitié, monsieur!...

LE DUC. Si quelqu'un a voulu déchirer votre ame, Arthur, c'est vous et non pas moi... Ecoutez, écoutez! votre père fut condamné à mort.

ARTHUR, *d'une voix sombre.* A mort!

LE DUC. En échange des services qu'il m'avait rendus lors de l'émigration et par pitié pour sa malheureuse femme, j'employai mon crédit pour obtenir la commutation de sa peine... La loi fut inexorable ; le 8 octobre 1802, une tête tomba publiquement sur la place de Grève... et cette tête, Arthur, c'était celle de votre père !

ARTHUR, *tombant accablé sur un fauteuil.* Ah !

MARIE. Arthur! Arthur!... Ah! mon père, qu'avez-vous fait!...

ARTHUR, *ouvrant les yeux.* Mon père ! un échafaud !.. (*Reconnaissant Marie.*) Marie! (*Reconnaissant le duc.*) Ah! ce n'était pas un rêve! Poursuivez, monsieur, je puis tout entendre maintenant.

LE DUC. Le même jour votre mère mourut en vous donnant la vie... D'un côté un échafaud, de l'autre un convoi funèbre, voilà le baptême de sang et de larmes que vous reçûtes en naissant.

ARTHUR, *pleurant.* Ma pauvre mère !

LE DUC. Dites maintenant, si la fille du duc d'Estein peut être unie au fils du supplicié, François Disnard.

MARIE. Dussiez-vous me maudire, mon père, j'élèverai la voix en faveur d'Arthur. Si un crime a été commis, son auteur ne l'a-t-il pas emporté tout entier dans la tombe! En a-t-il laissé une portion en héritage! Le fils innocent doit-il être jugé comme le père coupable ? Eh ! que m'importe qu'un aveugle préjugé fasse rejaillir sur lui quelques gouttes d'un sang proscrit? Plus sa naissance le voue à l'injuste mépris des hommes, plus je l'en vengerai à force d'estime et de tendresse. (*Retirant un anneau de son doigt.*) Arthur, tiens, voilà mon anneau de fiançailles, prends-le, c'est mon cœur qui te le donne.

LE DUC, *s'élançant sur sa fille.* Malheureuse! oses-tu bien devant moi?...

ARTHUR, *saisissant le bras du duc levé sur Marie et le repoussant.* Arrêtez, monsieur le duc!

LE DUC. Infâme ! il ne te reste plus qu'à m'assassiner comme ton père François Disnard assassina le comte de Mircourt.

ARTHUR, *reculant épouvanté.* Ah ! qu'avez-vous dit?

MARIE. Ce bruit! ces cris! on vient! on accourt!

LE DUC, *à Arthur.* Va-t'en ! va-t'en !

MARIE. Arthur!

ARTHUR. Marie, à moi ton amour, à moi jusqu'à la mort!

MARIE, *défaillante.* Jusqu'à la mort !

(*Arthur s'éloigne rapidement par le jardin, tandis que le duc s'empresse auprès de Marie évanouie.*)

SCÈNE XII.

Les Mêmes, hors Arthur, VICTOR, DELAUNAY, MORAND, JOSEPH, Invités, *et* Gens de la maison.

TOUS, *accourant.* Qu'y a-t-il?

LE DUC, *réprimant son agitation.* Rien... oh! rien... la fatigue et la chaleur du bal, sans doute.

VICTOR, *au docteur qui s'est approché.* Eh bien ! docteur ?

LE DOCTEUR. Ne vous avais-je pas prédit qu'on ne signerait pas ce soir le contrat de mariage ?

DELAUNAY, *à part.* Quoi qu'il arrive... mes trois cent mille francs!...

FIN DU PREMIER ACTE.

ACTE II.

Chez Arthur. Nuit. Bureau, bibliothèque, table, fauteuils, etc. Porte au fond; portes latérales, fenêtres latérales; l'ameublement, quoique très-simple, doit annoncer l'aisance; une seule lampe placée sur la table répand une faible clarté. Arthur, assis, le front caché dans ses mains et les deux coudes appuyés sur la table, paraît absorbé par la douleur. Une boîte de pistolets est près de lui. Le bureau est à droite, la cheminée à gauche.

SCENE PREMIERE.

ARTHUR, *seul, sans changer d'abord de position.*

Mon pauvre père! un meurtre! une sentence de mort, puis un échafaud! Ah! c'est affreux! et elles ne m'ont pas tué, ces terribles paroles!.. et j'ai pu entendre jusqu'au bout cet épouvantable récit! M'avoir jeté le déshonneur au visage en présence de Marie! Quelle âme vraiment noble! que d'amour! que de dévouement dans ce cœur de jeune fille!.. Mais l'honneur me fait un devoir de repousser son généreux sacrifice. (*Ouvrant la boîte de pistolets.*) Ma mort seule peut la relever de son serment... Qui m'arrête donc? La crainte? oh! non, la mort pour moi c'est l'espérance!.. Le souvenir de Marie plutôt, de Marie qui m'aime et dont le trépas va me séparer. (*Il pleure.*) Pardon, mon père, si je mêle d'autres larmes aux larmes que je verse sur toi... Pardon, c'est de toi seul que je dois m'occuper à ce moment suprême. (*Moment de silence.*) Toujours cette affreuse pensée!.. Toujours devant les yeux cette tache de sang, que l'injustice des hommes rend ineffaçable!.... Toujours debout, menaçant, cet échafaud et son sanglant appareil, et rien pour calmer l'amertume de mes regrets... Si encore mon père, martyr d'une croyance, avait offert ses jours en holocauste à la religion ou à la liberté, avec quelle pieuse ardeur j'aurais tenté de venger sa mémoire, de le ressusciter dans l'opinion publique!.. Calas! Lally! ce que firent pour vous le génie et la piété filiale, je l'aurais fait pour mon père... Mais non, un de ces crimes que la passion inspire a dressé une insurmontable barrière entre son échafaud et la pitié des hommes! Tout en lui fut obscur, tout excepté son châtiment dont l'éclatant opprobre rejaillit sur mon innocence. Mon honneur fut décapité avec le sien!.. mais il n'y a donc pas de justice divine?... Si près de paraître devant toi, ô mon Dieu!.. il est bien téméraire à moi d'oser douter de ta justice, mais pourquoi n'accordes-tu pas une égale part de bonheur à chacun de tes enfans?... Pourquoi aux uns toutes les joies, toutes les félicités? aux autres les tortures, les larmes, le désespoir? (*Prenant un pistolet.*) A vingt-huit ans, avoir vu se détacher une à une toutes ses illusions... être forcé, pour échapper au malheur, de quitter violemment la vie!... Marie, je ne te condamnerai pas à porter un nom flétri, l'opprobre que je traîne après moi ne sera pas le prix de tant d'amour... Tes enfans marqués de déshonneur dans le sein de leur mère ne te reprocheront pas un jour leur naissance. (*On entend frapper légèrement à la porte du fond, Arthur pose vivement sur la table le pistolet.*) Qui frappe?

SCÈNE II.

ARTHUR, LE PORTIER DE LA MAISON.

LE PORTIER, *ouvrant la porte à demi.* Excusez-moi, monsieur, mais ayant aperçu de la lumière, j'ai pensé que monsieur n'était pas couché.

ARTHUR, *brusquement.* Que me voulez-vous?

LE PORTIER. C'est Joseph, le valet de chambre de M. le duc, qui vient d'apporter cette lettre, il m'a chargé, de la part de son maître, de vous la remettre à l'instant.

ARTHUR. Donnez.

LE PORTIER. Monsieur n'a pas besoin de mes services ce soir?

ARTHUR. Non, laissez-moi.

(*Le portier sort.*)

SCENE III.

ARTHUR, *seul.*

(Après avoir fermé la porte en dedans, il brise précipitamment le cachet de la lettre et en retire une seconde. Lisant d'abord la première.)

Du duc! Arthur... dans une heure ma fille aura quitté Paris... Point de folles tentatives pour la revoir. Dans ma lettre, vous en trouverez une de votre père; mon affection m'avait empêché jusqu'ici de vous la remettre, mon devoir me l'ordonne aujourd'hui. (*Arthur s'interrompant.*) Une lettre de mon père! (*Il prend la seconde lettre qu'il porte vivement à ses lèvres, des larmes s'échappent de ses yeux : continuant.*) Que le sort de François Disnard vous serve d'avertissement... Lisez et méditez! (*Il s'assied et considère un instant en silence la lettre de son père.*) Voilà donc tout l'héritage paternel! Le cœur et la main de mon père se sont occupés de moi quelques instans avant l'heure fatale... Puis l'affreuse hache du bourreau est venue empêcher pour toujours ce cœur de palpiter et cette main d'écrire. (*Moment de silence et de morne abattement, puis il rompt convulsivement le cachet.*) « Le 8 octobre 1802.... Mon fils! (*Ses larmes coulent.*) Je n'ai plus que peu d'instans à vivre, et je te les consacre... On m'apprend que ta mère vient de te mettre au monde et que ta naissance lui a coûté la vie... Ce jour où tu es né me verra aussi mourir.... Hélas!... que n'es-tu déjà où est ta pauvre mère, où ton infortuné père sera bientôt... Pardonne-moi ma mort dont le déshonneur va de tout son poids retomber sur toi, malheureux enfant! Je t'ai sans doute transmis avec la vie le feu des passions qui ont brûlé mon ame; profite de mon funeste exemple, sois plus fort que tes désirs, maîtrise tes passions, elles peuvent conduire à l'échafaud, tu le vois ; ne rejette pas mes conseils, ô mon fils, c'est avec mon sang que je te les écris... Je vais mourir à trente ans, je vais mourir quand la force et la vie bouillonnent avec mon sang, je vais mourir sans t'avoir embrassé... je ne te connais même pas... je ne sais pas si tu me ressembles... j'ignore de quelle couleur sont tes yeux, ta chevelure... Ah! si je pouvais une seule fois poser mes lèvres sur ton front! (*Il pleure.*) Mais non, quatre heures vont sonner, c'est l'appel de la mort! (*Ses sanglots redoublent.*) Mais j'entends crier les verrous de mon cachot... serait-ce déjà? Comme la dernière heure passe vite!.. Adieu, mon fils, le dernier battement de mon cœur sera pour toi.... Ne maudis pas ma mémoire ; j'ai pleuré dans le sein d'un prêtre, et malgré ma faute, mon ame, je l'espère, va s'élever vers le divin séjour où l'on ne retrouve pas d'échafauds. Adieu, mon fils, ton malheureux père, François Disnard. » (*Ses sanglots éteignent sa voix ; moment de silence, puis tout-à-coup avec explosion.*) Et je vivrais!.. (*Saisissant un pistolet et l'armant.*) Mon père! je te rejoins ; Marie, je t'attends!

MARIE, *dans la coulisse.* Arthur! Arthur!

ARTHUR, *vivement.* C'est la voix de Marie.

(Il écoute.)

MARIE, *frappant à la porte du fond à coups redoublés.* Arthur! Arthur!

ARTHUR. C'est elle.

(Il jette le pistolet et s'élance vers la porte.)

SCENE IV.

ARTHUR, MARIE, *entrant précipitamment.*

MARIE. Arthur!

(Elle s'évanouit dans ses bras.)

ARTHUR. Marie! chère Marie! reviens à toi!.. Je n'ose appeler... Marie!.. par pitié!.

MARIE, *ouvrant les yeux.* Où suis-je? Arthur! Ah! je suis sauvée! mais n'entends-tu rien? (*Elle écoute.*) Non, tout est calme.... Il me semblait à chaque pas qu'ils allaient m'atteindre.... J'avais si peur...

ARTHUR. Au nom du ciel, parle, que t'est-il arrivé?

MARIE, *avec effroi.* Ils approchent! ce sont eux!.. Ferme cette porte, ferme vite... (*Arthur court fermer la porte.*) Tu ne sais pas, ils voulaient m'emmener, me traîner à l'autel! ils vont venir m'arracher de tes bras!... Tu me défendras, n'est-ce pas?

ARTHUR. Marie, par pitié, explique-toi!

(Moment de silence, pendant lequel Marie semble rappeler ses souvenirs.)

MARIE. Attends... attends... Après ton départ, la société à peine congédiée, mon père entre dans mon appartement où j'avais été transportée mourante ; là, à la suite d'une scène violente, il m'annonce que nous retournons cette nuit même à son château en Touraine, me donne une heure pour me préparer à partir, et m'enferme, comptant me retenir prisonnière jusqu'à l'arrivée des chevaux qu'il ordonne à Joseph d'aller commander à l'instant.

ARTHUR, *avec anxiété.* Ensuite?

MARIE. Fuir la persécution, échapper même par la mort à un hymen que j'ai en horreur, fut ma seule pensée... Mon père est à peine disparu que ma croisée est ouverte; d'un coup-d'œil je mesure la distance qui me sépare du sol; deux étages, n'importe, à l'aide de mes draps fortement attachés à mon balcon, j'ai bientôt touché le pavé.

ARTHUR. Grand Dieu! si dans le trajet les forces t'eussent manqué?

MARIE. J'étais bien forte, va, je fuyais Syrval et je pensais à toi!... Je courus d'abord au hasard sans but, je ne songeais qu'à fuir, et avec quelle vitesse!... mes pieds touchaient à peine la terre. Arrivée sur les boulevards, je suis forcée de m'arrêter, la respiration me manquait; quelques pas de plus, et je tombais suffoquée... Les idées me revinrent alors; il fallait prendre un parti; à qui me confier? à qui demander asile et protection? à des parens, à des amis de mon père?... ils auraient cru remplir un devoir en me livrant... Je ne réfléchis pas long-tems, mon cœur venait de me révéler un protecteur naturel dans celui qu'une heure auparavant j'avais choisi pour époux en présence du ciel et de mon père! tu es l'homme le plus intéressé au monde à me conserver pure et irréprochable. Je viens donc sans crainte, Arthur, mettre mon honneur sous la sauve-garde de ton honneur.

ARTHUR. Inspire-moi, ô mon Dieu!... Que faire?

MARIE. Fuir, fuir à l'instant, quitter Paris, la France!

ARTHUR. Quoi, Marie!... un rapt!... J'oublierais en un instant et les soins dont le duc entoura mon enfance, et les sages conseils de mon malheureux père... Lui aussi se rendit coupable d'un rapt, et cette première faute, Marie, le conduisit à l'échafaud.

MARIE. Tu as raison, je suis folle! c'est une action infâme que celle d'enlever une fille à son père... mais Arthur, le mien veut mon malheur!... mais dans trois jours je serai la femme de Syrval.

ARTHUR. Ah! par pitié, par pitié, ne me dis pas cela; à cette pensée je sens ma raison se bouleverser, je me sens capable de tout.

MARIE. Sauve-moi de ce mariage, Arthur, il me tuerait.

ARTHUR, *avec désespoir.* Oh! Marie! que ne m'as-tu laissé mourir!

MARIE. Que dis-tu?

ARTHUR. Mourir... mais je ne le peux même pas!... ma mort te jetterait sans défense dans les bras du marquis.

MARIE, *frappée d'une idée subite.* Que parles-tu de mourir? (*Apercevant les pistolets.*) Ces pistolets!... Ah! qu'en voulais-tu faire? Tu gardes le silence?... Tu voulais te tuer, Arthur!...

ARTHUR. Je voulais cesser de souffrir.

MARIE, *dans ses bras.* Tu ne m'aimes donc pas?... te tuer!... mais je serais morte aussi!

ARTHUR. Marie, rappelle-toi qui je suis; rappelle-toi qu'un échafaud rougi du sang de mon père s'élève entre nous.

MARIE. Ne t'ai-je pas dit devant le duc lui-même que j'étais fière de ton amour? que je serais glorieuse de t'appartenir? ne me suis-je pas volontairement fiancée à toi? Si mes paroles sont de glace, Arthur, mon cœur est de feu; mais que faut-il donc pour te convaincre? tu te prétends indigne de ma tendresse; rends-toi plus de justice; sache donc qu'en dépit même du malheur de ta naissance, il y a plus de noblesse chez toi que chez tous les nobles qui m'entourent; sache donc enfin que je préférerais devenir ta maîtresse, oui, ta maîtresse, que d'être marquise de Syrval.

ARTHUR. Marie, tu l'emportes! Insensé que j'étais, je refusais le bonheur, je brisais un cœur qui a si bien compris le mien, je repoussais l'être chéri qui m'ouvre ses bras... Ah! Marie! ma bien-aimée! pardon! pardon!

MARIE. Cher Arthur!

(Ils sont dans les bras l'un de l'autre.)

ARTHUR. Partons.

MARIE. Je tremble qu'on ne se soit aperçu de ma fuite.

ARTHUR. A la pointe du jour, nous serons déjà loin de Paris; demain, nous aurons quitté la France.

MARIE. Hâtons-nous.

ARTHUR. Attends... (*Ouvrant un secré-*

taire.) De l'or. (*Il prend une bourse et un portefeuille.*) C'en est fait, que mon sort s'accomplisse. (*Levant les yeux au ciel.*) O mon père ! ne me maudis pas... viens !...

(Il l'entraîne et ouvre la porte du fond. Ils sont en face de Victor.)

MARIE. Victor !

ARTHUR, *en même tems.* Le marquis !

(Stupéfaction d'Arthur et de Marie.)

SCENE V.

MARIE, ARTHUR et VICTOR.

ARTHUR. M'expliquerez-vous, monsieur, le motif de cette subite apparition chez moi, au milieu de la nuit et sans vous faire annoncer.

VICTOR, *avec ironie.* N'est-il pas vrai que je choisis une singulière heure pour rendre visite aux gens? mais il est des choses qu'on ne saurait remettre au lendemain ; il est des circonstances, où une seule minute de retard suffirait pour rendre le mal irréparable.

MARIE, *avec fermeté.* Monsieur, vous espérez en vain m'arracher d'ici, je n'en sortirai que pour suivre mon époux, c'est Arthur !

VICTOR. Achevez donc, Arthur Disnard.

(Au nom de Disnard, Arthur fait un mouvement.)

ARTHUR, *lentement et le regardant.* Disnard !... Quoi, monsieur, vous savez? Ah ! monsieur le duc, je suis quitte avec vous.

VICTOR, *à Marie.* Je sais trop ce que je dois de respect à ma jolie cousine pour user de violence envers elle.

ARTHUR. Dieu vous garde de l'oublier jamais !... Mademoiselle est venue librement se placer sous ma protection, son père a le droit d'élever la voix pour la réclamer ; ne l'oubliez pas, monsieur, et rappelez-vous surtout que vous êtes chez moi.

VICTOR. Puisque monsieur veut bien ne pas méconnaître tout-à-fait les droits d'un père sur sa fille, je pourrais donc, armé des droits que ce père m'a transmis, arracher à l'instant ma cousine à l'opprobre dont elle veut se couvrir ; je le pourrais d'autant plus facilement, que, sur un signe, des serviteurs dévoués me prêteraient aussitôt leur secours.

MARIE, *se rapprochant d'Arthur.* Arthur, défends-moi !...

VICTOR. Rassurez-vous, je n'abuserai pas de l'avantage de ma position ; seul je me suis présenté devant vous, seul je prétends vous forcer à me suivre... Arthur Disnard, cette nuit doit décider de notre sort ; cette nuit, avec l'un de nous, doit expirer notre rivalité, le soleil de demain doit éclairer le triomphe de l'un et les funérailles de l'autre.

(Il jette son manteau et place deux épées sur la table.)

MARIE. Qu'entends-je !...

ARTHUR. Quoi ! vous prétendez !

VICTOR. Obtenir de vous une renonciation formelle à la main de ma cousine, dussé-je l'écrire moi-même avec votre sang.

MARIE. Grand Dieu !

ARTHUR, *d'une voix sombre.* Un duel !

VICTOR. Nous nous battrons sans témoins. (*Avec dédain.*) Personne ne doit savoir que l'épée d'un Syrval a seulement effleuré la vôtre.

MARIE, *d'un ton suppliant.* Arthur, tu ne te battras pas.

ARTHUR, *avec une sorte d'effroi.* Un duel !... sans témoins !... la nuit !... Mais vous ne savez donc pas, monsieur, que si je vous frappe, on m'accusera de vous avoir assassiné, et que l'échafaud...

VICTOR. Il y a des familles où l'échafaud est héréditaire.

ARTHUR, *menaçant.* Malheureux !...

MARIE, *vivement.* Arthur !

VICTOR. Bien, Arthur Disnard, le sang commence à vous monter au visage.

ARTHUR, *se contenant.* Enfant, si je n'étais enchaîné par un souvenir de meurtre, je t'aurais déjà brisé dans mes mains.

VICTOR. Ce n'est pas de la pitié, mais un peu de courage que je vous demande.

ARTHUR. J'aurai celui de supporter vos outrages... Je ne veux pas répandre de sang.

VICTOR, *s'approchant d'Arthur et baissant la voix.*) Dites plutôt que vous ne voulez pas vous battre... parce que vous avez peur.

ARTHUR, *faisant un mouvement.* Peur !... Sortez... sortez...

VICTOR, *élevant la voix.* Arthur Disnard, vous êtes un lâche !

ARTHUR. Un lâche!... Ah! (*Ses dents claquent.*) Éloigne-toi, Marie, éloigne-toi.

MARIE. Je ne te quitte pas.

VICTOR. Un seul de nous doit sortir vivant de cette maison; tu n'as donc pas de sang dans les veines, Arthur Disnard?... Depuis une heure je t'outrage, je te jette à la face un nom déshonoré, et tu sembles hésiter encore... mais il est un moyen de donner du cœur au dernier des hommes, et puisque tu m'y forces...

(*Il lève la main et va frapper Arthur au visage.*)

ARTHUR, *lui saisissant le bras au passage*. Marquis de Syrval, croyez-vous que ce soit assez d'outrages comme cela?... croyez-vous que j'aie assez sacrifié mon amour-propre d'homme à la présence de Marie, au souvenir des bienfaits du duc, et surtout au funeste exemple que m'a laissé mon père? Si plus que moi vous êtes expert dans l'art d'égorger vos semblables, croyez-vous que je ne saurai pas mourir?

VICTOR. Marchons donc.

ARTHUR, *le retenant toujours*. Un moment!... Vous m'avez prodigué l'insulte et la menace; vous avez osé lever la main sur moi!.... Quand on ne craint pas d'insulter les gens, on ne doit pas craindre de leur demander pardon... et c'est à genoux, marquis, que pardon se demande! A genoux, monsieur, à genoux!

(*Par la seule force de son bras, Arthur force Victor à ployer devant lui.*)

MARIE. Sois plus généreux que lui, Arthur.

VICTOR, *forcé de céder à la force d'Arthur*. Malédiction!

ARTHUR, *le tenant à ses pieds*. Ah! ah! ah! que parfois un grand seigneur est petit!

VICTOR, *faisant de vains efforts pour se relever*. C'est donc ainsi que les gens comme vous vengent un outrage.

ARTHUR, *le tenant toujours*. Les gens comme moi ne se font pas du duel un sanglant plaisir; les gens comme moi ne se battent qu'à la dernière extrémité. (*Le lâchant.*) Mais ils se battent à mort!...

VICTOR, *se relevant*. A mort, donc!

MARIE. Arthur! Victor! au nom du ciel, du secours! du secours! Personne! personne, mon Dieu!

(*Elle veut s'élancer vers la porte et tombe sans connaissance. Arthur la place sur un fauteuil.*)

VICTOR. En garde!

(*Ils croisent le fer.*)

SCÈNE VI.

Les Mêmes, DELAUNAY.

DELAUNAY, *apparaissant tout-à-coup et se jetant au milieu d'eux*. Arrêtez!

VICTOR. Delaunay!

ARTHUR. Que voulez-vous? qui êtes-vous?

DELAUNAY. Un ami de M. de Syrval.

ARTHUR. Arrière, monsieur, les amis n'ont que faire ici.

DELAUNAY. Pardonnez-moi.

ARTHUR. Mais...

DELAUNAY. Le tems seulement de dire deux mots à M. le marquis.

ARTHUR. Hâtez-vous donc.

VICTOR, *à Arthur*. Ah! croyez que mon impatience égale la vôtre.

ARTHUR. Je l'espère, monsieur, je l'espère.

DELAUNAY, *attirant Victor à part*. Combien estimez-vous votre existence?

VICTOR. Au-dessous de mon honneur.

DELAUNAY. Et votre honneur?

VICTOR. Au-dessus de tout.

DELAUNAY. Même de mes trois cent mille francs.

VICTOR. Monsieur...

DELAUNAY. Vous ne vous battrez pas.

VICTOR, *le repoussant et se mettant en garde*. A toi, Arthur Disnard!

DELAUNAY. Bas les armes, marquis de Syrval, bas les armes!... ou bien...

(*Il tire de sa poche son portefeuille qu'il montre à Victor. Victor, effrayé, laisse tomber son épée.*)

ARTHUR. De grâce!

VICTOR, *à Delaunay*. Vous l'entendez, monsieur, ici le déshonneur.

DELAUNAY, *frappant sur le portefeuille*. Et là!... là, monsieur.

ARTHUR. Lâcheté!

DELAUNAY. Allons, allons, enfantillage.

ARTHUR. Bien, fort bien, monsieur le marquis, l'admirable comédie! Faites-moi donc croire aux influences secrètes, aux puissances surnaturelles!... couvrez donc votre prudence d'un beau prétexte!

VICTOR, *pleurant de rage*. Mon Dieu! mon Dieu!

ARTHUR. Des larmes! ah! c'est juste, aussi faible qu'insolent.

VICTOR. C'en est trop, j'aurai ma revanche, Arthur Disnard; et à moi, vous autres!

(Entrent trois domestiques à la livrée du duc.)

ARTHUR. Malheur à qui s'approche!

DELAUNAY. Oh! ne craignez rien, je suis là.

VICTOR. Encore!

DELAUNAY. Je suis là pour vous empêcher de commettre dans la colère une action dont vous vous repentiriez de sang-froid. Quel était votre but en venant ici? de forcer votre cousine à rentrer sous le toit paternel? Eh! mon Dieu, point de violence, point de bruit... Monsieur Arthur, j'en suis certain, aime trop sincèrement M*lle* d'Estein pour l'exposer au blâme et à l'infamie. (*Mouvement d'Arthur.*) Oui, monsieur, oui, l'infamie... réfléchissez bien; si la loi protectrice de l'honneur des familles châtie sévèrement l'homme assez fou ou assez coupable pour soustraire une jeune fille à l'autorité de son père, le monde frappe plus sévèrement encore la jeune fille qui pousse l'oubli des convenances jusqu'au mépris de ses devoirs... celui de mademoiselle en ce moment est de retourner auprès du duc.

ARTHUR, *qui a réfléchi.* Et le mien?

MARIE. De m'accompagner. Ton bras, Arthur, retournons ensemble jusqu'à la maison de mon père, et arrivé là...

ARTHUR. Là, nous séparer pour toujours.

MARIE. Non, tu viendras bientôt me chercher pour me conduire à l'autel ou à la tombe. (*Aux domestiques.*) Partons... je suis prête.

(Marie sort appuyée sur le bras d'Arthur et suivie des domestiques.)

SCÈNE VII.

DELAUNAY et VICTOR.

DELAUNAY. Eh bien! cher ami, nouveau triomphe de mon système, vous le voyez, il ne faut pour réussir qu'un peu de calme et d'assurance.

VICTOR. Il faut parfois de la force et de l'audace!.. Ah! tu pâlis, Delaunay... c'est que tu as compris tout ce qu'il y avait de terreur dans cette parole, c'est que le renard à rencontré le tigre!... c'est que nous ne sommes plus à l'hôtel d'Estein!.. mais seuls, la nuit, dans un appartement isolé.. ici point de témoins, point de secours..... ici un homme contre qui tu viens d'abuser de ta puissance, un homme dont tu as arrêté le bras en face de son ennemi, et qui te crie le bras levé: Ce portefeuille! ce portefeuille!...

DELAUNAY. Oseriez-vous?

VICTOR. Une balle dans le cœur ou ce portefeuille dans le feu.

DELAUNAY. Arrêtez!

(Après avoir réfléchi un instant, effrayé de la résolution qui se peint sur le visage de Victor, il tire lentement son portefeuille qu'il jette au feu.)

VICTOR, *avec joie.* Bien! bien!

DELAUNAY, *à part.* Marquis de Syrval, nous ne sommes pas encore quittes.

FIN DU DEUXIÈME ACTE.

ACTE III.

La même décoration qu'au premier acte.

SCENE PREMIERE.

DELAUNAY, *puis* LE DUC.

DELAUNAY, *entrant et s'adressant à un domestique.* M. Victor de Syrval ?

LE DUC, *qui sort de l'appartement de droite, reconnaissant Delaunay.* Ah ! c'est vous, monsieur de Bièvre... Victor est absent, mais ne peut tarder à rentrer... si vous désirez l'attendre...

DELAUNAY. Merci, monsieur le duc, je me retire... au milieu des chagrins qui vous accablent, la présence d'un étranger...

LE DUC. Un étranger !.. vous, monsieur de Bièvre !.. l'ami de Victor !..

DELAUNAY. Oh ! oui.. ami. Mais je crains de vous interroger...

LE DUC. Mlle d'Estein... ma pauvre fille ! Maudite soit cette nuit funeste où elle me fut ramenée presque folle, expirante ! ah ! l'horrible chose de voir mourir son enfant !

DELAUNAY. Prompte à s'alarmer, votre tendresse vous montre sans doute le danger plus grand qu'il n'est en réalité.

LE DUC. Non. Je ne m'abuse pas, ce que vous dites, je me le suis dit d'abord ; j'ai lutté contre mes craintes ; j'ai combattu de sinistres pressentimens ; j'ai cherché à me tromper moi-même ; mais bientôt la vérité m'est apparue dans toute son horreur..... Dire que chaque minute qui s'écoule emporte avec elle un reste d'espoir, que chaque seconde me rapproche du terme fatal ! Elle est là... près de moi... cette porte seule m'en sépare, et je n'ose entrer... Comment soutenir la triste éloquence de ce regard morne et résigné, de ce regard qui semble me répéter sans cesse : Mon père, c'est vous qui me tuez ! Un nom s'échappe de sa bouche, un seul, toujours le même : Arthur ! Arthur !

DELAUNAY. Ainsi il aura été donné à un homme de changer en un instant votre joie en deuil, de briser tous vos plans d'avenir, de détruire les espérances de celui que vous vous plaisez à nommer votre fils...

LE DUC, *vivement.* Victor !...

DELAUNAY, *le regardant avec étonnement.* Pourquoi ce nom que vous venez de prononcer semble-t-il avoir réveillé en vous une pénible pensée ?

LE DUC. Parce que dans ce nom, monsieur, il y a pour mon cœur un nouveau sujet d'affliction.

DELAUNAY. Que s'est-il donc passé, monsieur le duc, depuis un mois que mes affaires me tiennent éloigné de vous ?

LE DUC. Sachez que Victor, pour qui je fus un tendre père, que j'aime presqu'autant que ma fille, ajoute encore à mes chagrins, lui qui devrait les adoucir !

DELAUNAY. Mais qu'avez-vous donc à lui reprocher ?

LE DUC. Je puis bien vous confier mes craintes, à vous qui êtes son ami, à vous dont les conseils lui seront peut-être nécessaires... Depuis un mois que Marie est là, résignée, appelant la mort ! Victor n'est plus reconnaissable... toujours sombre, rêveur, il paraît étranger aux souffrances de celle qu'il aimait, disait-il, plus que sa vie... Une sinistre préoccupation semble l'emporter sur la douleur qu'il devrait ressentir... on dirait que l'inquiétude qui le ronge ne prend pas sa source dans la pensée de la fin prochaine de Marie !... enfin je ne le reconnais plus.

DELAUNAY. Vous me permettrez, monsieur le duc, de ne pas partager vos craintes, le cœur de mon ami m'est connu, et...

LE DUC. Ce n'est pas tout encore... si je dois ajouter foi à certains bruits, à quelques mots même qui lui sont échappés, sa conduite, loin d'être aussi irréprochable qu'il s'efforçait de me le faire croire, mériterait le blâme des gens les moins sévères.

DELAUNAY. Oh ! tout au plus, quelques folies de jeune homme.

LE DUC. Mieux que cela, monsieur... on parle de créanciers.

DELAUNAY. Qu'est-ce qui n'en a pas ?

LE DUC. D'emprunts usuraires.... on nomme un certain Delaunay...

DELAUNAY. Delaunay !...

LE DUC. Vous le connaissez peut-être, ce Delaunay ?

DELAUNAY, *cherchant*. Attendez.... Delaunay !...

LE DUC, *continuant*. Un misérable, l'effroi des familles...

DELAUNAY. Oui, un faiseur d'affaires, je crois... adroit, entreprenant... n'ayant pas de profession bien arrêtée, se mêlant de tout...

LE DUC. Excepté d'être honnête homme, c'est cela même... Vous le connaissez ?...

DELAUNAY. Oh ! fort peu, je vous assure...

LE DUC. Je vous en félicite.

DELAUNAY, *à part*. Merci !

LE DUC, *avec douleur*. A la veille de me voir enlever mon enfant me faudrait-il pleurer sur un nouveau malheur ? me faudrait-il ne plus estimer celui de qui je suis en droit d'attendre au moins des consolations !...

DELAUNAY. Croyez, monsieur le duc, que c'est sans motif que vous vous alarmez sur Victor.

LE DUC. Je l'espère !...

DELAUNAY. Quant à ce Delaunay, il ne mérite peut-être pas un jugement aussi sévère, il vaut peut-être un peu mieux que sa réputation.

LE DUC. Si vous le défendez, monsieur, c'est qu'on m'aura trompé sur son compte.

DELAUNAY. Sur tous les points, non..... ses principes en morale sont peut-être un peu lâches, sa conscience... un peu élastique... mais il est des circonstances, monsieur le duc, où l'homme, le moins scrupuleux réfléchit, s'arrête et recule devant la pensée du mal qu'il allait causer... et je crois que ce *Delaunay*, ce *misérable*, est du nombre de ces hommes-là.

(Bruit dans la coulisse.)

LE DUC. Quel est ce bruit ?

SCENE II.

LES MÊMES, ARTHUR.

ARTHUR, *écartant plusieurs domestiques qui lui ferment le passage, et se précipitant en scène*. Marie !... il faut que je la voie... il le faut !.... (*A Delaunay qu'il rencontre devant lui.*) Encore vous !... est-ce le ciel ou l'enfer qui vous jette au devant de mes pas ?... Prétendriez-vous soustraire Marie à mon désespoir, comme vous avez dérobé Victor de Syrval à ma vengeance ?..., ah ! si vous l'osiez !...

(Il va pour s'élancer vers Delaunay ; les forces lui manquent ; il tombe immobile et muet sur un fauteuil.)

DELAUNAY. Adieu, monsieur le duc. (*A part.*) Ne nous éloignons pas de l'hôtel.

(Il sort.)

LE DUC, *aux domestiques*. Sortez.

SCENE III.

LE DUC, ARTHUR.

ARTHUR, *comme un homme qui revient à lui*. Où suis-je ?

LE DUC. Où vous n'auriez jamais dû reparaître...

ARTHUR, *vivement*. Chez vous !

LE DUC. Dans ce même appartement, où il n'y a pas un mois, vous cherchiez, par de vaines protestations, à me faire croire à votre reconnaissance, à votre dévouement.

ARTHUR. Je suis chez vous !... mais qui donc m'y a conduit ?... quelle puissance a pu me contraindre à trahir mon serment et à franchir le seuil de cette maison, dont m'exile ma destinée ?... Ah ! je me souviens... la fièvre !... le délire !... pardon, pardon, monsieur...

(Fausse sortie.)

LE DUC. Où allez-vous ?

ARTHUR. Eh ! que sais-je !.. la raison et la volonté ne m'ont-elles pas abandonné depuis long-tems.

LE DUC. Un pareil égarement !...

ARTHUR. Ah! oui, n'est-ce pas?... je suis fou : pauvre fou! diront-ils tous... les uns avec une larme de pitié, les autres avec un rire de mépris... et cette larme essuyée, ce rire éteint, nul ne s'enquière si dans ce pauvre fou il n'y a pas un martyr... Oh! j'ai bien souffert, allez... j'ai payé bien chèrement la victoire qu'un instant j'avais su conquérir sur moi... Fidèle à la voix de l'honneur, j'avais ramené Marie à votre hôtel, Marie, notre trésor à tous les deux! Marie, dont il fallait me séparer à jamais!... La porte s'était refermée sur elle, et moi de retour dans cette chambre où elle m'était apparue comme un ange quelques heures auparavant, je pesais sur moi, afin de rester dans cet appartement où l'air manquait à ma poitrine, et l'espérance à mon âme. L'espérance! elle était autour de cette maison habitée par Marie, autour de cette maison dès lors mon univers, ma vie de chaque heure de chaque minute. La nuit, les yeux fixés sur sa fenêtre, faiblement éclairée, je suivais avec anxiété l'ombre vacillante se dessinant à travers les vitres... c'était elle!... c'était Marie peut-être!... et je demeurais immobile, appuyé contre la muraille, tremblant de voir s'évanouir mes rêves de félicité!... Le jour!.. oh! le jour mon agitation n'avait plus de bornes. De l'or à chacun des laquais qui sortait de l'hôtel; de l'or pour entendre seulement prononcer le nom de Marie. Si je souffre, me disais-je, au moins peut-être elle est heureuse! Lorsque ce matin, à cette même place, j'attendais comme toujours, enfin ils sortent!... j'interroge... un morne silence pour toute réponse... ils détournent la tête... je presse, je supplie... Leur bouche laisse échapper ces mots : Elle se meurt!.. Elle se meurt! qui, grand Dieu?. qui?... votre fille!... Marie!... ô douleur!... je veux briser cette porte qui nous sépare!... je veux mourir en la baignant de mes larmes!... Des valets me repoussent, je me défends; on m'entraîne... je m'arrache des mains qui me retiennent, je m'élance, écartant, renversant tout ce qui s'oppose à mon passage... enfin j'arrive ici... et... je vous répondrai que c'est parce que Marie est ici, qui souffre, et qu'il me faut ma part dans ses souffrances.

LE DUC. Qui les a causées? qui a voulu son malheur et le mien?

ARTHUR. Votre malheur! ah! monsieur le duc, que dites-vous! moi qui, dans le père de Marie, voyais déjà mon père, et Marie souriait à ma pensée, m'encourageait à vous chérir, me nommait l'appui de votre vieillesse... Que j'étais fier de ce titre, et que je puisais dans ses paroles d'affection et de dévouement!... mais à quoi bon vous parler d'affection et de dévouement, moi, dont vous évitez le regard, moi, que vos bras repoussent.

(Le duc, entraîné par son émotion toujours croissante, se retourne vivement vers Arthur et lui tend les bras. Arthur, d'abord surpris, s'y précipite. Moment de silence.)

ARTHUR, *se dégageant*. Que faites-vous, monsieur le duc?... si l'on venait?...

LE DUC, *avec élan*. Eh! qu'importe!

ARTHUR, *amèrement*. Qu'importe! je suis le fils du supplicié François Disnard...

LE DUC. Fatal secret!... que n'est-il mort en moi!... ou que n'ai-je assez de courage pour affronter l'opinion du monde dont nous sommes esclaves... Les révolutions se succèdent, les nations se heurtent, et dans ce choc bien des abus tombent, bien des erreurs disparaissent, mais pour renaître : épargnés par la tempête qui passa sur la France et brisa nos vieux blasons, nobles, qui nous sommes faits peuple parce que le peuple s'était fait roi, nous avons dit : *Plus de préjugés*; et, malgré nous, les préjugés vainqueurs nous assiègent de toute part... Nous avons écrit dans la loi : *Le crime n'est point héréditaire*, et la société, passant à côté de la loi, jette la flétrissure à quiconque est né près d'un échafaud. Et voilà pourquoi il faut que je porte le désespoir dans l'âme de ma fille!... et voilà pourquoi il faut que je te repousse de ma famille, toi, si cher à mon cœur, si noble et si digne à mes yeux!

ARTHUR. Je vous comprends, monsieur le duc,.. après un tel aveu, n'attendez de ma part ni plainte ni reproche. Le monde est notre ennemi commun, ennemi puissant, que vous respectez et que moi je suis las de combattre. Brisé dans la lutte que je viens de soutenir, c'est à peine s'il me reste assez de force pour sentir que j'existe, et ce peu qui me reste, je veux le consacrer à m'assurer votre estime... Dès aujourd'hui, je pars, je quitte Paris.

LE DUC. Il se pourrait!

ARTHUR. Le tems et l'absence guérissent bien des maux... et peut-être qu'en per-

La Tache de sang. 2

dant l'espérance de nous réunir, Marie retrouvera le calme et la santé!... Mais avant de m'éloigner sans retour, une grâce, une seule...

LE DUC. Parlez...

ARTHUR. Permettez que je la voie... que je l'aperçoive de loin... oh! de bien loin... Un dernier adieu... je vous en supplie!.. (*Le duc, après avoir réfléchi un instant, s'approche de la chambre de Marie, dont il ouvre la porte.*) Marie!...

LE DUC, *refermant la porte.* Silence!

ARTHUR. Sortons... ah! sortons... je ne serais plus maître de mon délire... Impossible de m'éloigner..... emmenez-moi, monsieur... emmenez-moi...

(On entend marcher dans la chambre de Marie.)

ARTHUR, *s'élançant hors de l'appartement.* Marie; adieu!... adieu pour toujours.

SCÈNE IV.

LE DUC, UNE FEMME DE CHAMBRE, *sortant de l'appartement de Marie.*

LE DUC, *redescendant la scène et allant à la femme de chambre qui sort de la chambre.* Eh bien! qu'est-ce?

LA FEMME DE CHAMBRE. M. le docteur Morand fait prévenir M. le duc que les médecins appelés pour la consultation viennent d'arriver.

LE DUC. Enfin!

VICTOR, *entrant vivement par le fond.* Eh bien!... mon oncle? Marie?...

LE DUC. Demain, demain peut-être nous n'aurons plus qu'à pleurer sur sa tombe!

(Il entre chez sa fille.)

SCÈNE V.

VICTOR, *seul, puis* DELAUNAY

VICTOR. Sa tombe!... pauvre Marie!.. eh!..... quoi!....., une larme, un soupir pour elle dont je n'ai reçu que honte et humiliation, pour elle qui détruisait mes espérances et me sacrifiait à un indigne rival!...... il y a de la providence dans tout cela..... les titres et la fortune des ducs d'Estein ne passeront pas à un étranger, tandis que moi... ah! le superbe avenir.... plus d'inquiétude alors, plus de tourmens, plus de créanciers avides et intraitables, plus de Delaunay.

DELAUNAY, *qui est entré sur la fin du monologue et qui s'est approché lentement de Victor.* Peut-être!

VICTOR. Vous!

DELAUNAY. Moi.

VICTOR. Encore vous.

DELAUNAY. Toujours moi.

VICTOR. Qui vous amène?

DELAUNAY. Ma confiance dans votre probité.

VICTOR. Monsieur!...

DELAUNAY. Vous aurais-je offensé.

VICTOR, *élevant la voix et appelant.* Monsieur!...

DELAUNAY. Pas de bruit, je vous en conjure... vous êtes vif, je vous l'ai dit, marquis de Syrval, nous ne sommes pas quittes, et vous avez avec les gens certaines façons de vous expliquer...

VICTOR. Que voulez-vous dire?

DELAUNAY. Que je n'ai point oublié notre dernière entrevue... oh! je ne vous ferai pas de reproches sur vos emportemens..... il y avait lutte entre nous, lutte décisive...... j'ai été le plus faible et vous le plus fort..... rien de mieux,..... mais en vainqueur généreux je pensais que vous vous contenteriez de la gloire du triomphe et que vous ne voudriez pas vous enrichir des dépouilles du vaincu.

VICTOR. J'ai fait ce que j'ai dû.

DELAUNAY. Ce qui fait que vous ne devez plus rien.

VICTOR. Ce portefeuille... cette abominable lettre de change!

DELAUNAY. Brûlée, anéantie, n'est-ce pas? aussi n'ai-je plus rien à exiger de vous d'après la loi, mais d'après la conscience...

VICTOR. Vous êtes-vous jamais payé de cette monnaie-là?

DELAUNAY. Vous en êtes si riche.

VICTOR. Vous raillez.

DELAUNAY. Parlons donc sérieusement, alors parlons affaire.. quelle que fut l'origine du titre en vertu duquel vous vous trouviez mon débiteur, ce titre n'en était pas moins une propriété.... nul n'avait le droit de m'en frustrer..... le détruire par ruse ou par violence était un vol.

VICTOR. Ah!

DELAUNAY. Nous parlons affaires.... et en affaires la franchise est de rigueur. Or ce point une fois bien établi, comme vous n'êtes pas et ne voudriez pas être un fripon, ni moi une dupe, voici ce que je vous propose... un arrangement net et loyal.... le pacte du vaincu avec le vainqueur..... vous me devez selon nos arrangemens 300,000 francs, donnez m'en 200,000, et je vous tiens quitte.

VICTOR. Cette plaisanterie....

DELAUNAY. Vous refusez! eh bien! eh bien! 50,000 écus.

VICTOR. L'usurier qui demande l'aumône.

DELAUNAY. Non, mais l'homme lâchement spolié et qui exige maintenant ce qui lui est dû, les 50,000 francs, argent comptant, qu'il vous a prêtés..

VICTOR. Je verrai, je me consulterai plus tard.

DELAUNAY. Aujourd'hui même, monsieur le marquis, sur-le-champ, ou demain vous êtes déclaré faussaire et infâme..... voici votre lettre de change.

VICTOR. Grand Dieu!...

DELAUNAY. Insensé qui m'a cru aussi fou que lui, insensé qui n'a pas deviné que ce portefeuille dont je lui faisais un épouvantail était vide de mon trésor!... et moi qui le prenais en pitié! moi, qui me reprochais la rigueur de mes poursuites, qui en appelais à son honneur, afin de voir ce que j'avais à attendre de son honneur..... ah! l'usurier demande l'aumône!..... l'aumône des 300,000 fr... car il me les faut, entendez-vous, mes 300,000 francs.

VICTOR. Par pitié.

DELAUNAY. Pâle et tremblant!...... à la bonne heure!... allons, remettez-vous, et écoutez-moi... Où en sont nos affaires? serez-vous le gendre ou l'héritier du duc, ce qui est absolument la même chose pour vous... et pour moi.

VICTOR. Je ne sais..... ma cousine est mourante... on désespère de la sauver.

DELAUNAY. Ah!.. peu m'importe après tout; mes mesures sont prises.... si vous épousez, je touche, si vous héritez, je touche, si vous n'épousez pas ou n'héritez pas; je touche encore, non plus par vous, mais par M. votre oncle: or donc je touche toujours.

VICTOR. Mon oncle.

DELAUNAY. 300,000 francs, ce ne serait pas, je pense, vendre trop cher au duc l'honneur de sa famille.

VICTOR. Et si mon oncle refuse·

DELAUNAY. La cour d'assises est là..... crime de faux en écritures..... 10 ans de galères... article du Code pénal.

VICTOR. Oh! ne l'espère pas... j'échapperai au sort que me réserve ta vengeance.. comme jadis tu confiais à ton poignard la garde du portefeuille qui contenait ton trésor, moi, depuis ta première menace, j'ai confié au poison la garde de mon honneur.

DELAUNAY. Du poison!..... comment donc!..... mais c'est du Mithridate, du moyen âge, du romantisme tout pur que cela.

VICTOR, *vivement*. Silence! quelqu'un.

DELAUNAY. Votre oncle!..... je ne le verrai qu'au besoin. (*Désignant la porte à gauche.*) J'entre là... songez que j'attends.

SCÈNE VI.

VICTOR, LE DUC, puis LE DOCTEUR.

LE DUC, *entrant précipitamment et sans remarquer Victor placé à l'écart, il s'assied.* Rien, rien, pas un mot qui me rassure... ils étaient là, muets, immobiles près de son lit de douleur, se consultant de l'œil et de la pensée comme s'ils eussent craint de se faire comprendre..... (*Au docteur Morand qui entre.*) Eh bien? eh bien? monsieur, le ciel aura-t-il pitié d'un père... puis-je espérer que ma fille? Que vois-je? des larmes dans vos yeux!

MORAND. L'avis des médecins qui viennent de s'éloigner est en tout conforme au mien, monsieur le duc, la maladie a sa source dans l'âme, et nos secours sont impuissans contre les affections de l'ame.... votre fille meurt parce qu'elle a résolu de mourir.

LE DUC. Cruelle enfant!

MORAND. Père plus cruel encore! à vous, à vous seul appartient de la sauver, et vous la sauverez.

LE DUC. Mais le monde.

MORAND. Qu'est-ce que le monde et ses jugemens en présence d'une tombe prête à s'ouvrir? demain, dans quelques heures vous vous repentiriez de votre obstination.. car vous aurez assassiné votre fille.

LE DUC, *poussant un cri d'horreur et se couvrant la figure de ses mains.* Ah!

MORAND, *après un mouvement de silence.* Le médecin a parlé..... l'ami tremble et espère.

(Nouveau silence)

VICTOR, *qui a suivi toute cette scène avec la plus vive anxiété.* Que va-t-il faire?

MORAND, *conduisant le duc près de l'appartement de Marie, dont il entr'ouvre la porte.* La voilà!... prononcez.

LE DUC, *avec explosion.* Ah! qu'elle vive. (*Il court au secrétaire, écrit rapidement et sonne; un domestique paraît.*) Le cheval au cabriolet... cette lettre pour M. Arthur... qu'on le ramène... qu'on brûle le pavé.

(*Le domestique prend la lettre et sort; le duc, anéanti, se laisse tomber dans un fauteuil.*)

LE DOCTEUR. Bien, bien, monsieur le duc, que de regrets et de larmes vous venez de vous épargner... vous avez fait votre devoir, je retourne où m'appelle le mien.

SCENE VII.
LE DUC, VICTOR.

VICTOR. Marie! Marie! la femme d'Arthur... mon oncle, j'en appelle à cette amitié de père dont vous vous êtes montré si prodigue envers moi, j'en appelle à dix années de promesses dont je me crois en droit de réclamer l'exécution, j'en appelle au souvenir de ma mère, de votre sœur, révoquez mon arrêt, car, c'est mon arrêt que vous venez de prononcer.

LE DUC. Mais vous voulez donc qu'elle meurt!

VICTOR, *continuant.* Et moi, mon oncle, moi!...

LE DUC, *sévèrement.* Assez (*moment de silence*), ou vous avez perdu la raison, ou vous n'avez pas d'ame!... quoi!... quand moi, duc d'Estein, lieutenant-général et pair du royaume, moi, dont la pensée d'une mésalliance fait rougir le front et dresser les cheveux, je me livre en désespéré à la seule ressource qui me reste!... est-ce bien vous qui êtes là, à mes pieds, me suppliant de tuer mon enfant? est-ce bien vous à qui l'honneur n'a pas dicté sa conduite? est-ce bien vous qui n'êtes pas venu les mains jointes, et me dire les larmes aux yeux : « Cédez, mon oncle, cédez... Que je sois malheureux, mais qu'elle vive!.. » Allez, monsieur, je tremble de vous avoir deviné.

VICTOR, *regardant le duc avec anxiété.* Que voulez-vous dire?

LE DUC, *sévèrement.* Que je vous ai bien observé depuis que Marie, dévorant silencieusement ses larmes, succombe sans se plaindre au chagrin qui, chaque jour, creuse sa tombe.... Oui, je vous ai bien observé; votre poitrine est restée muette de soupirs; pas une seule larme n'a paru sous votre paupière. Calme devant ses souffrances, vous la voyez froidement mourir... Vous ne l'avez jamais aimée....

VICTOR. Quoi! vous pourriez...

LE DUC, *brusquement.* Plus un mot... si vous tenez à mon amitié... si vous tenez surtout à mériter mes bontés, imitez-moi et résignez-vous noblement à ce qu'une nécessité cruelle nous impose à tous deux.

(*Il rentre chez Marie, Victor est atterré. Au même instant, Delaunay paraît sur le seuil de la porte de gauche.*)

SCÈNE VIII.

VICTOR, DELAUNAY, *puis* JOSEPH; ARTHUR, *ensuite* MARIE, LE DUC, MORAND, *etc.*

DELAUNAY, *s'approchant de Victor.* Eh bien! cher ami?

VICTOR. Vous avez tout entendu?

DELAUNAY. Tout.

(*Il se place au guéridon et écrit.*)

VICTOR. Que faites-vous ?

DELAUNAY. Ce mot à M. le duc, afin de lui demander un moment d'audience.

VICTOR. A quel effet ?

DELAUNAY. Et parbleu ! vous le savez bien.

VICTOR. C'en est trop ! Sortons, monsieur, sortons, votre vie ou la mienne.

DELAUNAY. Un duel ! le débiteur tuant son créancier, ou le créancier sa créance, mauvaise spéculation !

VICTOR, *s'élançant sur lui.* Misérable !

DELAUNAY, *la main sur la sonnette.* Ah ! songez qu'ici nous ne sommes plus seuls et sans témoins, dans un appartement isolé, songez qu'au moindre bruit..

(Il se dispose à sonner.)

VICTOR. Arrêtez, de grâce !

DELAUNAY. Épousez ou héritez, vous ai-je dit. M. Arthur épouse à votre place, et ce mariage, qui sauve votre cousine, vous enlève à la fois et la dote et l'héritage... Que me reste-t-il à faire, si ce n'est de m'adresser à votre oncle ?

VICTOR, *comme frappé d'une idée subite.* Oh ! non, non, pas encore.

(Bruit dans l'appartement de Marie. La femme de chambre sort précipitamment de l'appartement et traverse le salon.)

VICTOR, *l'arrêtant..* Que se passe-t-il ?

LA FEMME DE CHAMBRE, *éperdue.* Oh ! rien de dangereux... Mais, Mlle Marie.. la nouvelle inespérée de son prochain bonheur.... Mais, pardon, monsieur, je cours chercher...

(Elle sort par le fond; Victor pensif et agité; Delaunay à la porte de droite.)

DELAUNAY, *regardant dans la chambre de Marie.* On l'entoure... Votre oncle se désespère... le docteur le rassure...

VICTOR, *absorbé en lui-même, tirant lentement un flacon, et le considérant.* Epousez ou héritez, a-t-il dit... Hériter ! Ah ! quelle horrible pensée m'est venue... Fuyons, fuyons d'ici... (*Bruit de voiture. Il s'arrête et court à la fenêtre.*) Le cabriolet !... un homme en descend... Arthur ?..

DELAUNAY. Oui, ma foi !

VICTOR. Pour lui demain fortune et bonheur... pour moi, honte et misère... et cela serait !... non, cent fois non !... ma tête brûle, ma raison se trouble et s'égare.. je veux fuir et la force m'abandonne et je reste là cloué à l'affreuse pensée qui me domine... Que faire ?... il vient... il approche... (*Victor va pour s'élancer vers le fond, une femme de chambre paraît portant une timbale en argent; Victor en délire courant à la femme de chambre et s'emparant de la timbale.*) Donne ! donne ! ah ! c'est l'enfer qui m'inspire !

(Il se précipite dans l'appartement de Marie laissant Delaunay stupéfait; au même instant la porte du fond s'ouvre et Arthur paraît conduit par Joseph.)

ARTHUR, *tenant encore à la main la lettre du duc.* Cette lettre !.. Marie expirante, Marie à qui ma présence peut rendre la vie... Oh ! viens, viens, conduis-moi près d'elle. Grand Dieu ! ce bruit !.. ces cris ?

DELAUNAY. Que se passe-t-il donc ?

ARTHUR. Courons !

LE DUC, *vivement, arrêtant Arthur.* Arrêtez !.. au nom du ciel, n'entrez pas ! n'entrez pas !..

ARTHUR, *le fixant avec effroi.* N'entrez pas, dites-vous ? quand Marie m'appelle !.. Ah ! je tremble de vous comprendre ; Marie se meurt !.. laissez-moi... je veux la voir !.. je le veux !..

LE DUC, *l'arrêtant.* En apprenant que je consentais à vous nommer mon fils, sa joie fut si vive que je tremblai pour ses jours. Une potion ordonnée par le docteur allait la calmer et peut-être la rendre à la vie, mais votre voix arrivant jusqu'à elle est venue provoquer une nouvelle crise... elle a repoussé le breuvage qui lui était offert.. elle vous appelle, se débat au milieu de ses femmes, et si en ce moment vous paraissiez à ses yeux, oh ! n'en doutez pas, ce serait lui donner la mort.

MARIE, *à demi vêtue, accourant et se jetant dans les bras d'Arthur.* Arthur !.. Arthur. Laissez-moi, laissez-moi... Ah ! Arthur, mon époux.

LE DUC. Ma fille, mon enfant chéri !

(On l'entoure, on s'occupe d'elle.)

VICTOR. Là, là...du feu. Comme ma main tremblait, j'ai vu son père qui la pressait d'accepter le breuvage ; oui... oui, j'ai bien vu cela, et puis après je n'ai plus rien vu... un nuage de sang est venu se placer entre moi et cette scène effrayante..

LE DUC. Ma fille !... reviens à toi...

ARTHUR. Chère Marie !

VICTOR. Ah ! c'est vous, Delaunay...

LE DUC. Delaunay !..

VICTOR. Vous l'avez dit : épouser ou hériter... Eh bien ! j'hérite..

LE DUC. Merci ! merci, mon Dieu, de ne pas avoir permis le crime !

VICTOR. Oh ! ne dites à personne que j'ai fait un faux.

TOUS. Un faux !

VICTOR. Vous aurez vos trois cent mille francs.

LE DUC. Trois cent mille francs !

DELAUNAY. Non, non, monsieur, cinquante mille francs seulement.

LE DUC. Cette dette est désormais la mienne...

DELAUNAY. Je ne sais rien, monsieur le duc.

(Il déchire la lettre de change.)

VICTOR. Ah ! c'est toi, Arthur Disnard.. tu viens chercher Marie... prends sa main, réchauffe-la dans les tiennes... car elle est glacée... car, au lieu d'une épouse, ma haine te jette un cadavre.

LE DUC. Le malheureux !

VICTOR, *à lui-même. Reprenant ses sens et revenant tout-à-fait à lui.* Où suis-je donc ?.. Oh !.. ce n'est qu'un rêve... (*Regardant autour de lui et apercevant Marie évanouie.*) Grand Dieu !.. oui, oui, je me rappelle maintenant, c'est bien elle, morte empoisonnée... Ah ! je suis faussaire et assassin... la mort !.. la mort !..

(Il sort par le fond. On veut briser la porte. On entend une détonation. Moment de silence.)

ARTHUR. Monsieur le duc, le ciel vient d'épargner à votre famille les souvenirs de la place de Grève.

LE DUC. Souvenirs dont à mon tour je vous relève.

(Il donne un papier à Arthur.)

ARTHUR, *lisant le papier.* Que vois-je !.. héritier de votre nom !

LE DUC. C'est la dot de ma fille.

(Arthur tombe aux genoux de Marie.)

FIN.

IMPRIMERIE DONDEY-DUPRÉ, RUE SAINT-LOUIS, 46, AU MARAIS.

TONIOTTO,

ou

LE RETOUR DE SIBÉRIE,

DRAME EN QUATRE ACTES,

Par MM. Albert et F. Labrousse,

REPRÉSENTÉ POUR LA PREMIÈRE FOIS, A PARIS, SUR LE THÉATRE DU CIRQUE-OLYMPIQUE, LE 19 NOVEMBRE 1835.

PERSONNAGES.	ACTEURS.	PERSONNAGES.	ACTEURS.
TONIOTTO, conscrit	M. Henri.	MARIE, fiancée de Toniotto.	Mme Charles C.
LÉONARD, sergent recruteur.	M. Gautier.	CATARINA, servante chez Toniotto.	Mme Dumont.
LE MAITRE D'ÉCOLE	M. Stokleit.	RINALDA, tireuse de cartes.	Mlle Adèle.
ANTONIO, père de Toniotto.	M. Auguste Z.	MATHEA, mère de Marie.	Mme Barbier.
FRANCESCO, jeune paysan.	M. Chéri.	JACQUINETTA, jeune paysanne.	Mlle Aimée.
GIOVANNI, conscrit	M. Charles C.	LE PETIT TONIOTTO.	Mlle Éléonore.
CARLINO, id.	M. Gabriel.	DEUX PETITS ENFANS.	
AMBROSIO, id.	M. Desgrand.	PAYSANS, PAYSANNES, GENDARMES, UN TAMBOUR, ENFANS.	
LE MAIRE	M. Ét. Ahn.		
1er GARNISAIRE	M. Lajeunesse.		
2me GARNISAIRE	M. L'Ecolle.		
LE LIEUTENANT de gendarmerie	St-Charles.		

La scène se passe en Piémont, lors de l'occupation des Français.

ACTE PREMIER.

LE CONSEIL DE RÉVISION.

Le théâtre représente une place plantée d'arbres. A droite de l'acteur le cabaret de *l'Espérance*; plus loin la maison du père de Toniotto. A gauche la mairie. Au fond, le village dominé par les hautes montagnes du Piémont.

SCENE PREMIERE.

AMBROSIO, CARLINO, GIOVANNI, RINALDA, Plusieurs Conscrits.

(Au lever du rideau des conscrits assis devant la porte du cabaret chantent et boivent. Rinalda, au pied d'un arbre, fait les cartes à Carlino qui l'écoute avec beaucoup d'attention.)

CHŒUR.

Narguons le chagrin,
Buvons à plein verre;
Le dieu de la terre,
Amis, c'est le vin.

AMBROSIO, *se levant*. Dites donc, les amis, voyez un peu cette vieille sorcière de Rinalda, qui fait croire des bêtises à cet imbécille de Carlino.

GIOVANNI. C'est vrai.

AMBROSIO. Ecoutons un peu ce qu'elle lui dit...

AMBROSIO. Oui, chut! avançons doucement...

RINALDA, à Carlino. Les cartes sont assez bonnes; cependant en voici une qui semble m'annoncer des contrariétés, des obstacles imprévus..... il faudra voir... (Elle reprend les cartes, les bat et lui donne à couper.) Coupez. (Il va pour couper.) Non, l'autre main.

CARLINO. C'est vrai, la gauche, du côté du cœur.

RINALDA. Cette carte revient toujours.

(Elle la pose sur ses genoux.)

CARLINO. C'est singulier... vous dites du côté du cœur, et c'est du piqué qui retourne?

RINALDA. Avez-vous dit ce matin, à jeun et en fermant les yeux, la prière que je vous ai apprise?

CARLINO. Oui, trois fois de suite.

RINALDA. Sans vous tromper?...

CARLINO. Oh! sans me tromper d'un seul mot, j'vas vous la redire, si vous voulez : Kiriel microc, clémentissimé...

RINALDA, l'interrompant. C'est inutile... avez-vous payé pour moi cette marchande qui m'avait fait crédit d'une pauvre mante pour l'hiver?...

CARLINO. C'était bien cher, mais enfin, v'là sa quittance.

RINALDA, la prenant. C'est bien, elle me tourmentait et m'empêchait de faire le charme comme je l'aurais voulu...

GIOVANNI, bas aux conscrits. La vieille coquine!...

RINALDA. Et cette bouteille que je vous ai donnée?...

CARLINO. Je l'ai avalée jusqu'à la dernière goutte... c'était bien amer, et depuis je ne me sens pas très solide sur mes jambes... et même il y en a qui disent que je n'ai pas très-bonne mine...

RINALDA. Tant mieux, mon enfant, vous avez bien fait de faire tout ce que je vous ai prescrit. C'est parce que vous aurez oublié quelque chose que le numéro s'est trouvé mauvais; mais je vous réponds maintenant que le conseil de révision...

GIOVANNI, à Rinalda, en se plaçant entre eux. Vieille coquine, vieille enjôleuse!... j'espère que nous l'y prenons, cette fois... (A Carlino.) Et toi, faut-il que tu sois bonace de croire à toutes les bêtises qu'elle te débite. Ah! ah!

TOUS, se moquant de lui. Ah!... ah!... ah!

RINALDA, se levant et d'un ton colère.

Riez, riez, fous que vous êtes. Vous voilà comme les Français, à présent; vous ne croyez plus à rien. Vous verrez qu'il vous arrivera malheur...

GIOVANNI. Fais attention à tes paroles, Rinalda, car je ne suis pas endurant... Allons, va-t'en tout de suite, ou si non...

RINALDA. Je m'en vais... oui, mais...

GIOVANNI. Alerte; et pas de menaces, surtout...

RINALDA, à part. Oh! si j'étais sorcière comme ils le disent! (Haut.) Malédiction sur vous tous!

(Elle sort en courant.)

TOUS, la huant et la poursuivant. La sorcière! la sorcière!...

(Ils redescendent en scène en riant.)

SCÈNE II.

LES MÊMES, moins RINALDA.

GIOVANNI, à Carlino. Allons, Carlino, à présent que la vieille chouette est partie, tu vas venir boire un coup avec nous...

CARLINO. Non, merci, je n'ai pas soif...

GIOVANNI. Comme tu me dis cela, mon Dieu! allons, viens avec nous, c'est bien le moins, puisque nous voici pour passer au conseil de révision, qu'en attendant nous nous rafraîchissions un peu... ça nous aidera à passer le tems; nous avons encore une bonne demi-heure, il faut l'employer gaîment..

CARLINO. Oh! que le diable emporte la conscription, surtout depuis que le Piémont est incorporé à la France, comme ils disent... v'là une belle besogne, ma foi! nous avions bien besoin de ça : dire que, vu les numéros que nous avons amenés, on va nous envoyer à des millions de lieues, pour y laisser peut-être les quatre membres; si tu trouves que c'est amusant, par exemple, merci!..

GIOVANNI. Le fait est que ce n'est pas très-agréable; mais enfin, puisqu'il faut que ce soit comme ça, quand nous nous gendarmerions, ça ne changera rien à l'affaire.

CARLINO. T'as beau dire; c'est vexant, révoltant, et avec ça ces damnés de Français sont de vrais diables incarnés, je ne peux pas les voir, je les ai en horreur.

AMBROSIO. Carlino, je te l'ai déjà dit, ta langue finira par te jouer quelque mauvais tour.

CARLINO. Oh! je sais ben pourquoi tu parles si à ton aise; t'as beau avoir amené le numéro un, sans te gêner, à toi tout seul, t'es certain de ne pas partir; ton père t'a fait des jambes en cerceaux et une bosse en guise d'épaules.

AMBROSIO. C'est ben à toi de te moquer des autres, t'es beau vraiment!.. Ne vous fait il pas l'effet d'un cornichon monté.

TOUS, *riant*. Ah! ah! ah!

GIOVANNI. C'est vrai... bien trouvé...

CARLINO. Oh! toi, Giovanni, depuis que tu as bu bouteille chez Toniotto, avec ce damné sergent Léonard, qui est ici pour conduire les conscrits au dépôt.... et qui nous traite déjà comme si nous lui appartenions, te voilà bien déterminé; on dirait que t'es pressé, que tu le demandes pas mieux que d'endosser l'uniforme et de partir; tu crois peut-être que tu vas revenir par ici avec les galons de maréchal de France...

GIOVANNI. Ça s'est vu, comme dit le sergent Léonard...

CARLINO. Qu'est-ce que je disais?.... Voyez-vous...

GIOVANNI. T'as donc une fameuse frayeur de partir, mon pauvre Carlino?...

CARLINO. Dame! oui, je ne m'en défends pas... je n'ai pas la moindre vocation pour l'état militaire; je déteste l'état militaire... j'y vois mille désagrémens plus horribles les uns que les autres..... car enfin une fois partis, qu'est-ce qui nous attend là-bas.... Rappelez-vous donc mon grand cousin.... vous savez celui qui est venu en permission dernièrement, est-il permis d'avoir abîmé un individu comme ils l'ont fait en si peu de tems?.. Quand il s'est en allé, c'était, sans contredit, un des plus beaux garçons de l'endroit.... tout mon portrait, quoi! à présent... il n'est plus que jambes et longues moustaches. Ecoutez donc, je tiens à mon physique, à ma conservation individuelle... bref, je ne veux pas avoir le même désagrément.

AMBROSIO. Oui, ce serait vraiment dommage!...

TOUS. Ah! ah! ah!

CARLINO. Riez, moquez-vous de moi, ça m'est égal..... et au surplus, je ne suis pas le seul..... car enfin, notre camarade Toniotto ne passe pas pour un capon, et certes, je crois que ça le tente encore moins que moi: car enfin il est tombé au sort comme nous, v'là trois jours qu'il a disparu, qu'il se cache pour ne pas partir... et sans qu'on sache ce qu'il est devenu.

GIOVANNI. C'est ben une autre affaire par exemple.... ne vas-tu pas te comparer à lui, le meilleur, le plus brave garçon de nous tous?... Oh! le fait est que c'est réellement malheureux..... malheureux pour son vieux père, et surtout pour cette pauvre Marie, qui l'aime tant. Tu sais bien que tout petits qu'ils étaient, Toniotto et Marie s'étaient déjà pris mutuellement en affection..... on les voyait toujours ensemble... au point qu'on les aurait pris pour le frère et la sœur... leur attachement..... n'a fait que s'augmenter avec les années... depuis long-tems leur mariage est chose arrangée..... Mais les parens de Marie ont voulu attendre que Toniotto eût tiré au sort, ne se souciant pas de marier leur fille pour la voir peut-être devenir veuve au bout de quelques mois... Et dame! aujourd'hui, qu'il y va du bonheur de toute leur vie... il est facile de concevoir que le courage de ce pauvr' Toniotto l'abandonne un peu.... n'est-ce pas, les amis?...

TOUS. Oui, c'est vrai ça... c'est vrai...

CARLINO. Belle raison..... Eh ben! parbleu, moi aussi j'ai une amoureuse que j'aime, qui m'aime, que nous nous entr'aimons. Dieu! si je pouvais l'épouser et ne pas partir!..

GIOVANNI. Tu serais bien content, n'est-ce pas?...

CARLINO. Oui, v'là le grand mot lâché, v'là ce qui me désespère..... enfin v'là ce qui disloque tout mon individu...

GIOVANNI. Et tu crois qu'un imbécille comme toi...

CARLINO. Ah! Giovanni, pas de mots à double entente...

GIOVANNI. Eh bien! en attendant que tu épouses celle que tu aimes, arrive..... le verre en main, et buvons à ton bonheur futur.. allons, versez, amis, et redites avec nous...

REPRISE DU CHŒUR.

Narguons le chagrin,
Buvons à plein verre;
Le dieu de la terre,
Amis, c'est le vin.

SCENE III.

LES MÊMES, LÉONARD, *sortant de la mairie.*

LÉONARD. Eh! eh! mes petits lapins du Piémont!

TOUS. Bonjour, sergent.

LÉONARD. Bonjour à vous tous, jeunes conscrits...Vous êtes plus éveillés que vos voisins les Savoyards qui sont tristes comme leurs marmottes..... Par l'empereur! il y a plaisir à voir que vous ne faites pas les Jérémie : ça me prouve que vous ferez de bons fantassins et que vous n'avez pas de rancune contre les numéros rébarbatifs.

CARLINO, *à part*. V'là encore cet enragé sergent... je ne peux pas le voir en face cet être là... je m'en vas.

GIOVANNI. Sergent, voulez-vous boire un coup avec nous?

LÉONARD. Volontiers. (*A Carlino qui s'éloigne.*) Eh ben! où vas-tu toi... est-ce que je te fais peur?...

CARLINO, *entre ses dents*. J'ai des affaires à faire...

GIOVANNI. Voyez-vous, sergent, Carlino est furieux parce que nous l'avons interrompu dans sa consultation, avec une espèce de sorcière appelée Rinalda, qui court le pays, et qui prétend avoir des charmes pour empêcher d'aller à l'armée.

LÉONARD. Hein!... qu'est-ce que j'entends?... est-ce que par hasard nous donnerions dans de semblables superstitions... Mille bombes! si je le croyais...

(Il porte la main à son sabre.)

CARLINO, *effrayé et lui arrêtant le bras*. Pas de bêtises, sergent...

LÉONARD. J'aime mieux penser que c'est une imputation fallacieuse et intempestive... N'est-ce pas?... Allons, réponds, morbleu.... Faut-il que je t'arrache les paroles du ventre avec un tire-bourre?...

CARLINO. C'est inutile; vous voyez, sergent, que je vous réponds de moi-même et sans difficulté aucune.

LÉONARD. A la bonne heure, que je t'entende au moins... Allons un coup de brosse sur cette conversation incohérente et qu'on n'en parle plus.

GIOVANNI. Sergent, venez donc, le vin est versé.

LÉONARD, *à Carlino, lui donnant un verre de vin*. Allons, tiens, bois un coup avec nous.

CARLINO. Volontiers, sergent. (*A part.*) qu'il est sauvage et brutal cet animal-là!

SCÈNE IV.

LES MÊMES, FRANCESCO.

GIOVANNI, *à Francesco*. Eh bien! Francesco, et Toniotto?

FRANCESCO. Hélas! pendant que son parrain, le maître d'école, est à prendre des informations, moi aussi j'ai voulu savoir ce qu'il était devenu; mais rien, rien! ah! les pressentimens les plus tristes viennent me saisir... Toniotto, mon ami, mon frère! qu'est-il devenu?... Ah! tenez, je suis désolé...

(Il s'éloigne lentement et entre chez Antonio.)

LÉONARD. Voici l'heure qui avance furieusement: la cérémonie ne tardera pas à commencer, mes petits amours.

GIOVANNI. Sergent, sera-t-on long-tems avant d'aller au feu?

LÉONARD. Tu voudrais donc voir bientôt comme ça se passe quand il faut saluer à coups de fusils les Russes, les Prussiens, voir même toutes les nations généralement quelconques? Tu n'es pas le moins du monde dégoûté, mon fils.... Tu me fais l'effet d'un bon garçon, et je vas t'expliquer la chose en deux mots. (*Il s'assied.*) Vois-tu, mon garçon, nous voici en 1809, et depuis l'année 1791 nous sommes dans une saison où le soldat n'a guère le tems de s'amuser aux récréations de l'exercice.... L'empereur qui ne dort pas souvent ne nous laisse pas bâiller aux bagatelles de la porte. A présent que vous avez tiré à la loterie nationale, deux heures après avoir passé au conseil de révision, nous nous mettrons en route vivement; nous passerons un mois à peu près à manier le joujou à cartouches, et puis nous irons voir s'il y a quelque part moyen de donner une leçon de politesse aux ennemis de la France et de l'empereur. Vous taperez ferme et long-tems et sans dire: Prenez garde!... Qui sait? peut-être y gagnerez-vous de jolies épaulettes, ou la croix d'honneur, ou bien encore un bras ou une jambe de moins... peut-être qu'on vous enterrera dans quelque champ de bataille, en disant: c'était un brave! Croyez-vous que ce soit une perspective désagréable à l'œil que celle-là... croyez-vous qu'il y ait quelque chose de plus beau au monde... Dites, le croyez-vous?...

CARLINO, *à part*. Tout ça dépend du goût... pour moi, je veux bien que le diable m'emporte si sa perspective me tente le moins du monde.

LÉONARD, *se levant*. Qu'est-ce que tu dis, toi?...

CARLINO. Moi, sergent, je dis que c'est noble et beau, mais, cependant...

LÉONARD. Je sais ce que tu vas me répondre... que c'est bien dur de quitter son pays; oui, c'est vrai... mais c'est fièrement amusant aussi, quand on a de la chance, que de revenir après s'être promené autour du monde, aux frais des particuliers à qui on va rendre visite. La guerre et les batailles, vois-tu, pour t'expliquer ça par allégorie, c'est comme les jolies filles et le bon vin; quand une fois on en a goûté, on en est friand à ne jamais dire merci, j'en ai assez. (*Roulement de tambour dans la coulisse.*) Mais, tenez, mes petits canards sans plumes, voilà qui vous appelle pour l'inspection générale et définitive. Allez, allez.

GIOVANNI. Oh! moi, je suis sûr de mon affaire. (*A Carlino.*) Eh bien! viens-tu?..

CARLINO. Me v'là. (*A part.*) Je tremble comme une feuille de papier brouillard...

LÉONARD. Il y en a plus de quatre qui voudraient avoir maintenant un œil de moins, ou une patte de travers...

(Les conscrits s'éloignent. Le père Antonio sort de sa maison qui donne sur la place. Le maire, Marie, Catarina et Francesco sont avec lui.)

SCENE V.

LÉONARD, FRANCESCO, ANTONIO, LE MAIRE, MARIE, CATARINA.

LE MAIRE, *à Antonio.* Je suis fâché de ne pouvoir vous accorder un plus long délai, ainsi, attendu la disparition et la désobéissance de votre fils aux lois de l'empire, préparez-vous à recevoir les garnisaires qui vont venir s'installer chez vous.

ANTONIO. J'obéirai, monsieur le maire.

(*Le maire sort.*)

LÉONARD. Les garnisaires! oh! père Antonio, que je suis donc fâché...

ANTONIO. Merci, sergent.

SCENE VI.

LES MÊMES, *moins* LE MAIRE.

MARIE. Oh! mon Dieu! cruelle conscription!... pourquoi faut-il qu'il soit tombé au sort!... Et, comme si ce n'était pas assez de ce malheur, il faut encore qu'il nous en arrive un autre plus grand... car enfin, mon Dieu! qu'est-il devenu?.. Comment expliquer son absence? S'il est vrai, comme quelques personnes le disent, qu'il se cache pour ne pas partir... pourquoi ne nous avoir pas fait savoir où il est? il doit bien penser que nous éprouvons tous une inquiétude mortelle.

ANTONIO. Lui, si bon fils... Ah! il faut qu'il lui soit arrivé malheur....

CATARINA. Espérons encore....

FRANCESCO. Père Antonio, voici votre ami, le maître d'école.

SCENE VII.

LES MÊMES, LE MAITRE.

ANTONIO. Eh bien?...

LE MAITRE. Eh bien? mon ami; tranquillisez-vous, les renseignemens que j'ai obtenus me donnent quelque espérance.

ANTONIO. Qu'est-ce que c'est? parlez...

LE MAITRE. Je viens d'apprendre par quelques-uns des camarades de Toniotto qu'après le tirage à la conscription, ils l'avaient vu causer long-tems et à voix basse avec un mystérieux personnage qu'ils n'ont pu reconnaître, enveloppé qu'il était d'un large manteau; la conversation était vive et animée, Toniotto leur a paru profondément ému... enfin ils ajoutent que tout-à-coup, et semblable à un homme qui prend une forte résolution... il s'était éloigné rapidement du côté des montagnes, entraîné par ce mystérieux personnage...

FRANCESCO. C'est vrai, il nous a tous quittés après le tirage d'un air bien triste, et nous défendait de le suivre.

ANTONIO. Qu'est-ce que vous pensez, maître?...

MARIE. Qui ça peut-il être?

LE MAITRE. Je suis sûr que ce n'est autre que Maïno.

ANTONIO. Maïno?

FRANCESCO. Vous croyez, maître?...

LÉONARD. Qu'est-ce que c'est que Maïno?

LE MAITRE. C'est un homme d'une audace et d'une intrépidité rares... Il s'est réfugié au milieu de nos montagnes pour se soustraire au glaive de la loi qui cherche à l'atteindre... sans cesse à la piste de tous les mécontens, il les berce de belles espérances, les attire à lui... il est déjà parvenu à organiser ainsi une bande nombreuse, et, sous le prétexte de l'affranchissement du Piémont, il se livre à toute espèce de brigandages. Ces têtes folles, ces jeunes enthousiastes qui l'ont suivi sont tellement fascinés par lui... qu'ils sont allés jusqu'à lui donner le titre pompeux d'empereur des Alpes.

LÉONARD. Hein! empereur des Alpes, lui!.. ça m'a l'air d'un fier farceur que votre Maïno... Empereur!... ce nom-là, voyez-vous, ne va bien qu'au petit bonhomme, sans exception aucune... Je voudrais, pour rire un tant soit peu, me rencontrer avec votre empereur des Alpes, j'en aurais bientôt fait un conscrit que je me chargerais de faire marcher au pas, et au pas accéléré encore.

FRANCESCO. Mon Dieu! comment ce fait-il que Toniotto?

LÉONARD. Comment se fait-il?... parbleu... c'est tout simple, il déserte pour ne pas partir... C'est du beau... sacrebleu!... voyez-vous, père Antonio, je suis si colère contre votre clampin de fils que, malgré l'amitié que j'ai pour lui, si je le tenais, je ne sais pas trop ce que je lui ferais... Oh! mais je suis fou... j'ai tout de même là une drôle de manière de vous consoler... c'est que j'ai peu l'habitude de ces choses-là... et ce que je pense vaut probablement mieux que ce que je dis... enfin... voilà... c'est égal...

ANTONIO. Merci, sergent, je vous comprends bien, allez... Mais que faire, bon Dieu?...

FRANCESCO. Il faudrait tâcher...

LE MAITRE. Je me charge de tout, j'ai mon projet...

FRANCESCO. Pour Toniotto, maître, je suis prêt à passer dans le feu, s'il le faut.

LÉONARD. Oui, mais dépêchez-vous; arrangez vite ça ensemble. (*A voix basse au maître et à Francesco.*) Songez que c'est comme s'il avait passé à l'ennemi et qu'il y va de la fusillade.

FRANCESCO. Est-il possible?

LE MAITRE. Oh! silence! que son père ne sache pas.

FRANCESCO. Oh! mon Dieu! (*A part.*) Oh! oui, à tout prix, tâchons d'arriver jusqu'à lui.

(*Il sort en courant.*)

SCENE VIII.

LES MÊMES, *moins* FRANCESCO.

LÉONARD. Quant à moi, père Antonio, il faut que je vous dise adieu, je vas rejoindre mes conscrits, il va falloir nous mettre en route... J'ai été bien reçu, bien traité par vous pendant mon séjour ici..... vous êtes un brave homme... je vous rendrai ça en bonne amitié pour votre fils... Si vous remettez la main sur lui, ne perdez pas de tems, en route tout de suite... une fois là-bas, je tâcherai de l'avoir dans ma compagnie... je me ferai son instructeur... je lui épargnerai les corvées les plus dures... je me garderai bien d'en faire une poule mouillée toutefois... Mais quand le tremblement de la fusillade ira grand train, je me mettrai devant lui, le plus près que je pourrai, sans faire semblant de rien, bien entendu, de peur de l'humilier... et soyez tranquille, si le bon Dieu le veut, car je crois au bon Dieu, moi, l'empereur ne me l'a pas défendu... Eh bien! tôt ou tard il reviendra ici, au milieu de vous tous, et pour ne plus vous quitter. Mais en attendant, allons, adieu, les amis, adieu...

ANTONIO. Non pas adieu, sergent, mais plutôt au revoir.

LÉONARD. Ah! dame, pour ce qui est de ça, et par le tems qui court, c'est une affaire qui ne dépend pas tout-à-fait de moi; mais si, chemin faisant, je ne suis pas rencontré par quelque boulet craché par le brutal... si je ne reste pas dans quelque contrée lointaine, je viendrai faire ma dernière étape en Piémont... car je n'ai guère le cœur de retourner à Draguignan qui est mon pays... il y a deux ans quand j'y ai passé et que j'ai couru, le cœur gros de plaisir..., pour embrasser ma mère... j'ai trouvé sa demeure vide, et, quand j'ai demandé où elle était, on m'a montré le cimetière... pauvre mère!... Ah! chacun a ses peines, allez... Oh! mais voyons, voyons, il ne s'agit pas de cela... quand une fois j'y pense... c'est fini... je dirais volontiers merci à un ostrogoth qui me couperait la respiration... Allons voir les gaillards que le sort m'a définitivement colloqués...

TOUS. Au revoir, sergent...

LÉONARD. Au revoir donc, les amis!...

(*Il sort.*)

MARIE. Viens, Catarina, rentrons, je n'en puis plus.

(*Elles rentrent chez Antonio.*)

SCÈNE IX.

LE MAITRE, ANTONIO, *puis* CARLINO.

ANTONIO. Quel brave homme que ce sergent Léonard!

LE MAITRE. A travers sa brusquerie de soldat, on voit percer un cœur excellent!

CARLINO, *sortant de la mairie.* Où est-elle... qu'on me la donne que je la batte, que je l'étrangle.

LE MAITRE. Qu'as-tu, Carlino?...

CARLINO. Ce que j'ai... ce que j'ai, j'ai le n° 2... parbleu, vous le savez bien, j'ai le n° 2, et le conseil de révision qui me déclare très-bon... oh! numéro d'enfer... quel guignon! mon Dieu! mon Dieu quel guignon!

ANTONIO. Pauvre garçon...

CARLINO. Pauvre garçon... eh ben! non,

puisque c'est comme ça, je m'en moque... au diable... oui, je serai soldat... je partirai... mais gare aux ennemis, ils n'ont qu'à bien se tenir, c'est eux qui me la paieront, c'est sur eux que je me vengerai... Mais ce que disait le sergent Léonard, un bras, une jambe de moins... être enterré sur un champ de bataille, moi qui n'en ai pas l'habitude, c'est égal, je taperai ferme d'abord. Vive l'empereur !
(Il sort.)

SCENE X.

LE MAITRE, ANTONIO, DEUX GARNISAIRES.

(Ils sont entrés en même tems que Carlino.)

PREMIER GARNISAIRE. Tiens, justement v'là notre homme. Holà! eh! paysan, nous venons nous installer chez toi... sois prêt à nous recevoir... fais monter du vin, soigne-nous tout de suite, ou sinon...

(Ils agitent leurs bâtons.)

ANTONIO. Est-ce que la loi vous autorise?...

PREMIER GARNISAIRE, *le prenant au collet.* Il ne s'agit pas de ça, allons, allons, alerte, alerte, te dis-je... marche...

ANTONIO. Ah! ne recommencez pas, car tout vieux que je suis.....

(Il prend un des tabourets près de la table qui est devant le cabaret.)

PREMIER GARNISAIRE. Il se révolte... assommons-le, ce chien de paysan.

DEUXIÈME GARNISAIRE. Oui, c'est ça, assommons-le...

LE MAITRE, *se plaçant entre eux.* Arrêtez... grand Dieu! qu'allez-vous faire?.. A l'aide, à nous, au secours !...

SCENE XI.

LES MÊMES, TONIOTTO, FRANCESCO.

(Au moment où les garnisaires vont se précipiter sur Antonio, Francesco paraît suivi de Toniotto. Ils entrent précipitamment; Toniotto saisit un des pistolets qu'il a à sa ceinture, menace les garnisaires de faire feu et s'écrie :

TONIOTTO. Misérables!...

LE MAITRE. Toniotto!

ANTONIO. Mon fils!

TONIOTTO. Mon père!..(*Aux garnisaires.*) Le premier de vous qui osera lever la main sur mon père, je l'étends à mes pieds.

ANTONIO, *le serrant dans ses bras.* Je te revois...

TONIOTTO. Oui, mon père, c'est moi, moi qui reviens pour vous défendre; ne craignez plus rien... cher maître... remettez-vous... me voilà... me voilà...

PREMIER GARNISAIRE. Ah! c'est Toniotto! eh bien! il est à nous... arrêtons-le.

TONIOTTO. Oh! je ne vous le conseille pas, je sais que vous n'êtes ici que pour cela... misérables, et vous allez maltraiter mon père, incapable qu'il est de vous répondre. Mais heureusement me voilà; si j'ai à vous suivre, ce sera de bonne volonté... autrement jamais, vous entendez... mais pour cela le moment n'est pas encore venu, j'ai besoin d'être seul avec mon père, et comme ce que j'ai à lui dire ne vous regarde pas, vous allez nous laisser.

PREMIER GARNISAIRE. Comment?...

TONIOTTO. C'est comme ça, allons, allons...

(Le premier garnisaire parle à l'oreille de son camarade.)

DEUXIÈME GARNISAIRE. Oui, c'est ça.

TONIOTTO, *avec impatience.* Eh bien ! voyons, voyons, pas tant de façons, dépêchons-nous, dépêchons-nous.

(Il les force à s'éloigner.)

FRANCESCO, *au maître.* Où est Marie, maître ?

LE MAITRE, *lui indiquant la maison d'Antonio.* Là...

FRANCESCO. Je cours la prévenir.

ANTONIO. Viens, mon fils, rentrons.

TONIOTTO. Non, mon père, restons ici, c'est ici que je veux vous parler.

SCENE XII.

LE MAITRE, ANTONIO, TONIOTTO.

TONIOTTO, *au maître qui se dispose à sortir.* Eh bien! que faites-vous, maître... ah! c'est mal, restez, je vous en prie... il n'y a pas de secret pour vous, restez... j'ai besoin de vos conseils, de votre amitié.

LE MAITRE. Tu as besoin de moi, Toniotto?... je reste.

TONIOTTO. Ecoutez-moi, mon père; les momens sont précieux... il n'y a pas une minute à perdre, et cependant avant toute chose, je vous en conjure, dites-moi que vous me pardonnez l'inquiétude et les tourmens que je vous ai causés depuis trois jours que je vous ai quitté.

ANTONIO. Tu sais bien que je t'aime !

TONIOTTO. Et moi aussi, allez, mon père... quand j'ai fui d'ici j'avais d'abord la tête perdue... et je n'ai pas réfléchi un seul instant que c'est sur vous qu'on serait retombé, car alors je ne me serais pas éloigné... et du moment où j'ai su ce qui se passait... que des garnisaires allaient s'installer ici !... Oh ! rien n'a pu me retenir, je suis revenu à l'instant même, et je remercie le ciel de m'avoir amené assez à tems pour vous défendre contre ces malheureux qui allaient vous maltraiter !...

ANTONIO. Brave garçon !

LE MAITRE. Et qu'as-tu fait ? d'où viens-tu, Toniotto ?

TONIOTTO. Oui, vous saurez tout ce que j'ai fait... d'où je viens... et ce qui me reste à faire encore...

LE MAITRE. Parle... Toniotto, voyons ?

TONIOTTO. Vous avez dû vous apercevoir du saisissement que j'éprouvai le jour où, quand personne ne s'y attendait encore, on vint à publier la fatale ordonnance du tirage à la conscription... Les pressentimens les plus tristes entrèrent dans mon cœur et ne me quittèrent plus. J'étais si heureux près de Marie, formant chaque jour des projets plus beaux les uns que les autres pour l'accomplissement de notre mariage !... Son amour remplissait toute ma vie... je ne voyais rien au-delà... je l'aimais tant, que j'avais oublié qu'autre chose que la mort pouvait nous séparer... Plus nous approchions du jour fatal, plus je la voyais s'affaiblir et perdre ses jolies couleurs... et alors je me disais : Si je viens à partir elle mourra... elle mourra !... oh ! dès lors je formai un projet qui va s'accomplir... aujourd'hui que le sort m'a condamné.

ANTONIO. Comment ?

LE MAITRE. Que veux-tu dire ?

TONIOTTO. J'ai voulu résister d'abord à cette idée... mais impossible, je souffrais trop... alors je me suis révolté ; je me suis dit : je ne veux pas perdre en un seul jour tout le bonheur de ma vie... je ne veux pas quitter Marie... Non, je ne partirai pas... je ne partirai pas.

ANTONIO. Quoi ?

LE MAITRE. Qu'entends-je ?

TONIOTTO. Voilà trois jours que je travaille à l'accomplissement de ce projet... J'ai réussi, tout est prêt... disposé...

LE MAITRE. Y penses-tu, Toniotto ?

TONIOTTO. Oui, maître ; car, enfin, je ne veux pas me soumettre à la domination de ces Français qui ont envahi le Piémont. Je ne veux pas combattre pour une nation qui n'est pas la mienne, et qui a déjà à elle seule plus de gloire que dix autres réunies... Je n'appartiens pas à la France, moi, je suis Piémontais.

LE MAITRE. Oh ! reviens à toi, Toniotto.

TONIOTTO. Mon père, au-delà des montagnes, il y a des amis qui nous attendent, à leur tête un chef hardi et intrépide ; ce chef, c'est Maïno... Je l'ai vu : il vous connaît, il nous aime... Là-bas, une cabane est préparée pour vous... Marie et moi, nous y trouverons un prêtre pour nous unir ; car, j'en suis sûr, Marie nous suivra... et là, s'il faut être soldat pour défendre son pays, son père et sa femme, vous verrez si Toniotto est brave, et au besoin même s'il sait mourir... Eh quoi ! vous ne répondez pas, mon père... Et vous, maître, pourquoi me regarder avec cet air sévère ?.. Je vous l'ai dit, il n'y a pas de tems à perdre... Ici près sont des amis qui protègeront notre fuite... Venez... venez...

(Il veut entraîner son père.)

LE MAITRE, *se jetant entr'eux*, Arrêtez ! que faites-vous ?

TONIOTTO. Quoi ? maître...

LE MAITRE. Non, non, vous ne vous éloignerez pas. (*A part, à Antonio.*) Imprudent, sachez donc qu'il y va de la tête de votre fils.

ANTONIO. Que dites-vous ?

LE MAITRE. La vérité ; jusqu'ici je vous l'avais cachée... mais il n'est plus tems de feindre... Il y va de la tête et de son honneur, vous dis-je... Eh bien ! le laisserez-vous partir maintenant ?

ANTONIO. Son honneur !... oui, maître, je dois en croire vos paroles ; car vous aussi, vous l'aimez comme un fils... Vous l'avez élevé autrefois avec plus de soin que tous les enfans qui vous étaient confiés... Tous les dangers qu'il pouvait courir ; je les aurais bravés avec lui ; mais le déshonneur, mais l'infamie... Oh ! non ! non !... Tu partiras, Toniotto, à l'instant même, pour rejoindre ton régiment, et si tu refusais de te rendre à mes prières, à mes ordres, eh bien ! je resterais ici et je donnerais ma tête en échange de la tienne.

TONIOTTO. Ah ! maître, qu'avez-vous fait ?

LE MAITRE. Mon devoir. Oui, d'ordinaire, je suis facile, indulgent ; mais quand il le faut, je suis sévère, impérieux... Plus tard, j'en suis sûr, Toniotto, tu me remercieras de mes conseils d'aujourd'hui. Il est des circonstances dans la vie contre lesquelles l'homme ne peut rien, qui domptent et écrasent l'imprudent qui veut leur résister... Crois-en ton vieil ami... en persistant dans ton dessein, il te faudrait devenir coupable.... Songe à ton vieux père ; songe aux persécutions qui l'attendent.

TONIOTTO. Oh ! malédiction sur moi, si j'étais capable.... Mon père ! quoi ! vous ordonnez...

LE MAITRE. Oui, il l'ordonne ; Toniotto, on a égaré ta raison : Maïno n'est pas ce que tu penses, je te le jure. Il y a trop de loyauté et de bravoure dans ton cœur pour qu'un pacte puisse jamais vous unir.

TONIOTTO. Mon Dieu !

LE MAITRE. Laisse ma voix aller jusqu'à ton cœur ; mais je t'en ai trop dit déjà... Tu te rends, je le vois... ta main serre la mienne... tes yeux se remplissent de larmes, ils cherchent ton père. Tiens, regarde, le voilà, faible, accablé, brisé par la douleur... il tend vers toi ses bras défaillans... Allons, cours t'y jeter, redeviens un homme enfin, et fais-lui tes adieux.

TONIOTTO, *dans les bras de son père.* Mon père !... mon père !... vous l'ordonnez, je n'hésite plus maintenant... Mais, Marie, cette pauvre Marie ?

ANTONIO. Marie !

LE MAITRE. Eh bien ! nous l'entourerons de soins et de tendresse... En attendant ton retour, nous la consolerons, nous pleurerons, nous souffrirons avec elle.

TONIOTTO. Avoir tant fait déjà... l'aimer comme je l'aime... et la quitter ! Ah ! c'est affreux !...

LE MAITRE. La voici !

TONIOTTO. Elle !...

LE MAITRE. Toniotto, du courage... il le faut... il le faut.

TONIOTTO. J'en aurai, maître... j'en aurai.

SCÈNE XIII.

LES MÊMES, MARIE, CATARINA, et FRANCESCO.

MARIE, *courant à lui.* Toniotto !

TONIOTTO. Chère Marie !... Bon Francesco !

FRANCESCO. Mon ami !

MARIE. Je te revois, je suis heureuse encore.

TONIOTTO. Heureuse ! pauvre fille,... Oh ! non, désormais, plus de bonheur pour nous... il me faut partir. Adieu, Marie.

MARIE. Partir !... Tu l'as dit ; alors plus de bonheur pour nous.

ANTONIO. Mon cœur se brise.

LE MAITRE. Mon Dieu !

FRANCESCO, *remontant la scène et revenant.* Ciel ! le lieutenant de gendarmerie.... Toniotto, on vient pour t'arrêter.

TONIOTTO. Francesco, laisse, laisse-le venir.

MARIE. Mon Dieu !... mon Dieu !...

FRANCESCO. Le voici.

SCÈNE XIV.

LES MÊMES, LE LIEUTENANT DE GENDARMERIE ; GENDARMES.

(A l'arrivée du lieutenant, Toniotto lui remet ses pistolets.)

LE LIEUTENANT. Soldats, faites votre devoir.

TONIOTTO, *aux soldats.* Un instant... un instant. (*Au lieutenant qu'il attire à l'écart, et à voix basse.*) Monsieur, j'ai une grâce à vous demander, et je vous en conjure, daignez me l'accorder.

LE LIEUTENANT. Parlez.

TONIOTTO. Je connais la loi concernant les conscrits réfractaires ; mais, je vous en prie, que je ne sois pas enchaîné comme un criminel, en présence de mon vieux père qui est là... et de cette pauvre jeune fille, qui est ma fiancée... Cette vue leur ferait trop de mal... Laissez-moi vous suivre de bonne volonté ; quand nous serons éloignés d'eux, vous ferez de moi ce que vous voudrez, et croyez que toute ma vie ne suffira pas à ma reconnaissance.

LE LIEUTENANT. Eh bien ! hâtez-vous.

TONIOTTO. Que je vous remercie, monsieur !

(On entend le bruit d'un tambour battant la marche du pas accéléré.)

MARIE. Qu'est-ce que cela ?

FRANCESCO. C'est le départ des conscrits. Ah ! quelle idée !... (*Appelant.*) Sergent ! eh ! sergent Léonard !... Venez, venez...

(Léonard arrive ; le tambour cesse ; tous les conscrits s'arrêtent.)

SCENE XV.

Les Mêmes, LÉONARD.

LÉONARD, *entrant*. Qu'y a-t-il ?
FRANCESCO. Toniotto, le voilà... tenez.
LE MAITRE. Il est prêt à vous suivre.
TONIOTTO. Que je ne sois pas arrêté... Emmenez-moi, sergent ?
LÉONARD. Ah! Toniotto, c'est bien; je suis content... Pardon, lieutenant, puisque j'arrive à tems encore, je vais repincer l'oiseau échappé de sa cage. J'en fais mon affaire ; je le prends sous ma responsabilité individuelle, si vous voulez bien le permettre.
LE LIEUTENANT. C'est votre affaire, sergent ; vous en avez le droit.
TONIOTTO, *à Marie*. Marie, il faut que je m'éloigne : une nouvelle carrière va commencer pour moi... J'ignore ce que le sort me réserve ; tous nos projets de bonheur sont renversés... J'avais reçu ta parole en échange de la mienne... je te la rends aujourd'hui ; mais souviens-toi que, quoique séparés, je t'aimerai toujours...
MARIE. Je n'accepte pas, Toniotto, et souviens-toi que la mort seule pourra nous séparer.
TONIOTTO. Mon père... vous tous que j'aime, venez là... sur mon cœur.

(Tout le monde l'entoure.)

LE MAITRE. Tu es un bon fils.
ANTONIO. Que la bénédiction de ton vieux père t'accompagne !
LÉONARD, *l'arrachant de leurs bras*. Partons, Toniotto, partons.
TONIOTTO. Oh ! oui, emmenez-moi... tout mon courage m'abandonne.
ANTONIO. Veillez sur lui, sergent.
LÉONARD. Comme un ami, comme un père, je vous le jure... Adieu.
LE MAITRE. Il nous reviendra, ma fille.
MARIE. Ah ! que ce soit bientôt !
TONIOTTO *et* LÉONARD. Adieu !
TOUT LE MONDE. Adieu.

(Les conscrits se mettent en marche au bruit du tambour À côté de Léonard, on voit Toniotto, qui de la main répond au geste d'adieu de tout le monde. Les autres conscrits agitent leurs chapeaux en l'air, en criant : *Vive l'empereur !* Tout le théâtre est garni par les gens du village, qui sont venus pour les voir partir et leur dire adieu. Marie, au départ des conscrits, tombe dans les bras du maître. Tableau.)

FIN DU PREMIER ACTE.

ACTE II.

UNE VEILLÉE D'HIVER.

Une grande chambre de ferme.

SCENE PREMIERE.

MARIE, *priant*.

(Elle est agenouillée devant une madone placée dans une petite niche au-dessus de la cheminée.)

Sainte Vierge Marie, patronne de ce hameau, daigne entendre ma prière.... protége, bonne Vierge, les jours de mon Toniotto... Veille sur lui dans ces momens de guerre, comme tu as daigné le faire depuis que nous sommes séparés, toute mon espérance est en toi.... double ma force et mon courage, sainte Vierge ! Je t'implore aussi pour ma bonne mère... achève de la rendre à la santé... et toute ma vie je te bénirai pour tes bienfaits. (*Elle revient s'asseoir tristement et après un moment de silence elle continue.*) Mon Dieu ! j'ai beau faire, je ne puis dissiper ma tristesse. Les pressentimens qui me poursuivent me font peur.... (*La main sur son cœur.*) Pourtant, quand j'ai prié, je suis un peu plus calme, plus résignée, et aujourd'hui c'est tout le contraire ; aujourd'hui cependant c'est la fête de ma mère, et si elle me voit plus triste encore que de coutume.... ne pourra-t-elle croire que je l'aime moins que Toniotto ; oh ! non, elle est si bonne. Ah ! c'est que ce jour aussi m'a rappelé qu'autrefois, il était là pour la fêter avec moi, cette bonne mère !... en l'embrassant tout à l'heure, j'ai senti mon pauvre cœur s'en aller, pensant à lui.... C'est que voilà deux ans que je ne l'ai vu.... Deux ans... oh mon Dieu ! que c'est long... quand on les passe à espérer et à craindre !. Avec cela que la guerre vient de recommencer, guerre bien cruelle.... bien affreuse, dit-on.... Et depuis six mois pas de nouvelles, pas une lettre de lui qui vienne me consoler un peu... Et cette nuit, cette nuit, quel rêve affreux j'ai fait!... je le voyais souffrant..., malheureux.... proscrit.... et puis enfin tué.... Ah !... (*Cachant sa tête dans ses mains.*) Pourquoi ne suis-je pas morte à l'instant même de son départ ?

SCÈNE II.

MARIE, CATARINA.

(*Catarina entre sans être entendue par Marie qui reste absorbée dans ses pensées ; quelques instans en silence elle examine Marie.*)

CATARINA, *à part*. Pauvre enfant, ça me fend le cœur de la voir toujours triste comme ça.... Ah ! tâchons de la consoler un peu. (*Haut et allant à elle.*) Bonsoir, mamzelle Marie.

MARIE, *se levant*. Catarina !.. c'est toi...

CATARINA. Oui, mamzelle, est-ce que je ne vous ai pas dit que je viendrais tout exprès de bonne heure.

MARIE. C'est vrai.

CATARINA. N'est-ce pas aujourd'hui jour de veillée ?...

MARIE. Aujourd'hui !.. oui, c'est vrai... c'est mon tour.

CATARINA. Tous vos voisins, vos amis vont venir, et pour peu que vous ayez besoin de moi... me voilà.

MARIE. Tu as bien fait de venir, toi, Catarina, mais cette veillée ; je voudrais bien qu'elle n'eut pas lieu.

CATARINA. Pourquoi ça ?

MARIE. Ma mère est si faible encore, j'aimerais mieux rester auprès d'elle tranquillement.... tandis que tout ce monde,.

CATARINA. Oui, mais c'est justement votre mère qui m'a envoyée prier tout le monde de ne pas manquer.... Il vous serait difficile de lui faire entendre raison là-dessus... Elle dit qu'elle n'est plus malade, qu'elle veut que le jour de sa fête se passe gaiment.... qu'elle vous voit toujours triste et désolée... et qu'il faut vous égayer un peu, il paraît qu'elle vous ménage une surprise.

MARIE. Une surprise.... quoi donc?..

CATARINA. Vous verrez.

MARIE. Mais, Catarina, tu sais bien....

CATARINA. Je sais que vous êtes une bonne et douce fille, que vous ne voudrez pas chagriner votre mère qui n'est pas très-forte, quoiqu'elle en dise ; en lui faisant de la peine, vous pourriez la faire retomber malade... Prenez garde...

MARIE. Mais, Catarina,...

CATARINA. Et puis tenez, mamzelle Marie, je suis bien aise de la circonstance pour vous dire ce que j'ai là sur le cœur, vrai..., vous n'êtes pas assez raisonnable... J'aime Toniotto comme un enfant qu'on a nourri et élevé... eh bien! je ne comprends pas que vous puissiez vous désoler comme vous le faites ; car, enfin, il n'y a rien de désespéré... Il y a long-tems qu'il n'a donné de ses nouvelles... c'est vrai.... mais combien de fois n'est-il pas resté plus long-tems encore?.... mais, j'en ai bonne idée, vous en recevrez bientôt, et qui vous feront plaisir, j'en suis sûre.... Voyons, voyons, il ne faut pas être triste comme ça...

MARIE. Comment, Catarina, tu ne trouverais pas affreux que je puisse m'amuser, tandis que lui est malheureux, souffrant, mort, peut-être !

CATARINA. Ah ! quelle idée !... vous m'avez porté un coup....

MARIE. Pardonne-moi..... oui... j'ai tort... je ne contrarierai pas ma mère, je tâcherai de sourire même...

CATARINA. Oh! je vous en prie, mamzelle Marie, renfoncez ces grosses larmes que je vois dans vos yeux. (*Elle lui essuie les yeux.*) Parlons de Toniotto, mais plus de ces vilaines pensées, ça fait trop de mal... allons, allons... mamzelle Marie.

(*Elle lui serre les mains dans les siennes.*)

MARIE. Bonne Catarina !...

CATARINA. Pardi ! belle chose d'être bonne avec vous... Il faudrait être un diable en jupons !... et quoiqu'il n'y en ait pas mal qui s'habillent de cette façon, je n'en suis pas moi... tenez, si vous voulez être bien gentille, puisque nous avons un peu de tems devant nous, vous devriez plutôt me lire une de ses lettres.

MARIE. Je veux bien.

CATARINA, *à part*. J'ai toujours remarqué qu'elle était moins triste après.

MARIE. Tiens, viens t'asseoir ici.

CATARINA, *s'asseyant*. Me voilà (*A part.*) J'étais bien sûre que ça lui plairait.

MARIE. Celle-ci.. la dernière qu'il m'a écrite... C'est toujours celle qui me plaît le plus, écoute...

CATARINA. Je ne perds pas une parole.

MARIE, *lisant.* « Ma chère Marie ; Je m'empresse de t'écrire cette lettre, le cœur tout joyeux, pour t'annoncer que je viens d'être fait sergent dans la garde impériale, et décoré de la croix d'honneur sur le champ de bataille, des mains mêmes de l'empereur, ce qui est un honneur qui n'arrive pas à tout le monde... La journée a été chaude ; mais, grâce au ciel, j'en ai été quitte pour une légère blessure, dont je suis presque guéri, tant mon bonheur est grand... » (*S'interrompant.*) Tu vois... blessé... et c'est la troisième fois.

CATARINA. On dit que ce n'est pas beau un militaire qui n'a pas de blessures.

MARIE. Mais...

CATARINA. L'essentiel, c'est que ça ne soit pas grand chose, et puisqu'il vous le dit, c'est que ça est... Voyons, continuez... dites.

MARIE, *lisant.* « Je suis bien heureux, ma chère Marie, de voir que chaque jour me rapproche davantage de toi, car, s'il plaît à Dieu, j'espère bien, à la première affaire, avoir l'occasion de gagner mes épaulettes d'officier et pouvoir revenir alors pour t'épouser... »

CATARINA. Voyez-vous...

MARIE, *lisant.* « Aime-moi toujours bien... comme je t'aime, comme nous nous aimions avant mon départ... Léonard est toujours mon meilleur ami : aime-le, Marie, car je lui dois tout. Je te prie d'apprendre cette bonne nouvelle à mon père. Je lui écrirai sous peu de jours. Embrasse-le pour moi ainsi que notre cher maître d'école, que je bénis chaque jour du service qu'il m'a rendu en me montrant à écrire. N'oublie pas non plus ma bonne Catarina. Adieu, ma chère, ma bonne Marie, je t'embrasse comme je t'aime, c'est-à-dire, de tout mon cœur. — TONIOTTO. » N'est-ce pas que tout son cœur est là-dedans ?

CATARINA. Oui, et un bon cœur encore. J'en suis toute je ne sais quoi de plaisir...

MARIE. Tu le vois, l'état militaire ne l'a pas changé ; il est toujours le même, bon et brave garçon, se souvenant de tout le monde.

CATARINA, *se levant.* C'est vrai, mon Dieu... Qu'il doit être beau avec son uniforme, la croix d'honneur sur sa poitrine, avec ça qu'il n'était déjà pas trop mal quand il est parti... Oh ! que je voudrais donc le voir !...

MARIE, *se levant.* Le voir !

CATARINA. De quelle ville d'Italie, en écrivant à son père, lui a-t-il envoyé ces quatre napoléons d'or, vous savez...

MARIE. De Venise.

CATARINA. Ah ! oui, c'est ça.

MARIE. Et c'est de là aussi qu'il m'a envoyé cette petite chaîne, en me disant de la porter toujours par amour pour lui. La voilà... elle ne m'a jamais quittée, elle ne me quittera jamais.

CATARINA. Je vous crois, et en échange vous lui avez envoyé, vous ?

MARIE. Une tresse de mes cheveux... l'anneau que je portais à mon doigt. Ah ! puisse-t-ils lui rappeler toujours que sa vie est la mienne !... qu'il ne doit pas s'exposer inutilement... et quand il reviendra, s'il doit revenir, mon Dieu ! que je les lui voie toujours, comme toujours aussi il me verra cette chaîne.

CATARINA. Il reviendra, que j'vous dis. Il me semble déjà que je le vois arriver tout à coup... Quel beau moment !

MARIE. Oh ! oui, le plus beau de ma vie... moment d'amour, moment de joie.

CATARINA. Nous sommes tous réunis ici, votre mère, Francesco, le maître... nous deux.

MARIE. Oui... Et tout-à-coup une voix se fait entendre.

CATARINA. La sienne...

MARIE. La porte s'ouvre... il nous appelle : Mon père ! Marie ! mes amis !

CATARINA. Il entre.

MARIE. C'est lui, je le vois.

CATARINA. Il vous tend les bras.

MARIE. Je cours m'y jeter... Je l'embrasse.

CATARINA. Tous vos maux sont finis.

MARIE. Oui, je suis heureuse... Le voilà, le voilà !...

CATARINA. Marie !

MARIE. Toniotto !

MATHEA, *dans la coulisse.* Marie ! Marie !

(*La scène doit être jouée comme elle le serait entre Toniotto et Marie.*)

CATARINA. On vient !... C'est vot' mère.

MARIE. Ma mère... qu'elle vienne... Je suis heureuse, tu le vois, je souris... c'est sa fête.

SCÈNE III.

LES MÊMES, MATHEA.

MARIE, *allant au devant de sa mère.* Ma bonne mère, ce n'est pas raisonnable... vous lever...

MATHÉA. Allons, tais-toi, grondeuse... viens que je t'embrasse. Ce n'est que pour un instant.

MARIE. A la bonne heure. (*Lui donnant une chaise.*) Ne vous fatiguez pas trop ; asseyez-vous là.

CATARINA. V'là tout le monde pour la veillée. (*Bruit dans la coulisse.*) Entendez-vous ?

MATHÉA. Eh ben ! tant mieux ! qu'ils soient les bien-venus.

CATARINA, *ouvrant la porte.* Arrivez donc, les amis, arrivez donc !

MATHÉA. Allons, Marie, reçois tout le monde.

MARIE. Oui, ma mère.

CATARINA. Pendant que les jeunes danseront, v'là d'quoi réchauffer les vieux. (*Elle place dans le feu deux fagots.*)

SCÈNE IV.

Les Mêmes, Tous les Gens de la veillée, JACQUINETTA, puis CARLINO.

CHŒUR.

Bonsoir, voisins, amis, bonsoir !
Nous voici tous pour la veillée ;
Par nous qu'elle soit égayée,
Et tout au plaisir de vous voir ;
Bonsoir, voisins, amis, bonsoir !

(Tout le monde entre gaîment en chantant et saluant à la fois la mère Mathéa. Après le chœur Marie place tout le monde et revient près de sa mère. L'orchestre accompagne toute cette mise en scène. Le tableau se forme et représente l'ensemble d'une veillée d'hiver de village. Dans une cheminée un grand feu qui pétille. Une lampe suspendue au plafond éclaire la salle... Quelques jeunes garçons se placent auprès de leurs amoureuses sur les bancs qu'on apporte. Auprès du feu on met une table ; des vieillards viennent s'y asseoir et préparent des cartes pour faire leur partie ; on leur apporte des verres et des bouteilles. Dans le fond on voit d'autres personnes assises et travaillant à différens ouvrages qu'elles ont apportés. Des vieilles femmes filent ; d'autres tricotent ; des jeunes filles font de la dentelle. Les enfans sont sur le devant de la scène et jouent à la main chaude ; c'est Ambrosio qui les cache ; ils se disputent, se battent, on les fait mettre à genoux devant la mère Mathéa, qui leur dit de s'embrasser ; ils sortent par le fond et poussent Carlino, qui entre ; il est habillé en Jean-Jean, culotte collante, grandes guêtres noires, etc. ; il tient une badine à la main, qu'il tortille niaisement pendant tout son récit.

CARLINO, *entrant.* Bonsoir, mamzelle Marie... Bonsoir, belle Jacquinetta. Bonsoir tout le monde.

TOUS. Ah ! v'là Carlino !

CARLINO. Oui, c'est moi ; j'arrive le dernier, n'est-ce pas ? mais enfin, c'est égal, me v'là, j'arrive... Il fait un froid et une neige !... Brrr !... je suis morfondu jusque dans la moelle des os !... Tiens ! tiens, c'est vous, la mère Mathéa ? vous v'là levée... Il paraît que ça va tout-à-fait bien ?

MATHÉA. Mais, à peu de chose près...

CARLINO. Tant mieux, tant mieux !... (*Se frottant la jambe.*) Coquin de sort ! la jambe me fait un mal !...

MATHÉA. Qu'est-ce que tu as donc, Carlino ?

CARLINO. Ah ! tenez, voyez-vous, c'est un fait exprès... je suis né sous une étoile de guignon. Il faut qu'un esprit malin s'acharne à me poursuivre et à me faire mille niches, toutes plus déplaisantes les unes que les autres... c'est impossible autrement... Tenez, jugez vous-mêmes.. J'entends sonner sept heures à la grosse horloge du village, et je me dis : V'là l'heure d'aller à la veillée... je vas me dépêcher à cause de vous, Jacquinetta...

JACQUINETTA. Comment, c'est pour moi ?...

CARLINO. Oui, car je savais que vous deviez venir ce soir. Je pars, avec l'intention de ne faire qu'une course de la maison ici... On dit que l'amour donne des ailes ; il aurait bien dû, le scélérat, le capricieux qu'il est, m'en prêter au moins une paire dans cette circonstance... mais, bah ! je t'en souhaite... Je m'élance donc... quand tout-à-coup, au milieu de ma course vagabonde, je donne en plein... devinez en dix...

JACQUINETTA. Comment voulez-vous que je devine ?

CARLINO. Je donne dans Turc, le gros chien du boucher Giacomo... Le gros scélérat d'animal m'effraie, il me passe dans les jambes, me fait faire une culbute par dessus sa tête et m'envoie à dix pieds loin de lui.

TOUS, *riant.* Ah ! ah ! ah !

CARLINO. Ça vous fait rire, ça... Merci !... Mais, ce n'est pas tout, v'là-t-il pas que ce chien absurde se met à sauter sur moi. Heureusement, j'en ai été quitte pour la peur. N'importe, j'ai eu une fameuse émotion... C'est qu'un peu plus, il m'enlevait le morceau.

TOUS, *riant.* Ah ! ah ! ah !

JACQUINETTA. Pauvre Carlino ! c'est ma foi vrai.

CARLINO, *à part.* Elle a dit pauvre Carlino... (*Haut.*) Vous vous intéressez donc à moi ?

JACQUINETTA. Dame, écoutez donc... si vous devez m'épouser un jour, j' tiens à vous avoir tout entier.

CARLINO, s'approchant du feu. Ah ça! voyons! qu'on me laisse me remettre et me réchauffer un peu.... la jambe gauche surtout, elle est évanouie...

JACQUINETTA, lui donnant une chaise près du feu. Tenez, mettez-vous là Carlino.

CARLINO. C'est ça.... (Comme il va s'asseoir, Ambrosio retire la chaise et il tombe.) Oh! par exemple, v'là une mauvaise farce.. permettez-moi de vous le dire.

TOUT LE MONDE rit bruyamment. Ah! ah! ah!

CARLINO. Finissons, où je vas me fâcher.. c'est que, voyez-vous, quand on est militaire, quand on s'a battu....

AMBROSIO. Tu t'es donc battu, toi ?...

CARLINO. Je ne dis pas ça... je dis qu'on s'a battu... et plus d'onze fois encore...

AMBROSIO. Pourquoi es-tu revenu ?

CARLINO. Pourquoi !.... pourquoi !.. parce qu'ils m'ont renvoyé... parce qu'ils se sont aperçus que ma santé délicate ne correspondait pas à l'enthousiasme nerveux de ma bravoure..... Je ne sais comment diable ça se faisait, mais la veille de chaque affaire, il me prenait là (montrant sa poitrine) c'est-à-dire (montrant son ventre,) il me prenait ici je ne sais quoi qui m'obligeait, vu son désagrément, d'entrer à l'hôpital, et voyez toujours la suite du guignon, il se trouvait que je n'étais jamais guéri que lorsque tout était fini.. sans ça... oh !... mais n'importe, je coopérais pour ma part..... je me battais d'imagination, j'avais des scènes atroces avec mon traversin...

TOUS. Ah! ah! ah!

AMBROSIO. Oui, oui, je comprends.

CARLINO. Je vous conseille d'en parler; j'aurais voulu vous y voir avec un schako de quinze livres sur la tête, un fusil d'une longueur insipide, et des guêtres qui me faisaient des jambes que c'était une pitié de les regarder... les voilà mes jambes.... jugez vous-même.... Confiez donc des hommes à la patrie pour qu'elle vous les rende dans cet état !... tout ça passait encore, je m'y faisais peu à peu, et je pensais à la gloire en prenant ma portion de ratatouille...

CATARINA, à Mathea. Comme mamzelle Marie redevient triste !..... il faudrait..... attendez, laissez-moi faire. (Allant à Carlino.) Ecoute donc, Carlino...

CARLINO. Qu'est-ce que vous me voulez ?

CATARINA. C'est aujourd'hui la fête de la mère Mathea, elle a envoyé chercher les violons, ils vont venir, et elle compte sur toi pour égayer la soirée.

CARLINO, allant à Mathea. Vraiment, on va danser ? Ah ! que je vous embrasse, que je vous la souhaite, votre fête.,. vous pouvez compter sur moi...

MATHEA. Tu vas m'étouffer, prends garde.

CARLINO. C'est que, voyez-vous, danser avec Jacquinetta, Jacquinetta mes amours, ah ! Dieu ! dites donc vous autres, les amis, c'est aujourd'hui la fête de maman Mathea.

TOUS. Sa fête !...

(On se presse autour de la mère Mathea. Carlino frappe sur la table où sont les vieillards.)

CARLINO. Oui, et l'on va danser...... eh bien ! vous autres les papas, est-ce que vous n'entendez pas..... Voyons, faites comme moi, souhaitez-lui donc sa fête, et tout de suite... allons, le verre en main, à la santé de la maman Mathea !

TOUS. A la santé de la maman Mathea.

CARLINO. A la bonne heure donc... c'est ça, bravo ! bravo ! gare gare, v'là les violons..... laissez-les entrer..... arrivez donc, traînards que vous êtes ; mes jambes ont repris leur train, je vous en avertis, ainsi jouez ferme et long-tems..... en place..... plus de veillée, plus d'ouvrage pour ce soir... invitez vos danseuses... ô Jacquinetta, mes amours, ne me refusez pas, car vous feriez mon malheur.

JACQUINETTA. J'en serais bien fâchée.

CARLINO. De ne pas danser ?

JACQUINETTA. Avec vous.

CARLINO. A la bonne heure.

(On range tout pour faire de la place. Les joueurs de violons montent sur la table qu'on place dans un coin. Les vieux papas et les vieilles mamans s'asseyent sur des bancs qu'on range le long des murs.)

MARIE, bas à sa mère. Vous n'êtes pas encore très-forte, croyez-moi, ma mère... venez.

La mère Mathéa rentre dans sa chambre.)

TOUS. Commence, Carlino.

(Ballet. Carlino danse d'abord un pas comique avec Jacquinetta. Tout le monde reprend ensuite. Après plusieurs figures bien variées, la porte s'ouvre tout-à-coup et l'on voit entrer le maître d'école et Francesco ; ils sont pâles et agités. La danse est interrompue.)

SCÈNE V.

LES MÊMES, LE MAITRE, FRANCESCO.

CARLINO, au maître. Ah ! maître, vous avez brouillé la danse.

LE MAITRE, après avoir examiné ceux qui l'entourent. Silence ! enfans... Marie.. où est Marie ?

CARLINO. Là, dans la chambre de sa mère.
FRANCESCO. Ah! tant mieux!..... elle saura trop tôt.
CARLINO. Qu'y a-t-il? comme vous voilà pâles, agités...
TOUS, *se pressant autour du maître.* Parlez! maître, parlez!
LE MAITRE. Nous venons de la ville..... les nouvelles les plus tristes sont arrivées.... L'armée est presqu'entièrement détruite, ce que n'ont pu faire tous les rois de l'Europe, les élémens déchaînés l'ont accompli..... il n'est pas un de vous peut-être dans ce désastre affreux qui n'ait à pleurer un frère, un parent, un ami. Les infortunés qui ont survécu sont errans, fugitifs, dispersés, comme des débris vivans qu'on cherche encore à écraser..... oh! plus de danses et de jeux.... pleurez au lieu de sourire, votre joie serait criminelle... à genoux..... à genoux et prions pour eux!....
(Tout le monde se prosterne.)
CHŒUR.
Sainte vierge Marie,
Que grâce à tes bienfaits,
Les soldats piémontais
Rentrent dans leur patrie.
(*On entend frapper à la porte; tout le monde se lève.*)
LE MAITRE. On a frappé.
FRANCESCO. Qui vient là?
LE MAITRE. Ouvrez.
(On ouvre, on aperçoit un militaire pâle, défait, le bras gauche en écharpe, la tête enveloppée d'un mouchoir rouge à carreaux. Son chapeau à cornes est recouvert d'une vieille toile cirée; ses habits presque en lambeaux. Il s'appuie sur un long bâton noueux; il s'arrête immobile et la tête baissée sur le seuil de la porte. On s'empresse autour de lui, on le fait entrer; c'est Léonard.)

SCENE VI.

LES MÊMES, LÉONARD, *puis* MARIE *et* CATARINA.

LE MAITRE, *le reconnaissant.* Ciel! que vois-je!...
FRANCESCO. Léonard!
TOUS. Léonard!
LE MAITRE. Seul.... seul, comment se fait-il?
FRANCESCO. Et Toniotto?
LÉONARD, *l'œil morne et d'une voix sombre.* Mort!
TOUS. Mort!...
MARIE, *qui est rentrée en scène et qui a entendu Léonard.* Toniotto! mort!... Ah! mon Dieu!
(Elle pousse un cri déchirant et vient tomber évanouie aux pieds de Léonard qui reste toujours dans la même immobilité.... on prodigue des secours à Marie... toutes les figures expriment l'abattement et le désespoir. Tableau.)

FIN DU DEUXIÈME ACTE.

ACTE III.

LE RETOUR.

Le théâtre représente une école de village ; au fond quelques bancs, des cahiers, des livres, etc. Sur le devant de la scène, un espace vide, où se tient le maître pendant les classes et qui sera occupé par les personnages. Porte au fond. Portes latérales.

SCÈNE PREMIÈRE.

(Au lever du rideau les enfans sont en récréation ; les uns se couvrent la tête de chapeaux de papier, d'autres groupés dans un coin jouent à la main-chaude ; l'un d'eux est assis dans le fauteuil du maître, il prend les lunettes de celui-ci, et semble parler avec gravité à deux de ses camarades, qui tendent la main comme pour recevoir un coup de férule. Sur le devant de la scène le petit Toniotto, coiffé d'un chapeau de papier de forme militaire, joue au soldat avec trois autres enfans. Tableau animé.)

LE PETIT TONIOTTO. En avant ! marche ! rantamplan...
(En traversant la scène, il repousse le fauteuil où est assis l'enfant qui contrefait le maître.)

PREMIER ENFANT. Holà ! eh ! vous autres les militaires, ne venez donc pas nous déranger.

LE PETIT TONIOTTO. Silence par là ! ou bien gare aux coups de sabre !...

DEUXIÈME ENFANT. Je vas te mettre en pénitence, capitaine !...

LE PETIT TONIOTTO. Et moi, je vas le tuer... (Il fait semblant de le frapper avec son sabre de bois ; l'autre se défend avec la férule.) A mort !... v'lan !...

DEUXIÈME ENFANT, faisant semblant d'être tué. Ah ! ah !...

PREMIER ENFANT. Faut l'enterrer...

(Ils le prennent par les bras et par les jambes, et se disposent à l'emporter ; Léonard entr'ouvre la porte du fond.)

SCÈNE II.

LÉONARD, LE PETIT TONIOTTO, *les autres enfans sortent après les premiers mots de Léonard.*

LÉONARD. Ah ! je vous y prends, mes petits diables... voulez-vous bien aller faire votre vacarme au jardin ? c'est parce que votre maître est sorti que vous êtes venus bouleverser la classe... attendez !... attendez !...

(Ils les poursuit, les enfans se sauvent en riant ; le petit Toniotto reste et se cache sous la table à droite.)

LÉONARD. Eh bien ! te voilà encore, toi, gamin ?

(Il le met sur la table.)

LE PETIT TONIOTTO. Oh ! gamin !... pourquoi donc que vous ne m'appelez pas par mon nom ? je m'appelle Toniotto, vous le savez bien, puisque vous êtes l'ami de maman Marie et de papa Francesco...

LÉONARD. Te voilà quasiment en uniforme... tu veux donc être militaire ?...

LE PETIT TONIOTTO. C'est t'y comme vous tous les militaires ?

LÉONARD. Dame ! mon garçon, à peu près...

LE PETIT TONIOTTO. Je veux bien alors... Sergent ! vous ne savez pas, on dit que vous êtes un vieux lapin, vous !...

LÉONARD. Ah ! on dit ça ?

LE PETIT TONIOTTO. Oui... quand vous viendrez à la ferme vous m'apprendrez l'exercice, n'est-ce pas ?

LÉONARD. Tâche d'apprendre à lire, ça vaudra mieux.

LE PETIT TONIOTTO. Je serai bien sage si vous voulez m'apprendre l'exercice.

LÉONARD. Eh bien ! nous verrons.

LE PETIT TONIOTTO. Et puis plus tard, dans bien long-tems, quand je serai grand, vous me mènerez à la guerre, comme cet autre que je m'appelle comme lui, vous savez bien, Toniotto, celui-là qui n'est pas revenu ?... (Léonard fait un mouvement et se détourne.) Eh bien ! qu'avez-vous donc ?

LÉONARD, *prenant l'enfant dans ses bras.* Rien... Va jouer avec tes petits camarades, mon ami, va...

LE PETIT TONIOTTO. Oui, sergent, oui... mais vous m'avez promis de m'apprendre l'exercice, ne l'oubliez pas, au moins !...

(Il sort en courant.)

SCÈNE III.

LÉONARD, *seul.*

Pauvre petit ! quel mal il me fait toutes

les fois qu'il me parle comme tout à l'heure!... et cette idée qu'ils ont eue de l'appeler Toniotto!... il y a des momens où ça me gêne et me met sens dessus dessous!... Eh bien! c'est égal, depuis tantôt six ans que nous avons perdu mon brave camarade, il n'y a que cet enfant pour me remettre un peu de joie dans le cœur, et sans lui je crois bien que sa pauvre mère aurait eu du mal à se faire à tous ses chagrins... enfin, il a fallu que le diable de sort fît tourner la chance de cette façon!. C'est encore un bonheur que le maître et moi nous ayons pu dans le tems décider Marie à épouser ce digne Francesco, au moins nous l'avons sauvée de la misère, elle et sa mère! Ah! si Marie avait pu continuer à la nourrir de son travail, si elle ne s'était pas épuisée à pleurer Toniotto, nous aurions perdu notre peine à lui parler de mariage avec un autre... heureusement c'est à un honnête garçon que nous l'avons donnée!... Ah çà! mais, qu'est devenu ce brave homme de maître d'école... je vais le savoir, voilà la vieille Catarina qui vient... depuis la mort du père Antonio, c'est elle qui est son intendant-général...

SCÈNE IV.

LÉONARD, CATARINA.

(Elle tient un panier à la main.)

LÉONARD. Ma foi! je croyais que vous aviez pris votre volée jusqu'à la nuit, Catarina, et j'allais faire la conversation avec ma pipe... je remets ça à plus tard...

CATARINA. Oh! ne vous gênez pas, les marmots sont sont au jardin...

LÉONARD. Ils sont au jardin, c'est vrai... mais tout à l'heure ils étaient rentrés dans la caserne, et ils faisaient une mascarade un peu soignée...

CATARINA. C'est qu'ils savaient le maître sorti de la maison... et puis c'est une si bonne pâte d'homme!...

LÉONARD. Ça, bien sûr... je ne crois pas qu'il vous tourmente beaucoup, n'est-ce pas?...

CATARINA. Seigneur Dieu! sergent, j'ai été trop heureuse, quand ce digne père Antonio est mort sitôt après son fils... notre pauvre Toniotto! d'entrer en service chez le maître... il m'a semblé que je n'étais pas sortie de ma première maison...

LÉONARD. Mais où est-il donc allé, le maître?

CATARINA, *le faisant regarder par une fenêtre.* Tenez! le voilà qui revient avec Marie et Francesco... il savait qu'ils étaient ici près dans leur vigne, et il a voulu aller leur dire un petit bonjour.

LÉONARD. Voyez un peu s'il n'a pas l'air aussi respectable qu'un général qui reviendrait de trente campagnes. (*Catarina va ouvrir la porte.*) Et dire que cet homme a passé toute sa vie dans l'alphabet..... enfin!...

SCÈNE V.

LÉONARD, LE MAÎTRE, FRANCESCO, MARIE, CATARINA.

LE MAÎTRE. Ah! vous étiez là, sergent?

LÉONARD. Fidèle à la consigne comme tous les jours... Salut, mes amis...

FRANCESCO, *lui prenant la main.* Bonjour, sergent!

MARIE, *à Catarina.* Tiens, Catarina, les plus belles grappes de notre petite vendange appartiennent à notre bon maître... prends ce panier, c'est pour lui.

CATARINA, *regardant le raisin dont elle montre une grappe.* Dieu! il est superbe... je vas serrer ça, car si les gamins mettaient la main dessus, je vous réponds qu'il n'en resterait pas beaucoup...

(*Elle sort.*)

SCÈNE VI.

LES MÊMES, *moins* CATARINA.

LÉONARD. Eh bien! maître, on dirait que vous êtes fatigué de la petite escapade que vous venez de faire...

LE MAÎTRE, *prenant la main de Marie et celle de Francesco.* Du tout... ces enfans ont de la besogne à présent... ils sont obligés de m'abandonner un peu... j'ai voulu aller les trouver... quand je suis un jour sans les voir, ça me rend tout triste...

MARIE. Et nous aussi, maître, car nous vous aimons comme un père.

FRANCESCO. Eh bien! si vous tenez à nous prouver que vous nous aimez bien, il faut que vous veniez tantôt avec Léonard à la ferme... nous avons une réunion d'amis, un petit repas à l'occasion des vendanges... je veux que vous en soyez... et que vous buviez avec nous à la santé de ma femme!...

LE MAÎTRE. Je veux bien... comptez sur moi.

MARIE. Merci, maître.

FRANCESCO. A la bonne heure...

LÉONARD. Et sur moi aussi, Francesco, vous me trouverez toujours prêt à boire autant que vous voudrez à l'intention de votre femme...

MARIE. Je sais quelle est votre amitié pour nous, sergent !...

LÉONARD. Ah ! voyez-vous, je ne vous ferai pas des complimens de muscadin en jabot... mais il faut que vous sachiez une chose... j'ai vu suffisamment de femmes dans le monde, mais, quant à ce qui est de la bonté, je veux bien que le diable m'emporte si j'en ai rencontré une qui valût la peine qu'on lui laissât monter la garde à votre porte !...

MARIE. Je ne fais que remplir mes devoirs et je suis heureuse de les remplir...

LE MAITRE, *prenant sa main et celle de Francesco.* Oui, et vous êtes dignes l'un de l'autre !... et votre bonheur durera autant que votre existence...

FRANCESCO. Je l'espère, maître, et puissiez-vous en être témoin pendant de longues, de bien longues années !...

LE MAITRE. Mais du moins, quoi qu'il en soit, je vous laisserai ici-bas, heureux comme vous méritez de l'être.

FRANCESCO. Grâce à vous, maître, car depuis que vous avez décidé Marie à accepter ma main, il semble que la bénédiction du ciel soit entrée dans ma ferme..... Ah ! tenez, que le bon Dieu m'ôte la vie avant que de lui causer volontairement le moindre chagrin !...

MARIE, *lui tendant la main.* Bon Francesco !.. Mais si nous allions nous occuper de nos petits préparatifs.

FRANCESCO. Me voilà, Marie.

MARIE. Maître, nous allons revoir un peu nos ouvriers... L'un de nous deux viendra reprendre notre enfant et vous avertir, en même tems que Léonard, quand tout sera disposé...

LE MAITRE. C'est cela... à tantôt...

FRANCESCO, *serrant la main au maître et à Léonard.* Au revoir !...

CATARINA, *qui est rentrée.* Je sors avec vous.

∞∞∞∞∞∞∞∞∞∞∞∞∞∞∞∞∞∞∞

SCENE VII.

LE MAITRE, LEONARD.

LE MAITRE. Eh bien ! sergent, vous le voyez, notre conscience peut dormir tranquille sur ce mariage auquel nous avons contribué dans le tems,... il est aisé de s'apercevoir que nous avons bien fait et que nos espérances n'avaient pas été trop loin.

LÉONARD. Oui, il y a des momens où je le crois comme vous... il y en a d'autres aussi où cette brave femme me fait peine à voir... elle a beau faire... je m'en suis aperçu plus d'une fois... elle n'est pas de ce calibre de femmes qui disent : Tu es mort, n'y pensons plus !... rien ne la ferait broncher pour ce qui est de ce qu'elle doit à son mari... mais, le diable m'emporte ! tant qu'elle vivra, elle se souviendra toujours... de celui que nous avons perdu...

LE MAITRE. Elle a deviné le grand secret de sa vie, sergent : elle s'est résignée...

LÉONARD. Ah ! oui... tout ça est beau dans vos livres... mais c'est une résignation qui lui coûte cher, allez...

LE MAITRE. Rassurez-vous, sergent,... le tems achèvera l'œuvre que nous avons commencée... nous verrons Marie calme... tout-à-fait heureuse peut-être... Croyez-moi, nous n'avons pas suivi une fausse route.

LÉONARD. Au fait, vous avez peut-être raison... c'est toujours moi qui vous donne comme ça des idées... que voulez-vous ? nous autres, vieux soldats, quand nous avons plié bagage et dit adieu au métier, nous ne sommes pas plus faits pour raisonner qu'une vieille femme qui file sa quenouille..... Mais vous êtes bon là pour redresser mon imagination de travers... aussi, Dieu me damne ! j'aurais de la peine à quitter ma garnison de ce village maintenant.... C'est heureux, pour un pèlerin comme moi, qui s'ennuie à rien faire, de vous avoir pour compagnon..... vous trouvez toujours moyen de me distraire un peu quand ma tête voyage vers les tems passés...

LE MAITRE, *lui prenant la main.* Eh ! eh ! sergent, j'ai mon profit à tout cela, allez !.. je serais bien triste si je ne vous avais pour camarade !...

LÉONARD. Et un camarade qui se fendrait un peu à votre service s'il le fallait... Mais voici l'heure où vous lisez ordinairement votre... votre office, que vous appelez, je crois... car vous avez de la religion comme un bon et véritable curé... Tenez, v'là votre gros livre... faites comme si je n'y étais pas. (*Prenant sa pipe.*) J' vas dire mon bréviaire aussi, moi...

SCENE VIII.

Les Mêmes, CATARINA, puis TONIOTTO.

CATARINA, *entrant pâle, égarée, et pouvant à peine parler.* Ah! maître, maître! Sergent! si vous saviez!...

LE MAITRE. Qu'y a-t-il?

LÉONARD. Parlez...

CATARINA. Eh bien! mon Dieu!... là, près de la maison, j'ai cru voir... j'ai vu et... tenez, regardez... le voilà.

(Toniotto paraît sur le seuil de la porte, Catarina tombe sur un siége, le maître et Léonard reculent de surprise aux deux extrémités du théâtre. Les vêtemens de Toniotto sont en lambeaux; vieille capote d'uniforme, mauvais bonnet de police, pantalon déchiré dans le bas, chaussure attachée avec des ficelles; sa longue barbe donne à sa physionomie une expression de souffrance. En entrant, il jette son sac et le bâton sur lequel il s'appuie.)

LE MAITRE. Ah! ciel!

CATARINA. C'est bien lui!

LÉONARD. Toniotto!

TONIOTTO. Cher maître... Catarina... Léonard! Oui, c'est moi, Toniotto... Je vous revois... ô bonheur! bonheur!

(Toniotto s'approche, mais les autres personnages restent à leur place.)

LÉONARD. Oh! je ne puis le croire...

LE MAITRE. C'est un rêve, une vision.

TONIOTTO. C'est bien moi, vous dis-je. Ah! venez dans mes bras, sur mon cœur. Venez!...

(Il les attire à lui et les embrasse tour-à-tour.)

LE MAITRE. Est-il possible? Toi, toi, Toniotto!

LÉONARD. C'est à en perdre la raison.

CATARINA. Jésus! mon Dieu!

TONIOTTO. Pauvres amis, je comprends... mon arrivée subite, inattendue.. Pardonnez-moi! Je me doutais que ma présence vous causerait cette surprise, cet effroi; mais je n'ai pas osé me présenter d'abord chez mon père, chez Marie.

LE MAITRE. Oh! oui!... tu as bien fait. (*A part.*) Je n'en puis plus.

TONIOTTO. J'ai pensé que vous, mon cher maître, qui m'avez toujours aimé, vous les prépareriez à me revoir, n'est-ce psa?

LE MAITRE. A te revoir... oui. (*A part.*) Que lui répondre? que lui dire?

LÉONARD, *à part.* Je voudrais être à mille pieds sous terre.

TONIOTTO. Avant d'entrer ici j'ai long-tems hésité; long-tems je suis resté sur le seuil de la porte, tremblant de joie..... d'anxiété, quand tout-à-coup j'ai aperçu Catarina; elle a fui devant moi... Entraîné par une puissance irrésistible, je l'ai suivie; je suis entré... et me voilà... Oh! je vous en conjure, remettez-vous maintenant, parlez-moi... Voyons, mon bon vieux maître... Catarina... Léonard... c'est Toniotto qui revient, Toniotto qui vous aime... qui vous chérit, comme par le passé.

LE MAITRE. Attends.. C'est que, vois-tu, mes forces, ma raison... une émotion si brusque, si profonde... te revoir! Mais, songe donc que depuis cinq années...

TONIOTTO. Oh! oui, vous m'avez cru mort, n'est-ce pas? Vous le deviez; car, depuis cinq ans, pas de nouvelles, rien de moi... Ah! cette pensée m'a bien des fois arraché des larmes et fait le tourment de cette vie que j'ai traînée si loin de vous... J'ai bien souffert, allez; je vous dirai tout. Mais avant, courez prévenir Marie, courez prévenir mon père... j'ai besoin de leur présence. Allez, ne perdez pas un instant, je vous en conjure!

LE MAITRE, *à part.* Mon Dieu!... mon Dieu!

LÉONARD, *à part.* Malédiction!

CATARINA, *à part.* Tout est perdu.

TONIOTTO. Eh bien! vous hésitez... Est-ce que vous ne comprenez pas mon impatience?... Mais qu'y a-t-il? pourquoi vous détournez-vous de moi?... Des larmes dans vos yeux... oh! ce silence est horrible; une affreuse pensée me saisit... parlez vite... Vous ne me répondez pas... Oh! je cours moi-même!

LÉONARD. Arrête, Toniotto; reste ici... ne sors pas...

TONIOTTO. Laissez-moi... laissez-moi...

LÉONARD. Attends encore... Ecoute...

TONIOTTO. Rien!

CATARINA, *au maître.* Retenez-le; maître.

LE MAITRE. Oh! oui, il le faut; car, s'il apprenait tout à la fois, ce serait le tuer. (*Allant à Toniotto.*) Eh bien! Toniotto?

TONIOTTO. Achevez, maître... parlez, je le veux...

LE MAITRE. Eh bien! ton père...

TONIOTTO. Mon père!... (*Le maître lui montre le ciel.*) Ah!... (*Il tombe accablé.*)

LÉONARD, *à part.* Malheur! malheur!

TONIOTTO, *étouffant de sanglots.* Le désespoir l'a tué, n'est-ce pas?... O mon père! je ne te reverrai donc plus!... Voilà donc ce qui m'attendait au retour... Mon père!... (*Après avoir pleuré, il se rapproche avec crainte du maître, et d'une voix tremblante.*) Et... et... Marie?

LE MAITRE. Marie!... Elle existe.

TONIOTTO. Elle existe!... Merci, mon Dieu; vous avez eu quelque pitié de moi. Et vous, mon père, pardonnez-moi cet instant de joie!... Vous savez si je l'aime, vous savez ce que j'ai souffert... pardonnez-moi... Avec elle au moins je pourrai vous pleurer!

LÉONARD. Ah! Toniotto, que je sois maudit, car c'est moi qui ai apporté ici l'affreuse nouvelle de ta mort.

TONIOTTO. Toi, Léonard!

LÉONARD. Mais pouvais-je en douter, quand, tout sanglant, tu tombas dans mes bras, quand ton cœur resta immobile sous ma main? Puis, au moment où j'allais t'emporter, pour ne pas laisser ton cadavre à nos ennemis, je tombai moi-même frappé d'une balle. Lorsque je revins à moi, lorsque je te demandai à nos frères d'armes qui m'entouraient, ils me répondirent: Mort!... Et quand, seul, je revins ici, à tous ceux qui m'interrogeaient, moi aussi j'ai répondu: mort!!! Oh! maudis-moi, maudis-moi!

TONIOTTO. Brave camarade! ami noble et dévoué... oh! non, pas de malédiction sur toi. La fatalité seule a tout fait. Non, je n'avais pas été frappé à mort, Léonard! Revenu de mon évanouissement, mes blessures m'arrachèrent un cri de douleur. On accourut auprès de moi. Hélas! ce n'était pas des frères qui m'entouraient..... Un officier russe ordonna à ses soldats de m'emporter dans le camp ennemi. Des soins me furent prodigués; mes blessures ne tardèrent pas à se cicatriser... Peu de tems après, je fus conduit dans le fond de la Sibérie... Ce même officier m'employa comme prisonnier à des travaux de jardinage dans sa vaste seigneurie. Je dois le dire, la fierté du soldat n'eut pas à se révolter contre d'indignes traitemens... Mais j'étais si loin de la France, du Piémont... Cinq années se sont écoulées; cinq années!... et pendant ce siècle de regrets et d'angoisses, nul ne m'a parlé de vous tous, nul ne m'a dit: je les ai vus, ils vous attendent encore... Les lettres que je vous écrivais étaient interceptées, je l'ai su plus tard; car on voulait me retenir... Oh! comme le désespoir grandissait dans mon cœur, et que j'étais livré à de cruelles incertitudes!... Enfin la paix fut signée, j'obtins la permission de partir. Seul, à pied, avec ma pauvre paie de prisonnier, j'entrepris ce long voyage. Plus d'une fois, la fatigue ranima mes vieilles blessures: plus d'une fois le pain me manquait, Léonard, et cachant sous mes haillons la croix donnée par l'empereur, je tendais la main au passant qui me faisait la charité...

LE MAITRE. Pauvre Toniotto!

LÉONARD. Pauvre soldat!

TONIOTTO. Oh! je serais mort en chemin, allez, si je n'avais porté dans mon cœur l'espérance et le désir de vous revoir. « Je veux les revoir tous, me disais-je; il faut que je me traîne jusqu'à eux... » Me voici revenu; mais, hélas! mon père manque à mes embrassemens... Oh! j'étais bien insensé de croire que je retrouverais tout ici comme je l'avais laissé, comme le désirait mon cœur.

LE MAITRE. Oui, mon pauvre Toniotto, en cinq années, que d'événemens imprévus, que de projets anéantis!... Qu'il faut de force et de courage parfois!

TONIOTTO. Eh bien! c'est vous qui me consolerez... Près de vous.... près de Marie...

(*On entend la voix de Marie dans la coulisse.*)

MARIE, *dans la coulisse.* Oui, c'est bien... tout à l'heure...

TONIOTTO. Cette voix!... je ne me trompe pas... je la reconnais... c'est la sienne!.... (*La porte s'ouvre. Toniotto allant à elle.*) Marie! Marie!...

MARIE. Toniotto!

(*Elle recule saisie d'effroi, et reste pour ainsi dire collée contre la porte; Toniotto la fixe avec stupeur.*)

LE PETIT TONIOTTO, *accourant.* Maman! maman!

TONIOTTO, *avec égarement.* Sa mère!...

Tableau.

FIN DU TROISIÈME ACTE.

ACTE IV.

TONIOTTO ET MARIE.

Chez Toniotto ; une chambre à côté de celle de Toniotto.

SCÈNE PREMIÈRE.

LÉONARD, puis LE MAITRE.

(Au lever du rideau, Léonard est debout, les bras croisés, l'air pensif, devant la porte fermée de Toniotto.)

LÉONARD. Je ne l'entends plus ; il m'a renvoyé de sa chambre.... Que fait-il donc?

LE MAITRE, *entrant*. Eh bien! sergent, Toniotto?...

LÉONARD, *lui indiquant sa chambre*. Il est là ; je viens de le quitter tout à l'heure.

LE MAITRE. Comment se trouve-t-il ce matin?

LÉONARD. Dame! mieux en apparence. Mais, ce mieux-là, voyez-vous, c'est pour moi toujours la même chose, si ce n'est pas pire... Je me méfie quand je le vois si calme... Ah! maître, comment tout cela finira-t-il?

LE MAITRE. Hélas! s'il faut en croire le digne médecin de ce village, qui depuis neuf mois le soigne avec tant d'amitié, nous devons redoubler de prudence. Sa maladie est grave, et quoique, de tems à autre, il lui prenne des momens de force et de vigueur, le danger est grand. Ses blessures se sont rouvertes, et sa tête affaiblie, qui s'exalte pour un rien et l'abandonne parfois des heures entières, lui donne des inquiétudes sérieuses... Ah! éloignons de lui toute émotion forte, inattendue, si nous ne voulons pas hâter l'événement affreux qui ne nous menace que trop déjà.

LÉONARD. Ah! maître, le plus fort du mal est dans le cœur... C'est ça qui dérange tout le reste. Croyez-moi, c'est là qu'il faut porter remède.

LE MAITRE. Je le sais ; le docteur ne l'ignore pas non plus... mais, qu'y pouvons-nous?...

LÉONARD. Qu'y pouvons-nous?... Cependant, je vous le répète, il faut aviser à un moyen prompt et décisif. Ce matin, en lui parlant, son découragement m'a paru plus profond encore ; j'ai essayé de le prendre de toutes les façons, pour lui changer ces diables d'idées qui le travaillent... Je me suis mis à jaser de nos histoires de soldats?... Je l'ai fait souvenir de la première bataille où il s'est trouvé, et puis de la croix que l'empereur lui donna lui-même, en lui disant : Vous êtes un brave... Plus d'une fois ça m'avait réussi... Eh bien! tout cela ne lui a pas beaucoup fait d'effet, et c'est mauvais signe... Il souriait bien un peu, si vous voulez, mais d'un air si triste, que j'en avais les larmes aux yeux.

LE MAITRE. Mon Dieu! nous avions espéré qu'il ne tomberait pas dans un découragement si profond.

LÉONARD. Oh! je ne m'y suis pas trompé, allez... La première fois que nous sommes allés tous ensemble à la ferme de Francesco, j'ai bien vu tout ce qui allait arriver.

LE MAITRE. Je le croyais résigné!...

LÉONARD. Oh! ben oui, il veut en avoir l'air, mais je l'ai bien observé, et j'ai compris qu'il avait une cruelle blessure dans le cœur.... Quand on lui fit raconter ce qui lui était arrivé dans cette Sibérie que le feu du ciel confonde, sa voix tremblait, il était tout pâle et il y eut un moment où il prit l'enfant de Francesco sur ses genoux et se cacha le visage dans ses cheveux pour qu'on ne le vit pas pleurer... Depuis qu'il est de retour sa vie est une douleur continuelle, et malgré les prières de Francesco il est allé bien rarement à la ferme, vous le savez!... (*Plus bas.*) Je vous dis qu'il a peur de se trouver en face de Marie et de la regarder!...

LE MAITRE. Hélas! je le crois comme vous.

LÉONARD. Il souffre sans se plaindre..... mais combien de fois, maître, dans cette chambre, pendant la nuit, ne l'ai-je pas vu dans son sommeil se débattre comme une âme en peine!... il pleurait, maître, il sanglotait dans ses songes, à me briser le cœur... il appelait Marie... il maudissait le ciel, nous tous quelquefois! et souvent il se dressait dans son lit, tout pâle; tout effrayant, et comme épuisé par une lutte désespérée !... Ah! au premier jour, au premier moment peut-être il tombera.. il tombera pour ne plus se relever?...

LE MAITRE. Hélas! s'il pouvait consentir à s'éloigner... l'absence peut-être.

LÉONARD. C'est à quoi j'ai pensé bien des fois... vous devriez tâcher de le décider, vous, maître, mais aujourd'hui, à l'instant...

LE MAITRE. Je ne sortirai pas sans l'avoir vu... mais j'ai bien peur...

LÉONARD. Oh! essayez toujours... qui sait? nous partirions ensemble... je l'emmènerais en France... la saison n'est pas à la guerre, c'est vrai... mais il y a par-ci par-là de vieux compagnons avec qui nous avons marché sous les drapeaux aux trois couleurs... Nous irons les retrouver, nous passerons quelques beaux momens à nous souvenir du tems de l'ancien... J'ai conservé mon aigle, nous trouverons des camarades qui en ont fait autant... nous attendrons ensemble des jours meilleurs... tout ça le distraira, le consolera peut-être... Je l'entends... Allons, maître, je vous laisse avec lui... il vous écoute volontiers... tâchez de le décider.

LE MAITRE. Allez, sergent, et que Dieu nous soit en aide!

SCÈNE II.

TONIOTTO, LE MAITRE.

(Toniotto sort lentement de sa chambre, une houe à la main. Il s'avance sans voir le maître, sur le devant de la scène; le maître s'est retiré au fond du théâtre et l'observe en silence.)

TONIOTTO. Ils se trompent tous quand ils me conseillent de ne pas sortir, de ne pas travailler... je m'ennuie ici!... aujourd'hui surtout... j'ai besoin d'air; je respire à peine; et cependant je ne sais, mais il me semble que j'ai plus de force qu'à l'ordinaire... ma tête est moins lourde, ma poitrine moins oppressée... (*souriant tristement*) je me porte mieux. Oh! quelle triste chose que la vie!... quel fardeau insupportable quand le bonheur est perdu, quand l'espoir s'est enfui! (*Après un instant de silence.*) Allons... je veux aller passer quelques heures dans ma vigne, ma vigne, où je travaillais autrefois à côté de mon père... autrefois !...

(Il s'appuie sur sa houe, repose sa tête sur sa main et réfléchit.)

LE MAITRE, *à part*. Non, ce n'est pas le moment, je crois... plus tard lorsque l'ouvrage aura fait diversion à ses pensées...

(Il va pour sortir; au bruit qu'il fait Toniotto se retourne et l'aperçoit, le maître le regarde sans lui parler d'abord; Toniotto fait quelques pas vers lui.)

TONIOTTO. Vous voilà, maître?...

LE MAITRE. Oui, c'est moi, votre vieil ami...

TONIOTTO. Eh bien! mais qu'avez-vous? on dirait que vous craigniez de vous approcher de moi?

LE MAITRE, *se rapprochant vivement et lui prenant la main*. Oh! mon enfant!...

TONIOTTO. C'est que depuis quelque tems je suis difficile à vivre, n'est-ce pas! je vous en demande pardon... Ce n'est pas ma faute, allez; c'est à la maladie qu'il faut s'en prendre... et... et.. pas à autre chose...

LE MAITRE. Je vous ai toujours trouvé le même, Toniotto, un bon et brave garçon...

TONIOTTO. Merci, maître.

LE MAITRE. Mais, dites-moi; vous vous hâtez trop, ce me semble, de reprendre votre travail... vous êtes encore bien faible.. je craindrais...

TONIOTTO, *rapidement*. Quoi donc? que je ne devienne bientôt plus malade. (*Mouvement.*) Soyez tranquille, je me sens bien; le travail... me distraira... et puis, voyez-vous, en apprenant l'état militaire, j'ai un peu désappris celui de laboureur; et il faut que je m'y remette...

LE MAITRE. Toniotto, vous avez été un brave soldat, et il vous sera facile de redevenir excellent laboureur... Dans tous les tems; heureux ou malheureux, vous serez assidu au travail... votre résignation vous restera...

TONIOTTO. Que voulez-vous, mon cher maître?... il nous faut accepter ici-bas ce que le sort nous envoie. A la guerre, c'est tantôt une victoire, tantôt une défaite... tantôt de l'avancement et une croix... tantôt un coup de sabre ou un coup de feu... ici au village, une récolte abondante, de belles vendanges, ou une grêle qui ravage tout... en vérité je trouve que le métier de laboureur ressemble bien à celui de soldat.

LE MAITRE. Mais vous, Toniotto, vous n'étiez plus un simple soldat; il ne vous manquait que bien peu de chose pour être officier, et sans cette maudite balle...

TONIOTTO. Oh! sans cette balle...

LE MAITRE. Toniotto, je réveille en vous de douloureux souvenirs; mais dites-moi, puisque nous parlons de cela, ne regrettez-vous pas un peu votre ancien métier?...

TONIOTTO, *vivement*. Et n'est-ce pas un métier à regretter, que celui où d'un moment à l'autre la mort peut vous arriver, prompte, glorieuse? où le tombeau peut s'ouvrir pour nous, au milieu d'une armée de frères, sans que vous ayez besoin d'attendre que la douleur et la maladie vous y fasse descendre seul et abandonné? Si je l'avait fait plus long-tems ce métier, pensez-vous que tôt ou tard je n'aurais pas été assez heureux, pour qu'une autre balle me frappât plus sûrement, et de manière à ne laisser qu'un cadavre aux mains de ceux qui m'auraient relevé sur le champ de bataille?...

LE MAITRE. Eh bien! mon enfant, on n'a pas oublié que vous êtes un brave... on s'empresserait de vous ouvrir les rangs de l'armée...

TONIOTTO. Ah! ah! Et pourquoi, pour aller me traîner au fond d'une garnison, comme je me traîne dans notre village? Est-ce que je veux servir avec eux, sous leur drapeau que je ne connais pas?... est-ce que je veux recommencer ma carrière, comme si à mon âge, à trente ans, on pouvait recommencer quelque chose!... non, je veux rester ici!...

LE MAITRE. Rester ici, malheureux!... non, non, éloigne-toi; il le faut; tu souffres trop, et tu succombes sous le fardeau dont tu cherches à nous dissimuler la pesanteur..

TONIOTTO. Et qui vous a dit qu'il en fût ainsi, maître?

LE MAITRE. Qui nous l'a dit? tes amis, ne lisent-ils pas tes tortures sur ton visage? Infortuné, fuis ailleurs, loin d'ici; tu oublieras peut-être?...

TONIOTTO. Arrêtez, maître... taisez-vous, n'achevez pas..... je le veux. (*Le maître s'éloigne un peu de lui. Toniotto à lui-même et s'animant par degrés.*) Ah! oui, je le vois, ils voudraient m'emmener d'ici.. ils s'imaginent que l'absence... l'oublier... elle, Marie! Est-ce que le tems effacera jamais cette cicatrice que le fer ennemi creusa sur ma poitrine? cette cicatrice s'est rouverte, elle saigne.(*Il la montre.*) Eh bien! la blessure que j'ai dans le cœur est cent fois plus vive, cent fois plus profonde!.. L'oublier!.. je l'aime plus que jamais, les combats que je me livre ne font que rendre mon amour plus ardent!.... la fuir!... ne plus respirer le même air qu'elle! oh! les fous, les fous!.. jamais, jamais... je veux souffrir ici... c'est ici que je veux mourir!....

(Il va pour sortir, le maître l'arrête.)

LE MAITRE. Toniotto, mon enfant..... reste auprès de moi.... reste, je t'en conjure...

TONIOTTO, Laissez-moi... je veux sortir, ne me suivez pas... restez, je le veux.

(Il sort.)

SCÈNE III.

LE MAITRE, *seul*.

Malheureux Toniotto!... il est perdu! ah! combien je suis puni d'avoir mis la main à cette œuvre de fausse sagesse.... à tous ces projets devenus si funestes!... Que mes derniers jours seront tristes et pleins de regrets!...

(Léonard rentre.)

SCÈNE IV.

LE MAITRE, LÉONARD.

LE MAITRE. Léonard!..... Léonard, mes prières ont été inutiles; mes conseils, mes larmes, il a tout rejeté, il a fui loin de moi, il est parti.

LÉONARD. Sorti, et vous l'avez laissé faire?

LE MAITRE. Sa tête n'est plus à lui..... il me quitte, la tête tellement égarée, qu'il m'a fait peur..... j'ai voulu le retenir, il m'a repoussé brusquement... ah! c'est la première fois qu'il reçoit ainsi son vieil ami!...

LÉONARD. Mais il faut courir, le ramener.

LE MAITRE. Oui, vous avez raison.... malgré sa défense, je vole sur ses pas... et plus calme, peut-être se rendra-t-il à mes prières...

(Il sort.)

SCÈNE V.

LÉONARD, *seul.*

Il n'y a donc pas moyen de le sauver... de le rendre à lui-même !... Que faire, mon Dieu !..... je ne suis qu'un pauvre soldat, moi... j'ai fait tout ce que je pouvais, je ne puis qu'une chose, pleurer de rage et de désespoir... Oh ! je l'ai dit bien souvent : pour le soldat, vivre et mourir sous le drapeau, c'est le bonheur !... mais qu'entends-je ? qu'est-ce que cela ?... (*Il regarde vers la porte.*) Oh ! mon Dieu !...

SCÈNE VI.

LÉONARD, CATARINA, *puis* FRANCESCO, MARIE, DEUX PAYSANS *qui soutiennent* TONIOTTO.

CATARINA, *dans la coulisse.* Par ici ! par ici !...

LÉONARD. Ciel ! que vois-je ? Toniotto ! dans quel état, mon Dieu !

CATARINA. Une faiblesse.. un évanouissement...

LÉONARD. Ah ! morbleu, je l'avais bien prévu..... Venez, mes amis, là dans sa chambre, sur son lit...

(Il entre avec eux, et tous rentrent en scène presque aussitôt.)

MARIE. Eh bien !...

LÉONARD. Il a rouvert les yeux... il a repris ses sens. (*Aux paysans.*) Merci, merci !... il a besoin de calme et de repos. (*Les paysans sortent.*) Laissons-le.. (*A Francesco.*) Tachez de rejoindre le maître...

FRANCESCO. Oui, sergent...

LÉONARD. Moi, je cours chez le médecin.

(Ils sortent.)

CATARINA, *à Marie.* Je vas préparer ce qu'il lui faut quand ses crises le prennent... je serai là...

MARIE. Oui, Catarina, oui, va...

(Catarina sort. Marie garde un instant le silence.)

SCÈNE VII.

MARIE, *seule.*

Ah ! j'avais besoin d'être seule pour laisser échapper mes sanglots qui m'étouffent... ces larmes qui remplissent mes yeux, mais qu'ils reviennent bientôt, mon Dieu !... car s'il allait appeler, s'il avait encore besoin de secours, je ne pourrais lui en donner... moi-même je me sens si faible ! et puis l'avoir vu ainsi tout à l'heure !..... cela m'a ôté tout mon courage... j'ai peur.. Il a donc bien souffert.. lui, mon Dieu ! car je souffre aussi, moi... et je n'y suis pas encore arrivée pourtant !.. Pourquoi me suis-je trouvée sur son chemin tout à l'heure?..... c'est ma présence qui a produit un effet si funeste.... il lui a suffi de me voir pour qu'une pâleur mortelle se répandît sur son visage et le fit tomber immobile et glacée !...... Le malheureux, il avait bien compris qu'il fallait nous fuir...... que malgré nous, si nous étions près l'un de l'autre, nous serions entraînés vers le passé, que sa voix aurait troublé mon cœur même en pressant mon enfant dans mes bras et me protégeant de mon époux..... Vous savez, mon Dieu ! avec quelle ardeur jusqu'à ce jour je me suis réfugiée dans mes devoirs d'épouse et de mère pour obtenir de vous un peu de force et de résignation.... Eh bien ! mon Dieu ! protégez-le.... aussi ce pauvre Toniotto... accablez-moi..... mais un peu de repos pour son cœur... un peu de miséricorde pour lui... pitié, pitié..... sauvez-le, ne brisez pas jusqu'à ma dernière espérance..... (*Elle se met à genoux et se relève au bruit que fait Toniotto dans sa chambre.*) Que vois-je... ah ! mon Dieu !... c'est lui, fuyons..... mes genoux chancellent, je ne puis...

(Elle tombe sur un siége.)

SCÈNE VIII.

MARIE, TONIOTTO

(Toniotto sort de la chambre dans un accès de délire. Tous ses vêtemens sont en désordre. Sa figure exprime plutôt de l'égarement que de la folie.)

TONIOTTO, *avec force, dans la coulisse.* Laissez-moi.. laissez-moi... ne me poursuivez pas comme ça, je ne veux pas.

MARIE, *à part.* Oh! mon Dieu!...

TONIOTTO, *plus calme et paraissant sur le seuil de la porte.* Ah! c'est bien!... ils s'éloignent... Léonard! Léonard!... où es-tu donc, mon brave?... Pourquoi avons-nous quitté nos rangs tout à l'heure, je ne vois plus mes camarades... est-ce qu'ils sont retournés dans leur pays? (*S'animant.*) Est-ce que je vais rester ici,.. moi?.. Ah! on m'emmène, je suis prisonnier... tuez-moi... tuez-moi plutôt... tuez-moi donc!... Oh! ils refusent... ils ne veulent pas!...

MARIE, *à part.* Que dit-il?

TONIOTTO, *apercevant Marie.* Que faites-vous-là? qui êtes-vous? (*Brusquement.*) mais répondez donc?

MARIE. Sa tête est perdue!...

TONIOTTO, *la regardant fixement.* Ah! comme je vous parle brusquement.... à vous, une femme!... Pardonnez-moi.

(Il lui prend la main.)

MARIE. Oh! mon Dieu!.. il ne me reconnaît plus...

TONIOTTO, *l'attirant à lui et lui parlant bas.* C'est que, voyez-vous, je souffre bien!... je suis bien malheureux!.. je leur ai caché long-tems à tous, je ne voulais pas... un soldat... il faut qu'il ait du courage, il faut qu'il meurt sans se plaindre!.. mais vous! vous! une femme... Je veux tout vous dire.... (*Redevenant sombre.*) Mais non, ni vous non plus... Allez-vous-en....

MARIE. Vous me chassez... Ah! Toniotto!.. Toniotto!...

TONIOTTO, *avec exaltation et se levant.* Eh bien! oui, je suis Toniotto... celui qui partit pour l'armée, il y a si long-tems.... je ne voulais pas partir... je savais que je ne retrouverais plus le bonheur si je revenais dans mon pays... Et pourtant, quand je fus loin, bien loin du Piémont, je ne rêvais qu'à nos montagnes... je ne songeais qu'à elle... à Marie!... Elle me garde ma foi, me disais-je. .je la reverrai... je serai officier, je deviendrai son époux! Et cela m'encourageait dans mon métier de soldat... et quand je fus entraîné dans ces déserts glacés où l'on me retint prisonnier, c'était son souvenir qui m'inspirait du courage! Dans mes longues heures de captivité, je retirais de sur mon cœur cette tresse de cheveux qu'elle m'avait donnée, je la portais à mes lèvres, je la couvrais de mes larmes, et je me sentais consolé. (*Il la tire de son sein, fait tout ce qu'il dit dans le dialogue, la montre à Marie, la mouille de larmes, la couvre de baisers.*) Eh bien! pendant ce tems, elle m'avait oublié!.. elle prenait un autre époux.... Ah! ah!... la malheureuse!

(Il tombe accablé sur un siége.)

MARIE. L'infortuné! dans quel état, il va mourir, mon Dieu! (*Cherchant à le rappeler à lui, elle se met à ses genoux.*) Toniotto, dissipez cet égarement funeste... Ecoutez-moi : Non: elle ne vous a jamais oublié... En prenant un autre époux, elle se dévouait.. elle se dévouait pour sa mère... elle n'a jamais cessé de penser à vous.. elle vous a toujours aimé, Toniotto!

TONIOTTO. Non, non, je ne vous crois pas, je ne me serais jamais marié, moi... c'est qu'elle ne m'aimait plus, vous dis-je.

MARIE. Ah! ne dites donc pas cela... elle a été plus malheureuse que vous, allez... Long-tems elle a attendu votre retour, et puis un jour, Léonard revint : vous étiez mort, disait-il... Cette nouvelle ne la tua pas. Elle fit plus que mourir... Elle vécut pour sa mère... car l'amour d'une fille pour sa mère... c'est un amour sacré, Toniotto!.. Elle renferma sa douleur dans son ame... ses forces s'épuisèrent... on lui montra sa mère pauvre et chancelante dans sa cabane... un homme se présenta... un homme qui fut votre ami d'enfance... il demanda sa main, et alors elle supplia votre mémoire de lui pardonner.... elle se dévoua pour sa mère. Oh! croyez-vous que ce sacrifice ne brisa pas son cœur?...

TONIOTTO. Dites-vous vrai? je vous en supplie, parlez, parlez encore, vous qui avez sa voix!... cela me fait du bien. Ah! parlez! parlez!...

MARIE. Eh bien! bonne mère, épouse fidèle, elle souffrait tant, que ses devoirs accomplis laissaient son ame en proie à toutes les tortures. Toniotto! Toniotto! c'était le nom qui résonnait sans cesse à son oreille, c'était l'image qui la suivait partout... elle vous croyait mort pourtant.

TONIOTTO. Grand Dieu!

MARIE. Et maintenant encore, quel supplice est le plus affreux, le vôtre ou le sien?... Car tu peux pleurer, toi, tu peux te renfermer à ton aise dans ta douleur... Elle! il lui faut retenir ses larmes dans ses yeux, sourire à ceux qui l'entourent.... Compare son supplice à ton supplice, et dis moi si ton amour a été plus profond que le sien, dis-moi si son cœur n'a pas dû mille fois se briser!.. Allons, Toniotto, regarde-moi bien, c'est moi, Marie, Marie qui t'a montré son ame tout entière!...

TONIOTTO. Oui, oui, je te reconnais... je te reconnais... c'est bien toi... toutes mes idées renaissent... Marie... Marie...

MARIE. Toniotto!

TONIOTTO. Te voilà! tous mes maux sont finis... je ne souffre plus, je suis heureux!

MARIE. Oh! oui, n'est-ce pas, désormais tu ne nous fuiras plus, tu reviendras à la ferme... tu ne nous quitteras pas... Nous t'entourerons de soins et de tendresse.... Francesco sera ton frère... moi ta sœur....

TONIOTTO, *reculant d'effroi et à part.* Ah! malheureux! j'avais tout oublié!... Elle ma sœur!.. mais cet amour qui me brûle sans me tuer..... ne sortira donc pas de mon cœur?... il y restera donc toujours? La revoir, je deviendrais coupable... la fuir, je ne le puis plus... Et Francesco, si bon et si dévoué!.. Et Marie, si résignée et si pure!.. Oh! je ne veux pas être un infâme!.. mieux vaut mourir!...

(Il arrache l'appareil qui couvre sa blessure, le sang coule, il chancelle et tombe.)

MARIE, *avec effroi.* Toniotto! tu pâlis... tu chancelles!.... (*Apercevant le sang.*) Du sang!... Ah! malheureux, qu'as-tu fait? (*Parcourant le théâtre.*) Du secours!..,. du secours!.....

TONIOTTO. Laisse, laisse, Marie, n'appelle pas, je veux mourir... il faut que je meure!... Adieu.

SCÈNE IX.

TONIOTTO, MARIE, CATARINA, *puis* LE MAITRE, LEONARD, FRANCESCO, LE MÉDECIN, LE PETIT TONIOTTO.

CATARINA, *entrant.* Qu'y a-t-il?... (*Appercevant Toniotto.*) Ah! Toniotto!

MARIE, *à tous les personnages.* Oh! mais hâtez-vous!... venez... voyez... sauvez-le, sauvez-le!...

LÉONARD, *se jetant sur le corps de Toniotto.* Toniotto! Toniotto!... Il est trop tard!...

TOUS. Mort!

MARIE. Mort! (*Elle recule d'effroi jusqu'à la fenêtre, fait un mouvement comme pour s'y jeter, et tout à coup, apercevant son fils, le saisit dans ses bras et s'écrie.*) Oh! je suis mère!

LÉONARD. Pauvre Toniotto!

LE MAITRE. Pauvre Marie!

(Tous les autres personnages sont groupés autour de Toniotto. Tableau)

FIN.

IMPRIMERIE DONDEY-DUPRÉ, RUE SAINT-LOUIS, N° 46, AU MARAIS.

LA SAVONNETTE IMPÉRIALE,

COMÉDIE-VAUDEVILLE EN DEUX ACTES,

Par MM. Anicet et Dumanoir,

REPRÉSENTÉE POUR LA PREMIÈRE FOIS, A PARIS, SUR LE THÉATRE DU PALAIS-ROYAL, LE 23 NOVEMBRE 1835.

PERSONNAGES.	ACTEURS.	PERSONNAGES.	ACTEURS.
LE MARQUIS DE CRUZAC.	M. DORMEUIL.	camp de l'Empereur......	M. LHÉRITIER.
ANAÏS, sa fille...........	Mme DUPUIS.	UN CAPITAINE.	des chasseurs de la garde.
LOUIS FERRIER, colonel des chasseurs de la garde......	M. DERVAL.	UN LIEUTENANT.	
BERNARD, soldat de son régiment...............	M. LEMÉNIL.	LE NOTAIRE de la famille impériale. PARENS du marquis.	
LE DUC DE ***, aide-de-		OFFICIERS de chasseurs. DOMESTIQUES.	

La scène est chez le marquis, en 1806.

ACTE PREMIER.

Un salon.

SCÈNE PREMIÈRE.

LE MARQUIS, DEUX DOMESTIQUES.

(Le marquis est étendu dans un grand fauteuil et regarde ses domestiques qui essaient une livrée.)

LE MARQUIS. Cette livrée me convient... elle est simple, trop simple... Enfin... mes gens ne seront plus les gens de tout le monde... Baptiste et toi, Michel, souvenez-vous que, rentrés avec moi de l'émigration il y a quelques semaines, vous devez vous soumettre aux nouveaux usages... Nous ne sommes plus en 1787, mais bien en 1806... Autre tems, autres mœurs. Mon Journal de l'Empire... mes lettres.... C'est bien... qu'on me laisse.

SCÈNE II.

LE MARQUIS, seul.

Décidément, je me fais à ma nouvelle position..... Après quinze ans d'exil, la France est belle à revoir, et Paris vaut mieux que Coblentz.... (*Ouvrant une lettre et lisant:*) «Brayton...» C'est de mon cousin, le vicomte de Vert-Pré... Il m'annonce que la Prusse tout entière prend les armes... « Une campagne va s'ouvrir, et » celle-là sera le tombeau de l'usurpateur.» (*Il se lève.*) Usurpateur!.. est-ce qu'on écrit ces choses-là?... (*Lisant.*) « Vous avez dû » recevoir, mon cher ami, la liste que » nous avons dressée ici de nos fidèles... » vous avez eu la preuve que nous comp- » tions sur vous.» Ah! mon Dieu !... mais je n'ai pas reçu le message dont il me parle !.. S'il s'était égaré ! si cette liste était tombée au pouvoir de la police !... Qu'avaient-ils besoin de fourrer mon nom dans tout cela ?... Mon parti est bien pris... je ne me mêle plus de rien, je ne veux plus entendre parler de complots... Il est tems d'ailleurs de fermer l'abîme des révolutions... Tout est à sa place, à présent... j'ai retrouvé la mienne... Déchirons toujours cette lettre, qui pourrait me compromettre... Hein ! qui est là ?

(Il remet vivement la lettre dans sa poche.)

SCÈNE III.
LE MARQUIS, ANAIS.

ANAIS, *entrant et ôtant son chapeau.* C'est moi, mon père... je rentre.

LE MARQUIS. D'où viens-tu donc ?

ANAIS. De Saint-Roch, avec ma gouvernante... il y avait une foule, et des toilettes !...

LE MARQUIS. Bien riches sans doute ?

ANAIS. Oh ! du plus mauvais goût... et c'est tout simple, les comtesses d'à présent sont des vivandières ou des femmes de tambours... Quel pays, mon Dieu !... Tout à l'heure, en sortant de l'église, il nous a fallu passer devant un groupe d'officiers, qui plaisantaient vraiment de la manière la plus inconvenante.... aussi me suis-je écriée, en montant en voiture, que les rois étaient de meilleure compagnie que les empereurs.

LE MARQUIS. Tu as dit cela, malheureuse enfant ?

ANAIS. Sans doute... je le pensais.

LE MARQUIS. Belle raison !.... on pense tout bas, ma chère amie... Nous voilà bien, si ce propos est rapporté à l'empereur... je suis exilé, c'est sûr.

ANAIS. Eh bien ! mon père, nous retournerons près de nos princes légitimes... c'est là d'ailleurs qu'est notre place.

LE MARQUIS. Nos princes... nos princes... Certes, je ne demande pas mieux que de les revoir, nos princes... je les appelle de tous mes vœux... je les attends, entends-tu bien, je les attends... mais ici, sans me déranger... j'y mettrai même toute la patience possible.

ANAIS. Est-ce bien vous qui parlez ainsi, mon père ? vous, le marquis de Cruzac !...

LE MARQUIS. Ecoute, mon enfant : à mon âge, il faudrait être fou pour quitter encore une fois et volontairement cette chère France, où je suis né, et où il me sera doux de mourir..... le plus tard que je pourrai, bien entendu... Puis, sais-tu qu'au fond de l'ame, je suis fier des grandes victoires de ce Bonaparte... Il a fait de ma nation la première nation du monde.. Je suis un Cruzac, c'est vrai, mais je ne suis pas assez entêté pour nier le jour à la face du soleil... Ce diable de drapeau tricolore me fait mal aux yeux, sans doute... et pourtant le cœur me bat quand il passe : car c'est un Français qui le porte.

ANAIS. Mais, mon oncle de Villiers me l'a dit, ces Français sont d'atroces révolutionnaires, qui ont chassé leur roi, renié leur Dieu, bouleversé le monde.

LE MARQUIS. C'est vrai... mais à tout péché miséricorde... Ils se repentent... ils nous rappellent.

ANAIS. Que vous importe que Bonaparte vous ait rendu vos titres ?... Quel honneur aujourd'hui d'être marquis en France !... votre ancien coiffeur est peut-être baron ou chambellan.

LE MARQUIS. Tout cela est encore un peu mêlé, j'en conviens... mais cela s'épure tous les jours... L'empereur rappelle la vieille noblesse pour instruire et former la nouvelle... il a inventé pour cela un système, qu'il a nommé système de fusion .. il prend une jeune personne dans une ancienne famille et il la donne à une de ces jeunes illustrations, dont chaque campagne est une victoire et chaque victoire un quartier de noblesse..

ANAIS. Mais où trouve-t-il donc des femmes qui oublient à ce point ce qu'elles doivent à leurs ancêtres et à elles-mêmes ?... Quant à moi...

Air de M. Pilati.

J'en conviens, oui, mon père,
   Je suis fière,
Et je dis, je promets
   Que jamais,
Oubliant sa famille,
   Votre fille
Ne prendra
Un de ces messieurs-là !

Quoi qu'on fasse ou qu'on dise,
   Je méprise
Ces vainqueurs, ces guerriers
   Roturiers ;
Les lauriers, la victoire
   Et la gloire
Ne sont rien à mes yeux,
   Sans aïeux.

J'en conviens, etc.

Sur les champs de bataille,
   La mitraille
Ne les fait reculer
   Ni trembler ;

Mais qu'importe en ménage
Le courage?
Voit-on dans les salons
Des canons?

REPRISE.

LE MARQUIS. On s'habitue à tout... Toi-même, ne prenais-tu pas plaisir à cette revue d'hier?

ANAÏS. Beau plaisir, vraiment!... un bruit à rendre folle, et une poussière!...

LE MARQUIS. Et cinq heures de défilé, le soleil sur la tête... J'en avais des bluettes... et cette nuit, tous les tambours de l'armée me roulaient encore dans les oreilles... Mais, présenté hier seulement à l'empereur, invité par lui à assister à cette revue, je serais resté à voir défiler treize cents mille hommes, s'il l'avait voulu... Il m'a appelé par mon nom, m'a parlé de mes propriétés qu'il m'a fait rendre... C'est un homme prodigieux, quoiqu'on en dise là-bas; et s'il était petit-fils de Henri IV, seulement bâtard.

UN DOMESTIQUE, entrant avec mystère. Monsieur le marquis...

LE MARQUIS. Eh bien! qu'est-ce?

LE DOMESTIQUE. Il se passe quelque chose d'extraordinaire.

LE MARQUIS et ANAÏS. Quoi donc?

LE DOMESTIQUE. Tout-à-l'heure, un soldat est entré dans la loge du suisse...

LE MARQUIS et ANAÏS. Un soldat... après?

LE DOMESTIQUE. Il a pris beaucoup d'informations sur monsieur le marquis et surtout sur mademoiselle... il était encore chez le suisse quand mademoiselle est rentrée, il l'a regardée avec beaucoup d'attention, puis s'en est allé en disant : C'est bien ça! je suis content.

LE MARQUIS. Laissez-nous. (Le valet sort.) Qu'est-ce que cela veut dire?... J'y pense!... ce matin, en sortant de l'église, tu as laissé deviner ton opinion..... on t'aura épiée, reconnue, et on est allé te dénoncer!

ANAÏS. Oh! c'est impossible.

LE MARQUIS, à part. Et puis, cette maudite liste me tourmente.

ANAÏS. Après tout, cela m'est fort indifférent.

LE MARQUIS. Malheureuse enfant! tu ne sais donc pas...

LE DOMESTIQUE, rentrant. Monsieur le marquis!...

LE MARQUIS. Ah! encore!

LE DOMESTIQUE. M. le comte de Sancy, le duc d'Entraigues, le marquis de Villiers et le vicomte de Charencey, viennent d'entrer au salon.

ANAÏS. Comment! nos parens?...

LE MARQUIS. Tous nos parens chez moi!... en voici bien d'une autre... Pour quel motif? qui les a fait venir?

SCÈNE IV.

LES MÊMES, L'AIDE-DE-CAMP, UN SECOND VALET.

LE VALET, annonçant. M. le premier aide-de-camp de S. M. l'empereur.

LE MARQUIS. Un aide-de-camp de S. M.! Plus de doutes... l'empereur sait tout... (Allant au-devant de l'aide-de-camp.) Entrez donc, monsieur le général, et veuillez prendre la peine...

(Il veut avancer un fauteuil, mais Anaïs le retient.)

ANAÏS, avec fierté. Baptiste, avancez un siége à monsieur.

L'AIDE-DE-CAMP. Je vous remercie. C'est à monsieur le marquis de Cruzac que j'ai l'honneur de parler?

LE MARQUIS. Oui, monsieur.

L'AIDE-DE-CAMP. Monsieur, S. M. m'a confié une mission assez délicate à remplir et... (regardant sa montre) ne m'a donné que deux heures pour la mener à fin... vous voyez que nous n'avons pas une minute à perdre.

LE MARQUIS. Monsieur, je suis à vos ordres. (A part.) Tout cela est très-inquiétant.

L'AIDE-DE-CAMP. Monsieur le marquis, vous avez une fille, n'est-ce pas?

LE MARQUIS, à part. Nous y voilà.

L'AIDE-DE-CAMP. Qui assistait avec vous hier à la revue du Carrousel?

LE MARQUIS. Oui, monsieur... (Il présente Anaïs.)

L'AIDE-DE-CAMP, la saluant. Mademoiselle, ne portiez-vous pas hier une robe blanche de mousseline anglaise?

ANAÏS, à part. Comment sait-il?...

L'AIDE-DE-CAMP. L'empereur l'a remarquée.

ANAÏS. Ma robe!... l'a-t-il trouvé jolie?

L'AIDE-DE-CAMP. Mademoiselle, une personne que j'ai amenée dans ma voiture vous attend dans votre appartement... elle a aussi une mission fort délicate à remplir.

ANAÏS, *à part, et un peu effrayée.* Ah! mon Dieu!...

L'AIDE-DE-CAMP, *souriant.* Rassurez-vous, cette personne n'est autre que Mme Leroy, la faiseuse de modes de S. M. l'impératrice... Elle vous apporte la toilette la plus gracieuse qui soit encore sortie de ses ateliers.

LE MARQUIS. Une toilette?...

L'AIDE-DE-CAMP.

AIR : *Mes amis, c'est dans sa patrie.*

Acceptez, je vous en conjure,
Ces atours élégans et frais ;
Quoiqu'ils ne puissent, je le jure,
Rien ajouter à tant d'attraits.

ANAÏS.

Une toilette!... à moi, mon père !

LE MARQUIS.

Eh bien! il faut obéir, mon enfant.

ANAÏS, *à part.*

C'est toujours extraordinaire,
Mais c'est beaucoup moins effrayant.

Reprise.

ANAÏS.

Acceptons, puisqu'on m'en conjure,
Ces atours élégans et frais.
Vraiment cette étrange aventure,
A pour moi presque des attraits.

LE MARQUIS.

Tout est pour toi, cette parure,
Ces atours élégans et frais ;
Accepte-les, et l'aventure
S'éclaircira peut-être après.

L'AIDE-DE-CAMP.

Acceptez, etc.

✿✿✿✿✿✿✿✿✿✿✿✿✿✿✿✿✿✿✿✿✿✿✿✿✿

SCENE V.
LE MARQUIS, L'AIDE-DE-CAMP, UN INCONNU.

L'AIDE-DE-CAMP *va à la porte du fond, fait entrer l'inconnu, et lui indique un fauteuil placé devant une table.* Maintenant, monsieur, veuillez entrer et placez-vous là... Vous permettez, n'est-ce pas, monsieur le marquis?... monsieur est le notaire de la famille impériale.

LE MARQUIS, *à part.* Le notaire?... je n'y suis plus du tout.

L'AIDE-DE-CAMP. Voulez-vous bien donner à monsieur les noms et prénoms de mademoiselle votre fille ?

LE MARQUIS, *en hésitant.* Antonine Adolphine Anaïs de Cruzac... Mais, monsieur, à quoi bon ?

L'AIDE-DE-CAMP. Vos biens vous ont été rendus et votre fortune se monte... à... 600,000 francs, n'est-ce pas ?

LE MARQUIS. Oui... oui... monsieur.

L'AIDE-DE-CAMP, *au notaire.* Mettez alors que M. le marquis donne à sa fille en dot 200,000 francs.

LE MARQUIS. Comment?... mais quel acte rédige donc monsieur ?

L'AIDE-DE-CAMP. Le contrat de mariage de Mlle de Cruzac.

LE MARQUIS. De ma fille !

L'AIDE-DE-CAMP *souriant.* Oui, monsieur, vous la mariez.

LE MARQUIS. Moi !

L'AIDE-DE-CAMP. Aujourd'hui..... dans deux heures... c'est l'ordre de S. M.

LE MARQUIS. Ah ça! monsieur, plaisantez-vous?

L'AIDE-DE-CAMP. Jamais au nom de l'empereur... Quelques lignes à remplir dans le contrat, lecture de l'acte à votre famille réunie au salon, puis signature de S. M. qui, à l'occasion de ce mariage, vous nomme chambellan...

LE MARQUIS. Ah! un moment, monsieur le général, un moment... laissez-moi respirer, je suis étourdi, étouffé, écrasé par tout ce que j'entends... Ma fille mariée, dotée par moi, sans que j'en aie eu le moindre soupçon !... Moi, chambellan, sans l'avoir sollicité !... Ah ça ! sommes-nous bien en France? après une révolution? ou sommes-nous revenus au tems du bon plaisir ?

L'AIDE-DE-CAMP. Non, monsieur le marquis... au tems dont vous parlez, les rois jetaient aux bras d'un courtisan ou d'un pauvre gentilhomme une jeune fille déshonorée, qui apportait pour dot à son époux un titre, de l'or et de la honte... Aujourd'hui, l'empereur, qui vous a rappelé, qui vous a rendu vos biens, ne veut pas que ces biens passent en des mains ennemies... cette fortune, que la France a bien voulu vous restituer, ne doit pas sortir de France... A votre fille, riche de ses vertus et de son ancienne noblesse, il donne pour époux un homme riche de son honneur, de sa jeune gloire... et tout cela se fait, monsieur le marquis, justement parce qu'il y a eu une révolution, parce que les événemens nous ont divisés, et que l'empereur veut rapprocher tous les partis, pour n'en former désormais qu'un seul : le parti de la France,

LE MARQUIS. Je commence à comprendre... c'est la mise en œuvre de son système de fusion... Mais, monsieur, je ne reconnais à personne, pas même à l'empereur Napoléon, le droit de disposer de ma fille... ce mariage ne peut avoir lieu.

L'AIDE-DE-CAMP, *à mi-voix.* Ainsi, vous refusez, monsieur ?

LE MARQUIS. Je le dois...

L'AIDE-DE-CAMP, *froidement.* Et cela, peut-être, parce que S. M. n'a pas cru devoir appeler à la signature de ce contrat... toutes les personnes inscrites sur cette liste ?

(Il la lui présente)

LE MARQUIS, *à part.* Ah! mon Dieu! elle est en son pouvoir !...

L'AIDE-DE-CAMP. Qui vous était adressée...

LE MARQUIS, *à part.* Et ils m'ont mis en tête !...

L'AIDE-DE-CAMP. Allons, monsieur le marquis, allons...

AIR : *d'Yelva.*

Plus de complots dans notre belle France...
Monsieur, je viens, pour que tout soit fini,
Vous proposer un traité d'alliance...
Le voulez-vous? Devenez notre ami.
De tous ses droits l'empereur se désiste,
Et votre nom, menacé d'un éclat,
S'effacera de cette liste
En paraissant au bas de ce contrat.
Vous l'effacez de cette liste
En l'inscrivant sur ce contrat.

LE MARQUIS. Une plume, monsieur le général, une plume !.... (*S'arrêtant.*) Mais ma fille ?... Je la connais... le rang, la naissance... un roturier... elle refusera. Essaierez-vous de la contraindre ?...

L'AIDE-DE-CAMP, *appuyant.* Oh! nullement ! Il suffira d'un mot de Mlle de Cruzac pour renverser tous nos projets. La puissance de l'empereur va loin, mais doit s'arrêter pourtant devant la volonté d'une femme... Au reste, ceci est l'affaire de M. Ferrier et ne nous regarde plus.

LE MARQUIS. M. Ferrier ?... Qu'est-ce que c'est que M. Ferrier ?

L'AIDE-DE-CAMP. C'est votre gendre.

LE MARQUIS. Ah! je n'y pensais plus.. nous allons si vite !... Ah ! ça, où est-il, mon gendre ?

L'AIDE-DE-CAMP. Il doit être dans votre salon d'attente. (*Un domestique paraît.*) Dites à M. Ferrier qu'il peut entrer... vous prierez ensuite Mlle de Cruzac de se rendre dans ce salon. Vous lui direz qu'elle y est attendue.

LE MARQUIS. Mais j'aurais voulu être là...

L'AIDE-DE-CAMP. Impossible, monsieur le marquis ; nous n'avons plus que vingt-sept minutes.

LE MARQUIS. Vingt-sept minutes !... On n'a jamais marié une Cruzac en vingt-sept minutes.

L'AIDE-DE-CAMP. Un motif, grave sans doute, mais que l'empereur n'a pas cru devoir me confier, nécessite apparemment cette célérité, un peu extraordinaire, j'en conviens... D'après les ordres de S. M., toutes les formalités civiles et religieuses doivent être remplies dans la journée.

LE MARQUIS, *à part.* Cet homme-là ne fait rien comme les autres... Louis XIV aurait donné huit jours.

L'AIDE-DE-CAMP.

AIR d'*Une bonne Fortune.*

Mais venez, de grâce,
Car l'heure se passe ;
Tous vos amis
Sont réunis.
Il faut qu'on se presse :
J'ai fait la promesse
De tout signer,
Tout terminer.

LE MARQUIS.

Un instant, de grâce !
Tout ceci me passe :
Parens, amis,
Sont réunis.
Il a ma promesse,
Et l'heure nous presse :
Il faut signer,
Se résigner.

(Le marquis et le notaire sortent à gauche. Ferrier entre au même moment par la porte du fond.)

L'AIDE-DE-CAMP, *s'arrêtant.* Ferrier, j'ai fait prévenir Mlle de Cruzac... attendez-la ici... Soyez bien pressant, mon ami : vous n'avez que vingt minutes pour vous faire adorer.

FERRIER, *souriant.* Vingt minutes pour me faire adorer...

SCÈNE VI.

FERRIER, BERNARD, *qui paraît au fond.*

FERRIER, *se retournant.* Vous ici, Bernard !... Qu'est-ce que cela signifie ? Qui vous amène ? Pourquoi m'avez-vous suivi ?

BERNARD. Suivi, mon colonel?... Du tout, dites précédé... Je viens derechef et pour la seconde fois.

FERRIER. Comment! Bernard, vous vous êtes permis?...

BERNARD. On parlait de vous marier, et moi, Bernard, moi qui vous aime comme j'aurais aimé mon fils si j'en avais eu un, moi, votre père nourricier enfin, je serais resté là au repos, sans me mêler de l'affaire la plus importante de ma vie! non pas, bigre!... J'étais dans le corridor, quand le général est arrivé ce matin... J'ai attrapé au vol quelques mots de la conversation : v'là comme j'ai su le nom et l'adresse de votre future, et ce matin, je suis venu m'établir en éclaireur dans la loge du suisse, pour juger si ça pouvait nous convenir. En avant les questions!... Mademoiselle la marquise est-elle jolie, bonne, aimable?... V'lan! avant que le vieux me réponde, v'là qu'elle passe devant la loge, et que je la dévisage complétement.

FERRIER. Tu l'as vue, tu la connais?.. et elle est jolie?

BERNARD. Je n'ai rien vu de mieux, depuis les Pyramides... passez-moi la comparaison... Et puis, c'est élégant.... c'est soigné, tiré à soixante-dix épingles... comme un régiment de la garde qui passe à l'inspection de l'empereur. Il ne lui manque plus, pour qualité définitive, que de vous aimer autant que vous aime votre vieux Bernard.

FERRIER, *lui serrant la main.* Pauvre ami!

BERNARD. Oui; mais, voyez-vous, cet ami-là ne pouvait plus vous suffire... Bernard était bon, quand vous étiez tout jeune, pour veiller sur vous au bivouac, pour vous trouver la meilleure paille de tout un département, le plus vieux vin d'une cave royale et le poulet le plus tendre d'une basse-cour de curé... Bernard est encore bon, un jour de bataille, pour faire le moulinet autour de vous, ou mettre sa poitrine devant la vôtre, ce qui veut dire aux boulets, biscayens et autres moustiques de fer : On ne passe pas... Mais, au retour d'une campagne, que ferait le vieux Bernard dans un hôtel? car vous ne serez pas toujours caserné à l'Ecole-Militaire; vous serez général un jour, et vous aurez un hôtel comme celui-ci, des salons tout dorés, où je brillerais comme une cartouche sous un boisseau... Passez-moi la... Au lieu de ça, je serai remplacé, pendant la paix, par une petite femme douce, prévenante, éduquée, qui fera les honneurs de chez vous, et qui voudra bien me donner un joli petit logement à côté du Suisse, ce qui fait que je veillerai encore de là sur vous, comme au bivouac. Mais je trouve que Mme Ferrier ne se presse guère.

FERRIER. Mlle de Cruzac viendra toujours assez tôt.

BERNARD. Qu'est-ce que c'est que ce petit air indifférent-là?... Est-ce que par hasard vous ne seriez pas décidé?...

FERRIER. Oh! mon parti est au contraire bien arrêté, et j'espère que Mlle de Cruzac...

BERNARD. Ne sera pas plus invincible que les petites... (*Mouvement de Ferrier.*) Faut pas parler de ça ici, c'est juste... Je crois que j'entends marcher comme une robe de soie...

ENSEMBLE.

Air *du Cheval de Bronze.*

(Final du premier acte.)
(*A voix basse.*)

FERRIER.

C'est elle! adieu, va-t'en;
En cet instant,
C'est moi seul ici qu'elle attend.
Bientôt tu me verras
Et tu sauras
Ce que j'ai résolu tout bas.

BERNARD.

C'est elle! je pars content :
En cet instant
C'est le bonheur qui vous attend.
Adieu, j'entends ses pas;
Vite, j'm'en vas;
L'amour ne me regarde pas.

(*Bernard sort.*)

SCÈNE VII.

FERRIER, *puis* ANAIS.

FERRIER. Ce frôlement de robe m'a fait tressaillir... pourquoi?... Mlle de Cruzac m'est inconnue... indifférente.... Allons donc! je viens ici pour terminer une affaire... voilà tout.

ANAIS, *entrant sans voir Ferrier.* Mme Leroy me raccommode un peu avec l'empire... Cette toilette n'est pas trop mal, n'est-ce pas, mon père?... (*surprise*) Ah! un étranger!

FERRIER, *saluant.* Mademoiselle... (*A part.*) Bernard ne l'a pas flattée. (*Haut*)

On a dû vous dire, mademoiselle, que quelqu'un vous attendait.

ANAIS. Oui, je me souviens... Mais, pourquoi mon père n'est-il pas là?

FERRIER. M. le marquis est au salon, avec une partie de votre famille.

ANAIS. Alors, je vais...

FERRIER, *la retenant.* Pardon... mais il faut...

ANAIS. Quoi donc, monsieur?

FERRIER. Que je vous parle.

ANAIS. A moi!... Mais je ne puis, en l'absence de mon père...

FERRIER. Serais-je ici, mademoiselle, sans son assentiment?

ANAIS. C'est juste.

FERRIER, *avançant un fauteuil.* Voulez-vous...

ANAIS. Ah! cela sera bien long?

FERRIER. Rassurez-vous, mademoiselle, on ne m'a donné que vingt minutes.

ANAIS, *assise.* Pourquoi faire, monsieur?

FERRIER. Oh! peu de chose... Pour vous connaître, vous aimer, vous plaire, demander et obtenir votre main.

ANAIS, *se levant tout-à-coup.* Ah! mon Dieu! vous me faites peur, monsieur.

FERRIER, *se levant aussi.* En effet, vous devez me croire insensé... Et pourtant, rien de plus sérieux, de plus réel que tout ce que je viens de vous dire.

ANAIS. Mais, monsieur, c'est impossible.

FERRIER. Je vous dois au moins quelques mots d'explications. (*Il fait se rasseoir Anaïs, se replace près d'elle et continue.*) Hier, après la revue, l'empereur me fit appeler. « Ferrier, me dit-il, vous êtes un des plus jeunes, un des plus braves officiers de ma garde, mais vous n'avez pas de fortune... Je vous ai trouvé aujourd'hui une femme jolie et riche..... Je la ferai demander pour vous à son père, il vous l'accordera, et demain, à pareille heure, vous serez marié. » Puis, il passa à une autre personne et ne s'occupa plus de moi. Je restai muet de surprise, ne sachant pas même le nom de celle qui devait être la compagne de toute ma vie... Ce matin, le premier aide-de-camp de S. M. est venu chez moi prendre les divers papiers nécessaires à la rédaction de l'acte civil et du contrat... Ce qui me semblait encore un rêve était donc bien une réalité. Il m'apprit votre nom, m'indiqua votre hôtel et m'ordonna de me trouver ici avant deux heures.

ANAIS. Et vous êtes venu, monsieur!...

FERRIER, *souriant.* L'obéissance est le premier devoir d'un soldat... Ne m'attendiez-vous pas, mademoiselle? n'étiez-vous donc prévenue de rien?

ANAIS *se levant avec vivacité.* De rien, monsieur!... Je comprends maintenant, cette visite, ces questions, ces parens réunis au salon... cette toilette... tout cela, c'était pour un mariage!... et ce mari qu'on me destine, le voilà!... Je le vois pour la première fois, je ne sais même pas son nom... Et vous avez cru que, moi aussi, j'obéirais, monsieur?... Détrompez-vous... Quelque puissant que soit votre maître, je lui résisterai... Je vous refuse, entendez-vous bien, monsieur? je vous refuse; et l'empereur serait là devant moi, qu'à lui-même je dirais: Non, non, cent fois non!

FERRIER, *à part.* A merveille.

ANAIS, *changeant de ton.* Mon Dieu, monsieur, je suis bien folle, bien étourdie de vous dire tout cela... Pardonnez-moi, je vous prie, ce que ce refus peut avoir de désobligeant pour vous.

FERRIER. Ce refus, mademoiselle, je l'attendais... je l'espérais même.

ANAIS. Ah!

FERRIER. Et si je n'ai pas moi-même, au risque de perdre mon grade, résisté à la volonté de l'empereur, c'est que je ne doutais pas que mademoiselle de Cruzac aurait trop de noblesse et de fierté dans l'ame pour accepter un mari.... par ordre.

ANAIS. C'est très-bien... Vous êtes un homme d'honneur, monsieur.... ainsi, vous m'auriez refusée... et vous auriez très-bien fait... car un semblable mariage est impossible, n'est-ce pas?

FERRIER. Sans doute.

ANAIS. Et vous m'approuvez?

FERRIER. Tout-à-fait.

ANAIS, *gaîment.* Nous voilà donc bien d'accord sur ce point... nous nous refusons... c'est charmant... mais comment faire pour.

FERRIER. Il faut écrire à l'empereur.

ANAIS. Ecrire à l'empereur?... moi!...

FERRIER. Il le faut.

ANAIS. J'écrirai.

FERRIER. Sur-le-champ. (*Il la conduit à la table.*)

ANAÏS, *s'asseyant.* Dictez, monsieur.

FERRIER. Ecrivez, mademoiselle, que le colonel Ferrier, suivant l'ordre qu'il en avait reçu...

ANAÏS. Ah! vous êtes colonel, monsieur?

FERRIER. Oui, mademoiselle... (*Continuant.*) suivant l'ordre qu'il en avait reçu, s'est présenté chez vous, qu'il vous a dit qu'il était sans famille, sans fortune, et que son nom, quelquefois inscrit avec honneur sur les bulletins de la grande armée, n'était couché sur aucun parchemin.

ANAÏS. Vous n'êtes pas noble?

FERRIER. Non, mademoiselle.

ANAÏS, *à part.* C'est dommage.

FERRIER. Ajoutez à cela tout le mal que vous pensez de moi sans doute... l'empereur s'emportera... mais, ne pouvant s'en prendre à vous, demain il ne pensera plus à ce malheureux projet... Eh bien! vous n'écrivez pas?

ANAÏS, *vivement.* Si fait... (*Ecrivant.*) « Sire, le colonel... » Ferrier, n'est-ce pas?

FERRIER. Ferrier..... oui, c'est bien cela...(*A part.*) Voilà une affaire arrangée.

ANAÏS, *s'arrêtant.* Mais, monsieur, je suis fort embarrassée pour dire du mal de vous... tenez... je vais écrire que je vous refuse, voilà tout.

FERRIER. Comme il vous plaira.

ANAÏS, *à part, tout en écrivant.* C'est drôle... j'aurais voulu de lui, qu'il n'aurait pas voulu de moi... Hum!... ils sont difficiles, les officiers de Napoléon.

FERRIER, *à part.* Sont-elles orgueilleuses, ces filles de nobles!... si j'avais eu le malheur d'en devenir amoureux...

ANAÏS, *à part, le regardant en dessous.* C'est qu'il est bien.

FERRIER. La lettre avance-t-elle?

ANAÏS, *se levant.* La voici... Qui la portera?

FERRIER. Moi... (*A part, en prenant la lettre.*) La jolie main!

ANAÏS, *comme frappée d'une idée.* Ah! mon Dieu!

FERRIER. Qu'avez-vous, mademoiselle?

ANAÏS. L'empereur se fâchera, m'avez-vous dit!... la colère est toujours injuste... et mon père!... on l'exilera peut-être!

FERRIER. Hum!... cela pourrait arriver en effet.

ANAÏS. Mon pauvre père!... à son âge retourner en exil!... il en mourrait..... il me le disait ce matin. (*Se retournant, et voyant Ferrier déchirer la lettre.*) Que faites-vous là? et pourquoi déchirez-vous ma lettre?

FERRIER. Parce que je vais en écrire une autre.

ANAÏS. Vous?

FERRIER. Si vous le permettez, mademoiselle, c'est, à mon tour, moi qui vais vous refuser... l'empereur ne punira pas votre père de ce refus.

(Il se place à la table.)

ANAÏS, *joyeuse.* Oui, je comprends... refusez-moi, monsieur... (*S'arrêtant.*) Mais vous, vous, monsieur le colonel, on vous privera de votre grade... vous perdrez votre avenir?...

FERRIER, *avec douceur.* Que vous importe cet avenir?

ANAÏS, *vivement.* Je ne veux pas que vous écriviez, monsieur! (*lui arrachant la plume*) je ne le veux pas!

FERRIER, *se levant.* Il faut pourtant prendre un parti..... car l'heure avance et l'empereur attend.

ANAÏS. Mon Dieu! que faire?... Voyons, monsieur, conseillez-moi... je ne sais plus où j'en suis... (*Le regardant.*) Il n'y a donc pas moyen d'arranger cela?

FERRIER.

AIR : *J'en guette un petit de mon âge.*

Il n'en est pas, du moins je le suppose.

ANAÏS.

J'ai beau chercher... Venez à mon secours.

FERRIER.

J'en vois bien un...

ANAÏS.

Dites-le moi.

FERRIER.

Je n'ose.

ANAÏS.

Ne craignez rien, dites toujours.
Votre moyen?...

FERRIER, *hésitant.*

Dans un cas aussi grave,
C'est d'obéir.

ANAÏS.

O ciel! jamais!

FERRIER.

Vous avez peur?... moi, je me risquerais.

ANAÏS.

Vous, c'est votre état d'être brave.

FERRIER, *avec feu.* Pardon, mademoiselle, mais c'est qu'à mon tour je ne sais plus où j'en suis... c'est que je suis resté trop longtems près de vous... Tout-à-l'heure, je renonçais sans peine à votre main : je ne vous connaissais pas... Maintenant... oh ! maintenant, sachez bien tout ce que ce sacrifice me coûte... Ce n'est pas la colère de l'empereur qui me fait hésiter... qu'il me retire mon grade, s'il le veut... sur d'autres champs de bataille, je trouverai la mort ou de nouvelles épaulettes... Mais vous refuser, quand on vous offre à moi ! il faut pour cela un courage !... que j'aurai, mademoiselle : car je cours trouver l'empereur et je lui dirai : Sire, je l'aime, et je la refuse.

ANAIS, *à part.* Pauvre jeune homme !

UN VALET, *entrant.* Une voiture de la cour attend en bas.

ANAIS, *à part.* Déjà !

FERRIER. L'heure est passée... adieu, mademoiselle.

ANAIS, *vivement.* Attendez !.. nous sommes sauvés !

FERRIER. Comment ?

ANAIS. Laissons rédiger le contrat... ce n'est qu'une simple formalité... Allons aux Tuileries... une fois en présence de l'empereur, je me jetterai à ses genoux... je ne refuserai pas positivement...

FERRIER. Il se pourrait !...

ANAIS. Pour ne pas trop l'irriter... Je lui demanderai du tems pour vous connaître... vous aimer...

FERRIER. Vous lui direz cela ?

ANAIS. Oui... pour ne pas le fâcher..... Il m'accordera un délai... quelques semaines au moins,.. pendant ce tems, nous trouverons le moyen qui nous manque. (*A part.*) Je ne veux pas qu'il perde son grade.

FERRIER. Mais pendant ce tems, mademoiselle, moi, je vous aimerai à en devenir fou... à me tuer si vous me repoussez !

ANAIS. Taisez-vous, taisez-vous !.. voilà M. le marquis... (*A part.*) Pauvre père ! on ne l'exilera pas non plus...

SCÈNE VIII.
LES MÊMES, LE MARQUIS, L'AIDE-DE-CAMP, PARENS.

FINAL.

Air de *M. Pilati*.

TOUS.
Pour toute la famille
Quel honneur ! quel honneur !
Au contrat de sa fille,
Le nom de l'empereur !
Quel honneur ! quel honneur !

L'AIDE-DE-CAMP, *au marquis.*
Vite au palais il faut nous rendre ;
C'est l'ordre de sa majesté.

LE MARQUIS.
Mais je ne sais quel parti prendre ;
Car si ma fille a résisté...
J'attends sa réponse,
Qu'elle se prononce,
Eh bien ! eh bien ! quel est ton vœu ?
(*Anaïs se tait.*)

L'AIDE-DE-CAMP.
Ce silence est un aveu !

LE MARQUIS.
Quoi ! ma fille consent ! la chose est surprenante !
Mais il faut que l'on me présente
Mon gendre, que je ne vois pas.

FERRIER, *s'avançant.*
Monsieur, voyez, mon embarras ;
Mais tant d'évènemens sont faits pour me confondre,
Je ne sais que vous dire, en vérité.

LE MARQUIS, *vivement.*
Ah ! ne me dites rien ; car moi, de mon côté,
Je ne saurais que vous répondre.

L'AIDE-DE-CAMP, *à Anaïs.*
Vous le voyez, c'est votre cœur
Qu'on a seul consulté sans vouloir vous contraindre.

FERRIER, *à part.*
Dois-je espérer ?... ou dois-je craindre ?

ANAIS, *à part.*
Pourvu que j'ose, hélas ! parler à l'empereur !

CHŒUR.
Pour toute la famille
Quel honneur ! quel honneur !
Au contrat de { ma / sa } fille,
Le nom de l'empereur !
Quel honneur !

Départ.

FIN DU PREMIER ACTE.

ACTE II.

La scène se passe à l'Ecole Militaire, dans la chambre du colonel Ferrier. Ameublement de garçon. Une alcove en tente, fermée par des rideaux de coutil ; une table, et tout ce qu'il faut pour écrire : sur cette table, une pipe, des armes et un chandelier de cuivre, dans lequel brûle une chandelle à moitié consumée ; près de la table, un grand fauteuil à dos élevée ; deux portes, dont l'une conduit à la première cour du quartier, et l'autre donne sur un corridor.

SCENE PREMIERE.

FERRIER, UN CAPITAINE, UN LIEUTENANT, Officiers de différens corps.

(Ferrier est assis ; les officiers l'entourent et expriment leur surprise.)

CHŒUR.

Air *du Solitaire*.

Vous voyez notre étonnement !
Quelle singulière aventure !
Chacun de nous vous en conjure
Racontez-nous cet événement.

LE CAPITAINE. Comment ! colonel, vous êtes marié !.. vous, que nous avons quitté ce matin gai et bien portant !...

FERRIER. Vous voilà tous bien étonnés, n'est-ce pas ?... Parbleu ! je le suis encore presque autant que vous... je me demande si c'est une réalité ou un rêve... Un mariage qui tombe du ciel, un bonheur qui vous arrive comme un coup de foudre, écoutez donc, ça éblouit, ça étourdit... et maintenant encore, c'est tout au plus si je crois à ce qui m'arrive.

LE CAPITAINE. Mais comment et quand cela s'est-il fait ?

FERRIER. Comment ?... je n'en sais rien moi-même... Quand ?... aujourd'hui, ce matin.

LE CAPITAINE. Il faut alors que le diable... ou l'empereur s'en soit mêlé.

FERRIER. Précisément : c'est l'un des deux ; le dernier, le plus puissant, qui a tout fait.

LE CAPITAINE. Mais encore ?...

FERRIER. Ne me demandez pas d'explications... tout ce que je puis vous apprendre, ce sont les faits, qui se sont succédé avec une rapidité !... Ce matin, ordre de l'empereur, à midi rédaction du contrat, à deux heures signature de S. M., à trois heures mariage à la mairie et bénédiction nuptiale à Saint-Germain-l'Auxerrois, à six heures repas de noces, et enfin, ce soir, grand bal à l'hôtel du marquis, mon beau-père.

LE CAPITAINE. Bal, ce soir !.... et vous êtes ici, à l'Ecole Militaire ! dans votre chambre de garçon !... Et à minuit !...

FERRIER. Encore une circonstance singulière de ma singulière journée... J'étais dans la salle de bal, les yeux fixés sur ma femme qui dansait, m'enivrant de ses regards qui rencontraient toujours les miens, sans perdre de vue un seul de ses pas légers et gracieux... car elle danse comme un ange, ma femme... Quelqu'un.... (c'était l'aide-de-camp qui avait présidé à tout ce qui s'était fait jusque-là) s'approche de moi, et me remet l'ordre formel de me rendre sur-le-champ à l'Ecole militaire.

TOUS. Que signifie ?...

LE LIEUTENANT. Quel contretems !

FERRIER. Je vous en fais juges... Il fallut obéir... Je suis parti à la hâte, me disant : « Il s'agit sans doute d'assembler le conseil supérieur, de prendre quelque mesure urgente... ce ne sera pas long, je l'espère, et je serai bientôt libre. » Savez-de quoi il s'agit ?

TOUS. Du tout.

LE CAPITAINE. Nous ne nous doutions de rien.

FERRIER. Que diable cela peut-il être ?... Réval, mon ami, voyez donc l'officier du poste. Allez même jusque chez le général, s'il le faut, et...

LE LIEUTENANT. J'y cours, colonel.

(Il sort.)

FERRIER. C'est qu'il me tarde d'être débarrassé de leur conseil... Concevez-vous, capitaine, qu'on vienne déranger un marié à minuit, au moment le plus intéressant ?..... Que diable ! il y a tems pour tout... Mais ils ne me retiendront pas long-tems...

Air *du Piège.*

Sans plus tarder, à l'hôtel je me rends,
Et bravant tout dans l'ardeur qui m'enflamme,
Malgré les cris des danseurs, des parens,
Du salon j'enlève ma femme.
Pourrais-je attendre au bal, toute la nuit
Et résister à mon impatience ?...
C'est si triste, un bal qui finit !
Et c'est si doux un bonheur qui commence !

LE LIEUTENANT, *rentrant, un registre à la main.* Colonel; je n'ai pas été loin... Voici l'ordre du jour qu'un hussard vous apportait.

FERRIER. Ah! enfin !... (*Il lit.*) « L'état-major de l'École Militaire se réunira chez le général-commandant dans une heure. » Dans une heure ! morbleu !... Mais ce n'est pas tout..... (*Il continue.*) « Tous les officiers supérieurs et autres sont consignés cette nuit à la caserne, et ne pourront s'absenter sous aucun prétexte. » (*Avec fureur.*) Consignés !... cette nuit !...

TOUS. Consignés !..

FERRIER, *marchant avec agitation.* Eh quoi! je resterais ici, enfermé, la nuit de mes noces, quand ma femme est là-bas, quand ma femme m'attend !... Oh! non, de par tous les diables... C'est une mauvaise plaisanterie dont je ne serai pas dupe, ou une tyrannie affreuse à laquelle je ne me soumettrai pas !

LE CAPITAINE. Y pensez-vous, colonel ?

FERRIER. Je n'entends rien...

(*Il va pour sortir.*)

SCÈNE II.

LES MÊMES, UN OFFICIER D'ORDONNANCE.

L'OFFICIER, *remettant un papier.* De la part de Sa Majesté.

FERRIER, *à part.* Que veut dire ?... Un brevet! (*Il lit, puis s'écrie avec joie.*) O ciel! mes amis !...

TOUS. Qu'y a-t-il ?

FERRIER. Général de brigade et commandeur de la légion d'honneur !.. Et ces mots... ces mots tracés par l'empereur lui-même : « Mon cher Ferrier, je n'ai oublié ni Ulm, ni Austerlitz..... *Signé* « NAPOLÉON ! » Voyez, voyez.

TOUS. Il se pourrait !...Vive l'empereur! Vive notre colonel!

(*Ils l'entourent, le félicitent et lisent le brevet.*)

FERRIER. Merci, mes bons amis, merci... Moi, général, moi, commandeur !... mais c'est trop... Qu'ai-je donc fait pour mériter tant de faveurs, tant de bontés ?.. rien que mon devoir...(*S'interrompant.*)Grand Dieu! qu'ai-je dit? quel souvenir !... J'allais partir, manquer à la discipline, braver l'empereur ! Ah !...

LE CAPITAINE, *vivement.* Vous ne partez plus, n'est-ce pas ?

FERRIER, *avec force.* Oh! non, plus maintenant... non, je reste, j'obéis... (*Soupirant.*) Ah ! cependant, c'est bien cruel... Ma femme, si jolie, si séduisante, là-bas, et moi, ici !... Car je ne puis pas la faire venir à l'École militaire..... La voyez-vous dans une caserne, dans cette chambre de soldat, avec sa robe de dentelle et ses souliers de satin !... c'est impossible... Allons, allons, il faut se résigner. C'est égal, ça coûte... Tenez, j'aimerais mieux deux balles dans le corps : il me semble que ça me ferait moins de mal.

LE CAPITAINE. C'est une question... Mais enfin, c'est à nous de vous consoler... D'abord, point de solitude, de réflexions... et pour ça, je vous invite, colonel, ainsi que tous nos camarades, à prendre le punch chez moi.

FERRIER. J'accepte... Oui, du punch, c'est ce qu'il faut, c'est le véritable remède... J'ai besoin de m'étourdir, de perdre la raison de cette manière-là, puisque l'autre... enfin... Allons, allons chez le capitaine.

ENSEMBLE.

AIR : *Des Chevau-légers.* (Du Pré-aux-Clercs.)

TOUS.

Allons, amis, point de tristesse :
Jusqu'à demain, oui, oui, jusqu'à demain,
Goûtons du punch la douce ivresse
Et demeurons le verre en main.

FERRIER, *à part, tristement.*

Jusqu'à demain,
Le verre en main !

TOUS.

Jusqu'à demain ! oui, oui, jusqu'à demain !

SCÈNE III.

LES MÊMES, BERNARD.

BERNARD, *accourant, transporté de joie.*

Quelle nouvelle !... au fond de l'âme,
Je sens la joie et le bonheur...
Vous, général ! vive l'emp'reur !

LE CAPITAINE.

Courons au punch, qui nous réclame.

BERNARD.
Du punch, dit-il ! qu'est-c' que j'entends ?
(*A. Ferrier.*)
Et l'mariage ? et votre femme ?
FERRIER, *avec colère.*
Morbleu ! tais-toi ! je te défends
De m'en parler, ou je promets
Huit jours d'arrêts.
BERNARD.
Huit jours d'arrêts !
TOUS.
Allons, amis, point de tristesse :
Jusqu'à demain, oui, oui, jusqu'à demain,
Goûtons du punch la douce ivresse,
Et demeurons le verre en main.
(*Ferrier et les officiers sortent à gauche.*)

SCÈNE IV.

BERNARD, *seul, stupéfait.*

En v'là une rude, par exemple ! Qu'est-ce qu'il a donc ? Sur quelle herbe extraordinaire a-t-il marché ?... Il va au punch, au lieu de la noce, et il me défend de parler de sa femme... Est-ce qu'il y aurait déjà du tralala dans le ménage ?... Hum ! hum !... (*On frappe à la porte du corridor.*) Hein ? qui vient là, à l'heure qu'il est ?

(*Il va ouvrir et recule surpris.*)

SCÈNE V.

BERNARD, ANAIS, *en robe de bal, et enveloppée d'une pelisse*, L'AIDE-DE-CAMP.

L'AIDE-DE-CAMP, *paraissant le premier.*
Entrez, madame.

BERNARD, *à part.* Notre épouse !... Oh ! le sournois de colonel, qui m'a caché son jeu !...

ANAIS, *qui entre et ne s'attend pas à se trouver face à face avec Bernard.* Ah !...

BERNARD. Pas peur... C'est moi, Bernard, que vous avez déjà vu ce matin.

ANAIS, *émue.* Ah ! oui, je me souviens... mais...

L'AIDE-DE-CAMP, *saluant.* Ici se termine ma mission, madame, et...

ANAIS, *effrayée.* Eh quoi ! monsieur, vous me quittez ?

L'AIDE-DE-CAMP, *souriant.* Ce brave soldat est dévoué au colonel Ferrier, dont il a toute la confiance, et placée sous sa garde, vous n'avez rien à craindre, madame la comtesse de Villiers, votre tante, qui vous a accompagnée, attend dans la voiture... Permettez donc, madame, que je prenne congé de vous.

(*L'aide-de-camp salue et sort.*)

SCÈNE VI.

ANAIS, BERNARD.

ANAIS. Ah ! mon Dieu ! seule ici... dans cette chambre, avec cet homme... *A Bernard.*) Eh bien ! monsieur le soldat, puisque c'est à vous qu'on me confie, conduisez-moi chez mon mari, chez votre colonel... Partons !

BERNARD. Comment, partons ? (*A part.*) Elle n'y est pas du tout.

ANAIS. Où est-il, mon mari ?... c'est bien le moins que je sache... Où est-il ?...

BERNARD. Il est... (*A part.*) Dissimulons la chose du punch. (*Haut.*) Il est... chez le commandant.

ANAIS. Quel commandant ?

BERNARD. Dam !... le commandant.

ANAIS. Mais, ce commandant, où est-il ?

BERNARD. Chez lui.

ANAIS. Loin d'ici ?

BERNARD. A deux pas.

ANAIS, *avec une vivacité croissante.* Qu'importe ? mon mari n'y restera pas jusqu'à demain ; il faut qu'il rentre.... Conduisez-moi donc chez lui... Car, enfin, je me suis laissé emmener, parce que mon père, M. l'aide-de-camp, tout le monde m'a dit qu'il le fallait ; mais c'était pour aller chez mon mari, et non pour demeurer dans un endroit que je ne connais pas... dans un endroit affreux... qui sent la pipe... c'est une horreur... Où suis-je donc ?... quelle est cette horrible chambre ?... Voyons, parlez, expliquez-vous : car je ne puis pas rester ici, je n'y resterai pas, je vous en avertis.

BERNARD. Tudieu ! quel éclat d'obus ! Un peu de calme, mademoiselle la marquise... c'est-à-dire, madame la colonelle... Vous voulez donc être conduite chez votre mari ?

ANAIS. Mais, sans doute, il y a une heure que je vous le dis.

BERNARD. Pour lors, donnez-vous la peine de vous asseoir... Vous êtes rendue au domicile conjugal.

ANAIS. O ciel! que dites-vous?... Ici, dans cette chambre, chez le colonel!... Mais non, vous me trompez, c'est impossible.

BERNARD. Pourquoi donc ça?... Appartement complet. (*Montrant le corridor.*) Antichambre... (*Ouvrant une armoire où se trouvent un poulet rôti et une bouteille de vin*) salle à manger!... (*écartant les rideaux de l'alcôve*) chambre à coucher... (*après avoir refermé les rideaux, l'armoire et la porte du corridor*) salon... (*montrant le grand fauteuil sur lequel s'est jetée Anaïs.*) Et boudoir.

ANAIS. Je crois rêver... (*On entend un bruit de fusils et ces mots : portez armes! présentez armes!...*) Ah! mon Dieu! quel est ce bruit?

BERNARD, *tranquillement.* Rien... la sentinelle qu'on relève.

ANAIS, *se levant tout-à-coup.* La sentinelle!... Où suis-je donc?

BERNARD. A la caserne de l'École Militaire.

ANAIS, *éclatant.* A la caserne!... je suis dans une caserne!...

(*Elle est interrompue par le chœur suivant chanté dans la coulisse et auquel se mêle le bruit des verres.*)

CHŒUR.

Air *du Châlet.*

Vive l'amour et le punch au cognac!
Voilà (*4 fois*) le refrain du bivouac.

Qu'entends-je?

LE CAPITAINE, *en dehors.* Encore un verre, colonel!

FERRIER, *en dehors.* Toujours, mille tonnerres!

ANAIS, *se bouchant les oreilles.* Ciel!... mon mari!

REPRISE DU CHŒUR.

Vive l'amour et le punch au cognac!
Voilà (*4 fois*) le refrain du bivouac!

FERRIER, *en dehors.* A vos amours, camarades!

TOUS, *en dehors.* Ça va... Aux amours passés, présens et futurs!

BERNARD, *à part.* Ça s'anime un peu trop là-bas.

ANAIS. C'est bien lui, mon mari!.... Quelle horreur!... Il boit, chante, jure, parle de ses amours!... Et c'est pour être témoin d'une pareille indignité que je suis venue ici!... Ah! j'en mourrai de honte et de dépit.

BERNARD, *à part.* Le fait est qu'une nuit de noces, c'est un peu fort de café... (*Haut.*) Allons, puisque la chose est découverte, je vais prévenir le colonel que vous êtes arrivée.

ANAIS. Arrêtez! n'en faites rien... (*A part.*) Je ne le reverrai de ma vie.

BERNARD. Il faut bien qu'il sache...

ANAIS. Eh quoi! au milieu de ces officiers!... Ils doivent ignorer que je suis ici... je le veux... (*Se reprenant.*) Le colonel le veut; il me l'a dit.

BERNARD. Ah! c'est différent.... Je comprends.... les convenances et la pudeur... je connais ça... Pour lors, je ne vais rien lui dire, et je reste.

ANAIS. Cela n'est pas plus convenable.

Air *de la Dugazon.*

Partez, laissez-moi, je l'ordonne;
Je veux rester seule en ces lieux.
(*A part.*)
Non, non, je ne veux voir personne;
Tout le monde m'est odieux.

BERNARD, *à part.*

Je vois c' qui la révolutionne:
Je conviens qu'c'est contrariant
De ne voir arriver personne,
La première fois qu'on attend.

REPRISE ENSEMBLE.

Allons, partons puisqu'ell'l'ordonne,
Et veut rester seule en ces lieux :
Il n' faut contrarier personne;
Madam', je vous fais mes adieux.

ANAIS.

Partez, etc.

(*Il sort à droite.*)

SCÈNE VII.

ANAIS, *seule, et ne se contenant plus.*

Ah! comme j'ai été abusée, trahie, sacrifiée!... Mais cela devait arriver : une mésalliance porte toujours malheur... Pourquoi n'ai-je pas refusé? pourquoi ne me suis-je pas jetée aux genoux de l'empereur?.. La colère de Napoléon était préférable cent fois à cet affreux mariage... Oh! mais je ne me résignerai pas à une semblable destinée... non, je ne serai jamais la femme de cet homme grossier... (*Plus calme.*) Est-ce bien lui, qui ce matin avait des paroles si douces, de si nobles manières? lui que j'aime?... car c'est là ma honte; oui, je l'aimais!.. Et maintenant, le voir seulement, ne fût-ce qu'une minute, serait un supplice pour moi... Mais comment fuir, la nuit?...

Comment oser me présenter à l'hôtel, aux yeux de nos gens?... C'est impossible.... Mais, demain, au point du jour.... Vite, écrivons à mon père; qu'il accoure, qu'il me retire d'ici... (*Elle s'assied près de la table, dans le grand fauteuil, dont le dos se trouve ainsi tourné à la porte. Elle écrit.*) « Mon père, je vous attends; au nom du « ciel, venez me chercher. On nous a trom- » pés, on a imposé le malheur et la honte à » votre fille, en la condamnant à être la » femme d'un soldat parvenu... Cet homme » m'est odieux, je le déteste et suis bien » résolue à ne le revoir de ma vie. Je vous » écris d'une chambre sale et enfumée, » d'où j'entends leurs jurons et leurs chan- » sons abominables... Venez, venez, mon » père, et plaignez-moi, car je suis bien » malheureuse. ANAÏS. » — Ah ! — « Je » suis à la caserne de l'École Militaire. » C'est à en mourir de honte... N'importe... je me sens mieux, car avant une heure, j'aurai quitté cette horrible chambre... Mais comment faire parvenir?... (*Elle plie la lettre et y met l'adresse, puis regarde autour d'elle.*) Personne... J'ai renvoyé ce Bernard... j'ai eu tort... il faut que je l'attende.. Quel tourment!... et quelle journée, grand Dieu! (*Elle continue lentement.*) Ce matin, chez mon père, j'étais si heureuse...

(*Sa tête s'appuie sur le dos du fauteuil et sa voix s'affaiblit graduellement.*)

AIR *de la Somnambule.* (Romance de Mlle Puget.)

Plus tard encor j'étais heureuse...
C'était au bal... vive et joyeuse,
Que je dansais d'un cœur content!..
Il avait l'air de m'aimer tant !
Pour lui seul brillante et parée,
De bonheur j'étais enivrée.
La joie emplissait nos deux cœurs ;
Et maintenant ce sont des pleurs...

(*Parlé à demi-voix, pendant la ritournelle.*)

J'éprouve une fatigue, un abattement...
Ma tête s'appesantit malgré moi...

Suite de l'air.

Mon Dieu! mon Dieu! que je suis lasse !
M'endormirai-je à cette place?...
Les yeux fermés, de loin j'entends
Du bal les airs brillans.

(*S'endormant et rêvant pendant que l'orchestre exécute en sourdine la contredanse.*)

Monsieur, je vous rends grâces, mais je suis engagée... je danse celle-ci avec mon mari...

(*Elle s'endort tout à fait. Le dos du grand fauteuil étant tourné du côté de la scène, elle doit se trouver entièrement cachée aux yeux des autres personnages.*)

SCÈNE VIII.

ANAÏS, *endormie*; FERRIER.

FERRIER, *à la cantonnade.* Bonsoir, capitaine; bonsoir, mes amis...

LE CAPITAINE, *en dehors.* Bonne nuit, colonel.

FERRIER. Merci (*Il descend en scène.*) Oui, bonne nuit!... Il se moque de moi, le scélérat... il faut qu'il n'ait pas de pitié dans l'âme, car ma situation est à fendre le cœur... Il me semble voir ma femme d'ici, dans son lit de demoiselle, entourée de ses rideaux bleu-azur... car je suis sûr qu'ils sont bleu-azur.... son joli visage encadré coquettement dans un petit bonnet de tulle ou de blonde..... et moi... mille tonnerres !... Aussi, je ne me coucherai pas... oh! non... C'est pour le coup que j'éprouverais toute l'horreur de ma position... Je vais tout bonnement me jeter dans mon grand fauteuil... Pour me consoler, je relirai mon brevet... (*Il le tire de sa poche.*) Amour, envoie-moi de doux rêves.... je suis sûr que je la verrai toute la nuit... (*Il se dirige vers le fauteuil, va pour le retourner, aperçoit Anaïs et jette un cri de surprise et de joie.*) Ah!... est-ce un songe, une illusion?... Non, c'est bien elle, Anaïs, ma femme !... ou plutôt un ange du ciel, qui a pris ses traits pour me consoler dans mon exil.... Elle ici !... elle, jeune fille élevée dans la richesse et le luxe, dont les yeux n'ont jamais vu que des meubles élégans, dont les pieds délicats n'ont jamais foulé que des tapis... elle ici!... pour moi!... Ah! que c'est bien! ah! que je suis heureux !...

(*Il s'approche d'elle.*)

AIR *de la Bergère châtelaine.*

Que de grâce! qu'elle est jolie !
Et ce doux trésor est le mien !..
De l'éveiller je meurs d'envie...
Comment fait-on ?.. je n'en sais rien.
Sur ce front pur et sans nuage,
Un seul baiser !... moyen délicieux !
Pour éveiller une femme, en ménage,
J'ignore encor les moyens en usage...
Essayons du mien ; je le peux,
En attendant quelque chose de mieux.

(*Il se penche pour l'embrasser et voit la lettre.*)

Une lettre !... (*Il jette le brevet, prend la lettre et lit la suscription.*) « A M. le marquis de Cruzac. » A son père !... que veut dire?... Cette lettre écrite d'ici, à l'heure qu'il est... il faut qu'il s'agisse d'un objet pressant... (*Il retourne la lettre.*) Elle n'est point cachetée... (*Il va l'ouvrir, s'arrête*;

puis se dit :) Au fait, c'est ma femme... (*Il lit à voix basse, ne laissant échapper que ces mots :*) « Soldat parvenu... Cet homme » m'est odieux... je le déteste... Je suis bien » malheureuse : Anaïs! »(*Sa figure a d'abord exprimé la surprise, puis la douleur; quand il a fini, il laisse tomber ses deux bras et garde un morne silence, après lequel il se frappe le front avec désespoir.*) O mon Dieu! mon Dieu!... Je l'avais bien dit, ce n'était qu'un songe... mais quel réveil! (*Marchant à grands pas.*) Ah! ce ne sont pas des larmes qu'il faut, quand je suis outragé, méprisé... Pauvre fou! qui croyais que la fille de ce marquis aurait autre chose que du dédain, pour un homme qui s'appelle Ferrier tout court, pour un soldat parvenu!...

(*En marchant avec agitation, il heurte une chaise : Anaïs s'éveille en sursaut.*)

ANAIS. Ah!.. vous ici, monsieur!... (*Pour toute réponse, Ferrier s'approche et lui présente la lettre, sans jeter les yeux sur elle. Anaïs à part.*) Il a lu!... tant mieux; cela m'épargne toute explication. (*Haut et se levant.*) Cette lettre, monsieur, est adressée à mon père.

FERRIER, *froidement.* Je le sais, madame, et il la recevra bientôt... c'est moi qui m'en charge.

ANAIS. Vous ?...

FERRIER. Mais il ne suffit pas que M. le marquis de Cruzac vienne vous retirer de cette chambre, habitée par un homme qui vous est odieux... mais où vous êtes venue cependant.

ANAIS. Où l'on m'a amenée, monsieur, où l'on m'a laissée malgré moi.

FERRIER. N'importe... Il ne suffit pas, dis-je, que vous en sortiez... il faut encore... et c'est votre lettre qui le dit... il faut que nous ne nous voyons plus, que tout soit fini entre nous...

ANAIS, *cédant à un mouvement généreux.* Monsieur...

FERRIER, *poursuivant.* A cet égard, madame, nos intentions sont exactement les mêmes.

ANAIS, *réprimant son mouvement.* C'est très-bien.

FERRIER. Je vous remercie d'avoir mieux et plus vite compris que moi l'impossibilité d'un pareil mariage, et d'avoir écrit cette lettre, que je vais me hâter de faire parvenir..... Croyez bien, madame, que si mon devoir ne m'enchaînait ici, avant une heure, conduite par moi, vous seriez auprès de M. votre père... Au reste, ce billet est assez pressant pour qu'il vienne en toute hâte; et je vais...

(Il va pour sortir.)

ANAIS, *l'arrêtant.* Pardon, monsieur... encore un instant... Cette lettre, qui ne vous était pas destinée, contient quelques expressions...

FERRIER. Je ne vous accuse pas... Quelles que soient les expressions de cette lettre, quelle que soit la douleur que j'en ai d'abord ressentie... (*Anaïs fait un mouvement*) je ne me plains de rien... De votre éducation, de vos idées, de vos habitudes de haute aristocratie, je n'aurais pas dû attendre autre chose que ce qui m'arrive... Le seul coupable, c'est moi...

AIR : *Ce titre de soldat m'honore.*

C'est moi, trop fier d'une gloire nouvelle,
Et m'abusant d'un fol espoir,
Qui de vous, noble demoiselle,
Consentais à tout recevoir....
Et, dans ma pensée orgueilleuse,
Moi, qui n'ai rien à vous donner,
J'ai cru pouvoir vous rendre heureuse...
Vous ne pouvez me pardonner.

ANAIS, *émue, à part.* Je ne sais... ces paroles, ce ton si digne, quand je m'attendais à des reproches et à de la colère...

FERRIER. Grâce au ciel, le mal peut se réparer... Il y a trois ans, une nouvelle loi a été donnée à la France, celle du divorce; nous l'invoquerons l'un et l'autre, cette loi, et elle séparera à jamais deux époux entre lesquels il y avait déjà une distance trop grande... le mépris de l'un.

ANAIS, *confuse.* Ah! monsieur, de grâce...

(*Ferrier la salue profondément et s'apprête à sortir. Bernard entre, s'aperçoit de son étourderie, sort vivement, frappe et entre de nouveau.*)

SCÈNE IX.

LES MÊMES, BERNARD

FERRIER. Qu'est-ce ?...

BERNARD, *en les examinant.* Mon colonel... (*A part.*) Ça va mal, ça va très-mal.

FERRIER. Eh bien! qu'y a-t-il?

BERNARD. Le conseil est assemblé chez le commandant, et on n'attend plus que vous.

FERRIER, *à lui-même.* Je l'avais oublié. (*Il s'approche d'Anaïs et lui dit à voix basse*). Madame, ce soldat nous regarde.

(*Il la baise au front d'un air contraint.*)

AIR : *Pour moi plus d'espérance.* (Discrétion.)
   Adieu toute espérance !
   Je sens d'avance
   Que ma présence
   La fait souffrir.
   Je briserai ma chaîne !
   Pour moi sa haine :
   Est trop certaine ;
   Je dois la fuir.

ANAÏS.
   Pour lui plus d'espérance !
   Je sens d'avance
   Que ma présence
   Le fait souffrir.
   Il brisera sa chaîne !
   Pour lui ma haine
   Paraît certaine ;
   Il doit me fuir.

BERNARD.
   Voyez quell' contenance !
   C'est pourtant, j' pense ,
   La circonstance
   De se chérir.
   Est-ce donc que leur chaîne
   Déjà les gêne ?...
   Etait-c' la peine
   De les unir.

(Ferrier sort.)

SCENE X.
ANAÏS, BERNARD.

Anaïs se laisse tomber sur le fauteuil et semble absorbée dans ses réflexions.)

BERNARD, *regardant sortir Ferrier, puis reportant les yeux sur Anaïs et hochant la tête.*) Hem ! hem ! v'là du sentiment au-dessous de zéro.

(Il prend sa pipe et se met à battre le briquet.)

ANAÏS, *se retournant vivement.* Eh bien ! que faites-vous ? fumer ici , en ma présence !... retirez-vous , je le veux.

BERNARD, *à part.* Satanée bégu..... (*Se contenant et s'adressant avec douceur à Anaïs.*) Obéissance passive... je vas me poser de faction à la porte. (*En sortant.*) Voilà une femme qui ne nous convient pas pas du tout, du tout, du tout.

SCENE XI.
ANAÏS , *assise.*

Le divorce, a-t-il dit ! le divorce !.. N'importe, ce parti est le seul qu'il nous reste à prendre. (*Silence.*) Comme il était pâle , agité ! comme il avait l'air malheureux en me parlant !... Si je l'avais mal jugé ? s'il m'aimait ?.. (*Avec impatience.*) Ah ! pourquoi ai-je écrit ce billet ? C'est qu'un instant avait suffi pour détruire toutes mes illusions... C'est que je ne peux pas vivre ici, c'est que tout ce que je vois, tout ce qui m'entoure est affreux.. insupportable ! (*Elle saisit le brevet qu'elle froisse, puis ses regards s'y arrêtent.*) Un brevet ! (*lisant.*) « Mon cher Ferrier, » je n'ai oublié ni Ulm , ni Austerlitz... » Napoléon. » Signé Napoléon !... Général !... commandeur de la légion-d'honneur !... lui !... Qu'a-t-il fait pour mériter une telle récompense ?.. Ulm , Austerlitz... c'est là qu'il se sera distingué... Comment ?.. oh ! je veux le savoir... Car enfin , c'est mon mari... nous serons séparés , nous ne nous verrons plus , il le faut... mais je porterai son nom... mais je prendrai ma part de sa gloire .... mais je veux pouvoir dire : il a fait cela... et je raconterai ses faits d'armes... Mais je ne les connais pas... Comment savoir ?... à qui m'adresser ?

(Ici on entend Bernard qui fredonne au dehors.)

BERNARD.
   Un jour les bons Prussiens,
   Avec quelques Autrichiens,
   Défilaient la parade...

ANAÏS. Ah ! ce soldat... il ne l'a jamais quitté... (*Courant à la porte.*) Bernard ! monsieur Bernard !

SCENE XII.
ANAÏS , BERNARD.

BERNARD, *sur le seuil de la porte et la pipe à la bouche.* Présent !

ANAÏS. Entrez , approchez , je vous en prie... je désire vous...

(*Elle détourne la tête.*)

BERNARD. Ah bon ! je me souviens... Au fait, l'essence de la chose , c'est pas de la parfumerie des dames... respect aux nerfs !

(Il va éteindre sa pipe.)

ANAÏS, *vivement.* Que faites-vous ?.. non, non, continuez, fumez ; je vous le permets, je le veux même...

BERNARD, *étonné.* Hein ?

ANAÏS. Vous autres , vieux militaires , n'est-ce pas là votre passe-tems favori , votre distraction la plus douce ?... comment pourrais-je songer à vous en priver ?.. Vous me croyez donc bien méchante ?

BERNARD. Non..... mais, c'est que... (*A part.*) Oh ! oh ! quel changement de front !

ANAÏS. Et puis , je m'y fais, je m'y habitue... (*S'approchant de lui.*) Tenez , je suis aguerrie... Voyez...

(Bernard encouragé lâche une bouffée de fumée : Anaïs fait la grimace et se met à tousser.)

BERNARD. Ah ! c'est comme ça ?...

ANAIS. Oh ! ce n'est rien.

BERNARD, *cessant de fumer*. Eh bien ! tenez, ça me fait plaisir de ne plus vous voir faire la mijaurée comme tout à l'heure... vrai, ça ne vous allait pas, et ça me plaisait tout juste.

ANAIS. J'avais tort... je n'aurais pas dû oublier votre amitié, votre dévoûment pour le colonel.

BERNARD. Quoi donc ! est-ce qu'il n'y a pas vingt-cinq ans que je suis occupé à l'aimer ?... est-ce que je ne l'ai pas connu tout petit, qu'il n'était encore qu'enfant de troupe ?

ANAIS. Enfant de troupe ?... qu'est-ce que cela veut dire ?

BERNARD. C'est comme ça qu'on nomme les orphelins de régiment.

ANAIS. Ah ! il était orphelin ?

BERNARD. Par suite d'un boulet qui avait envoyé son père... (*Il achève du geste.*) Ça arrive... quelquefois, d'heure en heure.. Quand j'ai vu le petit bonhomme qui pleurait sur l'affût d'un canon, ça m'a fendu le cœur en quatre... je lui dis avec douceur : Arrive ici, toi... plus de larmes !... à dater du quantième courant, je veux que t'aies place à la gamelle... Oui, oui, que disent les camarades à l'unanimité...... J'ajoute : V'là pour la nourriture, ton couvert est mis.... quant au reste, maniement des armes et autres, j'en fais mon affaire... mais c'est pas tout... fils de capitaine, il te faut de l'instruction et de l'éducation... en sus du pain de munition... ça, mon petit, je ne m'en charge plus.... pour cause..... mais tant que j'aurai ma paie, on te donnera de la lecture, de l'écriture et toutes sortes de sciences pareillement... (*Se tournant vers Anaïs.*) Voilà la chose, et depuis, je ne l'ai pas quitté d'une minute.

ANAIS, *attendrie*. Brave et digne homme ! vous l'avez toujours suivi ?

BERNARD. De loin... parce que, voyez-vous, c'était un gaillard qui faisait drôlement son chemin... (*Mouvement de curiosité d'Anaïs.*) A la première affaire, sous-officier... à la seconde, officier... puis, ne v'là-t-il pas qu'étant capitaine, il se fait couper son épaulette d'un coup de sabre, et qu'en place l'empereur satisfait lui en donne une de colonel !... Colonel ! ah ! c'est alors qu'il fallait le voir !... Un jour, par exemple, c'était à...

ANAIS, *vivement*. A Austerlitz, n'est-ce pas ?

BERNARD. Juste, c'est ça... Les autres, les ennemis, s'étaient formés en bataillon carré...

ANAIS. Ah ! en bataillon carré... oui, oui... qu'est-ce que c'est ?

BERNARD. Le bataillon carré... passez-moi la comparaison... c'est comme qui dirait une maison en pierres de taille, sans portes, ni fenêtres... il faut entrer là dedans à travers la muraille... Quatre fois nous chargeons... repoussés quatre fois... A la cinquième, une balle arrive droit à mon colonel...

ANAIS, *avec effroi*. Ah !

BERNARD. Le désordre se met dans les rangs... je cours à lui, je veux qu'on l'emporte... Non, non ! répond-il...

Air : *Vaudeville des Frères de lait.*

Sur son cheval il ordonn' qu'on l'attache,
En s'écriant : il faut vaincre ou mourir !
Puis, il s'élance... et moi, dans ma moustache,
J'pleurais, madame, en le voyant courir ;
Car je m' disais : Il n'en doit pas r'v'nir.
V'là qu'devant lui l'carré s'brise et s'entr'ouvre ;
Mon colonel tomb'... mais il est vainqueur !...
Un homme accourt vers lui, pleure et s'découvre.

ANAÏS.

Ah ! c'était vous.

BERNARD.

Non, c'était l'empereur !
Un homme accourt vers lui, pleure et s'découvre :
C'était mieux qu'moi, car c'était l'empereur.

Eh bien ! eh bien ! qu'est-ce que vous avez donc ?...

ANAIS, *cherchant à se contenir*. Moi ?... rien... l'émotion, le saisissement, au récit de vos dangers.... nous autres femmes la seule idée du péril nous effraie..... et cependant, notre cœur sent comme le vôtre tout ce qu'il y a là de grand, de beau !... Ah ! mon Dieu ! j'oubliais... il était blessé !... parlez vite.

BERNARD. Oh ! c'est pas dangereux, un jour de victoire... Grâce aux soins du chirurgien-major Garnier, six semaines après il était sur pieds... et il allait faire sa première sortie, lorsqu'un homme, un étranger, entra dans notre chambre... (*La curiosité d'Anaïs redouble. Bernard s'arrêtant.*) Allons, allons, me v'là parti.... c'est là toute une histoire, et il y a diablement long-tems que j'abuse du dialogue.

ANAIS, *vivement*. Non, non, continuez... Mais, mon Dieu, vous restez là debout... c'est fatigant, prenez une chaise, asseyez-vous. (*Elle s'assied.*)

BERNARD. Moi? en votre présence?...

ANAIS. Je suis donc bien fière?... ne le croyez pas... Un brave soldat comme vous vaut bien, je pense, la fille d'un marquis... (*Bernard relève sa moustache, prend une chaise et se place près d'elle.*) Là, c'est cela... poursuivez, je vous écoute... Vous disiez donc...

BERNARD. M'y v'là... C'était un peu avant la prise...

ANAIS. D'Ulm, peut-être?...

BERNARD. C'est encore ça... Fameuse affaire!... figurez-vous...

ANAIS. Vous disiez qu'un homme...

BERNARD. Ah! oui... c'était un vieillard en habit brodé, avec toutes sortes de croix... un duc, un prince du pays, je ne sais pas au juste... « Colonel, qu'il dit, il y a trois jours, vous avez sauvé du pillage et de l'incendie le château qu'est là-bas... dans ce château se trouvait alors tout ce que j'ai de plus précieux au monde, ma fille, mon unique enfant... Colonel, je viens acquitter ma dette... » Là-dessus, il posa deux papiers sur la table, où se trouvait déjà la feuille de route de mon colonel... l'un de ces papiers était la donation de la moitié de sa fortune, l'autre un contrat de mariage.

ANAIS. Eh bien?...

BERNARD. Eh bien! mon colonel lui serra la main... et ne prit que la feuille de route.

ANAIS. La femme qu'on lui offrait?...

BERNARD. Superbe.

ANAIS. La fortune?

BERNARD. Magnifique aussi.

ANAIS. Et il a refusé?

BERNARD. Net.

ANAIS. Le motif?...

BERNARD. Ah! dam, le motif... (*Baissant la voix.*) C'est qu'il avait promis à Thérèse Garnier de l'épouser.

ANAIS. Thérèse Garnier?...

BERNARD. La fille du chirurgien-major dont je vous ai parlé... Brave fille! elle n'était pourtant pas belle, pas noble et pas le sou.

ANAIS, *avec un dépit concentré*. Et cependant le colonel l'aimait... l'aimait beaucoup?

BERNARD. Je crois bien... peut-être pas d'amour... c'était mieux, c'était de la bonne et solide amitié.

ANAIS. Qu'avait-elle donc fait pour mériter un tel attachement et de tels sacrifices?

BERNARD. Ce qu'elle avait fait?... rien du tout... Seulement elle avait compris tout de suite ce que c'est que la femme d'un militaire... elle savait tout ce qu'il faut d'affection, de dévouement, d'oubli de soi-même... elle était prête à suivre partout son mari, partageant sa bonne et sa mauvaise fortune... la mauvaise particulièrement... plus empressée, plus aimante quand elle le soignait blessé dans un taudis de village, que quand elle le voyait en grand uniforme dans un salon doré... Voilà ce qu'elle avait fait, et voilà pourquoi mon colonel l'aimait solidement.

ANAIS, *prête à pleurer*. Oui, je comprends, et il avait raison... (*Avec anxiété.*) Mais cette femme, il ne peut l'avoir trahie, abandonnée... il doit l'aimer encore... il l'aime toujours, n'est-ce pas?

BERNARD, *se levant tout-à-coup*.
AIR : *Je puis la recevoir encore.* (Du curé de Champaubert.)
Elle trahie, abandonnée!...
Mon colonel, j'en suis garant,
Lorsque sa parole est donnée,
N'a jamais violé son serment.

ANAIS.
Alors, cette femme, en échange,
Doit l'aimer encore aujourd'hui?

BERNARD, *essuyant une larme*. Oh! oui...
La pauvr' Thérèse est le bon ange,
Qui de là haut veille sur lui.

ANAIS. Ah!

FERRIER, *en dehors*. Oui, messieurs, à cheval au point du jour.

BERNARD. Qu'est-ce que j'entends là?...

╶╶╶╶╶╶╶╶╶╶╶╶╶╶╶╶╶╶╶╶╶╶╶╶╶╶

SCENE XIII.

LES MÊMES, FERRIER.

ANAIS, *courant à Ferrier qui entre*. Monsieur! monsieur!... ma lettre est-elle partie?...

FERRIER, *froidement*. Oui, madame.

BERNARD. A cheval au point du jour, mon colonel?

FERRIER. Dans une heure.

BERNARD. Et où allons-nous donc?

FERRIER. A Berlin.

BERNARD, *avec joie*. C'est donc pour ça que cette nuit chez le commandant... Vive l'empereur!... je vas seller mon cheval.

(*Il sort rapidement.*)

SCENE XIV.
ANAIS, FERRIER.

ANAIS, *en hésitant.* Vous partez, monsieur?

FERRIER. Dans une heure... Et voilà le secret de ce mariage si prompt... si extraordinaire... l'empereur voulait que je partisse heureux.

ANAIS. Dans une heure!

FERRIER, *avec la plus grande douceur, et de même durant toute la scène.* Nous n'avons, vous le voyez, que bien peu de tems pour régler notre avenir... Veuillez donc m'écouter.

ANAIS, *à part.* Que je souffre!...

FERRIER. J'ai réfléchi au projet que nous avions d'abord formé... et, dans votre intérêt comme dans le mien, je pense que le divorce...

ANAIS. Ah! ne prononcez pas ce mot, monsieur.

FERRIER. Ainsi que moi, vous avez donc pressenti les conséquences d'un pareil éclat... vous avez pensé comme moi qu'à ce monde, toujours avide de scandale, il ne fallait pas donner la joie de pouvoir mettre ses conjectures à la place de la réalité... C'est bien... point de divorce, madame... Mais une séparation qui, pour ne pas s'accomplir publiquement et devant un tribunal, n'en sera pas moins éternelle.

ANAIS, *à part.* Eternelle!

FERRIER. Pour le monde, nous resterons unis... pour le monde, nous serons heureux... à mes amis, je cacherai mon désespoir... aux vôtres, n'est-ce pas, vous cacherez votre haine?

ANAIS, *à part.* Ma haine!

FERRIER. Je ne parlerai jamais de vous qu'avec respect, qu'avec amour.. mon visage ne trahira jamais mon cœur..... Vous, madame, vous aurez assez de générosité, de courage pour vous contraindre?... promettez-le-moi... Il se peut qu'un jour, dans une de vos brillantes réunions, un bulletin de la grande armée soit lu à haute voix... là, vous entendrez peut-être ces mots : A cette affaire, le général Ferrier s'est noblement conduit... Ayez alors la bonté de sourire, pour faire croire à vos amis que ma gloire est aussi la vôtre... Il se peut encore qu'un autre bulletin vous arrive et que celui-là dise : Le général Ferrier est mort...

ANAIS, *se cachant la figure dans ses mains.* Mort!...

FERRIER. Alors, devant tous, cachez votre visage... comme vous le faites en ce moment... On prendra votre effroi pour de la douleur... on croira que dans vos yeux il y a des larmes... Vous me le promettez, n'est-ce pas?

ANAIS, *sanglotant.* Non, monsieur, je ne cacherai pas mon visage... à tous, comme à vous, je laisserai voir mes larmes... à tous, comme à vous, monsieur, je dirai : Mon Dieu! mon Dieu! je suis bien malheureuse!

FERRIER, *avec amertume.* Malheureuse! vous!... encore!... mais dites-moi donc ce que je puis faire pour que vous ne le soyez pas?

ANAIS. Il faudrait me comprendre, monsieur... il faudrait deviner ce que je ne puis vous dire sans mourir de honte.

FERRIER. Qu'entends-je?...

ANAIS. J'ai été si injuste, si cruelle envers vous, que de ma part vous ne pouvez rien attendre qui ne soit injuste et cruel... Je vous ai fait bien du mal... mais si vous saviez ce que je souffre, si vous saviez que je donnerais la moitié de ma vie pour n'avoir point écrit cette fatale lettre!...

FERRIER. Il se pourrait!

ANAIS.

AIR : *Ce titre de soldat m'honore.*

Car cette lettre est pour vous une offense,
Et pour mon cœur un éternel tourment :
C'en est donc fait, toute espérance
M'est enlevée!.. Et cependant,
Moi, qui dédaignais, orgueilleuse,
Ce nom si beau qu'on voulait me donner,
Je pourrais encore être heureuse,
Si vous pouviez encor me pardonner!

(L'orchestre continue piano jusqu'à la fin.)

FERRIER. Anaïs!... ma femme!...

ANAIS. Je suis si glorieuse de votre passé, que je veux ma part de votre avenir... Oui, je serai fière de vos triomphes, heureuse de votre bonheur, et si vous mourez... je mourrai!

SCENE XV.

Les Mêmes, LE MARQUIS et BERNARD.

BERNARD. Par ici, monsieur le marquis, par ici !

LE MARQUIS. Une Cruzac dans une caserne ! quel scandale !... Ah ! colonel, je n'ai pas perdu de tems... vous le voyez... à peine avais-je reçu...

ANAIS, *à part.* Ma lettre !... (*Haut.*) Vous l'avez lue, mon père ?

LE MARQUIS. Certes... ton mari m'écrit de venir à l'instant même... et me voilà.

ANAIS. Mon mari ?.. cette lettre est donc de lui ?...

LE MARQUIS. Sans doute... tiens.

(Il la montre.)

ANAIS. Ah ! (*Bas à Ferrier.*) Je vous remercie de n'avoir pas envoyé la mienne.

LE MARQUIS. Ah ça, qu'y a-t-il de nouveau ?... pourquoi m'appelle-t-on à cinq heures du matin ?...

FERRIER. Monsieur le marquis, la guerre est déclarée... j'ai reçu l'ordre de partir ce matin même.

ANAIS. Et votre fille ne pouvait pas vous quitter sans vous embrasser encore une fois.

FERRIER. Que dit-elle ?

LE MARQUIS. Comment ! me quitter !... où vas-tu donc ?

ANAIS, *souriant.* A Berlin.

BERNARD. Bravo ! la voilà formée !

LE MARQUIS. A Berlin !

ANAIS, *d'un petit air décidé.* Je vais faire la campagne de Prusse... avec mon mari.

FERRIER. Anaïs !... veux-tu donc me rendre fou de bonheur ?...

ANAIS, *bas.* Je veux remplacer Thérèse Garnier.

LE RIDEAU BAISSE.

FIN.

IMPRIMERIE DONDEY-DUPRÉ, RUE SAINT-LOUIS, N° 46, AU MARAIS.

ANDRÉ,

COMÉDIE EN DEUX ACTES MÊLÉE DE COUPLETS,

Par MM. Bayard et G. Lemoine.

Représentée pour la première fois, à Paris, sur le théâtre national du Vaudeville, le 28 novembre 1835.

PERSONNAGES.	ACTEURS.	PERSONNAGES.	ACTEURS.
Le marquis de MORAND.	MM. Lepeintre aîné.	HENRIETTE, couturière.	Mlle Brohan.
ANDRÉ, son fils.	Emile Taigny.	GENEVIÈVE, fleuriste.	Mlle L. Mayer.
MARTEAU, vétérinaire.	Lafont.	Artisannes amies d'Henriette.	
PIERRE, garçon de ferme.	Ballard.	Domestiques du marquis.	

La scène se passe, au premier acte, dans le jardin du château de Morand en Berry, et au deuxième, dans l'intérieur des appartemens.

ACTE PREMIER.

Le théâtre représente l'entrée d'un jardin magnifique. — Au fond, un parc très étendu. A gauche une charmille avec tables, chaises et banc sur le côté. A droite, un pavillon qui commence le château de Morand; près du pavillon, un banc de jardin.

SCÈNE I.
LE MARQUIS, PIERRE.

(Il fait petit jour.)

PIERRE, *dans la coulisse.* Oh! la, la!.. Oh! la, la!..

LE MARQUIS, *l'amenant par l'oreille.* Ah! paresseux! fainéant! pourquoi m'as-tu éveillé si tard... parle donc?

PIERRE, *à moitié habillé et tremblant.* Dam! not' maître... on ne s'est couché hier; qu'à minuit... pour rentrer les foins.

LE MARQUIS. Tais-toi! quatre heures de sommeil... c'est assez en été... d'ailleurs, l'hiver, vous dormez trop!.. ça se compense.

PIERRE. J'ai le corps comme si on m'avait coupé avec une sarpe rompu... mort, quoi! et Jacques, itou!..

LE MARQUIS. Il faudra que je prenne un fouet pour vous dégourdir.

PIERRE. Et puis... M. André nous avait dit...

LE MARQUIS. Mon fils! il n'a rien à faire ici... rien à ordonner... il n'y a qu'un maître, c'est moi...

PIERRE, *reculant.* Oui, monsieur le marquis, oui, monsieur le marquis.

LE MARQUIS. Et où est-il ce matin, ce beau monsieur?

PIERRE. Dam! not' maître... je ne sais pas...

LE MARQUIS. N'est-ce pas à cette heure-ci, qu'hier tu l'as vu sortir?

PIERRE. Oui, oui... not' maître.

LE MARQUIS. Et les jours précédens?

PIERRE. Oui, oui... not' maître.

LE MARQUIS. Et tous les jours, depuis un mois... que peut-il faire?

Air: Je loge au quatrième étage.

Où peut-il aller?.. à la chasse?
Rapporte-t-il dans son carnier
Quelque perdreau, quelque bécasse?
Enfin, as-tu vu du gibier?

PIERRE.
Mais non... (Se reprenant.) Si fait... hier
(soir, not' maître,
Il a rapporté, c'est certain,
L'ail' d'un poulet roti... qu' peut-être,
Il avait emporté le matin.

LE MARQUIS. Imbécille! vas-t-en... non, reste...

SCÈNE II.
Les Mêmes, ANDRÉ.

André sort du pavillon, en costume de chasseur et va s'esquiver par le fond, lorsqu'il aperçoit son père.

ANDRÉ. Ah!
LE MARQUIS, se retournant. André!
ANDRÉ, s'arrêtant et à part. Il m'a vu.
LE MARQUIS. Avec votre permission, j'ai à vous parler, Monsieur.
ANDRÉ. Mon père...
Il reste immobile et les yeux baissés.
LE MARQUIS, à Pierre qui s'éloigne. Pierre.
PIERRE, accourant. Not' maître, monsieur le marquis.
LE MARQUIS, regardant l'horison. Le temps est à l'orage...nous aurons de l'eau, que tout le foin soit rentré aujourd'hui, il le faut! je le veux... si tout est serré avant la pluie!... double ration de cidre...
PIERRE, joyeux. Merci, not' maîtr'.
LE MARQUIS. Si non... je vous chasse.
PIERRE, tremblant. Merci, not' maîtr'.
Il sort vite.

SCÈNE III.
LE MARQUIS, ANDRÉ.

LE MARQUIS, se frottant les mains. Mes foins n'ont pas souffert! beaux! magnifiques,... ceux des autres sont mouillés, ça met les miens à soixante francs le quintal. (Il tire un journal de sa poche et l'ouvre.) J'irai au marché.

ANDRÉ, le regardant furtivement, à part. Il n'a pas l'air de trop mauvaise humeur, ce matin! que me veut-il?
Il devient tremblant et baisse les yeux à la voix de son père.

LE MARQUIS. A nous deux à présent, monsieur le savant... Eh bien, quand vous resterez là, comme un saint de plâtre... à une lieue de moi... approchez donc! approchez donc!

ANDRÉ. Voici, mon père...
LE MARQUIS. Hein? qu'est-ce que c'est? depuis quand se présente-t-on devant moi la tête couverte. (André ôte vivement son chapeau.) Où alliez-vous? si matin.
ANDRÉ. A la chasse, mon père.
LE MARQUIS, fronçant le sourcil. Et hier, où êtes-vous allé?
ANDRÉ. A la chasse.
LE MARQUIS, avec ironie. Et depuis un mois... tous les matins, hein? toujours à la chasse!
ANDRÉ. Oui, mon père.
LE MARQUIS. Diable! voilà une passion pour la chasse qui vous est venue bien subitement... et avec quel chien, chassez-vous?
ANDRÉ, hésitant d'abord. Mais... avec le chien... de Joseph Marteau, qui vient avec moi.
LE MARQUIS, prenant le fusil. Ah! et où chassez-vous?
ANDRÉ, balbutiant. Aux prés Girault...
LE MARQUIS, examinant le fusil. Avec le fusil de Joseph Marteau sans doute? hein? monsieur le drôle... (André est interdit et garde le silence.) Vous n'allez ni avec Joseph... ni à la chasse. (Mouvement d'André.) Vous mentez vous dis-je! ce fusil n'a pas été déchargé depuis long-temps... il y aurait du danger à s'en servir dans l'état où il est. (Il passe devant André et pose le fusil près la porte du pavillon; mettant la main dans le carnier et en retirant un volume.) Et vos provisions! un beau volume... doré, ma foi.
ANDRÉ, d'une voix faible. Il ne me quitte jamais...
LE MARQUIS. Ça doit être du curieux. (Lisant le titre.) Byron... qu'est-ce que c'est que ça? quelque mauvais roman.
Il jette le livre avec dédain.
ANDRÉ, indigné, le ramassant. C'est le plus grand poète!..
LE MARQUIS, l'interrompant. Taisez-vous?.. qui est-ce qui vous interroge?.. un poète... à quoi cela est-il bon? qu'est-ce que ça vous apprendra; moi aussi j'aime la lecture... je lis... et beaucoup... mais de bons livres... des livres solides et qui rapportent quelque chose... la Maison rustique, l'Art du vétérinaire, le Journal des Haras, celui des Connaissances Utiles, quelquefois... à moins qu'il ne fasse de l'esprit, ce qui est rare, heureusement...mais vous, monsieur, vous aimez mieux bailler aux corneilles ou lire quelque méchant bouquin, qui vous trouble la cervelle, et qui vous fait crier, comme cette nuit, par

exemple : existe-tu ?.. n'es-tu qu'un rêve ! suis-je venu trop tôt ! suis-je venu trop tard !

ANDRÉ, *avec effroi, à part.* Grand Dieu ! il m'a écouté.

LE MARQUIS. Et vingt autres balivernes que je n'ai pu entendre... et qui font que je suis toujours sur le point d'envoyer chercher le médecin pour ce beau monsieur-là qui boit, mange, consomme du matin au soir... et ne rapporte rien à la maison...

ANDRÉ. Et c'est aussi ce qui fait mon malheur... mon père. Je voudrais, fût-ce même au prix de mon sang... pouvoir vous payer de vos soins, de vos bontés pour moi... je voudrais m'employer...

LE MARQUIS. Et à quoi, s'il vous plaît... savez-vous manier une pioche, une bêche ou un rateau ?.. tracer un sillon, conduire une charrue ? avez-vous la force de porter un arrosoir... savez-vous seulement faire pousser un navet? un navet !

ANDRÉ. Je n'ai pas beaucoup de vocation pour ce genre d'ouvrage... mais j'ai quelque goût pour la poésie, et si vous vouliez, je pourrais...

LE MARQUIS. Oui... aller mourir à l'hôpital...

ANDRÉ, *souriant.* Les poètes n'y vont plus, mon père... mais si vous l'aimez mieux... je ferai mon droit... je serai avocat.

LE MARQUIS. Avocat... pour augmenter le nombre des bavards... poète, avocat ! rêves creux que tout cela... mais aider son père... conduire la ferme.., faire pousser le blé... fumer les terres... fi donc, c'est bon pour les petites gens... pour les paysans... je suis noble, moi, monsieur... mais je ne suis pas fier.

Air : *Vers le temple de l'hymen.*

Quoique marquis de Morand
Où m'a vu quittant ma veste,
Au travail ardent et leste
Comme un simple paysan ;
En adroit propriétaire,
Pour me rendre populaire,
Avec eux choquant mon verre,
Mainte fois j'ai dérogé ;
Ou rapprochant la distance,
Je les rossais d'importance...
Je n'ai pas de préjugé !

Mais vous, pâle et chétif... condamné en naissant à végéter comme une plante parasite... vous êtes la seule ronce que l'on puisse trouver dans tout le beau domaine de Morand.

ANDRÉ, *versant des larmes.* Ah ! mon père ! mon père !

LE MARQUIS. Hum ! propre à rien... rentrez dans votre chambre. (*Il le fait passer.*) Vous garderez les arrêts toute la journée, pour m'avoir menti... les livres de fermage ne sont pas au courant... ça vous occupera... vous prendrez garde de vous tromper dans l'addition... on fait la preuve en commençant par la gauche... demain matin, vous viendrez avec moi, voir tondre les moutons... allez... allez... gringalet !..

ANDRÉ, *furieux.* J'aimerais mieux qu'il me rouât de coups que de m'appeler ainsi.

LE MARQUIS, *se retournant.* Hein ?.. je crois que l'on raisonne.

André prend son fusil et rentre dans le pavillon.

SCÈNE IV.

LE MARQUIS, seul.

Voilà l'héritier des Morand ! un pauvre inutile ! marquis de la tête aux pieds, quoi ! je croyais que les matins, il y avait quelqu'amourette en tête... incapable !.. à son âge, moi... j'étais de braise... comme Marteau... ce brave vétérinaire qui me mène un peu... c'est juste, j'en ai besoin... c'est là un luron ! grand mangeur... grand buveur... grand chasseur. (*On entend un coup de fusil très rapproché.*) Qu'est-ce que c'est que ça ? quel est l'insolent qui se permet de venir braconner jusques sous mes fenêtres ? il va me payer...

Il va pour sortir.

SCÈNE V.

LE MARQUIS, MARTEAU.

MARTEAU, *en dehors.*

Air du *Lutin* (de Mlle Loïsa Puget.)

Je rôde, *ter.*
Et dans la maraude
Brille ma valeur.

LE MARQUIS, *parlé.* C'est Marteau !

MARTEAU.

Je rôde, (*ter.*)
Ce qu'on a par fraude
Est toujours meilleur !

LE MARQUIS. Tu rôdes, tu rôdes ! c'est fort bien... mais ce n'est pas une raison.

MARTEAU, *l'apercevant et courant à lui pour l'embrasser.* Eh ! vive Dieu ! c'est mon cher marquis, je ne le voyais pas ! et cette belle santé?.. toujours florissante... verdissante.

LE MARQUIS. Bien, bien! il m'étouffe! à la bonne heure... mais...

MARTEAU. Et vos bœufs! oh! les scélérats... sont-ils fiers... gras... bien portans! il y en a un qui pèse au moins quinze cents.

LE MARQUIS. Ah! tu l'as vu! fameux, n'est-ce pas... mais...

MARTEAU. C'est que vous avez de si belles luzernes... dites-moi donc votre secret!

LE MARQUIS, *mystérieusement*. Eh, eh! je l'ai trouvé dans *les Connaissances utiles*, je te le dirai... parce que tu m'aimes, et puis, parce que tu n'es pas propriétaire... mais je ne veux pas que tu viennes tirer sur mon gibier... j'en suis jaloux en diable...

MARTEAU. Le bon Dieu n'y aurait pas résisté... au bout de mon fusil... le plus beau faisan.

Il le tire de son carnier.

LE MARQUIS. Un faisan... oui, ma foi, un vrai faisan! il y en a donc dans mon parc?

MARTEAU. S'il y en a!.. ils vous partent entre les jambes. (*A part.*) Il faut le flatter le propriétaire.

LE MARQUIS. Voyez-vous! et mes voisins qui soutiennent que je n'ai pas de gibier...

MARTEAU. Des envieux! envoyez-moi les tous... et je me charge de leur dire où l'on en trouve de pareils... (*A part.*) pour trois francs cinquante.

LE MARQUIS. Il n'y a pas jusqu'à ce nigaud d'André... à propos... vas-tu souvent chasser le matin, dans les prés Girault?..

MARTEAU. Hein! vous me prenez donc pour un conscrit... dans les prés, le matin... pour me donner un bain de pieds, apparemment.

LE MARQUIS. C'est juste!.. j'étais sûr qu'André mentait en me disant qu'il y allait tous les matins avec toi.

MARTEAU, *se ravisant au nom d'André*. André! ah! oui... c'est donc pour ça que nous ne pouvons jamais nous rencontrer... je lui dis toujours rabats d'abord dans la plaine... pour jeter le gibier dans les prés, parce qu'ensuite on épluche avec son chien, vous savez on épluche... eh bien! il ne comprend pas... il commence toujours par les prés...

LE MARQUIS. Alors, c'est donc vrai qu'il chasse avec toi..

MARTEAU. Parbleu! tous les matins... je venais le chercher.

LE MARQUIS. Eh bien! tu peux repartir, j'ai cru qu'il m'avait menti... et je l'ai consigné.

MARTEAU. Pas possible! alors vous allez le relâcher.

LE MARQUIS. Non pas... ce qui est fait... est fait! j'ai pour principe de ne jamais revenir sur ce que j'ai dit... règle générale, l'autorité n'a jamais tort.

MARTEAU, *entre ses dents*. Quand elle a raison.

LE MARQUIS. N'est-ce pas que j'ai raison! c'est le moyen de se faire respecter... il le faut, vois-tu, autrement, où en serions-nous avec tout le monde... avec mon gringalet tout le premier... encore si le ciel m'avait donné un fils avec qui je pusse courir les champs, fumer, boire... faire mon cent de piquet... un fils comme toi, enfin.

MARTEAU. Tiens, vous n'êtes pas dégoûté.

LE MARQUIS. Mais André!

MARTEAU. Eh! mon Dieu! quand il ne serait pas tout-à-fait aussi grossier que moi et vous...

LE MARQUIS. Hein!

MARTEAU, *riant*. Et tenez... j'ai toujours été surpris qu'avec votre fortune et votre titre, vous fussiez resté paysan aussi encroûté, aussi brutal... quelquefois...

LE MARQUIS. Va toujours... va... je te passe tout!... j'ai un faible pour toi. On a beau dire que je déroge... moi, je t'aime, parce que je me retrouve en toi, quand j'avais vingt ans.

MARTEAU, *à part*. Merci!.. et puis parce que je soigne son bétail, gratis.

LE MARQUIS. Si je suis comme me voilà... j'en rends grace... à moi, d'abord... qui envoyais au diable, quand j'étais petit, les maîtres, les livres et les sermons... et aussi à mon père, un brave et digne gentilhomme qui laissait faire à la bonne nature, sans penser à lui donner une entorse. L'étoffe était bonne... j'avais le pied ferme et le poignet solide. Plus tard il n'y avait plus de marquis... et moi, mêlé aux paysans, aux ouvriers, que je traitais d'égal à égal, je faisais oublier que j'étais noble, ce qui ne m'empêchait pas de donner un coup de poing à celui qui me tutoyait et un coup de pied à ceux qui ne m'ôtaient pas leur chapeau... aussi, autour de moi, personne ne bronchait, et tandis qu'ailleurs on faisait de la république...

Air :

Moi, j'étais roi dans mes limites...
Mes vassaux marchaient rondement.

A chacun, selon ses mérites,
Je distribuais largement
Du cidre... ou d'une main sévère...

MARTEAU.
J'entends... le systèm' n'est pas neuf.
C'est l' gouvernement d'un bon père,
Tempéré par un nerf de bœuf.

LE MARQUIS. C'est comme ça que j'ai sauvé ma fortune et mon titre, et quand je songe qu'il faudra laisser un si bel héritage à un avorton qui le mangera avec des marquis, comme lui... à un poète qui n'aura jamais d'héritier, lui...

MARTEAU. Eh! bien!... qu'est-ce que vous dites donc?

LE MARQUIS. Eh! non... C'est une fille, que ce garçon, pas d'énergie!... rien!... rien!... Mais à son âge, moi!... à son âge! Tiens, ne parlons plus de ça... d'y penser seulement, ça me révolte... ça me fait bouillir le sang dans les veines..... Adieu...

MARTEAU. Vous partez?...

LE MARQUIS. Oui... pour toute la journée. J'ai du blé à vendre au marché.... Ah! pendant que tu es ici, donne donc un coup-d'œil à mes étables.

MARTEAU. Soyez donc tranquille..., est-ce que je m'en vais jamais sans faire ma ronde.

LE MARQUIS. Oh! tu ne viens plus aussi souvent... je sais bien pourquoi... il y a de par le monde, quelqu'un qui te tient la bride... Eh! eh! gaillard!... mon garde me l'a dit. Avoue donc!.. (*Marteau fait signe que non*) je veux que tu me montres ça, un jour... un pique-nique entre nous... quoiqu'à vrai dire je n'aime pas beaucoup ces artisanes, non pas que je sois fier, tu en es la preuve... mais si je suis affable, je veux qu'on me tienne compte de mon affabilité... et ces princesses-là, ça prend tout comme si ça leur était dû, ça vous traite un marquis... comme un vétérinaire. (*il rit*). Aussi, je ne peux pas les souffrir... mais je ferai une exception en ta faveur... ce jour-là, je consignerai André comme aujourd'hui.

MARTEAU. Oh! pour aujourd'hui, grâce!

LE MARQUIS. Oh! non... ce qui est fait est fait... L'autorité ne doit jamais avoir tort!

Il sort.

SCÈNE VI.
MARTEAU, ANDRÉ.

MARTEAU, *seul*. Vieux despote!... l'autorité ne doit jamais avoir tort! à moins qu'elle ne sorte.... parce que quand les chats sont partis.....

ANDRÉ, *paraissant en tremblant à la porte du pavillon*. Mon Dieu!... cette voix...

MARTEAU, *appelant*. Eh! André!... André!...

ANDRÉ. Marteau!...

MARTEAU, *l'apercevant*. Ah!..... c'est toi!... viens donc!... viens donc!...

ANDRÉ, *se jetant à son cou*. Mon ami... mon cher Marteau!... que je suis aise de te voir... en ce moment surtout!... (*avec effroi.*)

MARTEAU. Rassure-toi!... pauvre André!... Comme il tremble.

ANDRÉ. Il est parti!...

MARTEAU. Pour toute la journée... et me voilà, moi, joyeux boute-en-train, qui apporte des consolations à l'affligé, et de l'espérance aux malheureux.

ANDRÉ. Que dis-tu!

MARTEAU. Tu ne sais pas... mon fusil n'est qu'un prétexte... ma sœur se marie... on a fini le trousseau hier... les ouvrières étaient lasses de tirer l'aiguille... ma foi!

Air : *Restez, restez...*

Dans la patache que je mène,
J'ai mis c'matin tout l'bataclan ;
Elles sont au moins un' dixaine...
Je suis serré... c'est amusant!...
A chaque cahot, embrassant
Rose, Henriett', Flore, ou Thérèse,
S'lon qu' la patach' me fait verser...
Et comme la route est très mauvaise,
C'est toujours à recommencer.

Nous avons débarqué aux prés Girault, et nous avons compté sur toi...

ANDRÉ. Oh!... c'est impossible!... mon père m'a consigné.

MARTEAU. Eh! au diable la consigne, puisqu'il est parti.

ANDRÉ. Ah!... ça ne fait rien... tu ne le connais pas... Si je violais sa défense, je serais perdu...

MARTEAU. Tu lui expliqueras...

ANDRÉ. Ah! tu ne sais pas, toi, ce que c'est que de fléchir, de trembler, depuis son enfance... sous l'œil d'un maître!... Le pli est pris à présent... c'est plus fort que moi... j'aimerais mieux me battre avec dix hommes, que d'avoir une explication avec mon père!...

MARTEAU. Ah! si j'avais eu un père comme ça... non, à

a brisé là toute énergie.

MARTEAU. Oui... le grand ressort.

ANDRÉ. Sa voix seule me fait trembler... et quand il est devant moi, je ne suis pas un homme, mais un enfant !... un esclave !.. je baisse les yeux... et je pleure.

MARTEAU, *s'essuyant les yeux.* Oh! butor de marquis, va !... je me moque bien de sa voix... de son regard... moi !... je lui parle ferme... et il ne bronche pas.

ANDRÉ. Et voilà ce que je ne puis concevoir... Comment fais-tu pour avoir sur lui cet ascendant?

MARTEAU. Dam !.. c'est selon.... les paysans l'ont gâté !... je lui rends quelques services... ça compte.

Air *de Marianne.*

Et puis, vois-tu, j'ai mon système :
Je sais le flatter, quand j'ai tort ;
Mais quand c'est lui, c'n'est plus de même,
Je vous le mène ferme et fort.
S'il dit cheval !
J'réponds brutal !
Qu'import' à moi qu'il le prenn' bien ou mal !
S'il lèv' le poing, j'l'arrêt' soudain,
Et doucement je lui brise la main ;
Je chante alors, il m'donne au diable !
Je ris, je fum', ça l'étourdit !...
Si bien qu'en me quittant, il dit :
C'est un homm' bien aimable !...

Et je bois sec... plus sec que lui... encore une supériorité... ça lui impose... il ne peut plus se passer de moi, et s'il pouvait se choisir un héritier, c'est à moi qu'il donnerait sa fortune dont je n'ai que faire, et son titre, que j'envoie comme lui, à tous les diables.

ANDRÉ. C'est très bien... mais moi je ne puis pas.

MARTEAU. Si fait... tu peux être moins timide avec lui, comme avec tout le monde... Je veux te former... faire de toi un homme aimable... qui aime, qui boit, qui fume... Enfin la vie élégante... mais tu ne me secondes pas.

ANDRÉ. Mais je t'assure...

MARTEAU. C'est comme hier, au bal de la Brasserie... la plus jolie collection de grisettes !.... des yeux bleus, noirs.... à choisir... je te présente comme mon intime... je te mets aux prises avec mademoiselle Henriette, la plus fine langue du pays, à deux lieues à la ronde... hé bien ! ... dents, et tu par égard pour moi... tu as bien fait les choses, c'est vrai... tu as été honorable... cinq francs de pralines, des oranges, pour les dames... mais ce n'est pas tout !.. la beauté est infiniment plus sensible aux égards qu'aux rafraîchissemens... les artisannes surtout... c'est bégueule !.. c'est fier en diable !..

ANDRÉ. Dam !.. alors... qu'est-ce que tu veux que je fasse ?..

MARTEAU. Est-il moutard... D'abord, avec des procédés et des manières, on vient à bout de cette fierté-là, dans l'espace d'une ou deux contredanses... Dam ! il faut le temps !.. Tiens, vois-tu, voilà comme il faut s'y prendre dans une société distinguée... tu mets ton cigarre dans ta poche... et après avoir jeté ton dévolu sur celle qui te correspond le mieux, tu t'avances d'un air libre et dégagé... (*il fait le geste d'un danseur qui invite*) Mademoiselle, voulez-vous me faire la faveur d'une première... elle baisse les yeux... tu t'empares vivement de sa main... en place !.. alors, si tu as de l'esprit... et tu en as... voilà le moment... feu roulant !.. conversation choisie... manières aimables... bon genre !.. surtout pas jurer... lui serrer les doigts... la fasciner du regard... Après la contredanse... tu la mènes aux rafraîchissemens... un biscuit... une limonade de douze... ça fait quinze... tu paies largement... on te remercie... tu redanses de même, avec la même... et... et voilà !..

ANDRÉ, *riant.* Oh !.. tu as beau dire, je ne serai jamais à la hauteur...

MARTEAU. Bast !.. bast !.. je t'y mettrai... pas plus tard qu'aujourd'hui... ça me fait de la peine de te voir te consumer... user ta vie à rien... je veux que tu sois amoureux.

ANDRÉ. Amoureux !.. oh ! si ce n'est que cela... je le suis...

MARTEAU. Toi !..

ANDRÉ. Amoureux comme un fou !

MARTEAU. Bah ! bah ! bah !.. à la bonne heure... voilà que ça commence... Et de qui ?

ANDRÉ. Ah ! mon ami !.. de la plus jolie... de la plus céleste...

MARTEAU Connu... son nom ?

ANDRÉ. Son nom ?.. ah ! dam !.. je ne sais pas...

MARTEAU. Bien !.. c'est déjà quelque chose... Mais que fait-elle ?

ANDRÉ. Dam !.. je n'en sais rien...

MARTEAU. Très bien !.. Mais enfin... sa position sociale ?.. est-ce une bourgeoise ?.. une comtesse... une couturière ?

ANDRÉ. Oh ! tu m'en demandes trop

long... tout ce que je sais... c'est que je l'aime...

MARTEAU. Mais enfin... tu l'as vue quelque part...

ANDRÉ. Aux prés Girault.

MARTEAU. Ah! oui... la chasse du matin, j'entends... pas si niais... Et tu lui as parlé?

ANDRÉ. La première fois, je n'ai pas osé...

MARTEAU. Bravo!.. et la seconde?

ANDRÉ. La seconde?.. je l'ai vue qui s'avançait de mon côté... alors, je me suis caché...

MARTEAU. Bravo!.. de mieux en mieux.

ANDRÉ, *vivement*. Mais je lui ai parlé les jours suivans.

MARTEAU. Tu as fait cet effort-là...

ANDRÉ. Pendant huit jours... je la voyais toute la matinée.

MARTEAU. Et que faisiez-vous?..

ANDRÉ. Nous causions... nous herborisions... nous cherchions des simples.

MARTEAU. Vous n'aviez pas besoin d'aller bien loin.

ANDRÉ. Je ne pensais pas à lui demander son nom... ni elle, le mien.

MARTEAU. Mais le dénouement!.. le dénouement!

ANDRÉ. Le dénouement!.. C'est que depuis huit jours, elle n'a pas reparu... Je la cherche partout... je cours avec toi les bals, les réunions d'alentour, dans l'espoir de la retrouver... et je ne la retrouve pas...

MARTEAU. Nous la retrouverons... ça ne peut pas manquer, avec les renseignemens précis que tu me donnes... heureusement, pour une de perdue, nous allons en avoir douze!.. Allons, allons... viens avec moi... je leur ai donné rendez-vous à la Croix-de-Pierre... et puis, si dans ma caravane... tu allais retrouver ta sylphide, ton inconnue...

ANDRÉ. Tu crois, mon ami... oh! en ce cas... je n'hésite plus! je vais passer un habit, prendre mon chapeau... mes gants.

MARTEAU. C'est ça!.. Eh! mais, qu'est-ce que j'entends... une voiture... c'est ma carriole, j'en suis sûr... Elles se seront ennuyées d'attendre... je vais leur faire prendre patience... tu nous rejoindras.

Il va pour sortir.

ANDRÉ. Tout de suite.

MARTEAU, *revenant*. Ah! ça, dis donc... sois aimable... fais ta cour... ça m'est égal, tu peux choisir, il y en a de toutes les couleurs... des brunes, des blondes et même une rouge... je ne t'empêche pas... mais à l'égard d'Henriette... défendu!.. respect à ton aîné...

ANDRÉ. Henriette! bah! est-ce que...

MARTEAU. Dépêche-toi, nous t'attendons...

Il sort en courant.

SCÈNE VII.

ANDRÉ, *seul.*

Ce bon Joseph! quel mal il se donne pour moi! mais j'ai bien peur qu'il n'en soit aujourd'hui comme au bal de la Brasserie et que je ne passe encore pour un sot... si je ne la retrouve pas... elle que j'aime tant!.. que j'appelle dans mes rêves... elle que je revois partout! ma première... ma seule passion... ah! mon esprit et mon cœur s'en sont allés avec elle...

Il va pour entrer dans le pavillon, Marteau accourt.

SCÈNE VIII.

ANDRÉ, MARTEAU.

MARTEAU, *riant*. Ah! ah! ah! c'est charmant! délicieux!

ANDRÉ, *s'arrêtant*. Qu'est-ce donc?

MARTEAU. Versé! mon cher, versé!..

ANDRÉ. Ah! ciel! courons!

MARTEAU. Sois tranquille... il n'y a pas de mal... pas plus de tués que de blessés... c'est sur la pelouse... une situation magnifique! et il fallait entendre toutes ces petites voix... (*Imitant plusieurs voix de femmes.*) Ah! mon Dieu! oh! mon schall! mon bonnet! ma robe! mesdemoiselles! et puis, les bras, les jambes!.. enfin mon cher... tableau!

ANDRÉ. Mais, tu es fou! courons vite...

MARTEAU. Eh! non... les voilà! elles viennent... entends-tu?

ANDRÉ. O ciel! ici!..

MARTEAU. Et où diable, veux-tu que ce soit? il faut qu'on raccommode la voiture... tu vas nous recevoir... c'est le cidre du papa Morand qui sautera...

ANDRÉ. Mais mon père!

MARTEAU. Eh! ton père, il te défend de sortir, mais il ne te défend pas de recevoir tes amis... laisse faire... je prends tout sur moi... d'ailleurs, tiens... renvoie-les, si tu peux...

SCENE IX.

Les Mêmes, HENRIETTE, Les Artisannes.

TOUTES, *entrant en sautant et en riant comme des folles.* Ah, ah, ah!.. ah, ah, ah!..

CHOEUR.
Galop de Gustave.

Ah! quel plaisir! ah! c'est charmant,
De culbuter en arrivant!
Quel plaisir, quel bonheur
De verser sans malheur.

MARTEAU.

Mesdames, permettez qu'ici je vous présente,
Le marquis, mon intime, et votre adorateur;
Il vient vous inviter d'une façon galante,
Mais prenez garde à vous, c'est un grand séducteur.

André salue. — Elles rient sous cape.

REPRISE DU CHOEUR.
Ah! quel plaisir! etc.

MARTEAU, *montrant André.* Oui, mesdemoiselles, M. André de Morand, gentilhomme, comme vous savez... gentil garçon, comme vous voyez, est trop galant pour vous laisser culbuter sur ses pelouses, sans vous prier de vous reposer dans son château...

HENRIETTE, *à part.* Dieu! parle-t-il bien, cet être-là!..

ANDRÉ, *avec embarras.* Assurément... je serais bien flatté... si ces demoiselles... voulaient bien...

MARTEAU. Accepter un modeste déjeûner de campagne, que mon jeune ami va faire préparer sous cette charmille...

TOUTES. Monsieur... monsieur...

HENRIETTE. Certainement, M. André... est trop honnête... et il y aurait de l'indiscrétion à nous... aussi, nous acceptons...

TOUTES. Nous acceptons!

MARTEAU. Bravo!

ANDRÉ. Oui, bravo! (*Bas, le tirant par l'habit.*) Qu'est-ce que tu dis donc? je n'ai rien à leur offrir...

MARTEAU, *bas.* Laisse donc..... sers d'abord des assiettes... le reste viendra après.... Ah! ça regarde-les bien toutes... vois si ta belle des prés Girault...

André regarde timidement.

HENRIETTE. Plaît-il? qu'est-ce que vous dites de moi, M. Joseph...

MARTEAU. Moi! par exemple! il me demande si vous aimez le cidre...

HENRIETTE, *d'un air précieux.* Nous l'adorons... quand il mousse...

ANDRÉ. Tant mieux... alors! (*Bas à Marteau.*) Non, elle n'y est pas!

MARTEAU. Ah! (*Henriette s'approche vivement.*) N'est-ce pas, mesdemoiselles, c'est une heureuse idée qu'il a eue là de nous faire déjeûner sous cette charmille...

HENRIETTE. Tout le monde sait que monsieur le marquis de Morand est très aimable quand il le veut.

MARTEAU, *bas à André.* Entends-tu?.. on tire sur toi à boulets rouges...

ANDRÉ, *galamment.* On est bien forcé, mademoiselle, de le vouloir toujours avec vous...

MARTEAU. Ah! c'est très joli ce qu'il a dit là... mais ça n'avance pas le déjeûner, allons, mesdemoiselles... entrons dans le château... aider André...

ANDRÉ, *à part.* Miséricorde!

HENRIETTE. C'est cela, nous mettrons le couvert ici... nous sommes... combien? une, deux! (*S'arrêtant.*) Eh bien! Geneviève... ou est donc Geneviève?

TOUTES. Tiens, Geneviève...

ANDRÉ. Geneviève! qu'est-ce que c'est que ça?

HENRIETTE, *d'un ton de précieuse.* Ça...

MARTEAU. Ah! fi donc! qu'est-ce que tu as dit là?

HENRIETTE. C'est une jeune fille de mes amies, monsieur.

MARTEAU. Marchande de fleurs artificielles... sans plaisanterie...

Air : *Vos maris en Palestine.*

C'est une jeune fleuriste,
Riche d'attraits enchanteurs,
Et dont la vertu subsiste,
En dépit des amateurs,
Qui vont marchander ses fleurs.
La fleur qu'on cherche, c'est elle!
Frais minois, charme divin!
On paierait cent fois, mais envain ;
Toutes les autres pour celle
Qu'elle garde en magasin.

Dam! elle est fière!.. et tu feras bien d'oublier avec elle tes manchettes de marquis...

HENRIETTE, *de même.* M. Marteau n'en dites pas trop de mal... car on pourrait croire que vous en pensez trop de bien... Geneviève est une artisanne comme nous ; personne n'a le droit de rien dire sur elle, car elle est placée sous ma surveillance immédiate...

MARTEAU, *faisant une grimace.* Ah! si

* André, Marteau Henriette.

nous entamons le chapitre vertu.
HENRIETTE. Vous dites?
MARTEAU. Je dis que ça commence bien!.. voilà que vous l'avez perdue... Allons, André, dépêche-toi... le couvert d'abord... moi, je remplis les fonctions de chef... de sommelier... et ensuite, tu montreras à ces dames le jardin de ton père...
ANDRÉ, *épouvanté.* Comment!.. tu vas me laisser seul avec elles?.. Que veux-tu que je devienne?..
MARTEAU, *bas.* Ah! ça... est-ce qu'elles te font peur... comme le marquis...
ANDRÉ, *bas.* Non, mon ami... mais douze!..
MARTEAU. Allons donc... est-ce qu'il faut compter?... A vous, mesdemoiselles... je vous livre le marquis... Il brûle de vous offrir son bras.
TOUTES. Venez!.. venez!..
MARTEAU. Moi je vais chercher Geneviève.

CHOEUR GÉNÉRAL.

Quel gai voyage! ah! quel plaisir!
Nous allons bien nous divertir.
Quel plaisir! quel plaisir,
De sauter, de courir.

Les artisannes entraînent André... Henriette reste et retient Marteau, qui va pour sortir.

SCÈNE X.
MARTEAU, HENRIETTE.

HENRIETTE. Monsieur Joseph...
MARTEAU. Mademoiselle Henriette.
HENRIETTE, *sévèrement.* Vous vous occupez beaucoup de Geneviève?..
MARTEAU. Est-ce que vous seriez jalouse?
HENRIETTE. Moi!.. de la jalousie!.. par exemple!.. Est-ce que vous voulez me donner un ridicule. Dieu merci! je ne suis pas assez dépourvue!.. Il s'agit de Geneviève qui est sage, sans expérience... toujours renfermée chez elle à faire des fleurs... ou de la philosophie, car c'est philosophe comme une chouette. Elle ne serait jamais venue avec nous, si je ne lui eusse répondu des conséquences... Elle est placée sous ma surveillance...
MARTEAU. Immédiate... connu.
HENRIETTE. Vous avez des intentions fallacieuses!.. Depuis deux jours, vous me rebattez les oreilles de son éloge... Geneviève par ici... Geneviève par là... Geneviève aux yeux noirs... Geneviève aux petits pieds...
MARTEAU. Dam!.. je vois... ce que je vois!.. Mais qu'est-ce que ça me fait, à moi personnellement... j'avais des idées... c'est vrai... je pensais à ce pauvre André, toujours seul, malheureux... et Geneviève si sage... si gentille... deux cœurs tout neufs...
HENRIETTE, *vivement.* Vous voulez les marier?..
MARTEAU. Les marier?.. ah! oui, oui... c'est ça!.. (*à part*) Drôle de fille!
HENRIETTE. Ah! c'est qu'une artisanne qui a de la vertu, vaut un marquis, voyez-vous... J'y songerai... Venez-vous?..
MARTEAU. Mais d'abord, Geneviève qui est perdue!..

SCÈNE XI.
Les Mêmes, GENEVIÈVE.

GENEVIÈVE, *entrant en tenant une fleur qu'elle examine.* La jolie fleur!..
MARTEAU. Eh! tenez... la voilà.
HENRIETTE. Geneviève!..
GENEVIÈVE. Ah! c'est vous! qu'êtes-vous donc devenus?.. Moi, j'étais restée là-bas à regarder cette fleur que je ne connais pas encore...
MARTEAU. Oh! les belles couleurs!
HENRIETTE, *se plaçant entr'eux.* Plaît-il?..
GENEVIÈVE. Ah! ça... où sommes-nous donc ici?..
HENRIETTE. Dans un château, ma petite, où l'on nous offre l'hospitalité de la manière la plus honorable et la plus aimable; d'abord on nous donne à déjeûner... Il y a un jeune homme... et il se peut... je ne dis pas non... on a vu des princes épouser des couturières... mais pour ça, il faut se tenir, et surtout ne pas écouter les vétérinaires...
MARTEAU. Ah! ça... qu'est-ce que vous dites?..
HENRIETTE. C'est bien!.. c'est bien!.. donnez-moi votre bras, et rejoignons les autres... La voilà retrouvée votre fleuriste, êtes-vous content? (*A Geneviève, en sortant*) C'est ici qu'on déjeûne, ma petite...

Elle entraîne Marteau.
MARTEAU. Mais comme elle me mène...
Ils sortent.

SCÈNE XII.
GENEVIÈVE, *seule.*

Que veut-elle dire!.. oh! c'est une folle!.. Mais la jolie fleur!.. comment rendre tout cela?.. S'il était ici, il me donnerait un conseil... lui qui a tant de goût!.. qui est si aimable!.. Allons, voilà que j'y pense encore. (*Soupirant*) J'y pense toujours...

André sort du pavillon, portant un saladier de fraises.

SCENE XIII.
ANDRÉ, GENEVIÈVE.

ANDRÉ. Oui, oui, soyez tranquille... Je porte les fraises.
GENEVIÈVE. Quelqu'un!..
ANDRÉ, *l'apercevant*. Voilà encore une demoiselle!.. Y en a-t-il!..
GENEVIÈVE, *se retournant*. Ciel! que vois-je!..
ANDRÉ, *s'arrêtant*. Eh! mais!.. Dieu!..
Il laisse tomber ses fraises.
GENEVIÈVE. C'est lui!..
Elle laisse échapper sa fleur.
ANDRÉ. Mademoiselle!.. oh! oh! comme le cœur me bat...
GENEVIÈVE, *bas*. Je suis toute tremblante... (*Haut*) Mais... ramassez donc vos fraises, Monsieur.
ANDRÉ. Ne faites pas attention... mademoiselle... mademoiselle...
GENEVIÈVE, *baissant les yeux*, Geneviève...
ANDRÉ. Geneviève!.. oh! le joli nom... Geneviève, est-ce que c'est vous qui êtes cette jeune fleuriste, dont ces demoiselles parlaient tout à l'heure?.. Oui... oh! que je suis content... Si vous saviez combien j'étais malheureux de ne plus vous retrouver aux prés Girault... et sans savoir votre nom... votre demeure, encore !..
GENEVIÈVE. Je le devais... Ni moi non plus, je ne sais pas le vôtre... monsieur... monsieur...
ANDRÉ André...
GENEVIÈVE. Et si j'avais su vous rencontrer dans cette maison que je ne connais pas... je n'y serais jamais entrée... aussi, je m'en vais; adieu !..
ANDRÉ. Vous en aller !.. et pourquoi donc?.. Est-ce que je vous fais peur... je le croirais... car enfin... c'est pour ne plus me voir... c'est pour ne plus me rencontrer, que vous n'allez plus aux prés Girault.. Vous vouliez donc me fuir!.. vous me haïssez donc?..
GENEVIÈVE. Oh! bien au contraire !..
ANDRÉ, *vivement*. Vous m'aimez !..
GENEVIÈVE. Je n'ai pas dit cela... mais ce que je vous dois, je ne l'ai point oublié... ces fleurs que vous m'expliquiez avec tant de bonté.

Air d'*Adèle*.

Ces conseils qu'avec complaisance,
Vous me prodiguiez tous les jours,
Méritaient ma reconnaissance
Et je m'en souviendrai toujours.
ANDRÉ.
Vous vous plaisiez à les entendre,
A présent on me fuit, hélas !
Est-ce donc le moyen d'apprendre?..
GENEVIÈVE.
Vous voyez bien que je ne m'en vais pas !

ANDRÉ. Ah! que vous êtes bonne!... vous restez avec ces demoiselles... si vous voulez, je n'aurai pas l'air de vous connaître?
GENEVIÈVE. Pourquoi donc?... je n'en rougis pas... bien loin de là... (*Baissant les yeux*. Vous avez l'air si honnête... et votre amitié...
ANDRÉ. Oh! elle est à vous!... mais, vous ne me refuserez pas la vôtre, n'est-ce pas?
GENEVIÈVE. Moi!... oh! depuis que j'ai eu l'honneur de vous connaître... j'ai toujours pensé à vous comme à un frère... à un ami... à un protecteur... Je n'en aurais pas voulu d'autre que vous... et, s'il faut vous l'avouer, je souffrais de ne plus vous voir.
ANDRÉ. C'est comme moi... j'en ai été malade... et sans cette rencontre d'aujourd'hui, je serais mort.
GENEVIÈVE. Ah! M. André, ne parlez donc pas comme ça?..
ANDRÉ. Oh! il n'y aurait pas grand mal, allez, mademoiselle! . je suis si malheureux!.. ici surtout!.. toujours seul... sans personne qui ait pitié de moi... Une femme, vous êtes la première depuis ma mère... ma pauvre mère... l'ange de mon enfance, elle m'aimait, elle!.. nous étions malheureux tous les deux, mais nous nous consolions l'un l'autre... Un jour sa voix si chère me manqua... je ne la vis plus... on ne m'en parla plus... mais j'y pensais toujours. Quand mon père si dur, si impitoyable pour moi, me grondait, me chassait de sa présence... Eh bien! dans ma chambre déserte, dans les bois solitaires, je pensais à ma mère... je la revoyais dans ma pensée... je la nommais en pleurant, et je rentrais plus triste encore...

GENEVIÈVE. Pauvre André!
ANDRÉ. Un jour, pourtant... un jour... je vous vis aux prés Girault, où elle me conduisait, enfant, pour me faire des couronnes de bleuets... je vous vis... il me sembla que c'était elle... votre voix si

douce, me rappella la sienne... c'était ma mère... où plutôt, non, non... ce n'était pas elle... mais un ange qu'elle m'envoyait pour me consoler... pour m'aimer.

GENEVIÈVE. Que dites-vous?

ANDRÉ. Oui, pour m'aimer, n'est-ce pas?.. et près de vous, je sens que la vie est plus légère.., que le chagrin s'en va... j'ai une amie... une sœur... j'ai des pensées de bonheur, d'avenir et d'amour!... Voulez-vous m'ôter tout cela?

GENEVIÈVE. Oh! non!.. car moi aussi, j'ai besoin d'un cœur qui me comprenne... et s'il faut vous le dire, je craignais d'être connue de vous, parce que je ne suis qu'une pauvre ouvrière... une artisanne... et l'on n'a pas toujours pour nous une estime...

ANDRÉ. Que vous méritez, vous, mademoiselle... près de vous, je ne sais, je ne suis pas à mon aise comme avec les autres, et j'aime mieux cela, mademoiselle.

GENEVIÈVE. Monsieur!..

ANDRÉ.

(Air *de la Pupille*, de Labarre.)

Quel trouble m'agite!
Mon cœur bat plus vite,
Il tremble, il palpite
D'amour et d'effroi.

ENSEMBLE.

Ce que je désire,
Malgré mon délire,
Je n'ose le dire
Et ne sais pourquoi.

GENEVIÈVE.

Il tremble, il soupire,
Et ce qu'il désire
Il n'ose le dire;
D'où vient son effroi?

ANDRÉ.

Pour resserrer le doux nœud qui nous lie
Ah! laissez-moi sur mon cœur amoureux
Presser ici cette main si jolie,
Vous permettez... ah! que je suis heureux.

Quel trouble m'agite,
Ah! mon cœur palpite,
Mais s'il bat plus vite,
Ce n'est pas d'effroi.
Ah! daignez m'entendre
Et laissez-moi prendre
Un baiser plus tendre
Et si doux pour moi.

GENEVIÈVE.

Quel trouble m'agite
Mon cœur bat plus vite,

Il tremble, il palpite,
Je ne sais pourquoi.
Comment me défendre
De sa voix si tendre!
On peut nous surprendre
André, laissez-moi.

(*André embrasse la main de Geneviève*).

SCÈNE XIV.

Les Mêmes, HENRIETTE.

HENRIETTE. Ah! bah! ah! bah!.. (*Ils se séparent vivement*). Eh bien! dites donc, que je ne vous dérange pas, continuez... c'est donc vrai ce que m'a dit Marteau?.. Vous l'aimez, M. André?

ANDRÉ. Si je l'aime!

GENEVIÈVE. Comment!.. M. Marteau vous a dit '..

HENRIETTE. Tiens, il ne faut pas rougir pour ça... ce n'est pas le choix que je blâme... certainement, le marquis de Morand... c'est un parti huppé.

GENEVIÈVE. Le marquis de Morand!.. vous, André!.. Ah! Monsieur, vous m'avez trompée.

ANDRÉ. Taisez-vous donc... voilà qu'elle pleure.

HENRIETTE. Bah!.. c'est une sournoise. (*Prenant de grands airs*). Ce que je blâme, c'est votre conduite, jeune homme... sur la foi d'une timidité, j'oserai dire insidieuse, nous acceptons votre hospitalité... nous croyons venir chez un enfant sans conséquence, un mouton... et profitant de notre inexpérience et de notre candeur, vous cherchez à nous séduire... vous vous adressez à une jeunesse qui est placée sous ma surveillance immédiate...

ANDRÉ. Mademoiselle, je vous assure...

HENRIETTE. Silence!.. on ne m'arrête pas quand je parle... et cela sans ma permission.

GENEVIÈVE. Mais, Henriette...

HENRIETTE. Tu n'as pas la parole... répondez, jeune homme, répondez... quelles étaient vos intentions?

ANDRÉ. Mes intentions... je n'en avais aucune...

HENRIETTE. Aucune!.. ah! c'est trop fort!.. aucune... c'est-à-dire!.. ah! vous êtes donc comme les autres... un monstre, tranchons le mot, un Lovelace.

ANDRÉ. Mais je vous assure...

HENRIETTE. Quand on a des intentions pures, jeune homme, on ne séduit pas, on épouse...

ANDRÉ. Epouser... comment?.. épouser Geneviève... je ne demande pas mieux... si elle consent...
HENRIETTE. Elle!.. l'enfant!... est-ce qu'une femme refuse jamais un mari!.. surtout quand c'est un marquis...
GENEVIÈVE. Mais, mademoiselle... je ne sais pourquoi vous me faites parler.
ANDRÉ. Oh! laissez-la dire... elle a raison... je dois vous épouser, c'est mon plus cher désir!.. Oh! la bonne idée! sans elle je ne ne l'aurais jamais eue... Oui, Geneviève, oui, vous serez ma bien aimée... ma femme... Ne pleurez donc pas ainsi...
HENRIETTE. Va toujours, mon fils... c'est de joie.
ANDRÉ. Vrai!.. et moi aussi!.. Oh! que je suis heureux... Oui, désormais, ma liberté, mon bien, ma vie, tout est à vous, je n'aimerai que vous... je ne vivrai que pour vous...
HENRIETTE. Bien, bien!.. embrassez-là!
ANDRÉ. Moi!..
GENEVIÈVE. Mais, mademoiselle...
HENRIETTE. Mais, certainement... on s'embrasse toujours!.. ce sont les épingles. Les drôles d'amoureux qui ne savent pas seulement ça... Eh bien?..
ANDRÉ, se hasardant.. Ah! puisqu'on s'embrasse toujours... je ne dis pas... je... Oh! ma foi tant pis!..

Il l'embrasse vivement.

GENEVIÈVE. M. André!.. elle va le dire à tout le monde...
HENRIETTE. Ça te fait peur... attends... attends!.. M. André... vous êtes un brave et honnête jeune homme... pas faquin du tout... voilà comme j'aime les marquis!.. Tenez, embrassez-moi?
ANDRÉ. Oui, mademoiselle...

Il l'embrasse.

SCÈNE XV.

Les Mêmes, MARTEAU, ensuite PIERRE et Toutes les Artisannes.

MARTEAU, *tient une assiette chargée de cerises, qu'il laisse tomber en voyant André embrasser Henriette* Ah! eh bien! ne vous gênez pas... Quel gaillard!..
HENRIETTE. Qu'est-ce qu'il y a donc? parce qu'il m'embrasse!..
ANDRÉ. Oui, mon ami... je l'ai embrassée... je suis si heureux, je crois que j'embrasserais les douze.
MARTEAU. Bien obligé... encore fallait-il demander ma permission.
HENRIETTE. J'accorde la mienne... bon jeune homme... j'en suis encore émue... je crois même que j'en pleure. (*Riant.*) Ah! ah! ah! ah!.. (*Aux artisannes qui entrent.*) Ah! venez donc, vous autres, venez donc...

Les unes portent des assiettes, les autres du linge, des carafes.

TOUTES. Qu'est-ce qu'il y a?
HENRIETTE. Il y a, il y a... déjeunons d'abord... je vous conterai ça à table.
ANDRÉ.. C'est juste! (*A Pierre qui est entré avec les grisettes.*) Eh bien, Pierre? le déjeuner.
PIERRE. La voilà, M. André, la voilà!
MARTEAU. A table, donc... à table!..

Air de Gustave.

Sous la charmille,
OEil noir qui brille,
Vin qui pétille,
C'est le bonheur!
Trône de mousse,
Cidre qui mousse,
Et femme douce,

A Henriette qui rit.

Parole d'honneur!..

Bas à André.

Allons, André, près de ta belle;
Va, ne crains rien,
Je serai ton soutien,

ANDRÉ., *de même.*

Je n'ose pas m'asseoir près d'elle.

MARTEAU.

Va, ne crains rien,
Je serai ton soutien,
Et puis l'amour et le bon vin,
Oui, le bon vin
Met en train.

CHOEUR.

Oui, le bon vin
Met en train.

PIERRE, *à part, pendant qu'ils se placent.* Dieu!.. si le bourgeois allait tomber au milieu de tout ça.

Il va et vient.

HENRIETTTE. Prenez garde à ma capote... Voilà un déjeuner superbe... il n'y manque rien.
MARTEAU. Non, rien... qu'un peu d'eau... et voilà le temps qui se gâte pour nous en donner.
HENRIETTE. Ah! bah!.. c'est encore loin... et nous avons le temps de causer de la grande nouvelle.
MARTEAU. Quelle nouvelle?
HENRIETTE. Oh! c'est bien la plus étonnante, la plus étourdissante, la plus attendrissante... et cette petite sournoise de

Geneviève qui ne disait rien.
GENEVIÈVE. Mademoiselle Henriette, ayez pitié de moi.
MARTEAU. Le diable m'emporte, si je comprends un mot à tout ce qu'elle dit.
HENRIETTE. D'abord, il n'y a pas de nécessité que vous compreniez; ce mariage-là me regarde...
TOUTES. Un mariage!
HENRIETTE. Oui, mes petits cœurs... je marie Geneviève... j'en fais une marquise.
TOUS. Une marquise!
ANDRÉ, à Marteau. Oui, mon ami!.. j'épouse Geneviève...
TOUTES. Geneviève!..
HENRIETTE. J'en fais une marquise... et une marquise de Morand!.. rien que ça. C'est-à-dire... marquise avec château, chevaux, calèche et tout ce qu'il s'en suit... grands laquais, petits laquais... la stalle dans le chœur, et le pain béni le dimanche... (A Geneviève.) Dites donc madame la marquise... veux-tu couper le flan...
MARTEAU. Elle est folle!..
HENRIETTE, mangeant. Qu'est-ce que vous avez à dire, avec vos ricanemens... est-ce que Geneviève n'est pas un bon parti et une fille qui a de la vertu?.. Ah! ah! c'est que nous nous y connaissons... et bonne... et douce... A boire!.. j'étouffe...
MARTEAU. Oh! je ne dis pas... ce sera une bonne petite femme...
HENRIETTE. Eh bien! alors... Oh! je voudrais déjà être au soir pour répandre cette nouvelle dans toute la ville... Je vois d'ici les mines allongées de nos belles dames qui vont crever de jalousie, c'est sûr... Comment, Geneviève marquise! Geneviève, l'artisanne... Geneviève, la fleuriste!.. oui, mesdames, Geneviève, l'artisanne, est marquise... la marquise Geneviève!.. qui, sans vous faire tort, en vaut bien une autre!.. et c'est moi, son amie, Henriette, la couturière, qui suis chargée de faire le trousseau de la mariée... et la robe de noce... et ce sera du cossu... et je m'en flatte... je veux qu'elle éclipse les plus huppées... parce que j'espère que quand elle sera dans son carosse, avec sa robe à queue et son chapeau à plumes, elle reconnaîtra toujours son amie à pied... en tablier et en bonnet... N'est-ce pas, mon petit chou.... que tu me reconnaîtras?.. (Tendant son assiette.) M. André, donnez-moi des fraises?..
ANDRÉ, honteux. Je les ai laissées tomber en revoyant Geneviève...
HENRIETTE, tendant son assiette. Eh bien! alors, donnez-moi des cerises.
MARTEAU. Eh! parbleu, je les ai laissées

tomber en te voyant embrasser.
TOUTES, éclatant de rire. Ah, ah, ah!
HENRIETTE. C'est délicieux! voilà un dessert de fiançailles qui sera bientôt servi. Alors, rrredonnez-moi du flan.
MARTEAU. Oh! du flan... bravo!!.. c'est ma passion... en guise de rafraîchissemens j'en offre.

Air : Je m'appelle Lenoir. (Monpou.)
Oui, moi, je préfère le flan !
Aux trop légères tartelettes,
Que j'abandonne aux amourettes
De ce clerc qui fait le galant
(Avec dédain.) Avec vingt-deux sous de galettes !
Oui, j'aime le flan ;
Pour lui j'avoûrai ma faiblesse ;
C'est l' goût de ma maîtresse,
Oui, j'aime le flan,
Car il nourrit le sentiment.

CHOEUR.
Nous aimons le flan...

J'estime et j'adore le flan,
Car il fascine la grisette ;
La belle dame si coquette,
Qui le dédaigne ouvertement,
Sans façon y mord en cachette.
C'est avec du flan
Que j'ai pris le cœur de ma belle.
Je lui serai fidèle,
Le flan me plaira,
Tant qu'Henriette en mangera.

HENRIETTE. Un coup de cidre par là-dessus... Et à quand la noce?
ANDRÉ. La noce!.. mais dam, la noce...
MARTEAU. Dam, après le consentement de ton père, il ne manque ça.
ANDRÉ. Ah! oui, mon père...
HENRIETTE, vivement. On l'aura... Je voudrais bien voir qu'il le refusât... D'ailleurs, quel âge avez-vous, jeune homme?
ANDRÉ, vivement. Vingt-un ans et deux mois.
HENRIETTE. Alors vous êtes majeur.
ANDRÉ, joyeux. Elle a raison au fait, je suis majeur.
HENRIETTE. Et vous avez le bien de votre mère?
ANDRÉ, de même. C'est juste, et j'ai le bien de ma mère !
HENRIETTE. Hé bien! alors vous lui direz : monsieur mon père ceci est à vous, ceci est à moi... prenez votre bien, je garde le mien, j'ai bien l'honneur de vous saluer, votre fils respectueux, André.
MARTEAU. Tout cela est fort beau, mais le marquis...
HENRIETTE. Le marquis... le marquis...

il faudra qu'il consente.

ANDRÉ. Certainement, il faudra bien qu'il consente.

MARTEAU. Laissez-moi donc tranquille.

HENRIETTE. Le code dit : article...

ANDRÉ, *citant*. Article ?...

HENRIETTE. C'est cela... article... je ne me rappelle plus... Tous les mineurs qui deviennent majeurs, ne dépendent plus de personne, se moquent de Pierre et de Paul! et nous nous moquons de Pierre et de Paul.

ANDRÉ, *avec feu*. Oui, nous nous moquons de...

PIERRE, *accourant tout effaré*. M. le marquis... M. le marquis.

ANDRÉ. O ciel!

HENRIETTE. Eh bien! qu'est-ce que vous avez?

MARTEAU. Gare la bombe!

PIERRE. Il est furieux d'avoir trouvé les plates-bandes piétinées et les espaliers ravagés.

HENRIETTE. Tiens!.. est-ce qu'il veut faire des reliques avec ses pêches ?.. D'ailleurs, si nous les avons mangées, c'est avec la permission de son fils.

ANDRÉ, *vivement*. Du tout.

GENEVIÈVE. Oh! M. André, comme vous êtes pâle!

PIERRE, *qui a été regarder au fond*. Voilà monsieur le marquis armé d'une gaule.

ANDRÉ, *tremblant à Marteau*. Ah! mon ami, je n'ai pas une goutte de sang dans les veines.

HENRIETTE. Une gaule... qu'est-ce que ça signifie ?

ANDRÉ. Sauvons-nous.

MARTEAU, *voyant le marquis armé d'une gaule*. Il n'est plus temps.

SCÈNE XVI.
Les Mêmes, LE MARQUIS.

LE MARQUIS, *s'avançant sur André*. Où est le drôle qui s'est permis ?..

MARTEAU, *retenant la gaule*. Halte-là! mon cher marquis.

LE MARQUIS, *s'arrêtant tout court*. Ah! c'est toi, Marteau... mais laisse un peu...

GENEVIÈVE, *à part*. Oh! qu'il a l'air méchant...

ANDRÉ. Grace! mon père.

HENRIETTE, *se mettant entre le marquis et son fils*. Jeune homme, vous n'avez rien à craindre (*Avec majesté*), je vous prends sous ma protection.

MARTEAU. Immédiate.

HENRIETTE. Et nous allons voir.

Elle croise ses bras et regarde fièrement le vieux marquis.

MARTEAU, *à part*. Pour le coup, nous allons rire.

LE MARQUIS, *tout ébahi*. Il faut avouer que voilà une commère bien délurée.

HENRIETTE. Qu'appelez-vous commère ?.. Apprenez que je ne suis pas une commère, et que vous êtes un brutal de me parler le chapeau sur la tête..

MARTEAU, *se frottant les mains et à part*. L'affaire sera chaude.

LE MARQUIS, *furieux*. Songez-vous, vous-même, que vous parlez au marquis de Morand ?

HENRIETTE. Marquis ou diable, je vous dis qu'il est malhonnête de parler à une femme le chapeau sur la tête. (*Jetant le chapeau.*) A bas le chapeau !... Ah! c'est que je n'ai pas peur, moi!

LE MARQUIS, *s'emportant et ramassant son chapeau*. Morbleu! mademoiselle...

MARTEAU, *le retenant fortement par le bras*. Cher marquis, pas d'enthousiasme! une femme !.. une petite folle !.. et votre rang !..

LE MARQUIS, *d'un ton radouci*. Ah! c'est vrai! (*Dégageant son bras.*) Ne serre donc pas si fort... (*A Henriette, ôtant son chapeau.*) Eh bien! princesse... voulez-vous alors me faire l'honneur de me dire, comment vous vous trouvez ici... dans mon château ?

HENRIETTE. Puisque vous vous humanisez, marquis, je vous dirai que je suis ici, parce que j'en ai le droit... et parce que mon caractère m'y autorise...

MARTEAU, *à part*. Oh! oh! son caractère...

LE MARQUIS, *perdant patience*. De quoi s'agit-il, enfin ?

HENRIETTE. Je viens vous demander réparation... votre fils que voici... (*Elle montre André qui est près d'elle les yeux baissés.*) A osé séduire... c'est le mot... une jeune personne...

GENEVIÈVE, *la tirant par le bras*. Henriette!

HENRIETTE. Laissez-moi! placée sous ma surveillance...

MARTEAU. Immédiate...

LE MARQUIS, *avec force*. C'est faux!.. il en est incapable.

HENRIETTE, *de même*. Il l'a séduite, à la face du ciel !..

LE MARQUIS. Et quand il vous aurait toutes séduites, que puis-je faire à cela ?

HENRIETTE, *avec dignité*. Nous épouser!

LE MARQUIS, *avec colère.* Vous épouser?..
MARTEAU, *riant, au marquis en le retenant.* Elle est très amusante.
LE MARQUIS. Oui, oui, il y a de quoi rire... ah! ah! je ne dis plus rien... voyez-vous une grisette devenir marquise de Morand... ah! ah! ah!

Dans sa joie il va tomber lourdement sur un banc où Henriette a déposé sa capote.

HENRIETTE, *s'élançant vers lui.* O ciel!.. ma capote! mais ôtez-vous donc, monsieur, vous aplatissez ma capote.
LE MARQUIS, *riant.* Mille pardons, mademoiselle... je suis désolé.

Il se relève lentement.

HENRIETTE, *prenant sa capote qui est toute aplatie et tâchant de la retaper.* Un amour de capote... que je mettais pour la première fois, dans quel état la voilà!.. brutal, manant...
LE MARQUIS, *furieux.* Mademoiselle, savez-vous que ma patience est à bout, et que si vous m'échauffez la bile.

Air : *Qu'il est flatteur.*

A la porte enfin, je vous jette.

HENRIETTE.

Avisez-vous-en, mon petit!
Je vous arrache les yeux de la tête.

MARTEAU, *riant.*

C'est qu'ell' le f'rait comme ell' le dit.

LE MARQUIS.

A diable, c'est une autre affaire!
La princesse... mille pardons!
A servi, comme couturière,
Dans un régiment de dragons!

HENRIETTE. Qu'est-ce qu'il a dit?... Qu'est-ce qu'il a dit?

On la retient.

MARTEAU. Il n'a pas soufflé le mot.
LE MARQUIS, *à André.* Comment, drôle, c'est vous qui m'avez amené ça ici?
MARTEAU, *le retenant.* Eh! non, c'est moi. (*Bas à André.*) Prends ma patache et va-t-en?

André et Geneviève s'esquivent.

HENRIETTE. Ça! ça, je l'apprendrai, moi... (*Mettant fièrement sa capote sur sa tête*). Marquis de Morand, entre nous deux à présent, c'est guerre à mort... Ecoutez bien ceci!... Geneviève sera votre bru... Geneviève sera marquise de Morand, aussi vrai que je m'appelle Henriette Babylas... J'ai dit... adieu.
MARTEAU, *au moment où Henriette passe devant lui.* Depuis une heure, vous faites mon bonheur.

HENRIETTE, *lui donnant un soufflet.* Voilà pour vos quolibets.
LE MARQUIS, *partant d'un éclat de rire.* Ah! ah! ah!... c'est le bouquet!

Henriette sort fière comme une reine, et suivie de toutes les grisettes.

MARTEAU. Eh! bien! eh! bien!.. j'en vois trouble... dites donc... nous allons compter.

Il court après elle.

SCENE XVII.

LE MARQUIS, PIERRE.

LE MARQUIS. Mais, est-ce bien moi, marquis de Morand, qui me vois menacé jusques dans mon château... et par une...
PIERRE, *entrant à la cantonnade.* Bien! bien... not' maître, il va pleuvoir, faut-il rentrer les gerbes?
LE MARQUIS. Va te promener... Ce diable de Marteau a quelque chose qui me retient... Eh mais, de grosses gouttes! (*à Pierre*). Non, reste.
PIERRE. Not' maître...
LE MARQUIS. Ah! je me vengerai... où est André?
PIERRE. Il est parti avec deux de ces demoiselles, dans la patache de M. Marteau, qui demande la vôtre...
LE MARQUIS. La mienne?.. où est-elle?
PIERRE. Renfermée dans la grange!
LE MARQUIS. La clé?
PIERRE. La voilà.
LE MARQUIS. Donne... et maintenant, je rentre... suis-moi... ferme les portes, et n'ouvre à personne... fut-ce à mon fils... et qu'il revienne, lui... le drôle... je le recevrai.

On entend des cris; il pleut averse; le marquis rentre, Pierre emporte le flan qui est sur la table. Les portes de la maison se referment.

SCÈNE XVIII.

HENRIETTE, MARTEAU, Les Grisettes; LE MARQUIS, *dans l'intérieur.*

TOUTES, *accourant par la droite.*

Air *du Philtre.*

Ah! quel voyage
Ah! quel orage
Se prépare à fondre sur nous
Dans le château sauvons-nous tous.

A Pierre leur fermant la porte.

Est-il possible
D'être insensible

Sur nous
On ferme les verroux,
De grâce, ayez pitié de nous.

MARTEAU, *arrivant.* Voilà qui devient amusant... je suis percé.

HENRIETTE. Sonnez donc, M. Marteau.

TOUTES. Sonnez donc !

MARTEAU, *sonnant.* Père Morand !.. Marquis... ohé !..

PIERRE, *à la fenêtre.* Il n'y a personne...

MARTEAU. Où est le marquis ?..

PIERRE. Il me dit de vous répondre qu'il n'y est pas...

HENRIETE. Monstre, va !..

MARTEAU. Père Morand... prêtez-nous du moins votre carriole ?..

TOUTES. Oui, oui, votre carriole ?..

PIERRE. Il me dit de vous répondre, qu'il a perdu sa carriole.

HENRIETTE. Comment ! il laissera des femmes faire trois lieues à pied... par une pluie battante...

PIERRE. M. Marteau... il me dit de vous offrir une ombrelle...

MARTEAU. Donne ; c'est toujours ça... Ah, l'aimable homme ! (*Ouvrant l'ombrelle*) Qu'est-ce qui en veut ?

TOUTES. Moi !.. moi !..

HENRIETTE. Ladre... pingre !.. cœur de fer !.. Ah ! bah !.. ma toilette est perdue !.. mais il me le paiera... Adieu !.. marquis de Morand... je te maudis toi et ton château...

(*Marteau l'excite en riant comme un fou*)

Je te maudirai le matin... je te maudirai le soir... et ton fils épousera une grisette, et il te donnera des petits marquis de Morand pour te faire enrager. Un tas de petits marquis qui te courront dans les jambes.

TOUTES. La pluie !..

REPRISE DU CHOEUR.

Ah ! quelle ondée !
J'suis inondée ;
Pour ma toilette, quelle horreur !..
En vérité... c'est une horreur !..

HENRIETTE.
Robe et capotte
Sont en compotte.

MARTEAU.
D'l'aventure j'ris de bon cœur.

(*Parlé*). Une ombrelle... pour dix !.. qui m'aime me suive.

TOUTES.
L'orage fond sur nous,
Sauvons-nous.   (*bis,*)
Il pleut ! il pleut !
Sauve qui peut !..

Elles se sauvent... Les unes se couvrent de leurs mouchoirs... les autres de leurs robes... Henriette s'attache à Marteau qui tient une ombrelle en lambeaux... L'orage redouble, et le marquis paraît à la croisée, en riant et en leur envoyant des baisers.

LE MARQUIS. Adieu, mes petits anges... adieu, mes petits amours !..

FIN DU PREMIER ACTE.

ACTE DEUXIEME.

Le théâtre représente un petit salon du château de Morand. Un guéridon à gauche, une bergère à droite, sur le devant; à gauche, la chambre d'André; à droite, un cabinet. Entrée principale par le fond.

SCÈNE I.

Au lever du rideau, André, étendu dans la bergère, commence à se réveiller; Marteau est à la porte du cabinet à droite; Pierre va pour sortir.

MARTEAU. Il se réveille!... chut!... pas d'imprudence!.. (*A Pierre*). Et toi, va-t-en, voilà ton panier... surtout, prends bien garde que le marquis ne l'aperçoive.

Il lui rend le panier.

PIERRE. N'ayez pas peur.

Marteau ferme la porte, met la clef dans sa poche, vient s'asseoir au guéridon, sur lequel il y a tout ce qu'il faut pour déjeûner; et Pierre est sorti doucement.

ANDRÉ, *pendant tout ce jeu de scène, se réveillant en étendant la main.* Oh! ne t'en vas pas... ne t'en vas pas encore... non... je t'en prie... je... (*en ouvrant les yeux, il aperçoit en face de lui Marteau qui s'est mis tranquillement à déjeûner*). Ah!

MARTEAU, *froidement.* A ta santé... Voilà un petit vin qui se laisse boire... il y a du chenu dans la cave du marquis.

ANDRÉ. C'est singulier!.. (*Regardant autour de lui*). Tu es seul... seul?

MARTEAU. Est-ce que tu rêves?

ANDRÉ. Mais, non... cela ne se peut pas, je l'ai vue, je l'ai entendue.

MARTEAU. Qui donc?

ANDRÉ. Eh! bien, une femme...

MARTEAU, *riant.* Ah! ah! ah!.. dans le château de Morand, une femme.

ANDRÉ. Tu as raison... je ne sais ce que je dis.

Air : de la Robe et les Bottes.

Je le vois, ce n'était qu'un rêve!

MARTEAU.

Tant mieux... c'est bon signe vraiment!
C'est la guérison qui s'achève;
Te voilà sauvé maintenant,
La fièvre, vois-tu, dans notre ame
Chasse amour, force et plaisir...
Mais dès qu'on rêve d'une femme,
C'est qu'ça commence à revenir.

ANDRÉ. Ma pauvre tête!.. mais j'ai été si malade.

MARTEAU. C'est vrai, au moins... depuis ce jour où l'on te ramena de la ville, malgré toi, comme un esclave.

ANDRÉ. Oh! je crus que ce jour serait le dernier de ma vie. Le soir, dans cette chambre où il me renferma... je voulais mourir, j'avais caché...

MARTEAU. Eh! oui, j'ai vu... pauvre enfant!.. il serait mort au moins! et l'on dit qu'il manque de courage?

ANDRÉ. J'avais une fièvre ardente... le délire...

MARTEAU. Qui dura une semaine entière.

ANDRÉ. Je ne sais, mais quand je revins à moi... c'était la nuit; je crus entendre à mes côtés une voix qui priait... une voix, la sienne... et puis dans l'ombre, je crus la voir, je la vis, elle, Geneviève, elle mit ma main sur ses yeux... je poussai un cri, je voulus me soulever, et... et elle n'était plus là, et cette main que je pressai avec transport...

MARTEAU. C'était la mienne... et tu la baisais ferme... et tous les matins, tu me régales de la même plaisanterie.

ANDRÉ. C'est que tous les matins j'ai la même vision... Tiens, cette nuit, il m'a semblé que je sentais le frôlement d'une robe... et tout à l'heure encore dans cette bergère où le sommeil m'avait surpris... j'ai entendu...

MARTEAU, *se levant.* Joseph Marteau, qui sifflait en déjeûnant.

ANDRÉ. Oui, toi, toujours toi... toujours fidèle! pour me rendre la santé.

MARTEAU. La belle affaire! guérir d'une fluxion de poitrine un amoureux de vingt ans... faut pas être vétérinaire pour ça.

ANDRÉ, *qui est devenu rêveur.* Au fait! elle ne viendra pas, elle!

MARTEAU. Qui ça? Geneviève! pour te donner le transport.

ANDRÉ. Elle ne se souvient peut-être plus de moi... elle ne pense plus à moi.

MARTEAU. Ah! bien oui! elle est bien fille à t'oublier, comme elle me disait encore l'autre jour...

ANDRÉ, *avec chaleur.* Tu l'as vue!.. ah! mon ami, mon cher Marteau, mon bon petit Joseph... tu lui as parlé?.. oh! dis-moi, dis-moi...

MARTEAU. Arrêtes donc, voilà que tu t'échappes... nous aurons la fièvre... elle a été malade aussi... de chagrin.

ANDRÉ. Pauvre Geneviève.

MARTEAU. Mais elle va mieux!.. depuis que tu vas bien, elle t'aime toujours, elle t'adore, et plutôt d'être à un autre que toi, elle mourrait fille... dam!.. c'est joliment beau!

ANDRÉ, *avec feu.* Et moi aussi.

MARTEAU. Tu mourrais fille?

ANDRÉ. Je n'aurai jamais d'autre femme que Geneviève.

MARTEAU. Tiens, pourquoi pas; une artisanne ce n'est pas l'usage... J'ai envoyé promener Henriette; mais la tienne, si pure, si honnête... c'est une dot ça, et le père Morand y viendra peut-être.

ANDRÉ, *avec transport.* Tu crois, mon ami, tu crois... je serais trop heureux... et s'il consentait, oh! j'en mourrais de joie!

MARTEAU. Ah! si tu te révolutionnes comme ça, je ne dis plus rien.

ANDRÉ, *se calmant.* Eh! bien! eh! bien! je suis calme, vois... tu dis donc que mon père...

MARTEAU. Je l'ai observé pendant que tu étais malade; il n'est plus le même; il s'est radouci, radouci, que je n'y étais plus du tout.

Air : *du premier Prix.*

Lui qui n'était aimable et tendre
Que pour ses bœufs... ça n'peut manquer...
Quand si bas il t'a vu descendre,
Il était gentil à croquer.
Il t'aime d'autant plus encore,
Qu'il t'a vu plus long-temps souffrir,
Enfin, si tu veux qu'il t'adore,
Tu n'as qu'à te laisser mourir.

ANDRÉ. Il m'aime! tu crois? si tu savais tout ce qu'il y a de délicieux pour moi dans le mot là! mon père! enfin; j'ai donc un père!

SCENE II.
LE MARQUIS, MARTEAU, ANDRÉ.

LE MARQUIS. Malade! toujours malade! ça me désole.

MARTEAU. Le voilà!.. tu l'entends.

LE MARQUIS. Ah! c'est toi, Marteau, je te cherchais... il faut que tu me sauves... ou je ne te vois plus.

MARTEAU, *à André.* Hein?.. comme il se tourmente!.. C'est-à-dire qu'il t'idolâtre...

ANDRÉ. Mon père!

LE MARQUIS. Ah! c'est vous... avec votre figure pâle et endormie!.. Vous aviez bien besoin de retenir Joseph qui me manque là-bas... (*A Marteau*) Dis donc... il va plus mal... je ne sais que faire... si je lui donnais une médecine Leroy!..

MARTEAU. Miséricorde!.. à votre fils?

LE MARQUIS. Mon fils!.. mon fils!.. se porte mieux que toi et moi... et garde la chambre pour me faire enrager... Qu'est-ce qu'il fait là à me regarder?..

ANDRÉ. Je sors, Monsieur, je sors. (*Bas à Marteau*) Tu vois, mon ami!.. Pas encore.

Il rentre tristement dans sa chambre.

SCENE III.
LE MARQUIS, MARTEAU.

LE MARQUIS. C'est de Vermeil que je te parle... ce pauvre Vermeil, le roi de mes étables, un bœuf superbe... Tu ne m'écoutes pas...

MARTEAU, *quand André est sorti, avec impatience.* Eh! bien, qu'est-ce que vous me voulez?..

LE MARQUIS. Mais c'est Vermeil que je te dis...

MARTEAU. Vous êtes un brutal...

LE MARQUIS. Qu'est-ce que c'est?.. à qui en as-tu?..

MARTEAU. Oui, oui, vous êtes un brutal...

LE MARQUIS. Je te dis que non.

MARTEAU. Je vous dis que si...

LE MARQUIS. Mais non!..

MARTEAU. Si fait!..

LE MARQUIS, *en colère.* Joseph!..

MARTEAU. Oh! fâchez-vous si vous voulez... ça m'est égal, je vous l'ai dit... je vous le répète... avec tous les égards que je vous dois... vous êtes un brutal... voilà.

LE MARQUIS. Mais a-t-il un mauvais caractère... Pourquoi me parles-tu comme ça?

MARTEAU. Pourquoi?.. Qu'est-ce que vous venez de dire à votre fils? qui était là... faible et souffrant... qui avait envie de vous sauter au cou...

LE MARQUIS. Qu'est-ce que tu veux que je lui dise?

MARTEAU. Plutôt de lui demander,

comme le père Marteau, quand je suis malade, moi : « Comment vas-tu, mon garçon?.. as-tu bien dormi?.. »

LE MARQUIS. Ah!.. oui!..

MARTEAU. Vous ne faites pas attention à lui... vous venez me parlez de votre bœuf...

LE MARQUIS. C'est lui qui est en danger... j'ai peur de le perdre... et tu vas voir...

MARTEAU. Moi, je le laisserai crever... et tous les autres avec lui.

LE MARQUIS, *furieux*. Si tu avais ce malheur-là!.. je te tuerais, vois-tu?..

MARTEAU. Oui, frottez-vous-y...

LE MARQUIS, *se calmant*. Allons, mon petit Marteau... tu es si complaisant... si gentil quand tu veux.

MARTEAU. Et vous donc?.. j'ai cru un moment que vous étiez ramolli, là tout à fait... Quand André était si mal, l'or, les louis, les sacrifices, rien ne vous eût coûté.

LE MARQUIS. Tais-toi !

MARTEAU. Vous étiez près de son lit, inquiet, tremblant... vous murmuriez : Mon fils! mon fils!.. vous aviez de grosses larmes dans les yeux... vous étiez bon !..

LE MARQUIS. Tais-toi donc!..

MARTEAU. Et quand cela serait; une fois n'est pas coutume, et quand vous seriez sorti de votre système de despotisme... comme les femmes qui sont vieilles, ou comme les rois quand leur pouvoir tombe en canelle... où serait le mal?

LE MARQUIS. Eh! bien, oui, j'ai craint de le voir partir; j'ai pleuré... je me suis senti là quelque chose...

MARTEAU. Ça commençait... vous l'aimiez un brin; la dureté vous est revenue à mesure que la santé a repris... Mais s'il était mort...

LE MARQUIS. Oui, qu'il s'en avise!..

MARTEAU. Il ne faudrait pas le défier... Savez-vous, avec votre ton sévère, impitoyable... à quoi vous l'aviez réduit?.. Il a voulu périr!..

LE MARQUIS. Périr! tu crois ça!.. et parce que je n'ai pas voulu lui donner pour femme une grisette...

MARTEAU. Une fille honnête, sage, d'une bonne famille...

LE MARQUIS. Sa famille, je ne dis pas... mais elle...

MARTEAU. Elle!.. c'est la vertu même...

LE MARQUIS. Oui, la vertu qui a débauché mon fils...

MARTEAU. Ce n'est pas vrai !

LE MARQUIS. A cause de ma fortune...

MARTEAU. Ce n'est pas vrai!..

LE MARQUIS. Qui l'attirait chez elle...

MARTEAU. Il y allait bien tout seul.

LE MARQUIS. Est-ce que tu épouserais Henriette, toi?

MARTEAU. Ah! quelle bêtise!

LE MARQUIS. Tu dis?..

MARTEAU. Quelle bêtise!.. comme si c'était la même chose, l'autre...

LE MARQUIS, *riant*. Parbleu! une ouvrière!.. la jolie fille que j'aurais là!..

MARTEAU. Le joli beau-père qu'elle se donnerait!..

LE MARQUIS, *riant*. La marquise de Morand... fleuriste!

MARTEAU. Le marquis de Morand... bouvier!

LE MARQUIS, *riant*. Ouvrez donc le château à Madame!..

MARTEAU. Pourquoi pas, si elle y venait...

LE MARQUIS, *éclatant de colère*. Si elle y venait, je la ferais jeter par la fenêtre...

MARTEAU. Vous voyez bien que vous êtes un brutal...

LE MARQUIS. C'est possible...

MARTEAU. Adieu! marquis.

LE MARQUIS, *le retenant*. Hein? par exemple...

MARTEAU. Je m'en vais...

LE MARQUIS. Sans pitié pour ce pauvre Vermeil, tu n'es qu'un mauvais cœur!..

SCÈNE IV.

Les Mêmes, ANDRÉ, *ensuite* PIERRE.

ANDRÉ, *un gant de fil à la main*. Oh! non, non, je ne me trompais pas... Joseph... (*Reconnaissant son père.*) Ah!

LE MARQUIS. Qu'est-ce qu'il a? (*Prenant le gant.*) qu'est-ce que c'est que ça?

ANDRÉ. Rien... un gant que j'ai trouvé... qui était...

LE MARQUIS. Un gant de femme...

ANDRÉ. De femme... vous croyez?

LE MARQUIS. Ici, que veut dire...

MARTEAU, *prenant lestement le gant*. Ah! oui, une mitaine en fil d'Ecosse!.. celle que j'ai prise en riant à cette folle d'Henriette. Un jour de dispute... la dernière fois, je disais aussi... ce diable de gant... où est-il passé? (*A André.*) Tu l'as trouvé?

ANDRÉ. Là, dans ma chambre...

MARTEAU. C'est ça... il sera tombé...

ANDRÉ, *stupéfait*. Ah!..

LE MARQUIS. Ah! eh bien? quoi?.. avec son air effaré...

MARTEAU. Et maintenant, bonsoir, je m'en vais...

LE MARQUIS. Mais, non... mais, non...

reste... tu veux qu'il reste, ton ami Joseph, n'est-ce pas, André? Voyons, Marteau, je t'en prie pour lui... reste!..

MARTEAU. Pour votre bœuf?

LE MARQUIS. Non, pour lui...je ne veux pas qu'il s'ennuie, cet enfant... qu'il soit malade.

Air

Qu'il se ménage, eh! mon Dieu! qu'il s'écoute,
Et qu'à rien faire il se croise les bras,
Qu'il se dorlotte... enfin, coûte que coûte,
Drogues, docteur, je n'y regarde pas.

ANDRÉ.

Ciel!..

LE MARQUIS.

Etes-vous content, fou que vous êtes?

MARTEAU.

A vot' Vermeil êtes-vous attaché?

LE MARQUIS.

Quand je te dis que j'aime.

MARTEAU.

Eh oui, vos bêtes,
Et puis votre fils par-dessus le marché.

LE MARQUIS. Mais je t'assure... tiens, qu'il se dépêche de retrouver ses jambes... ses couleurs, sa santé... et je le marie.

ANDRÉ. Moi!

MARTEAU. Pas possible!.. avec...

LE MARQUIS. Avec la fille au gros Vincent... le plus riche fermier...

ANDRÉ. Jamais!.. jamais!..

MARTEAU. Un beau parti.

LE MARQUIS. Plus beau qu'une fleuriste... une grisette... une...

ANDRÉ. Oh! mon père!

On entend du bruit au-dehors. Pierre entre.

LE MARQUIS, *à Pierre*. Eh bien, qu'est-ce que tu veux, toi? parle...

PIERRE. C'est que notr' maître, il y a là, une jeune fille qui veut entrer malgré moi.

MARTEAU. Une jeune fille?

PIERRE. Elle demande M. Marteau, M. André.

ANDRÉ, *avec exaltation*. Oh! c'est elle!.. c'est elle!..

LE MARQUIS. Je voudrais bien voir qu'elle...

PIERRE, *à Henriette qui paraît*. Mais, mamselle... quand je vous dis...

SCÈNE V.

Les Mêmes, HENRIETTE.

HENRIETTE. Et moi, je te dis que j'entrerai, laquais!

MARTEAU. Henriette!

ANDRÉ, *tristement*. Ah! ce n'est pas elle.

LE MARQUIS. Bah! c'est toi! à la bonne heure, c'est plus drôle!..

HENRIETTE. Dites donc à vos gens d'être plus policés avec le sexe, marquis de Morand... en voilà un qui est aussi bête que mal bâti.

PIERRE. Mamzelle..

LE MARQUIS. Elle a raison... tais-toi et va-t-en... (*Pierre sort.*) Au fait nous avons fait la paix chez cet heureux coquin...

HENRIETTE. Rancune tenante, monsieur le marquis... mais je viens de porter de porter de l'ouvrage au château de Villers...à deux pas...et je n'ai pas été fâchée de m'arrêter ici un moment... pour savoir des nouvelles de gens qu'on ne voit plus...

Elle jette un regard de côté sur Joseph.

MARTEAU, *à part*. Une pointe de jalousie!..

LE MARQUIS. J'entends, c'est pour Joseph!..

HENRIETTE, *avec dédain*. Pour ça!..Dieu merci! non...

LE MARQUIS. Oh! quel air de reine.

MARTEAU. Il n'y a rien de nouveau à la ville, ma chère!

HENRIETTE, *à part*. Sa chère!.. (*Haut.*) Mais non, rien, depuis le scandale de votre *chère* Geneviève.

MARTEAU. Hein?

LE MARQUIS. Quel scandale!

ANDRÉ. Geneviève!

HENRIETTE. Comment!.. d'où sortez-vous donc? est-ce que vous ne savez pas la nouvelle?..

LE MARQUIS. Qu'est-ce donc?

MARTEAU. Silence! laissez parler la *Gazette*... c'est son nom de batême à la ville; voyons cette nouvelle!

HENRIETTE. Vrai! vous ne le savez pas, dam! je ne sais pas si je dois... ah! bah! (*A Marteau.*) Elle va vous faire enrager, et j'en suis enchantée?

MARTEAU. Bien obligé.

HENRIETTE. Elle va mettre du baume au cœur de ce pauvre petit monsieur André, si bon, si maigre et si pâlot.

LE MARQUIS. Et enfin...

HENRIETTE. Enfin cette nouvelle, c'est le départ... la disparition... l'évaporation de Geneviève la fleuriste.

ANDRÉ. Que dit-elle?

LE MARQUIS, *riant*. Ah! ah! ah!

HENRIETTE. Oui, Geneviève, l'honnête! la prude, la bégueule! (*La contrefaisant.*) « Non mademoiselle, je ne reçois personne chez moi... je ne donne jamais le bras à un homme... » elle voulait faire la belle parleuse, elle voulait marcher toute seule, eh bien, tombe!.. partie, partie! avec je ne sais qu'est-ce... ah! vous avez beau faire des signes, M. Joseph, c'était votre protégée... tant pis, je parlerai...

LE MARQUIS. Va toujours, va!

HENRIETTE. J'enrage quand je pense qu'un bon jeune homme comme M. André a été malade et se consume encore pour une mijaurée qui se laisse enlever...

ANDRÉ, *relevant vivement la tête*. Geneviève!.. c'est infâme! ce que vous dites là?

LE MARQUIS. Va donc! va donc!.. (*A part.*) Ma foi, quand je la paierais.

MARTEAU. C'est impossible!

HENRIETTE. Impossible! allez donc demander à mademoiselle Caroline Frotté la repasseuse... qui... il y a quatre jours, ni plus ni moins en ouvrant la fenêtre au petit jour pour renvoyer M. Achille... un grand blond qu'elle blanchit... à vu un cheval comme je vous vois, qui emportait au grand galop, un monsieur enveloppé dans un manteau, et Geneviève, oui, oui, derrière lui! Geneviève avec un homme à cheval, et en croupe... ah! fi donc?

LE MARQUIS, *riant*. Ah! ah! bon voyage...

MARTEAU, *en colère*. Vous êtes une bavarde.

ANDRÉ. Certainement... car vous n'êtes pas sûre...

HENRIETTE. Je ne suis pas sûre... mais c'est la nouvelle de toute la ville... la nouvelle du jour... on en parle, parle, parle; moi, d'abord, je le dis à tout le monde... en bonne camarade! car enfin, c'était humiliant pour ces demoiselles... on la citait toujours comme un modèle, comme un type... il n'y avait des éloges et de la vertu que pour elle... il lui tombait du ciel un marquis, comme à d'autres un vétérinaire!.. et un marquis pour le bon motif encore... tandis qu'une brave fille comme moi...

Air : du Carnaval.

C' n'est pas à moi qu'arriv'rait pareill' chose
Moi je n' baisse pas les yeux, et Dieu merci!
Moi je n' fais pas de grimaces, pour cause,
Personne n'a pu m'enlever jusqu'ici!

MARTEAU.

Parbleu! j' crois bien, c' n'est pas comm' la
(fleuriste.
Tous les romans n' sont pas aussi longs qu' ça,
Quand on enlèv' c'est qu' la vertu résiste...
Mais vous, ma chère, ça n' va pas jusque-là!

HENRIETTE. Hein? qu'est-ce que vous dites?

MARTEAU. Je dis...

LE MARQUIS, *à part*. S'ils pouvaient se battre.

MARTEAU. Je dis que vous êtes une mauvaise langue... vous son amie, vous qui devriez prendre sa défense... c'est vous qui venez la noircir.

HENRIETTE. Qu'appelez-vous noircir?

LE MARQUIS, *se frottant les mains*. Voilà que ça chauffe! (*Bas à Henriette.*) Va donc?

HENRIETTE. Apprenez, M. Joseph, que je ne noircis personne et que je laisse les gens se barbouiller eux-mêmes. (*S'attendrissant peu à peu.*) Oui, j'étais son amie... il m'en coûte assez cher... on jase... on dit : Geneviève était liée avec elle... et.. (*Essuyant des larmes.*) Mon honneur est compromis...

MARTEAU, *éclatant de rire*. Oh! pour le coup, c'est trop fort!

HENRIETTE, *avec colère*. Oui, riez, riez, mais ce qui me console, c'est qu'elle est démasquée et que si elle revenait à la ville, il y aurait une émeute, on lui donnerait un charivari à votre fleuriste.

ANDRÉ, *avec des pleurs convulsifs*. Ah!.. c'est affreux!

Il se trouve mal.

LE MARQUIS, *le soutenant dans ses bras*. André! eh bien, eh bien, il se trouve mal! (*Hors de lui.*) Il se trouve mal.

Il le secoue.

MARTEAU, *courant à lui*. Prenez donc garde, il va le casser. (*A part.*) Butor... (*A Henriette.*) Tenez, voyez ce que vous faites.

HENRIETTE. Ah! mon Dieu! mais aussi puis-je savoir que ce jeune homme a une sensibilité aussi exaltée dans les nerfs!

LE MARQUIS. André! allons, allons; le voilà qui revient.

HENRIETTE. Mon Dieu! que je suis désolée.

LE MARQUIS, *regardant André*. Ce ne sera rien. (*bas à Henriette.*) Il n'y a pas de mal... tu as bien fait... il ne m'en parleront plus...

MARTEAU, *à Henriette*. Allez, allez vous rafraîchir, vous en avez besoin.

HENRIETTE. Il vous importe peu que je me rafraîchisse... M. Joseph. (*Au marquis.*) J'accepte...

LE MARQUIS. Tout de suite!

Air de l'Octogénaire.

Allons, (*bis*) vous venez de me rendre,
Un très grand service, entre nous.
(*A Marteau.*)
Toi, ne te fais pas trop attendre...
MARTEAU.
Allez toujours, je suis à vous.
LE MARQUIS, *lui offrant la main.*
Princesse...
HENRIETTE.
Marquis!..
LE MARQUIS.
De la sorte.
Est-ce bien? (*A Marteau.*) Je t'attends là-bas.
MARTEAU.
Oui, (*à part.*) que le diable vous emporte!
Et qu'il ne vous rapporte pas.
LE MARQUIS.
Allons, vous venez de me rendre,
Un très grand service, entre nous...
Toi, ne te fais pas trop attendre;
Car, Vermeil a besoin de nous.

Il donne la main à Henriette, qui sort avec dignité, en jetant à Marteau un regard de dédain.

SCÈNE VI.
ANDRÉ, MARTEAU.

MARTEAU. Langue de vipère, va!.. pauvre garçon, elle a failli le tuer!
ANDRÉ. Geneviève!.. Geneviève partie!
MARTEAU. Allons donc, c'est un conte!
ANDRÉ. Non, laisse-moi... tu veux en vain me le cacher... elle m'a trompé... trahi.
MARTEAU. Mais quand je te dis...
ANDRÉ. Je prends la vie en haine... en horreur.
MARTEAU. Mais elle t'aime, elle n'aime que toi.
ANDRÉ. Et elle n'a pas cherché à me revoir... et pour me consoler, je n'ai pas un mot... un seul mot de sa main.
MARTEAU. Mais si fait.
ANDRÉ. Non, non, ce n'est pas vrai, je ne te crois pas... va-t-en, laisse-moi seul, laisse-moi mourir.
MARTEAU, *allant à la porte du cabinet.* Mourir... ah! ma foi... Je risque tout.
ANDRÉ. Ce voyage, cet homme qui l'a enlevée...
MARTEAU. Eh bien! cet homme, si c'était moi...
ANDRÉ, *vivement.* Toi.
MARTEAU. Oui, oui, je lui ai fait quitter ses travaux, ses fleurs auxquelles elle a dit adieu en pleurant... je l'ai assise sur mon cheval, et par un vent du nord qui pinçait ferme, va!.. pauvre fille! si tu savais comme ses bras m'entouraient en tremblant de froid et de peur! comme son pauvre cœur battait!.. et le mien par contre-coup!.. Sa tête si fraîche, si jolie, s'appuyait sur mon épaule... je n'osais pas regarder, et puis au torrent du Ruth... tu sais, grossi par la pluie, il fallait passer à gué..... Mon cheval marchait lentement, et quand je vins à détourner les yeux pour voir si son pied était encore loin de l'eau, ah! mon ami, quelle jambe fine, élégante, dans un bas si blanc, et puis ce joli petit pied si bien chaussé... Je n'y étais plus, je n'y voyais plus, je n'osais pas remuer... et quand son soulier effleura le torrent, moi j'y entrais jusqu'à la cheville. (*Il frappe du pied.*) En sortant de l'eau, j'étais tout en nage, je mis mon cheval au grand galop (*il frappe un deuxième coup, la porte du cabinet s'ouvre lentement*), et un quart-d'heure après, j'entrais dans le château de Morand.

Il frappe un troisième coup.

ANDRÉ. Ici...
MARTEAU. Avec cette jolie jambe que mes yeux n'avaient pu quitter encore.

Geneviève sort doucement du cabinet.

ANDRÉ. Ici... je ne puis comprendre.
MARTEAU, *le faisant passer.* Tiens, me comprends-tu, maintenant?

SCÈNE VII.
Les Mêmes, GENEVIÈVE.

ANDRÉ, *courant vers elle.* Geneviève! ma chère Geneviève!
GENEVIÈVE. Monsieur André!
ANDRÉ. Vous, ici... vous?
MARTEAU. Depuis quatre jours.
ANDRÉ. Grand Dieu! tout braver... s'exposer ainsi!
GENEVIÈVE. On m'a dit ses jours sont en danger... il a mourir si vous ne venez pas, et je suis venue.
ANDRÉ, *tombant à genoux.* Ah! vous êtes un ange, c'est à vous que je dois la vie, et cent fois plus encore, la joie qui remplit mon cœur; le bonheur, le seul qui soit pour moi au monde, c'est à vous, Geneviève, c'est à vous que je le dois!
GENEVIÈVE, *lui abandonnant sa main qu'il baise.* Alors, je suis heureuse.
MARTEAU, *le relevant.* Silence, pas un mot de plus... il est d'une faiblesse.

ANDRÉ. Oh! non, mon ami, non; maintenant que je l'ai revue.
MARTEAU. Maintenant que tu l'as revue, elle va rentrer.
ANDRÉ. Déjà! oh! je t'en prie.
GENEVIÈVE. Et votre père?
MARTEAU. Et vous avez entendu Henriette... pas moyen de retourner à la ville pour l'instant.
LE MARQUIS, en-dehors. Marteau, Marteau!
MARTEAU. Le marquis!
ANDRÉ, épouvanté. Mon père!
GENEVIÈVE. Je suis perdue!
MARTEAU. Chut.
ANDRÉ. Ah! mon Dieu!

Geneviève s'est jetée dans la bergère, elle s'y blottit, André se place devant elle de manière à la cacher aux yeux de son père.

SCÈNE VIII.
Les Mêmes, LE MARQUIS.

LE MARQUIS, entrant, une bouteille à la main. Marteau... c'est comme ça que tu viens.
MARTEAU. Eh bien! quoi?. j'allais vous suivre; mais j'étais près d'André.
ANDRÉ, tremblant. Oui, il était près de moi.
LE MARQUIS. C'est juste, il a la figure toute renversée. (Mettant la bouteille sur la table.) Voilà cette drogue que tu as ordonnée pour Vermeil.
MARTEAU. C'est bien! j'y vais.
LE MARQUIS. C'est ça, dépêche-toi, je vais rester près de ce garçon-là, moi.
ANDRÉ, à part. Ciel!
MARTEAU. C'est inutile, j'ai besoin de vous, là-bas.
LE MARQUIS. Mais, si André ne peut pas rester seul.
ANDRÉ. Si fait, si fait... mon père.

ENSEMBLE.
Air des Echos (de Musard.)

MARTEAU.
Eh! vite, il faut aller
Visiter votre étable!
A part.
C'est un homme intraitable
Pour elle il m'fait trembler.

LE MARQUIS.
Eh, vite, il faut aller
Visiter mon étable;
Le voilà moins malade,
Je ne dois plus trembler.

ANDRÉ et GENEVIÈVE.
Ah! s'il pouvait aller
Visiter son étable;
Car il est intraitable,
Son air me fait trembler.
Marteau entraîne le marquis.

ANDRÉ.
Il est parti.
GENEVIÈVE, se levant.
Ciel! tout mon sang se glace.
LE MARQUIS, rentrant.
Et ma bouteille, attends un moment.
ANDRÉ, étouffant un cri.
Ah!
Geneviève retombe dans la bergère.
MARTEAU, suivant le marquis avec effroi.
Venez, de grâce..
J'ai peur, à présent.

Reprise de l'ensemble.

MARTEAU.
Eh vite, il faut, etc.
LE MARQUIS.
Tant mieux il faut, etc.
ANDRÉ et GENEVIÈVE.
Ah! s'il pouvait aller, etc.

Ils sortent. — La porte se referme.

SCÈNE IX.
ANDRÉ, GENEVIÈVE.

GENEVIÈVE. Ah! je respire à peine.
ANDRÉ. Et moi, je suis mort.
GENEVIÈVE. S'il m'eût vue, s'il savait que depuis quelques jours je suis là, chez lui, cachée près de vous...
ANDRÉ, s'échauffant. Ah! maintenant qu'il est parti, je suis fâché de ne pas m'être expliqué avec lui.
GENEVIÈVE. Et que lui auriez-vous dit, André, qui ne l'eût irrité contre moi?
ANDRÉ. Je lui aurais dit... je ne sais pas ce que je lui aurais dit... mais il aurait su du moins que tu mérites mes respects, mes hommages, que j'ai raison de t'aimer plus que la vie, plus que moi-même.
GENEVIÈVE. Oh!... juge de sa colère... il m'aurait chassée.
ANDRÉ. Eh bien! je serais parti avec toi. Te chasser! quand il te doit son fils... car vois-tu, Geneviève, je me rappelle, maintenant.. Dans mon délire, je ne sais quelle lueur de raison me revenait par moment. Cette voix si douce qui pénétrait jusqu'à mon cœur pour le ramener; cette main

que je pressais dans la mienne, ces traits d'un ange que je croyais voir à travers un nuage... Oh! ce n'était pas un rêve, c'était toi, toi dont l'amour me faisait revivre, pour t'aimer encore.

Il s'assied dans la bergère.

GENEVIÈVE. Oh! du calme, André; tu souffres.

ANDRÉ. Non, mais ma pauvre tête, cette émotion, ces souvenirs...

GENEVIÈVE, *s'asseyant auprès de lui.* C'est Monsieur Marteau qui avait imaginé tout cela; car de moi-même, je n'aurais jamais osé... et pourtant j'étais bien triste, bien malheureuse... je ne vous voyais plus comme à l'ordinaire.

ANDRÉ. Oui, quand j'allais causer avec toi de mes projets, de mes espérances.

GENEVIÈVE. Et je savais que tu étais malade; je ne travaillais plus à ces fleurs que tu aimais tant, je mourais d'inquiétude; alors, monsieur Marteau est venu me chercher en secret.

ANDRÉ. Bon Joseph!

GENEVIÈVE. Mais j'exigeai que personne ne fut dans la confidence; personne (*le regardant*), pas même...

ANDRÉ. Ah! c'est bien mal!

GENEVIÈVE. Il le fallait. Pierre fut pourtant mis dans le secret, mais lui seul... j'étais là renfermée, et la nuit, quand tout le monde dormait, je sortais en tremblant de ma retraite... je te parlais en respirant à peine... mes larmes coulaient en silence, tu semblais tranquille, et j'étais heureuse jusqu'au jour.

ANDRÉ. Et tu me quittais, méchante, mais pour te reposer, du moins.

GENEVIÈVE. Non, j'écoutais, et depuis quatre jours, ma paupière ne s'est pas fermée; j'étais trop inquiète près de toi, loin de toi, je veillais toujours pour toi.

ANDRÉ, *la tête appuyée sur la bergère.* Et mon père voudrait nous séparer! non, tu seras à moi, tu seras ma femme.

GENEVIÈVE. Oh! jamais.

ANDRÉ, *cédant peu à peu au sommeil.* Et j'irai à la ville, avec toi... pour te justifier... pour leur dire à tous : C'est elle... c'est pour moi... c'est... (*Il s'endort.* — *Bas.*) Geneviève.

GENEVIÈVE, *le regardant.* Si faible!.. et par moment tant d'exaltation... Il me fait trembler... et son père... si impitoyable! (*Appuyant sa tête sur la bergère.*) Moi, sa femme.

Air : *Dormez, dormez, mes chers amours.*

Oh! non, ils ne le voudront pas...
Il vaut mieux que je parte, hélas!
Loin de ces lieux portant mes pas,
Pauvre, j'irai cacher ma vie...
Qu'André soit heureux... et m'oublie.

Elle s'est endormie peu à peu, l'orchestre achève l'air pendant les paroles suivantes.

ANDRÉ, *rêvant.* Là, dans cette chambre, cachée.

GENEVIÈVE, *balbutiant.* Pauvre André...

༺༻༺༻༺༻༺༻༺༻༺༻༺༻༺༻༺༻༺༻

SCÈNE X.

Les Mêmes, LE MARQUIS, MARTEAU.

Geneviève et André ont tous deux la tête appuyée sur le coussin de la bergère, ils dorment très rapprochés l'un de l'autre.

LE MARQUIS, *entrant gaîment.* Maintenant, il peut partir, ça m'est égal; Vermeil est sauvé, mon fils aussi! au diable les vétérinaires, les médecins.

MARTEAU, *paraissant mystérieusement dans le fond, à demi-voix.* Elle a eu le temps de rentrer.

LE MARQUIS. Je suis maître chez moi... et nous...

GENEVIÈVE, *doucement.* Je t'aime!

LE MARQUIS. Hein! qu'est-ce?

MARTEAU, *à part.* Diable, diable!

LE MARQUIS. Ah bah! une femme! André! qu'est-ce que cela veut dire!

Il va pour aller au fauteuil.

MARTEAU, *le retenant.* Eh bien! qu'est-ce que vous voulez faire?

LE MARQUIS. Je vais leur apprendre.

MARTEAU, *le retenant.* Les réveiller, n'est-ce pas?

LE MARQUIS. Eh! oui, j'irai.

MARTEAU, *l'empêchant.* Chut!.. ils dorment si bien...

LE MARQUIS. Mais...

MARTEAU. Comme ils sont gentils!.. deux petits chérubins, quoi!

LE MARQUIS, *haussant la voix.* Une femme! une grisette dans ma maison... dans la chambre de mon fils!..

ANDRÉ, *se réveillant.* Reste, reste.

GENEVIÈVE, *de même.* André!..

MARTEAU. Ah! voyez ce que vous avez fait; vous les avez réveillés.

LE MARQUIS, *lui échappant.* Eh! va-t'en au diable! (*Prenant Geneviève par le bras*) Eh! dites donc, un peu, péronnelle...

GENEVIÈVE. Ah!

ANDRÉ. Oh! ciel!

SCÈNE XI.
Les Mêmes, HENRIETTE.

HENRIETTE, *entrant.* Que vois-je! Geneviève!

LE MARQUIS. Geneviève! celle qui a eu l'impudence!..

ANDRÉ. Grace! grace!

GENEVIÈVE. Monsieur, pardonnez-moi!..

LE MARQUIS. Qu'est-ce qui lui a permis?..

MARTEAU. C'est moi!

LE MARQUIS. Toi?..

MARTEAU. Oui, moi..., qui voyais votre fils mourir d'amour, de désespoir... J'ai prié... j'ai supplié cette fille... cet ange, de venir veiller auprès de lui... de l'entourer de soins... de le sauver.

HENRIETTE, *prenant la main de Geneviève.* C'était donc pour ça?..

LE MARQUIS. Laissez-moi donc tranquille! elle est venue pour me braver... pour lui tourner la tête... pour le séduire... à cause de sa fortune... l'imbécile!

ANDRÉ. Mon père!

GENEVIÈVE, *se levant.* Quelle horreur!

MARTEAU. Marquis! vous me faites pitié..

LE MARQUIS. Mais il n'en sera rien... et je vais moi-même l'arrêter, et jeter à la porte...

Il marche sur Geneviève.

GENEVIÈVE, *épouvantée.* Monsieur!..

ANDRÉ, *avec force.* Mon père!..

MARTEAU, *retenant fortement le marquis.* Halte-là!.. marquis de Moraud!..

GENEVIÈVE, *retenant André.* André!..

LE MARQUIS, *se débattant.* Lâche-moi!.. lâche-moi donc...

MARTEAU. Halte-là, vous dis-je!.. vous ne ferez pas un pas de plus... Elle est venue ici sous ma surveillance...

HENRIETTE. Immédiate.

MARTEAU. Et moi, Joseph Marteau... je ne souffrirai pas qu'on mette la main sur elle... Ah! ah!.. c'est que je tiens ferme.

HENRIETTE. Et vous faites bien... qu'est-ce que c'est que ça, donc?.. Mais c'est un bedouin que ce père-là!

LE MARQUIS. Ah! tu te mets avec eux contre moi... ah! tu te fais le champion... le chevalier... d'une misérable!..

Geneviève se cache la tête dans ses mains, André fait un mouvement.

MARTEAU. Laisse-le dire.

HENRIETTE. Il divague.

LE MARQUIS, *continuant.* Eh! bien, nous verrons comme tu sauras la défendre... Oh! reste... je ne la toucherai pas... je ne veux pas lutter avec des niais... (*Frottant son bras*) et en crocheteur; mais j'ai mes gens qui s'auront bien s'assurer de la princesse, pour s'être introduite chez moi furtivement... J'adresserai ma plainte au procureur du roi... qui l'enverra coucher en prison.

GENEVIÈVE. Oh! jamais.

MARTEAU. Si vous faisiez ça!..

ENSEMBLE.

Air des Deux Nuits.

Oui, je vais le faire;
Tu sauras, j'espère,
Que dans ma colère,
Je suis fort aussi.
Oui, je vais t'apprendre
Si j'ai le cœur tendre,
Et qui l'on doit prendre
Pour le maître ici!

MARTEAU.

Nous aurons beau faire,
Je vois que ton père
Bouillant et colère,
Veut être obéi.
Je vais te défendre;
Il devra m'entendre;
Je saurai le prendre;
Je sors avec lui.

GENEVIÈVE.

Nous aurons beau faire,
Je vois que son père
Plein de sa colère,
Veut être obéi.
Qui peut nous défendre?
S'il ne veut m'entendre;
Il faudra nous rendre
A ses vœux ici.

HENRIETTE.

Nous aurons beau faire,
Je vois que son père
Plein de sa colère,
Veut être obéi.
Il faut les défendre,
Le rendre plus tendre,
Le forcer à prendre
Un meilleur parti.

ANDRÉ.

Ils auront beau faire,
Contre sa colère;
Le marquis sévère,
Veut être obéi.
Qui peut nous défendre?
S'il ne veut m'entendre,

Je saurai bien prendre
Un dernier parti.
Le marquis et Marteau sortent.

SCÈNE XII.
GENEVIÈVE, ANDRÉ, HENRIETTE.

GENEVIÈVE. En prison... oh! j'en mourrai!

ANDRÉ. Oh! ne crains rien! il me tuera plutôt.

HENRIETTE. Allons donc, sont-ils jeunes... est-ce qu'on fait attention au radotage d'un vieillard qui délire, d'un vieux fou!.. soyez donc sans crainte... après tout, ce n'est que de l'amour, et on n'enferme pas les femmes pour ça; on connaît ses droits.. ah! ah! il y a une charte au monde, nous avons notre liberté personnelle, individuelle et constitutionnelle! l'enfermer! cette pauvre Geneviève, après une conduite aussi héroïque! (*s'attendrissant.*) et moi qui ai pu croire... qui ai pu dire... il ne faut pas m'en vouloir, voyez-vous! tu ne m'en veux pas, non, n'est-ce pas, ni vous non plus?.. merci... Soyez tranquilles, je réparerai le mal dont je suis cause; je dirai partout que tu es une brave fille, et pour commencer je vais aller rejoindre le marquis... je crierai!.. je crierai plus fort que lui, il faudra bien qu'il te respecte et moi aussi... si tu t'es compromise, c'est très-bien, ça ne regarde que toi!.. Allons, ma chère, du courage! tu as pour toi l'amitié de Marteau, l'amour de M. André, et moi qui en vaut deux, qui en vaux trois.

Elle sort.

SCÈNE XIII.
ANDRÉ, GENEVIÈVE.

ANDRÉ, *avec exaltation*. Et Dieu!.. qu'elle oublie!

GENEVIÈVE. Oh! je ne les attendrai pas, adieu, André, adieu! je pars...

ANDRÉ. Tu me quittes... tu m'abandonnes!

GENEVIÈVE. J'échappe à votre père!

ANDRÉ. Et où iras-tu? tu as entendu!.. compromise, déshonorée!... tu ne peux rentrer dans la ville, sans qu'un cri de honte te fasse rougir! ils seront tous cruels! impitoyables comme mon père.

GENEVIÈVE. Je me justifierai.

ANDRÉ. Il ne te croiront pas... pour toi, plus d'amis, plus de pitié, plus de travail, comme pour moi, plus de repos, de bonheur!

GENEVIÈVE. Mais, c'est affreux!.. que faire? je ne puis rester?

ANDRÉ. Si fait, reste.

GENEVIÈVE. André, quels regards!

ANDRÉ. Reste, pour échapper avec moi à l'injustice, au désespoir!

GENEVIÈVE, *avec effroi*. Ah!.. ce langage!..

ANDRÉ. Ils veulent te condamner à la honte! te jeter en prison!..

GENEVIÈVE. Ah! plutôt mourir!

ANDRÉ. Et moi aussi, vois-tu!.. j'ai dit cela le jour que mon père a voulu me renfermer ici... vivre sans toi, je ne le pourrais pas!

GENEVIÈVE. Malheureux!

ANDRÉ. Défions leur colère à tous... cherchons un refuge où leur tyrannie ne puisse nous atteindre et qu'en voyant le mal qu'ils nous ont fait, à nous pauvres enfans sans force et sans défense, ils pleurent des larmes de sang... viens!

GENEVIÈVE. Ah! que veux-tu de moi!

ANDRÉ, *la regardant*. Oh! non, reste, toi, reste...

Air de Renaud de Montauban.

Ils te plaindront; malheur, malheur à moi
Si pour mourir je forçais ton courage..;
Non, tu vivras... l'avenir est à toi;
Que ton bonheur enfin soit mon ouvrage,
Mon père est là... je ne puis me venger!
Mais au remords peut-être le forcé-je..,
Ah, que du moins mon souvenir protége
Ce que je n'ai pu protéger,
Ce que vivant je n'ai pu protéger.

Pas d'autre parti pour moi.

Il l'embrasse.

HENRIETTE, *en dehors*. Geneviève, André, sauvez-vous!

ANDRÉ. Ils viennent!

HENRIETTE. Le marquis!

ANDRÉ. Adieu, Geneviève, adieu!

Il sort.

GENEVIÈVE. André!

SCÈNE XIV.
HENRIETTE, GENEVIÈVE.

HENRIETTE, *entrant vivement*. Ils me suivent... Marteau a menacé le marquis... moi j'ai crié, mais il a les poumons plus forts que moi, et maintenant, il veut te faire saisir par ses domestiques qu'il amè-

ne, pour qu'ils te conduisent jusqu'au procureur du roi, à travers la ville.
GENEVIÈVE. Moi! oh! mon Dieu!
HENRIETTE, *dans le fond*. Le voilà!
GENEVIÈVE, *se jetant dans la chambre*. Ah! André!
HENRIETTE. Quoi donc!

On entend crier le marquis et Marteau.

SCÈNE XV.
LE MARQUIS, MARTEAU, deux Domestiques, PIERRE, ensuite HENRIETTE.

MARTEAU, *en dehors*. Je vous dis de rester.
LE MARQUIS, *de même*. Venez, je le veux.
MARTEAU, *entrant vivement*. Où sont-ils?
HENRIETTE, *montrant la porte*. Là! là!
LE MARQUIS, *entrant*. Suivez-moi, vous autres, c'est moi qui suis votre maître, entendez-vous, et le premier qui me désobéira. (*regardant autour de lui*). Eh bien, qu'est-elle devenue?
MARTEAU, *froidement*. Elle est partie.
LE MARQUIS. Nous allons voir... et mon fils?
MARTEAU. Votre fils, vous le tuerez.
HENRIETTE. Oui, oui, vous le tuerez... oh! je tremble!
LE MARQUIS, *à Marteau*. Allons donc? je veux qu'on m'obéisse.
HENRIETTE. Mais...
LE MARQUIS, *à Henriette*. Taisez-vous, où je vous fais arrêter avec l'autre.
MARTEAU. Elle, ça m'est égal. (*Aux domestiques*.) Mais je vous le défends.
LE MARQUIS, *montrant le cabinet*. Et moi, je vous ordonne d'entrer dans ce cabinet. Ah! je lui aurais peut-être pardonné... mais me défier chez moi... si c'est là qu'elle se cache!

Il entre dans le cabinet.

HENRIETTE. Joseph!

On entend le bruit d'un verrou.

JOSEPH. Qu'avez-vous!
HENRIETTE. Je ne sais, l'exaltation, le désespoir d'André, et ce cri d'effroi de Geneviève... et puis ce verrou...
JOSEPH. Eh! mais, quelle vapeur.
HENRIETTE. C'est ici...
MARTEAU. Grand Dieu... après ce que j'ai vu... ce qu'il a dit... (*il se jette sur la porte*). Ouvrez! ouvrez! (*à Pierre qui est dans le fond*.) Eh viens donc?
PIERRE, *courant l'aider*. Monsieur!...
LE MARQUIS, *sortant du cabinet*. Personne!... eh bien!... qu'est-ce qu'ils font

là... (*La porte se brise, et Marteau entre*). Ah ça, il brise les portes à présent.. ce drôle! (*Henriette suit Marteau*). Est-ce que par hasard elle aurait l'audace... allons, vous autres.

Il va pour entrer.

MARTEAU, *portant Geneviève évanouie*. Place! place! éloignez-vous... évanouie!
LE MARQUIS. Ah! c'est elle... la voilà!
MARTEAU, *la déposant dans la bergère*. Évanouie!... de peur... Vous ne savez pas avec votre colère, vos projets, vous les avez réduits à mourir... Il le voulait lui, et déjà un brasier...
LE MARQUIS. O ciel! il se pourrait... André?

Il va à la chambre.

HENRIETTE, *en sortant, et lui barrant le passage*. Il est mort!
MARTEAU. Hein?

Geneviève revient peu à peu à elle.

LE MARQUIS, *immobile*. Mort! mort!
Marteau s'est approché de la porte de la chambre; il regarde et s'arrête.

HENRIETTE. Oui, mort! et c'est vous!..
LE MARQUIS. Oh! je veux encore... je veux...

Il veut entrer.

MARTEAU. N'approchez pas.
LE MARQUIS. Mon fils...
MARTEAU. Vous n'en aviez pas... vous n'avez jamais été père... toujours cruel... toujours inexorable... vous vouliez un esclave, sans mouvement, sans volonté.. imbécile ou mort... allez donc, prenez son cadavre, et soyez content!..
HENRIETTE. Despote!
GENEVIÈVE, *revenant à elle et d'une voix faible*. André!..
LE MARQUIS, *avec une fureur étouffée*. Mon fils!.. Allez-vous-en... Sortez! sortez tous, ou craignez ma fureur. Mort... ah! c'est indigne... c'est affreux. André! mon enfant... Ah! mon Dieu!

Les domestiques sortent.

HENRIETTE, *à part*. Ça lui donne des entrailles.
LE MARQUIS. Va-t'en j'étais sévère, dur, brutal, comme tu voudras, c'est ma nature, on ne se refait pas... mais je l'aimais et pour lui j'aurais donné mes biens, ma vie, je les donnerais encore.
GENEVIÈVE, *rouvrant les yeux*. Oh! non... André.
MARTEAU. Et cette pauvre fille... comme vous l'avez traitée!.. parce qu'elle avait pour lui un amour... des soins... une pitié que vous n'aviez pas.
GENEVIÈVE, *apercevant le marquis*. Ah!

(*Elle se lève.*) Son père.

HENRIETTE. La perdrez-vous encore?

LE MARQUIS. Je ferai ce qui me plaira... laissez-nous... (*A Geneviève.*) N'ayez pas peur, mon enfant... tu l'aimas aussi, toi... je m'en souviendrai... tu ne me quitteras plus... vous serez... (*S'attendrissant tout-à-fait.*) Tu seras ma fille!

MARTEAU, *vivement.* Votre fille!.. bien vrai!

LE MARQUIS. Est-ce que je manque à ma parole?

HENRIETTE. Et s'il était là?

LE MARQUIS. Qui...

MARTEAU. L'autre!

HENRIETTE. L'amoureux...

LE MARQUIS. Que dit-elle?

HENRIETTE. Je dis que vous étiez méchant... et je l'ai tué... vous êtes gentil, et je le ressuscite...

MARTEAU. La bonne folle.

HENRIETTE, *appelant.* M. André!

André s'élance hors de sa chambre et s'arrête effrayé à la vue de son père.

SCÈNE XVI.

Les Mêmes, ANDRÉ.

LE MARQUIS, *immobile et les traits contractés.* Mon fils!

HENRIETTE. Voilà votre père qui est un brave homme, qui vous idolâtre quoique vous ne soyez pas mort... et qui vous marie à Geneviève.

MARTEAU, *le jetant au cou du marquis.* Eh! embrassez-le donc... pendant que c'est chaud!

ANDRÉ, *se jetant dans ses bras.* Mon père!..

LE MARQUIS, *se soutenant à peine.* André, vous vouliez donc me tuer... de chagrin, de joie...

ANDRÉ. Oh! si j'avais su...

GENEVIÈVE. Ah! monsieur...

LE MARQUIS. Mais, c'est une infamie; c'est une horreur... me tromper ainsi... me surprendre...

MARTEAU. Eh bien! et votre parole?

LE MARQUIS. Qu'est-ce qui te dit que je ne la tiendrai pas?

HENRIETTE. Allons, donc... dites-leur: mes enfans... je vous unis et je vous bénis...

LE MARQUIS. Eh! qu'il l'épouse, et qu'ils aillent se promener...

MARTEAU. Eh! ils feront bien...

HENRIETTE. Et embrassez, tous les quatre, Henriette, car sans elle...

MARTEAU. Oui, tu es une bonne fille, et je te r'aime!

HENRIETTE. Ça devient plus grave, j'y songerai...

FIN.

Imprimerie de J.-R. Mévard, passage du Caire, 54.

EN ATTENDANT!

COMÉDIE-VAUDEVILLE EN DEUX ACTES,

Par MM. Bayard, F. Arvers et P. Foucher.

Représentée pour la première fois, à Paris, sur le théâtre du Gymnase-Dramatique, le 30 novembre 1835.

PERSONNAGES.	ACTEURS.	PERSONNAGES.	ACTEURS.
Mme DE MONTSÉRANT,	Mme VSANNAZ.	Mme LAUNAY,	Mme ALLAN-DESPRÉAUX.
EDGARD, son fils.	M. PAUL.	NANETTE,	Mlles { HABENECK, MÉLANIE.
VASSIGNY.	M. FERVILLE.		

La scène, au premier acte, est à la campagne, chez madame de Montsérant ; au deuxième, elle se passe à Paris, chez madame Launay.

ACTE PREMIER.

Le théâtre représente un salon de campagne donnant sur des jardins. Portes latérales. Une table à gauche du théâtre. Un petit guéridon à droite.

SCENE I.

MAD. DE MONTSERANT, *assise et brodant, à droite du théâtre ; elle regarde sa montre ; puis* NANETTE.

MAD. DE MONTSERANT. Mon Dieu ! que cette aiguille est lente !.. Edgard, mon fils ! il me semble à chaque instant que j'entends le galop de son cheval... le bruit de ses pas à travers le jardin... il ne vient pas !.. mais il viendra... il viendra !.. il est de bonne heure encore... Je brode de travers... je suis folle d'impatience et de crainte.

NANETTE, *entrant par le fond.* Mais je vous dis que je m'en charge, que je vais la porter... Ah ! madame !..

MAD. DE MONTSERANT. Qu'est-ce ?.. qu'y a-t-il, Nanette ?

NANETTE*. C'est une lettre, madame... une lettre de Paris.

MAD. DE MONTSERANT, *se levant vivement.* Pour moi !.. donne... Ah ! de lui !

NANETTE. De M. Edgard de Néris... n'est-ce pas, madame ?.. j'en suis sûre... on a reconnu l'écriture de l'adresse... c'est St-Jean le valet de chambre ; il est très habile... il reconnaît tout de suite les écritures... et comme madame est très inquiète depuis quelques jours... j'ai dit : Donnez-moi cette lettre... que je la porte... que... (*Madame de Montserant rejette la lettre, et porte son mouchoir à ses yeux.*) Mon Dieu, madame, qu'est-ce donc ? est-ce que monsieur Edgard serait malade ?

MAD. DE MONTSERANT. Il se porte bien.
Elle se rassied.

NANETTE. Ah ! tant mieux ! j'avais déjà peur qu'il ne lui fût arrivé quelque chose. Alors, il va venir comme il l'a promis à madame ; et il sera si bien ici, dans cette campagne, où tout le monde l'aime, où il

---
* Madame de Montserant, Nanette.

Nota. Les acteurs sont placés en tête de chaque scène, comme ils doivent l'être sur le théâtre. Le premier écrit tient toujours en scène la gauche du spectateur, et ainsi de suite. Les changemens de position dans le courant des scènes sont indiqués par des notes au bas des pages.

n'est pas venu depuis quatre grands mois.
MAD. DE MONTSERANT. C'est bien, c'est bien, laissez-moi.

NANETTE.

Air : *Voulant par ses œuvres complètes.*

Moi j' vais l'annoncer à la ronde,
On n' l'a pas vu d'puis si long-temps;
Ça fait plaisir à tout le monde;
Aux chasseurs, comme aux pauvres gens.
Il viendra, j'en ai l'espérance,
J'en parle, parle, d' tout mon cœur;
Ça n' le fait pas v'nir, par malheur,
Mais ça m' fait prendre patience.

Je vais aller préparer sa chambre, y mettre de fleurs.
MAD. DE MONTSERANT. C'est inutile...
NANETTE. Ah! mon Dieu! est-ce qu'il ne viendrait pas?
MAD. DE MONTSERANT. Non... laissez-moi.
NANETTE. Ah!..
Elle va pour sortir.

SCÈNE II.
Les Mêmes, VASSIGNY.

VASSIGNY, *entrant.* Ma foi, je n'y tiens plus.
MAD. DE MONTSERANT, *se levant.* Ah! Vassigny, je vous attendais.
VASSIGNY*. Et moi, madame la comtesse, je suis las de faire sentinelle sur la route de Paris... j'ai bien regardé pendant deux heures, si je ne verrais rien venir; et je vous répondrai comme ma sœur Anne...
MAD. DE MONTSERANT. Je reçois une lettre de lui, à l'instant.
VASSIGNY. De M. Edgard... Ah! voyons...
Nanette se rapproche vivement.
MAD. DE MONTSERANT. Il m'écrit...
(*Apercevant Nanette.*) Comment, Nanette, encore ici!
NANETTE. Je croyais... il me semblait... que madame avait des ordres à me donner.
MAD. DE MONTSERANT. Je vous ai dit de me laisser... sortez.
NANETTE, *en s'en allant.* Je sors, madame, je sors... (*A part.*) Non, non!.. c'est égal, je vais faire la chambre moi-même, ça le fera peut-être venir.
Elle sort par la porte à droite.

*Nanette, madame de Montserant, Vassigny.

SCÈNE III.
MAD. DE MONTSERANT, VASSIGNY.

MAD. DE MONTSERANT. Il ne viendra pas... j'étais si heureuse de l'espérance de le revoir!... d'un mot il m'a brisé le cœur... il ne viendra pas.
VASSIGNY. Parbleu! il aurait bien pu vous écrire plus tôt... moi qui l'attends depuis deux heures, sur la route, en pleine canicule... il ne viendra pas... et pourquoi?
MAD. DE MONTSERANT. Il a trouvé je ne sais quel prétexte... mais la raison, je ne la devine que trop.
VASSIGNY. Et moi aussi... mais que voulez-vous... la jeunesse d'aujourd'hui est comme cela... Moi-même, moi qui vous parle, j'ai pu l'étudier... Quand vous m'aviez prié, en bonne mère, de veiller sur votre fils, de le retenir sur le bord de l'abîme... je m'étais fait son ami, son camarade, son confident, pour être plus à même de lui donner des conseils... ah! bien oui!.. je voulais l'arrêter, c'est lui qui m'entraînait... j'avais beau résister, lui prêcher l'ordre, l'économie... il n'y avait pas de jour qu'il ne m'engageât dans quelque nouvelle partie... Tantôt, c'était un dîner au Rocher de Cancale; le lendemain, une partie de cheval; le soir, une loge aux Bouffes... la nuit, bal de l'Opéra, souper, que sais-je... le tout à ses frais... C'était une tyrannie insupportable... Ma foi, votre serviteur... j'en avais assez... ces diables de jeunes gens m'ont mis hors de combat.. et je suis revenu auprès de vous, pour me remettre de mes fatigues, et d'une gastrite que j'ai gagnée au service de votre fils.
MAD. DE MONTSERANT. Et que m'importent cette dissipation... ces folies de jeune homme?.. je m'y attendais, Vassigny, et pourvu qu'il y eût quelque dignité dans sa conduite, d'avance j'avais tout pardonné... mais il est des fautes...
VASSIGNY. Je vous entends... Celles-là, j'ai tout fait pour les empêcher... J'avais lorgné, avec lui, tous les chœurs de l'Opéra, et j'étais sans crainte de ce côté... heureusement... car il m'aurait fourré dans quelque intrigue pour mon compte personnel, par suite de cette tyrannie dont je vous parlais tout à l'heure... Mais voilà qu'une bayadère nous arrive de Londres, de Berlin, que sais-je... une merveille capable de ruiner à elle seule tous les nobles gants jaunes de l'orchestre et du balcon... tous les fashionables barbus des avant-

scènes... On se monte la tête... j'ai beau faire...

Air *de la Robe et les Bottes.*

Nos capitaux, notre or, en pirouettes,
Tout s'en allait... je criais : « C'est très mal.
Songez-y donc, jeunes fous que vous êtes,
Qu'est devenu l'esprit national ?
A des beautés anglaises ou prussiennes,
Jeter notre or... c'est mal, je le soutien...
Quand nous avons des grâces indigènes
Qui le ramasseraient si bien.

On ne m'écoute pas... on me laisse de côté, comme un radoteur, une perruque, une momie... non que votre fils se passionne le cœur pour ces beautés d'outre-Rhin... je le connais, affaire d'amour-propre, voilà tout... S'il se ruine, c'est que son cœur est oisif, et il lutte d'extravagance, faute de mieux, avec de jeunes écervelés, de riches insulaires, auxquels il dispute la prééminence, ce qui est certainement d'un bon français.

MAD. DE MONTSERANT. Mais croyez-vous que ce soit son modique revenu qui lui permette de faire face à toutes ces dépenses ?.. non ; il dissipe son patrimoine... la fortune de son père s'engloutira dans tous ces désordres... et plus tard, peut-être, celle qu'un second mariage m'a assurée, échappera à ma vieillesse, pour combler l'abîme qu'il creuse en ce moment.

VASSIGNY. Allons, allons... vous voyez les choses trop en noir aussi.

MAD. DE MONTSERANT. Et si vous saviez, Vassigny, quels projets l'ingrat vient de renverser... quelles espérances...

VASSIGNY. Comment, que voulez-vous dire ?

MAD. DE MONTSERANT. Apprenez donc que pour relever la fortune de notre maison, que les malheurs des temps ont si souvent compromise, et bien plus encore, pour ajouter au nom de mon fils, l'éclat et le crédit d'une grande alliance, je ménageais pour lui un mariage...

VASSIGNY. Oui, je sais... mademoiselle de Sancerre... je m'en doute, du moins.

MAD. DE MONTSERANT. Vous ne vous trompez pas... les paroles sont données de part et d'autre... et c'est alors qu'il affiche dans Paris, le scandale d'une dissipation qui rend ce mariage impossible.

VASSIGNY. Il est certain que les Sancerre sont d'une sévérité de principes... ah! pourquoi votre fils plutôt que de se jeter dans ces désordres, n'a-t-il pas eu l'idée de devenir amoureux... c'est une occupation comme une autre; mais je parle là... de quelque passion bourgeoise et discrète.

MAD. DE MONTSERANT. M. de Vassigny, que dites-vous ?

VASSIGNY. Ah! pardon, madame, je comprends vos scrupules, votre délicatesse ; mais que voulez-vous ? on a un fils dont le cœur est tendre, l'imagination vive...laissez-le aller de lui-même...il prendra... qui ? une grisette... pour se trouver le rival d'un clerc de notaire, ou d'un commis marchand ? cela est bien convenable, ma foi... une danseuse... pour s'afficher, se compromettre... une femme de la haute société... de la nôtre ? la vanité s'en mêle... c'est ruineux ; mais si vous le dirigez vous-même...tenez, Edgard, par exemple, je suppose qu'il vous revienne...mademoiselle de Sancerre n'a pas quinze ans ; son mariage ne pourrait avoir lieu de sitôt... eh bien! *en attendant*, il n'y aurait de salut pour lui, que dans la bourgeoisie, un attachement bien naïf, bien discret... quelque chose qui occupe, et ne compromette pas... *en attendant...* il faudrait renfermer ce cœur si facile à s'embraser, à se perdre... dans une passion dont on aurait le secret... ces amours-là ont une existence convenue... on sait quand ça commence... ça finit quand on veut...et si vous ne voulez pas que M. de Néris vous échappe encore...

MAD. DE MONTSERANT. Assez, Vassigny, assez.

VASSIGNY. Vous vous récriez à cette idée, lorsqu'il y a tant d'honnêtes gens qui donneraient tout au monde, pour que pareille chose arrivât à leur fils... tant de mères qui seraient trop heureuses de fermer les yeux... sans parler de celles...

MAD. DE MONTSERANT. Encore une fois, Vassigny, cessez ce discours... je sais qu'il est certains principes dont le monde a coutume de faire bon marché... cette règle de conduite n'est pas la mienne, retenez-le bien.

VASSIGNY. Mon Dieu ! ne vous fâchez pas... vous me pardonneriez à présent, si j'avais tourné le cœur de votre fils de ce côté-là,.. du côté du tiers-état, comme nous disions autrefois... ma foi, j'ai cru un moment qu'il était sauvé... il me parlait d'un amour, d'une passion pour je ne sais quelle petite femme, bien bonne, bien tendre... charmante enfin ! il l'aimait discrètement, trop discrètement ; car je n'ai jamais pu la connaître... par malheur, il paraît que c'était une vertu inflexible... et c'est fâcheux, car enfin...

MAD. DE MONTSERANT. Vassigny, M. de Vassigny... brisons là... il est des choses qu'une mère peut savoir ; mais qu'elle ne doit pas entendre... tenez, rendez-moi plutôt un service... je devais sortir aujourd'hui...

VASSIGNY. Madame, voici mon bras... je suis prêt...

MAD. DE MONTSERANT. Merci... j'avais promis à madame Launay... vous savez, cette jeune femme qui habite le pavillon du parc, depuis deux mois, d'aller régler avec elle un compte... sans importance ; car elle est ma locataire... j'eusse mieux aimé que cette hospitalité fut gratuite... mais elle a refusé d'une manière qui ne me permettait pas d'insister... elle nous quitte ce soir.

VASSIGNY. Ah ! tant pis !.. pauvre petite femme, si intéressante, je l'aimais beaucoup, moi.

MAD. DE MONTSERANT. C'est un ange de candeur, et de bonté... mais elle a un air de mélancolie qui plaît, et qui afflige tout à la fois... mariée à un mauvais sujet qui l'a presque ruinée... elle ne jouit de quelque tranquillité que depuis qu'il a été contraint de se refugier en Afrique... à Bone, je crois.

VASSIGNY. Eh bien ! à merveille !

Air : *De sommeiller encor ma chère.*

Partout on se demande en France
A quoi peut nous servir Alger ?
C'est une ressource je pense,
A laquelle on pourra songer,
Nous avons tant de pauvres femmes !
Alger sera, loin de Paris,
Une colonie, où ces dames
Pourront envoyer leurs maris.

MAD. DE MONTSERANT. Ah ! puisse celui-là y rester toujours ! et pourtant je ne serais pas surprise que madame Launay allât le rejoindre... elle si bonne, si résignée... mais elle doit m'attendre... je n'irai pas, non... (*Elle s'asseoit près du guéridon, à droite.*) Cette lettre m'a ôté toutes mes forces... je reste... allez-y, vous... sachez ce qu'elle me veut... et terminez avec elle, comme elle l'entendra.

VASSIGNY. J'y vais... mais vous, un peu de calme, ma noble amie... il y a peut-être moyen de le ramener, cet ingrat d'Edgard... nous causerons de cela à dîner.

MAD. DE MONTSERANT. Je ne dînerai pas.

VASSIGNY. Plaît-il ! vous ne... (*A part.*) Ah ! bien oui ; mais je dînerai, moi.

MAD. DE MONTSERANT. Eh bien ! vous ne partez pas ?

VASSIGNY. Si fait ; mais je ne veux pas que vous vous laissiez aller, comme ça... que diable ! vous dînerez... je le veux, je vous tiendrai compagnie... (*Lui baisant la main.*) A bientôt... à cinq heures... bon courage et bon appétit.

Il sort.

SCÈNE VI.
MAD. DE MONTSERANT, ensuite NANETTE.

MAD. DE MONTSERANT. Du courage ! je n'en ai plus... Edgard est perdu pour moi, avis, prières, menaces, j'ai tout employé, et cela n'a servi qu'à l'éloigner encore... pauvres mères que nous sommes ! nous passons notre vie à trembler pour un fils, après les soins dont nous entourons son jeune âge, aucun sacrifice ne coûte à notre amour pour assurer son avenir, nous sommes ambitieuses pour lui... il lui faut un rang, une fortune, une compagne ! nous payons tout de notre bien... nous le païrions de notre sang ! notre bonheur est de vivre en lui, pour lui... et le sien, le sien. (*Elle se lève.*) Il le trouve loin de nous !.. il nous oublie... au milieu des plaisirs qui ruinent sa santé... cette santé qui nous a coûté si cher... cet or que nous amassions pour lui, pendant de longues années, il le perd, il le dissipe en un jour !.. une coquette nous chasse de ce cœur que nous avions formé... et il faut mourir... mourir seule, et le désespoir dans l'ame... ah ! mon fils !

NANETTE, *accourant.* Madame !.. madame !..

MAD. DE MONTSERRANT. Eh bien ! qu'y a-t-il ?

NANETTE*. Madame, c'est que j'ai tant couru, que je suis essoufflée... j'étais dans la chambre de M. Edgard, qui donne sur l'avenue, et l'ai aperçu au loin, au bout de l'allée...

MAD. DE MONTSERANT. Qui donc ?

NANETTE. Eh bien, lui, M. Edgard.

MAD. DE MONTSERANT. Mon fils... tu as vu mon fils arriver ?.. ah ! tu te trompes... tu te trompes.

NANETTE. Oh ! que non, madame, ça ne se peut pas... je l'ai bien reconnu à cheval, malgré la distance... il a une si bonne manière de se tenir là-dessus... et tenez, entendez-vous ?

MAD. DE MONTSERANT. Il se pourrait !.. Edgard ! ah ! courons.

NANETTE. C'est lui.

* Nanette, Mad. de Montserant.

SCÈNE V.
Les Mêmes, EDGARD.

EDGARD. Ma mère!
Madame de Montserant le reçoit dans ses bras, sans pouvoir parler. Elle tombe sur un fauteuil à gauche du théâtre.

NANETTE, *à part.* C'est bien lui... ah! qu'ça fait bien d'être contente.

EDGARD. Ma mère, revenez à vous... c'est moi, votre Edgard.

MAD. DE MONTSERANT. Edgard!.. mon fils, c'est vous... que je vous embrasse encore!

Air : *un Page aimait la jeune Adèle.*

Mais par une lettre cruelle
Pourquoi donc m'affliger ainsi?
EDGARD.
Vous l'avez reçue... avant elle
J'espérais arriver ici.
MAD. DE MONTSERANT, *se levant.**
Près de moi le ciel te ramène;
Ne crains ni plainte, ni regrets...
On pardonne aisément la peine
Quand le plaisir le suit si près.

EDGARD. J'ai été libre plutôt que je ne croyais... et puis j'étais si impatient de vous revoir... de me retrouver auprès de vous... de vous, qui m'aimez tant, ma mère.

MAD. DE MONTSERANT, *souriant.* Et qui voulez-vous que j'aime au monde, que vous, mon enfant?

EDGARD. Oh! je le sens, l'amour d'une mère ne se remplace pas... et que vous êtes bonne!.. pas un reproche pour moi, quand ma conduite dans ce monde bruyant où j'allais me perdre...

M. DE MONTSERANT. C'est bien, c'est bien... je ne veux rien savoir... vous voilà, c'est tout ce qu'il me faut... et maintenant...

EDGARD. Oh! maintenant, ne craignez rien, j'ai de l'expérience, ma mère.

MAD. DE MONTSERANT. Elle vous est venue bien vite.

EDGARD. Eh! qu'importe le temps!.. mais ne parlons plus du passé... je suis heureux ici, je suis au milieu de gens qui m'aiment...

NANETTE, *s'avançant.* Oh! bien sûr.

EDGARD. Ah! c'est toi, Nanette, bonjour; je ne t'avais pas vue.

* Nanette, Edgard, Mad. de Montserant.

NANETTE. Tiens, voilà une heure que je suis ici.

MAD. DE MONTSERANT. Ainsi, mon fils, vous me restez.

Nanette sort, et rentre en apportant un verre d'eau rougie sur une assiette qu'elle pose sur la table.

EDGARD. Oui; aujourd'hui... demain... et puis vous voulez que je voyage... vous me l'avez dit souvent... eh bien! je voyagerai, ma mère, je voyagerai... j'irai en Angleterre, en Italie, en Russie... où vous voudrez.

MAD. DE MONTSERANT, *riant.* Oh! non, pas si loin.

EDGARD, *à part.* Ah! ils croient que je ne saurais me passer d'eux.

MAD. DE MONTSERANT. Qu'avez-vous donc, mon ami? cet air inquiet, agité...

EDGARD. Moi, rien... c'est le bonheur, la joie de me trouver près de vous... et moi qui avais la sottise de préférer à ce bonheur simple et tranquille, ce bruit, ce désordre...

MAD. DE MONTSERANT. Mais vous devez avoir besoin de repos... il y a de l'égoïsme à vous retenir près de moi... vous êtes venu vite...

EDGARD. Sans débrider... j'ai tué mon cheval.

MAD. DE MONTSERANT. Fou que tu es!.. et comme il a chaud! Nanette, va chercher quelque chose, il a besoin de se rafraîchir.

NANETTE, *montrant un verre d'eau rougie qu'elle a apporté pendant la scène.* Voilà, Madame, c'est tout prêt.

EDGARD, *après avoir avoir bu.* Merci.

MAD. DE MONTSERANT. A présent, Nanette, va disposer la chambre de mon fils.

NANETTE. C'est fait, madame.

EDGARD. Comment, déjà!

NANETTE. J'avais idée, moi, que ça vous ferait venir.

EDGARD. C'est bien aimable à toi... puisque ma chambre est prête, je vous demanderai, ma mère, la permission d'aller m'y reposer un instant, et me refaire un peu, car la poussière, la chaleur...

MAD. DE MONTSERANT. Eh! mais, sans doute... nous nous reverrons à dîner, avec Vassigny.

EDGARD. Ah! le vieux Vassigny est ici?

Air : *Mais, silence.*

Tant mieux, le plaisir nous rassemble,
Comme je le ferai courir...
Pour chasser, pour causer ensemble...
(*A part.*) Ah, j'ai besoin de m'étourdir.

MAD. DE MONTSERANT.
Va donc, ta chambre te réclame,
Et Vassigny te rejoindra.

NANETTE, à part.
Dieu, qu'elle est heureuse, madame,
D'avoir un fils gentil comm' ça.

ENSEMBLE*.

EDGARD.
Tant mieux le plaisir nous rassemble, etc.

MAD. MONTSERANT.
Puisque ce château nous rassemble,
Je prétends bien l'y retenir;
Ces lieux où nous serons ensemble,
Ne m'offriront que du plaisir.

NANETTE.
Ah! moi, dans ce château je tremble
Qu'il ne puisse se divertir...
Qu'il reste long-temps... il me semble
Qu'il a ramené le plaisir.

Elle sort à gauche. — Edgard entre dans la chambre à droite.

SCÈNE VI.

MAD. DE MONTSERANT, puis VASSIGNY, et MAD. LAUNAY.

MAD. DE MONTSERANT. Je respire enfin; il est ici, il m'est rendu... comment cela s'est-il fait? qui le ramène? un caprice, une conversion? faut-il y croire? Je n'osais... mais qu'importe, il m'est rendu, et je suis bien heureuse.

VASSIGNY, en dehors à madame Launay. Eh non, belle dame, non; madame de Montserant sera enchantée.

MAD. DE MONTSERANT. Ah! Vassigny.

VASSIGNY.** Voici madame Launay que j'ai rencontrée à l'extrémité du parc, elle venait au-devant de vous... et au lieu de la reconduire, moi je l'ai amenée ici, un peu malgré elle, j'en conviens.

MAD. DE MONTSERANT. Vous avez bien fait.

MAD. LAUNAY. Mais il me semble que je n'ai pas trop résisté... et j'en conviens, madame, c'est un peu dans mon mon intérêt personnel, un service à vous demander.

MAD. MONTSERANT. Tant mieux... à charge de revanche. Vous ne me refuserez pas un plaisir dont vous êtes bien avare... vous voilà, je vous garde, vous dînerez avec nous.

MAD. LAUNAY. Impossible, madame.

VASSIGNY. Si fait, si fait. (A madame de

* Edgard, mad. de Monserant, Nanette.
** Vassigny, Mme de Montserant, Mme Launay.

Montserant.) Il paraît que la gaîté et l'appétit sont revenus, l'un portant l'autre.

MAD. DE MONTSERANT. Vous ne savez donc pas... il est arrivé, il est ici... mon fils.

VASSIGNY. Ah bah!

MAD. LAUNAY. Votre fils!

MAD. DE MONTSERANT. Jugez de mon bonheur, mais il a l'air inquiet, agité, et je compte sur vous; allez le trouver, il vous aime, vous le ferez causer, il vous dira tout.

VASSIGNY. Oui, oui... et je vous redirai... Ah! ça, savez-vous que c'est un singulier rôle que vous me faites jouer là... mais c'est dans l'intérêt de la morale, de l'amitié.

MAD. DE MONTSERANT. Et de mon fils.

VASSIGNY. Aussi, je cède, sans hésiter... (A madame Launay) Madame, je vous retrouverai ici, car vous restez... oh! il le faut.

MAD. DE MONTSERANT, lui montrant la droite. Par là.

VASSIGNY. Comptez sur moi.

Il sort par la droite.

SCÈNE VII.

MAD. DE MONTSERANT, MAD. LAUNAY.

MAD. DE MONTSERANT. Pour comprendre toute ma joie, madame, il faudrait avoir vu les inquiétudes que ce fils m'a causées.

MAD. LAUNAY. Ce fils!.. mais j'ignorais que vous en eussiez un... je croyais que M. de Montserant...

MAD. DE MONTSERANT. Oh! c'est d'un premier mariage... Le nom des Montserant est éteint... et leur fortune restera dans ma famille... Je me suis sacrifiée... j'ai été ambitieuse... mais ce n'est pas pour moi... Mon fils sera digne de ce que j'ai fait pour lui... Vous le verrez... c'est un charmant cavalier... (Se reprenant) un cœur excellent, une tête un peu légère!.. Mais revenons à ce qui vous concerne... vous persistez donc à vouloir nous quitter?..

MAD. LAUNAY. Oui, madame, il le faut... et c'est pour cela que je viens vous prier de vouloir bien mettre votre calèche de poste à ma disposition, pour me conduire jusqu'à Étampes... où je dois prendre une voiture.

MAD. DE MONTSERANT. Je devrais vous la refuser peut-être... car je devine votre projet... vous voulez rejoindre votre mari.

MAD. LAUNAY. Madame...
MAD. DE MONTSERANT. Quelle faiblesse! lorsque la justice vient de mettre le reste de votre fortune à l'abri de ses dissipations... un homme sans égards, sans pitié pour vous... lui, dont les désordres coupables...
MAD. LAUNAY. C'est mon mari, madame, et quels que soient ses torts...

MAD. DE MONTSERANT.
Air de *Julie.*

Lui, qui toujours vous causa tant de peine,
Mieux vaut vous séparer vraiment.

MAD. LAUNAY.

Ah! croyez-moi, l'hymen est une chaîne
Qu'on ne rompt pas impunément.
Il faut qu'une femme se cache,
Car le scandale, sur son nom,
Alors même qu'elle a raison,
Doit toujours laisser une tache,
Oui le scandale sur son nom
Doit toujours laisser une tache.

MAD. DE MONTSERANT. Mais M. Launay...
MAD. LAUNAY. Rassurez-vous toutefois... je ne le rejoins pas... je me rends à quelques lieues d'Orléans, chez une vieille parente qui m'offre un asile, et que je ne quitterai plus.
MAD. DE MONTSERANT. J'en suis fâchée... moi qui espérais vous revoir cet hiver, tranquille, heureuse à Paris.
MAD. LAUNAY. A Paris!.. oh! jamais!.. Là, d'autres dangers... (*Se reprenant*) Enfin, madame... n'insistez pas, de grâce... quoiqu'il m'en coûte, je pars... il le faut.
MAD. DE MONTSERANT. Pas sitôt, cependant, que nous ne puissions vous retenir quelques heures encore... Ma voiture est à vos ordres... mais nous ne demanderons des chevaux que pour ce soir.
MAD. LAUNAY. Permettez, madame...
MAD. DE MONTSERANT. D'ailleurs, le compte que nous avons à régler...
MAD. LAUNAY. Oh! pour cela, un instant suffit... j'ai mes notes... et tenez, avec ce crayon...

Elle s'assied à la table à gauche.

SCÈNE VIII.

Les Mêmes, VASSIGNY*.

VASSIGNY. Me voilà... je quitte ce cher Edgard.
MAD. LAUNAY. Edgard!

*Mme de Montserant, Vassigny, Mme Launay.

MAD. DE MONTSERANT. Oui, mon fils...
(*A Vassigny*) Il repose?
VASSIGNY. Lui!.. reposer, dormir!.. ah! bien, oui... un volcan! Je l'ai trouvé dans sa chambre, pâle et défait, la cravache à la main... il se promenait... il frappait à coups redoublés sur un fauteuil qui ne lui répondait rien;... et quand je suis entré: « Ah! mon vieil ami, s'est-il écrié: c'est » vous, que je suis content!.. » Content, c'est possible... mais son sourire m'a fait peur, c'est à la lettre.
MAD. DE MONTSERANT. Après, après...
VASSIGNY. Alors, il m'a fait asseoir assez brusquement... et sans attendre que je lui fisse des questions, il m'en a dit... il m'en a dit!.. je ne vous redirai pas tout... parce qu'entre jeunes gens, on se confie des choses...
MAD. DE MONTSERANT. L'essentiel, voyons... ce retour inespéré...
VASSIGNY. Oh! du dépit, de la colère... affaire de vanité blessée... la vanité, c'est le pivot de toutes les passions de l'Opéra.
MAD. DE MONTSERANT. L'Opéra, dites-vous?..
VASSIGNY. Oh! le cœur n'y est pour rien... il me l'a juré, et je le crois... Reçu avec quelques amis chez une de nos hamadryades il a vu là un jeune colonel bavarois, dont les assiduités lui ont déplu... Votre fils a une noblesse très chatouilleuse... moitié amour-propre, moitié taquinerie; il a poussé le germain à bout... il s'est battu.
MAD. DE MONTSERANT. Un duel!
MAD. LAUNAY, *écoutant, à part.* Ah! grand Dieu!
VASSIGNY. Rassurez-vous... c'est le germain qui a été blessé... mais, irrité des reproches de la belle, et des railleries de ses amis, qui avaient tous pris parti pour le jeune étranger, M. de Néris leur a gardé rancune.
MAD. LAUNAY, *se levant, et avec un cri étouffé.* M. de Néris!
MAD. DE MONTSERANT. Oui, mon fils.
VASSIGNY. Et ce matin, après une explication un peu vive, une rupture avec tout le monde, il a pris sa cravache et son chapeau; il s'est jeté sur son cheval comme un étourdi, comme un fou, franchissant la distance au galop... et il vous est arrivé, les membres rompus, la tête en feu, et la bourse vide.
MAD. LAUNAY, *à part.* Edgard de Néris.
MAD. DE MONTSERANT. Enfin, il échappe à ses amis, à cette société qui le perdait, nous le garderons, n'est-ce pas?

VASSIGNY. Dam! je l'espère... (*A part.*) Mais je ne parierais pas.

MAD. DE MONTSERANT, *allant à madame Launay qui se soutient à peine.* Eh! mais madame, qu'est-ce donc? qu'avez-vous?

MAD. LAUNAY, *se remettant.* Rien, madame, rien... voici ce compte que j'ai fait là... mais permettez, de grâce... on m'attend chez moi, et je vais...

MAD. DE MONTSERANT. A la bonne heure... mais vous reviendrez bientôt... et puis, je vous remettrai ma quittance... Vassigny, suivez-moi dans mon cabinet, vous l'écrirez, je signerai... il faut que je vous parle.

MAD. LAUNAY. Je vous laisse.

VASSIGNY. De votre fils?.. me voici... (*Saluant M. Launay.*) Madame!

MAD. DE MONTSERANT. Nous comptons sur vous.

Elle sort avec Vassigny par la gauche.

MAD. LAUNAY, *seule dans le fond.* Ah! je me soutiens à peine... Edgard de Néris... Edgard, son fils! oh! sortons de ces lieux, pour n'y rentrer jamais.

Elle va pour sortir.

○○○○○○○○○○○○○○○○○○○○○○○○○○○○○

SCÈNE IX.

EDGARD, MAD. LAUNAY.

EDGARD, *entrant vivement par la droite.* Madame Launay, ici... on m'a dit...

MAD. LAUNAY, *reculant.* Ciel! il est trop tard.

EDGARD, *s'arrêtant immobile.* Eugénie! on ne me trompait pas, tout à l'heure, quand on a prononcé votre nom, je n'osais croire...

MAD. LAUNAY. Monsieur, pardon... je sortais... j'allais...

EDGARD. Ah! de grâce... vous ici, madame, ah! vous m'apprendrez d'abord par quel prodige je vous retrouve en ces lieux, lorsqu'à Paris, vous vous dérobiez à tous les regards, à tous les hommages.

MAD. LAUNAY. Ma présence dans ce château peut vous sembler étrange... rien de plus simple pourtant... j'habite à l'extrémité du parc, une maison qui appartient à madame de Montserant.

EDGARD. Quoi! cette retraite que vous vous étiez choisie, quand vous me laissiez seul, malheureux... accablé de vos dédains.

MAD. LAUNAY. Monsieur.

EDGARD. C'était près de ma mère.

MAD. LAUNAY. Votre mère... je l'ignorais... ah! si je l'avais su...

EDGARD. Oh! n'achevez pas... si je l'avais su, moi, madame, combien l'espoir de vous retrouver m'eût rendu chère cette demeure que je fuyais, insensé!

Air du baiser au Porteur.

Paris, ses plaisirs, où mon ame,
Cherchait gaiment à s'étourdir...
Le bruit, l'amitié, rien, madame,
Non, rien n'eût pu me retenir...
Suivant mon humeur vagabonde
Lorsque j'espérais, je le voi,
Trouver le bonheur dans le monde.

(*La regardant.*)

Le bonheur m'attendait chez moi.
Quand je le cherche dans le monde
Le bonheur m'attend chez moi,

MAD. LAUNAY, *émue.* Sans doute, c'est ici qu'une mère éplorée vous rappelait... vous revenez à elle, M. de Néris... c'est bien... oh! ne la quittez plus.

EDGARD. Oh! non, jamais, puisque vous êtes là... je le sens, mon sort est dans vos mains... vous me rendrez mes devoirs plus faciles, vous me retiendrez... vous serez mon bon ange.

MAD. LAUNAY. Oh! un bon ange, qui vous a bien mal préservé.

EDGARD. Je comprends... et mes fautes...

MAD. LAUNAY. Il ne m'appartient pas de vous les reprocher.

EDGARD. Non, sans doute... non madame, ma conduite est coupable, elle est indigne de ma mère, de vous, de moi peut-être... je donne à tout le scandale de mes folies et tout le monde a le droit de venir me le dire en face... excepté vous, madame, non ce droit vous ne l'avez pas... parce que tout ce que j'ai fait, je l'ai fait à cause de vous.

MAD. LAUNAY. Que voulez-vous dire, monsieur?

EDGARD. Ah! vous le savez bien, madame, vous savez bien de qui je veux parler... si je vous dis que j'avais rencontré dans le monde où j'entrais, une femme dont l'esprit et la grâce semblaient réaliser tous les rêves de mon imagination... que cette femme s'était à son insu, emparée de mon cœur, et que j'avais mis dans son amour toutes mes illusions, toutes mes espérances de bonheur.

MAD. LAUNAY. Assez, monsieur...

Elle fait un pas, pour se retirer, il la retient.

EDGARD. Et si je vous disais qu'après avoir encouragé, ou du moins, souffert un amour si tendre, si dévoué... elle a refusé tout à coup de me recevoir... elle m'a repoussé, chassé... moi, qui l'aimais; moi qui aurais donné ma vie pour elle... j'étais désespéré, jaloux... (*Elle fait un mouvement.*) Oui, jaloux... alors, la mort dans l'ame, je me jettai dans un monde qui n'était pas le mien... je cherchai dans de folles dissipations, à m'étourdir à me venger... j'espérais que le bruit en irait jusqu'à vous, et que vous donneriez quelques regrets à ce cœur dont je voulais vous bannir... mais en vain... malgré la vanité, le dépit qui l'égaraient, il vous resta fidèle et j'y retrouvais sans cesse mon premier, mon seul amour comme un remords... et peut-être une excuse.

MAD. LAUNAY. Monsieur, cette explication... cet aveu que je craignais... le ciel m'est témoin que j'ai tout fait pour l'éviter.

Air *de Téniers*.

Mais cet amour est une offense,
Il est coupable... et mon courroux
Devrait vous imposer silence.

EDGARD.
Ciel! qu'entends-je!

MAD. LAUNAY.
Rassurez-vous.
Voici l'arrêt de ma colère...
Soyez heureux, loin de Paris;
Restez auprès de votre mère!
Car mon pardon est à ce prix.

EDGARD, *lui baisant la main*. Ah! madame!

MAD. LAUNAY. Je vous le demande... en m'éloignant de vous.

EDGARD, *stupéfait*. Vous, madame, vous vous éloignez?

MAD. LAUNAY. Ce soir.

EDGARD. Pour me fuir encore.

MAD. LAUNAY. Ma résolution était prise avant cette rencontre que je ne cherchais pas... et cette circonstance ne peut avancer ni retarder mon départ.

EDGARD. Ah! sans doute, un autre serait plus heureux... et je me rappelle parmi vos adorateurs qui vous entouraient chez votre tante... un fat...

MAD. LAUNAY. M. de Néris, si un autre a pu me compromettre par ses discours, c'est un imposteur et un lâche... j'ai des devoirs que je respecte... et si, en dépit d'eux et de moi-même, j'avais pu aimer quelqu'un; ce serait, monsieur, un secret entre le ciel et moi. (*D'une voix étouffée.*) Et personne ne le saurait jamais.

EDGARD. Grand Dieu! madame.

SCÈNE X.
Les Mêmes, VASSIGNY.

VASSIGNY, *en dehors*. Edgard, M. de... (*Madame Launay s'éloigne d'Edgard; Vassigny entre*) Ah! enfin, le voilà... vous teniez compagnie à madame?

EDGARD. Sans doute... (*A part*) Maudit importun!

MAD. LAUNAY. Oui, Monsieur s'est trouvé là...

VASSIGNY. Bien... il est jeune et galant, lui... il obtiendra peut-être ce qu'on nous refuse. (*A Edgard*) Madame veut nous quitter, partir ce soir... c'est un meurtre, n'est-ce pas?

EDGARD. C'est ce que je disais à madame.

VASSIGNY. Très bien... Je conçois alors que vous n'entendiez pas qu'on vous cherche, qu'on vous appelle.

EDGARD. Moi!... et qui donc?

Nanette entre et reste dans le fond.

VASSIGNY. Les domestiques... tout le personnel du château... Il paraît que quelque chose, ou quelqu'un vous arrive de Paris...

EDGARD. Ah! c'est bien, j'y vais... j'y cours... (*Saluant madame Launay*) Madame... (*A part*) Oh! partir!.. partir... nous verrons...

Il sort.

SCÈNE XI.
VASSIGNY, NANETTE, MAD. LAUNAY.

NANETTE, *regardant partir Edgard*. Allons, j'en étais sûre... vous l'avez prévenu... voilà comme vous êtes, M. Vassigny; vous ne faites jamais que des malheurs.

MAD. LAUNAY, *se rapprochant*. Qu'est-ce donc?

VASSIGNY. Des malheurs!..

NANETTE. Oui, des malheurs!.. D'abord, je n'ai jamais pu souffrir les allemandes... et je parierais que ce domestique qui vient le chercher...

VASSIGNY. Hein!

MAD. LAUNAY. Le chercher... M. de Néris!..

NANETTE. Oui, madame, oui... un grand laquais... une belle livrée avec de belles aiguillettes... et puis je l'aurais reconnu rien qu'à son accent... il dit toujours yes... c'est un allemand.

MAD. LAUNAY. Après... après...

VASSIGNY. Bavarde !
NANETTE. Il connaît Joseph, le valet de chambre... et j'ai entendu qu'il parlait de sa maîtresse... une belle dame qui a des attaques de nerfs... et de plusieurs messieurs, des amis qui l'ont fait partir ventre à terre sur son cheval, pour ramener M. Edgard tout de suite.
MAD. LAUNAY. Grand Dieu !
NANETTE. Il n'a pas pu le rattraper en route... il paraît qu'ils couraient joliment tous les deux... j'en suis en nage, quoi !.. et vous voyez bien qu'il fallait prévenir madame.
MAD. LAUNAY. Eh ! sans doute... elle a raison, Monsieur.
NANETTE. Tiens, si j'ai raison !..
VASSIGNY. Quelle imprudence !.. venir jusqu'ici !.. Mais nous verrons... je vais parler à madame de Montserant.
MAD. LAUNAY. Oui, monsieur, allez... je vous en supplie... retenez ce jeune homme.. ne le laissez pas partir... cela ferait tant de peine... (*Se reprenant*) à sa mère.
VASSIGNY. Parbleu ! on aura congédié le colonel... le germain.

Il sort.

SCÈNE XII.
MAD. LAUNAY, NANETTE.

MAD. LAUNAY. J'éprouve un trouble... une inquiétude...
NANETTE. Prévenir M. Edgard !.. mais est-il bavard, ce M. Vassigny !.. il l'est plus que moi... mais beaucoup plus... Ah ! si j'osais... madame... madame.
MAD. LAUNAY. Eh bien, mon enfant, qu'est-ce ?
NANETTE. Oh ! la belle occasion !.. puisque je suis seule avec madame... il y a bien long-temps que j'ai envie de lui demander une chose... on m'a dit que madame s'en allait aujourd'hui.
MAD. LAUNAY. Oui, mon enfant ; ce soir.
NANETTE. Si madame va à Paris, et qu'elle ait besoin pour l'hiver de quelqu'un près d'elle !..
MAD. LAUNAY. Comment ! vous voulez quitter cette maison ?
NANETTE. Oh ! pas maintenant... madame de Montserant est si bonne... Mais à la fin de l'automne, elle quitte sa campagne... et comme à Paris, sa maison est complète, elle me laisse ici seule tout l'hiver ; et c'est bien ennuyeux... Au moins l'été on a à qui parler... on voit madame, on voit sa famille... on voit M. Edgard qui est si aimable... mais qui reste si peu.
MAD. LAUNAY. Vous l'aimez donc bien, M. Edgard ?
NANETTE. Qu'est-ce qui ne l'aimerait pas, je vous le demande ?.. il a toujours quelque chose de gentil à me dire... C'est tout ça qui fait que lorsque novembre arrive, je ne peux plus durer ici, et que je veux absolument aller l'hiver à Paris comme les autres.
MAD. LAUNAY. Si j'y allais, mon enfant, je me chargerais de vous bien volontiers ; mais je pars pour la province.
NANETTE. Et moi qui espérais vous suivre.
EDGARD, *entrant* Ah ! Nanette !..
NANETTE. M. Edgard !
EDGARD. Va, dépêche-toi... on t'attends pour ton service.
NANETTE. J'y vais, monsieur... j'y vais... (*A madame Launay*) mais si vous vous décidiez pour Paris... une autre fois...
MAD. LAUNAY. Oui, mon enfant.
NANETTE. Que vous êtes bonne, madame... oh ! je me souviendrai !..

Elle sort.

SCÈNE XIII.
MAD. LAUNAY, EDGARD.

MAD. LAUNAY. Quelle émotion, M. Edgard !
EDGARD. Madame, je viens mettre mon sort entre vos mains... vous confier ma vie, ma liberté... mon honneur... ce que j'ai de plus cher au monde.
MAD. LAUNAY, *effrayée*. Monsieur... monsieur... je ne sais pas si je puis entendre...
EDGARD. Oh ! vous m'entendrez... Aussi bien mon amour n'est pas un secret pour vous... vous savez tout, mon dépit, mes fautes, mes regrets ; et jusqu'à l'espérance, qu'un mot de votre bouche vient de rallumer dans mon cœur.
MAD. LAUNAY. O ciel ! pourquoi interpréter ainsi ?..
EDGARD. Ah ! laissez-moi croire que j'ai deviné celui que vous aimez d'un amour si chaste et si discret !.. Oui, malgré la sévérité de vos paroles, laissez-moi croire que j'ai lu mon pardon dans ce regard d'ange... que vos yeux laissaient tomber sur moi...
MAD. LAUNAY. Ah ! Monsieur !.. vous voulez donc me perdre ?
EDGARD. Non... mais vous, Eugénie, voulez-vous me sauver ?.. Ces fers que j'ac-

ceptais, comme une vengeance de vos dédains... cette société folle, turbulente, où je me jetais, pour vous oublier, pour me venger de vos mépris... je les fuyais en vain... ils font un appel à mon amour-propre, à ma vanité... Il faut y rentrer, reprendre des fers que j'avais rompus, sous peine d'être ridicule aux yeux des amis qui me rappellent... et de rompre avec ce monde qui me convie de nouveau à ses fêtes, à ses plaisirs... On m'attend ; et, à défaut de bonheur... parlez, faut-il partir?.. faut-il rester?

MAD. LAUNAY. Que me demandez-vous?

EDGARD. Ce que je vous demande... mais de m'arracher par un amour pur, à cette vie qui me pèse ; de me relever à mes yeux, aux vôtres, de ranimer dans mon cœur épuré par votre amour tous les nobles penchans que de nouveaux dédains, un nouveau dépit finiraient d'éteindre en moi. Que cette réhabilitation soit votre ouvrage ! un mot...

Air de Téniers.

Un mot, un seul... je vous l'atteste,
Vos ordres sont sacrés pour moi ;
Dites que vous restez... je reste.

MAD. LAUNAY.
O ciel ! Edgard...

EDGARD.
Oui, je le croi,
Pardonnant à ce cœur sincère
Que flétrirait votre mépris...
Vous resterez près de ma mère,
Car mon salut est à ce prix.

MAD. LAUNAY. Qui, moi, encourager votre amour ! c'est déjà une faute peut-être d'en avoir écouté l'aveu... songez donc que j'ai des devoirs, des fers aussi, que je ne suis plus libre.

EDGARD. Mais si vous l'étiez ?

MAD. LAUNAY, *vivement.* Vous ne partiriez pas.

EDGARD. Grand Dieu ! vous avez dit....

MAD. LAUNAY, *se reprenant.* Rien, rien... mais ne retournez pas dans ce monde qui vous a perdu, si vous voulez qu'on vous estime, qu'on vous aime... n'y retournez pas, Edgard, je vous le demande à genoux; j'en mourrais.

EDGARD. Vous m'aimez donc, ah ! répétez-moi... ou plutôt non, non ; ne me répondez pas, un refus serait un ordre que je n'oserais braver... restez, restez... qu'ils vous croient tous partie, tandis que vous resterez pour moi, et que j'irai seul, ce soir à vos pieds...

MAD. LAUNAY. Ah ! monsieur.

EDGARD. Oui, oui, pas un mot.

SCÈNE XIV.

Les Mêmes, Mme DE MONTSERANT, VASSIGNY*.

MAD. DE MONTSERANT. Ah ! vous voilà, mon ami, et avec madame. (*Elle les observe avec surprise.* — *A madame Launay.*) Je vous croyais chez vous, et je viens d'envoyer... mais Edgard, que me disait donc Vassigny, que vous pensiez à nous échapper?

VASSIGNY. Permettez, je n'ai pas dit précisément... mais je supposais.

EDGARD. Vous échapper ! ah, ma mère ! mais il se peut en effet que je sois forcé de vous quitter pour quelques jours... des affaires importantes me réclament, mais j'hésite. (*Jetant un regard à madame Launay.*) J'attends un mot qui peut me retenir ici.

MAD. DE LAUNAY, *à part.* Ah ! que je souffre.

MAD. DE MONTSERANT, *à part.* Il la regarde...

VASSIGNY. A la bonne heure.

MAD. DE MONTSERANT. Et nous vous retiendrons... ah ! (*En souriant.*) Je voudrais bien, parmi les séductions qui doivent vous enchaîner près de moi, compter le séjour de madame.

EDGARD. Eh ! pourquoi non, ma mère?

VASSIGNY. En effet, pourquoi non? (*Il vient auprès de madame Launay**.*) Nous parlerons de cela à dîner. (*Offrant la main à madame Launay.*) Car nous allons nous mettre à table.

MAD. LAUNAY, *contenant son émotion.* Merci, monsieur, je ne puis accepter. (*Mouvement de madame de Montserant.*) Non, madame, j'ai à donner quelques ordres pour mon départ ce soir, et il faut que je rentre chez moi sur-le-champ.

Elle salue et sort vivement par la droite.

MAD. DE MONTSERANT. Quelle émotion !

EDGARD, *à part.* Son départ... ah ! elle est impitoyable... eh bien ! moi aussi, je partirai.

VASSIGNY. Inflexible !

MAD. DE MONTSERANT. Comment pour ce soir. (*A part.*) C'est juste, elle n'a pas vu Joseph.

VASSIGNY. C'est un petit malheur ; nous tâcherons de nous égayer entre nous, en famille... Et d'abord, le dîner s'impatiente,

* Mad. Launay, mad. Montserant, Edgard, Vassigny.
** Vassigny, mad. Launay, mad. Montserant, Edgard.

et mon estomac aussi. Il est sept heures... allons, mon jeune ami.

EDGARD. Merci, je ne dînerai pas; cette affaire qui me rappelle à Paris est si importante.

MAD. DE MONTSERANT. Eh! mon fils.

EDGARD. Pardon... Je vais savoir si je puis retarder encore. Mais si je retourne à Paris, ce soir, oh! ce sera bien malgré moi, ma mère.

Il sort.

SCÈNE XV.
VASSIGNY, Mme DE MONTSERANT.

MAD. DE MONTSERANT, *à part*. O ciel! Edgard! son trouble! la connaîtrait-il.

VASSIGNY. Je n'y suis plus du tout.

MAD. DE MONTSERANT. Ah! Vassigny.

VASSIGNY.

Air : *Ma belle est la belle des belles.*

Quel caprice, je n'y puis croire,
Sa volonté, pour le moment,
Me paraît fort ambulatoire,
C'est une girouette à tout vent.
Mais rassurez-vous, sur mon ame,
Il tourne tant, en vérité,
Qu'à force de tourner, madame,
Il tournera du bon côté.

Et peut-être avant la fin du dîner... Venez-vous?

MAD. DE MONTSERANT. Eh! il s'agit bien de cela... je veux revoir mon fils, je veux lui parler, il le faut. Ah, je connais Edgard, s'il veut partir, mes remontrances, mes prières... rien ne pourra l'arrêter.

VASSIGNY. Le fait est qu'il n'y a pas de gentilhomme breton plus têtu.

MAD. DE MONTSERANT. J'aurai beau faire, il m'échappera; et la famille de Sancerre... plus de mariage pour lui... Vassigny, écoutez-moi; vous êtes notre ami, l'ami de mon fils, j'attends une nouvelle preuve de cette vieille amitié : comme je vous l'ai dit tout à l'heure, dans mon cabinet, il faut partir pour Paris.

VASSIGNY. Pour surveiller notre jeune homme... comme l'autre fois... permettez...

MAD. DE MONTSERANT. Eh! non... que pourraient vos conseils?.. Ecoute-t-il les miens?.. Vous verrez ses amis... et s'il était amoureux de cette femme de Paris?..

VASSIGNY. J'entends... l'hamadryade.

MAD. DE MONTSERANT. Il ne l'aime pas... oh! non; il m'était revenu... il allait l'oublier... N'importe!.. priez-la, suppliez-la, au nom d'Edgard, au mien... Faites parler la raison, la morale.

VASSIGNY. Eh! eh!..

MAD. DE MONTSERANT. Offrez de l'or... beaucoup d'or..,

VASSIGNY. A la bonne heure.

MAD. DE MONTSERANT. Qu'Edgard ne puisse la revoir... que le dépit l'éloigne encore de cette société qui le perd... enfin qu'il soit sauvé... qu'il me soit rendu.

VASSIGNY. L'ambassade est délicate... je n'ose répondre, d'autant plus qu'il la reverra avant moi.

MAD. DE MONTSERANT. Eh! non... je le retiendrai... cette nuit encore... Vous, envoyez demander des chevaux... vous prendrez ma voiture... J'avais dit à Joseph de prévenir madame Launay de ne pas y compter pour ce soir... j'en suis fâchée.

VASSIGNY. Il n'y a pas de mal... elle vous restera.

MAD. DE MONTSERANT. Il le faudrait peut-être... Partez tout de suite.

VASSIGNY. Tout de suite.

MAD. DE MONTSERANT. Oh! de grace!..

VASSIGNY. C'est bien... je vais tout préparer pour cela... mais voyez-vous, après cette passion-là, une autre, peut-être dans le même genre... (*A demi-voix*) Ah! si l'on pouvait l'enchaîner adroitement... dans le monde... discrètement surtout... toujours en *attend*...

MAD. DE MONTSERANT, *avec impatience*. Encore, Vassigny.

VASSIGNY. Oh! les principes... oui, oui, j'ai tort. (*Nanette entre doucement en chantant quelque chose*) Je vais donner des ordres. (*Apercevant Nanette*) Eh bien! qu'est-ce qu'elle fait là cette petite curieuse?

NANETTE. Dam! j'ai affaire... voilà.

MAD. DE MONTSERANT. Hâtez-vous; ne perdez pas une minute.

VASSIGNY. Je reviens... (*A part*) Il me semble que quand je ne partirais qu'après dîner...

Il sort.

SCÈNE XVI.
MAD. DE MONTSERANT, NANETTE.

MAD. DE MONTSERANT. Et maintenant, il faut voir Edgard... obtenir de lui quelques heures encore... les obtiendrai-je?

NANETTE, *mystérieusement*. Madame... Madame...

MAD. DE MONTSERANT. Ah! Nanette,

savez-vous si Joseph a parlé à madame Launay?

NANETTE. Oui, madame... comme elle sortait d'ici... il revenait de chez elle.

MAD. DE MONTSERANT. C'est bien... elle est contrariée peut-être... mais mon fils...

NANETTE, *mystérieusement*. Madame... Madame...

MAD. DE MONTSERANT. Hein!.. que me voulez-vous?

NANETTE, *de même*. Chut!.. Oh! je sais que madame a bien du chagrin... et moi aussi... parce que...

MAD. DE MONTSERANT. Qu'est-ce que cela veut dire?

NANETTE. Cela veut dire... rien du tout.. mais voilà une lettre... une lettre qu'un paysan apportait... pour lui, Madame... voyez, à son adresse... et moi, je l'ai prise... parce que je suis sûre qu'elle vient encore de Paris... par un exprès... par ce grand laquais peut-être... oh! le vilain homme!,. je le déteste!

MAD. DE MONTSERANT, *la prenant*. Une lettre pour mon fils... oui... (*A part*.) Une main de femme!..

NANETTE. Et je n'ai voulu la remettre qu'à Madame.

MAD. DE MONTSERANT. Et vous avez eu tort... cette lettre n'est pas pour moi... elle est pour mon fils.

NANETTE. Ah! je le sais bien... c'est que... en ce cas, Madame... je vais la porter...

MAD. DE MONTSERANT. Non... je la lui remettrai moi-même... il ne saura pas que je la tiens de vous.

NANETTE. Oh! non, Madame, je vous en prie... je ne lui en parlerai pas, moi, d'abord.

MAD. DE MONTSERANT. C'est bien... faites-le-moi venir...

NANETTE. Oui, madame, oui... Il paraît qu'il n'y a pas de danger... oh! alors...

Elle sort par la droite.

SCÈNE XVII.

MAD. DE MONTSERANT, *seule*.

Une lettre d'elle!.. d'elle!.. jusque chez moi... Oh! j'ai des droits aussi... mais pour le sauver!.. les droits d'une mère... (*Elle fait sauter le cachet*). Ah! (*Elle s'arrête un moment, puis, ouvre la lettre. Lisant.*) « Je ne pars pas ce soir... votre mère, en » me refusant sa voiture, me force à retar- » der mon voyage. » (*S'interrompant*) Que veut dire?.. de qui donc?.. (*Cherchant la signature*) EUGÉNIE LAUNAY!.. Madame Launay à mon fils!.. je ne me trompais pas... (*Elle lit précipitamment* « N'interpré- » tez donc en votre faveur, ni ce retard, ni » mon silence... vous m'avez juré de m'o- » béir, de respecter mes ordres... (*Répé- » tant*) Vous m'avez juré de m'obéir, de » respecter mes ordres!.. Ne venez pas... » je vous le défends... le rendez-vous que » vous osez me demander est impossible... » et si vous ne pouvez être sauvé qu'au » prix de mon honneur, partez... » (*Aper- cevant Edgard*) Ciel!..

Elle cache la lettre.

SCÈNE XVIII.

MAD. DE MONTSERANT, EDGARD, puis VASSIGNY; *ensuite* NANETTE.

EDGARD, *à part*. C'en est fait!.. ses chevaux sont arrivés!.. sa voiture est à la porte du parc... Elle me verra partir avant elle.

MAD. DE MONTSERANT. Ah! mon fils!.. mon Edgard!.. penses-tu toujours à me quitter? Oh! non, n'est-ce pas?.. quelques jours... ou du moins jusqu'à demain.

EDGARD. N'exigez rien de moi, ma mère... je suis trop malheureux!

MAD. DE MONTSERANT. Malheureux!.. oh! moins que moi.

VASSIGNY, *entrant, sans voir Edgard*. Tout est prêt, madame... je vais partir... (*Apercevant Edgard*) Ah!..

EDGARD. Comment! vous partez?.. Ah! ça, tout le monde part donc?..

VASSIGNY. * Dam! j'ai des affaires aussi. (*Bas à madame de Montserant*) et le temps presse... Je l'ai fait causer... il a la tête montée.

NANETTE, *entrant*. Venez-vous, M. Vassigny?.. le postillon s'impatiente... il attend à la porte du parc.

EDGARD. Plaît-il? à la porte du parc... ces chevaux qui viennent d'arriver... c'était pour vous?

VASSIGNY. Pas précisément; mais pour madame Launay... qui me les a cédés... Elle ne part plus... elle reste.

EDGARD, *se contenant à peine*. Elle reste!..
Madame de Montserant l'observe.

VASSIGNY. Mon Dieu, oui... (*Bas à madame de Montserant*) un peu contrariée; mais...

EDGARD, *à part*. Elle reste!.. oh! pour moi!.. et pas un mot de refus!..

* Madame de Montserant, Vassigny, Edgard.

NANETTE, *tristement* Et Jean m'a dit de prévenir aussi M. Edgard... que son cheval l'attend.

EDGARD. Merci, petite, merci... je ne pars pas... je reste... près de ma bonne mère... deux jours... trois jours... huit jours... que sais-je... tant qu'elle voudra.

VASSIGNY. Bah! il tourne encore. (*Bas à madame de Montserant*) Puisque je ne pars pas, faut-il renvoyer les chevaux, la voiture à madame Launay?

MAD. DE MONTSERANT, *avec émotion.* Non.

VASSIGNY. Et nous, allons nous mettre à table... neuf heures... il est temps.

EDGARD, *à part.* Oh! j'irai.

NANETTE, *bas à madame de Montserant.* Vous n'avez rien dit... (*La voyant pâle et tremblante*) O ciel! madame!.. quelle pâleur!.. elle se trouve mal!

EDGARD, *courant la prendre dans ses bras.* Ma mère!

VASSIGNY, *apportant un fauteuil.* Voilà, voilà... c'est la joie... le saisissement.

Madame de Montserant est assise, et presque évanouie... Son fils la soutient... Nanette la regarde avec anxiété.

VASSIGNY, *à part.* Nous ne dînerons pas aujourd'hui.

FIN DU PREMIER ACTE.

ACTE SECOND.

Le théâtre représente un salon chez madame Launay. Porte à droite; entrée au fond. Portes latérales, une cheminée dans l'angle gauche du salon.

SCÈNE I.
MAD. LAUNAY, EDGARD.

Au lever du rideau, madame Launay est assise et rêveuse auprès de la cheminée, Edgard debout à gauche, un livre à la main, la regarde en silence.

EDGARD. Vous ne m'écoutez plus, Eugénie...

MAD. LAUNAY, *sortant de sa rêverie.* Pardon, mon ami, continuez, de grâce...

EDGARD, *posant son livre et se levant.* Non; vous ne m'écouteriez pas davantage, ce n'est plus ce livre qui vous occupe... vous êtes triste, rêveuse... depuis deux mois que nous sommes revenus à Paris, c'est la première fois, Eugénie, que vos yeux me cachent des larmes, que votre cœur ne s'épanche pas dans le mien.

MAD. LAUNAY. Enfant que vous êtes, vous ne comprenez pas qu'on ait des momens de tristesse, de remords.

EDGARD. Ah! que dites-vous! des remords près de moi, Eugénie, tu ne m'aimes plus, tu n'as plus en moi cette confiance, cet abandon qui faisaient, des lieux habités par nous, un séjour de bonheur et de joie?.. des remords, et d'où vient? n'étais-tu pas libre?

MAD. LAUNAY. Oui, libre!.. oh! je veux être heureuse... je veux être gaie; mais je ne sais... il y a là un poids qui m'oppresse... c'est comme un pressentiment de malheur qui me tue.

EDGARD. Encore!

MAD. LAUNAY. Il me semble que tout doit être expié, tout... et cependant suis-je coupable?.. je ne sais quelle fatalité m'a poursuivie... m'a entraînée.

EDGARD. Fatalité... amour... qu'importe?

MAD. LAUNAY. Je voulais fuir.

EDGARD. Tu es restée, pourtant.

MAD. LAUNAY. Que de circonstances contre moi! cette voiture qui m'est refusée... cette lettre... cette lettre qui ne vous arrive pas.

EDGARD. Toujours cette lettre... je ne veux pas croire à cette lettre cruelle qui m'eût défendu d'aimer, d'espérer... à cette lettre qui m'eût fermé votre demeure.

MAD. LAUNAY. Vous l'auriez respectée, Edgard.

EDGARD. Oh! oui, j'en conviens, jamais je n'eusse osé braver votre colère, vos larmes... je serais parti.

MAD. LAUNAY. Et j'étais sauvée.

EDGARD. Parti, la mort dans l'âme... malheureux par vous... ah! ne me parlez pas de cette lettre... tu ne l'as pas écrite?

MAD. LAUNAY, *à part.* Il n'y croit pas.

EDGARD. Est-ce une excuse? j'ai lieu de m'en offenser.

MAD. LAUNAY, *se jetant dans ses bras.* Edgard!

EDGARD, *tombant à ses genoux.* Mais,

non... aime-moi, Eugénie... confie-toi à mon amour, à mon honneur... dis-moi un de tes vœux que je n'aie pas exaucé... un de tes désirs que je n'aie pas prévenu ? tu as voulu fuir ce pavillon, où les regards de ma mère venaient quelquefois te faire tressaillir... tu as voulu te cacher à tous les yeux... tu es partie... et moi, je suis resté huit jours sans te suivre... huit jours à faire le whist insipide de Vassigny, huit jours loin de toi, c'était un siècle... qui donc aujourd'hui soupçonnerait notre amour ?

MAD. LAUNAY. Oh! non, personne ?

EDGARD. Qui donc sait dans quelle retraite tu as caché jusqu'à la trace de tes pas ?.. qui donc te connaît ici ?.. et moi-même ne me croit-on pas en Allemagne ? et ici ne suis-je pas ton frère.

MAD. LAUNAY, *lui mettant la main sur la bouche.* Oh! tais-toi, tais-toi...

EDGARD. Sèche tes larmes... songe que tu as un ami pour te secourir, pour te défendre... que mes jours sont à toi... et que maintenant s'il fallait te perdre...

MAD. LAUNAY. Jamais... pardonne à ces alarmes que je n'ai pu maîtriser... à ces souffrances, cette erreur d'enfant que ta voix si douce vient de dissiper.

EDGARD. Que dis-tu ?

MAD. LAUNAY. Edgard, je suis bien folle, n'est-ce pas ?

VASSIGNY, *en dehors.* C'est bien, c'est bien... je puis entrer.

MAD. LAUNAY, *se levant vivement.* Qui vient ici ?

EDGARD, *retournant à la table.* Quel importun ?

VASSIGNY, *en dehors.* Vassigny, que diable ! M. de Vassigny.

EDGARD. Vassigny !

MAD. LAUNAY. Grand Dieu! cet homme ici !.. que lui ai-je fait ?.. que veut-il ?

EDGARD. Silence! pas de bruit... ce serait tout perdre je sors. (*Montrant la porte à gauche.*) Par là, du courage !..

La porte s'ouvre.

MAD. LAUNAY. Comment a-t-il su ?.. ah! mon Dieu! soutiens-moi.

Edgard sort par la gauche.

∞∞∞∞∞∞∞∞∞∞∞∞∞∞∞∞∞∞∞∞∞∞∞∞

SCÈNE II.
MAD. LAUNAY, VASSIGNY, *puis*, NANETTE.

VASSIGNY, *entrant seul.* Eh! sans doute, un vieil ami de madame Launay... mille pardons, belle dame, permettez-moi de baiser cette jolie main... (*Après l'avoir baisée.*) Oh! comme elle tremble.

MAD. LAUNAY, *la retirant.* Quelle idée !

VASSIGNY. Oh! je ne me flatte pas de causer cette émotion-là... à mon âge! ce n'est pas que cela me fasse peur au moins.

MAD. LAUNAY, *l'interrompant.* Monsieur, j'étais loin de m'attendre...

VASSIGNY. A ma visite... je crois bien... vous partez tout d'un coup, sans nous laisser votre adresse... à cet égard, nous avons des reproches à vous faire ; nous quitter ainsi !

MAD. LAUNAY. Ah! de grace...

VASSIGNY. A la bonne heure, n'en parlons plus... après tout, je vous revois, je n'ai plus la force de me fâcher... vous n'en direz peut-être pas autant, quand vous saurez ce qui m'amène. (*Regardant autour de lui.*) Eh bien, où est-elle donc ? (*Il va au fond.*) Petite...

Nanette entre.

MAD. LAUNAY. Nanette !

VASSIGNY. Voilà.

NANETTE.* Ah! bonjour, madame... que je suis aise de vous voir! je disais bien que vous étiez à Paris... où je suis enfin ?.. quel bonheur !

Air : *Adieu, je vous fuis, bois charmans.*

Mon Dieu! comme c'est beau Paris !
Ces palais, ces gens qui les gardent ;
Et les messieurs sont-ils polis ?
Quand je passe, tous me regardent,
Et ce pays-là, c'est si grand !
J'm'y perdrais...

VASSIGNY.

Prends garde! à la ronde,
Ce qu'on perd ici mon enfant,
N'est pas perdu pour tout le monde.

NANETTE. C'est superbe !

VASSIGNY. Jugez... elle trouve Paris beau... elle n'a encore vu que le Gros-Caillou, elle admirait tout d'avance, et si on ne l'eût pas amenée, elle serait morte d'une curiosité rentrée... madame de Montserant voulait qu'elle restât là-bas, comme à l'ordinaire... la petite a prétendu que vous l'attendiez.

MAD. LAUNAY. Moi !

NANETTE, *passant à la droite de madame Launay.* Oui, madame, n'est-ce pas ? (*Bas.*) Dites que oui, je vous en prie. (*Haut.*) Oh! je n'avais pas oublié la promesse que vous m'aviez faite au château... le jour de l'arrivée de M. Edgard, vous

*Madame Launay, Nanette, Vassigny.

savez... de me prendre auprès de vous à Paris, dès que vous y seriez...

MAD. LAUNAY. Oh! quelques paroles en l'air; mais ce n'était pas une raison.

NANETTE. Si fait... vous me l'aviez promis!

VASSIGNY. Voilà ce qu'elle me répétait avec des larmes, des prières, qui m'ont touché, madame de Montserant avait beau lui dire que vous n'étiez pas à Paris, le fait est qu'elle vous croyait en voyage, je ne sais où... moi je soutenais que vous étiez au fond de quelque campagne; mais la petite nous a donné votre adresse... votre rue, votre numéro, avec une exactitude...

MAD. LAUNAY. Ah! c'est mademoiselle.

NANETTE. Oui, la femme de chambre de madame m'avait promis de me tenir au courant... en secret.

VASSIGNY. Après ça, le moyen de résister... madame de Montserant l'a donc amenée avec elle...

MAD. LAUNAY. Ah! madame de Montférant est à Paris...

VASSIGNY. D'hier au soir... bien fatiguée... bien souffrante... oh! vous ne la reconnaîtriez plus... elle a au fond du cœur un chagrin qui la dévore... son humeur est devenue sombre... il y a des jours où elle est inconcevable elle ne peut pas me souffrir...

NANETTE. Ça, c'est vrai... ni moi non plus.

VASSIGNY. Enfin je puis vous dire cela à vous qui êtes son amie... ces jours derniers, je me promenais dans le parc... j'entends du bruit... des plaintes... j'écoute... c'était Mad. de Montserant qui se soutenait à peine; et qui murmurait d'une voix étouffée par ces sanglots : » quelle » faute! quelle faute! » Son fils la tuera.

MAD. LAUNAY. Son fils...

NANETTE. Monsieur Edgard!

VASSIGNY. Vous ne savez pas... quelques jours après votre départ, il nous a quittés brusquement... je conçois... nous n'avions plus de talisman pour le retenir... il est parti... et depuis, nous ne l'avons plus revu... il est en Allemagne.

NANETTE, *qui est repassée à gauche, derrière Vassigny.* Vrai?.. ah! mon Dieu! je ne le verrai pas à Paris.

VASSIGNY. Allons donc, ma chère... qu'est-ce que vous faites là?.. vous écoutez.

NANETTE. Non, monsieur, non... je regarde... (*Elle regarde les gravures du salon, en cherchant à écouter.*) Monsieur Edgard... si loin...

VASSIGNY, *revenant à Mad. Launay qui* cherche à cacher son émotion. Oui, en Allemagne... il paraît qu'il y a une passion sous jeu... une passion bourgeoise... tant mieux; feux de paille que ces amours-là... ça ne peut durer... il y a un mari, où il n'y en a pas; s'il y en a un, il a des droits cet homme... cet excellent homme... s'il n'y en a pas : raison de plus... il faut de la fortune au petit Edgard, qui n'a qu'un titre, et de la vanité... il en viendra au mariage que sa mère lui a ménagé.

MAD. LAUNAY. Un mariage... vous croyez?..

VASSIGNY. Une alliance avec les Sancerre... riche famille... ça ne peut pas lui échapper... c'est-ce que je dis à sa mère pour la consoler... enfin, elle a écrit à son fils de revenir pour le contrat.

MAD. LAUNAY. Il a répondu...

VASSIGNY. Je ne sais pas... madame de Montserant venait de recevoir une lettre, quand je suis arrivé ce matin, chez elle... impossible de la voir. Elle m'a fait prier de vous amener cette petite, que d'abord elle ne voulait plus vous envoyer.

NANETTE. Et ça me faisait bien du chagrin!.. parce que la maison de madame de Montserant est triste... au lieu qu'ici, on doit bien s'amuser, n'est-ce pas, madame?

MAD. LAUNAY. J'en suis fâchée, monsieur... je ne puis garder mademoiselle.

NANETTE, *stupéfaite.* Comment, madame...

MAD. LAUNAY. Je ne le puis pas.

VASSIGNY. Là! voyez-vous, bavarde!.. désolé, madame; je ne pourrai pas vous en débarrasser, maintenant... je cours au ministère de la guerre, pour recommander mon neveu, le petit vicomte, qui a toutes les peines du monde à devenir colonel. C'est sa faute... il a voulu prendre du service... Mad. de Montserant fera prendre Nanette dans la soirée.

NANETTE. Mais non; ce n'est pas pressé.

VASSIGNY. Ah! j'oubliais... l'essentiel... une lettre qui est arrivée pour vous à Montserant... peu de jours après votre départ.

MAD. LAUNAY. Pour moi... donnez.

VASSIGNY. On espérait toujours vous la faire parvenir.

MAD. LAUNAY, *s'essuyant les yeux.* Ah! je ne vois plus... mes yeux troublés... une communication, importante à recevoir au ministère de la guerre... c'est de lui, je n'irai pas.

VASSIGNY. J'y vais,... voulez-vous me charger de la commission?

MAD. LAUNAY. Tenez, monsieur,... mais

je vous en prie, en grâce... ne dites pas ma demeure.

VASSIGNY. Soyez tranquille... (*A part.*) Voilà un mari tendrement aimé.

Air : du galop de la Tentation.

Adieu, madame, je vous quitte ;
Mais pour bientôt revenir..:
De ce qu'on vous veut bien vite,
Il faudra vous avertir...
(*A Nanette.*)
Pour qu'on vienne te reprendre
Je vais dire un mot là-bas.

NANETTE.

Oui, monsieur, je vais attendre.
Surtout ne vous pressez pas.

ENSEMBLE.

VASSIGNY.

Adieu, madame, je vous quitte ; etc.

MAD. LAUNAY.

Enfin, il sort, il nous quitte.
Je me sens troubler, rougir ;
Puisse-t-il partir bien vite
Et ne jamais revenir.

NANETTE.

Enfin il part, il nous quitte
Je reste ici, quel plaisir,
Puisse-t-il partir bien vite
Et ne jamais revenir.

Vassigny sort.

SCÈNE III.
MAD. LAUNAY, NANETTE, *puis* EDGARD.

NANETTE. Merci, merci !.. par exemple ! m'en aller...

MAD LAUNAY, *s'appuyant sur un fauteuil, et se retournant à peine.* Ah ! mon Dieu ! une épreuve si longue et si cruelle... j'étouffais, là ! je me meurs.

NANETTE, *l'observant.* Qu'est-ce donc, madame ?

Elle est près du fauteuil à gauche.

EDGARD, *ouvrant la porte et sortant.* Je ne l'entend plus... il est sorti, et je puis...

NANETTE, *se retournant.* Ah !..

EDGARD. Nanette !..

MAD. LAUNAY, *se relevant.* Ciel !

NANETTE. Monsieur Edgard.

EDGARD, *saluant Mad. Launay d'un air composé.* Pardon, madame, je n'aurais pas voulu passer devant votre demeure, sans vous présenter mes hommages... je n'ai trouvé personne pour m'annoncer... et je suis venu jusqu'ici...

MAD. LAUNAY. C'est une indiscrétion qui... heureusement, monsieur... ne peut compromettre personne.

NANETTE. Comment ! vous êtes donc revenu d'Allemagne.

EDGARD*. Oui, sans doute... mais vous, mon enfant, par quel hasard ?..

MAD. LAUNAY. Mademoiselle est arrivée hier à Paris, avec madame votre mère.

EDGARD. Ah ! ma mère !..

NANETTE. Oui, M. Edgard... parce que madame m'avait promis de me prendre chez elle... et voilà qu'elle ne veut plus... Vous parlerez pour moi, n'est-ce pas ?

EDGARD. Oui, madame ne sera pas inflexible, je l'espère... mais pour commencer votre service, allez, ma chère... dites qu'on me fasse avancer une voiture... un cabriolet.

NANETTE. J'y vais, monsieur, j'y vais...
Elle sort par le fond.

SCÈNE IV.
EDGARD, MAD. LAUNAY.

EDGARD, *après s'être assuré qu'elle est sortie.* Partie.

MAD. LAUNAY. Pas un mot, Edgard... pas un mot !.. sortez... vous allez me perdre.

EDGARD. Eugénie ! ce trouble...

MAD. LAUNAY. Oh ! ce trouble !.. il ne l'ont pas vu...

EDDGARD. Calmez-vous.

MAD. LAUNAY. Me calmer ! eh ! le puis-je ?.. quand la mort est dans mon cœur... quand depuis une heure, je suis là... à transir, à brûler ; à leur cacher la honte et le désespoir qui viennent contracter mes traits, oh ! allez-vous-en, allez-vous-en... qu'ils ne vous voient plus ici... fuyez-moi... abandonnez-moi... qu'ils me trouvent seule... toujours seule... mais vous, jamais !.

EDGARD. Eh bien... cet enfant m'a vu, mais c'est une visite que je vous rends... vous la renverrez... elle me verra plus.

MAD. LAUNAY. Mais Vassigny... et votre mère, Edgard.

EDGARD. Ils ne sauront rien... rien... nous irons loin d'eux tous ; cacher notre bonheur. Je cours tout préparer pour quitter ces lieux.

MAD. LAUNAY. Fuir comme des criminels !.. moi, à la bonne heure !.. moi, je suis femme, je suis faible... je crains la honte.

* Launay, Edgard, Nanette.

EDGRD. Eugénie!
MAD. LAUNAY. Moi, j'ai un maître, voyez-vous.
EDGARD. Oui, un lâche qui t'a flétrie, en te condamnant au malheur...
MAD. LAUNAY. Vous, Edgard, vous êtes libre, vous vivrez heureux.... et ce mariage qu'on vous prépare...
EDGARD. Oh! n'achevez pas... ce mariage, je le repousse.
MAD. LAUNAY, *l'observant*. Mais cette lettre... cette lettre que Mad. de Montserant a reçue ce matin.
EDGARD. C'est un refus, et le plus ferme, le plus inflexible.
MAD. LAUNAY. Ecoutez... on vient... si l'on vous voyait... de grace... la voiture que vous attendiez doit être en bas... vite, par l'escalier... ici... partez... et prenez garde.
EDGARD. Soyez sans crainte... adieu.

Il sort vivement.

SCÈNE V.

MAD. LAUNAY, NANETTE, puis MAD. DE MONSERANT.

NANETTE, *accourant*. Ah! madame, madame!.. (*Regardant de tous cotés*.) Eh bien! où est-il donc?
MAD. LAUNAY. Qui... M. Edgard?.. il est parti.
NANETTE. Ah, tant pis... si vous saviez?
MAD. LAUNAY. Qu'est-ce donc, mademoiselle?
NANETTE. La voiture de madame... elle s'est arrêtée ici... j'en étais sûre.
MAD. LAUNAY. Expliquez-vous donc?
NANETTE. Crac, deux sauts, j'ai été en bas... il était temps... madame était pâle, défaite... elle ne voulait plus descendre... on refermait la portière... et fouette cocher!..
MAD. LAUNAY. Madame... madame...
NANETTE. Eh bien! oui... madame de Montserant.
MAD. LAUNAY, *avec un cri d'effroi*. Oh!.. elle est partie...
NANETTE. Elle le voulait... mais quand elle a su que M. Edgard...
MAD. LAUNAY. O ciel!.. vous avez dit...
NANETTE. J'ai bien fait, n'est-ce pas, madame? Elle le croyait encore en Allemagne. Aussi, à ce nom, elle a tressailli dans sa voiture... et rejetant la portière qui se fermait, elle est tombée dans nos bras, à Joseph et à moi... comme une morte... Nous l'avons soutenue.
MAD. LAUNAY. Madame de Montserant!..
NANETTE. Oh! rassurez-vous... elle est beaucoup mieux... Venez-vous la recevoir?..
MAD. LAUNAY. Oh! jamais!.. jamais!..

Elle fait un mouvement pour s'échapper.

NANETTE. La voilà...

Madame de Montserant paraît dans le fond, pâle, et se soutenant à peine.

MAD. LAUNAY, *s'arrêtant*. Ah!
NANETTE. La voilà, madame.

Nanette donne une chaise à madame de Montserant.

MAD. LAUNAY. Sortez.

Madame de Montserant lui fait signe de sortir. Elle sort.

NANETTE, *en sortant*. Il est parti!

SCÈNE VI.

MAD. LAUNAY, MAD. DE MONTSERANT.

MAD. DE MONTSERANT. Pardonnez-moi, madame, si je me présente ainsi chez vous, sans être attendue.
MAD. LAUNAY. Comment donc... Il me semble, madame, que d'anciennes relations autorisaient...

Elles s'asseyent.

MAD. DE MONTSERANT. Je craignais... ce brusque départ de la campagne... votre silence... ce mystère dont vous entourez votre séjour à Paris...
MAD. LAUNAY. Oh! ce mystère... vous le savez, madame... ma position m'en fait un devoir... Il est des malheurs qu'on ne saurait trop cacher à tous les yeux.
MAD. DE MONTSERANT. Oui... vous avez raison... J'aurais dû respecter les vôtres... et ne pas vous donner moi-même le spectacle d'une infortune... d'un chagrin...
MAD. LAUNAY. Vous, grand Dieu!
MAD. DE MONTSERANT. Aussi, je ne serais jamais montée ici... oh! non... je partais... si cette jeune enfant n'eût prononcé le nom de mon fils... de mon Edgard... que je croyais si loin de moi.
MAD. LAUNAY. En effet... oui... Nanette a pu vous dire... ce matin... M. Edgard de Néris... il m'a rendu une visite, madame.
MAD. DE MONTSERANT. Une visite!.. Il ne m'en rend plus à moi, madame... il m'abandonne.
MAD. LAUNAY. Ah! que dites-vous!.. votre fils!.. mais il a paru surpris de votre

arrivée... et lui-même... à peine de retour d'Allemagne...

MAD. DE MONTSERANT, *la regardant.* Ah! il était en Allemagne!..

MAD. LAUNAY. Mais il me semble qu'il a dit... oui, oui, il l'a dit... (*A part*) Son regard me tue!

MAD. DE MONTSERANT. Après tout, c'est possible!.. je le crois, puisque vous me le dites... mais son silence avec moi...

MAD. LAUNAY. N'avez-vous pas reçu une lettre?

MAD. DE MONTSERANT, *tressaillant.* Une lettre!.. vous avez dit...

MAD. LAUNAY. Mais oui... Il parlait d'une lettre qu'il vous a écrite.

MAD. DE MONTSERANT, *se remettant.* Ah! oui, madame... je l'ai reçue ce matin. (*A part*) Je crains de rencontrer son regard.

MAD. LAUNAY. Du reste, j'ignore le motif... il n'est resté qu'un instant.. il ne m'a pas dit...

MAD. DE MONTSERANT. Le motif de cette lettre... ce qu'elle contient... Je vais vous le dire, moi, madame... J'aime mon fils, je l'aime de tout l'amour qui peut entrer dans le cœur d'une mère... Depuis qu'il existe, je n'ai pas eu un vœu, un désir, une pensée qui ne fût pour lui... Richesse, liberté, repos, je lui ai tout sacrifié... tout, (*à part*) oui, tout!.. Il me reste peu de jours, je le sens, et je voudrais, en fermant les yeux, laisser ce fils, mon bien le plus cher, ma seule espérance, heureux d'une position qui a été le rêve de toute ma vie.

MAD. LAUNAY, *à part.* Oh! mon Dieu, soutiens-moi!

MAD. DE MONTSERANT. C'est un mariage que j'ai long-temps recherché... auquel je touche enfin!.. un mariage qui donne à mon Edgard des biens qu'il n'a pas, et dont il a besoin pour faire honneur au nom qu'il porte, au titre que son père lui a laissé... Une grande famille, une famille puissante lui offre une alliance digne de lui... C'est pour lui le chemin des dignités et de la fortune! On l'appelle, on l'attend... une jeune fille belle, douée de... (*s'arrêtant*) enfin, madame, son bonheur est dans ses mains; il ne dépend plus que de lui... et il refuse tout, pour céder à un amour insensé, pour suivre des conseils...

MAD. LAUNAY. Des conseils...

MAD. DE MONTSERANT, *se reprenant.* Ah! que ne sont-ils de vous, madame... vous me rendriez mon fils.

MAD. LAUNAY. Moi!.. de quel droit... à quel titre?

MAD. DE MONTSERANT, *se rapprochant* de madame Launay. Si dans une de ces visites qu'il a l'honneur de vous rendre... votre amitié pour nous pouvait avoir sur son cœur un crédit... que je n'ai plus...

MAD. LAUNAY, *à part.* Elle sait tout.

MAD. DE MONTSERANT. Ah! qui sait?.. votre voix le ramènerait peut-être à sa mère, qu'il a oubliée!... et si... par un hasard que je n'ose espérer, vous aviez rencontré, dans le monde, la femme qu'il aime... et dont il est aimé... eh! pourquoi non?.. c'est une femme considérée, estimée de tous... chez qui les qualités du cœur et de l'esprit s'unissent à la grâce la plus touchante... une femme que je plains et que je ne condamne pas.

Air : *J'en guette un petit de mon âge.*
De moi, madame, elle n'a rien à craindre,
Pour un instant de faiblesse et d'oubli :
Avec respect quelquefois il faut plaindre
Tant de vertu, quand même elle a failli.
Eh! qui de nous... que peut-être on envie!
N'a pas, hélas! un jour à regretter,
Un jour, un seul, qu'on voudrait racheter
Au prix du reste de sa vie!

Si vous la connaissiez, madame, vous lui diriez qu'Edgard perd pour elle, un avenir brillant... que son amour ne peut lui rendre... un mariage qui fut le dernier vœu de son père expirant... une alliance qui peut seule lui donner une fortune, un crédit, dont sa position, son titre, son nom lui font un besoin... vous lui diriez que si le bonheur, si l'honneur de mon fils lui est cher... oh! je le crois... c'est à elle à le rendre à ses devoirs, à sa famille dont l'orgueil est à craindre aussi : (*A ces mots dits avec fermeté, mouvement de madame Launay, qui se lève, madame de Montserant prend un ton suppliant. Elle se lève.*) A sa mère qui implore et qui prie; plus tard, Edgard... sauvé par elle, la bénirait; et moi... oh! moi... j'entourerais de respect et de reconnaissance, cet ange du ciel qui m'aurait rendu mon fils! vous lui diriez cela?

MAD. LAUNAY, *d'une voix étouffée.* Oui, madame... je lui dirai...

MAD. DE MONTSERANT. Et croyez-vous qu'elle me pardonne?

MAD. LAUNAY. C'est elle qui a besoin de pardon.

MAD. DE MONTSERANT, *se laissant aller.* Ah! si... (*Se reprenant.*) Mon fils me sera rendu...

MAD. LAUNAY. Il sera libre.

MAD. DE MONTSERANT. Vous croyez!

MAD. LAUNAY. J'en réponds.

SCÈNE VII.
Les Mêmes, VASSIGNY.

VASSIGNY, *forçant la porte.* C'est bien... c'est bien... ah! mesdames, madame de Montserant, vous êtes sortie, vous allez mieux... la vue de votre voiture en bas m'a rassuré sur votre chère santé. (*A madame Launay.**) Madame... eh! mais cette pâleur, cette émotion. (*A part.*) Ah, mon Dieu! est-ce qu'elle saurait déjà?

MAD. LAUNAY, *troublée.* Moi, monsieur...

MAD. DE MONTSERANT, *vivement* C'est possible... madame me parlait de la position toujours si cruelle.

VASSIGNY. Ah! oui... pauvre dame, enchaînée au sort d'un malheureux, chassé de son pays, heureusement, le ciel n'est pas toujours sans pitié.

MAD. DE MONTSERNT. Quel air de mystère!

VASSIGNY, *à madame Launay.* Pour moi je viens du ministère de la guerre... où l'on désirait vivement connaître votre retraite, pour une nouvelle importante... comme la missive vous le disait.

MAD. LAUNAY. Eh bien! monsieur, cette nouvelle?

VASSIGNY. Je m'en suis chargé avec plaisir, avec empressement, je veux dire... et vous la recevrez de la part d'un ami... sans aiblesse.

MAD. LAUNAY, *le regardant.* Monsieur, ah! vous me faites peur.

MAD. DE MONTSERANT. Parlez donc.

VASSIGNY. Il s'agit de M. Launay.

MAD. LAUNAY. Ah!

MAD. DE MONTSERANT. Eh bien!

VASSIGNY. Il s'est enfin décidé à faire quelque chose pour sa femme.

MAD. DE MONTSERANT, *avec joie.* Il revient!

MAD. LAUNAY, *avec effroi.* Monsieur Launay!

VASSIGNY. Il est mort.

MAD. DE LAUNAY, *et* MAD. DE MONTSERANT, *avec une expression différente.* Mort!

VASSIGNY. Dans une affaire avec les Arabes, à Bone... il y a trois mois.

MAD. DE MONTSERANT, *atterrée.* Mort!

MAD. LAUNAY. Oh! mon Dieu!

VASSIGNY, *à madame de Montserant qui pense à madame Launay sans écouter Vassigny.* Il me semble que j'y ai mis tous les ménagemens, quoiqu'au fond...

MAD. DE MONTSERANT, *allant à madame Launay, et à demi-voix.* Madame, cette nouvelle...

MAD. LAUNAY. Soyez sans crainte, ce que j'ai promis, madame, je le tiendrai.

Elle sort précipitamment par la droite.

SCÈNE VIII.
MAD. DE MONTSERANT, VASSIGNY, NANETTE.

VASSIGNY. Qu'est-ce donc?

Air : Du partage de la richesse.

Eh! mais, je n'y puis rien comprendre,
Car c'est un malheur fort heureux.

MAD. DE MONTSERANT.
Heureux!

VASSIGNY.
Et je devais attendre,
D'elle un accueil plus gracieux!..
Mais c'est une veuve un peu fière,
Qu'on place, sans l'y préparer,
Entre le plaisir qu'il faut taire
Et la douleur qu'il faut montrer.

Mais c'est un bonheur.

MAD. DE MONTSERANT. C'est possible... je ne dis pas... que m'importe, après tout?..

VASSIGNY. Une autre nouvelle que j'ai apprise là-bas... c'est que les Sancerre sont plus en faveur que jamais, pendant que les autres boudaient, ils ont monté, monté... voilà le plus jeune lieutenant-général... et la sœur, madame de Nangis, dame d'honneur... vous concevez, une grande famille qui se rattache au pouvoir; c'est une position superbe... les Sancerre lanceraient votre fils admirablement... s'il était ici.

MAD. DE MONTSERANT. Il y est.

VASSIGNY. Bah! vraiment?

MAD. DE MONTSERANT. Écoutez-moi... Edgard est amoureux, je vous l'ai dit... amoureux, fou d'une femme...

VASSIGNY, *vivement.* Que vous connaissez?..

MAD. DE MONTSERANT. Non... mais je sais que la chaîne qui le retient loin de moi... sera rompue.

VASSIGNY. Parbleu! qu'est-ce que je vous ai dit?.. qu'une passion discrète, et bourgeoise vous le rendrait.

MAD. DE MONTSERANT, *avec une émotion concentrée.* Taisez-vous, Vassigny; si j'avais pu vous croire un instant... oublier

---

* Madame de Launay, Vassigny, Madame de Montserant.

des principes qu'on ne blesse jamais impunément, je ne me le pardonnerais de ma vie.

VASSIGNY. Vous voyez, cependant.

MAD. DE MONTSERANT. Assez... écoutez-moi donc, j'ai vu M. de Sancerre; il se plaint d'Edgard, il m'a déclaré que s'il ne montrait pas plus d'empressement pour ce mariage tant désiré, il le romprait sans retour... que pouvais-je dire? j'ai balbutié quelques mots d'excuse... j'avais reçu ce matin même, une lettre de mon fils, qui me brisait le cœur... je ne savais où le découvrir... je le sais maintenant... et bientôt, je l'espère, il ira lui-même se justifier.

VASSIGNY. Et faire sa cour à la petite.

MAD. DE MONTSERANT. Voyez la famille, parlez de mon fils avec éloge; annoncez son retour... peignez-le bien impatient, bien empressé, bien tendre.

VASSIGNY. J'entends, j'entends... soyez tranquille... justement j'allais à l'hôtel de Sancerre ce matin, parce qu'enfin ils ont du crédit. (*Edgard paraît au fond.*) Nous sommes un peu parents... je suis las d'attendre, sans voir rien venir; il faut absolument que j'obtienne aussi quelque chose...

EDGARD, *à part.* Ma mère ici!

Il disparaît.

MAD. DE MONTSERANT. A bientôt... je vais chez mon frère; il faut que de son côté, il parle, il agisse, il fasse quelques démarches.

VASSIGNY, *vivement.* Pour moi?

MAD. DE MONTSERANT. Pour vous? oui, oui... mais d'abord, j'ai une visite à rendre... puis, je repasserai par ici, pour reprendre cette jeune fille... Vassigny, pensez à moi... à nous!.. ah! j'ai repris courage!

Elle sort par le fond, presqu'aussitôt, Edgard paraît tout tremblant.

SCÈNE IX.
VASSIGNY, EDGARD.

VASSIGNY. Décidément, il n'y a qu'un moyen sûr de faire ses affaires... c'est de faire celle des autres. On ne risque rien; et...

EDGARD, *entrant.* Vassigny!

VASSIGNY, *l'apercevant.* Edgard!.. Votre mère...

EDGARD. Non, non, restez; je l'ai vue... je dois la retrouver chez elle... c'est convenu.

VASSIGNY. Et depuis quand de retour d'Allemagne?.. Vous arrivez?..

EDGARD, *préoccupé.* J'arrive... j'arrive à l'instant.

VASSIGNY. C'est bien... Et vous nous revenez le cœur libre?.. non, pas encore... tant pis... mais c'est une passion qui s'éteindra comme les autres... et alors, il vaut autant que ce soit tout de suite.

EDGARD. Bien, bien... (*A part.*) Est-ce qu'il ne s'en ira pas?

VASSIGNY. Au fait... c'est un roman secret, mystérieux, bon genre... qui ne peut pas durer... Hein! quelque Allemande au cœur tendre, qui a commencé le roman par des scrupules... et qui le finira par un retour à la vertu, et peut-être à son mari... hein?

EDGARD, *à part.* J'ai envie de le jeter par la fenêtre.

VASSIGNY. Vous me conterez ça... Je vous donnerai des conseils de jeune homme... j'ai passé par toutes les épreuves... Je vais courir pour vous, pour votre mariage, vous savez... nous y tenons.

EDGARD. Vous êtes trop bon.

VASSIGNY. Venez-vous?.. nous causerons en route.

EDGARD. Merci, merci... Il faut que je voie madame Launay, pour une affaire dont elle m'a fait l'honneur de me charger... Il faut que je lui parle.

VASSIGNY. Impossible!.. Madame Launay est maintenant plongée dans la douleur.

EDGARD. Madame Launay!..

VASSIGNY. Eh! oui, mon cher... douleur officielle, causée par l'événement le plus heureux.

EDGARD. Je ne vous comprends pas.

VASSIGNY. Dam! il me semble que si son mariage a été le plus grand malheur pour elle .. son veuvage...

EDGARD. Son veuvage!..

VASSIGNY. Eh bien! oui.

EDGARD. Monsieur Launay...

VASSIGNY. Il est mort... Que sa femme repose en paix.

EDGARD, *hors de lui.* Vassigny... il se pourrait!.. vous ne me trompez pas... veuve... madame Launay!

VASSIGNY. Eh bien!.. qu'est-ce qu'il vous prend?

EDGARD, *se calmant tout à coup.* Ah! c'est que cette pauvre petite femme... si malheureuse... vous concevez, c'est un bonheur... Ses amis... comme vous... doivent être enchantés... et j'en suis bien content.

VASSIGNY. Certainement, moi aussi, j'en suis content... mais ce n'est pas com-

me vous... que diable!.. un mari de plus ou de moins, qu'est-ce que ça vous fait?
EDGARD. Oh! vous avez raison... je ne la verrai pas; mais je lui écrirai un mot ici. Adieu, mon cher Vassigny.... je vous reverrai bientôt, chez ma mère.
VASSIGNY. Ce soir... et je vous donnerai de bonnes nouvelles... car je vais annoncer votre retour à votre future, et à sa famille.
EDGARD, *le reconduisant.* Adieu, adieu

SCÈNE X.
MAD. LAUNAY, EDGARD.

EDGARD. Madame Launay veuve!.. veuve!.. oh! ma tête se perd... (*Courant à la porte de droite, et l'ouvrant.*) Eugénie, Eugénie!..
MAD. LAUNAY, *paraissant.* Edgard, que voulez-vous de moi?
EDGARD, *reculant.* O ciel!.. cet accueil qui me glace le cœur... d'où vient?..
MAD. LAUNAY. Ah! si vous m'avez jamais aimée... si je vous suis chère encore... Edgard, oubliez-moi, et ne m'interrogez pas.
EDGARD. Qu'entends-je!.. quand j'accours à vos pieds pour vous offrir mon nom, ma liberté, ma vie... vous me cachez vos larmes, Eugénie... des larmes pour lui, qui n'est plus.
MAD. LAUNAY. Des larmes... pour vous, Edgard... pour vous que j'ai aimé seul au monde... pour vous que je perds, et qui seul laissez en deuil ce cœur, qu'un autre ne posséda jamais.
EDGARD. Et pourquoi me l'enlever, à moi si tendre, si fidèle au malheur, quand tu étais esclave... Tu es libre... tu peux être heureuse... et tu me chasses.
MAD. LAUNAY. Edgard, ayez pitié de ma faiblesse... que votre cœur soit plus fort que le mien... Il faut vous fuir... je l'ai juré.
EDGARD. Juré!.. à qui donc?.. Ah!.. ma mère était ici... ma mère vous a vue... et pourtant, non, non; elle ne sait pas... elle ne peut pas savoir...
MAD. LAUNAY. Elle sait tout.
EDGARD. Ma mère!..
MAD. LAUNAY. Comment!.. par qui a-t-elle pu pénétrer ce secret si bien caché à tous les yeux?.. je l'ignore... je l'ignore... je ne puis le comprendre... mais elle sait tout... Et si vous l'aviez vue, quand elle est entrée, pâle, les yeux attachés sur les miens, comme pour lire jusqu'au fond de ma pensée... J'ai voulu fuir... une main de fer m'a retenue là... tremblante, immobile!.. Et puis, lorsqu'elle m'a demandé compte, à moi, pauvre femme sans titre, sans fortune... de mon amour insensé pour l'héritier d'un grand nom, que réclamait une belle alliance... A travers son langage affectueux, je sentais son orgueil me briser le cœur... j'aurais voulu me révolter, mais en vain... c'était une mère en pleurs qui me redemandait son fils.
EDGARD. Et je n'étais pas là pour te soutenir, pour te défendre... Mais je la verrai, moi... je lui dirai qu'elle te doit son fils... que tu m'as sauvé par ton amour!.. Je lui dirai que tu es mon bonheur, ma vie... ma femme!.. oui, ma femme!.. car tu es libre... Le ciel a reçu nos sermens, et rien désormais, rien ne saurait nous désunir.
MAD. LAUNAY. Non, Edgard, non... je ne suis plus rien pour vous... plus rien, qu'une femme qui vous a aimé, qui vous aime encore plus qu'on ne vous aimera jamais!.. une femme qui serait morte pour vous... et qui, en ce moment encore, vous donne plus que sa vie!.. Mais il le faut... ce sacrifice est assez grand pour expier mon bonheur... Adieu, Edgard, adieu... une autre vous attend... une autre paiera votre nom, votre amour d'une haute fortune; et moi, je n'ai pour dot, que mes chagrins, et le malheur que je traîne après moi!.. Adieu.
EDGARD, *la retenant.* Eugénie... Eugénie!.. non, tu ne me quitteras pas... tu es à moi... tu m'appartiens.
MAD. LAUNAY. Et votre mère?
EDGARD. Eh! ma mère... il faudra bien qu'elle consente... Je brave tout.
MAD. LAUNAY. Et voilà ce que je n'accepte pas... Moi, entrer dans votre famille, la honte au front, et la mort dans le cœur... m'exposer à être humiliée chaque jour... comme ce matin, ici... quand elle me demandait si votre honneur m'était cher... Moi, braver tant de haine et de mépris... oh! mon Dieu!..
EDGARD. Eh bien, non... tu dis vrai... il faut les fuir... leur échapper encore. J'ai tout préparé pour la fuite... j'ai une retraite où nous cacherons notre bonheur... et plus tard, quand je serai maître de moi... en dépit de ma mère, de ma famille...
MAD. LAUNAY. Votre amour vous égare... c'est du délire!.. perdre pour moi un rang, des espérances...
EDGARD. Eh! que m'importe... Je t'aime...
MAD. LAUNAY. Renoncer à votre famille!..
EDGARD. Ma famille... c'est toi.

MAD. LAUNAY. Et les larmes de votre mère?

EDGARD. Eh! ne me parle pas de ma mère... laisse-moi mon courage... viens... partons.

MAD. LAUNAY. Mais plus tard... toi aussi, après ces jours de bonheur... et d'oubli... toi aussi, honteux désespéré, tu me maudirais.

EDGARD. Oh! jamais.

MAD. LAUNAY. Elle me l'a dit... tu me maudiras... et moi... si je ne me tuais pas, je deviendrais folle.

EDGARD. Eugénie, tu doutes de mon amour!.. tu refuses de partir... ton esprit est ingénieux à trouver des raisons pour rompre avec moi, pour me chasser... ah! vous ne m'aimez pas.

MAD. LAUNAY. Je ne l'aime pas.

EDGARD. Vous ne m'avez jamais aimé.

MAD. LAUNAY. Oh! mon Dieu!

EDGARD. Non... et souvent je l'ai senti déjà... quand j'étais heureux... quand j'oubliais tout à vos pieds... vous aviez des regrets, des remords... que sais-je...

MAD. LAUNAY. Edgard!

EDGARD. Vous ne m'aimiez pas... cette lettre dont vous me parliez sans cesse... mensonge, madame... invention d'un amour qui s'éteint, et qui se justifie lâchement, en accusant de violence le bonheur qu'il a donné!

Air : *ce que j'éprouve en vous voyant.*

Grand Dieu! comment croire qu'un jour,
Lasse d'un bonheur sans nuage,
Lasse d'un amour sans partage,
Vous repousseriez sans retour!
Et ce bonheur, et cet amour!
Comment croire qu'heureux à peine,
Ce cœur prompt à se déguiser
Ne c'était que pour m'abuser
Et cherchait en formant sa chaîne,
Un prétexte pour la briser.

MAD. LAUNAY. Malheureux!

EDGARD, *tombant à ses genoux.* Ah! je suis un insensé... pardonne, Eugénie, pardonne... tu m'aimes encore, n'est-ce pas?

MAD. LAUNAY. Oh! le ciel m'est témoin que jamais je ne t'ai tant aimé.

EDGARD. Et tu reviens à moi... nous partirons.

MAD. LAUNAY. Je ne le puis.

EDGARD. Tu le dois.

MAD. LAUNAY. Ta mère à mon serment.

EDGARD. Je le brise.

MAD. LAUNAY. Je le tiendrai.

EDGARD. C'est votre dernière parole.

MAD. LAUNAY. Oui, et plût au ciel que ce fût le dernier de ma vie!

EDGARD. Eugénie!.. c'en est fait... mon parti est pris... et moi aussi, je sais ce qui me reste à faire... vous ne me verrez plus.

MAD. LAUNAY, *cachant sa figure dans ses mains.* Edgard!

EDGARD, *à demi-voix.* Eugénie... vous recevez mes adieux... vous le recevez. (*Elle lui serre la main sans le regarder.*) Adieu...

Il sort, et rencontre Nanette qui allait entrer.

NANETTE. Mais dites-moi donc, monsieur Edgard...

EDGARD, *la repoussant.* Laissez-moi... vous m'êtes insupportable.

Il sort.

SCÈNE XI.
MAD. LAUNAY, NANETTE.

NANETTE, *pleurant.* Avez-vous entendu, madame? oh! bien sûr il est en colère contre moi! il m'en veut. Qu'est-ce que je lui ai fait, je vous le demande?.. j'ai beau chercher... ou plutôt, je vois ce que c'est... oui, oui, ce ne peut être que cela... cette maudite lettre qui était pour lui, et que j'ai remise à sa mère.

MAD. LAUNAY, *qui s'est assise à droite.* Quelle lettre?

NANETTE. Madame de Montserant lui en aura parlé, elle m'avait bien promis pourtant qu'il n'en saurait rien.

MAD. LAUNAY. Que voulez-vous dire?

NANETTE. Eh bien! oui, madame... vous savez bien, ce jour qu'il était revenu à la campagne... vous y étiez, vous, madame... vous vouliez partir, et vous êtes restée... je ne sais pas pourquoi.

MAD. LAUNAY. Bien, bien! après...

NANETTE. Il y avait là un grand laquais qui venait le chercher... oh! une vilaine figure! madame se désolait! et voilà qu'alors, on me remet secrètement une lettre pour M. Edgard.

MAD. LAUNAY, *vivement.* Ah! un enfant.

NANETTE. Oui, le fils du fermier, le petit Charlot.

MAD. LAUNAY. C'est ça... c'est ça... eh bien! cette lettre?

NANETTE. J'ai eu peur que ce fût pour le faire partir plus vite; et alors je l'ai bravement portée à madame.

MAD. LAUNAY. A sa mère...

NANETTE. J'ai cru si bien faire.
MAD. LAUNAY. Elle l'a lue?
NANETTE. Oh! oui... car lorsqu'elle s'est trouvée mal, j'ai bien vu que c'était cela qu'elle serrait si fort dans la main... et qu'elle a caché tout de suite, en revenant à elle.
MAD. LAUNAY, *se levant, avec explosion.* Elle l'a gardée! sa mère...
NANETTE. Là! est-ce ma faute à moi?.. j'avais juré à madame de n'en parler jamais... j'ai tenu ma promesse, pourquoi a-t-elle tout dit à son fils.
MAD. LAUNAY. Elle la gardée! et pourquoi?.. dans quel but?
NANETTE. Dam! tout ce que je sais... c'est que M. Edgard n'est pas parti... et que le soir, pendant que je la deshabillais, madame répétait en pleurant. « il est sauvé. »
MAD. LAUNAY. Sauvé!.. lui! et moi, moi!
NANETTE. Et ça me fait bien plaisir.
MAD. LAUNAY, *sans l'écouter.* Oh! non, c'est impossible! une mère, et pourtant... (*Elle passe à gauche du théâtre.*) ah! j'étouffe... ma tête se perd... je n'ose comprendre... je ne puis... je... (*Revenant vivement à Nanette et lui prenant la main.*) Une lettre... c'était bien une lettre... pour lui... pour Edgard... apportée, par cet enfant qui te l'a confiée à toi... et tu l'as remise...
NANETTE. A sa mère qui l'a lue.
MAD. LAUNAY. Qui l'a gardée! et quand elle retardait mon départ... (*Avec explosion.*) Oh! c'est infâme!
Elle tombe dans un fauteuil à gauche du théâtre.
NANETTE, *effrayée la regardant.* Qu'a-t-elle donc... madame... (*Madame de Montserant entre.*) Ah! madame de Montserant.
MAD. LAUNAY, *se levant vivement.* Elle!

~~~~~~~~~~~~~~~~~~~~~~~~~~

SCENE XII.

MAD. DE MONTSERANT, NANETTE. MAD. LAUNAY.

MAD. DE MONTSERANT. Oui, mon enfant... moi, qui viens te prendre comme je l'ai promis... prépare-toi à me suivre.
NANETTE. Bien volontiers, madame... là tout à l'heure, M. Edgard, si vous saviez...
MAD. DE MONTSERANT, *à part.* Il est venu!

NANETTE. Oh! je veux m'en retourner, je ne veux plus rester à Paris... Paris, ça m'est bien égal à présent.
Elle sort.
MAD. DE MONTSERANT*. Je suis heureuse de me retrouver près de vous, madame, pour vous exprimer une reconnaissance...
MAD. LAUNAY. Pourquoi donc, madame?..
MAD. DE MONTSERANT, *l'observant.* Ce service que vous m'avez promis, que vous m'avez rendu peut-être, et que je paierais de ma fortune...
MAD. LAUNAY, *la regardant.* De votre fortune, madame... ah! c'est payer bien peu l'honneur d'une femme.
MAD. DE MONTSERANT, *surprise et se troublant.* Sans doute.... c'est plutôt par... de l'estime...
MAD. LAUNAY. La vôtre, madame!.. et croyez-vous qu'on voulût l'accepter?
MAD. DE MONTSERANT. Ce langage... je ne comprends pas?
MAD. LAUNAY. Oh! vous ne pouvez comprendre en effet que cette femme dont vous vous plaisiez à faire rougir le front, à déchirer le cœur, puisse vous rejeter à son tour, la honte dont vous l'avez flétrie, les angoisses dont vous l'avez torturée!
MAD. DE MONTSERANT. Qu'entends-je?
MAD. LAUNAY. Vous ne pouvez comprendre que de vous deux... la plus coupable ne soit pas elle.
MAD. DE MONTSERANT. C'en est trop.
MAD. LAUNAY. Vous ne pouvez comprendre qu'une lettre fatale dût la sauver, et que vous...
MAD. DE MONTSERANT, *se cachant la tête dans ses mains.* Grand Dieu!
MAD. LAUNAY. Ah! si fait, vous comprenez... car c'est vous qui tremblez maintenant... c'est vous qui baissez les yeux...
MAD. DE MONTSERANT. Laissez-moi, laissez-moi partir.
Elle veut sortir.
MAD. LAUNAY, *l'arrêtant.* Non, oh!.. non... vous avez eu le courage de venir, et vous resterez.
MAD. DE MONTSERANT. Cette violence.
MAD. LAUNAY. Vous resterez... et pourquoi donc me fuir? n'ai-je rien à vous dire, à mon tour? n'ai-je pas de compte à vous demander, vous m'avez parlé de l'honneur de votre fils, de l'orgueil de votre famille, de votre bonheur à vous! et mon honneur, mon orgueil, mon bonheur...

Mme de Montserant, Mme Launay.

n'avez-vous pas tout foulé à vos pieds... tout? car c'est vous qui avez ouvert l'abîme sous nos pas... c'est vous qui m'avez perdue...

MAD. DE MONTSERANT. Madame !

MAD. LAUNAY. Oui, vous; car moi, faible, sans défense, je ne voulais pas d'une lutte où l'honneur pouvait succomber... Je repoussais son amour qui m'épouvantait... j'étais... je serais pure encore à ses yeux comme aux autres !.. mais non... une passion folle, un scandale public blessait votre vanité, ébranlait vos espérances... Et pour réparer tout cela, qu'était-ce donc que l'honneur d'une pauvre femme, madame la comtesse? Oh ! rien... vous m'avez refusé cette voiture, qui devait m'emporter loin de lui; vous avez détourné ma lettre... vous avez étouffé ce cri d'une vertu que votre fils eût respectée ; et, lui laissant toute son audace, toute sa confiance, par une trahison que j'avais bien le droit de ne pas prévoir, vous m'avez livrée à lui, comme une passion d'un jour... une distraction d'un moment... vous avez dit : Va, va... porte-lui obscurément la honte et le désespoir... va, que cette femme soit perdue, et que mon orgueil soit sauvé.

MAD. DE MONTSERANT. Grace ! grace !

MAD. LAUNAY.

Air : *Époux imprudent, fils rebelle.*

Ah ! cet orgueil, vous m'entendrez, madame,
Ce vain honneur que vous aviez rêvé,
En le payant du mien que je réclame,
Pensez-vous donc que vous l'avez sauvé...
Est-ce à ce prix qu'il peut être sauvé ?
Non, votre honneur, en me faisant descendre,
Plus bas encor, madame, est descendu ;
Et croyez-moi, vous avez plus perdu,
Que mon malheur ne peut vous rendre.

MAD. DE MONTSERANT. Ah ! ne m'accablez pas... j'ai tant pleuré... tant souffert. Ce matin, ici, je n'aurais jamais supporté vos regards... et un moment, j'ai cru que j'allais tomber à vos pieds, pour vous demander grace, et vous appeler ma fille.

MAD. LAUNAY. Vous, ma mère !.. vous, qui m'avez flétrie... Ah ! ce titre dont j'eusse été fière, c'est moi qui le repousserais maintenant !.. Ce que je veux, c'est qu'Edgard ne m'accuse plus de mensonge... ce que je veux, c'est qu'en me fuyant, lui que j'ai tant aimé, que j'aime plus que ma vie... il décide entre nous, à qui le mépris, madame.

MAD. DE MONTSERANT. Mon fils à qui j'ai tout sacrifié, tout..., Oh ! qu'il ne sache jamais... ce serait la honte et la mort à la fois.

SCÈNE XIII.

Les Mêmes, EDGARD, VASSIGNY.

VASSIGNY, *dans la coulisse.* Et moi, je vous dis, jeune homme...

EDGARD, *de même.* Moi, Monsieur, je vous déclare...

MAD. LAUNAY, *s'élançant.* Ah! c'est lui... Edgard !

Il entre.

MAD. DE MONTSERANT, *se jetant entre madame Launay et lui.* Ah !.. mon fils !.. c'est mon fils, madame !

VASSIGNY, *entrant.* Puisque votre mère est ici, nous allons nous expliquer... (*A madame de Montserant*)* Voici ce que c'est, madame... Je quitte les Sancerre à l'instant... j'ai été inspiré par notre vieille amitié... j'ai été éloquent, pathétique, entraînant... le père a pleuré, la mère a pleuré, la jeune fille a pleuré ; nous avons tous pleuré !.. On pardonne à votre fils ses retards, son silence... ses folles amours...

Mouvement de madame Launay.

MAD. DE MONTSERANT. Vassigny !..

VASSIGNY. Des bêtises... et l'on vous attend ce soir, vous et lui, pour tout terminer... Mais Monsieur que je rencontre à l'instant me déclare qu'il n'ira pas... il m'appelle vieux fou, ce qui m'est bien égal... et il traite l'autorité des grands parens de despotisme... Tant mieux, il en restera au moins quelque part, c'est une consolation.

EDGARD. Non, ma mère ; cette autorité, je la respecte... je vais quitter la France, je le veux... mais avant de partir, je vous déclare... solennellement ici... que dussé-je vivre pauvre, seul, abandonné... mademoiselle de Sancerre ne sera jamais ma femme.

VASSIGNY. Et voilà qui n'a pas le sens commun... Vous avez tort.

MAD. DE MONTSERANT. Non, monsieur, il a raison... Ma famille a une dette, que ses titres et ses biens ne paieraient pas... mais que la main et le cœur de mon fils peuvent seuls acquitter... C'est ce que j'ai de mieux, de plus cher à offrir. (*Se retournant vers madame Launay*) Le refuserez-vous, madame?**

---

* Edgard, Vassigny, madame de Montserant, madame Launay.

** Edgard, madame de Montserant, madame Launay, Vassigny.

MAD. LAUNAY. Qu'entends-je!
VASSIGNY. Plaît-il?
EDGARD. Quel mystère!
MAD. DE MONTSERANT. Edgard, soyez plus heureux que moi, et obtenez, comme une grâce... que je puisse un jour l'appeler ma fille.
EDGARD, *passant à madame Launay* *. Eugénie... Eugénie!.. tant de bonheur!.., Ce n'est point un rêve... ma mère consent... ma mère...
VASSIGNY. Ah! diable! ah! diable! ah! diable!
EDGRD. Oh! pourquoi détourner les yeux? Ne m'avez-vous jamais aimé?.. ou plutôt... (*A demi-voix*) crains-tu que j'en meure de joie?
MAD. LAUNAY, *émue*. Edgard!
EDGARD.

Air d'*Aristippe*.

C'en est fait, consens, sois ma femme.

MAD. LAUNAY.
Grand Dieu! que dit-il?
VASSIGNY, *à demi-voix*.
Dans ce cas,
D'Amérique, il vient à Madame,
Un oncle qu'on n'attendait pas?
MAD. DE MONTSERANT.
Ecoutez la voix d'une amie.
MAD. LAUNAY.
Madame!..
EDGARD
Laissez-vous fléchir.
MAD. DE MONTSERANT.
C'est me pardonner.
EDGARD.
Eugénie!..
MAD. LAUNAY, *tendant la main à Edgard, et regardant madame de Montserant.*—*A demi-voix.*
N'est-ce pas plutôt vous punir?

Musique.

VASSIGNY, *à demi-voix, à madame de Montserant.* Ah! ça, et l'autre?.. la passion?.. hein!.. plus rien... Je vous disais bien... ces romans-là... ça finit quand on veut.

* Edgard, madame Launay, madame de Montserant, Vassigny.

FIN.

Imprimerie de J. R. MEVREL, passage du Caire, 54.

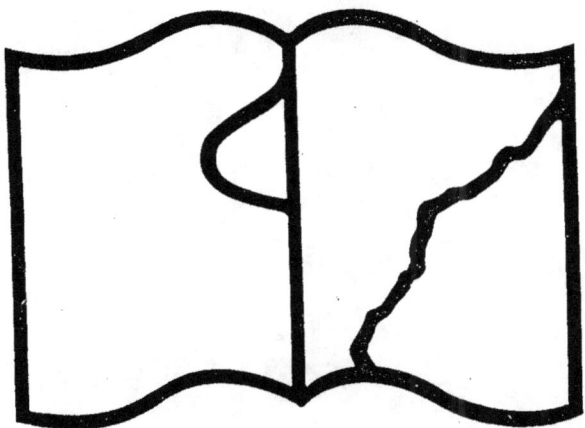

Texte détérioré — reliure défectueuse
NF Z 43-120-11